叢書・ウニベルシタス　815

フッサール『幾何学の起源』講義

付・メルロ＝ポンティ現象学の現在

モーリス・メルロ＝ポンティ
加賀野井秀一／伊藤泰雄／本郷　均 訳

法政大学出版局

Merleau-Ponty
NOTES DE COURS SUR L'ORIGINE DE LA GEOMETRIE
DE HUSSERL

This book is published in Japan by arrangement with
Presses Universitaires de France
through Japan UNI Agency, Inc., Tokyo.

訳者まえがき

本書は *Merleau-Ponty, Notes de cours sur L'origine de la géométrie de Husserl suivi de Recherches sur la phénoménologie de Merleau-Ponty*, Paris, Presses Universitaires de France, 1998 の全訳である……といったことは、通常は、巻末の「訳者あとがき」にでも付記しておけばいいことだが、本書に関してのみは、それを大書してあらかじめ説明せねばならぬ事情があり、あえて「訳者まえがき」などというものを巻頭におくこととした。ご容赦いただきたい。

本訳書の計画が持ち上がったのは、原著公刊から間もなくのことであり、早速、加賀野井がメルロ＝ポンティの遺稿部分の翻訳にとりかかった。だが、もとよりメモ書きのようにして残された草稿のトランスクリプションである。どう読み取ればいいのか、解釈も一筋縄ではいかず、作業は難航していた。ところがそれに加え、翌年の暮には、突然、フランスの出版社から修正箇所を示した大部の書類が送られてきたのである。ほとんどがメルロ＝ポンティの遺稿部分に関するものではあったが、その量はすさまじく、朱の入らないページはないといってもいいほどだった。これでは加賀野井一人の手には余る。急遽、本郷・伊藤の両名が加わり、メルロ＝ポンティの遺稿以外の箇所を二等分して担当することになった。

さて、これで諸家の論文の方は一安心。だが、遺稿部分に関しては、まだまだかなりの修正を要することになる。そもそも、フランク・ロベール氏の努力のおかげでこの遺稿が日の目を見たわけであり、氏の労を多とするに吝かではないものの、それにしても、よくもこれほど粗雑な読み取りの段階で出版に踏み切れたものだと、今さらながら驚かないではいられない。

derrière〔背後〕と dernière〔最後〕、Erzeugung〔産出〕と Erzeugungen〔諸産出〕といった読み誤りなど無理もないことではあるだろう。しかし、そうした初歩的な取り違えでさえ、implicitement〔暗黙のうちに〕と explicitement〔明白に〕、interpersonnel〔間人称的な〕と intrapersonnel〔人称内的な〕では意味はすっかり逆になってしまう。さらに monde chosique〔物化された世界〕や virement transcendantale〔超越論的振替〕ともなれば、これにはどれほど悩まされたことか。永年メルロ＝ポンティを読んできても、とんとお目にかかったことのない表現である。これがまた彼晩年の「語るパロール」の好例かと思いきや、何のことはない。monde physique〔物理的世界〕であり vraiment transcendantale〔真に超越論的な〕を読み違えていただけのことなのだ。要するに、この書の刊行者たちは、トランスクリプトした後、しばらくは思想的読解や検討をはさんでから出版にこぎつけるべきであったのだろう。今回の修正版でようやくそのレベルに達したようだが、おそらくは現在の段階でも、まだかなりの検討が必要と思われる。

と、まあ、そうしたわけで、ここに私どもが訳出した本書は、フランスで流布している原著の初版とは大幅に異なったものとなっている。いわば、それよりもさらに一歩進んだ成果を採り入れているのである。したがって、原著を片手にこの訳書をお読みになる方々には、この経緯を心得ておいていただかなければ、ひどく誤りの多い翻訳であるという誤解すら生まないとも限らない。巻頭にこれを大書しておく所以である。

さて、こうした次第で、本書は三人の訳者の共訳という形をとっている。出版に関する窓口は加賀野井が務めたが、それぞれが全く対等な立場で訳稿を作ってきた。訳語についても、めいめいが一家言もっている。したがって、幾度かにわたる会合でも、最低限の訳の統一ははかったが、完全に一致させることはしなかった。

たとえば、メルロ晩年の rayonnement という用語には、訳者によって「放射」「放輝」など別の訳語があてられている。あるいはまた、個々の訳者においても、コンテクストによっては意味のずれる場合もあり、figure はそのつど「あや」「形象」「フィギュール」、le sensible は「可感的なもの」「感性的なもの」「感じうるもの」と使い分けられていたりする。signification などについても、従来どおり、「意味」「意義」「意味作用」が適宜用いられているはずである。

逆に ouverture や urdoxa などについては、シンプルな「開け」や「原的臆見」を採って「開在性」や「根源的臆見」をやめ、結果的には統一がとれる場合も生じてきた。大文字で始まる単語には〈 〉を用い、訳者の補足は〔 〕で示すといった約束事も、すべてが一致しているはずである。

ただし、メルロ゠ポンティの遺稿と、その他の論文との扱いはかなり異なっており、前者には、研究の便宜がはかれるように、後者には、むしろ読みやすくという方針をもってあたることにした。したがって、注なども、前者は原注と訳注とに分けているが、後者はすべてをひとしなみに並べ、訳注には〔——訳注……〕という表記をとることにした。

さらにまた、索引は遺稿部分のみについて作成し、末尾に付けることにした。

なお、遺稿にはドイツ語がかなりの割合で、それも唐突に交えられているが、ほとんどの場合、これを日本語訳のなかに併記しておいた。ただし、単語のみドイツ語にして、それを幾度もくり返すような箇所においては、その近辺で最初に使用されたものにのみドイツ語表記を付し、その後は適宜これを省略している。

また、遺稿の原注においては、『幾何学の起源』や「コペルニクス説の転覆」などの引用に関し、ジャック・デリダやディディエ・フランクの手になるフランス語訳が引用されるとともに、単語レベルではフランク・ロベールらが、簡単なフランス語訳を付している。本来、こうしたフランス人読者の便宜をはかるために付けられたものは、日本語訳で省略してしまっても構わないわけだが、おそらく、われわれの読者にはかなりの数のフランス現代思想の読者が含まれているだろうと考え、また、デリダやフランクのような話題の人物たちが、フッサールをどのように訳しているかという興味をも鑑みて、そのまま残しておくことにした。重複をいとわず、フランス語訳をも和訳してみたが、それは、時としてドイツ語からの微妙なニュアンスのずれを表わせるかもしれないと考えてのことである。

以下、本書で言及されているメルロ＝ポンティ、フッサール、ハイデガーらの著作の主なものと、その邦訳書との一覧表をあげておく。本書では、これらの邦訳書を適宜参照し、大いに参考にさせていただいた。個々の箇所では謝意を表わすことができなかったが、この場をかりて、邦訳者各位には心より御礼申し上げたい。

書目一覧

・以下では、本書で引用されている書目のうち、主要なものの原タイトルと訳者たちの参照し得た邦訳との対応を示した。
・配列は、原題の冠詞を除いたABC順である。
・詳細な書誌を目的としたものではないので、出版年、出版地などは省略する。

◆メルロ＝ポンティの著作

・*Éloge de la philosophie*, Gallimard. 滝浦静雄訳「哲学をたたえて」（木田元・滝浦静雄訳『眼と精神』みすず書房所収）
・*L'oeil et l'esprit*, Gallimard. 木田元訳「眼と精神」（木田元・滝浦静雄訳『眼と精神』みすず書房所収）。
・*Phénoménologie de la perception*, Gallimard. 竹内芳郎・木田元・宮本忠雄訳『知覚の現象学』1・2 みすず書房。／中島盛夫訳『知覚の現象学』法政大学出版局。
・*Le primat de la perception et ses conséquences philosophiques*, Cynara. 菊川忠夫訳『メルロ＝ポンティは語る』御茶の水書房。
・*La prose du monde*, Gallimard. 木田元・滝浦静雄訳『世界の散文』みすず書房。
・*Résumés de cours. Collège de France 1952–1960*, Gallimard. 木田元・滝浦静雄訳『言語と自然』みすず書房。
● *Husserl et la notion de Nature*, Revue de métaphysique et de morale, 1965-3. 滝浦静雄訳「フッサール

と自然の概念」（『言語と自然』付録二）。

- ● *Un inédit de Merleau-Ponty,* Revue de métaphysique et de morale 1962-4. 木田元訳「メルロ＝ポンティの一未公刊文書」（『言語と自然』付録一）。

・*Sens et non-sens,* Gallimard. 木田元・滝浦静雄・粟津則雄・海老坂武訳『意味と無意味』みすず書房

- ● *Le cinéma et la nouvelle psychologie*（Sens et non-sens 所収）。滝浦静雄訳「映画と新しい心理学」（『意味と無意味』所収）。
- ● *La guerre a eu lieu*（Sens et non-sens 所収）。海老坂武訳「戦争は起こった」（『意味と無意味』所収）。

・*Signes,* Gallimard. 竹内芳郎監訳『シーニュ』1・2、みすず書房。

- ● *Le langage indirect et les voix du silence*（Signes 所収）。粟津則雄訳「間接的言語と沈黙の声」（『シーニュ』1所収）。
- ● *Partout et nulle part*（Signes 所収）。滝浦静雄訳「どこにもありどこにもない」（『シーニュ』1所収）。
- ● *Le philosophe et son ombre*（Signes 所収）。木田元訳「哲学者とその影」（『シーニュ』2所収）。

・*La structure du comportement,* PUF. 木田元・滝浦静雄訳『行動の構造』みすず書房。

・*Le visible et l'invisible,* Gallimard. 木田元・滝浦静雄訳『見えるものと見えないもの』みすず書房／中島盛夫訳『見えるものと見えざるもの』法政大学出版局。

◆フッサールの著作

・*Cartesianische Meditationen,* Martinus Nijhoff. 船橋弘訳「デカルト的省察」『ブレンターノ・フッサール』（世界の名著）中央公論社。

・*Erfahrung und Urteil.* 長谷川宏訳『経験と判断』河出書房新社。

・*Die Frage nach der Ursprung der Geometrie als intentional-historisches Problem*（Husserliana VI 所収），Martinus Nijhoff. 細谷貞夫・木田元訳「幾何学の起源」（『ヨーロッパ諸学の危機と超越論的現象学』所収）／

田島節夫・矢島忠夫・鈴木修一訳『幾何学の起源』青土社。

- *Ideen zu einer reinen Phänomenologie und phänomenologischen Philosophie* I, Martinus Nijhoff. 渡辺二郎訳『イデーン』I-1、2　みすず書房。
- *Ideen zu einer reinen Phänomenologie und phänomenologischen Philosophie* II, Martinus Nijhoff. 立松弘孝・別所良美訳『イデーン』II・1　みすず書房。
- *Die Krisis der europäischen Wissenschaften und die transzendentale Phänomenologie*, Martinus Nijhoff. 細谷貞夫・木田元訳『ヨーロッパ諸学の危機と超越論的現象学』中公文庫。
- *Logische Untersuchungen*, Martinus Nijhoff. 立松弘孝・松井良和・赤松宏訳『論理学研究』1・2・3・4　みすず書房。
- *Philosophie als strenge Wissenschaft*, Klostermann. 佐竹哲雄訳『厳密な学としての哲学』岩波書店／小池稔訳「厳密な学としての哲学」『ブレンターノ・フッサール』（世界の名著）中央公論社。
- *Umsturz der kopernikanischen Lehre in der gewöhnlichen weltanschaulichen Interpretation. Die Ur-Arche Erde bewegt sich nicht*. Marvin Farber, *Philosophical Essays*, Greenwood Press. 新田義弘・村田純一訳「自然の空間性の現象学的起源に関する基礎研究——コペルニクス説の転覆」『講座・現象学』第三巻、弘文堂、所収。
- *Vorlesungen zur Phänomenologie des inneren Zeitbewußtseins*, Martinus Nijhoff. 立松弘孝訳『内的時間意識の現象学』みすず書房。

◆ハイデガーの著作

- *Einführung in die Metaphysik*, Niemeyer. 川原栄峰訳『形而上学入門』平凡社。
- *Hölderlins Hymnen ≪Germanien≫ und ≪Der Rhein≫*. Klostermann. 木下康光・トレチアック訳『ヘルダーリンの賛歌「ゲルマーニエン」と「ライン」』（ハイデガー全集第三四巻）創文社。

・*Holzwege*, Klostermann. 茅野良男・H・ブロッカルト訳『杣道』創文社。
・*Der Satz vom Grund*, Pfullingen. 辻村公一・H・ブフナー訳『根拠律』創文社。
・*Sein und Zeit*, Max Niemeyer. 原佑・渡辺二郎訳「存在と時間」『ハイデガー』（世界の名著）中央公論社。細谷貞夫他訳『存在と時間』上・下　平凡社。
・*Unterwegs zur Sprache*, Neske. 亀山健吉・H・グロス訳『言葉への途上』（ハイデッガー全集第一二巻）創文社。
・*Was heißt Denken?* Max Niemeyer. 四日谷敬子・H・ブフナー訳『思惟とは何の謂いか』（ハイデッガー全集別巻第三巻）創文社。

目次

メルロ＝ポンティの現象学に関する研究

序文

ルノー・バルバラス

本書が上梓されるきっかけとなったのは、メルロ＝ポンティをめぐって開かれた〈可感的なもののフィギュール les figures du sensible〉という国際シンポジウムである。このシンポジウムは、一九九五年の一〇月一一、一二の両日、パリ大学ソルボンヌ校（パリ第四大学）で開かれ、とりわけ、フランス内外におけるメルロ＝ポンティ研究の目ざましい動向を示すべく企画されていたのだが、話題は、彼晩年の著作において根本的な役割を演じるようになる可感的なものの問題に収斂していった。この可感的なものは、結局のところ、「肉 Chair」といういっそう特殊な用語のもとで〈存在 Être〉の存在意味を示すことになるのである。〈可感的なもの Le Sensible〉は、権利的にそこに復帰することのできるようなポジティヴな層ではなく、「私たちがそれを経験するためには、〈私たちに創造することを余儀なくさせるようなもの〉」(1)であり、つまりは、自らが端緒となる歴史性によってしか維持されることのないような原創設 institution originaire なのである。その意味において、「理解可能なもの intelligible」は可感的なものの一部をなすことになるわけだが、ここからは、メルロ＝ポンティに続いて解釈をほどこそうとする者たちの直面する問いが生じてくる。それは、理解可能なものの現象学的な特性と、可感的なものへのその存在論的帰属とは、いかにして両立しうるのかという問いである。言い換えるならば、可感的なものに対する意味の差異と同一性とを、いかにして一緒に考えることができるのかという問いでもある。シンポジウムでも部分的に触れられたこの問いは、さまざまな次元を引き受けることによって、いっそう実りある形で採り上げ直されることを求めていたのである。

意味の存在様式や意味の創設についての問いは、現象学の核心を占めるものであり、それゆえ、フッサールやハイデガーと対決することが必要とされていた（J・ガレリ、M・アール）。この問いは、他方では、さらに古典的な問題群にも呼応する。そうした問題群は、メルロ＝ポンティが検討していたものであり、したがってまた、考慮せざるをえないものでもあった（B・フリン、M・カルボーネ）。そのうえ、メルロ＝ポンティの歴史的立場を正しく評価するならば、彼が二〇世紀初頭のフランス哲学との間に結んでいる両義的《アンビヴァラント》な関係を、したがって他方では、彼に現象学的アプローチをうながすことになる両義的な関係を、無視するわけにはいかないだろう（F・ウォルムス）。そしてまた、『見えるものと見えないもの』における捉え直しの試みがいかに豊かなものであったかを評価するためには（I・マトス・ディアス）、――可感的〈存在〉が運動に対してもつ関係という視点から（C・ルフォール）、そして、夢がそれにあたるあの極限的で、したがって啓示的な視点から（M・リシール）、また、そこに参加している意識の視点から（Y・ティエリ）――当の可感的「存在」の輪郭を明らかにしようとすることが必要不可欠であった。結局、可感的なもの《サンシーブル》の中に意味《サンス》が根をおろしたり、そこから湧きあがってきたりする様式――おそらく、〈肉《シェール》〉の意味であり〈肉〉の働きそのものであるような活発な創設作用《フォンダシオン》（R・バルバラス）――は、一般的な表現についての考察としても（C・ドリアック、B・ヴァルデンフェルス）、さらにまた、特殊言語学的にも（F・ダステュール）、そして、数学的なさまざまな理念性の例についても（P・カスー＝ノゲス）、掘り下げて考えられねばならなかったのである。

こうした計画が練り上げられていたころ、私たちは、『現象学の極限にあるフッサール』と題するコレージュ・ドゥ・フランスでの〔メルロ゠ポンティの〕講義ノートを読むめぐりあわせとなり、それは、（J゠L・マリオンの指導のもと）フランク・ロベールによって入念に転写され、本書に発表されることになった。このノートは、おもに「幾何学の起源」に関するフッサールのテクストを注釈することにあてられており、理念性を歴史の中に刻みこみ、最終的にそれを世界の中に根づかせるような理念性の受肉というフッサールの発見を高く評価し、そこからのさまざまな帰結をひき出している。〈可感的なもの〉への意味の帰属というメルロ゠ポンティのテーゼ、つまり、見えるものと見えないものとの差異化した同一性として理解されるべきメルロ゠ポンティのテーゼは、明らかに、フッサールの問題提起の採り上げ直しから、その徹底化から生じているのであって、このことがまた、メルロ゠ポンティを、現象学的潮流のきわめて重要な位置に登録することになっている。メルロ゠ポンティ夫人は、私たちにこれらノートの公刊を許可されることによって、メルロ゠ポンティが生涯フッサールとの間で交わし続けた対話を、そうした絶えることのない対話のとりわけ意義深い見本を、一般に知らせることができるようにして下さった。夫人には、この場をかりて改めて御礼申し上げたい。

原注

（1） *Le visible et l'invisible*, p. 251.

フッサール著『幾何学の起源』に関する講義ノート

まえがき

フランク・ロベール

一九五九年および一九六〇年にコレージュ・ド・フランスで行われたメルロ゠ポンティの月曜講義は、「現象学の極限にあるフッサール」と題されている。私たちはそのノートを再録し、フッサール著『幾何学の起源』の仏訳や、ハイデガー著『言葉への途上』の幾ページか〔この仏訳は載せていない〕を合わせ収録することにした。この講義は五五枚の手稿として残されている。[1] メルロ゠ポンティ自身の手になるレジュメは、「現象学の極限にあるフッサール、フッサール後期哲学の仏訳と注釈 Husserl aux limites de la phénoménologie, traduction et commentaire de sa dernière philosophie」という表題で『講義要録』に収められ、ガリマール書店から刊行された。[2] この講義は三つの構成要素からなっている。まずは、フッサール著『幾何学の起源』[3]の注釈と仏訳。次に、一九五九年に公刊されたハイデガー著『言葉への途上』[4]の冒頭論文「言葉」の最初の幾ページかの読解と仏訳。そして、フッサールのもう一つの遺作「原箱舟としての地球は動かない」[5]の分析である。フッサールの後期哲学や、言語をめぐるハイデガーの近著に言及するこの講義でも、メルロ゠ポンティは、一九五八年から五九年にかけての、また、一九六〇年から六一年にかけての講義[6]の主題となった哲学の可能性や存在論の可能性について、彼自身の問いを追求し続けていた。『見えるものと見えないもの』や研究ノートにおいてと同様、晩年の講義が探求するところの導きとなっているのは「存在の到来《アヴェヌモン》」(7)という問いであり、この問いは、メルロ＝ポンティの自然についての講義が続けられるなか、一九五九年から六〇年にかけて行われた「自然とロゴス：人間身体」(8)という表題の木曜講義においても、また、私たちがここに発表するフッサール後期哲学にあてられた同年度の講義においても、いっそう明らかにされ、深められていくのである。あらゆる哲学的・存在論的な問いは言語についての問いである、ということを、双方ともそれなりの仕方ではっきりと示している。すなわち、存在の到来も、意味や存在の起源も、言語において、言語によって実現するのである。

こういうわけで、メルロ＝ポンティにとって『幾何学の起源』を読むことは、決定的な重要性をもっていた。幾何学の起源についての分析や理念性の出現についての分析が模範的な形で示しているのは、数学的存在のような理念的な存在でさえ、歴史のなかで自己を展開するのであり、言語において、言語によってしか自己の理念的意味を得られないのだということである。こうした分析は、メルロ＝ポンティの思想にとって、本質的かつ決定的であるだろう。なぜなら、意味というものが可感的なものから発するのであれば、いかなる観念も、その肉的な次元の外で考えられるものではありえまい。そうではなくて、理念性そのものが、おのれの特殊性を保持しながら、また、客観的で非時間的なままにとどまりながら、歴史の中に現われ出てこなければならないのだ。では、言語や歴史は、いかなる意味において理念的存在の形成にあずかるのだろうか。『幾何学の起源』の読解は、そうしたことについて考えさせてくれるものであったにちがいない。

フッサールにとってもメルロ＝ポンティにとっても、理念性は、既成の意味《シニフィカシオン》の世界に由来するものではありえない。叡智の天空に住まうわけではないのである。理念性の起源も新たな意味《サンス》の生起も、一つの歴史のなかで可能となる。歴史においてこそ、言語《ランガージュ》――言葉《パロール》や書字《エクリチュール》――が、理念的なものの持つ客観性も、非時間性も、そしてその可感的登録をも、同時に保証しているのだ。メルロ＝ポンティ晩年の哲学に特有ないくつかの概念は、『見えるものと見えないもの』においても、またそれ以上に数々の「研究ノート」においても、本質的なものとなっているが、それらの概念が以上のことを理解させてくれるとともに、この注釈においては、それに特別の光があてられることになるだろう。たとえば、創設 *Stiftung* という概念である。実際のところ、理念性というものは、まずは最初に創り出されねばならない。意味《サンス》のいかなる起源も、創設を必要とする。まさしく原的な創設《フォンダシオン》であり、それは続いて、追遂行《レエフェクチュエ》されたり追実現《レアクチュアリゼ》されたりしなければならないのだ。けれども、原的な意味がその自明性を維持できるのは、言語において、言語によってのみである。したがって、意味自体が、理念性から客観的で時間的な存在を生じさせるわけだが、そうした意味の形成と維持とを分析することにより、メルロ＝ポンティはこの講義において、彼晩年の哲学に本質的な数々の問いを展開している。つまり、そのようにして言語は、数学的存在に身体や肉を与えることになるのであり、数学的存在は言葉《パロール》によって、表現の可能性によって共通の世界に開かれ、その世界の中で、私と他者、過去と現在といったものが交錯することになるのである。したがって、表現‐力《プヴォワール‐エクスプリメ》や間主観性は、客観性の可能性そのものにほかならない。こうした分析は、『世界の散文』(9)の考察を裏づけるとともに深めもする。すなわち、言語的意味《シニフィカシオン・ランガジエール》に関わるものにとっては、言葉《パロール》や書字《エクリチュール》の作用の内に生じてくる意味の生成、意味の歴史性というものがあり、この作用の可能性は、私と他者、過去と現在、したがって意味の同一性と客観性との覆い合い《ルクーヴルモン》や絡み合い《アントルラッスモン》の可能性なのだということである。こうした言葉や歴史は、経験的なあれこれの言葉や歴史ではなく、超越論的なものであり、意味の可能性の条件なのだ。

しかしながら、この理念的意味は、言葉だけで得られるものではない。書かれたもの《エクリ》――それはまた

『世界の散文』以来、文学への考察にも向かうものだが――が、メルロ＝ポンティ晩年の研究において本質的なものになってくるのであり、また、それが理念的存在《エートル》に特定の可感的存在《エグジスタンス》を付与しながら、この理念的存在に潜在的な存在《エグジスタンス・ヴィルチュエル》を与えることにもなるのである。すなわち、常に潜在的に追遂行されうる意味を保持している言語的沈澱は、こうして、理念的存在の非時間性を保証していることになる。理念性は、歴史の中で、また言語のおかげで、このようにおのれの存在を確立するのである。

　したがってメルロ＝ポンティは、このフッサールの読解において、言語の存在論的機能を強調する。つまり、この場所においてこそ、彼は、フッサールとハイデガーとの道が交差すると考えているのである。実際メルロ＝ポンティは、ハイデガーの最近作の内にフッサール後期哲学の成就と徹底化とを読み取っているが、それはまた、このフッサールの後期哲学そのものが、完全には実現されぬままに、メルロ＝ポンティの言葉どおり「現象学の極限に」位置していたということでもあるだろう。したがって、フッサールとハイデガーに独創的な方法で接近するこの講義は、きわめて興味深いものとなっている。メルロ＝ポンティにとって、ハイデガーの思想を経由することには、おそらく本質的な二つの理由があったのではないか。まずは、志向的分析論から自由になることによって、言語の現象学が否応なく遭遇すべき困難を乗り越えることができるだろう――還元《レデュクシオン》も変更《ヴァリアシオン》もつねに言語的《ランガジエール》なものにとどまっているわけだが、構成の下方にある諸層、たとえば言語、身体、時間を記述することは、志向的分析論という現象学的枠組みを脱すべきことを意味している。また、同様にして生じてくることは、もはや意識の対象としての言語を記述することではなく、そのありのままの姿で言語を把握することである。この点においてこそ、メルロ＝ポンティによれば、おそらくは、フッサールが着手するにとどまっていたものをハイデガーが実現していることになる。すなわちそれは、経験的ではない言葉《パロール》の思考であり聴取であり、〈言葉〉それ自体における思考であり聴取なのである。さらにまた、メルロ＝ポンティによれば、この場においてこそハイデガーも、フッサールと根本的に対立するどころか、いわば師が語りえたかもしれないことを語ることによって、逆にフッサールを実現していることになる。本テクストでのこうした関連づけは、時に謎めいてもおり暗示的でもあるが、それはメルロ＝ポンティ晩年の思想における決定的な四つのテーマをめぐってなされている。

1　錯綜《アンシュヴェットルモン》、絡み合い《アントルラ》、相互内属《インアイナンダー》の観念は、隔たり《エカール》と覆い合い《ルクーヴルモン》との同時的な経験の中に、窪み《クルー》と交差《クロワズモン》との同時的な経験の中に、存在が浮かび上がってくるのだということを考えさせてくれる。

2　これらの観念には、同時性と深さとの観念が結びつく。つまり、フッサールにとって、原的な存在《プレザンス》は、自我と他者との交叉配列《キアスム》、過去・現在・未来の交叉配列《キアスム》、生の深さそのものである交叉配列《キアスム》が実現される場なのだ。この深さはまた言葉《パロール》の本質的な性格でもあり、そうした言葉《パロール》の中で、存在は自らを語ることになる。

3　言語はこうして、開け《ウーヴェルチュール》であるこの深さそのものの中で、存在の出現《エメルジャンス》に関与することになるが、それはちょうど、フッサールにおいて言語が理念性の出現に関与するのと同様である。

4　だとすれば、このフッサール晩年の哲学の中に、ハイデガーが実現するであろう一つの試み、意識の哲学を脱するという試みを見てとってはならない理由があるだろうか。

そうした関連づけが持ちうる、時に風変わりで異論の余地もあるような事柄を越えて、おそらくこれらのテーマは、メルロ＝ポンティの思索に特有の光の下で、あまり知られることのないフッサールとハイデガーとの思想の類似点を明らかにしてくれることだろう。それらはまた、メルロ＝ポンティの思索の存在論的方向にとりわけ新たな照明をあてることによって、彼の晩年の思想を理解するためにも、きわめて興味深いものである。すなわち、フッサールとハイデガーとをこのように近づけることにおいて、また、言語や〈存在の到来〉についてのこうした省察、つまり哲学や存在論についての省察において、メルロ＝ポンティの独創的な思索も、「現象学の限界」について考えようとする彼の試みも、共に明らかになってくる。現象学は、まさにこの限界に向かい、そこで自らを超え、そこで新たな思考への開けとなり、新たな哲学方法への開けとなるのである。

私たちは、この講義ノートをありのままに発表しようと努め、ごくまれに句読点を修正する以外には、講義の構成についての事務的な控えを削除するにとどめておいた。このノートを判読するのは時に難しくもあるが、いくつかのドイツ語の文や用語に［私たちが］つけておいた仏訳が、多少の手助けにはなるだろう。『幾何学の起源』についてはジャック・デリダの、『言葉への途上』についてはフランソワ・フェディエの、また『根源的な箱舟としての地球は動かない』についてはディディエ・フランクの仏訳を、それぞれ利用した。再校された部分は［ ］に入れて示し、余白に書き加えられた部分や抹消された部分には、必要に応じて注をつけておいた。また、判読できない語は｛？｝の略号で、疑わしい語は｛創造？｝のような形で示してある。（ ）内の数字は、国立図書館《ビブリオテック・ナショナル》が付した草稿番号、《 》内の数字は、メルロ＝ポンティが付した草稿番号である〔本訳書では前者を［B1］、後者を［M1］のように表記した〕。このテクストの公刊に許可を与えられたメルロ＝ポンティ夫人、ならびに、難読箇所で貴重な助力をたまわったステファニー・メナゼ嬢に、ここで御礼申し上げたい。また特に、ドミニック・ダルマヤックにも感謝の念を表したい。いつも周到なその読解と適切な助言とは、草稿の転写作業に大きく貢献するものであった。

原注

（1）この手稿は、「現象学の極限にあるフッサール、一九六〇年講義」というタイトルで、国立図書館 Bibliothèque nationale の第7箱・第5封筒に収められている。〔現在は、すべてマイクロフィルム化され、草稿そのものは許可なしには参照できなくなっている。〕
（2）*Résumés de cours, Collège de France*（*1952-1960*）, Paris, Gallimard, 1968, p. 159-170.
（3）ジャック・デリダの仏訳は、Jacques Derrida, *L'origine de la géométrie*, Paris, PUF, 1962.
（4）*Unterwegs zur Sprache*, Verlag Günther Neske, Pfullingen, RFA, 1959；フランソワ・フェディエ François Fédier の仏訳は Paris, Gallimard, 1976.
（5）*Umsturz der kopernikanischen Lehre : die Erde als Ur-Arche bewegt sich nicht*,『哲学』誌（*Philosophie*, n° 1, 1984）に掲載されたディディエ・フランク Didier Franck の仏訳は、単行本『大地は動かない』として再刊されている（*La terre ne se meut pas*, Paris, Minuit, 1989）。
（6）*Notes de cours, 1959-1961*, Paris, Gallimard, 1996, このテクストはステファニー・メナゼによって校訂されている。
（7）一九五九年から六〇年にかけての講義ノートの末尾部分。*Notes de cours*, p. 148.
（8）ドミニク・セグラール Dominique Séglard の校訂および注になる『自然、研究ノート、コレージュ・ドゥ・フランス講義』*La nature, Notes, Cours au Collège de France*, Paris, Seuil, 1995.
（9）*La prose du monde*, Paris, Gallimard, 1969.

〔B2〕 現象学の極限にあるフッサール　一九六〇年〔M1〕

序論

厄介《プリュラン》な主題：古参のフッサール研究者たち（六〇歳）（フッサールが教鞭をとったり執筆したりしていたのは一九〇〇年から一九三八年である）
（『論理学研究』についてのデルボスの研究）

第二世代のフッサール研究者たち（五〇歳）：助手のフィンク——はフッサール（『デカルト的省察』第六）の余白にしか書いていなかった[一]が、——やがて、それどころか、外《ドゥオール》の現象学を考えるようになる（『現象学の目下の諸問題』アルヒーフ）

第三世代のフッサール研究者たち（四〇歳）：S・バシュラール：最近のテクスト群からは離れたところに位置している『形式的論理学と超越論的論理学』[1]についての研究。

通常こうしたことは、当の哲学者の死後はおさまるものだが、不安はハイデガーによって今なおひきつがれている。それはあらゆる文化創造の不安であり、——そして特に哲学的な（すなわち包括的な）創造の不安なのだが——ここでは、何かそれ以上のものを伴っている。

(1) 精神的な変更《ミュタシオン》の一般的問題

作家の法則、——読者たちの一部には理解されない。読者たち——新しい作品を前にして：「欲求不満にとどまっている」。すなわち、本質的なことは語られない。それは、読者たちがまだこの言語《ランガージュ》を身につけておらず、この言語を語る《パルラン》ものとして生きていないからである。つまり、私の愛する男 *the man I love* におけるように、何かが欠けており、——新しい次元性が分からず、説明するもの、また、説明されるものと思われるものが分からないのだ。——なすすべもない：たとえ教育的であろうとして、すべてを定義しようとしても、ますます理解することはできなくなる：諸定義の細部にとどまり、——新しい思考の起伏は見えなくなる——そこから、説明、話し合い、注釈などの必要が生じる。——意味は筆者の生活の中にあるという錯覚。

さらに、説明するために書かれた作品を前にして：私にはあなたの前作の方が良かった——この言語を身につけてしまっているので、語彙の変更はもとより、構文の変更はなおさら望まないのである。これも避けられないことだが：作者にとってこの言語は世界への関係であり、「母」語である、——読者にとっては、学んだ外国語であり、世界の中の一世界であり、「文化」的な何かであって、純粋な読者には再組織すべき必要性が分からない。

これが作者‐読者間の避けがたい不一致であり、精神的生活である。作品が過小評価されるのは、人々が作者を待望するからだし、作品が過大評価されるのは、人々がそれを作者が作り上げたところに還元してしまうからだ：あるジャーナリストにカミュはこう語った：私の作品は私の前方にある。人々は作家に会いたがり、彼の言葉を聞かない。作家が二〇年前に書いたことの釈明を求め、彼が別のことを語ってもそれを信じない。その手段として：いわく、彼はもうおしまいだ、年をとってしまった、等々。

(2)　フッサールについて、さらに鋭く

なぜなら、フッサールは体験 *Erleben*[2] を表現しようとし、沈黙に喋らせようとし、語られぬもの《ノン-ディ》に語らせようとしたからだ。（ラディカリスム——前提なしの）。彼は、私たちがごく自然に感じながらも秘められているようなことを語りたいと思いつつ、徐々にしかそれにとりかかることができない。彼は実際にそこに身をおちつけることによって、ようやくそれを見せることになるのだろう。

これこそが、彼がアルプス山脈やヒマラヤ山脈について語るのと同様に、現象学について語る語り方が言わんとするところなのだ：現象学はそこにある。それは〔一つの〕物理的で堅固な存在を有しており、導入しさえすればいいのである。

常に「準備的」であるような出版物の内に、彼を閉じ込めてしまうことへの嫌悪：『形式的論理学』は序文である——時宜にかなった『デカルト的省察[3]』——彼の作品は、彼の独白の痕跡《トラス》である。

語ることや書くことは、彼にとっては手持ちの明証性をコード化することではない。それは明証性を現存させることなのだ。なぜなら、彼は絶えず書いているが（速記）、研究草稿 *Forschung Manuskript*[4] だからである。

そこから、奇妙な状況が生じてくる：事象そのもの〔についての〕彼の考えは未公刊である。なぜなら、その考えは、沈黙に語らせることを目指しており、語られぬもの《ノン-ディ》を語ろうとするのであり、あたりまえのことや慣れ親しんだことを語る日常的な用途（マラルメ）を越えて、言語を探究しようとするからである。
必当然性の要求
私たちを越えて溢れ出る生についての報告の要求
慣れ親しんだものの反対物を慣れ親しんだものにすること。
そこから、シニフィアンとシニフィエとの最大の隔たりや、解釈と精神的生殖性との諸問題の深刻さなどが生じてくる。

［B3］——フッサール＝ハイデガー問題（ボーフレの学位論文）

フッサールもハイデガーも明言してはいないが、フッサールの最終的な哲学は、時として、ハイデガーの哲学と一致する∴その証拠にフッサールは、師である自分がスタートさせたものでありながら、それよりも速いハイデガーの歩みにショックを受けていたのだから（意識の哲学や哲学的還元といったものの放棄——だが本当に放棄なのだろうか）、——また、ハイデガーの方も、ソクラテス＝パルメニデス間の尊属殺人の法則に、おそらく気づいてはいないだろう。つまり、人はその師のそばで、師とは違ったことをするすべを学ぶのだが、それがまた結局は同じことであったりもするのである。画家たちを参照すること。世間の取り沙汰において深刻化した問題、信奉者たち、生徒たち、——すなわち、問題が外から見られる時、そしてまた、生身の人物の外見に応じて見られる時。
第三帝国の初めにハイデガーがフッサールに敵対したという伝説——実際には、『存在と時間』においてハイデガーは恩義を認めているのであり、フッサールに対しては何も手をくだしていない（フッサールはベオグラードに転居することができたのである）——真実は：フッサールが半ばユダヤ人であったということと、ハイデガーが国家社会主義を奉ずる学長を一年間つとめたというだけのことだ。

こうした立場の不一致は、哲学にまで延長することができるだろうか？　できるとすれば、ハイデガーの哲学はそっくり一九三三年のエピソードの中におさまってしまい、フッサールの哲学はこのエピソードについて何ら語るべきことをもたない、ということになるだろう——すべては場当たり的な決定という平面の上に置かれることになる——ヘーゲル右派と左派。フッサールとハイデガーとは、次の点で共通している：前者は合理性の危機を認めているし、後者は非合理主義者ではないということだ。哲学史は政治史と交差するのであって、平行するのではない。行為の二元論《マニケイスム》ではあっても哲学の二元論ではないのである。

——フッサール＝ハイデガーの対立はさておくとしても。

常に準備中でありながら既成のものとして語られるこの φ〔訳注—哲学〕は、哲学者その人に収斂する。(5)フッサールの身辺でのフィンクの仕事は——現象学を通して哲学の全体を見ている（そして現象学を拡大している）。フッサールの死後、円熟したフィンクは、みずからの青春期とともに現象学を発見するのである。

これが意味することは：真の哲学的ラディカリスムは、必然的に情念的雰囲気を持っているということだ。*Je größer das Denkwerk eines Denkers ist, das sich keineswegs mit dem Umfang und der Anzahl seiner Schriften deckt, um so reicher ist das in diesem Denkwerk Ungedachte, d.h. jenes, was erst und allein durch dieses Denkwerk als das Noch-nicht Gedachte heraufkommt.* Heidegger. *Der Satz vom Grund.* 123-124.

「思索することが問題となる時、作品の偉大さは決して書かれたものの大きさや数に合致するわけではないのだが、その作品が偉大であればあるほど、この作品における考えられていないもの《アンパンセ》、すなわち、この作品を通して、また、この作品によってのみ、未だ一度も考えられたことがないかのようにして私たちの方にやってくるものも豊かなのである。」ハイデガー『根拠律』(6)(二)

[考えること：考えられていないもの *ungedachte* を確定《セルネ》すること？　開かれた思考であり、「不幸な」思考ではない。この位置を維持するのはむずかしい。合理主義／非合理主義への脱線。」

——そこから、哲学史の問題が生じる。

一つの思考とは、諸観念のことではなく、それは考えられていないもの《アンパンセ》を包囲することである。だとすれば、どのようにしてこの考えられていないものを回復すべきだろうか？

生きられた世界もしくは知覚された世界を参照のこと：事物から成り立っているばかりではなく、反映、影、水準、地平からも成り立っている。これらのものは無ではなく、事物のはざまにあって、事物のさまざまな変化をただ一つの世界の中に画定するのである。

同じ著作についても：語られる事柄のはざまにある潜在的分節。

語られる事柄は潜在的なのだから、客観的読解の方法や内的批評の方法は十分ではない。そのような方法は、隔たりによってしか意味を持たないような言葉《パロール》の起伏を、隠すことにさえなるだろう。ゲルー(7)の方法は、哲学的内在性を前提にしており、自分自身の思考全体の絶対的所有者である一人のデカルトを前提にしており、さらには、理解すべき世界、すなわち哲学によってのみ私たちが理解できるような世界へと開かれてはおらず、みずからの内に閉じられているような哲学を前提にしている。

[したがって、フッサール最後の哲学を、私たち自身の諸問題との関係においても理解すること。

つまりは、完全な創設 *Stiftung*(8) としての彼の言葉《パロール》との接触を、また、その言葉の諸分節との接触をすることによって。」

——こうしたところから、本年度の講義が由来している：

私はフッサールについての全体的で首尾一貫した解釈を提示するわけではないし、かつて一度もしたことはない。ただ、フッサールの著作が、初期のものとは別の事柄を含んでいるとだけ言っているのである。それを示すためには、原文に訴えること。接触の歴史と、外の歴史（客観性）——内の歴史（デカルトによって解説されたデカルト）。考えられていないもの《アンパンセ》は接触においてしか現れ得ないものである。「哲学史の詩」（フッサール）としての哲学史。歴史的に見て、それ自体において最初のものは、私たちの現在である *Das historisch an sich Erste ist unsere Gegenwart*：それ自体《アン・ジヒ》であり、私たちにとってのみではない。それというのも、存在するすべてのものは私たちにとって存在するのだが、この孤島《イロ》は、私たちを閉じ込めるものとして考えるべきではない：「深い《プロフォン》」現在、［B4］［M2］それが「垂直的《ヴェルティカル》」思考の全体に通じているのである。［（すなわち、世界と向かい合って）］

私たちが勧める方法は、すでにフッサール最後の思想の一つである。円環：私たちはそれらの思想を前提としており、それらの思想はこの方法を前提にしている。したがってこれは、フッサールについての、他のさまざまな解釈に対立するような客観的な解釈にはならないだろう。私たちは、フッサールはこうであったと言うのではない。そうではなく、フッサールは単に人々が語っているだけの者ではなく、別の者、つまり考えられていないもの《アンパンセ》の名義人でもあったと言うのである。

——とはいえ、私たちが語らせたいと思っているテクストの内に含まれた中心問題を示しておかねばなら

ない‥

哲学＝必当然性、単に思想についてだけではなく、生きられたもの《ヴェキュ》についての反省、普遍的探究。現象学的観念論、意識の哲学：真に超越論的な意識の哲学、行為や態度の体系としての構成《コンスティテュシオン》。それ自体が記述をもたらし、この記述においては、意識が、身体‐世界‐真理‐言語‐歴史に結びついて、つまり人間として見えるようになる。人はそれを構成し、それを統覚体系の中に包み込むことができるのだろうか？「あらゆる理論以前に *vor aller Theorie*」あるもの、「前理論的なもの《プレテオレティック》」、前所与 *Vorgegeben*(9) を、いかにして諸行為の上に基礎づけることができるだろうか？ 反省は系譜的起源を再び見出すことになるだろうか？ 反省は形相的なのだから、常に、生産とは別物ではあるまいか？ 著者とは作家のでっちあげである、と言っていたヴァレリーを参照。フッサールは、受動的なものと能動的なものとの間の識別感覚を、極度なまでに持っている。哲学は産出 *Erzeugung*(10) によって成り立っている。いかにして哲学は、受動性の起源 *Ursprung*(11) を明らかにするのだろうか？

だがそれは挫折ではないし、心理学主義‐歴史学主義への回帰でもない。フッサールは絡み合い《アントルラスモン》、越境《トランスグレッシオン》、相互内属 *Ineinander*(12) について語っている。これは内在性と因果性との混合ではない。それは第三の次元の発見であり、哲学の次元、〈存在〉の次元の発見である。――この次元は、ある見えないものの現在と過去との絆としての、したがって、この「意識」の包括的ではないまとまりとしての、そしてまた、歴史の包括的ではないまとまりとしての生き生きとした現在であり、つまりは隔たりのある同一性、垂直の同一性のようなものである。

――難しさ
それは、反復 *Wiederholungen*、修正 *Überholungen*、端緒的研究 *Anfangsuntersuchungen*(13) といった言葉の繰り返しが含まれた、しばしば不連続でもある最近のテクストに現れている：テクスト解釈にはあまり適してはいない。
したがって、比較的完成したテクストを選び、必要に応じ、それ以外のテクストとともに注釈しなければならない。

そこから、グループ分けが生じる。
(1) 新たな〈存在〉とのこの関係に深い生 *Tiefenleben*(14) というものを導入するためには、理念的な同一性、意味 *Bedeutung*(15)、プラトニスム、個人・世界・歴史の与えられたまとまりとしての本質、といったものの下方を掘り下げねばならない。
『幾何学の起源 *Ursprung der Geometrie*』(16) フッセリアーナ第四巻、三六四〜三八六ページ(三)
ニーホーフ社
『国際現象学雑誌 *Revue internationale de phénoménologie*』一九三九年一月号
(2) 理念性（直接的には近づき得ないが、追行的遂行 *Nachvollzug* やコミュニケーションを基礎づけているものとしての理念性）についてのこの批判が、世界に対するあらゆる分析にまで拡大されるのだということを示すこと：諸事物の無限性に対立する周囲世界の開け *Offenheit der Umwelt* の解明。
「コペルニクス説の転覆 *Umsturz der korpernikanischen Lehre*」(17)(四)
（『哲学および現象学研究 *Philosophy and phenomenological research*』参照。

「空間構成についての覚書 *Notizen zur Raumkonstitution*」から始めること
未刊：「大地基盤 *Erdboden*」

(3) 構成理論の延長を示すこと。

（身体や他者について）

「生き生きした現在の世界と体外的周囲世界の構成 *Die Welt der lebendigen Gegenwart und die Konstitution der außerleiblicher Umwelt*」、シュッツ『哲学および現象学研究』一九四六年三月号

これら三つの主要テクストを、もっと簡潔な未刊の諸論文によって注釈すること。

[B5]［M3］ 考えられていないもの *Ungedachte*(18) を確定《セルネ》する思考（この均衡を保つことの難しさ。合理主義あるいは非合理主義への転落(19)。

フッサール自身は、時々、合理主義に立ち戻り、超越論的主観性のことを、それが深い生 *Tiefenleben* の中に透けて見えるようなまとまり（「深さの哲学」）ではなく、複数的な人々や世界の上に君臨する単独のものでもあるかのように考えていた。

『起源 *Ursprung*』は、逆に、しかるべき方向へと最も遠くまで進んでいくテクスト（一九三六年）の一つである。

[B6]［M4］「志向史的問題としての幾何学の起源に関する問い *Die Frage nach der Ursprung der Geometrie als intentionalhistorisches Problem*」訳(20)。

(1) フッセリアーナ、第六巻、三六五ページ、第一〜第二段落。幾何学および哲学における深さの歴史。「私たちをつき動かしている関心……もちろん、私たちは当初から、この関心を飛び越えてしまうことはできない」。

(2) 三六五ページの三四行目から三六六ページの四二行目まで。「幾何学の出現についての問い……」。

［B8］『幾何学の起源 *Ursprung der Geometrie*』［M5］

注釈

(1) フッセリアーナ、第六巻、三六五ページ、第一〜第二段落。

(a) ［{本書において私たちを} つき動かしている関心 *Das Interesse* {, *das uns in dieser Schrift*}[21] *bewegt*。あらゆる思考は関心をひかれる（関心のないもの *uninteressiert* ではない）。すなわち、予持されたもの *Vorhabe*[22] の解明が原動力であり——思考は明証性においてこの予持に匹敵せねばならないのである。思考は理念的実践《プラクシス》（構築《コンストリュクシオン》）である——ガリレオ＝構築されたガリレオという一人の人物——対象——（ヴァレリー、レオナルド参照）[23]——ガリレオ＋彼が創設したもの＝私たちにとってのガリレオ、捉え直されたガリレオ、あるいはむしろ、共同の土地、お互いにとって *füreinander*[24]。］幾何学を全く既成のものと考えてはならない［[25]そうではなく、生成するものと考えねばならない］し、かといって幾何学を、ガリレオやその後継者たちが純粋な幾何学者として研究していた時に、あるいはまた、さまざまな応用のために研究していた時に、その思考の中にあったものと考えてもならない。幾何学者たちが応用幾何学を行なっている場合でも、純粋幾何学を行なっている場合でさえも、生成する幾何学≠幾何学者たちの生きられた思考。それは心理学的歴史となってしまうだろう。私たちが継承する幾何学の「起源的な」意味、湧き上がったり浮かび上がったりしてくる意味を待たなければならない。――こうした意味は、単に過去の出来事であるだけではなく、その展開においても、その現在においても作用しつづけており、幾何学から幾何学なるものを生み出し、みずからの一貫性を作り出しているのである。

――したがって：幾何学においては、ガリレオやその他の人々の生きられた思考――他の人々によって修正されたり踏襲されたりするのだが――とは別のものがあり、より豊かでより「深い」一つの「意味」があるわけであって、この意味へと彼らの思考は開けていることになる。それは、ただちに目指される一つの領野でもあるが、彼らの思考によって包み込まれているわけではなく、幾何学の全歴史の中に存在し続けており、彼らの思考から幾何学なるものを、すなわち彼らの思考のあらゆる部分において連動するただ一つの理論を作り上げるものなのだ。

[私たちの思考をも含むあらゆる思考の交わり。その上に、すっかり出来あがった幾何学という対象が根拠をおいている。]

(b)　意味の出現、幾何学や物理学のこの深さの次元は[26]、一つもしくはいくつかの頭の中に生起したものではなく、世界史を考えるための（典型的な *exemplarische*）モデルとなるものであって、それは常に領野の開け［哲学や物理学の開け］であるとともに、哲学史を考えるためのモデルでもある。

(1)なぜなら、哲学は知 *Wissen*[27] の繰り返しであり、その普遍的かつ根本的な拡大であるからだし、したがって哲学の中には、あらゆる知におけると同様、領野の開けというこの超個人的な作用が見出されるだろうからである［＝哲学は一つの歴史を持ち、歴史の中にある］。(2)それどころか：哲学は、他のあらゆる活動の深さの次元をあらわにすること以外の何ものでもないからである。次のような問題についての意識：一人もしくは何人かの人々の思考の内に含まれていないような一つの意味が、いかにして現われ出てくることができるのか［＝哲学は歴史の思考である。(3)さらに根本的に言うならば、哲学は、歴史についての参加を介した思考であり、歴史性であり、それはまた、自分で自分自身を捉える歴史的なものであり、歴史の内部であり、歴史の根であり――みずからの歴史であり、おのれに還帰する歴史の全体であり――みずからの可能性への問いである。］。根本主義《ラディカリスム》そのものが一つの歴史を持ち、つまりは、個別の企ての中に分配されることになる。幾何学の意味が幾何学者たちの心理から奪回されるべきであるように、根本主義が哲学の多様性から奪回されるべきなのだ――哲学から現われ出てくる意味をどのようにして見出すか？　私たちの思考、私たちの哲学者としての生きられた状況を、先哲たちの状況で拡大し、また、先哲たちの状況を私たちの状況で拡大することによってである[28]。この相互的な異議申し立ては、さまざまな哲学（諸著作、「諸思想」）がその一部門でしかないような共通の領野をあらわにする。「相互に了解すること」と「過去を了解すること」との同一性、深さの次元の獲得による側面的な《ラテラル》普遍性[29]：私はすべてが私の中にあるように思い（それは経験的な歴史ではない）、また、すべてが私の外にあるように思う（私は自分の外に出ることなく自分自身を理解することはできない）が、そこには、過去を包み込むものとしての反省と、私の現在を包み込むものとしての過去との矛盾はない。なぜなら、私たちは深い次元 *Tiefen-dimension* によって通じ合っているからであり、この次元に応じて私たちは過去におり、過去は［それが持っていた真に本質的な姿をとって」私たちの中で生きているのである。

(c) したがって、まさしく歴史というにふさわしいような一つの歴史をあらわにしなければならない。他者への関わり。私たちは開かれた領野の諸契機である。——それは外的で因果的な関係ではなく、必然性によって捉えられるものであり、——意味生成 *Sinngenesis*、すなわち生成する意味なのであって、［決定的な形で出現してくるのである。］まぎれもなくこのことによって、事実と本質、現実と理念との区別は、完全に手直しする必要があるだろう。[30] そこから、理念性の問題が、このテクストの前景を占めることになる。時間を必要とするような理念性が求められているのである。

(2) 三六五ページの三四行目から三六六ページの四二行目まで

——最も本源的な意味 *ursprünglichster Sinn*[31] ——現われ出る意味——の研究。この意味は、最初の諸命題を方向づけていたのであり、それら命題の存在論的空間を開いていたのであって、前‐理念的なものである。

この意味は、諸命題を支える土地や土壌のようなものである[32]：かつて存在した *da war* ということと、まだ存在している *noch da ist*[33] ということとが、発展のすべてを支えている。この意味はまた、追行的創設 *Nachstiftung* や究極的創設 *Endstiftung* を呼び求める原創設 *Urstiftung* なのだ。[34]

——しかしながら、この意味は歴史の中に現れねばならなかったし、それは確定されてはおらず、そこから生じてくる幾何学の中で一つの必然性として読み取られるのであって、それはその本質に属しているのである。では、これは理念的な歴史なのだろうか？　意味の起源なのだろうか、それとも起源の意味なのである。

だろうか？

——二者択一の配置転換。

まさしく、必然的な意味の、意味に応じた *sinngemäß*(35)（三六六ページの三八行目）（および、二八行目：本質に応じた *wesensmäßig*(36)）明確化が必要である。

だが、にもかかわらず、そこで把握されるものは非時間的ではなく、研究がすでにしてその結果を含んでいるというわけでもない。私たちが考察している意味は実定的な何性《キュイディテ》ではないし、考察も単なる分析ではない。それは一つの伝統に対する問いである。すなわち、人の手で構築されたものとして、自然的ではない「精神的な」存在として、生じてきたものとして、したがって、生まれたものとして獲得されているものに対する問いである。私たちは、自分たちの現在そのものの内に精神的存在の層、すなわち、「人類の空間」を画定する歴史的存在の層を見出すのであり、幾何学はそこに帰属するものとして現われるのである。つまり幾何学は、ある一般的な過去に結びついたものとして、私たちに個別的には知られていない人々に結びついたものとして、現われてくるのである。だが、この非＝知《ノン・サヴォワール》は一つの知なのだ。(37)

伝統の本質は、そもそも、動きのない本質において直接的に捉えられるようなものではない。幾何学とその伝統は、私たちの考察の前では一つの窪み《クルー》となり、一つの次元を開いている。そのすべて、これらの志向的影響のすべてを問うことこそが重要であるのだが、原理的にそれらの影響は、現在的かつ同時的な本質の中に含まれてはいないのだ。［B9］歴史か哲学かという二者択一の乗り越え。それは、あらゆる人間活動があらゆる人間活動に対してもつ親和性というものの導入によるのであり、人間の手になるあらゆる創造物(38)の、そしてまた、文化全体の、潜在的な知 *wissen*／予示された可能性／の導入によるのだが、この知は明確な知でも、知的所有でもなく、それは無知の知／私の内における過去としての過去の現前／なのであり、それが私と歴史との間のコミュニケーションを保証しているのである。なぜなら、伝統とは起源の忘却であり、現在によって所有されてはいないような起源への関係、まさしく、思考によって支配されているのではないからこそ私たちの内で作用し、幾何学を前進させるような一つの起源への関係であるからだ。過去を理解するために私が手元に持っているもの、それは伝統であり、すなわち、一種の空虚（一種の「忘却」）という豊穣な出来事、画定された虚定性《ネガティヴィテ》であり、したがって、それが外部に照合を求めることになる。[39] 非因果的というだけの歴史性による二者択一の乗り越え。この歴史性は、そこにおいて本質が失墜するような存在様式ではなく、開けとしての歴史性、現在と過去との相互内属 *Ineinander* としての歴史性、志向的な歴史性なのであり、つまりは、「……への照合」である。また、この歴史性は、かつて実現されていた領野の開けと、私の内でのその領野の帰結との相互的なものである。

［原創設 *Urstiftung* ―追行的創設 *Nachstiftung* の関係＝過去―現在、私―他者、私―私の将来、といった問題の解決：遂行 *Vollzug*―追行的遂行 *Nachvollzug*：一つの事物の諸側面のような統一性］

――問い：それは、まさに理念性を歴史の場そのものと化してしまうこの掘り下げ（理念性は一つの歴史の中で生じてくるものだ）[40] において起こってくる。フッサールが非時間的な方法を維持していたのがまちがっていなかったかどうかを知る作業が残されているのである：無条件の普遍妥当性 *unbedingte Allgemeingiltigkeit*[41]（三六六ページの四〇行目）。伝統が常に忘却だとすれば、そこには原創設全体との一致というものがあるだろうか？　やがて私たちは、彼がこの問いを立てているのを知ることになるだろう。忘却が多産的な伝統であるように、この一致もまたロゴスの死ではあるまい。

B11[42] 『幾何学の起源』

三六五ページ。すっかり出来あがった幾何学と、幾何学の起源的意味：意味の起源 *Sinnesursprung*。これが私たちの研究対象である。

哲学の現状についての、また、哲学についての自覚 *Selbstbesinnung*[43] との関係で。

私たちの研究。歴史的な深い問題 *Tiefenprobleme*、——それも、通常の歴史とは無縁の。

三六六ページ[五]。最も起源的な意味の研究、および、過去—現在そして未来の絆としての伝統の研究。

幾何学がその中で現われてこなければならなかった意味、それはその創始者たちや、彼らの主張について何も知らなくてさえ理解できるものである。

原的に創設する *urstiftende*[44] 限りでの覆い隠された始まり、それは必然的に覆い隠されざるをえなかったわけだが、この始まりに向けての遡行的問いかけ *Rückfrage*[45]。

——これは一般性となるだろうが、特殊化することもでき、あらかじめ形成された可能性を表わしてもいる。

——伝統：文化的世界 *Kulturwelt*[46]。この世界はただ因果的に伝統となっているわけではない。伝統とは、内的な意味によれば、人間の産物である。実際の起源に対する非＝知は、その活動的で人間的な起源に対する知なのだ。

——続いて：過去の人々が行なった創造は、素材から出発して新たに形をとるようになる。

——これらの表面的な特徴は、深さについての問い *Befragung*[47] を可能にする。

三六七ページ。幾何学：一つの獲得が、さまざまな新たな行為や新たな獲得へと拡大される。前もっての獲得へと、したがってまた、反復された獲得へと結びつく。幾何学の過去は、現在の中に生き続けており、そこに一つの未来を開き続けている。研究者たちの開かれた連なり、作動的主観性 *leistende subjektivität*(48)。その連なりもかつては一つの歴史的創造であった、という事実に結びつけられた意味、予持 *Vorhabe*(49)［原創設 *Urstiftung* – 追行的創設 *Nachstiftung*］(50)。幾何学の生成というものは、次にはそれが前提になるという意味の統合を含んでいる。したがって、その完全な意味は創設行為の中で汲み尽くされることはない。幾何学がその実現《レアリザシオン》であるような原初的意味形成 *primitive Sinnbildung*(51)(六)があったのでなければならない。これを明証的な実現と言うべきだろうか？　創造されたものはそれ自体がそこに *Selbst da*(52) あったのだろうか。

問題：この起源的な行為において幾何学は、個人的な生の一契機でしかない。

三六八ページ。ところが、幾何学はそれとは別のものでもある：理念的、超時間的な客観性であり、万人にいつでも理解できるものなのだ。

このことはまた文学についても真実である。こうしたたぐいの産物は、物的な事物のように複数存在するわけではない。それぞれは一度限りのものである。それは意味 *Bedeutung*(53) 全体の、すなわち、語られた事柄として存在しているものすべてによる出来事なのである。そのさまざまな表現は世界の内に、空間や時間の内にある。だが、理念的存在そのものはそうではない。

言語自体は理念的な諸存在でできているものである：「ライオン」という語は、ドイツ語では一度しか存在することはない。だが、幾何学で表現されるものは、それを越えた理念性の第二層である。

三六九ページ。私たちの問題：この層はいかにして、その発案者 *Erfinder*(54) の意識空間を越えて理念性を獲得するのか？　言語によるのだ。しかし、いかにして言語はこの力であるのか？
人間の機能としての言葉 *Sprache* と、人間的現存在 *Dasein* の地平としての世界 *Welt* との関係。私たちは、世界という地平、「われらが他人たち《ノ・ゾートル》」としての人々という地平を持っている。言語によって、この地平は一つの開かれた仕方で無限に *offen endlos*[55] なる。それによってまた、この地平は一つの規範を備え、この規範のまわりでは、一定の語るものの全体が揺れ動き、結局、この地平によって、すべてのものは命名でき、語ることができ、客観的な *objektive* ものとなるのである。
三七〇ページ。客観的な〈存在〉は、語る人を内包している。言語は客観的世界の相関者である。人々、世界、言葉は絡み合っている。
問題への復帰：表現はいかにして幾何学を客観化するのか？
表現が確立されると、創始者の心理的なものは「客観的」で「経験可能 *erfahrbar*[56]」で命名できるものとなる。だが、そこには心的実在 *psychisch Reales*[57] とはまったくちがう理念的対象性 *ideale Gegenständlichkeit*[58] としての間主観的〈存在〉があるのだ。それはどこからやってくるのだろう？
産出 *Erzeugung*[59] というものが存在していたが、それは過ぎ去ったものでありながら、過ぎ去っても決して無になることはなく、受動性となることによって、逆に、その資格においてみずからが想起 *Wiedererinnerung*[60] の活動に従事することになるのである。この活動は、想起されているものと、産出の明証性をもって産出されたものとの、合致 *Deckung*[61] の経験となるだろう。[七]（実定的な現在の中に閉じ込められ、かつてなされた産出につながることのない一つの経験が問題となるわけではない：この産出は、ほとんど新たに、また能動的に体験される *quasi neu und aktiv durchlebt*[62] のであり、それは更新される（更新されたもの *das Erneute*[63]）のであって、想起の活動は、起源的に産出されたものの実現であり産出なのである。再産出の起源的な性格は、産出の起源的な性格と私との間の遮蔽物ではない：前者の性格は後者の性格から派生するのである。[B12] まさしくそれは、産出されたものと、準＝産出されているものとの同一性の意識以外の何ものでもない。想起の根源的性格は、その性格がひたすら「準〜」もしくは「再〜」といった指標をつけられることをめざすような産出の経験の起源的性格以外の何ものでもないのである。まさしくこの後のものが、「過ぎゆくもの」である限りでのかつての産出によって「原創設された *urstiftet*」のであり――回復できるのだ。ひとえにこれが、主観とその可能性から出発して、なおも、客観性 *Objektivität*(64) の統一ではない統一を作り上げるのである。〔私の想起活動と私のかつての産出活動との関係をめぐるこの分析は、

(1)産出であったかつての経験には当てはまるが、たとえば、起源的な受動性である知覚には当てはまらない。そこにはあらゆる活動の類縁性があり、活動は再活性化の可能性を創設する *stiftet*。

(2)〔そしてまたこの分析は―訳者補足―〕一つの活動性によってもう一つの活動性が再認される根拠として、遠ざかってゆく知覚としての過去把持の活動を前提とする、それは終わりのない *endlos*(65) 層である。

(3)互いの活動性は、結局、知覚が一つの行為ではなく、また一つの積極的な体験 *Erlebnis*(66) でもなく、一種の……の欠如であるということを前提にしている：こうした条件でのみ過去把持は、把持されるものが私と過ぎ去ったばかりの知覚との間に割り込んでくることもなく、垂直性としての活動性を保持することができるのである。

(4)想起の産出による産出の再認《ルコネッサンス》は、まだ理念的対象そのものの再認《レコグニシオン》ではない。それというのもまさしく、この再認《ルコネッサンス》は主観的時間の総合に依存したままであるからだ。〕

三七一ページ。主観的総合〔それは産出されたものをも対象とするが、ただし、私の産出物としてのみで

ある］は、言語共同体 *Sprachgemeinschaft*[67] の到来によって乗り越えられる。この言語共同体は、共遂行 *Mitvollzug*[68] や、活動的な追理解 *Nachverstehen*[69] や、当初は主観の中だけに存在していた産出の現前する共‐産出 *co-Erzeugung* といったものを含んでいる。想起の中には、まさにこの、かつて存在したのと同じものとして存在している産出の経験があったし［そんなわけで、産出を想起することは、知覚を想起することとは異なっている。知覚は想起の中では現働的《アクチュエル》ではなかったし、過去把持の過去把持の過去把持……等々でしかなかった、したがってこの場合、知覚されるものと思い出されるものとの同一性は、現働的な産出に依拠していたわけではなく、逆に、知覚されるものは私から奪い取られてしまっているという事実に依拠していたのである：知覚と想起との共通項が保証されていたのは、過去のものとなっている限りでありその限りのものなのだ］、そのうえ、自己移入 *Einfühlung*[70] と言語共同体とが与えられている場合には、もはや単に二つの「同じ *gleiche*[71]」産出の意識にとどまらず、さらにその二つの産出における数的には一つの精神的形成体 *Gebilde* の経験もあったわけである。

［なぜ、言語共同体はそれを与えてくれるのだろうか？　なぜ、言語による相互理解 *verstehen* がそれを与えてくれるのか？　言語による相互理解は、それを与えてくれることを前提にしているとは言えないのだろうか？

たしかにフッサールは、言語によって理念性を説明しようとはしていない：そうすれば現象学を断念することになるだろう。彼の言わんとしているのは、理念性というものは、言語的理解と比べて第一のものでも第二のものでもなく、言語的理解の内に姿を現わすものであって、それは実定的内容に還元されるようには言語的理解に還元されることもなく、かといって、上位の可能性のようにして言語的理解を支配するものでもない、ということである。理念性とは、私‐他人のつながりの蝶番のところにあり、このつながりの中で機能し、そこにおいて作用し、効力を現わし、このつながりの中で、このつながりによって実現されるのである。これが意味するのはこうだ：そこには理念性というものと、他人との関係というものとの二つの実定的な項があるわけではない。なぜなら、その場合には、一方が他方を説明したことにならざるをえないだろうからである。お望みとあれば、そこには他人との関係の実定性が浮彫りのようにしてあり、理念性がその裏面となって「語の縁辺に」滲み出ていると考えるのもよし、——あるいはまた、理念性のもつ実定性と、その裏面である他人との関係があり、それが他人を他我 *alter ego* に変える、つまり、私のような産出の主体に変えると考えるのもいいだろう。現象に関するこれら二つの説明の仕方は、結局は一つのものでしかない。なぜなら、両項のいずれもが、他項の陽画でも陰画でもなく、それらは絡み合い《アントルラッスモン》の中で実現されるからである：私は、他人へと開かれていればこそ、理念性と関わりをもつことができるようになるのであり、また、理念性へと開かれていればこそ、産出において他人とつながることができるようにもなる。（人称内的な追行的遂行 *Nachvollzug* との差異があるが、それは、ここでは領野が、他人の生という原的に現前しえないもの *Nichturpräsentierbar*[72]、非‐自我、非‐存在、準‐自我、準‐存在にまで広がっているからだ。）フッサールの解決は、開けを他人にゆだね、知覚的‐運動機能的なものの法則における理念性にゆだねるところにある。すなわち、他人を私の世界の対岸とし、理念性を、そこでこの両岸が連結される何か *Etwas*、つまり……に語りかける軸、一つの軸、いわば、それによって見えるものが支えられている見えないものにするのである。実践的存在としての、また、〈言葉《パロール》〉の相関者としての垂直的〈存在〉。」

言語の第二の役割：このように、言葉として、「に語りかけるもの」としての理念性の実践となった後でも、言語はまた、あらゆる会話の外で、そしてまた、たとえ対話者たちが死に絶えてしまったとしても、さらには、その言語がなんぴとによっても未だ明証的に生きられていないとしても［だれ一人としてそれを明証的に現実化しないとしても *obschon niemand sie in Evidenz verwirklicht hat*］、理念的なものが恒常性をもつための可能性となっているのである。

それは潜在化したコミュニケーションなのだ。

［すなわち、言表に対する真なるものの先在性（これは、言表に対して単に真なるものが残存しているのではない）は、文書と言語に基礎づけられている。──このことすべてが、またとりわけ、真なるものの先在性が、言語の主観的要求もしくは言語の絶対的根拠（これは問題視されるものだが）による独断的な言表とは別物であるためには［B13］、言語によって開かれた領域、言語によって開かれた人間的共同体 *Gemeinschaft*(73) の新たな層が、手の届かないものであってもならず、すっかり与えられているものであってもならず、それは独我論的〈存在〉の裏側、つまり同時に、その存在の否定でもあり支えでもなければならず、さらに、語る意識は言語に対して包み込むものでも包み込まれるものでもあってはならず、結局のところ語る意識は、実定的なものとしてではなく隔たりとして理解されねばならないのだ。(九)］

言語は潜在的コミュニケーションであり、理念性の先在性であり恒常性である。なぜなら、言語の中で、表現されたものは存在様式 *Seinmodus*(74) を変えるからである：語や文書は物理的事物のようなあり方で客観的に存在している。そして、この恒常的な存在においてそれらは、活動としての自分たちの意味を運搬するのである。この意味は、闇に沈んではいても、目覚め、活動の内で新たに変身することもできる──運搬された意味は「忘れられ」「沈澱し」また「再活性化できる」（そして、来るべき意味もまた「埋没し」「隠された」ものとして、つまりは彼方の光として現われる）。これは人間が語る存在 *sprechende*

Wesen[75] であり、世界が語りうるものである限りそうなのだ。[76][文書の物理的存在は真なるものの理念的存在に置き換えられるものではない。フッサールが言おうとしているのは、文書の中への意味の移行は、その存在意味を変えるのだということであり、――それは表現された意味として（それを表現する私にとってさえ）、以前とは別のものになっているということであり、――表現は単に伝達手段であるだけではなく、産出 *Erzeugung* を変質させるということであって、表現は安定した産出であり、産出としては失われている限りで保存されている産出であり、たとえば他の産出《プロデュクシオン》にとって自由に用いられる《ディスポニーブル》ものとなっている限りにおいて産出としては乗り越えられた産出だということである。沈澱、それはこの稼働性《ディスポニビリテ》であり、これが思考の一部をなしているのであって、その退行ではない。思考は、まさに産出である限りにおいて、受動的な生の乗り越えである限りにおいて、見えない領域への入口である限りにおいて、沈澱したものとしてしか存在し得ないし（これがフッサールの「思惟とは何の謂いか？ *Was heißt denken?*」である）、沈澱は思考としてのその実現なのである。フッサールは、思考は沈澱しているということ、再活性化はそこにおいて一つの可能性でしかないということ、追理解 *Nachverstehen* や共理解 *Mitverstehen*[77] は再活性化ではないし、そうではあり得ないということを強調している。三七二ページ（三七二ページの注1）ここでの総括は、私にとっては、たどるべき全行程にわたって有効なものではないが、それでもこれは、さまざまな軸、蝶番、可能性の母胎、虚定的《ネガティフ》な等価物、あるいは実定的《ポジティヴ》な行為の痕跡、多産的な忘却、すなわち作動する否定といったものを把握することにはなる。思考は、彼にとっては、おのずから時間的なものである。]

三七二ページ。そこから、受容的－受動的な準思考の可能性と、本原的に直観的な *ursprünglich anschauliche*[78] 生に取って代わろうとする言語の誘惑が生じてくる。[79][この誘惑がその生に取って代わらねばならないということ、言い換えれば、思考は魅了されたままになるだろうことを示し、――本原的に直観的な生は、感性的経験を根拠とする諸活動によって、本原的な明証をもったその形成体を創出するのだが *Ursprünglich anschauliche Leben, das in Aktivitäten auf dem Grunde sinnlicher Erfahrung seine ursprünglich evidenten Gebilde schaft*（三七二ページ）[80]、思考はそのような生から発するのではないということを示すこと。そしてまた、「高次の」形成体に向けては近道があるということ、思考の世界は知覚の世界のようにそれ自体に欠落がありいびつ《パロック》であるということを示し、さらに、諸行為の間には、単に漸進的で正面的な明証性ではなく、側面的な明証性があるのだが、これらすべては、思考が所有することではなく所有しないことだからこそ起こってくるのだということを示すこと。」

フッサール：私たちは、人が語る事柄の愚かしさに対して警戒することができ、それは教えと習得との規則である。[81]「だが、難しいことは、沈澱は単なる機械的なおうむ返し《プシタシスム》ではないし、単なる語《モ》への移行でもないということだ：沈澱は思考からできており、沈澱は思考全体の中に存在しているのである」。三七三ページ。学者というのは、再活性化可能性という目標 *Ziel der Reaktivierbarkeit*[82] を標榜する人々のことだ。しかし（三七三ページの注1）この目標は無限の理念なのである。

沈澱は不可欠のものである。なぜなら、意味創設 *Sinnstiftung*[83]（フィンク、三七一ページ）によって、「意味の伝統」を据えることによって、学問は「伝道《プロパガシオン》」となり、生物学的な意味においてほとんど「増殖《ルプロデュクシオン》」（伝播 *Fortpflanzung*）となるからだ。沈澱によって、痕跡によってのみ、そこには意味が存在する。とりわけ豊穣な意味、いつであれ常に新たな獲得物の根拠となることのできる意味が存在するのである。[84]「ここで、フッサールを推し進めること：創設 *Stiftung* は、包み込む思考ではなく、開かれた思考であり、目標でも、実質的な中心の予持 *Vorhabe* でもなく、やがては修正されることになる傍らの目標であり、目的の設定ではなく、スタイルの設定であり、正面的な把握ではなく、側面的な隔たりであり、深みから持ち帰られた海藻なのである。」

完全な再活性化の不可能性。それでも、先行するものの意味のすべては、後続するものの「中に移行する」。だが、そのこと自体が、いかなる歩みも単独では再活性化できないようにさせるのである(85)「それはまた、そうした歩みの全てが、それぞれ全体的部分となるようにさせ、人々が後のものから出発して考えることができるようにさせるのだ」。

三七四ページ。それぞれの命題がもつ明証性を切り離して考えられるのは、カタログとなった諸理論においてのみであり、理念性が理念性を創り出すような諸科学においてではない。先行する幾何学における再活性化はないのである。

ここから、意味空洞化 *Sinnentleerung*(86) という危険性と現象学の使命が由来する。

次には、この「歴史」についての解明と、

そこから結果として出てくる哲学（目的論、等々）についての解明。

［B14］ 上記部分の翻訳。三六五ページ（三四行目）から三六六ページ（四二行目）まで［M6］

注　釈（新規作成）

起源 *Ursprung* についての、出現についての、したがって歴史的な研究。しかしながらそれは、実際に言いあらわされた命題、証明、等々についての情報ではない。

それは、幾何学が生まれてきたその出現の意味についての研究である。――この出現は、それらの言い表わされたものに対して、それを（この中に *in welchem*[87]）包み込み、それらの前‐理念的な存在論的空間を開くものなのだ。

言い表わされたものよりも広いこの意味、言い表わされたものの土地もしくは土壌であるこの意味は、また、後の幾何学、現在の幾何学を支えているものでもある。

それは、幾何学がそこにおいて世界にやってきたところの意味であり、「そこにあった」「そこにある」――そこにあった、そこにある *da war, da ist* ――は、そこから見えてくるものよりもいっそう豊かな現前を示している：参照事項。誰かがそこにいる、すなわち、単に彼の身体ばかりではなく、その存在のすべて、肉がらみ骨がらみ、それが含んでいるすべてのことと共に。同様にして幾何学も――後続するもの[88]や未来を呼び求める開けの現前――一つの生（生き生きと働き続けている *lebendiger Fortarbeit*）におけるその外的表明の一貫性。時を貫く地下のコミュニケーション＝原創設 *Urstiftung*、追行的創設 *Nachstiftung*、究極的創設 *Endstiftung*[89]、予持 *Vorhabe*、そして再創造される取り上げ直し。……に即して作動する過去、作動する現在。したがって、過去が現在をつくるか、それとも現在が過去をつくるか（アロン）、といった二者択一に反対すること。二者択一は、現在をその開けの次元において見ないような客観主義にとってしか存在しない。

だが、これを起源的なもの *l'ursprünglich* についての私たちの研究そのものに応用しよう：この研究はその起源的なものを、幾何学者たちの思考や彼らの著作の内に求めはしない[90]。したがって、この研究はそれを、それらの初めは必然的にこうであったにちがいないと私たちが思うある種の考えの内に求めるのである：幾何学が初めて〔歴史の中に〕登場してきた――登場してこなければならなかった〔意味〕[一〇] *in dem sie erstmalig* {*in der Geschichte*} *aufgetreten ist—aufgetreten sein mußte*[91]（三六六ページの九行目）。だが、それではこれは、理念的な歴史なのだろうか？　幾何学の起源に私たちが与えるのは意味であり、実際にはそれは、現在の構築、もしくは理念的な構築ということになるのだろうか？　これまでに語られてきたことによれば、そうではない。したがって、そこには、起源を支配し起源を含み込むような非時間的な理念性にはもはや訴えることのない、意味もしくは本質の研究があるのでなければならない。この研究は、意味の運動をあらわにし、意味生成 *Sinngenesis* をあらわにするものなのだ。

私は目の前に、明らかにしなければならない幾何学の意味を有している。それは幾何学の経験的歴史ではない「意味の源泉」であり、探究の歩みに必然性を与えるものであるが（三六六ページの二八行目　本質に応じた *wesensmäßig* ——三八行目　意味に応じた *Sinngemäß* ——存在しないではいられなかったような出現というものが問題になる[92]）、それにもかかわらず、継承された幾何学と、幾何学のさらに古い形態（ユークリッド）との布石に支えられているものである。歴史的考察 *Besinnung*[93] によって、私たちは内的意味の生き生きとした流れを再び見出すことになるのだが、これはその意味の生成の内に必然的になければならなかったものである。

私たちと過去との間で共有されているこの意味とは何か？

私は幾何学が、石や山のように自然なものではないことを知っている[94]。幾何学は「精神的」存在に属しており、精神的に生じたのであり *geistig geworden*[95]（三六六ページの二五行目）、人間活動によって生み出され、「人間の空間」に帰属する（私たち人間の空間に *in unserem Menschheitsraume* 三六六ページの二四行目）ということも知っている[一一]。幾何学は痕跡[96]であるのだから、そうしたことは私には分かっているのである。：フライデーの足跡。

私はメッセージを発見する——誰のものかも分からずに。つまり、これが幾何学の内的性格なのであり、XからXへの〔=誰かから誰かへの〕メッセージであるという本質的性格なのだ。そればかりか、経験的起源への無知は、人間的起源の、人間的共同体の、前時間的な人類の確証であり、それはまさに、時間的・経験的な起源が闇に沈められたという事実によって保証されているのである。知らないということは、誰かが……という一つの知であり：すなわち、明らかな限界を越えることなのだが、それは次元[97]を有している。否認 *Verneinung*[98] を参照。精神的なものによる精神的なものの認知[99]：さまざまな痕跡から出発し、能作 *Leistung*（創造 création）によって私が再‐配置するものも、かつての能作（創造）によって配置されていたのである。そうした作業は、その世界を、その世界性 *Weltlichkeit* を持ち、開かれた共同体への照合関係を持っている。経験的な起源の（経験的な意味における歴史の）忘却というものは、まさしく、創造されたものが、ありのままの過去といったものとは別様に生き残り、あらゆる精神に住みつき、過去を消尽することなく持続し、「歴史」になる可能性を持っていたということに起因している。現在において生き長らえているこの忘却は、伝統化 *Tradierung* であり、……から……への再配置である。伝統とは、永遠の起源であるために経験的起源としての起源を忘れることなのだ。

そのことを私は知っている。なぜなら、幾何学は私に対して、自然的な存在のようなどっしりとした堅牢性を持たないものとして、ある種の欠如もしくは窪みとして、人間的作業への参照、本質的儚さ、限定された虚定性《ネガティヴィテ》、要するに（私にとっては、研究の過去と未来への、創設者たちにとっては、自然の過去と学の未来への）開けとして、現われてくるからである。この開け、私はそれを、自然的世界から既成の *fertig*[100] 理念性へと導く構築の歩みを思い描くことによって取り戻すのだ。それは、担い手たちによる幾何学の人類学的・心理学的な定義ではない：私が非現実性の内に、独特の空虚の内に、自由に創造されたものの不安定性の内に見出すのは、超越論的な、内的な人類であり、全人類の哲学的原動力である。私たちは、この非現実性においてこそ、相互内属 *Ineinander* している。私たちが人類であるのは、自分の生の厚みを通して常に単一性を目指すまさにその点においてなのであり、さらにまた、そこには誰もおらず、潜在的で覆い隠され、私たちの両手の間に己の不在の痕跡のような真理を残して常に私たちから逃れ去ってしまうようなこの特異な内部のまわりに、私たちが集められている点においてなのである。(101)

したがって、深い歴史の作用は伝統に問いかけるところにあり、すなわち、自然的世界からこの上部構造へと導いた道を、繰り広げられた過去の中だけではなく私たちの内にもある道を、造りなおすところにある。それについて、私はまさしく幾何学的な非現実性というものによって確信をいだいている：この非-存在［B15］が私に「手渡さ」（伝えら *tradiert*）れるためには、また、それが私を追行的創設 *Nachstiftung* へと呼び寄せるためには、そこへ導く道が、原理的に造りうるものでなければならない。そこに参加しながら、私は次のことを確認する。(1)こうしたすべては創出されたものに属しており、したがって、その創出されたものはそこに、より原初的な意味形成 *primitivere Sinnbildung*(102)（三六七ページの七および三三行目）から出発して最初の獲得物 *ersten Erwerben*(103) を持たねばならず、予持 *Vorhabe*(104) とうまく実現すること *gelingender Ausführung*(105)（三六七ページの二三行目）とを伴う能作 *Leisten*(106) を持たねばならないのである。(107)

(2)(a)この獲得物 *Erwerb* は、必ず、他の獲得物《アキジシオン》の内で一新される。(b)だがそこで、そっくり承認されもするのであり、以下同様。

(a)すべての獲得物は後続するものに対して前提の総体 *Totalprämisse*(108)（三六七ページの一二行目）となり、獲得物の存在意味はそれ自体、前提という存在意味を受け取ることになる。すなわち、そうした累積がどのようになされていようとも、それは常に創造されたものの内にあり、

(b)それにもかかわらず、先に創造されたものは後続するものに移行するのであって、この引き続く累積は、背後でみずからの痕跡を消し去り、総体的意味 *Totalsinn* ——幾何学というものを作り出す。したがって、私によって反復可能なものとしてのこの日付のない歴史の再構成というものがあることになる。幾何学も文化世界の全体もそこにある伝統から *aus Tradition da* 生じるのだとすれば(三六六ページの二二行目)(創設的行為から生じてくる一つの現存を有するのだとすれば)、それは、このことが、それらにとって単に生成の因果的様態ではないからであり(それらはそのようなものとして単に因果的に生じてきたものではない *Als das sind sie nicht nur kausal geworden*〔三六六ページの二五行目〕、生成の精神的様態(精神的に生じた *geistig geworden*)であるからだ:生成し、創造され、生まれることは、理念性それ自体にとっては本質的なことであり、そのことは私も内心では分かっているし、幾何学を継承する限り、私はそれを幾何学に適用するのである。理念性は、私が反復しうる歴史の中で生じてくるものである。理念的なものの同一性——過去を持つこと、歴史性——私が再体験しうる過去を持つこと。

提出される問い

(1)理念性を歴史から引き離すことを拒否するようなこの分析の後にも、私たちにはフッサールが本質主義的な語彙を持ち続けていることが分かっている:意味に応じた *Sinngemäß*、等々。彼は経験主義者=歴史主義者になったのではない。だが、彼は無条件の普遍妥当性 *unbedingte Allgemeingültichkeit*[109]〔三六六ページの四〇行目〕のような非時間的な方法は維持していないようである。伝統が常に忘却であるとすれば、出現の把握は、どのようにして絶対的合致となるようなことがあるだろうか、原創設 *Urstiftung* の全体性を取り戻すことはできるのだろうか？　忘却（＝乗り越え）が伝統の営みをなしているのであれば、私の再構築は、[110]２—可能１—必然、であり、したがって、知的所有は決して全面的にならないのではあるまいか[111]？

(2)もう一方の端に、原創設 *Urstiftung* の所に、創設されてしまったものの完全な知的所有があったと考えられるだろうか。獲得されたもの *Erwirkte*[112] はそれ自体として本原的に現存している *orginaliter als es selbst da* のだろうか[113]（三六七ページの三九行目）。この問いは明確なかたちで提出されている（暗黙の内に提出されているもう一つの問いも、やがて再び姿を現わしてくることだろう）。

以下をテクストとして取り上げること
三六七ページの四〇行目［ここにフィンクの文章を挿入すること］
三六九ページの一〇行目（私は三六六ページの四二行目から三六七ページの四〇行目までの注釈において説明した）

私たちは三六六ページの四二行目まで説明し、三六六ページ（四二行目）から三六七ページ（四〇行目）の注釈で、特に以下のような問いを提出するために使用した：
(1)幾何学、理念的対象　幾何学。
それは累積的な一連の歩みの、つまり、幾何学的地平を伴う可動性 *Beweglichkeit* の集大成である。

そのつど幾何学の統一は再興され、幾何学は現在の内に収縮するのだが、それができるのも、つまりは、前提すべての再活性化を放棄すればこそなのである。

それ以上に：もはや前提のすべてを再活性化する必要もない：それぞれの時代に、幾何学は、その現在において完全なものとして与えられる。自足した概念化を再発明しようとするのである。

しかしながら、これは本当ではない：普遍妥当性 *Allgemeingültigkeit* は無条件のものではないのである：それはすべての人々に対し、現在において妥当する。新たな概念化の中で昇華されてしか、後の学において存続することはないのだ。

したがって学は、歴史的時間に穴をあけるわけではない。

だが、これは相対主義でもない。

学は未来の地平を持っており（すなわち、必当然的明証性ではなく）、そこでは原理的に、現在その学が真実と呼ぶところのものが得られ、――乗り越えられ、保存され――それも全体性の契機として――その最終的意味と真理との内で、一面性 *Einseitigkeit*[114] なしに保存されることになるだろう。しかし、この未来そのものが、さらに未来を持つのであり、したがって、この未来はそれ自体が真理というものではあるまいし、絶対的に乗り越えをおこなうわけでもないのである――逆に、現在も決して完全に乗り越えられてしまうことはないだろう。未来‐現在のこの関係は、現在‐過去の関係に移し変えることができる（現在は未来であったのだし、過去は現在であったのだから）：この関係が意味しているのは、原創設 *Urstiftung* は決してすっかり乗り越えられてしまうわけではなく、それは予持 *Vorhabe* であったのだということである。二重の運動：過去は現在によって回収され、現在の中に収縮しているが、同時に、現在もまた過去によって先取りされ、過去は現在の内で作用し続けている。伝統という考えはこの二重の運動である：同じものであるために異なったものであること、保持するために忘却すること、受容するために産出すること、過去のあらゆる推進力を受け入れるために前方を見ること。

したがってこれは、相対主義でも歴史主義でもなく、逆に、現在のすべてがすべてを含み、絶対で、すべてが真であり、すべてが偽ではないという考えなのだ。

(1)過去の地平ということを考慮に入れるならば、過去は現在と同じほど真であるし、ここには意味空洞化 *Sinnentleerung* があると言うこともでき、また、未来の地平は、まさしく、途中で忘れられながらも当初より目指されてきたこの過剰でできていると言うことさえできる。すべては過去の内にあったのだ。

(2)現在は未来と同じほど真である：私は未来が現在を変えてしまうだろうことをよく知っているが、[B16] [M7] しかし、私の現在を虚定的《ネガティフ》に変えるために未来がそこにあるのではない限り、私の現在は実定的《ポジティフ》なものに属しており、現在はまだ一面的 *Einseitig* ではなく、後になってしかその日付を持たないような純粋理念化なのである。獲得は喪失（意味空洞化、忘却）だが、また忘却は多産的でもあり、忘却のみが保持を可能にもしている。

したがって、地平という考えにより、これは相対主義にも歴史主義にもなりはしない。

しかしまた、同じ地平という考えによって、これは絶対知の哲学でもないことになる：フッサールは、保持と乗り越えというものがあり、両者はまったく同じものだとか、否定が否定されたものを救うのだとか、そんなことを言っているわけではないが、それは地平という考えが、みずから絶対知を否定するからである。地平によって、過去から未来に向かうものと、未来から過去に向かうものとの二つの循環が残ることになる[115]。

そこから解明すべき問いが生じてくる：ヨーロッパ的な知の危機は、意味空洞化に原因がある。即効薬は：原創設 *Urstiftung* とそのすべての地平とを目覚めさせるための歴史的意識 *Besinnung*。生活世界 *Lebenswelt* や地平という存在を明らかにすること。私たちの内で原創設を含んでいるものとの接触、理念性を担っている歴史の内部との接触を取り戻すこと。——だが、まだ私たちにそれができるのだろうか？

全体的な再活性化は原理的に不可能ではないのだろうか？

(2)以上の問いと対称的な問い：

この問い：私たちはどの程度まで原創設を目覚めさせることができるのだろうか？　原創設はどの程度まで、現在を包み込んでいたと言えるのだろうか？　どの程度まで、その内部から現在へ通じていたと言えるのだろうか？

原創設は幾人かの人々のなしたこと、いくつかの孤島的な意識のなしたことであった——これらの意識は非時間的な理念的存在に触れていたのだろうか？　再活性化と同様に、予持 *Vorhabe* は可能だったのだろうか？

もしもそれらの意識を、一挙に非時間的な理念的〈存在〉に基づかせてしまうならば、一つの現在からもう一つの現在への絆についての問いは知られずにいることになる。また、非時間的な理念的存在を放棄してしまっても、やはりこの問いは知られずにいることになる。なぜなら、そこにはもはや、幾何学という諸真理の本体ではなく、バラバラの心理的諸事実しか残ってはいないからだ。

フッサールがまず専念しているのは、第二の問いの方である。

[B17]　(3)三六七ページの四〇行目から三六九ページの一六行目まで〔の翻訳〕[M8]

[B19]　(3)注釈 [M8]

1——出現の意味は予持でしかないのだから、それはどのようにして個人的意識の空間から外に出るのだろうか？　原創設以来、そこには、その普遍的価値、その理念性を基礎づける何かがあるのでなければならない。

2——一見したところでの、幾何学的存在の理念的客観性と以下のものとのコントラスト

文学的な文化の形成体 *Gebilde* の客観性。

技術的諸対象の存在。

モニュメント。

第一の幾何学的存在は一度だけしか存在せず、さまざまな表現行為によって増えていくことはない。

第二の文学的な文化の産物の存在は、それらの言語的コーパスに密着しており、万人にとって正確かつ直接に理解できるものではない。言語への関与を必要とする。普遍性は「不確実」もしくは「間接的」である。

第三の存在は望むだけの数の個体として存在し、「複製」され、1の意味における作品も2の意味における作品でさえも消費されないのに、これらは「消費される」のだ。ここで意味はまさしく実体となる。

間接的、直接的接近。

——フッサールは理念的存在をめぐるかつての自分の思想に帰りたがっているのだろうか？[116]

そうでないことの証拠：彼は学を文学に、意味 *Bedeutung* を語りの意味 *Sinn von Reden* に統合することを企てている。

言語は単に理念性を運搬するものではなく、もう一つの秩序に属する本質 *Wesen* にとっての因果的な存

在条件である。言葉《パロール》の中に現われてくるのが意味 *Bedeutung* には本質的なことである。[117] そこにあるのは精神的生成であり、精神的存在に固有のものである（思考はこのように因果的に生成した *kausal geworden* ばかりではなく、このように精神的にも生成した *geistig geworden* のである。起源の現象学。[118]［こうつけ加えることもできるだろう：それでは逆に、偉大な作品は何部も存在しているのだろうか？ 何人かのアイスキュロスやシェイクスピアがいるのだろうか？ さらにまた、ローマの本質 *Wesen* といったものは無いのだろうか？ ローマでしか理解できないような本質ではありながら、そのローマから、対象化可能な場所とは別のものを作り上げるような本質が？：意味の源泉。そして最後に：学というものは、言語の下部構造を内包してはいないのだろうか――沈澱、共通見解 *opinio communis* の？ たった一つの精神の中に、明証的な状態の学の全体が共存することなどありはしないのだ。

――目下のところ、フッサールは多層の現象学を保持している：感性的な外化というものがあり、それらに住みついた理念的対象がある。前者は現実世界にあり、後者は理念的なものの中にある。前者によって後者は現実世界に、さまざまな個体の中に降りてくる。だがそれは、表現行為が二つの層を持っているからだ：理念的意味と感性的受肉とであり、この受肉は理念的意味をまきぞえにすることはない。まだ、どのようにして〈言葉〉は二つの層を持つのかという問題が残っている。注意：この二層はそこに並置されているのではない。言葉は二層的 *Doppelschichtig* である＝それは二階になった唯一の現象なのだ。各層を識別するだけでは十分ではない。それらがなぜどのようにして連動しているかを理解しなければならない。だが、フッサールが言葉《パロール》 *Sprache* ――ヤヌス、言葉《パロール》（*Rede*）そして世界内の事物といったものの方を向いているということは、理念性とその束の間の絆とを理解するためには、すでにして意味深いことである：まさしく理念的存在は、受肉へ、世界内の存在へと差し向けるものなのだ。媒介物である言葉*Sprache*。

(3) 書くこと。

だが、要注意：存在的な言葉*Sprache*によって理念的存在を説明することが問題なのではない。言語そのものが理念的客観性なのだ。ドイツ語においてライオンという語は一度しか存在しない。したがって、言語におけるいわゆる受肉というものは、一つの理念的意味の中への理念的意味の嵌め込みなのである。

[『論理学研究』参照：言語哲学がこうした意味を純粋文法の内に基礎づける。諸本質]

しかしながら(119)：言明*Aussage*(120)はそれが語るところのことであると同時に理念的対象であることはできない。理念的対象にはなり得ない作動する言明というものがあり、それによってのみ理念的主題が、つまり、それについて人々の語るものが据えられるのである。[理念化(121)は常に伸張性のあるものだが、また常に部分的なものでもある。このことは、理念的なものを因果的な層に基づかせるべきではないということを示しており、そしてまた、理念的なものは決して切り離せないし、その中に作動秩序が解消されるものでもないということを示している。作動というものは本質の単なる副産物ではない。作動とは何であり、したがって本質とは、理念的なものとは何であろうか？

(4) [諸命題(122)の中にひとたび作り上げられたものではなく、誕生の場にある理念的意味を考えるならば]、それは実際、言葉 *Sprache* という媒介物によるもの、あるいは言葉を通してのものであることは明らかだ。

言葉は意味を現実世界に下降させ、同時にそれを理念的存在の中に据えつける。

[123]「フッサール：相反する二つの運動によって引き裂かれたものとしての反省：それは、「深い」層、作動する言語《ランガージュ》の役割と同時に、——理念的含意、理念的存在の前提をも明らかにする。——自己に復帰することと自己を脱すること——同じ運動の中で、言葉は非時間的な理念的〈存在〉にも関わり、空間‐時間化をも実現する。これは相反しているのだろうか？

言語の出現に統合された理念性の出現。[124]

前者について私たちは、それが理念性‐歴史性であることを知っている。

後者は私たちに、語られたことが、理念的なものの中にも、

現実世界の中にも、

同時に据えつけられるということを理解させてくれる。

いかにしてそれが可能になるのだろうか？　私たちは、これから、理念性を支え感性的世界の内に下降していくような作動しつつある《オペラン》 *fungierende* 言語を記述するつもりである。その起源 *Ursprung* において、作動する言語は前者でも後者でもある。起源の次元は垂直性である。起源は作動する理念性でなければならないが、だがそれには、二つの辞項の解明を必要とする。言葉《パロール》は人間の行為ではない。

機能 *Funktion* としての〈言葉〉。

地平としての〈世界〉。

人間を貫いている作動する言葉によって、空間‐時間的な個人と理念的存在とがいかに通じ合うかということを私たちが理解できるのは、ようやく、そうした解明がなされてからである。

［B20］三六九ページの一七行目から三七〇ページの一二行目まで。翻訳。［M9］

言葉 *Sprache* の理念化する機能を研究する以前の、言葉についての解明。

［B22］注釈。三六九ページの一七行目から三五行目。［M9の2］

(1)地平によって与えられ、行為によって与えられたものではない人間性《ユマニテ》＝人類。

私たちは人間性＝人類を持っている。

＝親密さ、次元性。

諸物と人々しか存在しないわけではない。そこには次元性もしくは地平がある。空間の地平は事物の寄せ集めではなく、事物の典型であり、そのスタイルであり、事物が引き続き存在し得るような前もっての空間なのである。

人類の地平＝これこれの人間、これこれの共同体、これこれの自己移入 *Einfühlung* といったものの定立以前。

地平は開けている：それは同じ型のもの[一三]の不在……へと通じている[125]。

したがって、限定された非限定であり（だから、外的な事物や存在の寄せ集めではない。

したがってこれは、私と、他の個別的なものとの[126]間にある。それは対－象 ob-jet ではない。

それは自己移入の前もっての可能性（できる *kann*）である。互いに自己移入に基づく可能性である：現象学的アプリオリは、内発的な構築ではない。それは自己移入という出来事の原理的な価値なのだ。地平のアプリオリ：内発的可能性の条件ではないが、現実の可能性 *Möglichkeit an Wirklichkeit*[127] としての可能性である。ここにおいて、さまざまな自己移入が約束されることになる。

(2)私たちは他の人々に劣らず地平の内にある。主‐客関係ではない。

同胞 *Mitmenschen*、同胞関係 *Mitmenschenheit*：共‐人類、……と共にいること。

これは、同じ世界「側面的共同存在 *Mitsein*」（サルトル）への帰属による相互性を意味しており、したがって、私たちは上空飛行することもなく、世界意識でもなく、世界について意識的なのだ。

私たちは人類の中にあって、人類に属している[128]：地平の内には、主観と客観とがあるのではなく、他の人々と同じように私たちもそこにいるのであり、他の人々と同じように、私たちも、この地平に対する隔たりや変異体となって、その地平の存在から取り出されているのである。

(3)地平と理念性。

地平は、したがって、さまざまな自己移入 *Einfühlungen* の寄せ集めではなく、人類なのだ。同胞関係 *Mitmenschheit*[129]、この抽象的な実詞の二重の意味：それは外延的な概念としての人類、および、歴史的観念としての人類である。

地平は両者のはざまにあって、理念性の根拠になっており、普遍的中核なのである。

(4)地平＝関心でもあり――

無関心な見物人 *uninteressierte Zuschauer*[130] の行為でもある。

関心・地平とは予測的関心が目指すところのものである[131]。

とはいえ・私の関心が盲目的に働く限り・人は同胞関係 *Mitmenschheit* しか持たないことになる・同じ世

界への準拠による他者との側面的関係。

これに対して、私が、わが共‐人間たちの全体の中にみずからを挿入するならば、その時には、私は人類一般 *Menschheit überhaupt*(132) を持つことになるが、これは単なる同胞的な人類ではない(133)。したがって：私は自分の関心によって他の人々と共存し、そうして私は彼らの内の一人ではないことになる［（私は「比類ない怪物」である）］か、それとも、私は自分自身を人々の数に加え、そうして私は一般的な *überhaupt* 人類を持つことになる（おそらく：理念としての人類 *Menschheit*(134)）か、二つに一つである。

私が一人の人間である時［――人間として機能している時］、私は自分が真にそのような人間であることをわきまえてはいない。

私が自分を人間であると知る時、私はもはや人間ではない。私は無関心な見物人 *uninteressierter Zuschauer* である(135)。

地平のパラドックス：それが私を本当に包む時には［（関心）］、それは私を本当には包まない［（怪物）］、私が地平を考え、その中にいるのだから、それが私を本当には包まない時には［（私は逃れる）］、その時こそ私は地平の中に自己定立するのである。反人間主義の人間主義。世界という地平における人類という地平(136)。

これらすべてがその周りを回転しているような、地平という考え方の決定的な重要性。

含まれ‐含む地平、知と存在、人類の本質と実存。

［B23］翻訳。三六九ページの三六行目、三七〇ページの一一行目。［M10］

[[B24][137] 注釈。[M10の2]

人類の地平は言語を含んでおり（言語はこの地平に属している *gehört*[138]）、言語は地平への開けを含んでいる（地平は言語に依存し、言語によって貫かれている）。

↓無限 *endlos*。

言い表す *aussprechen*[139] 力は人類の実際的な存在である。

客観的存在（語られた世界）はこの表現する力に基礎づけられている。事物はこの言い表 - せる *Aussprechen-Können* ということによって、表現可能なもの（理念化可能なもの）として基礎づけられている。

（ところで、この言い表 - せるという事柄は開かれたものであり、したがってフッサールは、言い表す力は世界 *Welt* を前提とし、それの一部分をなしていると言った。）

だが、客観的世界は何にも増して万人にとっての世界である。

だが、地平は、何にも増してこの客観的世界である。

結局のところ：循環性（それはフッサールが達していた地点における現象学的「相関関係」の最も厳密な表現である。なぜなら、〈語ること〉 - 語り得ることの相関関係は、ノエシス - ノエマではないからだ）。

遠心的 - 構成的規定は循環性である。関係 Le *Beziehen* は相互的である。

絡み合わされたもの *Verflochten*[140]。]

[B25] 注釈。三六九ページの三六行目、三七〇ページの一二行目。[M10の2]

言語《ランガージュ》 - 人類 - 世界の関係。

レジュメ：言語は人類の地平の本質的なものである。言語はこの地平にその「開け」を与え、地平を無限 *endlos* にする。

人間の周囲世界 *Umwelt* が客観的になるのは、言語においてであるが、それは周囲世界が「名づけ得るもの」だからである。

諸対象の総体 *Universum der Objekte* [141] の相関物となるのは言語である。

言葉 *Sprache*、人間 *Mensch*、世界 *Welt* は「錯綜《アンシュヴェットレ》し」「絡み合って《アントルラッセ》」いる。

絡み合わされたもの *Verflochten*（三七〇ページの一〇行目）。

［I 絡み合い《アントルラ》。（絡み合い Verflechtung）。］

分析は二重の運動を含んでいるように見える：

言語は人類の地平に所属している（人類の地平に所属している *gehört zu dem Menschheitshorizont*）（三六九ページの三六行目）

人類は言語共同体として把握されている（として把握されている *bewußt als*）。

問い：私たちが言語を理解するのは人間的地平によるのか、それとも、言語によってこそ、私たちは人間的地平を理解するのか？

おそらく：いずれかを選択すべきではない。

両関係の一方は実存によるのだろうか？

　　他方は本質によるのだろうか？

たとえば前者は、実存的所属である（参照、『イデーン』第二巻、私たちは同じ世界に所属している

[*gehören*])。

後者は本質的所属である（反省によって、私たちは言語を人間的地平の不変項と見なす）。あるいはその逆に：

前者を本質的所属とする（言語について反省することによって、私たちはそこに不変項としての世界*Welt*と、その部分をなしている人類とを見出すのである）。

後者を実存的所属とする（人類はいつも言語に依存している）。

言語と人類とが双方とも、本質によったり実存によったりすることで、前者になったり後者になったりし得るという事実そのものが、この裂け目が問題になり得ないものであることを示している。[142]前記したのと同様に、フッサールは、理念性は因果的に生成した*kausal geworden*のではなく、精神的に生成した*geistig geworden*のだと言っていた。したがって、理念性を支えている人類と言語もまた、因果的起源の関係を保つものではあり得ない。

何かが、後続するものにおいて、このことを立証する：人類‐言語の全体は、世界を諸対象の総体*Universum der Objekte*として支えている、とフッサールは言っている。ところで、前の段落では、人間的地平は世界の部分であるということだった：だとすれば、人間的地平は同時に（生活世界*Lebenswelt*としての）世界の中に含まれてもおり、（諸対象の総体としての）世界を含んでもいる。したがって、私たちには、可逆的な関係のような感じがする（おそらく同じ方向ではない）――それは一方向的なものではない。

言語‐人類と、それが世界と結ぶ関係の全体とは、絶対に第一のものでも第二のものでもない。志向性は一方向的なものではないのである。

これら二つの関係のそれぞれについて、フッサールは具体的に語っているが、その意味するところを理解するように努めよう。

［II 言語《ランガージュ》と人類。］

言語は、人類の地平が開かれた仕方で無限 *offen endlos* であり得るようにする。なぜか？〔可能なコミュニケーションとしての〕言語の「拡張された記載《アンスクリプシオン》」、広範囲に及ぶ文書記録によって、〔人類の地平は、人間にとって常にそうであるように、開かれた仕方で無限の地平となるからだ à cause de ses «inscriptions étendues» *Weitreichende Dokumententierungen*〔*als mögliche Mitteilungen der Menschheitshorizont ein offen endloser sein, wie er es für Menschen immer ist*〕(143)（三六九、三九）。すなわち：言語なしでいたり、沈黙の中にいたりするのであれば、私たちは閉じられた周囲世界 *Umwelt* を持つことになるだろう。私たちは生物学的な、もしくは、人類学的ですらある自己移入 *Einfühlung* を持つことになるだろう。ここで人類学的というのは、人間がそれであるような自然的な種の意味において、外的な一般性‐生殖性の意味においてである――私たちは記載するという要請を持たないだろう［この要請は、すべてが一つの真理を持ち、一つの「記載」を持つようにするものだが。］。

それこそが形相的変更《ヴァリアシオン・エイデティック》の結果である：非‐言語の仮説によって不変項として引き出された言語の本質(144)。――だが、この不変項の方法が意味しているのは以下のことである。つまり、明らかにされるものは、分析的に見ればそこに含まれているというような言語の特質ではなく、論理的ではない一つの可能性であり、言語に住みついている力であり強さである、ということだ(145)。

言い表‐せるということ *Aussprechen-Können* は言語とともに生じてくる。［したがって、言語によって実現される開けは言語の働きであり、分析的特質ではないのである。」

ハイデガーの『言葉への途上 *Unterwegs zur Sprache*』[146]を参照：

（一四）「言葉について論究することは、言葉を、言葉の本質がある場所へ連れてゆくのではなく、われわれをそのような場所に連れてゆくこと、すなわち、性起へと召集するということを意味している。

われわれは言葉そのものを、そしてそれだけを追い求めつつ－思索したい。言葉そのものは：言葉であって、それ以外ではない。言葉そのものは言葉なのである。論理的に訓練され、すべてを計算可能なものとし、そのため、たいてい傲慢になっている悟性は、この命題を、内容のない同語反復と呼ぶ。言葉は言葉である、と、ただ同じことを二度言うことで、われわれはどれだけ先に進めるというのだろうか。しかしながら、われわれは先に進むつもりなどないのである。われわれはただ何よりも、すでにわれわれが滞在しているそこに到達したいのである。

したがって、われわれがよくよく考えたいのは：言葉そのものはどうなっているか、ということであり、われわれが問うのは：言葉は言葉としていかにあるか、ということである。われわれは答える：言葉が語るのだ、と。〔これは答えとして真面目なものだろうか。おそらくはそうである。ただし、語るということの意味が明らかになったときに、ではある。〕

それゆえ、言葉を追い求めつつ思索するために必要であるのは、言葉の語るところに耳を傾けることであって、それは、言葉のもとに、すなわちわれわれが語るところにではなく、言葉が語るところに滞在するためなのである。このようにしてのみわれわれは、言葉がその本質をわれわれに語り伝えることに成功したり失敗したりするような領域に到達することができる。〔われわれは、語ることを言葉に委ねる。われわれは言葉を、言葉そのものではない別のものの上に基礎づけるつもりもないし、言葉によって何か他のものを説明するつもりもない。

一七八四年八月一〇日、ハーマンはヘルダーに書き送っている（ロート編、ハーマン著作集、第七巻、一五一ページ以下）：

「私がデモステネスのように雄弁であったとしても、それでも私は、ただ一つの言葉を三回繰り返す以上のことはできない：〕ハーマンからヘルダーへ（一七八四年）。私たちは次のように繰り返すことしかできない *Hamann à Herder* (1784). *On ne peut que répéter*。理性は言葉、ロゴスである。私はこの真髄にかじりつき、死ぬまでそれにさいなまれることだろう。この深みにあって、私の心は今なお闇につつまれている。私は依然として、この無底の鍵をたずさえた黙示録の天使を待っているのである。」

ハーマンが無底と言っているのは、理性が言葉である、という点においてである。〔ハーマンは、理性とは何かを語ろうと試みながら、言葉に立ち返った。理性への眼差しは、底なしの深みに落ちるのである。〕この深みは、理性が言葉に起因するということだけから成るのか、あるいは、もしかすると言葉そのものが無底なのだろうか。〔われわれが無底について語るのは、われわれが根底を探し求め、根底に接近しようとしながらも、その根底が失われ、根底が欠けているところにおいてである。しかしながら、〕われわれは今、理性とは何かを問おうとしているのではなく、ただちに言葉を追い求めつつ思索しようとしているのであり、これに際して、言葉は言葉である、という奇妙な命題を導きの糸としているわけである。この命題は、言葉が基礎を置いている何か他のものへとわれわれを送り届けはしない。〔この命題は、言葉そのものが他のものに対する基礎となっているかどうかについても、何も語らない。言葉は言葉なりというあの命題は、この命題の語ることにわれわれが耐え抜く限り、われわれを無底の上に揺曳させたままにしておくのである。
言葉は：言葉である。言葉は語る。｝この命題の名指している無底のうちに、われわれみずからが落ちるにまかせるとしても、われわれは空《くう》のうちへと転落するわけではない。われわれは高みのうちに落ちるのである。この高みの高さが深みを開く。この高みと深みとは、人間の本質を保つべき滞在地を見出すべくわれわれが慣れ親しむようになる場所を、隅々まで測り尽くすのだ。」
［本質 *Wesen*：そこを言葉 *Sprache* が通過してゆく場所、あるいは無底、あるいは開けである。］

III　言語と客観的存在（諸対象の総体 *Universum der Objekte* としての世界 *Welt*）。

独特な志向性としての言葉《パロール》――だが、かつては非‐客観化的で従属的と言われる行為であった――ところがここでは逆に、この語る力の上にこそ、対象の措定というものが基礎づけられているのである：客観的世界 *objektive Welt* は、あらかじめ人々の世界となっており、つまりは、命名可能なもの、表現可能なものなのだ。あらかじめ（*von vornherein*, 三七〇、三）という言葉が意味するのは、客観的世界はとりわけ人間的であるとか、人間はとりわけ語るものであるとかいうことではない[147]。なぜなら、フッサールはこう言っているからだ：「世界の客観的存在は、その普遍的な言葉をもった人間としての人間を前提にしている *Ihr objectives Sein setzt Menschen als Menschen ihrer allgemeinen Sprache voraus*」[148]。ある意味では、言語が第一のものであって[149]、基礎づけられておらず、無底 *Abgrund* であり、つまりは、開けであり、高みへの落下なのである。言語は表現可能なもの *Ausdrückbar*[150] としての諸対象の総体の相関項となる。それは（作動しつつある *fungierende*、作動する《オペラン》）機能および習熟した能力 *Funktion und geübtes Vermögen* であり、訓練中の力なのだ。上記箇所を参照：言語は理念性からできているが、人が語る時は、そうではない。それは回顧的である。したがって、そこには作動する言語というものがあり、それが人間や客観的存在を生じさせるのだということになる。

［言語は、生じさせる―人間を

―客観的存在を、

だが、それは事実上の言語としてではなく、作動する言語としてである。］

私たちは、まさしく反省が与えるもの、非反省的なものとしての非反省的な言語を考慮に入れている。(151)（人間‐命名可能なもの、語ること‐表現可能なもの、といった重要な例について）ノエシス‐ノエマの一方向的な関係に置き換えられた循環性を語らねばならないのだろうか？(152)循環性、危険な語。(153)そう、ヘラクレイトスの循環性だ：一方に行くことは、まさに他方に行くことである。ここには厚みをもった同一性があり、この同一性はまさしく差異を含んでいる。フッサールの真の思考：人間、世界、言語は錯綜している。絡み合っている *verflochten*。これは何を意味するのだろうか：ひとかたまりにされた――関係の統一性 *Beziehungseinheit*(154) のなかにおかれた（三七〇、一一）――人間、言語、世界（生きられた世界と、客観化された、理念化された世界）：照合関係（関係 *Beziehung*）、この原則として線的な関係は、一つのまとまりをなし、「同時的」である（『イデーン』第二巻）。これが意味するのは：無秩序は、そこから一方向的な優先権が見出されるような上空飛行によっては克服され得ないということだ。最も根本的な意識は、作動しつつある *fungierende* 言語の厚みの中に、理念性が――人間が、そしてまた開かれた人間的地平が――炸裂あるいは出現してくるのだということについての意識である。――この作動する言語自体もまた、明らかに、感性的な生活世界 *Lebenswelt* や感性的で原初的な意識などへの関係を前提にしており、それら生活世界や意識もまた関係の統一性 *Beziehungseinheit* の中に入るのである。

［B27］翻訳（三つの断片を一緒に）。三七〇ページの一二行目から三七一ページの一七行目まで。［M11］

三七〇ページの二五行目から四七行目まで。〔余白に書かれた翻訳についての注釈：〕

［〔「属する gehört」〕は、「渦巻き」「窪み」として理解するべきであり、――したがって、受動的なものとしても能動的なものとしてもいけないのである。

準体験される *Durchlebt* en quasi、プルーストを参照：身体、実存疇 existential としての、過去を知覚する器官としての感性的なもの。

産出《プロデュクシオン》というものを更新し想起させる唯一の方法、それは産出することである。ここでは、受動的なものの再産出と産出 *Erzeugung* の再産出との違いを学ぶこと。

産出は常に「産出すべきもの」として与えられ、受動的過去は「感じるべきもの」として与えられるのである。］

［B28］注釈。三七〇ページの一二行目から三七一ページの一七行目まで。［M13］

三つの断片のレジュメ。

A／世界の、人類の、そして言葉《パロール》の地平では、幾何学の創造がなされているのだが、その地平において幾何学者がおこなう内的構築は、彼の心的なもののすべてと同様に、ただちに命名可能となり、間主観的な事物となる。だが、これではまだ、その構築物が理念的存在であるということにはならない。理念的存在は心的活動を通して生まれはするが、それに属するものではないのである。

B／[155]この理念的存在は、幾何学者自身の内部ですでに達せられているのだろうか？　彼の内では現実的‐心的なものの乗り越えというものがある：なぜなら、構築物 *constructum* の産出は、単に、以前にも以後にも決して存在せず、体験されたがままに思い出されるような日付のついた出来事として捉えられるものではないからだ。それは特異性を持ち、［想起されているものが、かつては産出だったということからして、］ここでの想起は、明証性をともなって、かつての創造物と再‐創造物との同一性の［第二の］［（準 *quasi*-）ではない）本物の］創造を引き起こす。受動的な時間は飛び越えられるのではなく、かつての創造物と再‐創造物との間の内的絆を含んでいるのである。創造そのものであるような、これらさまざまの特殊な出来事の特殊な入れ子：それらの創造は一連の次々と *nacheinander* ではない。だがこれは、受動的な心的出来事の限界を乗り越えるためのものではあるが、主観の力の限界を乗り越えることはなく、理念的存在を与えはしないのである。

C／産出 *Erzeugung* における自己から自己への関係は、それを自己‐他者の［経験］[156]に適用し、［言葉《パロール》に］[157]適用するという条件で、理念性を理解するためのモデルとなる。能動的な産出の記憶におけるのと同じく、この産出の現在的な［更新］[158]というものがあり、同様にして、他人の産出の再‐理解というもの、他人が私にそうした産出について語る際の私によるその産出の再‐創造というものがある。そしてそれは、ここでの、産出《プロデュクシオン》や産出物《プロデュイ》が同一であるという意識をともなっている：産出物や産出、それらはもはや、ここでとあそこでは同一 *gleiches*[159] ではなく、ただ一つのすべてに共通しているということ *das eine allgemeinsame* なのだ。［理念的存在が、産出による産出の〈反復

Wiederholung?｝として、全面的な再活性化として提示されるのは、与えられた世界の彼方にいる〈私〉による産出として、また、再‐産出としてである。］

［B29］［M14］

A／沈黙よりも以前に、言語によってすでに果たされている莫大な作業。

「厳密な」理念性。

すべてはすでに命名可能であり、公共的である。「内面性」でさえ、「心的なもの」でさえ、「人間」でさえある：誰もがそれについて語るのだから、それらはすでに物である。すでにして、あらゆるごたまぜは「物一般の世界における現実的な物 *reales Ding in der Welt der Dinge überhaupt*」[160]なのだ。フッサール[161]は［言語を重要視し、それに存在論的機能を与え、〈存在〉の一葉《フイエ》をもたせているが、それはまさしく、物として考えられた言語の内在性に閉じこもらず（ヴィトゲンシュタイン）（イギリス人たち）、言語のもつ意味のさまざまな含意を追っているからである：それらの含意は次のことを明らかにしている：

(1)言語以前には「無言の」経験があり、その経験自身がみずからの「表現」を呼び求めている。だがそれは「純粋な」表現であり、つまりは根拠であって、言語の産物ではない。したがって、前‐言葉 *Vor-sprache*、言語の裏もしくは「反対側」、言語の起‐源 *Ur-sprung*。

(2)言語の後には、言語による、世界 *Welt* と外延を共有するような命名可能なものの世界の構成、物一般 *Dinge überhaupt* の構成、客観性の構成がやってくる。

フッサール：それは言語のポジティヴィズムではなく：このポジティヴィズムは言語のことを考えないし、

メタ‐言語学のポジティヴィズムでもなく、直接与件への復帰である。

それは言語に固有の志向性についての思索であり、言語への問い、言語のエポケーであって、判断停止（形相的変更の極限）のみが反対推論によってその作用を明らかにするのである。この作用が見られることはない。なぜなら、その作用は作用しているからだ。私たちは、この作用なしには見られないようなものを見る。そして私たちはこの作用を、語るということは「……について語る」ことであり、言葉《パロール》の中に含まれた理念性を意識することではない、という事実をひき起こすものとして囲い込むのである。〈存在〉の広大な一葉の、また、その一葉を通して私たちの中で語る（「純粋な」表現）〈存在〉そのものの、真に次元あるいは開始 *Eröffnung* であるようなこの言葉。」

問題：命名可能なものが公的かつ間主観的であるのだとしてみれば、理念性となるために、まさにこの命名可能なものに欠けているのは何なのだろうか？　さらに遠くまで理念性を基礎づけに行くのはコミュニケーションである。どうして、すぐさま理念性を見つけられないのだろうか？　それは、ここではすっかりできあがって確立された言語しか、与えられた次元しか考慮されていないからだ。心理内部的な構築物 *constructum* は命名可能であり、したがって公的であり、人々の間に伝播する。だがその時でさえ、それは心理内部的な出来事として語られるのである。ところで、理念性とは、何かそれ以上のものである。理念性は心理的なものを貫いて現れ出るのであり、それは心理的‐客観的なものではない。［理念性は語られた言葉《パロール》ではなく、語る言葉であり、語る存在 *Sprechendes Wesen* の出来事なのだ。］

B／主観の能力 *Vermöglichkeit*[162] としての心理内部的理念性。

産出 *Erzeugung*（文化の形成 *Bilden*、創造）においては、心的で‐個人的で‐一時的な出来事の乗り越えというものがあり、意味の自体現存在 *Selbstdasein* というものがある[163]。受動的な時間の外にあるこの突端《ポワント》は、それにもかかわらず、時間によって運ばれる：流入 *einströmen*。

しかしながら　(1)私の生の出来事として、この突端は無にはならないし、そこには行為のない過去把持がある。想起を基礎づける過去把持の入れ子（時間意識 *Zeitbewußtsein*）。[164]
だが：「萎縮《ラタティヌモン》」－「時間的パースペクティヴ」というものがある。想起されるのは、もはや留められたもの［そのもの］ではない。留められたものは、もはやそこではそれ自体 *Selbst* ではないのである。さらに、それは客観的秩序の中に位置を占めており、動くのは私であって、もはや遠ざかるのはそれではない。事実上の或る現在になされる過去把持を乗り越えてしまうように思われるものを理解するためには、時点 *Zeit Punkt* が「決定的」なものとなり、それが原創設 *Urstiftung* であったというのでなくてはならない。
そこから派生してくるのは
↓パースペクティヴ、地平への移行、忘却。
↓想起。[165]
したがって、それぞれの現在は次元的であり、現在の一般性であり、［B30］［M15］また、過去の一般性である（そして、個々の出来事の総和ではなく、本質－想起である）。時間の領野性格 *Feldcharakter der Zeit* というものは、第二期（一九一七～一九一八）におけるフッサールの時間をめぐる考察についてのフィンクの主題となっている。結局、晩年になってから、受動的時間性は、諸行為の時間性や〈我〉の時間性に結びつけられることになる：これらの時間性は[166]〈我〉の生による一つの現在性 *Gegenwärtigkeit*[167] であり、したがって、受動的な時間の統一は結び直されることになる[一五]（想起は一つの行為であり、また同時に、〈我〉の生はそれ自体が原－現在 *Ur-Gegenwart*[168]（それは過去と未来との間にありはしない）であり、自己自身との同時性であり、したがって、なおも時間的な観念なのである。交叉《キアスマ》（この弁証法）は生の深み *Lebenstiefe*[169] の虚定性《ネガティヴィテ》を主題化することによってしか明らかにはされないだろう。

(2)ここでは、それらの考察には全く触れない。過去把持による受動的時間の統一という問題は提示されず、創造もしくは構築の時間化[170]というものの差異が指摘されるにとどまる。構築物 *constructum* と言われるものは、みずからの統一を受動的な時間の統一に重ね合わせる。一つの↓移行の素描：出来事として過ぎ去った思索行為を想起することによって、私はまた、その行為が持っていた意味をも想起するのであり、その意味は、ほとんど新たに体験される *quasi neu durchlebt wird*[171] のである。そこで、弁証法：私の想起する志向対象は、産出 *Erzeugung* として、その場所から、更新された産出をひき起こすことになる。そして今度はこの産出が、同じものであるという意識によって現在的なものとなるのだが、それは、単なる「類似」による意識的に同一の出来事ではなく、同じ構築物なのである。私と私との一種の自己移入 *Einfühlung* であり、時間の側面的乗り越えである。側面的というのは、以前の産出と今の産出との統一が上空飛行によるものではなく、「覆い合い《ルクーヴルモン》」によるものであるからだ。

[合致 *Deckung*[172]：産出 *Erzeugung* とその航跡《シャージュ》との同一化。受動性でもなく、単なる能動性でもなく、したがって、連合でもなく、上空飛行でもなく、結　合《クープラージュ》である——次のものを参照。身体の「私はできる《ジュ・プー》」(プルースト)による感性的なもの、敏感なもの *Empfindlich* としての受動的なものの喚起。「精神の身体」(ヴァレリー)。]

C／問い：なぜ、主観の可能性から出てゆくのではなく、内的出来事の彼方へ移行するというこの短い素描なのか？

これは諸問題の単なる形式的な類似なのだろうか？[173] そうだとすれば、あまり現象学的ではあるまい。そうではなく、実際には、存在発生《オントジュネーズ》としての時間化という同じ問題なのだ。[174]

時間化 *Zeitigung* の変異体であり、「同時性」の二つの型である、自己への関係と他者への関係。そしてまた、この時間化の問題とともに、他人が言うことともまた同じ一つの事柄であるということを、人はいかにして理解するのだろうか、という言語の問題[175]もあるが、[この問題は「合間《アントル・タン》」のように、身体と私の〈精神〉との問題よりも難しいわけではない。]

先ほど見たところでは[176]、言語《ラング》、すっかり出来上がった言語《ランガージュ》、もしくは習慣的な言語《ランガージュ》、もしくは事実上の雰囲気というものは、名づけ得るもの《ノンマーブル》を伴っていても、理念性を創設するには不十分であった。どうして自己移入 *Einfühlung* や言語共同体 *Sprachgemeinschaft* はそれを創設することができるのだろうか？ それは、（もはや名づけ得るもののもたらす雰囲気ではなく、言葉《パロール》の自己所与的 *selbstgegeben*[177] 作用である）活動的・作動的言葉が、隔たったところから、同じものの共‐産出 co-*Erzeugung* を生じさせ、受動的想起のようにして、以前の行為ではあるが現在の行為でもあるものの新たな体験 *Durchleben* を生じさせるのである[178]。

これが語る存在 *Sprechende Wesen* としての人間の事実である（三七一ページの四〇行目）[179]。

起源的もしくは完全な言葉と二次的な言葉。

[言葉は提示する：私に対し新しいもの、伝播 *Fortpflanzung*[180] を。]

[B31]
[M16]

問い：自己移入 *Einfühlung* を基礎づけるのは理念性だろうか——言語それとも逆だろうか？ いかなる語も派生を含意してはいない。また、何も因果的なものはない[181]（1）。

言葉の縁に、理念性は「出現」（*Eintritt*）するが、それは言葉の行使によってのみ「理解可能」となるのである。

実を言えば、その問いはもはや提出されることはない：なぜなら、理念性を創設する言葉は、もはや経験的・存在的な言葉ではなく、以前の思考行為を想起することが時間横断的な意味《シニフィカシオン》への呼びかけであるように、それは他者に捧げられた言葉であるからだ。

絡み合い *Verflechtung*……錯綜《アンシュヴェットルモン》。(2)[182]

因果性の問題は以下のような場合にのみ、はっきりと乗り越えられるだろう。
(1)現前する世界、現在 *Gegenwart* の世界は、定義上、回顧的で隔たった［＝実証主義的な］反省には受け入れがたいものであり、ただ開かれた問いだけに受け入れられるものなのだが、もしもフッサールが、自分はその中に位置していると明記するならば、その場合。
(2)彼が理念性を虚定的《ネガティフ》なものの秩序の内に置いていると言おうとするならば、その場合。
ハイデガー参照。

［ポジティヴに捉えると、理念性は絵空事となる：完全な再活性化であるような産出 *Erzeugung* はない。

私たちは真理の中にいるのであって、真理を作り上げるのではない——ポジティヴに捉えると、理念性は原因か結果となる。

フィンクを読むこと。[183]］

［B32］[184]［M16 2の］フィンク「フライブルク時代のフッサールの後期哲学 *Die Spätphilosophie Husserls in der Freiburger Zeit*」『エドムント・フッサール（フェノメノロジカ第四巻）一八五九—一九五九』所収。

原的‐我 *Ur-Ich*。
自体的個体化 *Selbsthafte Individuation* 以前の、生の奥深さ *Lebentiefe*。
無定形の根拠 *Gestaltloser Grund*。
絶対的存在の自体化 *Selbstung* de l'être absolu。
裂け目 *Riss*、虚定性 *Negativität*。
立ち止まる今 *Nunc stans*。
原存在 *Ursein*。
あらゆる存在の充実 *Füllen alles Seins*。
だが、(1)主観の多元性、『デカルト的省察』の超越論的間主観性は放棄されてはいない。相互内属 *Ineinander* の思考が大切なのである。
(2)方法は分析しつつある反省 *analysierende Reflexion* である：事実に捉われている超越論的意識。思弁的哲学ではない。絶対的形而上学の概念は厄介な概念 *Verlegenheitsbegriffe* だ——怪しげな概念 *ominösen Begriffe*。(185)
したがって、こうしたすべては：私たちが、個体化以前の「〈存在〉の壁」と呼んでいたものだ。なぜなら、実際のところ、超越論的間主観性が存在するやいなや、そこにあるものは単に寄せ集められただけの個々人の観点ではなく、それらの接合、相互内属 *Ineinander*、交互凝集、凝集であるような交互性なのだからである。お互いにとって *Füreinander*、またそれは単に一般的な相互対立ではなく＝交互的な二つの観点であり、一つにされた二つの観点ではない。したがって、私たちは絶対的存在について語ることになる（「原存在 *Ursein*」、絶対存在 *absolutes Sein*）。だが、そこに私たちが落ち着くわけにはいかない＝裂け目、虚定性《ネガティヴィテ》、無定形 *gestaltlos* ＝それは原理的に定住ということを含まない＝それは開けである。

［B33］ハイデガー。(186)

(1)場所‐性起 ORT-EREIGNIS。論究する *Erörtern*……場所 *Ort*。

（本質 *Wesen* の積極的な意味での）本質の場所。

性起 *Ereignis* の内に集まること：出来事、我有化 appropriation。

＝言葉《パロール》は赴くべき場所を持っている＝偶然の一致の研究、移動するのは私たちなのだ。

さらに厳密に言うならば（というのも、それは外部ではないからだ）＝私たちは〈言葉〉の我有化の内に結集するのであり、私たちが客観的に知っている言葉の内にではなく、私たちが持っている言葉の内に結集するのである。

さらに深めて言うならば：それはむしろ、言葉による私たちの我有化である。

(2)自体と同語反復 SELBST et TAUTOLOGIE。

言葉の追‐思考 *Nach-denken der Sprache*。

フッサール自身の用語（ノエマ的反省、すなわち、「意識」に向かうのではなく、考察されている当のものの方に向かうのである）。

言葉そのもの *Der Sprache selbst*：それが意味するのは：他の何物でもなく、還元でも、説明でも、分析でさえもない。

ここで問題になっているのは、論理的な自体 *Selbst* でも、同語反復でも、同一性でもない——そしてまた、別の事柄へと移行したがるような悟性が問題になっているわけでもない。私たちの住みかの中にとどまることが重要なのだ。

(3)本質 WESEN。いかにして言葉は言葉となるのか？ *Wie west die Sprache als Sprache?* 動詞的な意味での本質 *Wesen*：現成 ester：何らかの「である存在 *Sosein*」（ビロード）（高等学校《リセ》）を展開すること

乗り越えられた本質と実存。

言語の現成の仕方はどのようなものだろうか？

言葉《パロール》は語る。言葉はその本質を語りかける *zuspricht*。

私たちの語りではなく、〈言葉〉の語りを把握するためには、〈言葉〉の中に入ることが大切である。

〈言葉〉は説明でもないし、説明されるものでもない。

(4)無底 ABGRUND。ハーマンはロゴス *λογοσ* における理性の受肉は無底であることに気づいている。ハイデガーにとっては、無底であるのは言語そのものだ：言語は空隙を見出すために理性の実定性から出発するわけではない。言語は無底《ノン・フォン》（根拠づけられるものでもなければ、根拠づけるものでもない）そのものであり、つまりは根底的なものである。それはまさに言語が、根拠づけるものでも根拠づけられるものでもないからである。

言語はまさしく絶対的空虚であり、それは言語が、無底の底を探すようなものではなく、欠如であるとい

うことを意味している。

「私たちは高みへと落下する」――T・ド・シャルダン参照――世界においては、高度な形態を産み出すのは自然なことである＝〈存在〉（この場合には、必然的〈存在〉なのだが）を思い描くために、無から出発しないこと。予め与えられたものとしての〈存在〉から出発すること――同様にして、ここでは無底も〈存在〉の欠如としてではなく、〈存在〉以上のものと考えられねばならない。

その高さが深みを開くのである（*deren Hoheit öffnet eine Tiefe*）。

無底：私たちの「定位地《ロカリテ》」を測定する二‐次元性（〈存在〉と「無」）。私たちの定位地は開けである。

本当の無は〈存在《エートル》〉であり、存在 *Seyn* であり、それが客観的〈存在《ザイン》〉も、空虚な無 *nichtiges Nichts* をも含んでいるのである。

　これはなお「哲学」であるのだろうか？ 言葉《パロール》に近づくこと、語ること、見ること、現在的に考えること、言葉を取り戻すこと、視覚、「垂直的」（＝無底の）思考、これは神なき「神秘主義」（テスト氏）なのだろうか？

偶然の一致？

否：それは超哲学的でもなく、語り得ぬものとの一致でも、筆舌に尽くしがたい外部でもない。この前思弁的な〈存在〉に意味を見出すためには、思弁のすべてが必要なのである。

だが、それについて何を語ればいいのか？ それについて語るすべてのことは、原理的に誤りであることになる。

では沈黙か？

　まさしくそこには間接的言語があるだろう。語られたこと *Gesagte* を客観化しようとはせず、それを身振りによって与えてくれるような言語である＝詩――このようにして、一般化することができる：歴史、生、〈受難〉。

だが、それならば、φ〔哲学〕は芸術、詩、生にとって代わられてしまうのではないか？　否、なぜなら、それらは沈黙の内にしか語らないからである。この語りかける沈黙の主題化としての哲学。

フッサールとの諸関係：

フッサールは意識 *Bewußtsein* について語ることも、志向的分析論の可能性を信じることも、決してやめなかった。だがそれらは、

絡み合い *Verflechtung* や相互内属 *Ineinander*

同時性（＝いくつかの入口）

端緒となるものとしての言語[187]

作動する（行為なしで作動しつつある *Fungierend*）〈存在〉

普遍的次元としての現在の〈存在〉（「垂直の」、無底）

深い生 *Tiefenleben*（フッセリアーナVI、昨年刊）

諸行為の志向性の乗り越え

といった観念によってハイデガーと一致する。

［B36］ハイデガーの注釈。［M164の］[188]

(1)思考 *denken* のあり方。

思考は追‐思考 *nach-denken* である：思考が探しているものを前提とし、それを局限して、定位する（定‐位する *er-örtern*）。

それは、私たちの規則（基本法）にも、私たちの基準にも従わず、私たちを思考の場に向かわせる――知覚のように。

だが、この場において、言語は対象として存在してはいない。そこには性起 *Ereignis* のようなものがある。すなわち、(1)出来事 (2)資格（適性 *Eignung*）の、権限の創設 (3)獲得。私たちは、自分たちが言語を獲得する場（また、とりわけ、言語が私たちを獲得する場――下記を参照(189)）に赴く。

思考はこの性起の内に結集する：私たちはその性起の外に分散し、性起の中に再‐定位することになる。参照――私たちは、自分たちがそれの究極的創設 *Endstiftung* であるような原創設 *Urstiftung* を見出すのだ。『思惟とは何の謂いか *Was heißt denken?*』参照：私たちは、事物がすでに踏破してしまった道を再び見出すのである。

思考は、したがって、私たちの敷地、すなわち前所与 *Vorgegeben* の掘り下げである。それは私たちを他所へ運んでいくのではなく――知識を運んでくるものでもない：言語の根拠、あるいは……の根拠としての言語。説明するもの、あるいは説明されるもの――ここで把握すべきもの、私たちこそがそれである。人は自分がいるところにしか到達しない。反芻‐哲学。それは構成や志向的分析論といったもののハイデガー的等価物である：意識 *Besinnung* は、……であるべきこの装置の内にあらゆるものを見出す。私たちがそれであるところのあらゆるものを。ただし、ハイデガーにとって、意識はもはや、諸行為もしくは諸統握 *Auffassungen*(190) の明確化ではない。だが、フッサールにとってもまたそうではないのである（下からの、「下層」からの、時間、身体、等々の構成）。

(2)本質 *Wesen* のあり方。
言葉はどのようにして現成するのか *Wie west die Sprache?* 何 *quid*、何性 *Washeit* の問いに答えるものを把握することなど重要ではない。
1——私たちの語彙目録が問題となるわけではない。フッサールはすでに（イギリスの）術語学的哲学に反対していた。
2——高次の実定性としての本質が問題となるわけでもない（すでにフッサールは：形相的変更は非‐変更的なものを与えてくれるのだと考えていた）。
大切なのは布置である。『形而上学入門』[191] 参照：ビロード、高等学校《リセ》とその匂い：本質は放射《レイヨンヌモン》の意味であり、それは素材に結びつけられていて、事実あるいは実存の外では把握し得ないものである。それは全体が生み出されたり再生されたりする仕方であり、この産出とは切り離せない。現成 *Wesen*（動詞的）。したがって、言葉 *Sprache* はまず事物（言語《ラング》）のようなものとしてであり、続いて、一つの事物が持つように、諸特性を持つのであると考えないこと。
言葉が現成する ester 仕方、それは語ることである：言葉は語る *die Sprache spricht*。垂直の、現在の、作動する言語を捉えること。私たちはそうした言語の本質 *Wesen* を知ることになるだろうが、したがってそれは、還元（＝すなわち：言語の「意味」へ——態度を保留し、その意味に無理強いせずに待っている批判的な思考。世界をその意味へと変えるべく宿命づけられているエポケー ***εποχη*** あるいは一時停止。不変なものをあらわにする変更の極限的事例。純粋な意味をあらわにする除去作業）によるのではなく、逆に、言語の只中に入り、言語の働きにしたがうことによってなされるのである。フッサール自身には、態度保留があらゆる定立以前の定立を、出現《シュルジッスモン》（起源 *Ursprung*）の作用をあらわにするということが分かっていた。

(3) 言語《ランガージュ》が私たちを所有する。

私たちの語りではなく、言葉《パロール》の語りの内に入ること。思考 *Denken* は語りからその本質を集めるのであり、私たちに本質を語りかける *zuspricht* のは思考である。私たちは言葉に、私たちの内で語るがままにさせておく。私たちが言語を所有しているのではなく、言語が私たちを所有しているのである。

おそらく：受動性。語に語らせておくハイデガーを参照：論究する‐性起 *Erörtern-Ereignis*。

しかしながら：語は、人がそれを考える時にしか、そのことを語らない。ハイデガーこそは、こうした語の中で語っている：証拠：彼以前には、そんなことは考えられたこともなかったし、忘れられてしまってもいた。彼は『形而上学入門』において、語の意味は最終的審級ではないということを認めている。したがって、それは単なる受動性ではない：受容（言語の「神秘学」）。

受容も外的な〈宿命〉も問題ではない。私たちの内に認めねばならないのは、私たちそのものであって私たちのものではない作用なのだ。フッサール参照：事象そのもの *Sache selbst* へ立ち返ること、ノエマ的反省、前所与 *Vorgegeben*：反省は直観であり、それは時間化 *Zeitigung* にぴたりと適合しているのであって、時間化がそれから派生してきたり、副次的なものであったりするわけではない（反省自身が流れ行く *elle sich einströmt*）。反省は流動《フリュ》を学ぶ。同様にして、ここで反省は語ること *Sprechen* をも学ぶのである：時間化する *zeitigt* 時間化 *Zeitigung* があるように、語る *spricht* 言葉 *Sprache* というものがある。私たちを幽閉するのは、決してこのような語、このような経験的な言語、このような文化の伝統ではないが、それはちょうど、私たちを閉じ込めるのが、決して次のような時空間でないのと同様である：時は閉じられると同時に、反省をもたらしながら、(もう一つの現在によって) 再開されるのだ。そしてまた、言語は私たちを考えさせるのと同時に、私たちに考えるべきものを与えるのであり、それは問いかけ的 *gedenklich* である(192)——したがって、外的宿命ではない。私たちが住みつかれているところの語ること *Sprechen* は、特定のどのような言葉《パロール》でもない：それは名づけ得るもの *Nennbar* の次元、言い表しうるもの *Aussprechenbar* の次元なのである。そのつど語っているのは私たちだが、そこで私たちは、自分を越えていく作用の中に入るのだ：言語は、私たちがそれを生きるべきものとして——それになるべきものとして与えられており、それは一つの命運 *Geschick* である：思考 *Denken* は言葉を包み込みはしない：思考は言葉ともつれ合っているのである。語るためには考えなければならない、というのは本当だが、これは、語ることは思考様式にとどまるものだということを意味してはいない。語ることは、ひとたび確立された思考をも動かしてしまう。「なしで」*ἄνευ* もしくは「ない」*οὐχ* は言葉に何ができるかということを測るわけではないし、言葉を言葉たらしめているものでもない。

(4)無底と開け

存在 *Seyn*。

したがって、思考 *Denken* は言葉《パロール》への無言の同一化となるわけにはいかない(ベルクソン的な意味での直観：一致)——そうではなく、むしろ：聴診、測定、標定である。

私たちの内で語る言葉(言葉は語る *die Sprache spricht*)、そうした言葉は言語《ランガージュ》について何を語るのか？

言語には基盤が無く、無底 *Abgrund* であるということを。だがそれは、欠如という意味でもなければ、人が落ち込んでしまう空虚という意味でもない。言語の支え、言葉はその支えを自分の赴く場所に見出す：言葉がそれへと開けている意味の内に見出すのである。言葉はそれが支えるものによって支えられている：それは高みへと落ちるのだ。言葉は「〈存在〉の住みか」である。

したがって、空虚な *nichtiges* 無は「空《くう》」でもあるわけだろうが、それは考察すべきものではない。無を重視する思考は根拠 *Grund* を求める思考であり、ライプニッツ的であって、つまりはニヒリズム的である。根拠を求めることなく無底の中にとどまる思考は、この浮遊 *Schweben* のおかげで、無底を生じさせているのは高さであるということを見出す。空虚を生じさせているのは（〈存在〉への、意味への）開けなのだ（その高さが深みを開く *deren Hoheit öffnet eine Tiefe*）。したがって、*Seyn* の哲学は空虚な無や客観的存在を乗り越えている。

これが言語や人間の現成 ester が実証される場所となる場処 *Ortschaft* である。それはまさしく、乗り越え *Überstieg* であり、超越なのだ。

［B37］［M16の5］

私たちはこれまでの過程でフッサールとの一致を示してきた。

四番目の点と全体とについては、どうなるのだろうか？

作動する志向性の発見は、フッサールにとっては、決して意識 *Bewußtsein* の、構成の、志向的分析論のφ〔哲学〕を放棄することにはならなかったし――事実-形相 *Tatsache*-ειδος の区別を否認することにもならなかった。

それでは彼は、ハイデガー的な意味での存在論への移行を、虚定性《ネガティヴィテ》の問題領域への移行を、拒否しているのだということになるのだろうか？

無邪気さ：誤りを云々することが問題なのではない、――そうではなく、諸概念の変化が問題なのだ。ヘラクレイトスの魂のような場合には、意識はもはや同じものを意味していないということは確かである。一人の哲学者にとって、諸概念は、意味を捉えるための網にすぎない。ところで、明らかにフッサールは、意識というこの概念がなおも意味の余剰分を捉えねばならないことを認めていた。

フィンク参照：彼は『デカルト的省察』の超越論的間主観性を放棄してはいない。だが、それが本当に超越論的間主観性であるためには、諸主観性の相互内属 *Ineinander* が必要なのだ。そこから、自体化 *Selbstung* 以前の原的‐我 *Ur-Ich* が由来する。

同様にして、区別が生じ、本質は根本的存在 *Sein* へと乗り越えられ、この存在は「裂け目」として特徴づけられる。

同様にして、言語は根拠づけられることをやめ、理念性の支えとなる。それならば、言語は根拠づけるものとなるのだろうか？ そうでもない：〈同時性〉の観念（たとえば、過去と未来との間にあるのではないような本原的現在の同時性）。言語‐理念性、言語‐構成する意識、それらは同時的になる。

したがって、フッサールがハイデガーと一致すると言うのは、まちがっていることになるだろう：フッサールが、無底でも開けでもあるような *Sein* を重視し、乗り越え *Überstieg* を重視するのは、「現場で」捉えられるあらゆる可能性を越えて、構成的‐超越論的な意識を継続しながらである。[193] つまりは、ハイデガーに背を向けながらなのだ。けれども、彼らが語っているのはまさしく同じ事柄である。また、ハイデガーはフッサールを前提にしていると言うこともできるだろうし、フッサールの試みが不可能になるところまで付き従わなければ、私たちには首尾よくハイデガーを理解することはできないのだと言うこともできるだろう：なぜなら、ハイデガーを直接に捉えようとすれば、私たちは彼の思想を存在的なものの方へと引き下ろしてしまいかねないからである。たとえば、言語の神秘主義に陥ってしまい、言語も歴史も、外的な宿命となってしまうのである。

こうしたすべては、以下のような考えの注釈である：

（意識の）能動性と受動性とを越えた自己移入 *Einfühlung*。言葉《パロール》の作用によって実現される、両者の合致 *Deckung* の、両者の結合の、追理解 *Nachverstehen* の経験──理念性と言葉との同時性。(194)

二重の意味を持つ基礎づけ *Fundierung* は「同時性」となる。

しかしながら、まだ理念性の全体を解明したわけではないし、言葉の力の全体に言及したわけでもない。

↓

［B38］三月二一日。

上記のテクスト。

(1)私たちは理念性を、原因としての言語から派生させることによって説明するわけにはいかないだろう：与件として捉えられた言語は、私自身の全体としての私の心的活動が、公共的な事物となるのを、世界内の事物となるのを説明しはするが──しかし「幾何学」は、たとえそれが心的に（心的な起源をもって *psychisch-entsprungen*）生じてくるのだとしても、「心的活動」に、現実の心的活動に属するわけではない。

(2)産出 *Erzeugung* の産物総体としての幾何学は、「産出《プロデュクシオン》」によってしか捉えられないし、私の創造によってしかその自体現存在 *Selbstdasein* を持たないのである。すなわち幾何学は、その出現において、客観的存在の対極にある。それは瞬間的存在としてのみそこにあり、過ぎ去って、過ぎ去った存在 *Vergangensein*[195] となる。

だが、この過ぎ去ること *Vergehen*、この「移行」とそこから結果する過去とは、無になることはない。それらは呼び覚まされることも、受動的に出現することもできるのであり、つまりは：何かが、そこにいる人に対して、能動的に想起するようにと促し、彼には一つの渦巻きが生じて、その彼が過去の体験— *Erleben* を準体験 quasi *durchleben* として新たに能動的に呼び寄せるのだ。もはや現在的なものではない原初の産出に向けられた志向は準ずるものでしかないが、まさしくそれは、産出だけがこの志向の純粋な成就となるからであって、能動的な想起は「必然的に」現在の産出（第三項）の活動を含んでおり、それが志向をすっかり「カバーする」ことになるのである。私は理念視《イデアシオン》を再開し、この現在的な活動が、まさに受動性の渦巻や想起の努力と結ばれ合うことになる。まさしく理念視は、創造であり瞬間的でありながら、それでもなお一つの体験であるのだから、私の内には、理念視を再開するよりほかに、最後まで記憶にしたがっていくすべはないのである。理念的な存在は遍時間的だが、それというのも、先行した理念視を想起するということは、再－開するという意識をもってそれらをやり直すことだからである：すなわち、現在のこの活動が過去の活動の裏面であるという意識。理念的存在の永続性への障害になると思われていた瞬間性や、産出 *Erzeugung* というものは、それらが反復への呼びかけである限りにおいて、逆にその永続性を根拠づけるものなのだ。単に理念的客観性は、私の前にある何物かの中にあるのではなく、それはさまざまな理念視の側面的な絆であり、隠された内的な繋がりであって、そうした理念視は記憶を通して、受動性と能動性との結合、受動性と能動性との等価性、その一方から他方への蚕食《アンピエットモン》と一体化することになる：能動性の鋳型もしくは陰画としての受動性。
しかしながら、私たちは一人だけの領野にとどまっているのだから、これはまだ解決ではない：それに実際、遍時間性とは、一つの時間性を通しての持続であって、（それ自体が一つの理念性であるところの）時間というものを通しての持続ではなく、受動性‐能動性というこの個人的システムに起因する持続なのである。

だが、私はここで「志向的蚕食《アンピエットモン》」、受動性‐能動性の連結による思考を学び、それは私の思考の時間分節《アルティキュラシオン》を明らかにしてくれたし、私の時間から他の時間性への接合《アルティキュラシオン》をも明らかにしてくれた。これはまた、能動的なものとしての私の全体から受動的なものとしての他者（私は語る）への接合であり、あるいは、受動的なものとしての私の全体から能動的なものとしての他者（私は他者が語るのを聞く）への接合である。過去把持《レタンシオン》（航跡《シャージュ》）——想起（準体験 *durchleben* en quasi）——産出 *Erzeugung* の更新（新たな現在の産出、現在における過去そのものの獲得）、考える私と瞬間的な考える私との時間の壁を通してのコミュニケーションは、すでにそれぞれの内部に、言葉《パロール》に特有の構造をもたらしており（＝外に痕跡《トラス》をつける活動、あるいは私によって引き直される痕跡）、また逆に、顕在的言葉 parole *προφορικος* は私の能動性‐受動性の体系の延長でしかないのである。それゆえ、人は互いに語り合い、他者の中で考えることになる。

(3)すっかりでき上がったもの（言語《ラング》、すべてを含み、私の心的なものまでをも含む名づけ得るものの、与えられた領野）としてではなく、生成しつつあるもの、跨ぎ越しつつあるもの、私の中への語の取り込み《アントロジェクシオン》を再活性化し（以後、私は自分に語りかけ、もはや私が考えていることを考えることに甘んじてはいないだろうし、語は私と私とのはざまに存在することになるだろう）、聞き取られる語の中への私の思考の投射《プロジェクシオン》を、すなわち、そうした受け取られた痕跡の中への私の活動の投射を再活性化しつつあるものとしての言語《ランガージュ》、つまりは、（思考としての）私への他者の蚕食《アンピエットモン》として、また、（思考としての）私の他者への蚕食としての言葉《パロール》は、二次的段階の間時間的な存在を実現するのである。一つの思考を想起する唯一の方法は、理念視《イデアシオン》を再開することであるのと同様、間主観的思考に到る唯一の方法は、痕跡《トラス》を再度‐たどる《ル＝トラセ》ことであり、能動性による受動性の正確な回復＝被覆《ルクーヴルモン》を行いながら再び考えることである。先ほどのように、受動性は能動性に依存しているわけではない（反省φ〔哲学〕）。説明は、言葉において機能している能動性‐受動性の連結の中に求められるものだ。

言葉《パロール》は一つの実践 πρᾶξις である：言葉を理解する唯一の方法は、語ることである（……に語りかける、もしくは、……によって呼びかけられる）。なんぴとたりとも、語ることもせずに言葉を理解しようなどと望むならば、意識という一空間における思考しか持つことはできないだろう。究極の哲学的思考である観想 *theoria* も、ここでは、その作用の只中で言葉に同伴し、言葉の持つ生き生きとした現在 *lebendige Gegenwart*[196] における受動性‐能動性の逆転を記述することでしかあり得ない。観想の極みは、実践を認めることである。語る諸存在の交叉《キアスマ》によって一つの全体性 *das eine allgemeinsame* をあらしめるのは実践なのだ：ただ一つの普遍的なものは、それら諸存在の同時性の厚みの中にある。

このテクストの終わりで強調されるのは、このことである：そこにあるのは、単に平行する能動的な諸産出や、それぞれが自己にとっては一つの全体性であるような思索行為だけではない。

理念性はまさしく間‐存在であり、数々の「思考」や産出の間にある生地《ティシュ》であり、実際のさまざまな自己

移入 *Einfühlungen* が〈言葉《パロール》〉の部分的な実現となるような領野なのだ。
　ところで、よく調べてみると、私たちの思考の中で語るこの言葉は、文書《エクリ》に基づいている。

［B39］三七一ページの一七行目、三七二ページの二五行目。〔フッサールM17〕(197)〔このメルロ＝ポンティ自身によるページ付けには「フッサール」と付記されている。〕

［B40］注釈。〔フッサールM18〕

(1)理念的諸存在は依然として、現在の言葉の内にしか、――また、他人の中にも私の中にも本原的な産出 *originär Erzeugtes* の状態でしか――存在しない。
だが、それらはそのように間欠的なものでもなく――また、それらは単に本原的な産出に属するものでもない。

それらは恒常的な存在《エグジスタンス》を有しており――また、(198)現在的な産出が理念性の唯一の存在様式ではないということでなければならない：私たちが結合 *Konnex* に「目覚めて」いる限り、すなわち、語ること *Sprechen* によって他のさまざまな生や他のさまざまな産出 *Erzeugungen* に挿入されている限り、理念性は自己移入 *Einfühlung* の機会の外にある対象〔堅固な理念性〕とはなるまい。

つまり、他人たちが対話者とともにこのようなあり得べき結合を考えている限り（間接的に、あるいは、直接的に＝結合無しに〔プラトンとともに？〕？　だが少しずつ、そう）、
　対話者たちの生の外にある対象とはならないだろう。

また、誰一人として決して考え出さなかったような理念性が問題となる時にも、

あらゆる対話者たちの外にある対象ではあるまい。

では、理念性はどこにあるのか？

世界の普遍的呼びかけとしての〈言葉《パロール》〉の中である。

注意：それならば、理念性はどの程度まで自己移入に基づいており、それと絡み合っているのか：現在の自己移入は、その自己移入以上のものを証明することはない。理念性への私の参入において重要性を持つのは、ある人物の実際的な現存の重みのすべてであり、言葉に変えられて再理解された産出の並外れた作用の全体なのである。

ところで、理念性において、この伝達的な経験を乗り越えるすべてのものは、世界の中で言語的記載に根拠をおくことになるだろう。そしてまた、対話者たちのあらゆる自己移入よりも前にそこに存在しているような型としての同じ理念性。

(2)文書《エクリ》こそは、自己移入の経験の外で、理念性の持つ恒常性を根拠づけ、
自己移入の経験すべてに対する理念性の先在性を根拠づけるのだ。

文書によって、意味は潜在的に世界内に存在するようになる。理念的存在の恒常性は、産出の潜在性を含むものとしての世界の恒常性の上に据えられている。感性的世界に支えられた理念的世界[199]。感性的世界のエレメントとしての文書は、共通に経験され得る *erfahrbar in Gemeinsamkeit*[200]。命名可能なものの世界のエレメントとして、文書は[201]［共同体において］産出可能 *Erzeugbar* なのだ：文書の感性的間現存《アンテルエグジスタンス》は、意味《サンス》の間現存をもたらすことになる。文書は、単に判読できない文字として恒常的なのではなく、意《シニフィ》味《カシオン》として恒常的なのであり、すなわち言い表し得るもののエレメントとしての、また（それと相関的に）

語る存在 *Sprechendes Wesen* の〈言葉《パロール》〉のエレメントとしての恒常性なのだ：それは沈澱した意味である。そこからすれば、沈澱や忘却は、理念性の欠如ではないことになる：沈澱は理念性を構成するものである。（伝統化 *Tradierung*）（文化的世界：またそれ以上に：決して明らかになったことのないものが絶えず存在すること *Immerfort sein*[202]：真なるものの前望的な運動。

(3)→これらの分析は、顕在的な産出ではなく――諸々の言葉《パロール》の彼方にある〈言葉〉の意味であるような潜在的な産出の理念的意味を明らかにする。

最初、言語は、諸行為の受動的記憶としての繰り返された共‐産出の単なる契機、現在の活動の契機であるように思われていた。だが、本当にそこに共‐産出が、あるいは現在の過去に対する合致 *Deckung* があるためには、さらに「同時性」、相互内属 *Ineinander* が必要であり、［すなわち、昨日の行為や他者の行為へと自らを乗り越えてゆく現在の思考が必要であり、つまりは、結合において、他人の中、もしくは文書化 *Dokumentierung* の中へと思考が移行していくところでそれらの行為に出会うような現在の思考が必要なのである。沈澱、非活動性、「受動的」思考などは、単なる略語やコード化や「諸記号」といったものではない――それは一つの思考様式なのだ。書かれたものは、意味形成体の本原的な存在様式の転換であり、{〔たとえば〕、幾何学的領域においては、言表を手に入れる幾何学的形成体の明証性の} 転換である *Verwandlung des ursprünglichen Seinsmodus des Sinngebildes*[203] {*, in der geometrischen Sphäre der Evidenz des zur Aussprache kommenden geometrischen Gebildes*}（三七一）。

簡潔表現と、超個人的な総合的明証性との創造。

文書と記念碑的意味。文書、〈言葉《パロール》〉としての書物[204]。

再活性化せず、したがって、沈澱したものとともに働く「思考」がある。

結論。したがって、誤りの可能性がある。だが、この誤りの可能性はまた、真理の可能性でもある：すべてを再活性化することはできない(205)。単に時間がないというだけではなく、獲得物に固有の明るさというものがあるからだ、と付け加えておこう。さらに遠くへ行く前に、私は自分の昨日の思考との合致 *Deckung* を行なうわけではない。なぜなら、この受動性－能動性の合致以前に、私の思考の凝集があるからだ。こうした合致は、それにふさわしい沈澱において、決定的に成し遂げられることになる。

これが正しければ、自己移入 *Einfühlung* は単に再構成する産出 *Erzeugung* ではないことになる。それは思考－言語、そして私－他者の絡み合い《アントルラッスモン》（絡み合い *Verflechtung*）であるし、それは一つの言語《ラング》への、一つの文化的世界への参加に常に結びつけられた思考でもあって、単に因果的にそうなのではなく、それ自体においてこの思考は沈澱であり、すなわち簡潔表現と、総合的明証性との創造なのだからである。

〔過去。

文書は、なんぴともはっきりと経験したり思い描いたりしたことのないような理念性の先在性を創設するのだから、したがってそれは、文書化 *Dokumentierung* ——超個人的な沈澱であり、これはまた前未来でもあって、私たちの現在の、現在における先取りされた寄託であり、やがて来るべきものなのである。それは単なる過去の層ではなく、非現在的なものへの過去の移行であり、現在の明証性の上に閉じ、その明証性を立ち止まりつつ－流れる *Strömend-stehende* ものとして引きずり込んでいく流動なのだ(206)。これはまた、そのすべてが未来によって私たちの現在に働きかけるということでもある。だが、この未来は存在しないのではないか？　確かにそうだ。しかし私たちは、それが存在するであろうことを知っている。現在とは、したがってまた、この未来への開けである。

「受動性とともに働き」、また、そこでみずからの明証性を有しているような思考、それは意味空洞化 *Sinnentleerung* の思考である(1)[207]——だが、それはまた、生活世界 *Lebenswelt* を再び見出す思考であり、全き理念視《イデアシオン》、合理性の創設 la *Stiftung* なのである。受動性を排除するのではないのだから、私は自分の思考の全過去を再活性化するわけではないし、他者が私に考えさせることの全てを思考し直すわけでもない。文書（ヴァレリー参照）は受動的 - 能動的という超個人的なこの思考の媒体であって、それはこの厳密な〈思考〉の領野を、満たすことは決してないが、開くのだ。「〜について語るもの」としての文書——それは、「〜に対しての語り」にとどまっており、単数の〈言葉《パロール》〉である。」

[B41]　翻訳、三七〇ページの一二行目、三七二ページの二行目。

三七二（三〜二五）[208]

三七一。：言語共同体 *Sprachgemeinschaft*[209] における産出 *Erzeugung* というものの同一性の上に、他者の能動的な追理解 *nachverstehen*[210] の上に、他者の意識への浸透（参照、私は他者の眼によって見る）の上に、二人での自己移入 *Einfühlung* の上に、創設された理念的同一性：同一者 *das Gleiche* ではなく一者 *das Eine* を存在させるのは、この同一性である。それが、証人なしの、常にあること *Immerfort sein* のようなものを作り上げる。

言葉《パロール》が普遍的なものをもたらし——言表《エノンセ》がその普遍的なものの恒常性をもたらす。

再活性化は、語る存在としての人間の特性である。語る存在 *sprechendes Wesen*。沈澱は表現である。

三七二（三〜二五）。言葉の出来事としての擬似‐能動性、擬似‐思考。

［だが、そうなると、普遍性の原理は再び問われることになりはしないか。なぜなら、それは語ることle Sprechenだから――語ることの両価性：語ることは普遍性であり、真理でも誤りでもある。それは純粋に虚定的《ネガティフ》なものの―実定的《ポジティフ》なものであり（産出Erzeugung）、その意味において、語ることはこの虚定的なものを、同時に裏切りもし創設もするのである。

要約すること。

三七二の二五〜三七三の一〇。

（：助言：常に再活性化すること）

絶対的な真理の認識Wahrheitserkenntnis(211)は一つの理念である、ということを引き合いに出すこと。

三七三の一五〜三〇。

だが、人はそのすべてを再活性化することはできないが、それはやはり後続するものを条件づけてはいる。

三七三の三七〜三七四の五。

三七四の六〜三七五の二七。

論理的明晰化Verdeutlichung(212)の記述。問い：起源性Ursprünglichkeitは、鎖の端から端までを支配するものだろうか？　否。そこには理念化Idealisierung(213)がある。理念化はその明証性を有している。だがそれは、限界を越え出ていくことEntschränkungの明証性である。

三七五の二七〜三七六の一六。真理意味Wahrheitsinnは忘れられ、そこには意味空洞化Sinnentleerungがあることになる。

三七六の三三、誰かが再活性化しなければ、それは論理によって保証されない。

三七七の二、論理化された学の危険性　三七六の一、三一。

三七七の二二、論理的構築について　三七六の四〇。

三七七の二二〜二七：「認識論」の問題は、諸科学が持つ非‐明証性の漠然とした感情から生まれる。

三七八の二七、学の対象において生活世界 *Lebenswelt* が忘却されていることの記述。

三七八の七、論理、意味空洞化、技術化 *Techniesierung*（そして、フィンクのテクスト　三七五ページ）。

三七八の八〜三二→三八六。[214]

（42）テクストの目的。『幾何学の起源』。［フッサール M19］[215]

本質的なものは先行するものの中に見て取られる。後続するものはその本質的なものを明確化する。

(1)理念として——理念化としての真理。真理の明証性、だがそれは開け *Offenheit* の明証性である（限界を越え出ていくこと *Entschränkung*）。理念的なものの構造や構築されたものの構造は、生きられたものの構造にとどまっている：地平と沈澱——意味形成 *Sinnbildung* と意味沈澱 *Sinnsedimentierung*[216]、そしてそれらの可動性 *Beweglichkeit*[217]。形相的変更と権利上の地平。実践としての学。
(2)論理学の批判、明晰化 *Verdeutlichung* と自称するところの論理学の批判：それは全体的な再活性化などではいささかもない。「認識論」の技術化的 *Techniesierung* 批判である。
(3)したがって、普遍的歴史性。歴史のアプリオリは普遍的源泉。このアプリオリは意味の基盤

Sinnesboden[218] である。哲学の歴史性。理性の問題：普遍的アプリオリや全面的再活性化、［あるいは、〈存在〉の内なる言葉《パロール》］というものはあるのだろうか？

(1)真理。再活性化しなければならないが、この目標は相対的にしか充実可能 *erfüllbar*[219] ではない。したがって、「完全に確証された客観的な真理認識というものは、一つの無限の理念である *ist objective, absolut feststehende Warheitserkenntnis eine unendliche Idee*」[220]（三七三、注1）。

これはありふれた相対主義を意味するものではない：「数世紀にもわたる論理的連鎖を、実際に一つの遂行の統一において、本原的に真正な明証の連鎖に変える能力――それが個人のものであれ共同体のものであれ――の明らかな有限性を考慮に入れるならば、私たちはこの法則がそれ自身のうちに一つの理念化、すなわち私たちの能力の限界を越え出て、ある意味でそれを無限化する作用を秘めているということに気がつく。この理念化に特有の明証が、さらに、私たちの関心をひくことになるだろう *bedenken wir die offenbare Endlichkeit des individuellen wie gemeinschaftlichen Vermögens, die logischen Ketten von Jahrhunderten wirklich in der Einheit eines Vollzuges in ursprungsechte Evidenzketten zu verwadeln, so merken wir, daß das Gesetz eine Idealisierung in sich birgt : nämlich die Entschränkung, und in gewisser Weise die Vernendlichung unseres Vermögens. Die eigentümliche Evidenz solcher Idealisierungen wird uns noch beschäftigen*」[221]。（三七五、二〇～二七）。

したがって、純粋理念性は理念化 *Idealisierung* なのである。これは不確実であることを意味しているのではなく、私たちの理念化された力の明証性や、理念化された構築物 *constructum* の明証性が、特殊なものであることを意味しているのである。

理念化は、文化的世界 *Kulturwelt* から発した最初の諸理念化の産出 *Erzeugung* が登録され、そしてまた再活性化する力自体も伝えられる *tradiert* ということを要求する（三七五〜三七六ページ）[222]。これは、論理学がそれだけでは保証することのない事柄なのだ：論理学的な処理というものは、沈澱した意味による諸命題から出発して、同じような諸命題を生み出すことしかできないのである（三七五）。論理学的活動は、とりわけ言葉と結びつけられている *spezifisch an die Sprache gebunde*[223]（三七四）。真理の意味は、〈単なる〉沈澱した（論理的）命題意味としてでは〈ない〉それぞれの命題 *jeder Satz*〈*nicht bloß*〉*als sedimentierten*（*logischen*）*Satzsinn*[224]によって、一挙に与えられるわけではない（三七六）。意味は諸学の中に沈澱するのだが、以後それは、もはや原理念性 *Uridealitäten*（三七六）という意味において真に産出されることはない。論理学的活動に完全に引き渡された *ganz den logischen Aktivitäten hingegeben*[225]（三七六）学の危険性：そうした学は意味の変化 *Sinnverwandlungen*[226]（三七六）を認め、その意味の変化は論理的方法には役立つが、起源 *Ursprung* からは遠ざかってしまう（三七六、注1）。人は常に、新たな理念性を論理的に構築するため、始まりを再活性化する力、意味の源泉 *Sinnesquellen*[227]（三七六）を再活性化する力を継承することなしに、諸命題や方法を継承することができる。したがって、技術的使用の方法論 *Methodik der technischen Verwertung*[228]（三七八）を続けている間には、意味空洞化 *Sinnentleerung* が生じてくる。

認識論もまた、この深い歴史性に気づいてはいない：今、目の前にある諸概念や諸命題そのものの中に、それらの意味はある *in den gegenwärtig vorliegenden Begriffen und Sätzen selbst liegt ihr Sinn*[229]（三七九）。フッサールにとっては、このように知の理論と歴史とを区別することはできない。認識論的起源と発生的起源 *l'erkenntnistheoretischem* et la *genetischem Ursprung*[230]（三七九）[231]。私たちの理解するところでは、幾何学の総体は伝統であり、伝承するもの *tradierend* であって、その知は（帰納的な！）相互連続 *Nacheinander*（三七九）の知ではなく、幾何学の歴史性についての暗黙の了解であり、つまりは、人間的産出 *Erzeugung* によるその恒常性や、それを明示する可能性についての暗黙の了解なのである。可能性そのものは言語の中に沈澱している。

理念性、歴史性、歴史といったものは「意味形成と起源的な意味の沈澱との共存や相互内属の生き生きとした運動以外の何ものでもない *nichts anderes als die lebendige Bewegung des Miteinander und Ineinander von ursprünglicher Sinnbildung und Sinnsedimentierung*」[232]（三八〇）。

実践としての学（三八四）：作動する歴史としての学。

(2) 哲学にとっての帰結。

テオーリア *theoria* としての哲学、それはどのようにして識別されるのだろうか？ 哲学には何が残るのか？ 誰が哲学者の歴史性を、相互連続の帰納的な知から識別するのだろうか？ 歴史のアプリオリが、構造的アプリオリ *strukturelle a priori* が問題となる（三八〇）。

このアプリオリは、『イデーン』時代のカント的観念の再来でもあるのだろうか？

否、それは一般的な意味基盤 *allgemeinen Sinnesboden*（三八〇）であり、具体的なアプリオリなのだ。すなわち：哲学的歴史は、事実の歴史 *Tatsachengeschichte*（三八一）もしくは事実の連鎖としての存在的歴史とは区別される。だが、概念やカテゴリーの体系ではない。それは意味の土壌あるいは地平であり、私たちが背後に持っている歴史次元の明示なのである（三七五ページ：諸公理はすでに「その背後に」意味形成 *Sinnbildung* を有している）：すなわち、歴史の構造的アプリオリは、以下のような事柄についての知である。つまり、「文化的な」全事実は、人間の形成作用による形成体 *Gebilde aus einem menschlichen Bilden* として与えられるのであり、したがって、解釈 *Explikation* あるいは明晰化 *Verdeutlichung* の余地、「歴史的解明」の余地があり、つまりは、歴史的地平を持つものなのだ→文化的現在 *Kulturgegenwart*[233] は文化的過去 *Kulturgangenheit*[234] の全体を含み、あるいはむしろ、そのおのおのがかつては現在であった過去の連続を含み込んでいるのである：〈私たちのものである〉現在にいたるまでの伝統化の統一〈であり、そしてそれ自体〉流れつつ‐立ち止まる生動性における伝統化〈である〉。*Einheit der Traditionalisierung bis zur Gegenwart,*〈*die die unsere ist, und ist als sich selbst*〉*Traditionalisieren in strömend-stehender Lebendigkeit*[235](一六)(三七九)

哲学者の歴史は、その深い次元 *Tiefendimension* に即した歴史である[236](三八一、注1)。

このアプリオリと歴史そのものとの間の対立はない。なぜなら、このアプリオリは歴史の構造以外の何ものでもないからであり、そこには忘却された要素、すなわち再活性化されない要素も含まれ、つまりは、他者や過去との諸関係の乗り越えも含まれているのである。

この要素はごく少ししか除去されはしないので、哲学を構成するために最も根本的な水準で介入してくるのは、まさしくこの要素となる。幾何学の起源 *Ursprung* の解明は、〈人類や文化的世界との相関的な存在様式の〉普遍的歴史性という全体的な問題と、この歴史性の内に横たわっているアプリオリな構造と *das Totalproblem der Universalen Historizität*〈*der korrelativen Seinsweise von Menschheit und kulturwelt*〉*und die in dieser Historizität liegende apriorische Struktur*[237] を「呼び覚ます」。フィンク：「それは哲学の問いとなる *Es wird zur Frage des Philosophie*」(三七八)。問い *Frage* としての哲学。この哲学が明かすものは隠され(隠された「歴史の中の理性」*verborgene*《*Vernunft in die Geschichte*》フィンク)、「暗黙の」ものとなるのであって、哲学の定義において消去されることはない。理性 *Vernunft* の問題もまた、問題地平 *Problemhorizont*（三八五）に含まれている。哲学者の歴史は内的歴史 *innere Historie*（三八六）ではあるが、しかしまた哲学は、歴史の裏面にほかならない。理性の普遍的目的論 *universale Teleologie der Vernunft*(238)（三八六）。

フッサールは永遠の真理 *aeterna veritas*（三八五ページ）について、アプリオリの学としての哲学について、繰り返し語っていたが、この永遠性は「同時性」であり、このアプリオリは地平もしくは土壌であり、したがってそれは隠されている。哲学、それは「開け *Offenheit*(239)」であり、つまりは、明証性の意識であり、〈存在〉の潜在性の意識なのである。

［B43］［フッサール M18の2］

理念性：まず：生じるもの（産出 *Erzeugung*）。

もっと厳密に言えば、私の時間を通じての、諸時間の多元性（他者）を通じての、追‐産出 *nach-Erzeugung* ――したがって、調整によってなされる能動性への受動性（私の過去の航跡――言語）の「越境《トランスグレッション》」である。

この越境においては、何が包含するものであり、何が包含されるものであるのか分からない。

したがって「純粋」理念性は、言葉《パロール》への自己移入 *Einfühlung* に対して、第一のものでも第二のものでもないのである。この理念性は「同時的」であり、絡み合い *Verflechtung* の状態で〈言葉〉の縁に現われる *auftritt*。

フッサールの方法（志向的分析論）：

区別された諸行為（産出）（理念性）の志向性と、受動的なもの（時間）（言語）の志向性。そこにこそ志向性の第一の用途がある。その後、対決させられる：どのようにして一方が他方の内で実現するのだろうか？　前者においても後者においても、相互的な参照関係が見出され、作動 *Fungieren* の受動性‐能動性の統一が見出される：これが歴史性というものだ。受動性の内で実現されるという理念性の要請。理念性‐完全な言葉《パロール》の同等性であり、一方の他方に対する従属関係ではない。歴史は単に実現のための因果的条件なのではなく、理念性の意味の一部をなしている：意味生成 *Sinngenesis*。
新たな用途：理念性を、自己移入 *Einfühlung* による私‐他者の繋ぎ目として示した後、私たちは理念性に立ち戻る：理念性の内には、こうした事実上の接合以上の意味があるのだ。事実上のあらゆる自己移入の外にある恒常性、自己移入以前の真理。では、理念性は歴史の外にあると結論づけられることになるのだろうか？
少しもそんなことはない：私たちは志向的分析を繰り返すのである：歴史の中には、何かそれ以上のものがあるにちがいない。何だろうか？　〈文書《エクリ》〉、つまり、恒久性の根拠であり、理念性が先在するということの根拠である。
だが〈文書〉、それは凝固してしまった言葉でしかなく、コミュニケーション手段にすぎず、それ以上の何物でもないのではあるまいか。
少しもそんなことはない：〈文書〉の意味を明らかにせねばならない：この〈文書〉と理念性との間には、絡み合い *Verflechtung* と同時性とのあることが分かるだろう。
文書は「公的な」感知し得る記号である。だが、それはまた追産出 *Nacherzeugung* のための装置でもある：公的もしくは記念碑的な意味《シニフィカシオン》。たしかに文書は、産出 *Erzeugung* が可能となるためにのみ、そのような装置になっている。しかし、こうした〈存在〉であるためには、文書は意味《シニフィカシオン》の媒介物なのであって、追産出の単なる契機ではないのである。文書や不可思議な文字は理念の現存《エグジスタンス》なのだ。それは、感知することのできる現存、はかない現存の内に、厳密な意味《サンス》を含み持っている。ヴァレリーを参照：彼は作者であることも、自己の産出をもはるかに越えており、媒介されている自己移入も媒介されていない自己移入をも越えている。彼は、〈存在〉と外延を共にするものとしての〈言葉《パロール》〉の原理そのものの目に見える形象であり、すなわち、経験的な成就を越えた言葉の昇華なのである：理念的なものの先在性。[240] 自己移入が言葉と結ぶ関係：いつものように、二重の意味で：文書は言葉の変異体だが、その文書の方が、経験的言葉が有することのない累積（ヴァレリー）の可能性をもたらすという意味において、言葉は文書の変異体である。XからXへの伝達 *Mitteilung*[241]、単数の〈言葉〉。理念性はいつでも、沈澱したものの再活性化である（追産出）（私の内で、他者の内で）。しかし、文書がやってくるとともに再活性化は、もはや失われた時でも、何らかの忘却の回復でもなくなり、それは同じ方向にさらに遠くへと行くことになり（ヴァレリーがペテンと呼んでいたもの）、記念碑のような獲得された意味に依拠することになるのである。文書がやってくるとともに、もはや単に、新たな産出によって、硬化症《スクレローズ》のような層状化《ストラティフィカシオン》によって埋め合わされた非現在的なものへの移行がなされるわけではないということになるし、私たちが語る全てのことは統合的〈言葉《パロール》〉に向けられるようになる。前未来形：すべてが語られてしまっているだろう時に得られるであろうような回顧的視覚へと開かれた現在……。［したがって、沈澱は想起である。実際のところ、私の昨日の思考もしくは他者の思考といった脈絡の中で考えるためには、私は再活性化などする必要がないのである。］

志向的分析：本来の意味（理念性）と比喩的な意味（文書）との絆を見出し、歴史性である両者の等価性を見出すこと。

テクストの続き。真理について、哲学についての諸結果。

(1) 真理。

沈澱（「二次的受動性」）は危険である（言語の誘惑）。しかし、すべてを再活性化することなどできるのだろうか？　事実上は不可能だ（個人の持っている、また文化集団でさえ持っている、有限の再活性化力）：再活性化は相対的にしか充実可能ではない *erfüllbar*。したがって、真理の認識は無限の理念である *Warheitserkenntnis* est *eine unendliche Idee*[242]（三七三、注1）、つまり：この法則がそれ自身のうちに一つの理念化作用、すなわち私たちの能力の限界を越え出てゆき、ある意味でそれを無限化する作用を秘めている *das Gesetz eine Idealisierung in sich birgt: nämlich die Entschränkung, und in gewisser Weise die Verunendlichung unseres Vermögens*[243]（三七五、二〇～二七）。だが、これ自体が、私たちの存在の一部をなしているのである：この理念化作用に特有の明証というものがある il y a une *eigentümliche Evidenz solcher Idealisierungen*（同所）。真の、絶対的な、不変の理念性が、いかにして一つの理念化にとっての限界として正当に提起されるようになるかを見ることが重要である。この理念化、それは文化的世界 *Kulturwelt* としての理念性の秩序を創始することであり、束の間の自己移入 *Einfühlung* とは異なるものとしてのこの秩序を開始することであり、また、それがそのようなものとして開始されるのは、再活性化原理の可能性を信用するためにすべてを活性化することを断念する場合だけである：明らかに、幾何学が存在するのに先立って、学以前の文化的世界の所与から起源的理念性を産出する方法が、確固たる命題に書き記されて、固定されていたのでなければならない。それだけではなく、明らかに、この命題を漠然とした言語的理解からその明証的意味をはっきりと再活性化させるにいたる能力が、それなりの仕方で伝承され、また常に伝承され得るようになっていたのでなければならない *Es ist klar, daß die Methode der Erzeugung der ursprünglichen Idealitäten aus den vorwissenschaftlichen Gegebenheiten der Kulturwelt vor dem Dasein der Geometrie niedergeschrieben und fixiert sein müßte in festen Sätzen; daß ferner das Vermögen, diese Sätze aus dem vagen sprachlichen Verstehen in die Klarheit der Reaktivierung ihres evidenten Sinnes überzuführen, in seiner Weise tradiert und beständig tradierbar sein müßte*[244]（三七五―三七六）。再活性化そのものが伝統となる。伝統もしくは沈澱の第二の力の開始：再活性化そのものの沈澱。

理念化 *Idealisierung* の起源にあるのは、したがって真理の起源にあるのは、――そしてまた（多くの理由から）根本的に非 - 明確化となっているのは、この沈澱なのだ。つまり、理念化の結果である真理、すなわち起源の忘却というものがあり、――さらにまた、諸理念の宇宙を創設する運動を再び見出すというさらに深い真理があることになる。

第一のものは論理的真理である：それは理念性の創設作用を再活性化する力が沈澱したものと思われる。この真理は、それらの沈澱物には問いかけない。この真理は、諸命題 *Sätze* の、沈澱した命題意味 *sedimentierten Satzsinn*（三七六）の、与えられた宇宙の中で活動するのであり、それは特に言葉に結びつけられており *spezifisch an die Sprache gebunden*（三七四）、諸学においても、諸言表においても（三七六）、この真理がさまざまな理念性を結晶させるのである。それは、計算の構成的な諸操作や、直観的思考の技術的略語といったものを明らかにはする[一七]（たとえば、論理的明確化）。しかし、意味形成的 - 伝統 *Sinn-bildungs-tradition* を明確化することはない：最初の意味における再活性化が終わるところで……そもそも初めて「原創設」への遡行的問いの再活性化が始まるのだ *wo Reaktivierung im ersten Sinn zu Ende ist* [B44] …*beginnt überhaupt erst die Reaktivierung der Rückfrage in die «Urstiftung»*.（フィンクおよびフッセリアーナ三七五ページ）。論理学は命題や方法を継承し、そこから、意味の源泉 *Sinnesquellen*（三七六）を再活性化する力を継承することなしに、新たな命題や方法を構築する。ここから意味変化 *Sinnverwandlung* や意味空洞化 *Sinnentleerung* が生じ、それは論理学的方法には好都合であっても、出現というものからは遠ざかってしまう（三七六）。人は技術的使用の方法論 *Methodik der technischen Verwertung*（三七八）を手に入れるが、それは論理的活動に完全に引き渡された *ganz den logischen Aktivitäten hingegeben*（三七六）理論の危険でもある。認識論も同様であり、起源という次元を持ってはいない。なぜならそれは、今、目の前にある諸概念や諸命題そのものの中に、それらの意味は横たわっている *in den gegenwärtig vorliegenden Begriffen und Sätzen selbst liegt ihr Sinn*（三七九）と考え、認識論的起源と発生的起源と l'*erkenntnistheoritischer* et la *genetischer Ursprung* を区別したがるからである。

戦闘的真理、それは構成された理念性や既成の言語を疑問に付し、あらゆる「技術」－「技術化」の外に理念性の起源そのものを見出そうとする真理なのだが、これは哲学であり、つまりは「意味形成と起源的な意味の沈澱との共存や相互内属の生き生きとした運動以外の何ものでもない *nichts anderes als die lebendige Bewegung des Miteinander und Ineinander von ursprünglicher Sinnbildung und Sinnsedimentierung*」（三八〇）(二八) ような歴史性の次元なのだ。哲学は、「論理学」よりも広く、すっかりできあがった理念性と受動性との区別の手前にあって、前‐理念的な世界（単に経験主義的な感性的世界であるだけではなく、まさしく歴史的世界でもある：生活世界 *Lebenswelt* はすべてを包み込む）の理念性を評価するのである。

(2)哲学。

歴史的‐前歴史的なこの深い次元 *Tiefendimension*（三八一、注1）への入口＝哲学。それは普遍的歴史性という全体的問題 *Totalproblem der universalen Historizität* への「目覚め」である。幾何学の出現は「哲学の問いになる *wird zur Frage der Philosophie*」（三七八、フィンク）。

哲学と完全に理解された学との違いは感知できない：ただ、歴史性は哲学によって論理学創設 *Stiftung* の深みに至るまで動揺させられるのであり、この歴史性は、普遍的な問題地平 *universale Frage Horizont* なのである（三八二）。

哲学は諸地平の地平を主題としている。厳密な学 *strenge Wissenschaft* としての哲学が当初に持っていたさまざまな定義の掘り下げ。とりわけエイドス l'*Eidos* について：エイドスは以後、地平の解釈 *Auslegung*[245] となり、形相的変更は「流れつつある生き生きとした地平のうちに常に含蓄されている本質としての *als das im strömend lebedingen Horizont ständig impliziert Wesen*」[246]（三八三）不変項を求めるようになる。この本質を、はたして哲学は明示するのだろうか？　哲学が主題にするのは、歴史の中の隠された理性 un *verborgene Vernunft in der Geschichte*（フィンク）であり、理性の普遍的目的論 un *universale Teleologie der Vernunft*（三八六）であるが、しかしそれは、秘密の絆、もしくは隠された絆のように、透かし模様でしか捉えられないのだ。したがって、本質は地平を包み込みはしない。それは文化の地平としての地平構造の表明である（流れつつ‐立ち止まる生動性における伝統化を伴った、文化的‐現在や文化的過去への含蓄 implication dans *Kultur-Gegenwart* de *Kulturvergangenheit* avec *Traditionalisieren in strömend-stehender Lebendigkeit*（三七九））。だが、この――構造的な――あるいは具体的なアプリオリは、カント的カテゴリーでもなければ、ヘーゲル的理念でもなく、一般的な意味基盤 *allegemeinen*

Sinnesboden[247] なのである（三八〇）＝意味とは、結局のところ、理念であるどころか地盤なのだ。哲学が探究するのは地盤の考古学の内部であり、深みの内部であって、高み（諸理念）に向かってではない。それが意味するものについては、私たちは昨年参照しておいた：間主観性の内にとどまろうと望む志向的内在性――詩としての哲学――。少なくとも、哲学を再‐把握しようと試みる全く別なもののためにそうあろうと望んでいる。

だが具体的にはどうだろうか？「コペルニクス説の転覆 *Umsturz*」のテクストがそれを示してくれる。このテクストは、タイトルからしても、その主題はきわめて明らかだ：大地という固有の意味における地盤のもつ性質の解明。

コペルニクスの彼方に地盤としての大地の意味を復元すること。物体 *Körper*[248] としての〈地球〉（および星々）、物体の世界＝哲学的次元へと志向的に差し向ける理念性。私‐私の身体‐私の基盤 *Boden*[249]（それは物体でも、対‐象 ob-jet でも、観念対象 idéat でもない）――基盤の解明、〈我〉の一部としての大地の解明。それは、意味基盤 *Sinnesboden* の研究としての哲学を、まさしく文字どおりのものとして捉えられるべきものとするのである：つまり、自然的な基盤（大地）と、その上に築きあげられた文化‐歴史的基盤の研究として。こうしたコペルニクス主義は、この恒常的な世界観 *Weltanschauung*[250] の上に構築された世界可能性 *Weltmöglichkeit*[251] である。基盤の比喩的な意味は、本来の意味なのだ。

だが、フッサールは、あまり意図せぬままに、基盤についてのこの再発見が持つあらゆる存在論的な含蓄を教えている：

1――「作動しつつある静止した大地基盤 *fungierende ruhenden Erdboden*[252]」

超‐事物としての地球（ならびに星々）——それは休止と運動との手前に［これはまた、新たな空間‐時間、因果性、そして歴史性さえも再発見することだ：］[253]、大地に内在する地球空間 *Erdraum*[254] に、境界線のところに、もしくは大地の隣[255]にある：それは「物体の運動の可能な目標の体系」である(a)、したがってそれは、不変化 *Unveränderung* としての、時間の様態としての空間なのである——全体としての大地は、一つの全空間 un *Allraum*[256] の内には場所を持たない。大地が固定されたり釘づけにされたりしているからではなく、まさしく大地が物体ではないからなのだ。それは一つの包み込むものである。

[257](b)周囲世界 *Umwelt*、開け *Offenheit*、前表象的なもの——地平（一ページ）。

［3］——(c)可能なものという観念の解明：可能なもの（思索可能なものでさえ[258]）とは、大地における可能なものであり、世界可能性 *Weltmöglichkeit* における可能なものなのだ。可能的なもの、それは周囲世界の開けであって、人々が理念化によってそこに安住するであろうような論理学的〈存在〉の体系（無限性 *Unendlichkeit*[259]）ではない。

［2］——(a)空間‐時間、この結合から出発して再‐理解すべき歴史性。

歴史の統一性の基礎は、〈大地〉の単一性である。

2——大地から私の身体へ、そして他人たちの身体へ——さらに〈我〉へ aux Je。

私の身体も、対象、運動、静止の手前にあり、別の私 *anderes ich* もまた、——私がそれを物体 *Körper* として対象化することができるにせよ、——私に対して同じ力を有している。——私たちは同時的であり、私は、非‐対象化的なものとして自分に対してあるのと同様に、他者に対してあるのだ。

他者への原的に現前しえないもの *Nichturpräsentierbar* の提示。
均質化、物体への普遍的な還元は、動物性の次元としての「私は歩く *ich gehe*」に基礎づけられており、これは「飛翔」の分かりやすい原理であって、したがって対象化よりも下方にとどまっている真実である。
基盤は移動させることはできるが、無くしてしまうことはできない。まったく別の惑星も大地なのだ。

［4］――「方舟」としての大地＝洪水の上に生存者たちや、さまざまな思考を支えるもの（それは物的大地ではない。私たちすべての基底にある塊《マッス》であり、惰性であり、舵であるような大地なのだ）（「野蛮な」原理）――それが無限の思考に対し、包括的存在論をつくり出す。開けの存在論。
この光景は、構成的意識とその諸対象であるのだろうか？

［B45］［フッサール M20］
一九三四年五月七〜九日。「通常の世界観によって解釈されているコペルニクス説の転覆――原‐方舟としての大地は動かない *Umsturz der kopernikanischen Lehre in der Gewöhnlichen weltanschaulichen Interpretation――die Ur-Arche Erde bewegt sich nicht*」

(1)コペルニクス的な人間が忘れている〈大地〉：彼にとって地球は、星々と同じく、無限の空間の中にある球状の物体 *Körper* である。
私たちにとって、地球は物体ではなく経験基盤 *Erfahrungsboden*[260] なのだ。
＝太い丸太 *der große Klotz*[261]（塊もしくは切り株）であり、その上に諸物体が根拠を置いている。――参照、

（星々のような）超 - 事物……どのようにして大地は「全体」として運動しうるのだろうか。このことはどのようにしたら考えることができるのだろうか。大地が鎖でしっかりと繋ぎ留められているかのようなことはないのである——そのための「基盤」が欠けているのである。大地にとって運動というものは、つまり物体性というものは意味をもっているのだろうか。それゆえに、全空間の中での大地の場所というのは本当に大地にとっての一つの「場所」なのであろうか…*wie kann sie sich als «ganze» bewegen, wie ist das denkbar? Nicht als ob sie fest angeschmiedet wäre—dafür fehlte der «Boden». Hat Bewegung, also Körperlichkeit für sie einen Sinn? Ist also ihr Ort im Allraum wirklich ein «Ort» für sie?*[262]

統一的な大地基盤としての「地球」は、文字通り一つの「物体」について言えるような意味で静止しているものとして経験されることはできないし、またそれゆえそのような意味では、まさに一つの「物体」たる物体としては経験され得ない。それは、延長と質的特性とをもっているばかりではなく、空間中にその「場所」をもっている。しかも、もし可能であればそれを交替したり、そこに静止したり、あるいはそこから動かされるものとしてもっている。私が新しい基盤の表象をもたないかぎり、つまり、地球が、整然とした回帰的な運行のなかで、運動や静止のなかにある閉鎖的物体としての意味をもち得るようになるための新しい基盤の表象をもたないかぎり、そして私が、それら基盤の交換についての表象やその交換を通して二つの基盤が物体になってゆく表象をもたないかぎりは、地球はまさしくそれ自身基盤であって物体ではないのである *Die «Erde» als der einheitliche Erdboden kann nicht in dem Sinne ruhend und somit nicht in dem Sinne als ein Körper erfahren werden wie eben ein «Körper», der nicht nur seine Extension hat und seine Qualifizierung, sondern auch im Raume seinen «Ort», aber als seinen Ort möglicherweise wechselnd und ruhend oder bewegt. Solange ich keine Vorstellung habe von einem neuen Boden, als einem solchen, von wo aus die Erde im zusammenhängenden und in sich zurückführenden Gehen als ein geschlossener Körper in Bewegung und Ruhe Sinn haben kann, und solange ich keine Vorstellung gewinne von einem Austausch der Böden und einem dadurch zum Körper Werden beider Böden, solange ist eben die Erde selbst Boden, aber kein Körper* (8)[263]。他の基盤 *Boden* が基準とされるような時に、また、基盤を相対化しようとするような時に、どのようなことが起こるかということは、私たちにはやがて分かることになるだろう（常に一つの基盤が残ることになる）。目下のところ、大地基盤 *Erdboden* の独自性=本原性《オリジナリテ》を記するだけにとどめておこう。

地球空間 *Erdraum* がある(3)：物体は大地の表面で、大地との関係において動く、さらに：動く物体 *Körper*、もしくは休止中の物体を、私は大地から浮かび上がらせる。だが、「取り囲んでいる空間を、私たちは場所の体系としてもっている――言い換えると、物体の諸運動の可能的な終点の体系としてもっている。たしかにこの体系の中では大地上の物体はみな、もちろんそのつどの〝位置〟をもっているが、大地自身はそれをもっていない *Einen umgebenden Raum haben wir als Ortssystem—d.i. als System möglicher Enden von Körperbewegungen. Aber darin haben wohl alle irdischen Körper, aber nicht die Erde selbst eine jeweilige "Stelle"* (9)[264]」。［空間的にさえ、大地は包み込む存在である。］

(2)大地、肉的物体、あまたの我。

――このもの、それは「〝空間直観〟のもつ奇妙さ *Kuriositäten der "Raumanschauung"*[265]」ではない(10)。それは存在の一つの次元であり、私たちは基盤の内に含まれたさまざまな志向性を詳述することによって、そのことが分かるようになるだろう：私たちはこれがすべてを捉えるものだということを理解するに至るだろう。

その時には、それが心理学ではなく、哲学であることが分かるだろう。[266]私たちは、（心理的？）経験の領域だけではなく、コペルニクス的世界そのものの構成をも理解することになるだろう。

――〈大地〉と私の身体：大地上には外的物体 *Außenkörper*[267]（これは大地の「暗黙の諸部分」ではない）があり、――私の身体、――そして他人たちの身体がある。

まずは私の身体：これもまた基盤 *Boden* のようなものであって、物体 *Körper* とはちがい、移動 *Fortbewegung* することはなく、内部運動 *Innenbewegung* をもつだけである[268](10)：すなわち、私の身体は、諸事物のように（身体外部の運動の結果を受けて）は動かない。それは自ら動くだけである：つまり、ここにいる身体とそこにいる身体とは、客観的な二つの位置にいるわけではない。その二つの位置は身体の内部にある：私の身体は、事物のように私に対して動くのではなく、それは私に対して近づきも遠ざかりもしない：事物が私に近づいたり遠ざかったりすると言われるのは、私の身体に対してなのである――私の「私は歩く *ich gehe*」は「地盤」との関係によっており、それはもはや客観的運動でもなければ、地盤も客観的休止ではないのである。私の身体は、「私は歩く」場合であってさえ、私にとっての中心 *Zentrum* にとどまっている(11)私の身体の準‐運動（「運動感覚 *Kinesthesen*」）と地盤の擬似休止（「外見」の展開を通しての地盤の同一性）とは、同じタイプに属している――また、大地表面に私が見ている物体の休止そのものも、これまた、結局は同じタイプに属しているのである：なぜなら、物体が休止状態にあると私が言う時、それは運動感覚の現出変化 *Erscheinungswandlung*[269] の相関物だからであり、したがって、私はこの休止を、こうした現出変化の相関物、その反対物、つまりは運動感覚的な休止と考えることになる(13)――石を投げる時、私にその石が「飛ぶ」と言わせるようになる物体への自己移入 *Einfühlung* を参照のこと。

――だが一体、どのようにして私はこの前コペルニクス的世界から抜け出すことになるのだろうか。他者への接近によってである――（そのうえ、他者たちはすでに、私の〈大地〉経験の中に含まれている：私の地平が大地にまで広がるのは、他者たちによってである）――「他の身体 *andere Leiber*」としての他者――(10)：私の身体とは違って、他者の身体は物体である：それらは私に近づいたり離れたりすることができる。だが、それにもかかわらず、それらは「〝私が動く〟という意味での身体であり、この場合、私というのは〝他の自我〟のことである *Leiber im "ich bewege", wobei das Ich "anderes Ich" ist*」(11)：これが意味するのは (1)私にとっての物体に数え上げられるものとして、他者は、私が関わり合う諸物体と関わり合う。(2)他の自我 *anderes Ich* として、他者は、私が彼らを物体にするのと同様に、私を物体にしてしまう(11)。したがって私たちは、結局は一つに帰するような二つの物体世界を持っており、それぞれが自分自身を身体 *Leib*[270] として生きながら他者を物体として客体化するような二つの主観を持っている。だが、同一性はまだ遠い：それは単に物体世界の同一性ではない：一一ページ、難解なテクスト：それが意味していると思われるのは：

(1)「彼ら」の間に、他者たちの間に、同一性がある。なぜなら、物体としての彼らの身体は、各自にとっても他者たちにとっても同じものだからである (2)物体によるこの同一性は、物体としての私の身体を包み込み、そこから、私の〈我〉に対し、私の身体が身体となり、さらにそれによって、私の身体の経験が生じてくる。各自にとっては、原的に現前しえないもの *nichturpräsentierbar*（生きられる身体）の原的現前化 *Urpräsentation* があるわけだ：したがって、単に同じ客観的世界による同一性にはとどまらず、同じ

身体 - 世界構造による同一性というものがあることになる。

――ところで、これはごく一般的に捉えられるべきである：私の身体性は伝達可能である――参加しうる次元――この身体性によって、私は他の身体を「理解する *verstehen*」ことができ、そうして私の経験を彼らの経験に結びつけることができるのである。たとえば動物性によって：鳥：私が鳥であり飛ぶことができると仮定してみよう *sei angenommen, dass ich ein Vogel wäre und fliegen könnte* (11)[271]。もっと簡単に言えば：私は鳥を、私の「私は歩く *Ich gehe*」の変異体（滑空）として理解するのである。それによって、私の経験の拡大が生じる：列車と「相対的基盤物体 *Relative Bodenkörper*」――あるいは飛行機を参照。そこから、基盤 *Boden* の相対化が生じる――地球は「根株《スーシュ》」であることをやめる[272]――しかし、この時には、私たちは他の惑星を「根株」と捉えているのではないか。だが、私たちは二つの惑星の相互的な相対化を考えることができるだろうか。その場合には、私たちは二つの地球を持つことになるだろう［B46］［フッサール M21］：しかし二つの地球とはいったい何を意味するのか。一つの人類を持つ一つの大地の二つの断片ということになるだろう *Aber was heißt zwei Erden? Zwei Stücke einer Erde mit einer Menschheit* (14)[273]。大地基盤 Le *Boden* terre は客観的な位置を変えることはできるだろうが、基盤としては不変のままにとどまっている。自己移入 *Einfühlung* におけるように、人々は基盤を変え、身体を変える(14)：しかしながら、私にとっての私の身体は、やはり原初的身体であり、相対性ではない「存在意味 *Seinssinn*」を持った身体なのである。

現象学的経験：私がある飛行物体《アエロネフ》の上におり、その飛行物体が私の基盤になっている。ある日、私はそれが本当の基盤ではないことに気づく(15)。どうなるだろうか。だがその時には、この基盤の機能は他に移される：それは最初は私の〈大地〉だったが、やがて別のものになる。しかし、そこにはいつも一つの大地が存在しているのだ。

したがって、「身体性や物体性とともに *mit Leiblichkeit und Körperlichkeit*」大地は同時に構成される(15)「私たちというもの、すなわち人間たちや〃動物たち〃の全体性は、この意味で地上的であり、また、さしあたっては、非‐地上的な意味でのいかなる対立物をも持ってはいない。この意味は、私および私とともに生きている狭い範囲内での私たちというものに根をおろしていて、そこにその定位‐中心を持っている *Die Allheit des Wir, der Menschen, der "Animalien" ist in diesem Sinne irdisch, und hat zunächst keinen Gegensatz in nicht-irdisch. Dieser Sinn ist verwurzelt und hat sein Orientierungs-zentrum in mir und einem engeren Wir mit einander Lebender*。」(15)[274]私はここで月の上にいて、その月が私の大地であると考えることもできる、あるいは、飛行物体《アエロネフ》の上にいても同じことである。しかし私は思いもかけず、「彼らはここにどのようにして上ってきたのだろう」という問いを発する。――ちょうど、私が楔形文字の碑文を見出した新しい島で、「これらの文字を書いた民族はどのようにしてここにやってきたのだろうか」と問うのに似ている。すべての動物、すべての生物、すべての存在者一般は、私の構成的発生からのみ存在意味をもつのであり、そしてこの「地上的」構成的発生がそれらに先行している。たしかに、一破片である大地は（氷塊のように）剝離してできたものだということはおそらくありうることだし、そしてその破片がある特有の歴史性を可能にしてきたともいえる。だがそうであったにしても、月や金星も同じように原分離の際の原場所として考えることができるとか、また私とわれわれ地上的人類にとってはそれがまさに大地なのである、ということが単に一つの事実にすぎないといったこととかがここで意味されているのではない。ただ一つの人類、一つの大地が存在するだけなのである――剝離する破片、あるいはかつて剝離したすべての破片はこの一つの大地に属している。*Aber frage ich zufällig «wie sind sie da hinaufgekommen?»—so ähnlich wie ich bei einer neuen Insel, auf der ich Keilinschriften vorfinde, frage : wie sind die betreffenden Völker dahin gekommen? Alle Tiere, alle Lebewesen, alles Seiende überhaupt hat Seinssinn nur von meiner konstitutiven Genesis und diese «irdische» geht voran. Ja ein Bruchstück Erde* (*wie eine Eisscholle*) *kann sich vielleicht abgelöst haben, und das hat eine besondere Geschichtlichkeit ermöglicht. Aber nicht sagt das, dass ebensogut der Mond oder die Venus als Urstätten in*[275] *Urtrennung denkbar wären und es nur ein Faktum sei, dass für mich und unsere irdische Menschheit eben die Erde ist. Es gibt nur eine Menschheit und eine Erde —ihr gehören alle Bruchstücke an, die sich ablösen oder je abgelöst haben.»*(23)[276]

(3)この分析の存在論的射程。

地球、身体、間身体性などとともに、この分析は存在論の全体に関わることになる：いたるところで現れ出てくるのは、[277]新たな存在の型である：空間直観 *Raumanschauung*、時間直観 *Zeitanschauung*、自然因果性 *Naturkausalität*、また、歴史という概念においてさえも。コペルニクス主義、客体に変えられてしまった外部的なものすべての均質化、ありうべき客体として、ありうべき基盤 *Boden* としての星々の観念、「単なる事象」の基盤としての大地の観念、これらすべては、〈存在〉‐〈故郷〉‐領地への私の身体的入植の上に（また、その入植の跡も消しがたく）構築されているのであって、それは地盤への、地上的な共存者への、地上的な関係の理念化であり、上部構造なのである。歴史が一つの意味をもっていたり、歴史が一つのものであったり、歴史が次元であったりするとすれば、それはすなわち、この合理性によるのであり、この合理性が、人々の人々に対する、そしてまた地盤に対する前‐客観的な関係の上に根拠づけられているからである。「(もし住処が、そのつど個人または家族としての私の領地という普通の意味で言われているのであるならば)、住処が交替しても、各々の自我が原故郷をもっているということは、およそのところ変わりはない――そしてこの原故郷は、原領地をもった原民族に属している。ところがどんな民族にしても、またその歴史にしても、そしてどんな超民族(超国家)にしても、それぞれ究極的にはもとより〝大地〟を故郷としており、あらゆる発展、あらゆる相対的歴史はそのかぎりで、それらをエピソードとして含む唯一の原歴史をもっている。もちろん、原歴史とはいっても、それが、まったく互いに分離して生活し発展している諸民族の寄せ集めであるようなこともあり得るのであり、その場合には、これらの民族は開かれた無規定的な地球空間の地平の中で互いのために存在しているだけのことである。*Im Wechsel der Heimstätte verbleibt allgemein gesprochen dies* (*wenn Heimstätte den gewöhnlichen Sinn meines jeweiligen, einzelnen oder familienmässigen Territoriums hat*), *dass jedes Ich eine Urheimat hat—und diese gehört zu jedem Urvolk mit seinem Urterritorium. Aber jedes Volk und seine Historizität und jedes Uebervolk* (*Uebernation*) *ist selbst beheimatet letztlich natürlich auf der "Erde", und alle Entwicklungen, alle relativen Historien haben insofern eine einzige Urhistorie, deren Episoden sie sind. Freilich ist es dabei möglich, dass diese Urhistorie ein Zusammen völlig getrennt lebender und sich entwickelnder Völker wäre, nur dass sie alle füreinander im offen unbestimmten Erdraumhorizont liegen.*」(16)[278]

存在論的変位:周囲世界の開けのなかにある世界――思考のうえで措定された無限性のなかにある世界。この無限性の意味――{「無限性という理念性のなかで存在する世界。」この存在の意味、すなわち存在する無限の世界という意味は何であろうか。} 完全に考えつくされて表象されたわけではないが、潜在的にはすでに形成された地平性としての開け。*die Welt in der Offenheit der Umwelt—in der gedanklich gesetz-*

ten Unendlichkeit. Sinn dieser Unendlichkeit — {*« Welt in der Idealität der Unendlichkeit existierend.» Was ist der Sinn dieser Existenz, der seienden unendlichen Welt?*} *Die Offenheit als nicht vollkommen ausgedachte, vorstellig gemachte, aber implizit schon geformte Horizonthaftigkeit* (1)[279]. すでに無限の「天文学的」世界において私たちが語るような空虚な世界空間 *leeren Weltraum, wie wir es in der schon unendlichen «astronomischen» Welt tun* について語るのは無意味である(9)[280]。この無限の存在は周囲世界の開け *Offenheit* d'*Umwelt* に基づいているのだ。この周囲世界、それは——肉的‐主観としての私たちにとっては——開けを伴った世界であり、その開けから理念化も生じてくるのである。しかし、その理念化がどのようなものであろうとも、それは、一つの〈大地〉上における私たちの肉的共存の優位性をいささかも変えるものではない。この〈大地〉は方舟なのだ。すなわち：そこからあらゆる生、あらゆる未来、あらゆる歴史が由来し得る貯蔵庫なのである。[281]［方舟は水の上を漂っていた。つまり、方舟の外では、形をもつ（形成された *Geformte*）ものは何もなく、同様にして、大地‐身体‐我といった次元も無限の思考の上を漂うのだが、この次元が無限の思考に抗して〈存在〉のあらゆる可能性を保証しているのである。

次元は、実際、〈存在〉の上にある：大地（そしてこの次元）は、論理的で物理的な必然性、すなわち、同一的な必然性に対立する剝き出しの事実 *blossen Faktum* なのだろうか。つまりは、おのずと可能になるものの、無限性 *Unendlichkeit* であるものの、単なる様態なのだろうか。[一九]

可能性、それは地平（地平可動的な運動 *horizontmöglische Bewegung* ——因果性の地平）であり——開けであり——諸物体は現実的な運動や可能的な運動のなかにあり、可能性は現実性、継続、方向変化などに関していつも開かれた可能性である *körper sind in wirklicher und möglicher Bewegung, und Möglichkeit immer offene Möglichkeit an Wirklichkeit, an Fortsetzung, an Richtungsveränderung, etc.*[282]。あれこれのことを

体験する可能性は、実際の「可能的な仕方での経験 *möglicherweise erfahren*」[283]であり、現前の一様態なのであって(4)、諸可能性は「存在する諸可能性 *seiende Möglichkeiten*」[284]であり、これはそれらの「直観的証示を有している。そして、それらは物体や物体の多様性の存在に属する様態として、これを有しているのである。

世界統覚を引き続いて形成してゆく場合には、つねに〝世界直観〟の統一性は世界の可能性を確証しなければならない——つまり、世界の現実性の一つの根本成素を形成している可能性そのものとしての世界可能性を、そしてさらに、開かれたさまざまの可能性の総体としての世界可能性を確証しなければならないのだ。*anschauliche Ausweisung. Das haben sie als Modi, die zum Sein der Körper und der Körpermannigfaltigkeit gehören.*

In aller Fortbildung der Weltapperzeption muss Einheit einer "Weltanschauung" die Weltmöglichkeit bewähren—als die Möglichkeit, und universum den offenen Möglichkeiten, die einen Grundbestand der Wirklichkeit der Welt ausmacht.」[285]。世界は「諸可能性をそなえた遊動空間 *Spielraum von Möglichkeiten*」としての私たちの経験の核｛によって？｝予 - 描（*eingezeichnet*）されている。世界は一つの地平性のなかで構成されるのであり、この地平性のなかで存在者が、つねに予描されているさまざまの存在可能性のうちで、現実的なものとして構成されるのである。ここで予描されているのは、存在論によってあとから概念や判断にもたらされ、それらの概念や判断によって「熟考」されることになる世界形式である *in einer Horizonthaftigkeit, in welcher das Seiende als wirklich in allzeit vorgezeichneten Seinsmöglichkeiten konstituiert ist ; vorgezeichnet ist die von der Ontologie nachher auf Begriffe und Urteile gebrachte, mit ihnen «bedachte» Weltform* (4)〜(5)[286]。思考さえも「思考可能性 *Denkmöglichkeiten*」（九ページ）なのであり、つまりは：開かれた存在

の核によって支えられているのである。

［B47］ (4)結論。

こうしたすべて、この周囲世界 *Umwelt*（あるいは生活世界 *Lebenswelt*）の哲学的次元——それに見合った理念化よりも以前にある世界や精神の哲学的次元——は、観念論とは大いに異なっている：それは「構成的起源」であり、最初のものであって、それに比べると理念性は構成されたものなのだ。

それでもやはり、結局のところフッサールは、「意味付与 *Sinngebung*」(23)としての構成、超越論的 φ〔哲学／現象学〕φ *transzendentale* としての構成の枠内で、そのことを改めて紹介している。彼は言う。構成は逆説的である。なぜなら、構成は物理的な世界に対する生の優先権を示しているからだ。だが、人間以前の世界もあるではないか？　世界が破壊されてしまえば、人間のいない世界もあるではないか？　死だってやってくるだろう？　その答えは：そうしたすべての事柄も、構成的確実性をいささかもそこなうものではない。それは単に物理的なだけの生物学ではないのである。コペルニクス的均質化の限定された権利。まずもって〔自分自身の内に？〕理念化の宇宙を実現させておくような場合にのみ、逆説があるわけだ。死は、存在してきたものが存在してきたことを妨げはしないだろうし、物理的世界が〔世を去った〕人間的諸主観に照合させられることを断ち切りもしないだろう：なぜなら、このことは、人間が死に絶えていなくなった世界(287)について私が思い描く思考の中に含まれているからである。たとえそれが「少々度が過ぎている」としても、またほとんど「狂気じみている」としても、これは哲学的傲慢 *ὕβρις* ではない。おそらくフッサールは、彼独自の発見を絶対的〈我〉の「意識」の次元の内に閉じ込めてしまうことさえなければ、反論からも、逆説的なうらみからも免れていることだろう。「構成する生が抹殺される場合に、ばらばらに崩壊する大量の物質は空間のなかで、すなわち絶対的で均質でアプリオリに前もって設定された空間のなかで、いかなる意味をもち得るのだろうか。いや、このような抹殺そのものがまったく意味をもっていないのである。そもそも抹殺ということに何らかの意味があるとするなら、抹殺とは構成する主観性による、そしてそのうちにおける抹殺であろう *Welchen Sinn können die zusammenstürzenden Massen im Raum, in einem als absolut homogen und* a priori *vorangestellen Raum haben, wenn konstituierendes Leben weggestrichen wird? Ja hat selbst solches Wegstreichen nicht bloss Sinn, wenn überhaupt welchen, als Wegstreichen von und in konstituirender Subjektivität*」[288](24)。実際のところ、彼自身の分析は、それ自体が構成的な主観性を理念化の顕著な例として考えることを余儀なくさせるのではないだろうか。地球と物体性 *Körperlischkeit* との同時性を証明する分析が、それに引き続いて、全ては構成的〈我〉の後に来るということになるのであれば、それは何を意味するのだろうか？ 自体化 *Selbstung*（フィンク）の問題もある。なぜならフッサールは、現実的‐因果的秩序と、観念論的‐構成的秩序とを（相関的に）並べているからであり、彼はこの「パラドックス」をほとんど「狂気的」に主張せざるを得ないからである。観念論的意味付与 *Sinngebung* に対応する物理的世界をつくりあげることなく、両者をともに〈存在〉の相関的様相とすることによって、二つの秩序の具体的な関係をとらえ直さねばならないだろう。

最初のものである〈大地〉、それは、（定義からして均質化された）物理的大地ではなく、「前‐休止状態にある」〈存在〉‐根株であり、幹でも薪割り台でもある *Stamm und Klotz* 存在なのであって、最初のものである精神もまた、意味付与を行う絶対的〈自我〉ではなく、思考可能性 *Denkmöglichkeit* なのであって、〈大地〉と精神とは、相互内属 *Ineinander* しており、錯綜しているのである[289]。

原注

(1) *Formale und Transzendentale Logik,* Husserl, trad. S. Bachelard, Paris, PUF, 1957. *La logique de Husserl,* S. Bachelard, Paris, PUF, 1957.

(2) 体験 Le vécu

(3) *Cartesianische Meditationen,* trad. G. Pfeiffer et E. Levinas, Paris, Vrin, 1947.

(4) 研究草稿 Manuscrit de recherche

(5) ［余白に：］だが、哲学は常に地平にある。なぜなら哲学は、汲み尽くしがたい事象自体を網羅しようとする意志であるからだ。哲学のラディカリスムこそが、哲学をすでにそこ――決して情念的高揚を引き起こすような場所ではない――にあるものとさせている。

(6) *Der Satz vom Grund,* Pfullingen, 1957, trad. A. Préau, Gallimard, 1962.

(7) M. Guéroult, *Descartes selon l'Ordre des Raisons,* Paris, Aubier, 1953.

(8) メルロ＝ポンティは「設立 institution」もしくは「創造 création」、デリダは「創設 fondation」と訳している。

(9) 前‐所与 Pré-donné

(10) 生産 Production

(11) 起源 Origine

(12) 相互内属 L'un dans l'autre

(13) 反復、修正、研究開始 Répétitions, révisions, commencements de recherches

(14) 深い生 Vie des profondeurs

(15) 意味 Signification

(16) Husserl, *Die Frage nach der Ursprung der Geometrie als intentional-historisches Problem, Husserliana VI,* p. 364-386, trad. J. Derrida, Paris, PUF, 1962.

(17) Husserl, *Umsturz der kopernikanischen Lehre : die Erde als Ur-Arche bewegt sich nicht, Philosophical Essays in Memory of E. Husserl,* présenté par M. Faber, Harvard University Press, Cambridge, Massachussets, 1940 ;

La terre ne se meut pas, trad. D. Franck, D. Pradelle, J.-F. Lavigne, Paris, Minuit, 1989.

(18) 考えられていないもの Impensé

(19) ［抹消：］深い生 *Tiefenleben* の解明（深い哲学）

(20) 言及部分のフランス語訳が付されているが、ここに再録はしていない。

(21) 〈 〉内にはフッサールのテクストの一部を引用して補っておいた。

(22) デリダの仏訳、一七八ページには「企図 projet」と訳されている。『講義要録《レジュメ・ド・クール》』一六三ページでは、メルロ＝ポンティによって「未来を予め所有すること prépossession（*Vorhabe*）」と明確に述べられている。（以後：メルロ＝ポンティの言及がない場合には、私たちはフッセリアーナの該当ページを記し、デリダの仏訳のページ数を併記することにした。）

(23) Valéry, *Variétés*, Paris, Gallimard, 1926：「レオナルド・ダ・ヴィンチの方法序説 Introduction à la méthode de Léonard de Vinci」. dans *Note et digression*」(1919).

(24) 相互対立 Les uns pour les autres

(25) メルロ＝ポンティによる括弧。

(26) ［余白に：］（一二行目）（最も深い意味の問題が〈次第に〉導く *tiefste Sinnesproblem* 〈*heran*〉 *führen*、一九行目：意味の起源という深い問題 *Tiefenprobleme des Sinnesursprungs*）、三〇〜三二行目　深い問題。

(27) 知 Savoir

(28) ［余白に：］自己意識 *Selbstbesinnung*＝*be*＝「与える」の意も「持つ」の意もある。*Sinnen*＝「意味」の意も「……によって引き寄せられる夢想」の意もある。現在の（生きられた）状況は、理解させたり理解されたりするのである。

(29) ［余白に：］ここから、関心 intérêt という語が由来する：私たちの思考は位置づけられ、関心をひかれ、現前している。しかし、この関心が思考を制限しており、思考はそのことを忘れるわけにはいかない。関心は思考と普遍的なものとの絆であるのだから、たとえそれがまだ普遍的なものを有していないとしても、また、普遍的なものの上空を飛行するのではないとしても、予持されたもの *Vorhabe* を含んでいる。哲学は形成されなければならない：関心は哲学のエンテレケイアである。そこへ *Wohin*。

(30) 〔余白に：〕水平的と垂直的、時間的と非時間的：時間の内部で作用するような非時間的なものがあるが、それはむしろ、汎時間的なものである。

(31) 〔余白に：〕その中でかつて幾何学が生じてきた〈最も起源的な〉意味へ *Dem*... {*ursprünglichsten*} *Sinn, in welchem die Geometrie dereinst geworden ist.*（諸命題に対して包み込むもの）

(32) 〔抹消：〕この意味がひとたび確立されると

(33) 〔余白に：〕現存在 *da sein* 開けの存在＝そこでは、創設されたものが後続するものを呼び求め、後続するものは創設されたものを再創造する＝生 *Leben*、生き生きとしたもの *Lebendiger*（生き生きと働き続けている状態において *in lebendiger Fortarbeit*）「絶対的生」＝存在したものは、もはや存在しなかったものではありえない。精神には本質的なものである時間構造。

(34) 「原設立 institution もしくは原創造 création」「第二の設立もしくは第二の創造」「最終的設立もしくは最終的創造」（メルロ＝ポンティ）、「原創設 fondation」「第二の創設」「最終的創設」（デリダ）

(35) 意味に応じた Selon le sens

(36) *überall und wesensmäßig implizites*... *Wissen* に対し、デリダは次のように仏訳している：「常に、また、本質的に潜在的な知 toujours et essentiellement un savoir implicite」

(37) 〔余白に：〕非知 *nicht wissen* は一つの知 *wissen* である。「〜ではない」が示しているのは（フロイトの否認 *Verneinung* を参照）、この限界を私たちは越えていくということであり、問題となっている次元を私たちが持っているということであり、この次元は私たちの内で作動している（*fungierend*）ということなのである。

(38) 〔余白に：〕精神の世界性 *Weltlichkeit des Geistes*：この潜在的な知は、自然に‐帰するものであり、能作 *Leistung* の結果である限り、私の同類たちや、その知の「同類たち」に支えられていることが分かっている：この知は身体を持ち、言葉 *die Sprache* という世界を持っている。

(39) 〔余白に：〕画定された空虚 vide：欠如 manque、不足 privation、次元（新しいタイプの知的存在）。

(40) 〔余白に：〕既成の *fertig* 理念性は、原創設 *Urstiftung*—追行的創設 *Nachstiftung*—究極的創設 *Endstiftung* に

よってもたらされるものである。
(41) 無条件の普遍妥当性 Validité générale inconditionnée
(42) 第一一葉から一三葉までは、おもに、仏訳と注釈とが同時になされたノートの形になっている。
(43) 自覚 Prise de conscience
(44) 本原的 Originaires
(45) 遡行的問いかけ Question en retour
(46) 文化的世界 Monde de la culture
(47) 問い Interrogation
(48) 生産的主観性 Subjectivité productrice
(49) 予持 prépossession
(50) 原的創造 - 副次的創造 Création originaire—création seconde
(51) 原初的意味形成 Formation de sens primitive
(52) そこに自体で Là en lui-même
(53) 意味 Signification
(54) 発案者 Inventeur
(55) 開けた無限性 Infinité ouverte
(56) それについて経験できる Dont on peut faire l'expérience
(57) 心的実在 Réal psychique
(58) 理念的対象性 Objectité idéale
(59) 産出 Production
(60) 想起 Ressouvenir
(61) 回復 Recouvrement
(62) 「能動的に再び＝生き抜かれるように comme re-vécu activement de part en part」デリダ、一八四ページ。

(63) 更新されたもの Le rénové
(64) 客観性 Objectivité
(65) 終わりのない Sans fin
(66) 体験 vécu
(67) 言語共同体 Communauté de langage
(68) 共遂行 Co-opération
(69) 再理解 Re-comprêhension
(70) 自己移入 Empathie
(71) 産物 Produit
(72) 本原的に現前しえないもの Non susceptible de prêsentation en original
(73) 共同体 Communauté
(74) 存在様式 Mode d'être
(75) 語る存在 Natures parlantes
(76) これはメルロ゠ポンティ自身のつけた括弧 [ ] である。
(77) 再 - 理解 Re-comprêhension と共 - 理解 co-comprêhension
(78) 「本原的に直観的な originairement intuitive」一八七ページ。
(79) これはメルロ゠ポンティ自身のつけた括弧 [ ] である。
(80) 「諸活動の内で、感性的経験という基礎の上に、本原的に明証的なその形成体を創りあげる本原的に直観的な生 la vie originairement intuitive, qui, en des activités, crêe sur le fondement de l'expérience sensible ses formations originairement évidentes」一八七ページ。
(81) これはメルロ゠ポンティ自身のつけた括弧 [ ] である。
(82) 三七三ページ、「再活性化可能性という目標 fin de la rêactivabilité」一八九ページ。
(83) 意味制度化、意味創造 Institution, crêation de sens

(84) これはメルロ＝ポンティ自身のつけた括弧［　］である。

(85) これはメルロ＝ポンティ自身のつけた括弧［　］である。

(86) 意味喪失、忘却 Perte de sens, oubli

(87) 三六六ページ、六行目

(88) 「絶え間ない練り上げ elaboration incessante」一七五ページ。

(89) ［余白に：］歴史は単に過去から流れてくるのでも、未来から流れてくるのでもない：歴史はその流れを逆転させ、結局、あらゆる現在から流れてくるのである。

(90) ［抹消：］さらにまた、これを私たち自身の思考の中に求めることもない。

(91) 「それに応じて、初めてこれ{幾何学}が歴史の中に入った、もしくは入らねばならなかったと思われる{意味について私たちは問う}{nous questionnons sur ce sens} selon lequel, pour la première fois, elle {la géométrie} est entrée dans l'histoire, doit y être entrée」一七五ページ。

(92) ［余白に：］布石、帰納的に取り扱われるべき事柄ではない。

(93) 考察 Réflexion

(94) ［余白に：］内的には、それを学ぶのは私である。

(95) 「精神的起源 genèse spirituelle」一七七ページ。(二〇)

(96) ［余白に：］痕跡：不在のものの現存：不在の経験。

(97) ［余白に：］開かれた空虚な次元。

(98) 否認 Dénégation

(99) ［余白に：］フィンク：主観的な能作から生じたものという存在様式における意味形成体は、能動的に{意味を生きる}意味産出において本原的に「把捉」される *Sinngebilde in der Seinsart der Gewordenheit aus einem subjektiven Leisten werden Originär «erfaßt» im aktiven* {*sinnlebenden* {*sinngebenden* か?}} *Erzeugen des Sinnes*：能動的産出の同義語である歴史性、つまり、能動的なやり方で真に私が産出するものは歴史の理に属している。すなわち、他の人々にも参加可能なものであり、他の産出力に関わっていくものでもある。

(100) 出来上がった Achevée

(101) [余白に：] 生きた学問全体のために能力を発揮する主観性として、著名な学者であれ無名な学者であれ、協力し合ったり、また対立し合ったりする研究者たちの諸世代の開かれた連鎖 *eine offene Generationskette miteinander und füreinander Arbeitender, ob bekannter oder unbekannter Forscher, als der für die gesamte lebendige Wissenschaft leistenden Subjektivität*（三六七ページの一七行目）。

(102) 「原初的な〔……〕意味形成 formation de sens〔…〕primitive」一七八ページ。

(103) 「最初の獲得物 premier acquis」一七七ページ。

(104) 「企図 projet」一七八ページ。

(105) 「実現の成功 le succès de l'accomplissement」一七八ページ。

(106) 「産出行為 un acte producteur」一七八ページ。

(107) [余白に：]『危機』において行なわれた分析。

(108) 「全前提 prémisse totale」一七七ページ。

(109) 「無条件の一般的妥当性 validité générale inconditionnée」一七六ページ。

(110) メルロ＝ポンティは最初は次のように書いていた：「1―可能、2―必然」

(111) [余白に：] 幾何学の本質は今では永続的な存在様式 *bleibende Seinsart*（三六七ページの八行目）である：可動性 *Beweglichkeit* と、幾何学的未来 *geometrischer Zukunft*（三六七ページの一三行目）と、統合〔積分〕。これはむしろ骨組《マンブリュール》、流れゆく本質 *Fließende Wesen*（『経験と判断』）そのもの。そこには無条件の普遍妥当性 *unbedingte Allgemeingültigkeit* があるのだろうか？　理念性の透明性？　全体的な再活性化は可能だろうか、可逆的な沈澱？　再活性化を、(1)不要に、(2)不可能にするのは、理念化に固有のものではないだろうか：そこには思考の歩みがあり、「あちらこちらにぶつかりながらの」（ガロワ）数学の実践があり、〔保証された？〕超越論的歴史においては乗り越えられないような、数学的諸存在の盲目的な処理というものがある。

(112) 「実現されたもの l'effectué」一七八ページ。

(113) 「それ自体として本原的に現存している présent originaliter en tant que lui-même」（二一）

(114) 一面的性格 caractère unilatéral

(115) ［余白に：］（忘却による）ヘーゲル的な意味での保持というものはないし、（原創設 *Urstiftung* による）ヘーゲル的な意味での乗り越えというものもない。そして原創設と忘却とは、ヘーゲルの保持と乗り越えとは違ったかたちで、また絶対意識におけるのとは違ったかたちで、結びついているのである。

(116) ［余白に：］言葉《パロール》に支えられた理念性。文学の最も広い概念 *der weiteste Begriff der Literatur*。

(117) ［余白に：］その客観的存在にはそれが属している *Zu ihrem objektiven Sein gehört es*（三六八ページの注1）(二二)。

(118) これはメルロ＝ポンティ自身のつけた括弧［ ］である。〔この括弧は閉じられていない〕

(119) ［余白に：］そこにはたった一つのライオンという語しかない。これはピタゴラスの定理のようなものであり、ピタゴラスの定理は言語同様に歴史的なものである。

(120) 言明 Enoncé

(121) これはメルロ＝ポンティ自身のつけた括弧［ ］である。〔この括弧は閉じられていない。〕

(122) これはメルロ＝ポンティ自身のつけた括弧［ ］である。

(123) これはメルロ＝ポンティ自身のつけた括弧［ ］である。〔この括弧は閉じられていない。〕

(124) ［余白に：］言語の出現は解決である。なぜなら、言語そのものが二重の存在を持つからだ：その理念的存在において、また、外化〈文書化〉によって基礎づけられる〈現実世界における〉存在において *in ihrer idealen und durch Außerung,* 〈*Dokumentierung*〉 *begründeten Existenz* 〈*in der realen Welt*〉。仏訳、三六九ページ、「理念的存在であるとともに、表現や記録によって現実世界の中に基礎づけられる存在において dans son existence idéale et fondée dans le monde real par l'expression, par la consignation」一八一ページ。

(125) ［余白に：］これはカントの考えである：空間だけが空間を画定するが、経験において真に把握される(二三)（直観形式の不正な識別ではない。形式的直観を参照のこと。それはすなわち、上空飛行の空間だが、本当に私たちがいる空間への開けである。

(126) ［余白に：］三六九、二一八(二四)

(127) 現実の可能性 Possibilité de réalité

(128) [余白に：] 地平は単に遠方にあるものではない：それは外部地平 *Außerhorizont* である。実際には、近くにある地平や、私の身体という内部地平があるのだ。地平＝新たな〈存在〉。

(129) [抹消：] そして私は自分自身をそこに加え、自分自身をそこに見る時には、人類一般 *Menschheit überhaupt*。

(130) 無関心な見物人 Spectateur désintéressé

(131) [余白に：] 三六九、二〇

(132) 一般的な人類 L'humanité en général

(133) [余白に：] その同胞、および、常に自分自身をも含めて、人類一般 *Seine Mitmenschheit, und, sich selbst immer zurechnend, die Menschheit überhaupt*。

(134) [抹消：] あるいは、私は含まれる。

(135) [余白に：] フィンクの『デカルト的省察』第六におけるこの弁証法の記述。だが、それは、フッサールにとっては、喜劇、失望、ごまかし、矛盾という意味での弁証法ではない。

(136) [余白に：] 意識の悲喜劇と存在の悲喜劇。不幸な意識は、フッサールにおいて、地平によって、意識から逃れる存在の策略ではなく、開け *Offenheit* となる：有限でも無限でもなく、何物も有限性を裏づけることはない（ヘーゲル）：開け。

(137) 補足的に追加された用紙。

(138) 属している Appartient

(139) [抹消：] 表現する d'exprimer

(140) 錯綜したもの Enchevêtré

(141) 「諸対象の総体 *Universum* des objets」一八八ページ（二一五）

(142) [余白に：] 不変項の変化による発見とは、本質が実存に対立するというような古典的な意味で、実定的《ポジティヴ》な本質へと移行することなどではない。

(143) ここにはこの文章の仏訳の全体を採録しておこう〔本書ではデリダの日本語訳のみ〕：「人類の地平が、人間にとって常にそうであるような開かれた無限の地平であり得るのは、明らかに、潜在的なコミュニケーションとしての言語と、その記録の広大な広がりによってのみなのである。」一八二ページ。

(144) ［余白に：］私たちは言語を離れたところに置き、それが含むものを見る。

(145) ［余白に：］それは何性《キュイディテ》といったものではなく、不‐可分の経験の一面なのである。

(146) Heidegger, *Unterwegs zur Sprache*, Stuttgart, Verlag Günther Neske, 1959, p. 12-13. 仏訳は Fédier, *Acheminement vers la parole*, Paris, Gallimard, 1976, p. 14-16.

(147) ［抹消：］客観的世界は人間の内在的なあり方に由来しており、人間は語るものの内在的なあり方に由来している、というわけではない。

(148) 三七〇、四、「世界の客観的存在は、その普遍的な言語をもった人間［主観］としての人間を前提にしている Son être objectif présuppose les hommes en tant qu'hommes [sujets] de leur langage universel」一八三ページ。

(149) ［余白に：］言語の人間であり、人間の言語ではない。

(150) 表現可能なもの Exprimable.

(151) ［抹消：］このことは、言語が後に反省によって客観化され得るのだとか、したがって、言語はそれ自身が（人間的地平として）世界 *Welt* に包み込まれていることが分かるのだとか、そういった事態を妨げるものではない。つまり、言語の神秘主義をもって反省に置き換えるわけではないのである。

(152) ［余白に：］人間‐言語‐世界。

(153) ［余白に：］肯定的に合理的なものの内に弁証法や循環を消滅させてしまうような新たな論理であるヘーゲルの実現‐破壊（一二六）の、いわゆる対立するものの同一化のせいで。［抹消：］悪循環。

(154) 「相関関係 corrélation」一八三ページ。

(155) ［抹消：］この理念的存在は、どこから来るのだろうか？

(156) ［抹消：］絆に。

(157) ［抹消：］言語《ランガージュ》に。

(158) ［抹消：］再開始。
(159) 同じようなもの Semblables
(160) 三七〇、一九、「一般的な諸事物の世界における現実的な物 chose réale dans le monde des choses en général」一八二ページ。
(161) ［抹消：］フッサールは言語の出現という問題を有している。なぜなら彼は、語られた事象の背後に、語られた事象の考古学を予測していたのだが、それらの事象は最終的なものではなく、原初的なものに差し向けられているからである。哲学は、言語の内在性の内に落ち着くものではない［余白に：「イギリス人たちの意味論」：それは「語られた事象」のコンパートメントになるのではなく、事象そのものの言語になることを望んでいるのである。言語の否認ではないような研究：（直接的なものへの復帰）：むしろ言語の存在論的部分の発見：
(1) 言語以前にあるものは前‐言語：「それ固有の意味の純粋な表現」（『デカルト的省察』）。
(2) 言語自体が〈存在〉の一つの層であり、全てを変形し、諸事物 *Dinge* の世界を開き、世界 *Welt* と共通の外延を持つのである。
(162) 能力 Faculté
(163) 流れる Couler
(164) 時間意識 Conscience du temps
(165) ［余白に：］私たちはすでに、文化的時間に特徴的な構造を、受動的な時間の内に見出すよう促されている：忘却としての伝統。
想起
(166) ［抹消：］「同時的」
(167) 現在 Présent
(168) 原現在 Présent originaire
(169) 深い生 Vie des profondeurs
(170) ［抹消：］受動的な生きられたもの、そして

(171)［余白に：］出現し *auftaucht*、目覚める受動的思考。

(172) 覆い合い Recouvrement

(173)［下側に書き込み：］一つ、また、多数の？

(174)［余白に：］私たちが自我の時間性の問題を、もっと簡単でさほど根本的ではないものだと考えるならば、それは主観という私たちの観念についての先入見なのだ：当然のことながら、私たちには、間主観性というものは見えないのである。

(175)［抹消：］（人間 *Mensch* の問題や世界 *Welt* の問題と同様に）

(176)［抹消：］言語《ランガージュ》。

(177) それ自体与えられた Donnée elle-même

(178)［脚注に：］他者の「行動」や言葉《パロール》は、準体験される quasi *erlebt*（手持ちの意味《シニフィカシオン》のおかげで——というのも、他者の生によって、私はそれを経験するわけではないが——しかし、存在的で「名づけ得る」言語《ランガージュ》が地平をなし、それが私に、原理的に名づけ得るものとしての他者の思考を与えてくれるからである）。これが見えないものの中に産出 *Erzeugung* を生じさせる。そしてこの受動性とこの能動性との結合がなされるのである：

(179)［抹消：］作動する言葉《パロール》は、語るという一般的な能力の特殊なケースであり、一般的な人間的雰囲気の自己移入 *Einfühlung* であるが、——しかしまた、それらは地平あるいは雰囲気を担いもするわけで、つまりは現在‐次元 *Gegenwart-dimension* であり、本原的言葉であるとともに二次的言葉でもあって、もはや単なる事実上の現在ではないのである。

(180) 再産出 Reproduction

(181)［余白に：］（1）：そのうえ私たちは、歴史性というものが形成体 *Gebilde* に対し、単なる外的な実現ではないということを知っている。それらは、ただただ因果的に歴史的であるわけではない。それが歴史的であるのは、原理的に、産出 *Erzeugungen* である限りでのそれらの「弱さ」のせいなのだ。同様にして、理念性が言語に結びついているのも、因果的にではない。

(182)［余白に：］（2）言葉《パロール》‐思考の、そしてまた、私‐他者の絡み合い *Verflechtung*。——理解すること、それは他者の内で語ること――真似して語ること *nachsprechen* ――語ること、それは外部にいるかのようにして自己を聞き、自己を理解することである。理念性は、これらの置換やこれらの等価性の原理である。それぞれは一枚の壁の両面なのだ。理念性＝この言語共同体の、この交叉《キアスマ》の軸――窪み、同じ〈存在〉に対する隔たり。

(183) ［抹消：］ハイデガー。論究する *Erörtern*

場所　性起 *Ort*　*Ereignis*

現成 *Wesen*（動詞的）を見つけ出すために人が語るところの地点と時点とに位置すること：言葉《パロール》は語り、私たちにその本質 *Wesen* を語り聞かせるのである。

言葉　無底 La *Sprache Abgrund*：［「思考」に対して］基礎づけられも基礎づけもしない

垂直の言葉 La *Sprache* vertical、開け、非‐落下、あるいは高みへの落下。

深さ *Tiefe* の、垂直の世界。

これは哲学だろうか、それとも沈黙なのか？

それは超‐哲学ではない。

それは哲学だが、経験以外のものを語らず、思弁的ではない。

(184) ドイツ語から書き写されたフィンクのテクスト（一一三―一一四ページ）に添えられているこの下書きふうの一葉も、私たちはありのままに掲載することにした。

(185) オイゲン・フィンク「フライブルク時代のフッサールの後期哲学 *Die Spätphilosophie Husserls in der Freiburger Zeit*」(1959)。これは『近さと隔たり *Nähe und Distanz*』(Ed. Alber-Broschur Philosophie, p. 224) に再録されている。フィンクを筆写したものの余白に、メルロ＝ポンティは以下のように訳している：「厄介な概念 concepts de perplexité」および「不吉な概念 concepts de mauvais augure」。J・ケスラーは仏訳『近さと隔たり *Proximité et Distance*』(Ed. Jérôme Millon. Grenoble, 1994, p. 184) において「厄介な概念 concepts omineux」と訳している。これらの概念は、フッサールにとって、「哲学的‐極限的な状態の苦境に由来する概念」であったとフィンクは語っている。

(186) 主として、ハイデガーのテクストからのノート。

(187) ［余白に：］テクストの三七一ページ参照。そこでは言語が理念性を「構成するもの」として登場している。

(188) 『言葉への途上』の一二ページと一三ページとの注釈。

(189) 同書、四六ページ。

(190) 諸把握、諸理解 Saisies

(191) Heidegger, *Einführung in die Metaphysik*, Tübingen, Niemeyer, 1952.

(192) ［余白に：］問いかけ的というのは、私たちはまだ考えていないということだ。思惟とは何の謂いか？ *Das Bedenklich ist daß wir noch nicht denken. Was heißt denken?*

(193) ［余白に：］また、こう言ってもいけない：ハイデガーへと直進しよう、と。

(194) ［抹消：］自己移入 *Einfühlung* との。

(195) 過ぎ去った存在 Être passé

(196) 生き生きした現在 Présent vivant

(197) 示されたページの翻訳。

(198) 結合 Connexion

(199) ［抹消：］だが、そこに自己移入 *Einfühlung* が一度もなかったというのであれば、理念的存在はどういうことになるのだろうか？ したがって、理念的存在は言葉 *Sprache* によって、語る存在 *sprechende Wesen* としての人間によって、普遍的な名づけ得るものの領野の開けとしての言語によって、運ばれるのである。

(200) 三七一、三二、「共同体における、経験対象 en communauté, objet d'expérience」一八六ページ。

(201) これはメルロ＝ポンティ自身のつけた括弧［ ］である。

(202) 「永続性－への－存在 l'être-à-perpétuité」一八六ページ。

(203) 「意味形成の本原的な存在様式の転換であり、{［たとえば］、幾何学的領域においては、言表に由来する幾何学的形成の明証性の} 転換である une conversion du mode d'être originaire de la formation de sens, {[par exemple], dans la sphère géométrique, de l'évidence de la formation géométrique venant de l'énonciation}」一八六ページ。

(204)［ ］で示した部分は、抹消された一節の代わりに置かれたものである。

(205)［余白に：］このことは後のページで語られている〔三七二ページ〕。

(206) 永遠の流れ Écoulement permanent

(207)［脚注として：］(1)：「論理学」――技術。

(208) 主に読書ノートとなっている。

(209)「言語共同体 communauté de langage」一八五ページ。

(210) 再‐理解 La re-compréhension

(211)「真理の〔……〕認識 la connaissance〔…〕de la vérité」一八九ページ。

(212)「解明 élucidation」一九一ページ。

(213)「限界からの解放 libération hors de ses limites」一九三ページ。

(214) メルロ＝ポンティは、これらのページからいくつかの語をメモしているだけである。

(215) 意味内容からすると、ここで紙片［M19］が紙片［M18の2］よりも前に置かれていることが正当化される。［M18の2］の方が、いっそう練り上げられており、「コペルニクス説の転覆」を対象とする注釈の続きにあてられているのである。

(216) 意味形成と意味沈澱 Formation de sens et sédimentation de sens

(217) 運動 Mouvement

(218) 意味土壌 Sol du sens

(219) 実現可能 Réalisable

(220)「真理についての完全に確証された客観的認識というものは、無限の理念である la connaissance objective, absolument établie, de la vérité, est une idée infinie」一八九ページ。

(221)「数世紀にもわたる論理的連鎖を、物事を遂行することの統一性の内で、実際に原初の真正な明証の連鎖に変える能力――それが個人のものであれ共同体のものであれ――の有限性を考慮に入れるならば、私たちはこの法則がそれ自身のうちに一つの理念化作用、すなわち私たちの能力を限界から解放し、ある意味でそれを無限化する作用を秘めているということに気がつく。こうした理念化作用に特有の明証は、なおも私たちの関心をひくことになるだろう si nous songeons à l'évidente finitude du pouvoir, tant individuel que communautaire, de convertir effectivement les chaînes logiques séculaires en des chaînes d'évidence authentiquement originaires dans l'unité d'un accomplissement, nous remarquons alors que la loi cache en elle une idéalisation : à savoir la libération hors de ses limites et, d'une certaine façon, l'infinitisation de notre pouvoir. l'évidence originale d'une telle idéalisation nous préoccupera encore」一九三ページ(二七)

(222)［余白に：］理念化 *Idealisierung*：再活性化する力はそれ自体が伝えられる（：言語《ランガージュ》は言葉《パロール》を有している）。

(223)「独特のかたちで言語と結びつけられている spécifiquement liée au langage」一九〇ページ。

(224)「単に沈澱した（論理的）命題的意味としてではないそれぞれの命題 chaque proposition, non pas simplement en tant que sens propositionnel sédimenté (logique)」一九四ページ。

(225)「論理学的活動に完全に引き渡された totalement adonnée aux activités logiques」一九五ページ。

(226)「意味の転換 conversion du sens」一九六ページ。

(227)「意味の源泉 sources de sens」一九六ページ。

(228)「技術的使用の方法論 la méthodologie de l'utilisation technique」一九八ページ。

(229)「こうした諸概念や諸命題そのものの中に、それらの意味はある dans les concepts et les propositions eux-mêmes se tient leur sens」二〇〇ページ。

(230)「認識論的・発生的起源 origine épistémologique et génétique」二〇一ページ。

(231)［余白に：］→理念性の価値を保証するためには、完全な再活性化、原理念性 *Uridealitäten* の再活性化の代わりに、生活世界 *Lebenswelt* への、意味の源泉 *Sinnesquellen* への回帰として、この領野を哲学へと開いてきた歩みが必要となる。

(232)「意味の形成と原的な意味の沈澱との連帯性や相互内包の生き生きとした運動以外の何ものでもない rien d'autre que le mouvement vivant de la solidarité et de l'implication mutuelle de la formation de sens et de la sédimentation du sens originaire」二〇三ページ。

(233) 文化的現在 Présent de culture

(234) 文化的過去 Passé de culture

(235) 三八〇ページであり、三七九ページではない。「私たちのものである現在にいたるまでの伝統化作用のもつ統一性、そしてこの現在は、それ自体が生の流れの恒常性の中にある限りで一つの伝統化でもある une *unité* de la traditionalisation jusqu'au présent qui est le nôtre et qui, en tant qu'il se trouve lui-même dans la permanence d'écoulement d'une vie, est un traditionaliser」二〇二ページ。

(236) ［余白に：］それは普遍的な問いの地平 *universalen Fragehorizont*（三八二）——私たちが特殊な歴史的問いを提起するような次元——としての歴史である。この地平の解釈 *Auslegung*、もしくは形相的変更：「不変項」の明示。「流れつつある生き生きとした地平に常に含蓄されている本質として *als das im strömend lebendigen Horizont ständig impliziert Wesen*」（三八三）。

(237) 三七八ページ。「人類や文化世界との相関的な存在様式の普遍的歴史性という全体的な問題と、この歴史性のアプリオリな構造と le problème total de l'historicité universelle du mode d'être corrélatif de l'humanité et du monde de la culture, et la structure apriorique de cette historicité」二〇〇ページ。

(238) 「理性の普遍的目的論 téléologie universelle de la raison」二一五ページ。

(239) ［余白に：］（三八四ページ）「コペルニクス説の転覆」がデカルト的無限に対置することになるのは、開かれた無限性の地平である *Horizont einer offenen Unendlichkeit* que *Umsturz* opposera à *Unendlichkeit* cartésienne。

(240) ［余白に：］〈書物〉。

(241) 伝達 Information

(242) 「「真理の認識」は「無限の理念」である《la connaissance de la vérité》est《une idée infinie》」一八九ページ。

(243) 「この法則がそれ自身のうちに一つの理念化作用、すなわち私たちの能力を限界から解放し、ある意味でそれを無限化する作用を秘めている la loi cache en elle une idéalisation : à savoir la libération hors de ses limites et, d'une certaine façon, l'infinitisation de notre pouvoir」一九三ページ。

(244) 「明らかに、幾何学の出現に先立って、文化世界の前‐学問的所与から出発して原的理念性を産出する方法が書き記され、確固たる命題に固定されていたのでなければならない。それだけではなく、明らかに、この命題を漠然とした言語的理解からその明証的意味の明確な再活性化にまで導く能力が、それなりの仕方で伝えられ得るようになっていたのでなければならない Il est clair que la méthode de production des idéalités originaires à partir des données pré-scientifiques du monde de la culture doit avoir été notée et fixée en propositions stables avant l'existence de la géométrie ; il est clair qu'ensuite le pouvoir de faire passer ces propositions de leur vague compréhension linguistique dans la clarté de la réactivation de leur sens évident, ce pouvoir a dû être transmissible dans son mode propre」一九四ページ。

(245) 明示 Explicitation

(246) 「生き生きとした地平流に常に含蓄されている本質としての en tant qu'essence constamment impliquée dans le flux de l'horizon vivant」二〇九ページ。

(247) 「一般的な意味の地盤 sol de sens universel」二〇二ページ。

(248) 物体 Corps

(249) 地盤 sol

(250) 世界観 Vision du monde

(251) 世界可能性 Possibilité de monde

(252) マーヴィン・ファーバーの手になるドイツ語版の三一二ページ。ディディエ・フランクによるフランス語訳の一六ページでは「｛今や｝働くようになった静止中の大地‐地盤 Terre-sol au repos qui ｛maintenant｝ fonctionne」となっている（以後：ファーバー版のページと、その訳であるフランス語版のページとを併記する）。

(253) これはメルロ＝ポンティ自身のつけた括弧［ ］である。

(254) 地球空間 Espace de la terre

(255) 不変性 Invariance

(256) 普遍空間 Espace universel

(257) ここでの番号付けは、メルロ＝ポンティの早い時期のノートのものである。

(258)　［余白に：］さまざまな思索可能性 *Denkmöglichkeiten*

(259)　無限性 Infinité

(260)　経験地盤 Sol d'expérience

(261)　［余白に：］一二三ページ参照(二八)：もちろんこれは、大地は動くことができるかもしれないが〔実際は〕空間内に静止している、ということではなく、｛われわれが上で示そうと試みたように｝、大地はすべての運動の意味、および運動の様態であるすべての静止の意味をはじめて可能にする方舟なのだ、ということである。しかし、地球が静止しているというのは決して運動の様態ではないのである *Freilich nicht so, dass sie im Raum ruht, obschon sie sich bewegen könnte, sondern* {*wie wir es oben darzustellen versuchten*}: *sie ist die Arche, die erst den Sinn aller Bewegung ermöglicht und aller Ruhe als Modus einer Bewegung. Ihr Ruhen aber ist kein Modus einer Bewegung*.

(262)　三一四ページ、「どのようにして地球は〝全体〟として運動しうるのだろうか。このことはどのようにしたら考えることができるのだろうか。地球がしっかりと繋ぎ留められているかのようなことはない――そのためには〝地盤〟が欠けているのである。地球にとって運動というものは、つまり物体性というものは意味をもっているのだろうか。全空間の中での地球の場所というのは、本当に地球にとっての一つの〝場所〟なのであろうか comment peut-elle se mouvoir en tant que "tout"? Comment est-ce pensable? Non pas comme si elle était fermement attachée—pour cela, le "sol" fait défaut. Le mouvement et donc la corporéité ont-ils un sens pour elle? Son lieu, dans l'espace universel, est-il effectivement un "lieu" pour elle?」一八ページ。

(263)　三一三ページ、「統一的な〈大地〉‐地盤としての〝地球〟は、静止という意味でも、したがって物体という意味でも、経験することはできない。一つの〝物体〟といわれるものは、延長と性質をもっているばかりではなく、空間中にその〝場所〟をもっている。しかも、その場所を交替したり、動いたり静止したりすることができるのだ。私が新しい地盤の表象をそのようなものとして持たないかぎり、つまり、地球が、整然とした回帰的な運行のなかで、運動や静止のなかにある小物体としての意味をもちうるようになるところから出発してそうした表象をもたないかぎり、そしてまた私が、それら地盤の交換についての表象や二つの地盤が物体になってゆく表象を獲得しないかぎりは、地球はまさしくそれ自身地盤であって物体ではないのである la “Terre” en tant que Terre-sol unique ne peut pas être expérimentée avec le sens de repos et par conséquent le sens de corps, si un “corps” possède non seulement extension et qualification mais aussi son “lieu” dans l'espace, en tant que lieu susceptible de changer, de se mouvoir ou reposer. Aussi longtemps que je ne possède pas de représentation d'un nouveau sol en tant que tel, à partir d'où la Terre dans sa course enchaînée et circulaire peut avoir un sens en tant que corps compact en mouvement et repos, aussi longtemps encore que je n'acquiers pas une représentation d'un échange des sols et aussi une représentation du devenir corps des deux sols, aussi longtemps la Terre elle-même est bien un sol et non un corps」一六ページ。

(264) 三一三ページ、「私たちは、取り囲む空間というものを、場所の体系としてもっている――言い換えると、物体の諸運動の可能的な終点の体系としてもっている。この体系の中では、地球そのものを除き、地上の物体はみなそれなりの〝位置〟を有しているのである Nous avons un espace environnant en tant que système de lieux—c'est-à-dire en tant que système des fins possibles des mouvements des corps. Dans ce système, tous les corps terrestres ont bien une “place” particulière, sauf la Terre elle-même。」一七ページ。

(265) 三一四ページ、「〝空間直観〟のもつ奇妙さ curiosités de “l'intuition de l'espace”」一八ページ。

(266) [余白に：]｛今や再び｝作動しつつある静止した大地基盤に対して *dem* ｛*nun wieder*｝ *fungierenden ruhenden Erdboden*（八ページ）：作動する志向性との関係：今やこの志向性が援用されるのは、私たちの時間的存在もしくは語る存在を作り出すためだけではない。｛そうではなくて｝外的存在を作り出すためでもある。

(267) 外的物体 Corps extérieurs

(268) 三一四ページ、「移動 déplacement」、「内部運動 mouvement interne」一八ページ。

(269) 三一六ページ、「現出変化 changement d'apparence」二〇ページ。

(270) 肉体 Chair

(271) 三一五ページ、「｛では｝私が鳥であり、飛ぶことができると仮定してみよう Admettons ｛maintenant｝ que je sois un oiseau et que je puisse voler」一九ページ。

(272) ［余白に：］ 基幹 - 基盤 *Stamm-Boden*

(273) 三一八ページ、「しかし二つの地球とはいったい何を意味するのか。一つの人類を持つ一つの地球の二つの断片ということになるだろう Mais que signifient deux Terres? Deux fragments d'une Terre avec une humanité」二一ページ。

(274) 三一八ページ、「私たちの全体である人間たちや動物たちは、この意味で地上的であり——まずもって非 - 地上的なものに対立しはしない。この意味は、私および私とともに生きている狭い範囲内での私たちというものに根をおろしていて、そこにその定位 - 中心を見出している La totalité du nous, des hommes, des animaux est, en ce sens, terrestre—et ne s'oppose pas d'abord au non-terrestre. Ce sens est enraciné et trouve son centre d'orientation en moi et en nous limité à ceux qui vivent les uns avec les autres」二二ページ。

(275) ［余白に：］ 存在 - 株から離れることなく。

(276) 三二四ページ、「しかし私は思いもかけず、〝彼らはこの上にどのようにしてやってきたのだろう〟という問いを発する。ちょうど、私が楔形文字の刻印を見出した新しい島で、〝この民族はどのようにしてここにやってきたのだろうか〟と問うのに似ている。すべての動物、すべての生物、すべての存在者一般は、私の構成的発生からのみ存在意味をもつのであり、そしてこの構成的発生は〝地上的〟先在性を有している。たしかに、地球の一破片（氷塊のような）は、剝離してできたものだということはありうることだし、そしてその破片がある特有な歴史性を可能にしてきたともいえる。だがそうであったにしても、それは、月や金星も同じように本原的分離の際の原 - 住処として考えることができるとか、また、私と私たち地上的人類にとってはそれがまさに地球なのである、ということが単に一つの事実にすぎないといったこととかを意味するわけではない。ただ一つの人類、一つの地球が存在するだけなのである——剝離する破片、あるいは、これまで剝離してきたすべての破片は、この一つの地球に属している Mais si d'aventure je demande : "Comment sont-ils arrivés la haut?", alors j'interroge de la même manière que sur une île nouvelle, où, découvrant des inscriptions cunéiformes, je demande : "Comment les peuples en question sont-ils parvenus là?" Tous les animaux, tous les êtres vivants, tous les étants en général n'ont de sens d'être qu'à partir de ma genèse constitutive et celle-ci a une préséance "terrestre". Oui, peut-être, un fragment

de Terre（comme une banquise）peut s'être détaché et cela a rendu possible une historicité particulière. Mais cela ne signifie pas que la Lune ou bien que Vénus soient pensables comme archi-foyers dans une séparation originaire et cela ne signifie pas que l'être de la Terre pour moi et notre humanité terrestre ne soit justement qu'un fait. Il n'y a qu'une humanité et qu'une Terre—à elle appartiennent tous les fragments qui sont ou ont toujours été séparés」二七ページ。

(277)［余白に：］「このすべてが共存 *Miteinander* となる。手の中の手」(3)、三〇九ページ。

(278)［余白に：］ハイデガー参照：居住関係を通して理解されるべき〈存在〉への関係。

三一九ページ、「(もし住処が、個人的または家族的な私の目下の居有地という普通の意味をもっているのであるならば）住処が変化しても、以下のことは普遍的に表現されたままにとどまる：各々の自我は原‐故郷をもっている——そしてこの原‐故郷は、原‐領地をもった原‐民族に属している。ところがどんな民族にしても、またその歴史性にしても、そしてどんな超‐民族（超‐国家）にしても、結局はそれ自体が当然のことながら「地球」を故郷としており、あらゆる発展、あらゆる相対的歴史はそのかぎりで、それらをエピソードとして含む唯一の原‐歴史をもっている。もちろん、原‐歴史とはいっても、それが、まったく互いに分離して生活し発展している諸民族の寄せ集めであるようなこともあり得るのであり、その場合には、これらの民族は開かれた無規定的な地球空間の地平のなかで互いに存在しているだけのことである。Dans le changement des foyers, ceci demeure universellement exprimé（si foyer a le sens habituel de mon territoire actuel, individuel ou familial）: tout ego a un archi-foyer—et un archi-foyer appartient à tout archi-peuple avec son archi-territoire. Mais chaque peuple et son historicité, chaque sur-peuple（supra-nation）est finalement lui-même naturellement domicilié sur la "Terre" et tous les développements, toutes les histoires relatives ont, dans cette mesure, une unique archi-histoire, dont ils sont les épisodes. Certes, il est bien possible que cette archi-histoire soit un ensemble de peuples vivants de manière tout à fait séparée, à cela près qu'ils se tiennent tous les uns et les autres dans l'horizon ouvert et indéterminé de l'espace terrestre.」二三ページ。

(279) 三〇七ページ、「周囲世界の開けのなかにある世界——思考のうえで措定された無限性のなかにある世界。この無限性の意味――〝無限性という理念性のなかで存在する世界〟。この存在の意味、存在する無限の世界という意味は何であろうか。不完全に想像され、表象されてはいても、すでに潜在的に形成された地平性としての開け le monde dans l'ouverture du monde ambiant—dans l'infinité intellectuellement posée. Sens de cette infinité—"monde existant dans l'idéalité de l'infinité". Quel est le sens de cette existence, du monde infini existant? L'ouverture en tant qu'horizontalité incomplètement imaginée, représentée, mais déjà implicitement formée」一一ページ。

(280) 三一三ページ、「諸物体があるのと同じように地球がその中に位置している空間である限りでの無限の〝天文学的〟世界においてのみ私たちが語るような、空虚な世界空間 espace mondial vide, comme nous le faisons rien que dans le monde "astronomique" infini en tant qu'espace dans lequel la Terre est de la même façon que les corps y sont」一七ページ。

(281) これはメルロ＝ポンティ自身のつけた括弧［ ］である。

(282) 三〇九ページ、「諸物体は現実的で可能な運動のなかにあり、可能性は現実性、継続、方向変化などにおいていつも開かれた可能性である。Les corps sont en mouvement effectif et possible et il y a la possibilité de possibilités toujours ouvertes dans l'effectivité, la continuation, le changement de direction, etc.」一三ページ。

(283) 三〇九ページ、「可能的な仕方での経験 expérimentés sur le mode de la possibilité」一三ページ。

(284) 三〇九ページ、「存在する諸可能性 possibilités existantes」一三ページ。

(285) 三一〇ページ、「直観的に認知されている。こうしたことがそれらの様態であり、その様態は、物体や物体の多様性の存在に属しているのである。

世界統覚を引き続いて形成してゆく場合には、つねに「世界直観」の統一性は世界の可能性を確証しなければならない――つまり、「世界の現実性」の一つの根本的な基盤を構成している可能性そのものとしての世界可能性を、そしてさらに、開かれたさまざまの可能性の総体としての世界可能性を確証しなければならないのである。Intuitivement légitimées. Tels sont leur mode qui appartiennent à l'être des corps et à l'être de la multiplicité des corps.

Dans toute formation progressive de l'aperception du monde, l'unité de l'《intuition du monde》doit confirmer la possibilité du monde—en tant que la possibilité et l'univers des possibilités ouvertes qui constitue un fond ultime de l'《effectivité du monde》」一三ページ。

(286) 三一〇ページ、「一つの地平性のなかで構成されるのであり、この地平性のなかで存在者が、つねに予描されているさまざまの存在可能性のうちで、現実的なものとして構成されるのである。世界形式が予描されているのであって、その世界形式は、存在論によってあとから概念や判断にもたらされ、それらの概念や判断によって「熟考」されることになる en une horizontalité au sein de laquelle l'étant est constitué en tant qu'effectif dans des possibilités d'être toujours prescrites ; la forme du monde est prescrite, ultérieurement soumise aux concepts et jugements de l'ontologie, "prise en considération" avec eux」一四ページ。

(287) ［余白に：］構成的生の理念的廃止は、それ自体が構成的生の活動なのである：

(288) 三二五ページ、「構成する生が抹殺される場合に、崩壊する大量の物質は空間のなかで、すなわち、絶対的で均質でアプリオリな前もって設定された空間のなかで、いかなる意味をもち得るのだろうか。実際には、このような抹殺そのものがまるで意味をもっていないのではあるまいか。そもそも抹殺ということに意味があるとするなら、抹殺とは構成する主観性による、そしてそのうちにおける抹殺であろう Quel sens peuvent avoir les masses s'effondrant dans l'espace, dans un espace préalable en tant qu'absolu, homogène et *a priori* si la vie constituante est biffée? En effet, une telle biffure elle-même n'a-t-elle pas le simple sens, si tant est qu'il y en ait, d'une biffure de et dans la subjectivité constituante?」二八ページ。

(289) ここに収録しなかった最後の三葉は、「コペルニクス説の転覆——原 - 方舟としての地球は動かない」の要約となっている。

訳注

(一) 一九五一年四月一二日から一四日にかけ、ブリュッセルで第一回国際現象学会議が開かれたが、『現象学の目下の諸問題』は、この会議の内容が一書にまとめられたものである。アルヒーフと記されているのは、この会議を主催したのが「フッサール文庫《アルヒーフ》」だったからであろう。

（二）　ここでは、ご覧のようにハイデガーのドイツ語原文が引用され、その後にフランス語訳が置かれている。この訳は、メルロ＝ポンティ自身の手になると思われるので、そのまま以下に転記しておこう。

《Quand il s'agit de penser, plus grand est l'ouvrage fait, qui ne coïncide nullement avec l'étendue et le nombre des écrits. Plus riche est dans cet ouvrage, l'impensé, c'est-à-dire ce qui à travers cet ouvrage et par lui seul vient vers nous comme jamais encore pensé》.

なお、メルロ＝ポンティが原注であげているプレオーの訳は以下のようになっている。

《Plus grande est l'œuvre d'un penseur—ce qui ne se mesure aucunement à l'étendue et au nombre de ses écrits—et d'autant plus riche est l'impensé qu'elle renferme, c'est-à-dire ce qui, pour la première fois et grâce à elle, monte à la surface comme n'ayant pas encore été pensé.》p. 166

（三）　三六四〜三八六ページとされているが、実際は、三六五〜三八六ページである。

（四）　メルロ＝ポンティは kopernikanischen を korpernikanischen と書いている。

（五）　ここで用いられている "elle" は、通常の文章としては、その手前の "tradition" を受けていると取るべきだが、意味上から考えるならば "géomêtrie" を受けているように思われる。

（六）　正しくは primitivere Sinnbildung

（七）　この括弧は閉じられていない。

（八）　この括弧は閉じられていない。

（九）　この括弧は開く側がないが、（八）の括弧の閉じる側として、」が）となっているだけなのかもしれない。

（一〇）　〔　〕内は訳者の補足。

（一一）　デフォー『ロビンソン・クルーソー』に登場する犬。

（一二）　この括弧は閉じられていない。

（一三）　この括弧は閉じられていない。

（一四）　ここでのハイデガーからの引用はすべてドイツ語であり、脚注にはフェディエの手になる仏訳も引用されているが、本書ではいずれも割愛した。

（一五）　この括弧は閉じられていない。

（一六）　フッサールのドイツ語原文では *"Und diese gesamte Kontinuität ist eine Einheit der Traditionalisierung..."* となっているが、メルロ＝ポンティは「この全体の連続性は」という主語を省略して引用しているために、文意が通りにくいものとなっている。

（一七）　この括弧は原文では閉じられていないので、仮にこのように閉じておく。

（一八）　原注（217）参照。

（一九）　*horizontmöglische* は *horizontmögliche* の誤りであろう。

（二〇）　正しくは一七六ページ。

（二一）　デリダ、一七八ページ。

（二二）　フッサールの原文を参照すると、「その客観的存在にはそれが属している」という表現の「その」は「文学」を指し、「それ」は「言語的に表現される」「くりかえし表現される」「万人にとっての存在を持つ」といったことを指している。

（二三）　この括弧は閉じられていない。

（二四）　三六九ページの二八行目を表わす。以下同様。

（二五）　一八八ページではなく、一八三ページ。

（二六）　＝止揚

（二七）　文中 "l'évidence" は "L'évidence"。

（二八）　正しくは三二四ページである（フランス語訳は二七―二八ページ）。

メルロ＝ポンティの現象学に関する研究

ジャック・ガレリ

端緒について――フッサールの遺産とメルロ＝ポンティの経験

序

その源泉が問題となるにせよ、受容が問題となるにせよ、遺産について語るにはどうすればよいのだろう。特に、形は異なるとはいえ、いずれも未完の二つの著作に問いが関わっており、その二つの工事現場が多様な鉱脈線に開かれているため、最終方向を決める権利が誰にもない場合にはどうすればよいのだろう。さらに、この複雑な状況にメルロ＝ポンティ独自の「端緒 commencement」に関する問いをいかに接ぎ木すればよいのか。とりわけ、この哲学者が、アルケー、第一のもの *Princeps* の探求、つまりある方法の固定的で安定した単一の出発点として役立ち、そこからのちのち構成が生じることになるものの探求には、正当性があるのか、と根本的な異議を申し立てることになることがわかっている以上、どうすればよいのか。

実際、フッサールの思想に対するメルロ＝ポンティの独自な関係を見ると、いくつかのテーマを延長したり、折り曲げたり、特に強調したりし、これに応じて他の多くのテーマを消し去っていることがはっきりし、そこに、ひとつの切断の姿がくっきりと浮き上がると同時にいくつかのモチーフの復活も見えてくるのであって、この関係の独自性を考えれば、この二つの近づき方は必ずしもいわれなきものではない。この二つの近づき方について、通時的なアンチテーゼないし補完という考えを持ってきても、両者の絡み合いをうかがい知ることはできない。実は、メルロ゠ポンティが先達との哲学的対話に関して、巧みかつ大胆に取っていた考え方そのものこそが、この試論の二つの主題となる方向に関する暗礁を回避できるようにしてくれるはずである。そういうわけで、われわれは「哲学者とその影」と題された論文《エセー》で出された指示から出発する。この論文は、メルロ゠ポンティが、自らをその遺産相続人と感じていたフッサールの手続きをきわめて重視していたこと、および、省察の担い手が世界と取り結ぶ実際的関係を尊重しようとする省察にとっては、哲学的端緒を創設する可能性の位置する領野が、複雑な領野であるということを証するものである。複雑だというのは、その世界においては省察の担い手が、自分の文化と自分のトポロジックな状況とによって、いつもすでに挿し込まれてしまっているからである。

論理的客観性と肉的間主観性の間には、フッサールが他のところで語った二重の意味での基礎づけ *Fundierung* の関係の一つがある。間身体性は剝きだしの事象 *blosze Sachen* の到来において、頂点に達する（そして変容する）が、二つの秩序のうちのどちらが他方に比べて基礎的だと言うことはできない。先客観的な秩序は基礎的ではない、というのも、その秩序は、論理的客観性の創設において実現されなければ、定まらないし、本当を言えば、そのように実現されなければ、実在しはじめるとすら言えないからである。とはいえ、論理的客観性はそれだけではやっていけない。論理的客観性は、先客観的な層の働きを聖別することだけしかせず、その客観性は「感性的世界のロゴス」の帰結としてしか実在しないし、そのコントロールの下でしか価値をもたない。構成の「深い」諸層と上層との間に、フッサールがすでに『イデーン第二巻』(2)において名付けていた自己忘却 *Selbstvergessenheit* という奇妙な関係のあることがうかがい知られる。これは後には沈澱の理論において取り上げ直されることになる。論理的客観性は、肉的間主観性に由来するが、あくまで、それがそのようなものとしては忘却される限りにおいてである、そしてこのように忘却すること自体、論理的客観性へと向かう歩みの途上での産物なのである。構成的領野の諸力はそれゆえ、唯一の意味のうちに向かうのではなく、それ自身にはね返ってくるのであり、間身体性は自らを乗り越え、最後には自分自身が間身体性であることもわからなくなる。間身体性はその出発状況をずらし変容し(3)、構成の原動力はその端緒においてもその終極においてももはや見出すことはできないのである。

このテクストは、遺産と端緒という概念を交差させるというモチーフにおいてわれわれが述べようとしている議論の豊かさを、はっきりとさせている。実際、原理を構成する絶対的な端緒を割り当てることが、厳密に論理的な水準に対してももっぱら先述定的な水準に対しても、根本的に不可能だということは、ここでは、フッサールが自分の時代に遺贈した沈澱という問題系によって正当化されている。メルロ＝ポンティの独創性は、この指示について考えるにあたって、全面的に構成された諸記号の束に還元されて凝結した意義という問題系から離れたこと、および、世界への原初的な開けをもつれと蚕食の領域に位置づけたことにある。この領域では、意味の出現は、それ自体が意味の沈澱によって備給される先客観的・先主題的・先述定的地平から起こるのであり、それを取り上げ直しても、自己同一という意味での自己への現前ということとん純化された理念性においてすみずみまで合致することはできないのである。存在と意味についての、世界定立 *Weltthesis* のうちに根付いた原的経験をいっさい排除しないような状況、これが客観的という意味での世界のいかなる主題化にも先立ってどうしても必要だというのが、メルロ＝ポンティの教えるところである。端緒の哲学的経験がそのなかに登記されている謎はこのようなものであり、その素描をメルロ＝ポンティはフッサールの著作の中に読み取ったのである。深く刻み込まれているこの歴史的な関連を考慮に入れて、まずは大雑把にであれ[4]、フッサールがこの問題を『経験と判断』でどのように扱ったかを示したいと思う。この書は、「哲学者とその影」では引用されていないものの、メルロ＝ポンティの参照が集中している『イデーン第二巻』を補完するものとして、非常に重要である。

I　端緒の問題のフッサール的次元

二重の緊張がフッサールの著作を貫いているが、この緊張は、その一方が他方を全面的に指揮し、吸収し、または消去してしまうなどとは言えないような緊張である。一方は、一連の還元によって、単一の上級原理、つまり意味を賦与するものの探求に巻き込まれている。カントから相続したその意味賦与者の名は、そこに含まれる存在と意味との比率が修正されているにせよ、超越論的自我 *Ego* という概念において極まる。

もう一方の緊張は、自然的自我が世界へと差し込まれている事態に意を払い、前者の緊張とは逆に、意味の発生を詳述する。そこでは世界の先個人的な次元が、極端な複雑さに応じて、明晰には主題化されない有意《シニフィアン》な〔意味作用をする〕緊張の網のすべてを広げる。この網は、メルロ＝ポンティが「概念なき一貫性」と名付けたものにしたがって自分を組織化するものであるが、この一貫性が自我の論理的活動に系譜的に先立つことは明らかである。そこから前述定的世界というテーゼが出てくる。この世界は、諸々の現象学的な意味統一体の糸口を解き開くにあたって、論理的活動を必要としない。現象学的意味統一体は、超越論的自我の厳密に論理的な活動によって制御された、概念的意味の指令に先行している。

こうした文脈の中で、『経験と判断』序文の指導的文言や第一部の分析に従えば、たくさんの絡み合う相補的特徴によって、世界の前述定的経験の構造を明確にすることができる。この世界は地平をなしており、ここから後に論理学的構築物が作られることになる。

すべての知覚とすべての客観的な理論的認識と、生の内に登記された、つまり認知的関心へと通じるすべての特異な実践的活動は、潜在的で不確定な先‐知のうちに根を下ろしている。この知は、まだ安定したものではないにもかかわらず、拒むことのできない可能性の自由な領野として現われるものであり、ある種の情調に応じて知を先取りするものとして受動的に課されるものである。その情調から、事後的に認識特有の対象やテーマが現われ出ることになるが、それは述定的な働きが実際にまた意識的にこの原信憑(*Urglaube*)を主題化し、述定の論理的規則に従って秩序立てるより前のことである。先述定的で、理論的認識にも実践的行為にも先だつ「いつも‐すでに‐そこに」の次元は、個人に先立つ世界地平の特徴である「受動的所与」を引き立たせる自己乗り越えの運動に従って広げられるものである(5)。これらの特徴は、そこに至るためには認識に関する反省的・弁証法的・主観的・客観的なテーゼの根本的なエポケーを要求するものであるので、そのどれも論理的‐形相学的用語では考えることができない。これは、そうした諸々の特徴が、論理的‐形相学的用語に対する緊密な結び付きをもたないということを意味するのではない。そこでこそ、前述定的で論理的なもつれという問題系の複雑さがすべて現われるのである。このもつれのために、哲学の端緒の起源は、厳密に先客観的な世界の水準にも、自己充足的な論理的‐形相学的水準にも位置づけられ得ない。そして、この端緒はといえば、それ自体は世界の外に位置する超越論的自我の与える明るく開かれた場所 l'éclaircie に由来する意味賦与作用によって、もっぱら保証されることになるのである。(6)

ところで、論理的－形相学的領野と先個人的世界経験の秩序との間の媒介を見出させてくれるのは、『イデーン第二巻』において展開され、『経験と判断』「序文」以来、沈澱というテーマに沿って深められた自己忘却 *Selbstvergessenheit* の問題系である。メルロ＝ポンティは、「哲学者とその影」(7) に引用された断片において、その特異な関連を強調したのであった。つまり、原的受動性の領野のただ中に、意味の堆積や意義の凝縮、沈澱といった諸現象が組み込まれる。こうした諸現象は、痕跡や組込み、ほとんど茫漠とした象徴的所与といった形をとって、生きられた世界が原信憑においてわれわれに自身を供与するという具合にして委ねられるが、また、われわれの「統覚」、つまり生成すべき意味と名づけることのできるものにおいて、われわれの側で再活性化しなければならない先行了解を通しても、委ねられる。(8) すなわち、先行了解の地平だけでなく、沈澱したあるいはむしろ沈澱しつつある意味作用の地平からも出発して、それを試み導くべき目前に迫った意味は、決して自己に閉じきってしまうことはないのである。

作動し循環しつつこの沈澱の領野を再活性化する志向性であり、さらにはアリストテレスのパテイン *Pathein* の意味での受容的受動性でもあるかぎりで、超越論的主観性の活動は、知覚的にして理念的な世界の、自然的にして文化的な世界の、閉じきらない編目内を循環しつつ、拡散する反省性の領野として現われる。この枠内においてこそ、「蛇行」というメルロ＝ポンティの概念が理解されるのである。この概念については、本論文第II部で解明する。

この意味で、カント的な作用する志向性との違いが、フッサール的な作動する志向性にてらして明らかにされなくてはならない。前者は、感性《サンシビリテ》のア・プリオリな純粋形式に関する省察によって、カテゴリーとしての職務を果たす。この感性は、フッサールの用語で言えば、構造化されていない所与の「感性《サンシブル》の多様」、「雑然たる群」に直結するものである。(9) 一方、フッサールにとって、感性《サンシビリテ》のア・プリオリな純粋形式に提供されるナマの感性の多様はない。問題は異なった言葉遣いで立てられる。というのも、常にすでに、世界の先個人的な原的受動性は、受動的総合の特徴をなす自己超出の運動（この運動は、それ自体のうちにまだ閉じきっていない沈澱の各層によって働きかけられる）において生成中の意味の開かれた統一体の領野を提供するからである。この生成中の意味は、世界に「パトス的」次元を備給するが、それは範疇的活動が述定的性格での主題化を行う前にである。こうした状況のため、次のような区別を設けざるを得なくなる。誰にでも明らかというわけではないこの区別をメルロ＝ポンティは躊躇なく強調した。すなわち、生きられる世界 *Lebenswelt* は、それ自体意味の沈澱によって働きかけられるのであり、決して全的になまのままあるいは純粋化されて現われることはなく、むしろ反対に、めったにそれと気付かれることのない文化的な備給に常にゆだねられた形で現われるということである。この意味でこそ、自己忘却というテーマが、意味の沈澱というテーマと結びつくのであり、現象学的エポケーの機能が、その沈澱の思いもかけない「意味作用《シニフィアン》をする堆積物」をはっきりさせるのである。

こうして、『経験と判断』「緒論」第十一節「判断の起源解明と、超越論的かつ現象学的構成的問題領域の全体地平での論理学の発生論(10)」と題された節も理解できる。

いま現在のわれわれの経験世界における沈澱した意味を、事実的に先在しているすべてのものから撤去しなければならない。そして、この堆積した意義から出発して、その主観的な源泉を問い、ついで作動しつつある主観性について問わなければならない。ここでは、心理学的反省におけるような主観性、つまり、それ自体すでに完成され閉じられてしまったこの世界に相対している自分自身を知覚している主体の主観性が問題なのではない(11)。

この枠内においてこそ、堆積物が生活世界のうちに接木され、言わば象眼された状態で、見出されるのである。この意味の堆積物は、現象学的なまなざしに対して、試みるべき方向と踏査すべき方向とを提供し、活性化すべき秘められた思惟の発端あるいは一束の思惟を提供する。その見とおしがたい含蓄を追わなければならない。

それ（世界）のうちには、また、志向的・主観的作動の堆積物がある——しかし、これは反省のまなざしの前に繰り広げられることのない志向性である。というのも、それはこの堆積物の中に含蓄されているだけであり、反省にもたらされはしないからである(12)。

弱まり行く古い意味の現前が消え去って行くと同時に獲得すべき意味の発端が予示される、沈澱というこの文脈においてこそ、主観性への還帰が隠された志向性の開示として明らかになる。

この志向的含蓄、そしてその含蓄とともに、そこでは心理学の主体がすでに完成されているごとくになっている世界そのものの歴史、これを開示することは、それゆえ、主観性への還帰をも意味する。なぜなら、主観の志向的活動によってこそ、世界はこの形《フォルム》を受け取ったのだからである。しかし、これは隠蔽された主観性への還帰である――隠蔽されたというのは、実際は、その志向的活動への反省によってそれが指摘できるのではなく、ただわれわれに予め与えられている世界のうちに、この活動が委ねている堆積物において示されるだけだからである[13]。

メルロ＝ポンティが明らかにしたことで、フッサールに関する昨今の注釈には普通出てこないことがある。それは、超越論的主観性が、自ら構造化しその活動を備給している沈澱のプロセス全体から次第に自分を解放していくとしたら、活動〔能動性〕と原的受動性の間の相互的関係は、その超越論的主観性、つまり反省的伝統がその現象学的探求に基本前提として遺贈したものが、それらの経路を経て、観念論的伝統からすると著しく変容され「変形せられ〔形成されたものを‐越え〕」てしか現われえないような関係である、すなわち、これらの経路を通じて、あらゆる「堆積物」の、構造化すると同時に構造化され、明らかにすると同時に備給される、形式を変化させることによってしか現われえない、そういう関係だということである。これらの「堆積物」があることによって、世界は〈理念〉（たとえそれが最も一般的なものであるにせよ）と同一視するわけにゆかないのである、なぜなら、沈澱の不透明さ、さらにはメルロ＝ポンティが「非知覚」という用語で論じている「付帯現前化」の生地全体は、存在と存在の意味とが分離され得ない現前の領野を課すからである。以上のことは、世界の存在の現前が、その端緒をなす「～があ《イリ》る《ヤ》」のゆえに、完全には還元されえないものであるということを含意している。この最も重要な点が、得てして考慮されないのである。

したがって、超越論的主観性の根源性を理解するにあたっては、思惟の主題つまりノエマへと最終的に純化され還元されることになる世界の絶対的理念化という枠内で理解すべきではないし、世界の外に位置して意味賦与作用によって世界を明らかにする、限りなく用心深い原的意識の意味賦与者たる洞察力において理解してもいけない。そうではなく、自己を追い求める意味の諸々の絆を完全には解体しえない「蛇行」運動において、つまり理念化作用を支える基盤である「世界の肉」のうちに書き込まれた具体的な「支え」を完全には解体しえない運動において、考えるべきなのである。こうしたわけで、『見えるものと見えないもの』一九五九年二月の、「還元——真の超越論的なるもの——*Rätsel Erscheinung-weisen*〔現出のさまざまな仕方という謎〕——世界」という、フッサールの『デカルト的省察』で実施されたような還元の批判に関わるノートは、ここに掲出するに値する。というのも、このノートは、「世界-内-存在」が、その存在の厚みのゆえに、思惟内容 *cogitatum* に還元しえないものであるがゆえに、「世界の現実存在」を理念や表象やノエマや思惟主題に還元する試みの一切に異議を唱えているからである。この不当な還元こそ、昨今のフッサール哲学解釈の大多数がやっていることで、現象学的手続きを表象の理念的・反省的哲学に変換していることに気づかないのである。なるほど、この態度はフッサールによって多くのテクストの中で、とりわけ『デカルト的省察』において実際に取られている。けれども、この態度は必ずしも、現象学的手続きのすべてと結びついているわけではない。この態度は、厳密には観念論的発想に立つ反省的思惟に属しているのである。こうしたわけで、メルロ＝ポンティは次のように書いている。

> 世界の現実存在を一時的に停止すること、と——特にMC〔「デカルト的省察」〕においては——間違った仕方で提出されている——もし還元がこのようなものだとすれば、それは世界の無性 *Nichtigkeit* の仮説というデカルト的欠陥に再び陥ることになり、そしてこの仮説は直ちに、（世界の一片たる）精神すなわち霊魂 *mens sive anima* を疑いえないものとして存続させるという帰結にいたる——

世界のいかなる否定も、さらにまた世界の現実存在に関するいかなる中立性も、超越論的なものを取り逃すという直接の帰結を伴う。エポケーが中立化という権利をもつのは、現実的な即自としての世界、純粋な外在性に対してだけである。エポケーは、この現実的な即自の現象、この外在性の現象を、存続させておかなくてはならない。超越論的領野とは、諸々の超越の領野である。超越論的なものとは、精神すなわち霊魂 *mens sive anima* と心理学的なものからきっぱりと超出することであるから、反‐超越ならびに内在の意味における主観性の超出である。[14]

これが意味しているのは、現象学的エポケーによっても形相的エポケーによっても、自然的自我を全面的に還元し、そこから存在内容と意味内容とを越え出て、エポケーの最終的な超越論的次元——ここでエポケーが成就することになろう——によって獲得される理念性のうちで自然的自我を純化した上で、投企し把握すること、これはできない、ということである。というのも、自我と世界の錯綜（相互内属 *Ineinander*）を徹底して明るみにだすこと、つまり、沈澱と付帯現前化と非知覚の過程のとてつもない複雑さを考慮することによって、結局、分析の途上で、当初は探求に際しての方法的道具として役立っていた操作概念が変わってしまったし、さらには現象学がア・プリオリに自らに与えていた、本質的な純粋さのうちに到達し把握し直すべき反省的完全さのモデルたる理念性という着想も、最終的にはまるっきり変わってしまうことになったからである。これと関連して、世界に関する前述定的経験が、客観性と即自という構成された理念とは無縁の先個人的な次元を明るみに出した以上、ただちに「自然的世界」という概念をこそ、客観性というその理想に関して根本的に変更する必要がある。言い換えると、理念的に純化された超越論的自我の探求は、必然的に自然的自我の探求と相関して根柢的に変えなければならなくなる。

どちらの探求にしても世界への不十分なアプローチに属しており、侵しがたい先個人的な次元をそこで忘れてしまい、その結果、主観的かつ客観的な現実性におけるその次元の二次的な構成にもっぱら固着している。したがって、経験的アプローチも超越論的アプローチも、超出の運動においては不十分なものであることがわかる。「反省」に由来する概念や観念やカテゴリーや理念は、探求の進展そのものを通して変えられることになるからである。メルロ゠ポンティは、「先客観的なものへの還元」に関するテクストにおいて、次のようにはっきりと述べている。

……われわれはまた、心理学的か超越論的かを問わず、反省に由来する諸々の概念をわれわれの記述に導入することも自ら禁ずる。(15) そうした概念は、たいていの場合、客観的世界の相関者ないしその相手方でしかないのである。

ところで、自然主義的性格をもつ反省的・超越論的・客観的という三つの態度こそ、先客観的世界の探索の途上で変えられ放棄されてしまったものである。「哲学者とその影」のなかで、メルロ゠ポンティがわれわれの知の「考古学」に関わる際に明確にした態度は、必然的に反省の諸概念をすべて変える。世界を認識対象として切り取る唯物論的自然主義のドグマと同様に、超越論的自我の探求は、そうした反省の諸概念と、異なった資格によってではあるにせよ、結局は緊密に結びついているのである。

現象学は、要するに唯物論でも精神の哲学でもない。現象学に固有の作業は、この二つの理念化がそこにそれぞれの相関的な権利を見出し、乗り越えられることになる、理論以前の層を露呈することにある。われわれの定立やわれわれの理論よりも手前にある、秘儀中の秘儀とも言うべきこの下部構造、今度はそれが絶対的意識の「諸作用」に基づくなどということが、どうしてありうるだろうか。われわれが「考古学」の領域へと下降するとき、われわれの分析手段に手を付けないままでいられるものだろうか。このように下降するとき、ノエシス、ノエマ、志向性といったわれわれの考え方やわれわれの存在論を何も変えなくてもいいのだろうか。これまで通り、諸々の作用の分析のうちに、われわれの生や世界の生を最終的に支えているものを求める根拠はあるのだろうか。(16)

フッサールとメルロ＝ポンティとを分かつ一線は、結局、われわれの反省的分析の諸道具が、世界定立 *Weltthesis* という原的領野のうちに根を持つことを認める解釈のうちにある。これを認めるや必然的に、世界定立は、反省の理想を、よって超越論的自我というモチーフ自体を、世界の自然的定立として、変えることになる。

よって、フッサールが何度となく言っているような、世界の内で鳥もちで捉えられた「自然的自我 *Ego*」という定立の素朴さか、それともその純化された超越論的な次元を明証にもたらすことか、そのどちらかを選ばねばならない、と宣言することは、もはや問題にならないのである。というのも、結局、世界定立 *Weltthesis* という先反省的で原的な経験の含むところを全部考えれば、どちらの態度をも放棄することが要求されるからである。その含むところのものは、反省という伝統的な概念を時代遅れのものとしてしまう。その概念は、「自然的」・客観的・即自的「世界」と、世界の外に位置する超越論的自我という絶対的な理念性とを対立させる二つのテーマのうちに結晶化しているからである。だから、「素朴」と見なされる最初の定立を取り除けば至高の真理にも迫れるからというので、最初の定立を乗り越えて二次的定立の絶対的理念性に集中する、などということは、もはや問題にはならない。そうでなく別の仕方で、つまり、重層構造、蚕食構造、錯綜構造、絡み合い構造、相互内属 *Ineinander* という交差配列《キアスム》構造といった、世界の前述定的・先個人的水準に位置づけられる構造を深く究明することによって、客観科学の語る「自然主義的」世界とは根本的に異なる世界に常にすでに結びつけられた主観性の「蛇行」過程を開示することが問題なのである。その結果、反省に関して先人の思想が理解したのとは著しく異なり、メルロ＝ポンティが「感性的世界のロゴス」と呼んだ、先客観的にして先主観的でもある存在と意味のこの次元を明証にもたらすことによって、まさに、先個人的な世界定立（*Weltthesis*）は相変わらず維持しているにもかかわらず、現象学的なスタイルでのアプローチを完全に作り直すことになる。この先個人的な世界定立が、反省に関する伝来の思惟と連携する客観的態度および超越論的観念論の態度を脱して、真正の端緒を創始することを可能にするのである。

　メルロ＝ポンティは、フッサールの著作中にこのような状況を透かし模様として発見するようにと誘う。その一方で、フッサールのテクストの大部分を動かしている抗いがたい超越論的観念論の方向性を強調しもする。われわれの考えでは、『経験と判断』「緒論」と「第一篇」での展開は、メルロ＝ポンティの「哲学者とその影」では引かれてはいないが、固有の分析方向へと向かっている。本研究の限られた枠内で、フッサールの引用を増やして探求することはできない。それができれば、メルロ＝ポンティがフッサールに関してほのめかしている読み方を確かめたり、あるいは逆に、超越論的自我の定立に付随する観念論という別の道を見定めたりすることもできるであろうが。この二つの読みの可能性に異議を申し立てるのは無意味だろう。というのも、明らかに、フッサールの著作のうちには解きがたい緊張があり、それが彼の記念碑的な偉大さを多様な解釈へと開かれた工事現場に変えているのだからである。われわれとしては、複雑きわまるこの議論は後の仕事のために保留しておき、ここでは、メルロ＝ポンティに固有な解釈の枠組みに以後われわれを差し向けてくれるようないくつかの引用を行うだけにとどめよう。

そしてそのことによって、われわれは自分自身を、単純な心理学的反省においてそうであるような、完成し閉じられた世界のうちにある主観性としてではなく、この世界をこのようなものにした働きも、可能的な働きも、そのすべてを自身のうちに含み、そして実現する主観性として理解する。言い換えれば、われわれは自分自身を、志向的含蓄のこの露呈において、つまり志向的な働きから出発して世界の沈澱した諸意味の起源に関する問いかけにおいて、超越論的主観性として理解する。「超越論的」とは、一切の認識形成の究極的源泉に関して遡行的に問うこと、自己自身と自分の認識生について認識している主体の反省、というデカルトに由来するモチーフに他ならない。この認識生において、価値をもつ科学的形成物はすべて、目的づけられた活動によって作り出され、またこの生において、そうした形成物は、諸成果として保存され、自由に利用されるのである。[17]

明らかに、この省察の水準において、フッサールは世界の外への超越を目指してはおらず、まさにメルロ＝ポンティが「蛇行」という考え方で発展させることになるものを目指している。この考え方によれば、超越論的な開けは、外部の物事全部を措定し明らかにする自我の張り出した部分としての視覚、つまり将来のあらゆる考え方にとってアルケー、第一のもの *Princeps* として役立つコスモテオロス、には還元できないのである。

メルロ＝ポンティの「蛇行」というテーゼは、こうなると、何を意味するのだろうか。「端緒」という理念はどの点で「蛇行」というテーゼと異質であるか、あるいは密接に関係しているか。そしてもし端緒があるとしたら、その端緒は、絶対的に、本当の意味で開始したことが、かつてまったくなく、一度としてなく、最終的な仕方でもないものから出発して、いかにして展開するのだろうか？

II　端緒の問題のメルロ＝ポンティ的次元

最初に、態度の根柢的変更を指摘しておこう。これは、客観的科学および反省の哲学に対して、フッサールが世界の先述定的地平を発見したことの内に含まれている。

先理論的、先定立的ないし先客観的秩序へ移行することによって、フッサールは構成されるものと構成するものとの関係を逆転してしまった。(18)

原的な先個人性という「層」から以後の諸々の出現が生じ、それを伝統は自然の客観性と超越論的主観性という二つの相反する動機に分類することになるのだが、結局のところ、この層の発見によって何が変わったのだろうか。

世界への精神の受肉という新しい考え方は、相関的に、「反省」に由来する操作的概念を全部作り直すようにと要求する。

即自存在、絶対精神に対する存在は、以後、その真理を、絶対精神もなければこの精神に対する志向対象の内在もなく、ただ同じ世界へと「その身体によって内属している」受肉した精神だけがあるような「層」から引き出す。[19]

こうした態度が、この論文の中心たる方法論的主題にはある。こういうわけで、最初の方に、次のように書いてあるのである。

われわれのもっとも自然な人間生活は、即自的なものの境域とは異なる、それゆえ構成の順序において、即自的なものからは導き出されえないような、存在論的境域を目指すものである。[20]

ここに、原的世界経験の存在論的次元が、現代の多くの主知主義的態度に抗して、強力に主張される。この主知主義的態度というものはもっぱら、すでに構成された論理的‐形相学的意味作用の枠内で維持されるものであり、哲学的な活動を諸記号間の置換の戯れとしてしか考えない。この態度はメルロ＝ポンティによって根柢から批判される。メルロ＝ポンティは、「反省的」錯覚を、とりわけ、事物と世界に関するわれわれの非理論的先‐知を無視することから生じる錯覚を暴き出す。もっともそれは、フッサールが、後発のあらゆる論理的認識の地平としてすでに明るみに出していたものである。

物についてすら、われわれは、自然的態度において、理論的態度が教えてくれるよりもずっと多くのことを知る、——とりわけ、それとは別様の知り方をする。[21]

この「別様の」こそが、事物と〈世界〉により近い新たな知のための端緒として役立つ地平をなしている。というのも、それらの出現様式の方に注意がより向いているからである。ところでこの出現は、それについて持ちうるはずのノエマ的表象には還元できないある種の存在様式と相関的である。そこに、「反省」というだまし絵における思惟の錯覚を暴く必要性が出てくる。

反省は、世界へのわれわれのこの自然的なかかわり合いを一つの「態度」として、つまり「諸作用」の総体として語る。しかし、この反省は、実はあらかじめ事物のうちに自身を前提している反省であり、自分自身より遠くを見ないような反省である。フッサールの反省は、包括的な取り上げ直しを試みると同時に、反省されていないもののうちに、「あらゆる定立の手前にあるような綜合」があることをも考慮している。(22)

まさにここでメルロ゠ポンティは、われわれの世界内での「自然的態度」と「自然主義的」態度とを弁別することになる。前者は、フッサールの原臆見《ウアドクサ》という用語にならって名付けたもので、『見えるものと見えないもの』では「知覚的信憑」なる語で扱おうとするものと関連があり、後者は、それを主題的・定立的に客観化したものである。反省的思惟によってもたらされるわけではないこの区別は、とても重要である。というのは、自然的態度は、受動的綜合——これは、二次的な反省の活動が、客観化という知的プロセスにしたがって、自然的態度を「自然主義的定立」において主題化するより以前に、すでに世界を構造化している——を意識しない原的展開を通して、明らかにされるからである。

本当は、自然的態度は、それが自然主義的定立になる場合にしか、一つの態度——一連の判断作用や命題作用の織り地《ティシュ》——になることはない[23]。この混同を避ければ、原臆見において委ねられた世界定立 *Welthesis* の先行性が、いまだ反省の判断作用によって主題化されていない、先個人的な原的正当性という点で、はっきりすることになる。

自然的態度それ自体は、自然主義に向けて言われうるような苦情を免れている。それというのも、自然的態度は「一切の定立以前」のものだからであり、一切の定立以前の世界定立——フッサールがどこかで言っていたように、権利上であれ、明晰判明知の用語には翻訳できず、あらゆる「態度」やあらゆる「観点」よりもはるかに年老いており、われわれに世界の表象をではなく、世界そのものを与えてくれるような原初的信念ないし原臆見 (*Urglaube, Urdoxa*) ——の神秘だからである[24]。

超越論的な性格を持つ意味賦与作用が、表象のノエシス‐ノエマの枠組みの中で起こるとき、世界の前述定的経験は、原的「〜がある《イリヤ》」という神秘において、存在経験において、それゆえ存在論的に、必要である。この経験が、上空飛行的・張り出し的意識としてではなく、受肉した精神としての限りにおいて、われわれを直接、世界と接合させる。反省的なスタイルでのあらゆる還元の試みに対して、還元できないという性格を示すことで確証される状況、それこそが、世界定立に対して真正の「端緒」の次元を——たとえ、この端緒が、乗り越え難く、明晰判明という論理的・反省的理想には還元できないものに委ねられるとしても——与えるのである。

世界へのこの開け、これを反省は、自分がその開けに負っている力を使わないでは「超え出る」ことはできない。われわれの定立の明晰さから来るのではない世界定立の領域に特有の明晰さ・明証性があり、臆見 *doxa* の明暗の中で、まさに世界を包み隠すことによる世界の露呈があるのである[25]。

それゆえ、第一の確実性と明証があるのであって、論理的‐形相学的支配力はその明晰さの領域と継起的還元の領域のうちにそれを吸収することはできない。「〜がある《イリヤ》」の領域の論理的不確実性は、その存在論的本源性の指標そのものであり、したがって、反省による諸定立からその本源性を派生させることはできない。この点は重要である。というのは、これこそが、世界の先個人的区域において、一切の述定的活動に先行する、それゆえ反省的論理的確実性の一切に先行する、哲学的「端緒」を基礎づけるからである。以後、端緒という理念は、非定立的なこの原初的領域に根を下ろし、いよいよ明瞭になってくるのである。

フッサールが、現象学的反省は自然的態度のうちではじまると執拗に言っているとしても――フッサールは『イデーン第二巻』においてこれを繰り返し述べるのだが、〈剝き出しの事象 *blosze Sachen*〉が含意する身体的および間主観的意味について行ったばかりの分析を、構成されたものへとすぐに立ち戻らせてしまうのだ（『イデーン第二巻』、一七四ページ）――それは単に、知に到達するためには臆見から出発し臆見を通過しなければならない、ということを言いたいからだけではない。というのも、自然的態度の臆見 *doxa* は原臆見 *Urdoxa* であって、それによって、理論的意識の原的なものにわれわれの実存の原的なものが対置させられることになるのであり、しかも、自然的態度の持つ

優先権こそが決定的なのであって、還元された意識は自然的態度をこそ報告しなければならないからである。(26)

だからこそメルロ＝ポンティは、自然的態度が必然的に超越論的態度へと根本的に変容すること、またこの変容が、世界に実際に挿し入れられることから来る態度の変化と相関的であることを強調しているのである。これは、二つの契機が単に通時的に並列された状況として理解できる状況ではない。つまり、理念的で純化された超越論的態度が、結局認識されることになる最高の真理という資格を修正されることもなく、自然で素朴な自然的態度にとって替わるという状況ではない。重要なのは、世界の内に受肉した超越を違うやり方で明るみに出すことである。この超越は、観念論風スタイルの上空飛行的反省が知らないものであり、いまや「蛇行」というモチーフのもとで解明されることになる。

実際のところ、自然的態度と超越論的態度の関係は単純ではない。この二つの態度は、虚偽ないし仮象と真理とのように、並立しあったり前後の関係にあったりするわけではない。実は、自然的態度そのもののうちに現象学の下準備がある。現象学の中で上に行ったり下に行ったりしているのは、自分自身の足取りを繰り返している自然的態度なのである。まさに自然的態度こそが、現象学の中で自らを超え出るのであり——それゆえ、自然的態度が超え出られることはないのである。(27)

ここで、クロード・ルフォールがすでに『見えるものと見えないもの』のあとがきで主張していた「その場での上昇」という、絡み合いと交差配列《キアスム》の思惟の特徴を示す理念が明らかにされている。その素描をメルロ＝ポンティは、相互内属 *Ineinander* というフッサールのテーゼのうちに読んでいる。これは、自然主義的で素朴な相と、超越論的観念論的な相が別々にあって、自然的で素朴な最初の相を除去することによってのみ超越論的観念論的な相の真理が獲得できるという、二相の連続というテーゼを失効させてしまう態度である。

逆に言えば、超越論的態度は、それでもなお「自然的 *natürlich*」なのである。[28] 自然的態度の真理がある——二次的かつ派生的なものとして自然主義の真理そのものがあるのである。[29]

メルロ＝ポンティはその主張の基礎として『イデーン第三巻』の長い断片を引用しているが、この引用はメルロ＝ポンティがフッサールのこの視点の採り方に認めている重要性を証言している。

心の実在性が、身体的物質に基づいているのであり、逆に後者が心に基礎を置いているわけではない。もっと一般的に言って、物質的世界は、われわれが〈自然〉と呼ぶ客観的世界全体の内部で、いかなる他の実在性の援助をも必要としないような自己完結的な固有の世界をなしているのである。が、逆に、精神的実在の存在、実在的精神界の存在は、第一義的意味での自然、つまり物質的自然の存在に結びついており、しかもそれは、偶然の根拠からではなく、原理的根拠からなのである。延長実体 *res extensa* は、その本質を問うてみると、精神に属するものや、媒介的に（*über sich hinaus*）実在的精神との結びつきを要求するようなものは何一つ含んでいないのに対し、他方実在的精神の方は逆に、ある身体の実在的精神のように、本質的に物質性と結びついてしか存在しえないことに、われわれは気づくのである。[30]

メルロ゠ポンティはすぐに次のような説明を加えている。つまり、この長い引用は、精神に対する自然の相対性と、自然に対する精神の自立性とを強調しているように思われるフッサールの他のテクストと、釣り合いを取ろうという配慮からしたのだ、と言うのであるである。そのようなテクストに示されたフッサールの態度は、「ここで改めて主張されている〈自然〉の充足性と自然的態度の真理性[31]」を破壊することへと導くものである。

したがって、メルロ゠ポンティは根本的に、現象学を唯物論的ないしスピリチュアリスム的解釈と対抗させる。現象学は「精神の〈哲学〉」ではないからである。

現象学に固有の作業は、この二つの理念化がそこでそれぞれの権利が相対的であることがわかり、超え出られることになる、先理論的な層を露呈することにある。[32]

そうだとすると、反省の諸道具と反省の操作的諸概念は、分析のさなかで変容を被ったことになり、現象学的道程の最終段階にあっては、超越論的理念性の定立は、理念的意味の内容に関しても、伝統が遺贈したものに関しても、また探求の仮説と獲得すべき理想としても、変わらずにはいられないということを認めねばならない。こうしたわけでメルロ゠ポンティは、主題化する作用・論理的‐形相学的作用の下にある層が、絶対的意識の反省的諸作用に従属することはついにできない、と判断するのである。

われわれの定立やわれわれの理論よりも手前にある、秘密中の秘密とも言うべきこの下部構造が、それはそれで絶対的意識の諸作用に基づくなどということが、どうしてありうるだろうか。われわれの「考古学」の領域へと下降するとき、われわれの分析手段に手を付けないままでいられるものだろうか。このように下降するとき、ノエシス、ノエマ、志向性といったわれわれの考え方・われわれの存在論を何も変えなくてもいいのだろうか。これまで通り、諸々の作用の分析のうちに、われわれの生や世界の生を最終的に支えているものを求める根拠はあるのだろうか[33]。

前段において、われわれが遺産と端緒の問題に与えた方向付けを正当化する問いと同じ問いである。実際、フッサールが問題の明確な仕上げを遺贈する以上に、思想の糸口と指針を遺贈していたこと――これは、フッサールの遺産が自由に踏査できる工事現場に類するものであり、その現場から事後的に建築されるものは、一方向に決められているわけでもなければ、前もって与えられているわけでもないことを証明するものである――、メルロ゠ポンティはこれに気づいていたのであって、メルロ゠ポンティが自分の分析の中には引用しなかった『経験と判断』のテクストが、彼の解釈を十分裏付けているように思われる。

周知のことだが、この点についてフッサールは多くを語らなかった。問題を指し示す指針――つまり、考えるべきで考えられないでしまったものを告知する指針――としての数語が残されているだけである[34]。

ところで、意味／方向《サンス》についてのこうした刺激は哲学者に再活性化を要請し、先理論的構成という平面上で意識に働きかけるもの、意味を捉え直す運動によって意識が自由にするものに対して、常に意識のくさびをはずしておくようにさせる。こうして、それを仕上げるためにわれわれの能動的な関与を要する「考えられないでしまったもの」について語るにあたり、メルロ＝ポンティははっきりこう言っている。

まず、「先所与」[35]を説明する任を負わされた「先理論的構成」[36]という用語がその指針である。この「先所与」とは、世界と人間とがそれのまわりを廻っている意味の核であり、これについて（フッサールが身体について言ったのと同じように）、それはわれわれにとっていつも「すでに構成されている」と言っても、それは「決して完全には構成されない」と言っても違いはない――つまり、それに関しては意識はいつも遅すぎるか早すぎるかであり、決して同時的ではないのである。[37]

意識の自己への現前において与えられる明証という単純化された理念は、メルロ＝ポンティのこれらの引用によって、何度となく異議を申し立てられている。メルロ＝ポンティはフッサールの著作のうちに、透かし模様の状態で素描されたモチーフを発見するのだが、このモチーフはもはや作用的志向性とは合致せず、反省の下に潜在する作動的志向性と合致するのである。

おそらくこの奇妙な存在のことを考えていたので、フッサールは他の箇所で、なんらかの意味や本質の例として何らかの内容を統握すること（統握内容――～としての統握 *Auffassungsinhalt-Auffassung als...*）によって進行するわけではない構成に言及し、時間に生気を吹き込む、また人間の諸作用よりも古い、作動しつつあるないし潜在的な志向性に言い及んだのである。[38]

したがってわれわれは、無限に先見的な意識、つまり全知全能の意識によってよそですでに構成され考えられた意味の贈与、などという問題系の外にいるのである。重要なのは、存在と意味とのもつれあった二重の出現について違うやり方で考えることである。この出現は、すでにどこかよそで一度理解されているゆえに容易に読み取りうる意義を翻訳するのでなく、試みるべき意味／方向《サンス》の糸口を試行錯誤しながら差し出すのであって、現象学の明示する運動は、何ものも前もって導きもしなければ保証もしないその冒険を企てるのである。

まだ意識の遠心的な活動によって存在のうちにもたらされてはいない存在者や、その意識活動が自発的に内容を与えているわけではない意味や、遠回しにある意味にあずかっているが、その意味と一緒になることはなく、また定立的意識をモノグラムないし刻印のようにしてそこに見て取ることもできないような内容、こうしたものが、われわれにとって存在していたのでなければならない[39]。

このような見地に従えば、われわれはもはやノエマ的性格を持つ表象体制のうちにはない。純化された本質という自己同一性にまで高められているために、どうにも動かせない意味充実の中にあっては、自身へと立ち戻るような意識、または自身に先立つような意識は、もはや決して問題になどなりえない。意味探求という指令は、世界の沈澱の領野に設定されている送り返しという無限のシステムのため、端緒も終わりもなく現われる。このときにこそ、メルロ＝ポンティが好んで引用するカフカの言葉が十分に意味を持ってくる。事象がカフカにとって現われるのは、「それらの根源を通じてではなく、それらの間に位置するどこかある一点を通じてである[40]」。

メルロ＝ポンティの「端緒」の元臆見《プロトドクサ》的状況はこのようなものである。それを以下の分析が確証してくれる。

なるほど、まだここには、ある種の結び目のまわりに、その結び目によって統制されている志向性の糸のまとまりがある。けれども、遡行的参照（遡行的解釈 *Rückdeutungen*）を続けても、より深いところへ連れていかれるのが常であり、ノエマを知的に所有して完了、とはならないであろう。一連の秩序だった進み方はあるけれども、それには終わりも端緒もないのである。(41)

たしかにメルロ＝ポンティは、この解釈がフッサールのすべてのテクストによって保証されているわけではなく、解釈上、リスクがあることを明言しており、それを次のように受け止めている。

フッサールの思惟は、絶対意識の渦にも、〈自然〉の個体性にも、同じように惹きつけられていたのである。(42)

一方の超越論的〈自我性〉と、他方の自然的意識という対立するモチーフに従って、上の二つの正反対の誘惑を理解しなければならない。ところで、フッサールの探求の二つの軸に従って強固になりうる「両者のはざま」にこそ、メルロ＝ポンティは、自分自身の探求の航跡を位置づける。そのとき、メルロ＝ポンティは、フッサールによって明確に示された主張の結果によりはむしろ、分析の見本と彼が性格づけるものに基づいている。われわれとしては、『経験と判断』なる標題を持つ著作の全体が、メルロ＝ポンティ流のスタイルによる研究方法にとって、単なる見本以上のものを提供していると考えている。

両者の関係についてははっきりと主張していないため、われわれに残されているのは、フッサールがわれわれに委ねた「先理論的構成」の見本に問いかけること、そして、われわれがそこに見抜いたと信じている、考えられないでしまったものを――われわれの責任のもとで――表明すること、これだけである。超越的〈自然〉、自然主義の即自と、精神の、また精神作用や精神のノエマの内在性との間には、何かがあることは、疑いようもない。この両者の間をこそ、進もうと試みなければならないのである。(43)

結論

フッサールの著作にメルロ＝ポンティの与えた方向が、展開しつくされたテーゼとしてよりも、メルロ＝ポンティの見地から、痕跡として、考える刺激を与えるものとして見出された、ということが次第にはっきりとしてきたことにより、遺産という観念がここまでの論述の過程で明らかになったのではないだろうか。とはいえ、注意深く『経験と判断』を読むと、この解釈は、フッサールが自分の全著作に向けて投げかけた回顧的なまなざしのうちで確認されることのように思われる。というのも、死後出版されたこの著作の諸分析は、一九一〇年～一九一一年の講義に基づいており、その相当量がメルロ＝ポンティの示唆した方へと向かうものだからである。(44)

それゆえ、遺産という観念をフッサールの著作に関わらせて考えると、フッサールのこの著作が、その最終段階では、以前の諸分析を取り上げ直すという絶え間ない仕事の言わば後継ぎのようなものであることからして、遺産という観念はきわめて特別な意味を持つ。これは補遺 *Beilage* を見ればわかる。「ぶれ」と震えが、フッサールの読解と歴史的な掘り下げについての当初の考えを不可避的にずらし、フッサールが自分自身の著作に注ぐ眼差しに干渉するのであって、その結果、『経験と判断』のような最終期の諸著作は、一つの著作を長い間にわたって書き進んで行くうちに最初の省察に対して生じないわけにゆかない、絶え間ない手直しの仕事全体に応じて、その内容が明らかになるわけである。それゆえ、多様な屈折した線や不断の出発点がフッサールの冒険の歩みをはっきり区切り、フッサールの著作を一つしか意味がないような一枚岩的解釈の枠組みの中に閉じこめておくことを禁ずるのである。フッサールのテクストは『論理学研究』以来どれも、新たな端緒の出発点である。というのも、どのテクストも、先行する未刊の省察、それを実現するには新たな道を開くことで自身を屈折させることを要求するような省察、これを受け継いでいることが認められるからである。こうしたわけで、フッサールの探求における意味の自己沈澱は、既成の意義という形で語られるのではなく、再活性化すべき意味、絶えず取り上げ直し作り直すべき創意という形で語られる。これがフッサールの遺産という観念から最初に引き出すべき教えである。

端緒の問題に関して、いまや多くのことが明確になろう。客観的思惟および反省という伝来の問題系から借用したいかなる伝統的概念も、現象学的探求運動の結果を受ければ、根本的に変形されることなくそのままの形で繰り返すわけには行かず、それが展開するに従って、必然的に伝統的諸概念の意味内容を修正するに至る、つまり、伝統的諸概念の再評価に取りかかることになる。この点は重要で、フッサール現象学に新たな出発を与えるものである。この状況はすでに引用した「哲学者とその影」のテクストでもはっきりと言明されていたし、『見えるものと見えないもの』のノートでも確証できる。たとえば、一九六

○年一月二〇日のノート。

因果的思惟に取って代わるものは、超越の理念、すなわちこの世界への内属において、その内属のおかげで見られる世界という理念、〈内部‐存在論〉の、包括し‐包括されるある〈存在〉の、垂直的・次元的〈存在〉の、次元性の理念である。〔因果的思惟に〕対抗しつつ連帯する反省的運動（「観念論者たち」の内在性）に取って代わるものは、原理的に外部をもつ〈存在〉の襞ないし窪みであり、諸々の布置からなる建築的構造である。意識‐諸々の射映‐〈即自〉ないし客観‐なるものは、もはや存在しない。

相互に交差しあう諸領野が、諸領野の領野のうちに、存在するのである。この諸領野の領野において、フッサールが目的論と現象学的絶対者についての未刊草稿で示しているように、諸「主観性」が統合される。それというのも、諸々の主観性は、徹頭徹尾それらに基づいている一個の作動しつつある主観性 *leistende subjectivität* を自分の内部構造のうちに担っているからである。(45)

あるいはまた次のノート。

概念、理念、精神、表象といった考えを、諸次元、分節化、水準、蝶番、枢軸、布置といった考えに取って代えること――出発点＝物とその諸特性についての通常の考え方の批判→主辞・主観という概念、および論理的内属性の批判→積極的（肯定的）意義の批判（諸意義の間の差異）、隔たりとしての意義、以上の弁別的な考え方に基づいた――述定の理論。(46)

われわれの行った分析は、これらの研究ノートに十全な意味を与え、アルケーも第一のものも持ち出さずに、メルロ＝ポンティの端緒に関する考え方を明らかにできるものである。というのも、その考え方は、〈世界〉の「媒質《ミ》／《リ》ただ《ュ》なか《ー》」において、世界の肉に根を持つ世界の開けにおいて、メルロ＝ポンティが「蛇行」と呼ぶ先客観的・先主観的モチーフに応じて形作られるからである。

私が言ったのは、われわれが自身のうちに見出すがままの世界への開けそのものと、生の内部にわれわれが見分ける知覚……

これは、「客観の視点」と「主観の視点」の彼方に、「蛇行」である共通の核、蛇のような存在（私が「世界内存在の転調」と呼んだもの）を浮かび上がらせる。いかにして、これ（あるいはすべてのゲシュタルト *Gestalt*）が「諸物の中でできあがる」知覚であるのか、このことを理解させなければならない。(47)

これが、メルロ＝ポンティの省察が出発点とした端緒も終わりもない場所である。一つの出会いの生じる領野が問題である。この出会いによって、世界の謎が尽きないのと同様、〈世界〉の「〜がある《イリヤ》」が不可避となる。というのも、私の驚きを引き起こす「何ものか」は、規定の秩序に属するものでもなければ、思惟作用《コギタチオ》でもなく、明晰判明な理念でもないからである。というわけで、メルロ＝ポンティは次のように明言する。

本当は、純粋な問いかけがどのようなものであってはならないか、われわれは知っているのである

（このことを、われわれはこれまでの分析において学んだのである――ガレリ）。それがどのようなものになるか、問いかけをしてみないとわからないであろう。原的、根本的、あるいは創始的な意味で、存在するものの経験に従おうとする決意は、「われわれ」と「存在するもの」との出会い――これらの言葉は、いずれ明確にすべきある意味の単なる指標として使われているのであるが――以外、何も前提していない。出会いは疑う余地のないものである。というのも、出会いがなかったら、われわれはいかなる問いも立てることはないだろうからである。(48)

探求の道すじに概念的な標識を設けるために必要なことをあらかじめ決定することができないのだから、われわれは無根拠の領域の内に落ち込んだと言うべきだろうか。別の仕方によってではあるが、メルロ゠ポンティの省察は、「前もって与えられた概念を持たない」がゆえに非「規定的な」動機としてカントがすでにつきとめていた、謎の秩序にわれわれを導き入れる。この秩序をカントは「反省的判断」の特徴たる「目的なき合目的性」という言葉で形容している。芸術作品の生き生きとした表現は、「反省的判断」の動かしがたい現存を含んでおり、また、この現存の謎はきわめて強固であって、おかげで、あらかじめ確立された概念性を規定的に適用して、自己現前の秩序においてこの謎に辿りつこうとするような試みは、無駄な努力となってしまう。問題は「概念なき一貫性」である。これは無根拠性の指標などではまったくなく、偶然性の神秘の承認である。この態度が要求するものは、常にすでに試みるべき意味への手がかりを提供する〈世界〉地平に細心の注意を払うことである。その手がかりは、永久に安定させられ、外的な論理原則に強いられ、可能的意味の一切を賦与する源泉にまで昇格させられた意味作用の同一性、これに還元することはできない。論理的‐形相学的領域よりも深いところで、世界‐内‐〈存在〉の経験は、隠れた「感性的ロゴス」を暴き出す。このロゴスの謎、それは「感性的ロゴス」というものは、「われわれがそれの経験をもたんがためにわれわれに創造を要求する(49)」という謎である。

それゆえ、人が〈世界〉へと自分を開くときに生じることに関する綿密な記述は、将来のあらゆる形相的探求に先行している。反省的なスタイルによるいかなる説明にも先だって、まず聞くことと見ることの訓練を積まなければならない、ということを認めた方がよい。聞くことと見ることは、「反省の精神」がこの最初の接触を、主題化すべきノエマ的表象へと変えてしまわないうちに、自発的に世界に向かって行く。それゆえ、この領域を、自己現前において与えられる明証性によって性格づけるという思い違いをすることはもはやほとんどありえまい。ところで、世界への現前の領野は、表象的・反省的意識に対して還元できないズレを明白にしている。表象による反省的意識は、このズレを記録しようとするが、どんなに後から主題化してみても、そのズレは吸収しきれるものではない。

こうした神秘が哲学的精神を含み、哲学的精神はこの神秘の「捉えられ」かつ「捉える」部分であることを悟るのだが、その哲学的精神は、この神秘に注目するやいなや、意味作用する沈澱の無尽蔵のネットワークが、哲学的精神自身それに属するこの「媒質《ミリュー》／ただなか」を貫き、またその同じ運動によって、この「媒質《ミリュー》／ただなか」が、踏査すべき意味《サンス》／方向の呼びかけを生じさせる、ということに気づくのである。他方、これと同時に、沈澱のネットワークは、絶対的な確実さのなかで進むべき方向を示すことができる最初の起源や最終的な終わりを見出すことの虚しさや、客観的に伝達可能な普遍的意義によって、最終的に安定する獲得物の探求をやり遂げることの虚しさを、哲学的精神に対して明らかにするのである。

こうしたわけで、哲学的探求の端緒は、まなざしが最初の朝の目覚めに応じて生ずるやいなや、〈世界のただなか《ミリュー》〉から生じるのである。

あらゆることが企てられるべきであるこの謎の場において、自分の周囲へと投げ出された自己から離れて、あらゆるノエマ的表象、あらゆる理念に対する還元不能なズレとして、また身体によって変形されると同時に身体を露呈する、ものそのものへと向かう変動過程として、自分を発見し、自分を露呈するという在り方を身体がしているおかげで、身体経験は、形相的性格を備えた諸々の意義からなる規定的秩序を逸脱した状況であるにもかかわらず、意味《サンス》／方向を欠いてはいない。拒みえない知覚、および「時間の放輝」、「〈世界〉の放輝」として方向付けられた非知覚が、〈世界〉と取り結ぶこの相互的な錯綜構造をこそ、メルロ＝ポンティは、一つ一つの論文において、その歩みが獲得した各水準において、きわめて精密に、絶えず明らかにしてきたのであり、それによって、獲得すべき人間と〈世界〉との新たな次元を提供したのである。メルロ＝ポンティは、作家や画家が提供してくれる創造的経験のなかでこの状況を省察するようにとわれわれを誘っている。画家や作家の一つ一つの作品は、語のほとんどデカルト的な意味で、彼らの連続的受肉の生き生きとした意味する顕現として現われるのである。

そうなのだ。哲学者にとっても芸術家にとっても、ランボーの叫びは十全な意味を持つのである。「小道はけわしく起伏している。空気は動かない。[……]。このままでは、行き着く先は世界の果てしかありえないない(50)」。

注

(1) メルロ＝ポンティと同様、フッサールの死後に研究ノートと研究計画という状態で残された未刊草稿の量が、彼の仕事の未完成性という性格を証言している。

(2) P. 55.

（3） *Le philosophe et son ombre*, in *Signes*, Paris, Gallimard, 1960, p. 218.

（4） この研究にはどうしても制約があるため、この問題のフッサール的な次元を、それにふさわしくじっくりと論じることはできない。そちらの論の展開は後の著作にゆだねたい。

（5） *Expérience et jugement*, p. 32 から 34 および 36； Denise Souche-Dagues による仏訳 Paris, PUF, coll. «Épiméthée», 1970 (2e éd., 1991). フッサールは、受動的所与を受動的総合によって性格づける前に、受動的所与について語っている。

（6） かくてフッサールは、『経験と判断』第七節「個々の対象の経験すべてに対して常にすでに与えられている限りでの信憑の普遍的な地盤としての世界」において、次のように述べるのである。「存在する世界としての世界は、いかなる判断作用にも、また理論的関心のいかなる作動にも、先だつ普遍的に受動的な先行所与である」（三五ページ）（強調はフッサール）。同一段における諸分析によって豊富な裏付けを得たこの態度は、第八節「地平は経験構造の一部を成すこと。個々の経験のあらゆる対象に関する類型的な先行認識」において再論される。たとえば、こうだ。「世界はわれわれにとって常に、そこで認識が、きわめて多様な仕方で、常にすでにその活動を成就してしまっているという具合に存在する。かくて、事物経験、つまりこの事物をはじめて捉えて認識にもたらし、ここで認識した以上のことは前もって何も「知らない」というような、単純で原初的な意味での経験がない、ということは疑いようもない。すべての経験は、いかなるものを本来の意味で経験するにせよ、つまりそれが何に直面しようと、おのずから、必然的に、まさにこの事物と経験がまだ直面したことのないその事物固有の諸性格とにかかわる、知および潜在的な知を持つのである。この先‐知は、その内容において未決定であるか不完全に未決定であるが、決して完全に空虚なわけではなく、もしそれが経験において前兆を示していないとしたら、経験は一般に、その統一性と同一性において捉えられるこの事物の経験ではないのである」（三六ページ）。この主題については、第八節（三五―四五ページ）全体を参照のこと。

　このテーマはこの著作第一篇「先述定的（受容的）経験」において展開されているのが見られる。たとえば、第一五節「外的知覚の分析への移行」から後、次のように書いてある。「知覚すること、個的対象への知覚的方向付け（*die wahrnehmende Zuwendung zu Gegenständen*）、対象の熟視とその解‐明、こうしたことはすべてすでに我の能動的操作である。そのようなものとして、その操作は、われわれの知覚が向かうことになる何物かがわれわれに前もって先に与えられている（*vorgegeben ist*）ことを前提している。そして、前もって与えられるのは、単にそれだけで孤立した（*isolier für sich*）個的な対象（*Objekt*）であるだけでない。いわば知覚と知覚的熟視に「駆り立てる」個的な契機がそこから現れ出る、常に先所与の領野がある（*ein Feld der Vorgegebenheit*）。この役割を演じるものは、われわれの生の宇宙内に先に与えられており、この宇宙という地の上でわれわれを触発するのであると言えよう」（強調はフッサール、同所、八四ページ）。

　こうした観点から、フッサールは方法的説明の様式と実際の構造的関係とを区別する。前者は、一種の教育的な関心に応じて、フッサールをして徐々に意味生成の二局面のそれぞれの強調に向かわせることになるものであり、後者によれば、一方の先客観的、先述定的な契機と、他方の判断的、論理的‐形相学的な契機とのいずれも、互いに、全面的には他方から独立しても切り離されてもいないのである。たとえば、次のようにある。「われわれが、関心の二つの段階、およびそれに対応する客観化操作の二つの段階を区別して、一方を受容的経験、他方を述定的自発性とするとき、この段階の区別を、このさまざまな操作が何か相互に分離したものであるかのように理解してはならない。本当は、分析の必要のために分けて扱われなければならず、発生的観点からすると、異なる客観化の段階に属するものとして認められるものはといえば、実際には概して緊密にもつれあっているのである。（第四九節「客観化操作におけるさまざまな段階の区別の意味。構成的分析への移行」二四四―二四五ページ参照。）

　別の言い方で言えば、述定作用に関する先客観的水準の先行性は、その自律性と同義ではないし、ましてこの次元は、論理的‐形相学的活動が経験に付け加わる以前に経験の全体的発展を含まない。「受容性が述定的自発性に先立つということ、このことは、受容性が実際になにか自律的なものだということを意味するのではない。あたかも、いわゆる認識の関心が呼び覚まされるに先だって、一連の受容的経験が常に踏査されるかのように。〈中略〉われわれが区別したものは、発生的観点からすれば、異なる段階にあるが、意識の現実のなかでは、相互に不可分に織り合わせられる――常にかくかくの仕方で一方が他方の上に築き上げられているのが見出されるのは確かである」（同所、二四五、二四六ページも同様に参照）。〔訳注――本文中の l'éclaircie は、ハイデガーの術語 *Lichtung* の訳語として用いられることが多い。〕

(7) *Le philosophe et son ombre,* p. 218.

(8) *Expérience et jugement,* Introduction, § 11 : «L'éclaircissement de l'origine du jugement et la généalogie de la logique dans l'horizon d'ensemble de la problématique transcendantale et phénoménologique de la constitution» (p. 54-60).

(9) *Expérience et jugement,* p. 54-60. われわれはここでは、「超越論的対象＝X」に関する省察状況には論及しない。これは特にジョスラン・ブノワが『「超越論的」である主体とはどういうことか』(*Autour de Husserl,* Paris, Vrin, 1994, p. 41-62 所収) において見事に明確化した論点である。「感性の多様」に関する感覚《サンシビリテ》のア・プリオリな純粋形相によって行われる原初的な採取や濾過の作用をまったく認めないような分析。これこそが、ここで問題にしている「感性の多様」の出発点である。

(10) *Ibid.,* p. 54-60.

(11) *Ibid.,* p. 56.

(12) *Ibid.,* p. 56.

(13) *Ibid.,* p. 56.

(14) *Le visible et l'invisible,* p. 225-226.〔訳注――原文では引用文最後から三行、「超越論的領野とは、」の前で改行されている。〕

(15) L'Être préobjectif : le monde solipsiste, *in* Annexe au *Visible et l'invisible,* p. 209.〔訳注――原文では「客観的」が強調されている。〕

(16) *Le philosophe et son ombre,* in *Stgnes,* p. 208.〔訳注――原文では「われわれの定立や」の前で改行されている。〕

(17) *Expérience et jugement,* p. 57-58 (強調はフッサール).

(18) *Le philosophe et son ombre,* p. 217.

(19) メルロ＝ポンティはこの点に即して『イデーン第二巻』八二ページを引用している。〔訳注――この引用自体は、直前の引用に続く一文である。〕

(20) *Le philosophe et son ombre*, p. 206.
(21) *Ibid.*
(22) *Ibid.*, メルロ＝ポンティは、『イデーン第二巻』、二二ページ «*Synthesen, die vor aller Thesis liegen.*» を引用している。
(23) *Ibid.*, p. 206–207.
(24) *Ibid.*, p. 207.
(25) *Ibid.*
(26) *Ibid.*
(27) *Ibid.*
(28) *Ibid.*, メルロ＝ポンティは『イデーン第二巻』、一八〇ページ «*Eine Einstellung...die in gewissem Sinn sehr naturlich...ist.*» を引用している。
(29) *Ibid.*
(30) *Ideen III. Husserliana*, Bd. V, Beilage I, p. 117.
(31) *Le philosophe et son ombre*, p. 208.
(32) *Ibid.*
(33) *Ibid.*
(34) *Ibid.* ここまでしてきた引用は、実は、『経験と判断』のうちに単なる指示以上のものが多くあることを証示している。
(35) *Ideen II*, p. 5. «*Vorgegebenheiten.*»
(36) *Ibid.* «*Vortheoretische Konstituierung.*»
(37) *Le philosophe et son ombre*, p. 208–209.
(38) *Ibid.*, p. 209.
(39) *Ibid.*

(40) クロード・ルフォールによる引用。「『見えるものと見えないもの』へのあとがき」三五三ページ。
(41) *Le philosophe et son ombre*, p. 209.
(42) *Ibid.*
(43) *Ibid.*
(44) この報告の限定された性格上、この問題を深く論究することができないので、これについては後の論文で検討することになろう。〔訳注――この注は、「一九一〇年〜一九一一年の講義に基づいており」の後に付されていたが、内容から見て、この文章全体への注と判断した。〕
(45) *Le visible et l'invisible*, p. 280-281.〔訳注――記載法が若干原書と異なっている。〕
(46) *Ibid.*, p. 277.
(47) *Ibid.*, p. 247.
(48) *Ibid.*, *La réduction au préobjectif*, Annexe, p. 211.
(49) *Ibid.*, p. 251.〔訳注――「それの経験」における「それ」は、メルロ＝ポンティの原文では「存在」にあたる。〕
(50) *Illuminations. Enfance IV*, in *Œuvres complètes*, Paris, Gallimard, «Bibliothèque de la Pléiade», 1972, p. 124.〔訳注――『ランボー全詩集』ちくま文庫、宇佐美斉訳、三一九ページ。なお、ランボーの原文には、「空気は動かない」の前に「小山を覆うエニシダは深くなる」の一文がある。〕

ミシェル・アール

後期メルロ＝ポンティにおけるハイデガーとの近さと隔たり

未完の著作『見えるものと見えないもの』所収の「研究ノート」——一九五九年一月から一九六一年三月の間に書かれたもの——におけるハイデガーへの（省略的ではあるが決して批判的ではない）参照の多さから考えると、後期メルロ＝ポンティは、晩年の講義で注解していた『言葉への途上』の著者に相当近づいていたように思われよう。しかしながら、一九五九年一月の日付のある遺稿断片の最初の方の一つが証言しているこの接近には、当惑してしまう。

この知覚的世界は真底においてはハイデガーのいう意味での「存在」である。(1)

メルロ＝ポンティは、ハイデガーによる「知覚の優位」の根柢的な放棄を知らない筈はないし、さらには、部分的に、自分自身で「知覚の優位」を問い直しはじめたばかりだということを考えると、後期ハイデガーの存在論に改めて反りを合わせようとするこの手続きには、どんな意味がありうるだろうか。メルロ＝ポンティは、しばしば不自然に、時に御託宣のように、あるいは少なくとも暗示的に、ハイデガーと繰り返し結託しようとするほどにハイデガーと近い、となぜ感じたのだろうか。また、ハイデガー流の言葉遣いといわば同化して、見えるものとは「可視的ではなく、隠蔽されていないもの *unverborgen*[2]」であると書いたり、「〝存在〟という普遍的次元性（ハイデガー）[3]」をたびたび引き合いに出すなどして、ほとんど各ページで（大文字の）「〈存在〉」だとか、（引用符なしで）「言語をその棲み処としている存在[4]」についてこれほど語るのは、どうしてなのだろうか。右のハイデガーに帰されている「普遍的次元性」という定義は、『存在と時間』冒頭にはっきりと拒絶された〈「最も普遍的な概念」としての存在〉なるものの変容に過ぎない。「概念」という語は確かに、「次元性」という隠喩的表現に置き換えられ漠然と空間化されて「あらゆる次元の次元」を意味し、知覚に自らを与える「感じうるもの《サンシブル》」の「普遍的」領野を謎めいた仕方で指し示している。この「感じうるもの《サンシブル》」の普遍性という考え、あるいは「見えるもの」の「原初がある」という考え、あるいはまた、このあらゆるエレメントの「エレメント」という考え、要するに「野生のないしなまの「存在」」とか世界の肉という考えを、なぜハイデガーにこと寄せるのだろう。「存在の思惟」、さらには「〈存在〉の〈歴史〉」という教義は、〈歴史〉への存在の嵌入および自然の全体性という（メルロ＝ポンティの思惟による）形而上学的観念との絶縁のゆえに——肉の普遍主義や、また「私の身体は世界と同じ肉から成り立っている[5]」ことを要請する中心的直観とは、本質的に両立不能であるということ、これをメルロ＝ポンティは無視できない。

　メルロ＝ポンティがハイデガーに対する当初の批判的態度を放棄するためには、これから見ていくように、非常に強力な動機が必要だったことは明らかである。その動機は、ハイデガーへの部分的な賛同にほかならない。それは、後期ハイデガーの重要なテーマの一つを賞賛したことに始まる。人間からその特性ないし能力を剝奪し、存在へと移転させることがそのテーマであるが、これはメルロ＝ポンティがひどく執着した「自己の身体」の特性という概念を批判し、彼自身の「転回」の達成を助けてくれる理念である。

これに付け加えなくてはならないのは、非隠蔽性 *Unverborgenheit*、つまり覆いをはぎ取ることというハイデガー的な真理観を採用したことである。ただし、それは、歪みと重大な分裂〔不一致〕を伴うもので、それは、退去しているもの、たとえば見えるものの見えないものが、完全に名指されうるという事実に起因する。

ハイデガーへとこうも接近したのは、後になってからのことである。おそらく『知覚の現象学』から十年は後だろう。『知覚の現象学』に関してはどうかというと、この本はそうしたことをはっきりと示してはいなかったが、後年と同様、『存在と時間』は、保証だとかモデルだとは言わないまでも、少なくともフッサール流のエポケーを放棄し、世界を還元不能なものとして位置づけるに際して、明らかに示唆を得ているのだから、これは不正だし、横領であろう。おそらくメルロ゠ポンティは、ハイデガー流の、世界を道具的帰趨連関〔回付〕の束とする定義と、自分自身の「世界とはわれわれが知覚する当のものである」、「世界の知覚はわれわれの真理という理念を永遠に基礎づけるもの〔である〕(6)」というフッサールに近い定義との間の距離を測ったであろう。メルロ゠ポンティが、「時間性」の章の中で何度も『存在と時間』を引いているのは、自分が「存在と意識が合致する地帯(7)」と定義する「現在の特権」を維持するために、将来の優位を攻撃するためであった。それは、メルロ゠ポンティが決して支持しなかった一つのテーゼ、すなわち、現存在 *Dasein* は最終的には本来的な時間性に達しうる、というテーゼをハイデガーに対して非難することによって行われた。

将来から流れ、決断によってあらかじめ自分の将来を有し、決定的に分散を免れているというハイデガーの歴史的時間は、ハイデガーの思想そのものからして不可能である。というのも、時間が脱-

自 *ek-stase* であり、〔現在と過去とがこの脱自の二つの結果だとするなら、〕どうしてわれわれは、時間を現在という観点から見ることをまったくやめることができようか。また、どうしてわれわれは、非本来性から決定的に脱却しえようか。(8)

この時期、メルロ゠ポンティにハイデガーをしりぞけるように仕向けたのは、メルロ゠ポンティがハイデガーをサルトル側に、つまり、事実性の場であり乗り越えるべき障害として考えられていた世界からどうにか抜け出ようとする英雄的独我論の側に位置づけていたからであろう。対自対即自の闘争という理念はハイデガーとは縁もゆかりもないので当然だが、メルロ゠ポンティは、根柢的・基礎的な内在と、この新しいスタイルでの一元論的自然主義とを――メルロ゠ポンティ自身が向かおうとしているこの両方向を――そこそこ融合させた哲学のモデルを、ハイデガーの内に見出しはしなかったのである。

メルロ゠ポンティが探求しているものは、知覚する意識の優位から出発する方法であり、デカルト以後の主観性の形而上学が陥った重大な困難から現象学を解放する方法である。フッサールにおけるこの遺物は、遍在する「構成的」超越論的〈エゴ〉という形をとり、きわめて強力であった。知覚している意識は常に知覚された‐存在に先立たれていない。知覚している意識は、この知覚された‐存在に関して、その基礎的な諸構造、つまり、奥行・厚み・意味を成す形式すなわちゲシュタルトのプレグナンス・パースペクティヴ的変容・「身体図式」によって与えられる（たとえば知覚と聴覚の間の）間感官的同値関係の論理・この論理とキネステーゼとの関係等々が、知覚する意識によって措定されるどころか、意識に課されていることを発見する。知覚の現象学が私の身体の特性として主観性に帰していたものは、実際は、〈存在〉のより一般的な諸特徴だ、という帰結をここから引き出してはならないのだろうか。主観をこのように脱中心化するに際して――このとき主観は〈存在〉から（メルロ＝ポンティの記法にならえば）、その権限の大部分を受け取ることになり、主観の古来の「権能」も、さらにあらゆるイニシアチヴも、剝奪されてしまうことになる――、ハイデガーの後期著作のすべてが、卓越したモデルの役割を演じたことは明らかである。このずらし《デプラスマン》の操作のほとんど決まり文句にまでなった、典型的にハイデガー的な表現（「自らを示しかつ自らを隠す」）が、このことを証言している。「ほんとうは、運動、静止、距離、見かけ上の大きさ等々は、［……］それを通して〈存在〉が姿を現したり隠したりする、この一貫した膨張の、さまざまな表現である」(9)。しかし、このモデルは、他ならぬ人間中心主義をこそ乗り越えるべく手助けしてくれるのである。知覚の優位に関するハイデガーの批判を適用することが問題になっているのではまったくなく――この点については後で簡単に触れる――、知覚の優位が、存在において、あるいは事物に関しては、ロゴス・プロポリコス(10)〈顕在的ロゴス〉という形を取って人間に現われるロゴス・エンディアテトス〈潜在的ロゴス〉において形成される、と示すことが問題になっているのである。こうしたわけで、「新しい存在論」(11)は、結局、それが着想を得ていた「存在の思惟」からはかなり距離があることになる。それは単に、新しい存在論が「野生の存在」を白日の下にさらすことをねらっているからだけではない――この「野生の存在」の本質は自然的であり、例外なくあらゆる存在に共通である（全体性に適用できるこの言説の故に、そしてそこで人間が「存在の回付」ないし存在の命運 *Seinsgeschick* の特権的な交渉相手ないし名宛人であることとやめることになるこの言説の故に、われわれは新たな形而上学に陥ってはいないだろうか）――、それだけではなく、〈歴史〉および画期《エポック》の機能がこの自然の存在論にはまるっきり欠けているからでもあるのだ。

しかしながら、人間の言語への関係を記述する仕方（「言語がわれわれを所有するのであって、われわれが言語を所有するのではない[12]」）においてだけでなく、語を前にしての言語の、沈黙への、秘密の〈声〉への、「言葉《パロール》以前の言葉《パロール》[13]」への関係の記述の仕方においても、また別のハイデガーとの近さはないだろうか。すかさず言っておこう。この点はしつこく指摘するが、何となく似ているとしても、両者の位置は、実際はきわめて隔たっているのである。

メルロ＝ポンティの存在論は、ハイデガーの存在論の名残を、人間に対する〈存在〉の優位という統制的図式においてしか持っていないように思われる。メルロ＝ポンティ存在論は、暗黙の内に、この存在論にとって抽象である「存在の空開処 éclaircie」をはねつけて、逆にその「普遍的」身体性を肯定するのである。しかし、普遍的で、さらには非歴史的な「即自的な感じるもの《サンシブル》」は、まさに「純粋な「〜がある《イリヤ》」のような存在[14]」の絶対的具体性の内に位置づけられているのだから、それ自体は抽象的ではないか。

反‐人間中心主義的転回：「即自的な感じるもの《サンシブル》」の存在論へ向けて[15]

ハイデガーにとって、知覚は存在との本源的な関係ではない。客観性という先入見から出発して、知覚を、それ自体は非宇宙的な主観と即自的に実存する対象とを、まったく外的に関係づけることとして考えるのでなければ、ハイデガーがカントについて『形而上学の根本問題』で示したように、一つの物を知覚することは、予めその物が存在しうるということについて、すなわち、純粋な手前存在者 étant-subsistant（例えば自然）の領域であれ、道具的存在者 l'étant-disponible（道具、用具など、広い意味で現存在が意のままにしうるもの）の領域であれ、ともかく物が帰属する領域について理解していることを前提としている。「手前存在者を知覚によって発見するには、手前性であるものがすでに一挙に理解されている必要がある[16]」。「すでに一挙に」（*im vorhinein schon*「すでにあらかじめ」）、ひとつの理解があったのでなければならない。ハイデガーが言うところを正確に言えば、知覚される物に対する手前的物と道具的物との違いについての、先概念的な理解があったのでなければならないのである。なまの事実的な知覚がないだけでなく、さらにあらゆる知覚が前提にしているのは、その意味するもの《シニフィアン》の再回付と共にひとつの世界が、および、世界において出会いうる存在者の存在の与えられ方ないし意味《サンス》が、与えられ理解されることなのである。しかし、いわゆる「知覚の優位」に先立つのは、世界の先概念的把握と存在（ないし存在論的差異の）了解だけではなく、また気分 *Stimmung* もそうである。「気分は、そのつどすでに世界内存在を全体として開示してしまっており、～へとおのれを向けることをまずもって可能にする[17]」。「～へとおのれを向けること」、すなわち、何らかの特有の様式に従う志向性（知覚、想像力、記憶、操作等々）およびその下で姿を現わす存在者は、志向性に対してその存在者を開示する「情状的道具性」によって可能とされる。一般に、「感性的所与」ないし「可感的《サンシブル》印象」は、もし世界内存在が、存在者によって「触れられ」ることの何らかの可能性へと、気分によってすでに開示されているのでなかったらありえない。「実際、われわれは、存在論的観点からすると、原則的に、世界の原初的な暴露を「たんなる気分」にまかせざるをえない[18]」。知覚的なものが存在するためには、原初的な気分によって、また同じく世界との関係や存在了解によって、すでに暴露されているのでなければならない。かくして、知覚は、いかに最初の一瞥から生まれるように思われようとも、おそまきのものであり、派生的なものなのである。

　どの著作においてもハイデガーが示しているのは、視覚や聴覚による知覚においてわれわれに与えられるものは、存在への関係と本質的に結びついており、その関係自身が、見えるものや聞こえるものを前もって規定し先形成し、かくて「諸意味《サンス》の意味《サンス》」を決定する〈歴史〉の画期《エポック》にいつも依存している、ということである。「耳が知覚するものと耳がそれを知覚するやり方とは、すでにわれわれが聞いているものによって特徴付けられ決定されている」[19]。「われわれに訴えかけてくるものはわれわれが照応することによってのみ知覚できるようになる」[20]。別言すれば、知覚はわれわれが知覚するものの意味によって定義されるのであって、その逆ではない。了解、すなわち存在への「照応」の結果である意味の暴露は、視覚と聴覚とに先立ち、それを可能にする。視覚的形式の意義はそれの属する歴史的世界によって与えられている。かくて、ギリシア人は、若い男性像のうちにアポロン神を認めることができたのだ、とハイデガーは言う。

後期メルロ＝ポンティが知覚の優位を相対化したとき、それは感覚《サンス》の優位性のためではなく、感じうるもの《サンシブル》の優位性のためであった。世界の肉は見る身体と見られる物との間に一つの同じ織地《テクスチュール》の厚み、両者が帰属しあう厚みを拡げる。「見る者と物との間にある肉の厚みは、見る者に属するその身体性を構成するのと同様に、物に属するその可視性を構成する」[21]。人間は、物同様に、唯一普遍的な包括者として両者を二つながらに包括する唯一にして同一の肉的〈存在〉の異文《ヴァリアント》となる。人間はもはや中心にはいない。人間は脱中心化される。しかしそれは、ハイデガーのように、意味ないし真理を贈与する存在との関連によってではなく、「身体性ないし可視性一般」[22]として理解された〈存在〉との関連によって、である。こうしたわけで、人間学ではなく存在論が問題になるのである。

見えるものの肉について語る場合、われわれは、人間学をこしらえるつもりはない。つまり、人間的仮面の下では、世界はいかなるものであり得るかという問いを保留しておいて、われわれのあらゆる投影に覆われた世界を記述するつもりはない。反対に、われわれは、肉的存在が、数多くの葉層、数多くの面を具えた奥行きの存在として、また潜在性の存在ならびにある種の不在の現前化として、

〈存在〉の原型であるということ、そして感《サンシブル》じうる感ずるものたる、われわれの身体は、この原型のきわめて注目すべき異文《ヴァリアント》なのである［……］、ということを言いたいのである[23]。

身体は、分析の中心ではなくなり、その分析も「自己の身体」としての身体にもはや依拠しなくなる。そのかわり、身体は一つの隔たり・世界中どこででも作動している差異化の特殊例となる。そして、彼の言うところでは、物に身体と同じ特性を帰するということ、「おのれを見る色彩とか、おのれに触れる表面[24]」であるということ、これは「不条理」である（ミシェル・アンリは普遍的な自己触発の理念においてこの不条理を支持している）。とはいえ、もちろん、即自的な可視性、即自的な可触性がある（「即自的な」によって、明らかに、客観的ではなく、しかし潜在的な仕方でいたるところに現前していることを理解しなければならない）。それは感《サンシブル》じうるものとそのさまざまな局面との自身への関係、ないし感《サンシブル》じうるものと自己との差異によって特徴付けられる、というのである。「［……］私を貫き、私を見るものとして構成している見えるものの自己自身への関係、私が作るのではなくて私を作る（この）円環が、見えるものの見えるものへの（この）巻き付きがある［……］[25]」。身体は、もはや本質的にあるいは独占的に身体には属さない可視性一般の脈絡のない関係が集められている場所なのである。

とはいえ、身体が、下位に位置づけられているわけでもない。身体と肉との間には、相互的で全面的なこの協力、この交換あるいは「交差」あるいはさらに、交差配列《キアスム》の概念によって指示される可逆性《レヴェルシビリテ》がある。交差配列《キアスム》とは、周知のように、二つの語ないし二つの語群を「向かい合わせ」に置き、一つの文の中でシンメトリーを作るという、言葉のあや《フィギュール》である。身体と肉は、多数のシンメトリックなイメージに従って相互に写し合う。それは「ちょうど、二枚の鏡の上に、それぞれが二つの無限の系列を生み出すようなものである。というのも、それぞれの系列が他方の系列の写しにすぎず、それゆえ対をなしているのだが、この対は個々の系列以上に実在的だからである[26]」。奇妙な隠喩的モデルである。というのも、この反射装置の中に、像はどこからやってくるのだろうか。言い換えると、二枚の鏡の中で反射し合う共通の現実は何か、そしてどこにその現実はあるのか。メルロ＝ポンティはもちろん、二つの項のそれぞれは反射するもの‐反射されるものであり、身体は肉の無限に増殖する像であり、肉は身体の無限に増殖する像である、と言いたいのだろう。だが、この像あるいは複製という概念は、それが描こうとしている着想《イデー》がどのくらい非現実的かを、つまり身体‐肉の対の方が二項のそれぞれよりも「一層現実的」であることを、表現し紹介するものとしては、うまくいっていない。いかにして、「それぞれにおける相互内属と絡み合い」は、「交差配列」を可能にするのか。一方の、融合、錯綜、あるいは「絡み合い」、他方の、外的シンメトリー、「交差配列」（これは起草された最後の章「絡み合い‐交差配列」のタイトルである）、この二つのあや《フィギュール》が競合していることから、身体と肉との関係の二つのタイプを合致させることが困難であることが明らかになる。一方には、肉は、形而上学的意味での「実体」ではなく、「〈存在〉の「エレメント[27]」であるのに、同一実体性[28]がある、つまり、根柢的な一元論がある。他方には、「縁組み[29]」だけがある。これは、私の身体から見えるものへの、普遍的な「無人称的なもの」への、距離を置いた参与ということである。しかし、この無人称的なものにまさにこのような「私のもの」ないしこうした類の能動性を付与するのは難しい（実際、わたしの受動性から、肉の内への挿入によって、物の能動性という結論を引き出すこと、「私は事物に眺められているように感ずる[30]」ことは、可能だろうか。私は動物によって「眺められる」ことはあろうが、木や石によってはどうだろうか。これは精神分裂的《サンタンサンシブル》ではなかろうか）。換言すると、交差配列のシンメトリーが問題なのだ。一方に、特殊な感じる感じうるもの、他方に、その「前に」

「感じるもの《サンタン》一般」をもつ「感じうるもの《サンシブル》一般」というシンメトリーが、である。「可感性《サンシビリテ》」の概念の不確定性と多義性とを前提するとしても（植物の光合成をそこに数え入れることができるなら、それは亜原子過程の「可感性」と呼ぶべきであろうか）、普遍的な感じうるもの《サンシブル》の理念を正当化することは比較的簡単で、感じるもの《サンタン》一般の理念は、「〈自然〉一般」の理念を意味しているように思われる。もっとも、「われわれの身体がその諸器官となるような大きな動物は、存在しない(31)」というように、その名も語られず、その原理も拒否されているが。もし、「感じるもの一般」が、感官的間主観性に・人間的間身体性に限定されているならば、同時に、私にも他の人間にも住み込んでいる「無人称の可視性」への呼びかけは、「［……］個体的でありながら、また次元でもあり普遍的でもあるという、肉に属するかの原初的特性による視覚一般(32)」を特に措定することになる。身体が、たとえば、ゲシュタルトを理解し、排除したり包含したり、高低前後に従って自発的に自分の方向を定めたりする等々というような意味で「考える」、つまりシニフィアン的総合を実現するのと同様に、肉が見たり、「考え」たりするとしたら、肉は、普遍的である以上、どこに立ち止まるのか。肉は質料を含むのか、それとも生きているものであることをやめるのか。「感じるもの《サンタン》一般」という概念は、それをとことんつきつめれば、ジェラール・ド・ネルヴァルのような熱狂的なロマン的ピタゴラス主義にまで繋がっていくことになろう。

すべては感じうるもの《サンシブル》である［……］
質料そのものにことばは結びつけられ［……］
そして、生まれつつある眼がその瞼によって覆われるように
純粋なる精神は石の見かけの下で増大する(33)

ところで、質料の内に言葉はなく、それゆえ感じるもの《サンタン》一般もない。というのも、間身体性は、言葉の交換によってしか実現できないし充実した意味もでてこないからである。私が牧草地を見ると同時に他の人もそれを見る場合、その人の緑と私の緑の間に一致があり得るのは、「私がそれについて、その人と話す[34]」という理由からだけだ、とメルロ＝ポンティは言う。

ハイデガーは、言語・世界・時間・〈歴史〉などとしての存在の根柢的な先行性における主体の優位に関して、転倒を行っているが、これはメルロ＝ポンティには不可能である。これをやれば、メルロ＝ポンティにとっては、自然的即自の絶対的な優位を措定することになってしまうが、自然主義は、現象学が要求する一切と矛盾するものだからである。感じうるもの《サンシブル》そのものが「普遍的」であるのは、「知的直観」なるわれわれの有限性という限界から連れ出してくれるものを意のままにできるとした場合だけである。われわれは、即自が感じうるもの《サンシブル》か否かを知る手段を何も持っていないし、「見る者の見えるものへの裂開であり、かつ見えるものの見る者への裂開である[35]」という肉の本質が、われわれの身体性に限られているか否かを知るための手段もまったくないのである。われわれは、この「裂開」、感じるもの《サンタン》と感じられるもの《サンティ》との終りのない内的差異ないし非隠蔽性が、普遍的たりうるかどうか、「私の身体と世界との自然的一般性[36]」があるかどうか、これを知る手段を何も持っていない。人間の剥奪というハイデガー的モデルは、肉の哲学には適用できない。なぜなら、肉の哲学――存在とのアナロジーがないわけではないが、「エレメント」の厚みと「裂開」の差異化的繊細さとの間を揺れ動いている――は、存在として、主導権を持ったり、「運命的回付」を生み出したりはできそうもないからである。運命的回付はそもそも、肉の哲学が非歴史的であるために、必然的に不可能なのである。人間は投企された存在に対して応答することができる。投企された存在は歴史的だからである。だが、投企された存在を包含する年齢を持たない肉に応答することが、どうしてできようか。

「知覚主体」の脱中心化と存在の唯一の名としての「肉」

メルロ＝ポンティにおいては、主観性を根柢的に問うということがない。これは、その形而上学的な諸前提を明るみにだし、それに沿って主体が構築される長い伝統――基体 *hypokeimenon* の実体 *substantia* への変異と実体 *substantia* の主観・主体 *subjectum* への変異に始まる伝統――に対して自身を解明するような、主体の「脱構築」がない、ということである。主体は自明のものと認められており、そしてその歴史的な出所については何も分かっていない。それは単に身体の優位から出発して批判されているだけで、――すでにニーチェとフッサールにもあったのと同じで――客観化的意識・判断・反省の「主知主義的」優位に対抗して、主張されているにすぎない。それゆえ、このような批判は、世界内存在と現存在という新たな概念を導く改鋳ほどには、人間に関する伝統的な概念を完全に改鋳するまでにはなりえない。

主体の脱構築はない、が、そのかわり『知覚の現象学』での主要な発見、特に「一般性」と知覚の無人称性というテーマの徹底化がある。「あらゆる知覚は一般性の雰囲気の中で起こるのであって、匿名のものとしてわれわれに与えられる」(37)（たとえば感覚的質に対する場合、一つの客体に対する主体もひとつの原初的な私のものという性格も無いほどである）。感じるもの《サンタン》と感じられるもの《サンティ》との間のズレや、触れる手と触れられる手との非‐隠蔽についても事情は同じで、それは「世界の肉」の本質的特性を先取りしており、より普遍的には裂開と呼ばれている。根柢化とは、――領域存在論から普遍的存在論への飛躍によって――知覚しつつある身体に関して記述された特性を、〈存在〉として名指される「感じうるもの一般《サンシブル》」

に帰することである。『見えるものと見えないもの』における身体は、可感的《サンシブル》〈存在〉一般のプロトタイプであると同時に、身体がそこへの入り口を本源的に提供するこの〈存在〉の「きわめて注目すべき変形」の原型である。この円環は、『存在と時間』のハイデガーの解釈学的円環〔循環〕と同じことを言っているのであるが、〈存在〉の意味が、メルロ＝ポンティにおいては即自的〈存在〉への入り口を、また、そこから〈存在〉による主体の全体的我有化〔性起〕appropriationを目撃することになるあらゆる観点の観点（何について語るにせよ）への入り口を意味しているという点で、異なっている。実際、主体の諸特性を〈存在〉へと移転ないし移し替えることが問題なのである。「概念、理念、精神、表象といった考えを、諸次元、分節化、水準、蝶番、枢軸、布置といった考えに代えること〔……〕[38]」。この複数の次元は、かつては主体にあてられていたが、今はただ一つの「普遍性としての〈存在〉の次元性[39]」に属している。主な困難は、この〈存在〉の「あらゆる可能的存在の表現[40]」を含むあらゆる次元の次元としての位置づけが、有機的生、知覚、思惟そして言語といったまるで異なる諸次元をひとまとめにしているということにある。考えているものは〈存在〉、つまり肉であってわれわれではない、ということを、どうして認められよう。ハイデガーはこうした困難には出くわさない。なによりもまず、彼は生を存在から排除ないし区別したからであり、〈存在〉が考えるなどと主張しているのではなく、〈存在〉はわれわれに考えるよう呼びかける、と主張しているのである。「われわれに考えるべく与えられているものは、いかなる仕方でであれわれわれによって創設されたものではない[41]」。

逆に、メルロ＝ポンティは、唐突に変な動き方をして、われわれをまったくのアポリアのうちに置き去りにするような脱中心化を行う。この脱中心化された主観性——もはや知覚的綜合の主導権を握ってはおらず、まして言葉や思惟については言うに及ばず、自分自身にも生を与えてはいないという主観性——の本質はまったく考えられていない以上、そう言わざるをえない。一見印象的な「私の心臓を脈打たせるのが私でないように、私をして思惟せしめるのも、私ではない(42)」という表現は、この受動的私の本質についてまったく問うことがないままである。この二つの場合に、問題になっているのは同一の「私」なのだろうか。メルロ＝ポンティが立ち会っている思惟の劇場であると同時に、有機的生の中心であるような主体の存在論的定義とはどのようなものなのか。「肉という思想」（主語を表す属格）に意味を与えるためには、「思惟は、自己の自己に対する見えない接触ではなく、思惟が、自己とのこの親密性の外部で、われわれの内にではなくてわれわれの前で、つねに脱中心的《エクサントリック》に生きている(43)」というように、自己意識としての思惟とは逆の考えを主張するだけでは足りない。われわれの外にかつ前に位置する思惟が、客観的な自動運動とも別なものであることをどのように理解すればよいのか。

「～のはわれわれではない」という表現――人間の全能力を特に一般化する際のスローガンのように頻出する押しつけがましい表現――は、伝統的な人間‐主体が中心に位置づけられていることに対する否認ないし単なる拒否のように思われる。むしろ人間を再考し再定義することが問題だと思うのだが。「知覚するのはわれわれではない。物が、そこで自分を知覚するのである。――語るのはわれわれではない、言葉の底で自分を語っているのは、真理である(44)」。「物がわれわれを所有するのであって、われわれが物を所有するのではない［……］、言語がわれわれを所有するのであって、［……］われわれが言語を所有するのではない［……］、われわれのうちで語るのは存在であって、われわれが存在について語るのではない(45)」。ところでこの「われわれ」とは誰だろう。これは明らかに、別の仕方で〈存在〉‐肉と関連づけられた別の人間、異なる種類の人類《ユマニテ》、である。しかし、このようにして能動と受動を乱暴にひっくり返して示されると、この「われわれ」はマリオネットかおもちゃ、あるいはおもちゃに住み込んだ〈力〉の媒体であるかのようだ。ハイデガーはもちろん、「語ること、それは言語に応答することだ」ということを指摘したけれども、長い分析によって（これはメルロ＝ポンティには見られない）、ある意味で「言語が語る」ことを認めることになっているにせよ、ほとんど「〈存在〉が語る」とは言っておらず、言ったとしても、正確には「あらゆる言語《ラング》を通じて」であって、言葉《パロール》をひそかに恵まれたあらゆる明証に寄りかかった普遍的な可感的《サンシブル》即自としてではない。そのうえ、肉のうちに直接書き込まれ、肉が直接担う言葉は、どうしても機を逸した言葉でしかない。つまり、身体に関するメルロ＝ポンティの周知の表現を使えば、感じるものの「準‐永遠性」についてしか語れない「自然的言語」であろう。これでは、即自〈存在〉の即自〈言葉《パロール》〉ではないか。ところで、ハイデガーはこれについて次のように勧告している。「運命を持たず非歴史的で、即自的に与えられている自然的人間の言語というような意味での自然言語など存在しない。すべて言葉は歴史的なのである[46]」。「われわれのうちで語る」ものはおそらく、自然的な基底に人知れず沈んでいるのである、しかしそこから――その歴史の明確な一瞬間に――人々の言語のうちに現われ出て以来、それは時代を画し、非時間性から逃れ、自然の永遠の反復から逃れるひとつの出来事となるのである。

ハイデガーの表現では考えられないもの、それは、常に歴史的かつ言語的な世界の接合ないし同一性という観点、そして年齢を持たず原理上沈黙した生という点である。これが肉の超越論的であると同時に経験的な統一性によって要請されるのである。

> われわれの内にわれわれが再発見するがままの世界への開けと、生の内部にうかがい見られる知覚（自発的な存在（物）であると同時に自己‐存在（「主体」）であるような知覚［……］）、この両者は、互いに絡み合い、蚕食しあい、結びつきあっている[47]。

このような「主体」は、自然と生に関するカント以後の形而上学（ショーペンハウアーやシェリング、ベルクソンが、ここかしこで「自発的であると同時に反省的な意識(48)」の理念《イデー》について賞賛されながら引用されている）に近いものではないだろうか。その近さは、「森の暗さ」と区別されるものとしての存在の「空開処 clairière」というハイデガーによる慎重な限定よりはるかに近いように思われる。感じうるもの《サンシブル》一般は、〈存在〉として指示されうる。というのは、それはあらゆる位置とあらゆる実定性《ポジティビテ》を逃れ、常に曖昧で包括的なままで、対‐置とはまったく反対だからである。しかし、もし「われわれのうちで語るのは存在である」ことと、すべての表現は「存在全体へ向かう」あるいはそこから戻ってくる「〈言葉《パロール》〉の運動の軌跡(49)」でしかないということが本当だとしたら、「沈黙のうちで明証的であることの、ほのめかされることの、この可能性(50)」として、と同時に言語ないしその起源の中枢そのものとして、感じうるもの《サンシブル》一般が定義されうるのはいかにしてか。なるほど、言語が見えないものに属しており(51)、「見えるものは見えないもののプレグナンツである(52)」とする限りではそうかもしれない。けれども、しかし、そのときには、沈黙と言語の差異が見えるものと見えないものとの差異に合致する場合に、肉そのものが、表面上、乗り越えがたい差異によって住まわれており、肉が感じるもの《サンタン》と感じられるもの《サンティ》との沈黙した差異として考えられる裂開とは、おそらくまったく異なる空隙を開くことを、認めなくてはならないのではないか？

　メルロ＝ポンティを存在論へと導く運動は、まずはこれらの差異を認識し、それらが完了しえず揺れ動く交差配列、つまり一方が他方によって実際に覆われることのない（たとえば、見えるもの‐見えないもの、沈黙‐言語、見るもの‐見えるもの、触れるもの‐触れられるもの、身体‐精神、自然‐文化などの）ような交差配列に従って、相互に移行することを示すことにあり、次に、肉を唯一の「〜がある《イリヤ》」として呈示することにある。そこでは、交差配列の二つの面の間に「欠けている」相互性の関係が、閉じられ「成就される」という。「本質的なものは、ぶれにおいて反省されるものであり、そこでは、触れるものが常に触れうるものとして自らをまさに把捉しようとしているが、この把握を欠き、ただ「～がある《イリヤ》」においてのみ、これを成就する」(53)。

メルロ＝ポンティの「～がある《イリヤ》」や「野生の〈存在〉」は結局、生の形而上学を再興できない。なぜなら、ぶれ、不完全性、両義性、自然‐文化の「多形性」(54)、交差配列の完遂不能性、他者や自己の次第に薄れゆくも持続的な指標といったものは、それに固有なものだからである。しかしながら、それはハイデガーの「～がある《イリヤ》」とは根本的に区別される。アリストテレスの言葉を復唱してハイデガーが「存在はさまざまな仕方で語られる」と言っているように、同時に、時間・世界・真理・〈歴史〉・言語としてあるのであってみれば、多形性ではなく多名性ないし超越論的多義性が、存在には帰属するのである。これらの名はいずれも、独占的に「ある」にふさわしいわけではない。例えば、時間はもっぱら存在の「ファースト・ネーム」であり、存在に最も近い名前である。「存在は人間に固有のものであり、人間は存在に固有のものである」というハイデガーの交差配列は、成就できない――存在においてすら。これに対して、メルロ＝ポンティにあっては、〈存在〉は固有の名を持つ、つまり〈肉〉である。〈肉〉において、たえず「ぶれのうちにある」多形的な諸差異は、形而上学的な固定化を存在的な実体性と結びつけることを禁じている。しかし、この肉を自己と合致しない運動性そのものにおいて記述するためには、その〈肉〉において「作動している」諸差異の項のうちの一つが最も適切なもの〔我有化されたもの approprié〕としてそのつど現われることになる。肉は沈黙であり、この沈黙は、言葉《パロール》が沈黙を切り裂いた後、常に新たに言葉を「取り囲む」のである(55)(「沈黙‐深淵」*Sigê* l'abîme)(56)。肉は散乱した普遍的可視性である。肉は、「～するのは私ではない」と言わしめるこの生ける自発性である。多様な感覚世界相互では交流できず、それぞれ

の間に「唯一の〈存在〉」を形成するにもかかわらず、それを交流させるのは、間違いなく肉である。(57)

しかし、〈肉〉は「世界の」肉である。メルロ＝ポンティは世界という言葉で何を理解しているのだろうか。時代的《エポカル》な意味での世界ではないからには、道具の世界であるはずの「文化的世界」よりも「自然的世界」の方をより考えていたのではないか。あるいは、これはまたしても、その二つの世界の交差配列《キアスム》に不可欠の両義性だろうか。

肉と世界との間の諸差異と目立たない差異

もしメルロ＝ポンティにとって「世界」は、人間的であると同時に生命的であるという両義性を、社会的なものと有機的なものの絡み合いを意味するならば、また世界が人間相互の、また同時に人間と〈存在〉との間のこの「接合する織地(58)」であるならば、そして世界が「あらゆる構造がそれで作られる共通の生地(59)」あるいはまた「われわれがそれで作られている共通の織地(60)」を意味するならば、ハイデガーにとっては受け入れがたいこの混合物においてこそ、ハイデガーとの隔たりが最も大きくなるだろう。達成されないにせよ、自然的世界と文化的世界の間に可逆性の可能性があること自体、ハイデガーからすれば全面的に排除されている。これが言えるのは、この可能性がハイデガーのパースペクティヴのうちに、たとえ生の優位を認めなくとも、自己完結的な手前存在者の措定をもたらすから、つまり、ここで客観的に言えば、時間・言語・人間性等々としての存在と、われわれには曖昧で不可解なままである生の存在とが同一となるところ、十全な意味で人間的でしかありえないような世界と、現存在の世界とのアナロジーによってのみ近づくことのできる「動物の世界」・「貧しい」世界とが同一となるところ、これをもたらすことになるからである。

自己の身体の両義性は、「主体として振る舞うひとつの生けるもの」の両義性であった。「世界の肉」の両義性も同じだろうか。これは、肉が主体として振る舞うことを意味することになり、肉を危険なほどに絶対的主体ないし可感的《サンシブル》な〈神〉に近づけることになるだろう。同様に、メルロ＝ポンティは肉に、すでに見たように、途方もない自己触発を認めることをためらっている。「世界の肉は私の肉のように自身を感覚することはない。それは可感的《サンシブル》であるが感ずる《サンタン》ものではない［……］」(61)。しかしこの場合、肉が何も感じ取ることがなくまったく「作動」しないとしたら、また肉が私の身体よりも少ない属性しか持たないとしたら、どうして肉を母胎だの普遍的「媒質《ミリュー》」だの「原基《エレメント》」だのと認めることができるのだろうか。世界の肉が私の肉よりもはるかに貧しいとしたら、いかにして「私の身体は世界と同じ肉でできている」ということを主張するのだろうか。この存在論の創始者が身をさらしていながら自分では気付いていない苦境は、メルロ＝ポンティが、肉の経験を普遍的なものとする一方で、「私の」肉の、たとえば裂開のような本質的属性が、感じうるもの《サンシブル》の一般と結びつけられうるのだ、としていることから生じている。優勝的で宇宙的な知覚者という理念――そしてそれによる世界の唯一の実体、つまり「エラン・ヴィタル」あるいは「持続」との一致《コミュニオン》という理念――は、ベルクソンにとって意味があるにせよ、その理念はあまりに反現象学的であるから、メルロ＝ポンティはそれを放棄してしかるべきであろう。ところが、もし肉が「感じない感じうるもの《サンシブル》」であるなら、自分の内に裂開の構造を持つことはできず、同時に〈存在〉の一般性をもたなくなることになる。メルロ＝ポンティはいわば、ただ「知覚されている」のと同じ水準で肉の原理的普遍性を取り戻そうと試みているのである。

世界の肉とは、見られた〈存在〉である、すなわち、優勝的に知覚される一つの〈存在〉であり、この世界の肉によって知覚することが理解できる［……］[62]。

肉の「～がある《イリヤ》」は、「即自的な自己同一的な、闇夜の中の〈存在〉」ではなく、おのれの否定をも、つまりおのれの知覚されることをもまた含むところの〈存在〉[63]」である。しかし、知覚された‐存在を、自分自身の内的な否定としての肉に、あるいは「おのれの否定をも含む〈存在〉」である〈存在〉の主要特性の一つとしての肉に認めるのは不当ではないか。次のような二者択一ないしアンチノミーに逢着することになると思われる。一方で、肉はそれ固有の裂開を持ち、世界のモデルおよび世界を構成する諸差異のモデルを内包しているが、ただしこの場合、肉は幻想的な実体のうちでか、あるいは存在者の全体性として理解される世界の基体のうちで、自らを実体化することになる。他方で、裂開は肉にではなく世界にのみ帰属し、この世界のみが、両義性としてその世界を構成している諸差異を暴露するが、ただしこの場合、表明的に遂行される存在論的な企てとはうらはらに、世界は肉から離れていくことになる。いずれにせよ、メルロ＝ポンティの意味での世界は、きわめて差異に富んでおり、肉ではなく、〈存在〉と名付けられるべきだったのではないか。

しかしながら、感じる能力と裂開は、肉に拒まれているどころか、あまりにも多く与えられている。例えば、「肉は［……］感じられるものであり、かつ感覚するものであるという二重の意味において、感じうるもの《サンシブル》である[64]」——「肉は［……］見るものの見えるものへの裂開であり、かつ見えるものの見るものへの裂開である[65]」。触れる‐触れられること、「思惟‐言語の含み合い」を伴う知覚すること‐動くことについてなら、「肉はこのサイクルの全体なのだ［……］[66]」。それゆえ、肉というバイアスによって特定の諸事物に与えられている見るという活動と触れるという活動について、次の奇妙で幻想的な命題が示されることになる。「私は事物に眺められているように感ずる［……］(67)」、あるいはもっと奇妙な命題、「物は、私が物に触れ［、私自身に触れ］るのと同様に、私に触れる。私の肉から区別されている――世界の肉、つまり外部と内部とにおける二重の書き入れ(68)」。私が、総合等を果たしながら事物に触れるのとまったく同じように、事物は私に触れるのだ、と言うべきだろうか。「無機的対象」のロマンティックな「魂」へと再び戻ることになってしまうではないか。いずれにせよこのことは、内側と外側との関係が、単に自己の身体の面には実在しないだけでなく、それに対して内面性が与えられているところの肉の面にも「絶対に」実在しない、ということを意味している。知覚する身体の超越性から事物への移転は、夢想的なままである。「感性的《サンシブル》な物そのものが、ある超越に担われている(69)」。たしかに、ハイデガーにおいて、道具的事物は道具性を目指すものという固有の超越を持っていたけれども、これは諸事物を構成する世界の合目的性であって、逆ではない。メルロ＝ポンティにおいては、「諸事物は［……］世界である(70)」。

　肉の、感覚し作動し構造化するという性格は、明らかに中心テーゼである。これは一貫してはいるけれども、存在論をほとんど自然主義的なものに修正するという代償を払うことになる。というのも、肉は感じるものではないという反対の観点には、ほとんど言及されることがなく、言及されるとしてもおそらく、単に言い方を和らげるものとして程度なのである。たとえば、メルロ＝ポンティが「～がある《イリヤ》」は「即自」ではないことを強調する一方で、ある意味でそれは、はっきり言えば *expressis verbis* 非客観的な即自のようなものであるとするときのように。しかしながら、もし肉がそれ自身は世界のうちに、また事物と事物固有の地平の差異のような内世界的諸差異のうちに、組み入れられていないのならば、肉は生の事実性、つまり脈絡がなく、組織化されてもいないなまの事実性――したがってこれに対して「なまの存在」

の名はあまりにも適切すぎることになる――に従属していただろうと思う。たとえば、「見えないものは、見えるものの見えないものである(71)」という何度も繰り返される表現がそのことを信じさせうるにしても、肉はいささかも見える世界の乗り越えがたい潜在性(ハイデガー的な存在のように、本質的に隠されており、暫定的にではなく視野の外にあるその局面)ではない。見えるものは、客観的に与えられる実定性《ポジティヴィテ》ではない以上、見えないものはその逆ではありえない。見えないものの四つの意味は、たしかに、肉というより世界の諸次元であり、その存在は見える‐見えないの差異を貫いている、というのも肉は、可視性たる限りで、見えるものであり、かつ見えるものの「予備」だからである。

「見えないものとは：

(1)今のところ見えるものではないが、見えるものでありうるもの[……]」

[この局面は、事物の隠された諸側面としては存在的である、と同時に、知覚にとって、隠されていることが必要であるかぎりにおいて、存在論的である――しかし、この暫定的に隠されていることは、メルロ=ポンティが「知覚された世界の暗示的な論理」と呼ぶものによって明らかにしたことと関連している。この世界への回付は、見えないものの諸局面すべてに対して暗黙のものである]。

「(2)見えるものに関係するものでありながら、それにもかかわらず、物として見ようとしても見られえないであろうようなもの(見えるものの実存諸範疇、その諸次元、その非形象的骨組み)。」

［ハイデガーの用語に由来する「見えるものの実存諸範疇」なるこの奇妙な表現は、知覚の構造を示しているのだろう。この構造は、見えるものと、さまざまな感官の所与ないし運動感覚的な諸印象を調整する身体図式が組むものであり、これらすべてが事物の世界、つまり現出の可能的な諸様式の整合的な地平を生じさせるのである。］

「(3)触覚的ないし運動感覚的にしか実在しないもの。」

［ここでは逆に、整合的な見える世界が他の世界を暗示している。触れる世界、運動の世界、例えば『知覚の現象学』二五六―二五七ページで、コンサートホールの空間とは異なる音楽の見えざる空間に関して記述されたような音響的世界などである。］

「(4)語られたこと *lekta*、コギト。[72]」

［見えないもののこの奇妙な下位カテゴリーは、哲学の概念的世界へと回付する。語られたこととは、ストア派の言う超感覚的《アンコルポレル》なものである。コギト：どの点で、語られたこととコギトはあらゆる見えるものの見えないものなのだろうか。これはちょっと支持できない――なぜ「思惟」あるいは「言語」と言わないのか。］

本質的に、肉はいささかも見えないものではないのではないだろうか。というのも、肉は〈見えるもの〉、〈触れうるもの〉なのである。そのかぎりで、肉は、肉に意味を与える世界にそのつど属しているのではないだろうか。肉はいささかも脱去ないし隠蔽 *verborgen* されてはおらず、したがって、世界よりも「存在論的」でない。感じうるもの《サンシブル》が〈存在〉として名指されるにふさわしくなるために不足しているもの、それは、世界を創設し、漠然とした厚み以外の他の事物を導入する能力、すなわち、真に普遍的で次元的な能動的感官《サンス》ではないだろうか――たとえ、視覚や聴覚のような、全体的ではなく部分的な普遍性が問題だとしても、である。肉は、われわれの見るところでは、確かにエレメント的であるが、さらにまた基礎的《エレマンテール》でもあるのである。

後期メルロ＝ポンティが存在の思惟とその思惟による主観性の乗り越えに魅了されてしまったことに疑問の余地はない。その存在論が少なくとも部分的に形而上学に再び陥っていること――伝統を十分に脱構築していないこと（「普遍的存在」を存在者として考えなかった形而上学はない）――、これは明白であろう。というのも、メルロ＝ポンティは、たとえば「なまのあるいは野生の〈存在〉（＝知覚された世界）」[73]と書いているように、〈存在〉を唯一の存在的次元と名付けることで実体化し普遍化しているからである。普遍化可能であるためには、知覚された世界は、形而上学的にすら、あらゆる次元を含んでいるべきではないのだろうか。ところで、知覚される世界は〈歴史〉も〈言葉〉も持たないということは明白である。感じうるもの《サンシブル》の普遍性は、したがって形而上学的抽象となる。古代的な「世界霊魂」を転倒することで、肉は世界の身体を構成し、そしてこの身体は、この世界を決定すると見なされ、一方、この世界は身体に意味《サンス》とあや《フィギュール》を与えるのである。

「世界の肉」という概念は、これを作っている二つの語が、一方は自律的な現実存在を持ち他方は持たず、一方は本質的な同一性を持ち他方は持たない、という限りにおいて、さらなる困難を含んではいないだろうか。その二つは、分析の必要上の理由でのみ分離されるのだろうか。「感じうるもの《サンシブル》一般」は、「世界」なしでは意義を持たず、一方、存在論は、世界を本源的かつ普遍的な一つの次元として措定することによって、世界を準‐世界ないし前世界にしてしまうように思われる。肉と世界との間以外に可能な裂開はあり得ないのだろうか。たとえば、ハイデガーにおいては、「大地」と「世界」との間に、同位関係があると同時に相容れない差異があるのだ。しかしそのためには、葛藤や闘争の原理という、メルロ＝ポンティの哲学にはまったく欠けているものを導入しなくてはなるまい。「野生の存在」のうちに、本当に野生があるのだろうか。客観主義と上空飛行的思惟の批判は、柔らかくフェルトのような平和神学的様態の上で展開されている。メルロ＝ポンティの、彼なりの〈大地〉の理念としての肉は、異質なものでも野蛮なものでもない。「〈大地〉は、われわれの時間ならびにわれわれの空間の母胎である。時間に関して構築されたすべての概念は、唯一の世界に共現前する肉的存在たるわれわれの原歴史を前提している」[74]。しばしば自然哲学に触れるにせよ、肉の思想は、怪しげで無尽蔵の力や、自分自身への開けと閉鎖という矛盾した能力を、肉――常に母性的なものとして、ほとんど家庭的なものとして語られる――のうちに見出すことがない。ハイデガーは次のように書いている。「〈大地〉は、そこにある無に帰するものの、倦むことも疲れることも知らない流入である」（世界の逆の要請によって）。「〈大地〉はすべてを担うものとして、恒常的な閉鎖という立場のうちに自らの身を引くものとして、現われる[75]」。肉はこの過剰のうちにも与えられないし、この拒絶をもってしても与えられない。

　存在論というものは、贈与の抑制も過剰もなしで済ませることができるのだろうか。極端さもなく留保もなく否定性もない、肉の「～がある《イリヤ》」――「エレメント」「母胎」「主観客観を構成する場[76]」は、うまく整えられた「襞」としての「私があてにするうまく結合されたシステム[77]」としての裂開を担うものであるが、それは「カオスではなく、自己へと立ち返り自己自身に適合する織地」[78]であり、それゆえ、完璧に調和のとれた、透明なものである――は、きわめて安楽な無の忘却の上にうち立てられてはいないだろうか。メルロ＝ポンティの無は、まるまるとして人をとても安心させるような表情《フィギュール》をしている。「否定的なもの、無、これは二重にされたもの、身体の二つの葉層、互いに分節化された内部と外部――無、これはむしろ諸々の同一のものの差異である」[79]。身体の、あるいは仮説的には肉の非‐合致は、おそらく、哲学の全歴史の中でも最も軽やかで最も恐ろしくない無の表情なのである。

注

(1) *Le visible et l'invisible*（以下 *VI* とする), p. 223.
(2) *Ibid.*, p. 300.
(3) *Ibid.*, p. 319 (cf. aussi p. 280).
(4) *VI*, p. 267.
(5) *Ibid.*, p. 302.
(6) *Phénoménologie de la perception*, Avant-propos, p. XI.
(7) *Ibid.*, p. 485.
(8) *Ibid.*, p. 489.〔訳注――アールの引用には〔～〕の部分が脱落している。〕
(9) *VI*, p. 283.
(10) *Ibid.*, p. 222 et 233.
(11) *Ibid.*, p. 222.
(12) *Ibid.*, p. 247.
(13) *Ibid.*, p. 255.

(14) *VI*, p. 259.
(15) *Ibid.*, p. 183.
(16) *Les problèmes fondamentaux de la phénoménologie*, trad. franç. p. 96, Gallimard (all. p. 99).
(17) *Sein und Zeit*, § 29, p. 137.
(18) *Ibid.*, p. 138.
(19) *Le principe de raison*, p. 124-125.
(20) *Ibid.*
(21) *VI*, p. 178.
(22) *Ibid.*, p. 195.
(23) *Ibid.*, p. 179.
(24) *Ibid.*, p. 178.
(25) *Ibid.*, p. 185. 〔訳注――「この」に付された（ ）はアールによるもの。〕
(26) *Ibid.*, p. 183.
(27) *Ibid.*, p. 184.
(28) 〔訳注――キリスト教の三位一体説におけるペルソナの実体の一性と同一性を示す神学用語。〕
(29) *Ibid.*, p. 182.
(30) *Ibid.*, p. 183.
(31) *Ibid.*, p. 187.
(32) *Ibid.*, p. 187-188.
(33) Nerval, *Ver dorés*, in *Œuvres complètes I*, Gallimard, «Pléiade», p. 39.
(34) *VI*, p. 187.
(35) *Ibid.*, p. 201.
(36) *Ibid.*, p. 200.

(37) *Phénoménologie de la perception*, p. 249.
(38) *VI.*, p. 271〔訳注――p. 277 の間違い〕
(39) *Ibid.*, p. 311.
(40) *Ibid.*, p. 271.
(41) *Qu'appelle-t-on penser?*, PUF, p. 24.
(42) *VI.*, p. 275（強調は引用者）
(43) *Ibid.*, p. 287.
(44) *Ibid.*, p. 239.
(45) *Ibid.*, p. 247.
(46) *Acheminement vers la parole*, p. 253（Gallimard, 訳文変更）.
(47) *VI.*, p. 247.
(48) *Ibid.*
(49) *Ibid.*, p. 265.
(50) *Ibid.*, p. 267.
(51) *Ibid.*, p. 311.
(52) *Ibid.*, p. 269.
(53) *Ibid.*, p. 313.
(54) *Ibid.*, p. 307.
(55) *Ibid.*, p. 230, 233.
(56) *Ibid.*, p. 233.
(57) *Ibid.*, p. 271.
(58) *Ibid.*, p. 228.
(59) *Ibid.*, p. 253.

(60) *Ibid.*, p. 257.
(61) *Ibid.*, p. 304.
(62) *Ibid.*
(63) *Ibid.*
(64) *Ibid.*, p. 313.
(65) *Ibid.*, «L'entrelacs-le chiasme», p. 201.
(66) *Ibid.*, Notes, p. 313.
(67) *VI*, *loc. cit.*, p. 183.
(68) *Ibid.*, Notes, p. 315.〔訳注――アールは〔～〕の部分を明示せずに省略している。〕
(69) *Ibid.*, p. 314.
(70) *Ibid.*, p. 271.
(71) *Ibid.*, p. 300.〔訳注――ここには、この引用そのものの形での文章は見あたらない。〕; cf.p. 269:「見えるものは見えないもののプレグナンツである。」
(72) *Ibid.*, Notes, p. 310-311.
(73) *Ibid.*, p. 223.〔訳注――おそらくp. 222の間違い。ただし、（＝知覚された世界）はアールの挿入。〕
(74) *Signes*, p. 227.
(75) *Chemins, trad. franç. modifiée, Gallimard*, «Tel», p. 49, 70.
(76) *VI*, p. 193.
(77) *Ibid.*, p. 192.
(78) *Ibid.*
(79) *Ibid.*, Notes, p. 316.

バーナード・フリン

メルロ゠ポンティと懐疑論の哲学的立場[1]

本稿で示そうとする内容を、まず手短に述べておきたい。ヒュームの懐疑論は意識の表象理論の到達点であるという見解が、従来しばしば主張された。ヒュームに対してカントとフッサールは、ともにイギリス哲学の懐疑論的結論を乗り越えんとする哲学的立場を採用した。しかしメルロ゠ポンティは、彼ら二人がわれわれに賠償すると思われる損害額よりずっと負担の重い、代金支払いを覚悟したうえで、懐疑論からわれわれを守るとみなされるこの二人の哲学者を、いくつかの面で徹底的に批判する。メルロ゠ポンティが覚悟した重い代金とは、〈存在〉に対する我々の関係である。私はメルロ゠ポンティの思想のこの局面を探り、現象学的観念論と超越論的反省とに対するメルロ゠ポンティの批判において、懐疑論に対するメルロ゠ポンティの立場はどのようなものであるかを問うてみたい。

一般に哲学における立場を云々する場合、この言葉は、肯定ないし否定される諸命題を指示する分かりやすい比喩として理解されている。私は、立場というこの概念を、もっと深い意味で考えた方がよいと思う。つまり、弁護されるか拒絶されるかする理論ではなく、そこに身を置くことができるか否かの何かしらのものとして、考えたいのだ。私がここで採る手続きは、ミシェル・フーコーがデカルトの『省察』を読んだ時のそれに似ている。彼は、論理的かつ思弁的な仕方で結合された、諸命題の体系としてのテキストの次元――主体を含まない次元――と、主体の立場を創造または排除するテキストの働きの諸相とを、区別している。例えば、私はおそらく狂気であるという仮説は、たちまち払いのけられてしまうものの、そのまま行けば、『省察』が実行される際の立場を失効させてしまうはずである。たとえハイデガーに従って、古代ギリシアの懐疑論と表象の問題系に基礎を置く近代型の懐疑論とを区別するとしても、懐疑論が哲学そのものと同じように古くからあるということに変わりはない。現実に、近代民主主義の大衆文化にあって、懐疑的相対主義はほとんど認識論上の通貨となっている。

経験について一人称の反省から開始する哲学にとって、懐疑論の可能性はごく特別な緊急性を持つ問題として課せられる。デカルトは、もっぱら神の誠実という迂回路のおかげで、表象の場として解された思惟の独我論から逃れる。アロン・ギュルヴィッチによれば、「ヒュームは神なしのデカルトである」。この指摘は確かに目を開かせてくれるが、ヒュームの立場の複雑さを説明するには十分でない。しばらくヒュームと懐疑論の問題に時間をさくことをお許しいただきたい。ヒュームに関する二次文献を見ると、ヒュームの懐疑論の広がりについて最近おおいに議論されているのが分かる。従来、ヒュームは誰にもまして懐疑論者とみなされているのだから、この論争は奇妙に映るかもしれない。彼は、因果性、外界の存在、(時間における私の同一性を含む)対象の永続性を信ずることの合理性に反対する、数々の議論を提出した。しかし、立場という概念に関して私が提案した区別をここで持ち出せば、ヒュームは、どのような主体であれ、それが因果性や外界を合理的に正当化できるできないにかかわらず、因果性や外界を信じないなどということは不可能であると断じてもいるのが分かる。因果性に対するわれわれの信を正当化する思弁的議論というものは一切存在しないにもかかわらず、「恒常的結合」によって「確立」されたものを信じないわけには正直な話行かないのである。言い換えれば、事実科学と日常生活とにおける「第一原理」

の根本は、その原理を信じないことまたは反対に反対を信じることが、われわれには心理的にできないということである。ヒュームはフッサールのいう「心理主義」によって、人を麻痺させる絶対的懐疑主義を免れたのである。

フッサールにとって、事は正反対である。心理主義は懐疑論からわれわれを免れさせるどころか、その原因である。おそらく二十世紀の他のいかなる哲学者も、フッサールほどに懐疑的相対主義の亡霊に心を砕き、懐疑的相対主義を警戒した者はなかったが、それは単に認識論上の理由によるのではない。後期フッサールの論述が示すように、彼が果てしない事業とまで考えて擁護した客観性に向かって進撃する仕事のなかに、道徳的で政治的な次元が存在するであろう。フッサールが恐れた最悪の予想は、アメリカの大学ならびに最近の司法過程において今日現実化している。そこでは、客観性擁護の主張は、権力の全き肯定、または、集団のアイデンティティの全き肯定を正当化するために、早々と拒絶されてしまっているのである。

心理主義批判はフッサール全作品のライトモチーフである。初期の作品で、論理法則を心理学によって基礎付ける試みを攻撃している。要するに、彼はこの立場を、その帰結に関してと同時に、理想科学の本性に関するその誤った考え方に関して、攻撃していると言ってよいであろう。第一に、心理主義的還元は論理法則の相対化へと行きついてしまう。もし無矛盾の法則が或る経験的な種——人間——の持つ、信じるか信じないかという能力の経験的一般化でしかないならば、無矛盾法則の妥当性は、そうした一般化の一例なのだから、蓋然的であるに過ぎなくなる。こんな結論は馬鹿げているとフッサールは考える。第二に、心理主義的還元は、論理の内容を誤解している。論理というものは、矛盾する諸命題を信じるか信じないかという心理的な能力とは一切無関係である。論理は、フッサールが以前示したように、数学が数に関わり、計算の心理学に関わらないのと同様に、命題を相互に結合する理念的関係に関わるのである。一九一〇年の論文『厳密な学としての哲学』でフッサールは、心理主義批判をあらゆる形態の自然主義に拡張した。彼は自然主義を、「意識の志向的内在のあらゆる所与の自然化を含めた、意識の自然化であり、他方、諸観念と、したがってあらゆる理念的なものと、あらゆる絶対的規範との、自然化」と定義している。自然主義は意識を自然の一部とみなすが、フッサールは一般に、自然は意識の志向作用の相関者であると考えている。彼の考えでは、意識の自然化は、現象学のある種の誤った解釈、つまり現象学を内省心理学とみなす解釈としての、懐疑的相対主義へと導く。(2)

現象学者の与える記述がその経験に忠実であるとすれば、どのような根拠に基づいて、その記述は個人の気質に固有な真理性以上のものを要求できるのだろうか。その記述はいかにして普遍性を主張できるのか。『デカルト的省察』の冒頭でフッサールは、「哲学――智慧――はいわば哲学者の個人的な営為である」と言っている。しかし哲学は「一人の哲学者のまったく私的な営為」であるはずがない。(3)彼にとっては、自由変容とそれに伴う本質直観の技法こそ、現象学的記述を個人気質的な省察の境位から解放し、普遍性への要求を正当化するのである。

懐疑論というわれわれの問題系において、メルロ＝ポンティをもっと明晰に位置付けるために、フッサールにおける自由変容の実践とそれについてのメルロ＝ポンティの批判をしばらく考えてみよう。『デカルト的省察』第三十四節で、フッサールはこう書いている。「われわれは、言わば現実的知覚を非現実的なものの領域――〝まるで〜のように〟の領域に移行させる。この領域は、何であれ一切の事実に可能性を結び付けるようなすべてのものを含まない純粋な可能性をわれわれに与える。(4)」したがって、客観的な現実的知覚、例えばテーブルは、可能的知覚の一例に変形される。もし私が自分の現実的知覚について、

「この知覚は継起するその側面によって、継起するそのプロフィルによって、私に現われる」と言うとすれば、この言明は、そこにあるこのテーブルに対して妥当する。しかし、もし自由変容によって知覚対象が家または椅子に変形されるならば、私は知覚されている対象の知覚性格がテーブル知覚の特殊性でなく、反対に、あらゆる可能的知覚対象の本質性格であることに気づく。「知覚の一般的タイプは、こうして理念的純粋性において解明される。かくして、そのタイプは、事実に対するあらゆる関係を奪われて、知覚のエイドス〔形相〕となる。エイドスの「理念的」広がりは、純粋に想像上のものとして、理念的に可能なすべての概念を包含している。[5]」フッサールにおけるノエシスとノエマの相関のおかげで、知覚のリアルな対象が、エイドスすなわち「理念的な純粋性において闡明される」知覚対象の可能的一例へと変形される時に、知覚主体であるエゴは、そのこと自体によって、エイドスとしてのエゴへと変形される。「純粋な形相のタイプに関わるとき、われわれはもはや経験的エゴの前にでなく、エイドスとしてのエゴの前に立っている。言い換えると、純粋な諸可能性の中から一つのリアルに純粋な可能性を構成するということは、地平として、可能的——純粋可能性という意味での——エゴを、経験的な私のエゴの純粋変容態を、私に対して、含意する。[6]」想像的変容という想像力の作用によって、対象は純粋可能性の一例へと変形され、同様に、経験的エゴは、純粋に可能的なエゴの一例へと、変形される。哲学者の「個人的営為」は、普遍性へと向かうがゆえに、単に私的な営為でなくなることに成功するのである。

　では、メルロ゠ポンティと自由変容に関する彼の反省とに、向かうことにしよう。メルロ゠ポンティの考えでは、自由変容の過程において、所与の偶然性は、所与の現われの可能性の必然的構造によって支えられているものとして把握しなおされる。運動は偶然性から必然性へと向かう。疑いと懐疑論は、偶然性に解きがたく結び付けられているので、疑いから確実性へとわれわれは移行する。メルロ゠ポンティにとって、自由変容は「経験の事実性を経験から不純物を剝ぎ取るように剝ぎ取る、経験に対する経験の仕事」である。(7) この仕事は「不可能な仕事」であると彼は断定する。この仕事は、肯定的存在として本質を発見できると信じ、偶然的所与を基礎づけかつ支える肯定性の第二の次元として本質の領域を発見できると信じる限り、不可能である。しかしメルロ＝ポンティは経験を明晰化する方法としては自由変容を見捨てない。むしろ、偶然的所与から独立したものとして、可知的構造を発見しようとする主張をこそ、彼は問題視するのである。自由変容は、経験とその偶然性の領野から絶対的に離反できる主体を仮定するのだから、「秘密も潜在も持たない目撃者そのもの」(8) ——自分自身の出現と同じ広がりを持つ主体——を要求する。メルロ＝ポンティはこう書いている。

「本質と観念の揺るぎなさの下に、経験の組織、時間のこの肉がある。それだから、私は存在の堅い核にまで突きぬけたという確信が持てないのである。領野を捉え、現実的なものから可能的なものを解放するという私の明白な力は、光景が含むすべての意味を支配し、現実的なものを可能的なものの単なる変容と化すまでには至らない。反対に諸々の世界と諸々の可能存在の方が、現実世界と現実〈存在〉の変容態であり、言わば写しなのである。(9)」

私には、領野を捉え、顕在的なものから潜在的なものへと移行する力はあるが、現実的なものを可能的なものの変容態または一例に変形して、循環を閉じてしまう力はない。フッサールにとって、形相的還元と現象学的還元は、きわめて緊密な仕方で結合されている。われわれはただ、メルロ＝ポンティにとって、エポケーの完遂を禁ずる諸々の理由は、同じく自由変容の技法による本質認識を排除することにもなるということ、つまり世界の「〜がある《イリヤ》」（il y a）と自然との中にわれわれが偶然に差し込まれてあることは還元不可能であるということを、強調しておきたい。

われわれは、他に二つ根本的な点を挙げることができる。つまり、メルロ＝ポンティから見れば、哲学的企てでは〈存在〉の次元への内属から主体が解放されることを要求するであろうが、〈存在〉の次元への主体の内属は、それが還元不可能であるがゆえに、そうした企てを阻むことになるということ、このことを哲学的企てについての批判的反省は示そうとしているのである。『知覚の現象学』においてメルロ＝ポンティは、現象学的還元の真理は、現象学的還元を完遂できない点にあると断言し、『哲学者とその影』では「還元というものはすべからく原初的な繋がりを試験することにすぎず、それらの繋がりをその最先端部にまで追跡する方法にすぎない(10)」とさらに書いている。最後に『見えるものと見えないもの』において、超越論的哲学と分析的反省とに対するメルロ＝ポンティの批判的立場は、それらが主観の統一性において自分自身の起源を構成しようと努め、そのこと自体によって、「自分自身の原動力をありのままに見ようとしていない」という事実に基づいている。この出発点の偶然性があるので、反省は自分自身と一致することができない。そして「かくしてその足取りは原理的に自己自身に対して遅れるのである(11)。」所与は、アドルノの表現を使えば、余すところなく所与を説明すると主張する反省的分析に先行しそれを導くのだから、単に構成の所産と考えるわけには行かない。毎度、「〜がある《イリヤ》」へのわれわれの差し込みが偶然的なものから確実なものへの移行を妨げる。しかしやがて見るように、同じ哲学的テーマが懐疑的相対主義に対する譲歩を同様に禁じもするのである。

ここでしばらく、内在と確実性とに向かう運動に抵抗すると同時に、絶対的外在性と偶然性とに向かう運動に抵抗するものについて考えてみよう。メルロ＝ポンティが「所与の非合理性」を主張しているというのは確かに事実でない。実際、ヒュームとの類比が中断されるのはまさにそこである。ヒュームにとって、与えられたものは、感覚の原子的統一体、つまり印象なのであって、これは知覚対象に似たなにかしらのものを産出するために、連想装置を必要とする。ここでは『行動の構造』と『知覚の現象学』において述べられた議論の数々を枚挙することはせず、経験論の「さまよえる諸感覚の群れ」のかわりに、メルロ＝ポンティはゲシュタルト（形態）という考えを提示していることを思い起こしておくだけにする。ハイデガーが言ったように、哲学者というものは皆独自の思想に拘泥するというならば、そして、もし、メルロ＝ポンティにとって、この独自の思想が肉の思想であるとすれば、肉へと導く思想の進展は、『行動の構造』におけるゲシュタルトという観念についての省察によって、始まると私には思われる。というのも、作業ノートで、彼は「ゲシュタルトとは何か」と問うている。『行動の構造』は、ゲシュタルト主義者による研究が行動主義とその実証的結論とに対して行った批判に好意的であるが、この賛同は、「ゲシュタルトとは何か」という問いに答えることが問題になると止んでしまう。ゲシュタルト主義者の答えのポイントは、ゲシュタルトは自然の一部であり、現実的存在であるというところにある。この点でメルロ＝ポンティは批判的になる。メルロ＝ポンティの立場によると、ゲシュタルトの提唱者たちは、その研究において、感覚や反応の原子化された構成単位を侵犯したばかりでなく、メルロ＝ポンティが後に「〈偉大な対象Grand Objet〉」についての存在論と名づけた、デカルトに多くを負った存在論そのものを問題化したのである。ゲシュタルトを部分外部分と考えることはできず、その存在様態は、客観主義的存在論を逸脱している。

メルロ＝ポンティは、ゲシュタルトを自然的存在として解釈しようとしたケーラーを誤って理解していると言えるかもしれない。「形態は、局在する各出来事が、他の出来事を〝力動的に認識している〟と言ってもほとんどよいくらいである、という点に基づいている」というようにメルロ＝ポンティはケーラーを引用してから、「このタイプの統一性は認識の対象においてしか見出されえない」と指摘している。[12] その統一性は知覚対象のそれであって、「知覚は自然の出来事ではない。[13]」少なくとも、客観空間において展開される因果システムとしての自然の出来事ではない。しかし、ゲシュタルトが対象でないとしても、概念であるというわけでもない。あるいは、概念であるとしても、それはヘーゲルが「概念は自然の内部にすぎない[14]」という表現で理解する意味においてであり、メルロ＝ポンティはそれをとりあげ直している。このテーゼは、見えないものは事実を超越するのでなく、反対に見えるものの軸ないし回転軸の上に嵌め込まれているという、『見えるものと見えないもの』で展開される考え方をすでに告げている。この段階ではメルロ＝ポンティはまだ、ゲシュタルトの存在論的身分についてためらっている。客観主義に対してはゲシュタルトは観念であり、観念論に対しては自然の現象である、とメルロ＝ポンティは主張している。自然という概念自体においても、同様の曖昧さが見られる。メルロ＝ポンティは「〈偉大な対象〉」の存在論を斥けて、自然についてのあらゆる科学的理解は、その諸々の概念を知覚世界から借りてくるのでなければならないことを示し、知覚世界そのものを、「現実世界」の因果的所産として考えうるということを拒否した。知覚世界は、意識にとって存在する世界である。しかし、この立場が観念論に見えるということに立ち戻り、メルロ＝ポンティは、意識主体は人間の次元に属する限り、『行動の構造』で述べているように、自律的主体でなく、むしろ物理的生命的構造の弁証法の所産である、と断言する。思考そのものは生命的構造の「昇華」である。この意味で、ジョン・サールの近著、『精神の再発見』は、『行動の構造』の再評価として読むことができるであろう。サールにとって、コンピュータは食べたり、愛したりできないのと同様に、考えることはできないのであり、それはコンピュータが生きておらず、思考は生命から切り離せないからである。メルロ＝ポンティにとって、思考は物理的生命的構造に結びついており、それらは今度は思考によってのみ接近可能である。彼は次のように書いている。

「自然は、単に対象であるだけでなく、認識と向かい合う意識の相関者である。それは、そこから我々が生起し、われわれの準備行為がそこで存在として実を結ぶまで、少しずつ措定された対象であり、認識を支えつづけ、認識にその材料を提供しつづける対象である。(15)」

メルロ＝ポンティは、意識と自然との関係についての自分の概念を正当化し、意識の絶対的性格と自然の相対的性格とについてのフッサールの主張に反対しうるような仕方で、フッサールの『イデーン』第二巻と第三巻を読んでいるにもかかわらず、メルロ＝ポンティの思想は、フッサールの現象学的観念論の根本的局面からきわめて離れているように見える。フッサールが懐疑論について行う批判をもっと仔細に検討すれば、フッサールにとって懐疑的立場の肝心な点は、われわれがすこし前に述べたように、「意識のすべての志向的内在の所与の自然化を含めた、意識の自然化」である。反対にメルロ＝ポンティは、自然から生じ自然によって支えられるなにかしらのものとして、意識を理解する方を好む。かくして、現象学的還元と自由変容の実践との拒否または根本的な変形は、知覚世界が「意識の志向的内在の所与」へと還元されえないという考えに一般的に基づいている。われわれがすでに見ておいたように、フッサールは数学と論理学の本性、つまり、それらの観念性および事実に対する超越を、自然主義が理解しない限り、自然主義を拒否する。この立場にメルロ＝ポンティはくみしない。『哲学者とその影』で彼は書いている。

「論理的客観性は、それがそのものとしては忘れられているという条件で、肉的間主観性から派生するのであって、まさにこの肉的間主観性自身が、論理的客観性へと前進することによって、この忘却を生むのである。[16]」

ヒュームによって独断の眠りから醒めたカントは、英国哲学の懐疑主義に抗して、自らの超越論哲学を構築した。その根本原理は、物自体から区別される現象の体系としての自然が、超越論的エゴの総合活動によって構成されるということである。この立場も同じくメルロ＝ポンティによって拒否される。

ヒュームを超えるために近代哲学が提供する諸々の命題を、メルロ＝ポンティが斥けるとすれば、それはヒュームと同じ立場に戻るためであろうか。ある意味でこの問いは、議論に値しないほど馬鹿げている。メルロ＝ポンティが、原子化された感覚と連合法則とに基づく経験主義を採らなかったことははっきりしている。しかし、ヒュームの立場が「信の哲学」と形容されうる限りで、この立場は、知覚的信念という『見えるものと見えないもの』のテーマ、およびフッサールの原的ドクサという概念のメルロ＝ポンティによる捉えなおしと、共鳴する。メルロ＝ポンティが、懐疑主義は思考可能であるが、腰を据えうる立場でないことを示す限りで、おそらくわれわれはメルロ＝ポンティにおいてヒュームの反響をある程度聴き取れるのである。

『見えるものと見えないもの』第一章における懐疑主義についての明瞭な扱いを、ここでちょっと見ておこう。ピロニスムは、懐疑を最優先することを特徴とする懐疑主義の形態であり、これは躊躇なく斥けられる。この形態は「真なるもの自体」という観念を隠し持ち、その名において、われわれの実際の経験を疑問にふすのである。存在自体の概念と表象によって形成される内的生の概念との間に、懐疑主義は、世界という問題を垣間見ることさえない。メルロ＝ポンティはこの形の懐疑主義を、きわめて古典的な仕方で批判する。つまり、明らかにされていない諸前提、すなわち意識の表象理論と真理自体という観念とを露呈することによって批判するのである。しかし、これだけでは問題を終わらせるに十分でない。この不十分さは、ハイデガーの場合にときおり見うけられるように思われる。例えば、ハイデガーがライプニッツの窓をもたないモナドの問題に関して、「われわれは窓を持つ必要がない、われわれはすでに外にいる」と指摘する時がそれである。懐疑主義によって課される問題は、意識の表象理論を批判しただけでは、そう簡単に消え去らないのである。反対に、メルロ＝ポンティが言うように、「われわれは懐疑論の議論を改良すべきなのである。」なぜかといえば、現象学的還元と、形相的還元と、自然が現象として超越論的エゴによって構成されるというカントの思想とを、同時に斥けてしまうと、私は世界についての知覚が、少なくともいくつかの点からすれば私のものであるという事実に直面させられるからである。おそらくそれこそ懐疑主義がそのあらゆる歴史的形態のもとで、表現したことである。メルロ＝ポンティは書いている。

「〝自然的〟人間は鎖の両端を握っており、自分の行う知覚は物に入りこむと考えるとともに、その知覚は自分の身体の手前で生ずるとも考える。とはいえ、生活上の用途において二つの確信は難なく共存しあっているものの、テーゼ化され言明されると互いにぶつかり合い、われわれを混乱させるのである。[17]」

プラトンに始まる哲学の伝統は、上昇する超越運動によってこの混乱を払おうとした。これは、私が現実に知覚するものがすでにほとんど普遍的であり、それを知覚する魂自身が、プラトンの言うように、「諸観念の一族に」属していることを示すであろう。反対に、メルロ＝ポンティは、知覚する者の単一で個人的な固有の性格をなし崩しにしようとする。われわれは、ハイデガーが現存在について言ったこと、つまり現存在は常に各私性 *Jemeinigheit* を持つということを、知覚者について言うことはできない。メルロ＝ポンティにとって知覚の主体は「人」である。『知覚の現象学』で彼は書いている。「私の中で人が知覚するのであって、私が知覚するのではない。[18]」ルドルフ・バーネットが示したように、知覚的生のこの「人」は「大衆の匿名に紛れる個人主体でなく、反対に、自然世界に隠遁したままの主体である。[19]」メルロ＝ポンティは書く。「したがって、私の下に別の主体が居り、その主体にとっては、私がそこにいる以前に世界が存在するのである。[20]」このもう一つの主体とは何なのか。メルロ＝ポンティによれば、「囚われた、または自然の、この精神とは、私の身体である。[21]」実際、私の個人的な、束の間の、身体でなく、私の習慣的身体が重要である。『知覚の現象学』において、両義性は主体について伝統的に語られたことを身体について語ることを可能にし、主体を「身体‐主体」、一種の肉的コギトと化すに十分である。メルロ＝ポンティが、『知覚の現象学』について、それが主観と客観との二重性に基づいて組織されていると述べて、きわめて厳しい自己批判を行う際に言及するのは、間違いなくこの点である。このような両義性は、『見えるものと見えないもの』では乗り越えられている。この書で彼は、「私の身体が知覚するのでなく、私の身体は、身体をよぎって姿をあらわす知覚の周囲に言わば築かれるのである。[22]」ここではもはや主体の、あるいはさらに「身体主体」のといってもよいが、その志向作用の相関者としての〈存在〉へとわれわれを挿入することが問題なのではない。知覚はむしろ見えるものの肉における、時にさまよい、時に結集される襞である。〈存在〉のこの次元は、われわれの個人的生の手前にだけでなく、歴史と象徴制度との手前にあり、メルロ＝ポンティはそれを「野生の〈存在〉」またはフッサールを自分流に解釈する文脈で〈大地〉と呼んでいる。経験が、そのおかげでまさしく私のものと呼ばれうる次元を、裏打ちしているのは、まさにこの〈存在〉の次元なのである。「フッサールと自然の概念」という講義の中でメルロ＝ポンティは書いている。「大地はわれわれの根株、われわれの原故郷 *Urheimat*（第一の祖国）である。それは、われわれの空間性の根、共通の郷土、原歴史 *Urhistorie* の所在地、原初的差し込みの所在地である。」さらに、大地は「感覚の第一普遍者」であると彼は断じ、他所ではまた「ドクサの世界」[23]と呼んでいる。この最後の表現は、メルロ＝ポンティが「第一普遍者」を懐疑論の問題系を乗り越える決定的手段とは考えていないという事実に、われわれの注意をひきつけるはずである。普遍哲学を、あらゆる問いとあらゆる両義性に先立つ領域としての未耕の〈存在〉の上に、基礎付けることが問題なのではない。「第一普遍者」は確実性の場ではない。メルロ＝ポンティにとって、第一の直接性、差異に先立つ現前、といったものに立ち戻ることは、可能でもなければ望ましいことでもない。『見えるものと見えないもの』で彼は書いている。

「ここでわれわれが提案しているのは、直接的なものへの回帰、合致、存在者との事実上の混融、根源的統合の探求ではない……。もし合致が失われるとしてもそれは偶然でなく、もし〈存在〉が隠されるとしてもそのこと自体が〈存在〉の特徴であり、いかなる開被によってもわれわれはそれを理解することはできないのである。[24]」

哲学は、懐疑論を乗り越えようとするその試みにおいて、懐疑論を可能にする、意味の根源的分割の正面に身を置くことはできない。メルロ＝ポンティにとって、「根源的なものは炸裂し、哲学はその炸裂、その非‐合致、その差異化、に付き添わなければならない。[25]」この根源的な非‐合致の手前に、懐疑と両義性を免れた場所に、立ち戻る手段は存在しない。したがって、経験の基礎としての原初的な層については、きわめて慎重に語らなければならない。『哲学者とその影』の中で、彼は書いている。「各層は、その場から先行の諸層を捉えなおし、後続の諸層へと越境する。各層は、他の諸層に先行しかつ後続し、したがって、自己自身に先行しかつ後続する。[26]」『見えるものと見えないもの』で彼は逆説的に次のように語る。「直接的なものは地平にあるのであって、そういう資格で考えられなければならない。直接的なものが自己自身でありつづけるのは、距離をへだてたままであることによってのみである。[27]」世界を意識の相関者とする反省的回帰が、〈存在〉へのわれわれの差し込みによって妨げられるとすれば、同様に、われわれが自分の幻影の虜になる根本的懐疑論の可能性も、〈存在〉へのわれわれの差し込みによって排除されるのである。「世界へと接近する私の能力と幻影に籠城する私の能力は、互いに他なくしては立ち行かないようにできている。[28]」事実、ジャンニ・ヴァッティモが「普遍主義」という言葉に与えた意味、つまり、一度だけで達成されうるような普遍者でなく、むしろ意味のあらゆる特殊体系の閉鎖を排除する普遍主義という意味を、この言葉に今与えるならば、〈大地〉に対するわれわれの絆の還元不可能性は、弱い普遍主義の基礎となる。構成された意味のあらゆる体系は、構成されざるものの領域、〈大地〉にその根をおろしているのである。「フッサールと自然の概念」の中で改めて彼は主張する。

「私は二つの大地を考えることはできない。打ち解けた経験の中でつかまれた、同じ大地の、唯一の人間性の、二つの断片がある。人間にとっては、人間しか存在しない。［……］最も特異なもの、最も肉的なものが、最も普遍的である。それは除去しえないものであり、人は自分を追い払うことはできない。[29]」

結論を述べよう。見てきたように、メルロ＝ポンティは、近代哲学が懐疑論を乗り越えるために利用した諸々の立場を根本的に批判したが、しかし、ヒューム的な懐疑主義に回帰しようとはしなかった。もし、自然主義が理念的なものを自然へと還元することとして定義されるならば、メルロ＝ポンティは、事実と本質の対立を解体したのであり、見えるものと見えないものとを鱗配列状態で考えるかわりに、両者の対立を転地する自然概念を素描したのだから、メルロ＝ポンティの立場は自然主義でも反自然主義でもない。しかし、ある一点で、彼の立場は、『人性論』第三巻のヒュームの立場をたしかに反響させている。その個所で人性論者ヒュームは、われわれが信じるものは単にわれわれが考えるものによってのみ決定されるのでなく、われわれがそれであるものによっても決定される、すなわち、われわれが信じるものは知覚信念に属するのであって、知に属するのではない、と主張している。われわれが世界の肉に属しており、野生の〈存在〉に差し込まれているという事実は、確実性を保証しないが、だからといって客観性を排除するわけでもない。われわれは、真理に対するわれわれの関係について、メルロ＝ポンティが哲学について述べることを、語ることが許されよう。「哲学の中心は至るところにあり、その境界はどこにもない。[30]」

原注

（1）　R・バルバラスが校訂した仏訳による。

（2）　Edmund Husserl, *La philosophie comme science rigoureuse*, trad. Quentin Lauer, Paris, PUF, 1955, p. 59.

(3) Edmund Husserl, *Méditations cartésiennes*, trad. Gabrielle Pfeiffer et Emmanuel Levinas, Paris, Vrin, 1953, p. 2.
(4) *Ibid.*, p. 59.
(5) *Ibid.*, p. 59–60.
(6) *Ibid.*, p. 60.
(7) Maurice Merleau-Ponty, *Le visible et l'invisible*, Paris, Gallimard, 1964, p. 151.
(8) *Ibid.*, p. 149.
(9) *Ibid.*, p. 150.
(10) Maurice Merleau-Ponty, «Le philosophe et son ombre», *Signes*, Paris, Gallimard, 1960, p. 221.
(11) *Le visible et l'invisible*, p. 56.
(12) Maurice Merleau-Ponty, *La structure du comportement*, Paris, PUF, p. 155.
(13) *Ibid.*, p. 157.
(14) *Ibid.*, p. 175.
(15) Maurice Merleau-Ponty, *Résumés de cours, Collège de France 1952–1960*, Paris, Gallimard, 1968, p. 94.
(16) *Op.cit.*, p. 218.
(17) *Le visible et l'invisible*, *op.cit.*, p. 23–24.
(18) Maurice Merleau-Ponty, *Phénoménologie de la perception*, Paris, Gallimard, 1945, p. 249.
(19) Rudolf Bernett, Le sujet dans la nature, in *Merleau-Ponty, Pénoménologie et expériences*, Grenoble, jérôme Millon, 1992, p. 63.
(20) *Pénoménologie de la perception*, *op.cit.*, p. 294.
(21) *Ibid.*
(22) *Le visible et l'invisible*, *op.cit.*, p. 24.
(23) «Husserl et la notion de nature»（メルロ＝ポンティの講義で書き取ったノート）、*Revue de métaphysique et de*

morale, n°3, 1965, p. 266-268.

(24) *Le visible et l'invisible*, *op.cit.*, p. 162.

(25) *Ibid.*, p. 165.

(26) *Op.cit.*, p. 222.

(27) *Op.cit.*, p. 164.

(28) *Ibid.*, p. 23.

(29) «Husserl et la notion de nature», p. 265.

(30) «Partout et nulle part», *Signes*, p. 161.

マウロ・カルボーネ

可感的なものと剰余——メルロ＝ポンティとカント

『哲学者とその影』の中でメルロ＝ポンティは、『判断力批判』に可感的なものに対する制限的な構えを見て取り、〈自然〉を感官の対象の総体 *Inbegriff der Gegenstände der Sinne* として定義するカントの有名な表現を使って、その構えを要約している。その上で彼はそれに対して「未耕の存在の普遍形式としての可感的なもの」(S, p. 217) というフッサールの概念を対立させている。カントのこの言い方そのものは、メルロ＝ポンティが自然概念についてコレージュ・ドゥ・フランスで行った最初の講義の要録にすでに現われていた（一九五六―一九五七年、しかしこのとき、メルロ＝ポンティはこの表現を『純粋理性批判』に帰していた）[1]。この講義要録での『判断力批判』に対する彼の立場はいずれにせよもっとはっきりしており、共感を欠いていないように思われる[2]。実際メルロ＝ポンティは、カントがこの書で展開した自然概念のただなかに、西洋存在論の系統に位置付けられる方向性を見て取った。この系統は、デカルトが示したいくつかの認識——デカルトは〈自然〉を、純粋悟性に対する〈対象〉としてよりは、「われわれが（……）〈自然〉の特権的な部分つまりわれわれの身体に対して有する生命関係によって接近する（……）」「出来事」として、記述している——から出発し、その諸々の支配的形態から遠ざかりながらも（とはいえメルロ＝ポンティの見解では、これらの諸形態と西洋存在論の系統はカント思想に至るまで共存しうる）、カント、シェリング、ベルクソンに達し、最後にフッサールにおいてその直接の先駆者を見出すのである。

大まかに言って、メルロ＝ポンティはデカルトに読み取った動揺に似た動揺を、カントの自然概念のなかに見るように思われた。『純粋理性批判』においてカントが、「因果的説明の次元」（*RC*, p. 102）――いずれにせよその次元に、われわれの知覚の単なる相関者としての〈自然〉と、「悟性の立法活動が顕示するような」〈自然〉という、二つの異なった〈自然〉概念をそこ含めつつ――をもっぱら考慮したとすれば、『判断力批判』においてカントは、それら二つの概念を結合しようとして、目的性原理を検討し、有機的全体性の次元の考察にむしろ傾いており、〈自然〉の「未耕の存在」（*RC*, p. 101）の発見に向かった。しかしカントはこの方向で一貫した追求を行なわず、反対に次のように結論するに至ったとメルロ＝ポンティは見る。「全体性の考察は［……］、自然的存在の本質を構成するなにものも示さず、ただわれわれの諸能力の幸福な出会いを示すのみである。〈自然〉は、「感官の対象」の総体であって、ニュートン物理学の自然概念によって定義される。われわれはまずその主題について考えるが、そこにあるのはもっぱらわれわれのものである反省である。」（*RC*, p. 104）

かくしてメルロ＝ポンティから見れば、カント的問題系は、「自然研究」のなかに、メルロ＝ポンティ自身が見出したいと思うような「存在の定義への導入」（*RC*, p. 125）を求めることを断念したのであり、メルロ＝ポンティ的な別の表現を使えば、有効な仕方で間接的な存在論がそれを通じて展開されるべき「〈存在〉の鏡」を、自然の中に見ることを総じて断念したのである。

われわれがたった今呼び起こした考察は、いずれにせよ、『知覚の現象学』の「序文」以来、カントの第三『批判』に関してメルロ＝ポンティがすでに表明した関心と集中のモチーフを確証する。というのも、志向性を扱った部分でメルロ＝ポンティは、志向性は「世界の統一性［……］がすでに形成されたものとして、またはすでにそこにあるものとして、生きられている」(*PP*, p. XII) という事実によって〔カント的な〈ある可能な対象への関係〉と〕区別されると断じているからである。さらにそれを明確にするように、メルロ＝ポンティはここで作動的志向性に言及し、この志向性は次頁で「世界とわれわれの生の自然的かつ前述定的統一性を形成するもの」(*PP*, p. XIII) として特徴づけられる。その間に、彼はまさにカントの『判断力批判』における志向的関係の次のような様態の素描を明るみに出すにいたる。つまり、彼によれば『判断力批判』は「想像力と悟性の統一性、および対象に先立つ諸々の主体の統一性があり、例えば美しいものの経験において、私は感覚的なものと概念との一致、私と他者との一致を試すのであるが、この一致自身は概念がないことを示している」(*PP*, p. XIII)。この文章は、カントがそれに基づいて趣味判断を一種の「共通感覚[5] *sensus communis*」として——あるいはさらに正確には、論理的 *logicus* 共通感覚と区別される限りでの美的 *aestheticus* 共通感覚として[6]——定義するに至った、趣味判断の特徴に言及している。これらの特徴は後にまさに作動的志向性というフッサールの概念において明らかにされていることをメルロ＝ポンティは見出すのであり、同時に彼はそれを「感性的世界のロゴス」(この場合、感性的という言葉は一層狭い語源的な意味で理解されなければならない) という、『形式的論理学と超越論的論理学』の結論でフッサールが描いた概念に同化するのである[7]。

したがって、『知覚の現象学』の〈序文〉は、『判断力批判』が趣味判断において体験される美的なものの普遍的非概念性を感覚の統一性に根付かせているのを見て取っている。この統一性は、感覚《アイステーシス》 *aisthesis* の領域において、すなわちメルロ＝ポンティがコレージュ・ドゥ・フランスで行った〈自然〉についての最初の講義で正確に語ることになる〈自然〉の「未耕の存在」において、働いているフッサール的な意味での志向関係のただなかに現われる、統一性である。[8]『知覚の現象学』から『講義要録』へと、『判断力批判』についてのメルロ＝ポンティの読みは基本的に一貫している。[9]

同じ種類の結論が、メルロ＝ポンティの中期に位置するいくつかの著作に、同様に現れている。メルロ＝ポンティは、『間接的言語と沈黙の声』で、自然の模倣としての芸術という「客観的偏見」（S, p. 59）をひとたび疑問視するならば、現代絵画は、「われわれの感覚がそれに基づいてすべてに対して開かれるあらかじめ定められた〈自然〉の援助なしに、われわれはいかにして伝達できるのか、われわれはいかにして自分の持つ最も固有なものによって普遍的なものへと接木されているのか、を知るという問題を課すのだ［……］」（S, p. 65）とはっきり述べているが、その際、趣味判断が作動的志向性の非概念性――すでに見たようにこれは『知覚の現象学』の「序文」によって掘り起こされた――に根付いているというこの事態こそ、まさに実際メルロ＝ポンティが現代絵画の中に認識したことであるように思われる。結局、問題は、われわれの知覚装置によってそのまま再構成できるとみなされた客観的存在としての自然存在という概念が、危機に陥ることによって始まった問題であり、自然の機械論的概念が関与しないとしても認識し伝達できるわれわれの能力を説明せよという、カントの第三『批判』で課された要求を、いくつかの側面から呼び起こす問題である。メルロ＝ポンティによれば現代絵画の探求は、「対象に代わるもの、それは主体でなく、知覚される世界の暗示的な論理である」（S, p. 71）ことをまさに示すことによって、この問題に答えるのである。したがって、芸術においては、芸術に生命を与えている論理のおかげで（しかし、もし言語がこの同じ論理を完全に離脱することはできないと分かれば、言語についても事情は同じであろう）、「あらゆる表現に対するあらゆる表現の親密さ、あらゆる表現の唯一の秩序への帰属が、個人と普遍的なものとの結合を実は達成するのである。」（S, p. 91）しかしそうなると、概念が伴わないにもかかわらず普遍的である一致ということが問いとして新たに現われることにならないだろうか。この問いは続いて、〈存在〉の普遍的ではあるが概念を伴わない呈示についての問いとなるであろう。目を凝らして見ると、この問いは、メルロ＝ポンティが同じ論文で取り上げていたマルローの話にすでに同じ言い回しを使って、現われている。それは、海に面して「洗濯女」の小川を描いている最中のルノワールを見て驚く、カシスの旅館の主人の話である。メルロ＝ポンティはこう説明している。「それは、世界の各断片に［……］存在のあらゆる種類の形が含まれており、まなざしの攻撃に応える仕方によって、一連の可能的な変異《ヴァリアント》を喚起し、存在を語る一般的な仕方を、自分自身を越えて、教えるということなのだ。」(*S*, p. 70)[10]

まさにそれ以降はっきり存在論的なものとなったこれらの表現を使って、その問いはメルロ＝ポンティの後期の著作に再び現われる。そこには、概念を伴わないという表現が少なくとも三度現われる[11]。例えば、これらの文章の一つに次のように書かれている。「考えてみれば、すぐれた画家がしばしば優れた単色画や優れた彫刻を造りもするというのは、驚くべきことである。表現手段も、体の動きも別々なのだから、これは、等価性の体系が存在する証拠であり、線、光、色、浮き彫り、マッスからなるロゴス、つまり概念を伴わない普遍的存在の呈示[12]が存在する証拠である。」(*OE*, p. 71) このテキストの結びの表現は、いかにして——単色画、絵画、彫刻の間での、したがって、受け取り手の視点よりむしろ作り手の視点でつかまれた、相互侵入を通じてメルロ＝ポンティがここで際立たせた——概念を伴わない普遍性という芸術の「神秘」が、「美的世界のロゴス」の普遍的非概念性、世界に対するわれわれの美的‐感性的関係、という「神秘」へと送り返し、そこに根を降ろしているのかを、的確に強調している。この関係が、今や（思い起こしておくのがよかろう）可逆性という言葉で理解されるのであり、要するに以後存在論的に復権される感覚《アイステーシス》において理解されるのである。

このことはさらに、概念を伴わないという表現が現われる『目と精神』の別の一節によっても確認できる。この一節はメルロ＝ポンティがデカルトの『光学』に対する反論を展開する文脈で現われる。この『光学』が彩色画の特殊性を前にして理解できずにいるということは、メルロ＝ポンティによれば、デカルトが、たとえ自分では「タブロー」について語っているつもりでも、実際は単に単色画を扱っているだけで——というのもデカルトでは物体のいくつかの「第一次性質」[13]がある意味で保持されているのが見られるから——、「第二次性質、特に色がわれわれに与える、物へのもう一つの一層深い開け」（*OE*, p. 43）を注意深く検討していないという事実によって、証明される。もしデカルトがそれを行っていたら、メルロ＝ポンティの仮説に従えば、「第二次性質と物の多様な特性との間には規則的または射影的な関係は存在しないのだから、［デカルトは］概念を伴わない普遍性および事物への概念を伴わない開けという問題に直面したはずである。」（*ibid.*）

デカルトがこの問いを忌避しようとし、カント（彼は彼でやはり絵画の色に単なる二次的装飾機能以外の機能を認めるのをためらった[14]）が『判断力批判』で制限的に「神人同形論的な」（*RC*, p. 104）答えをこの問いに結局与えてしまったのに対して、この問いに立ち向かうことができたのは、メルロ＝ポンティによれば、マルセル・プルーストである。それは、「見えるものと見えないものとの関係を凝視し、可感的なものの反対物でなく、その裏地であり奥行である観念を記述することにおいて」、プルーストが誰よりも先んじていた限りにおいてである。したがって、『見えるものと見えないもの』のなかで、「可感的な観念[15]」についてのプルーストの記述をまさに注釈しながら、メルロ＝ポンティが改めて概念を伴わないという表現を用いるのは驚くべきことではない。というのも、メルロ＝ポンティは、「可感的な観念」に、「私の身体の諸部分の粘着、または私の身体と世界との粘着と同じタイプの、概念を伴わない凝集性」

（*VI*, p. 199. 傍点強調は筆者）を付与しているからである。

メルロ＝ポンティがここで暗示している『失われた時を求めて』の個所は、よく知られているように、ヴァンテューユのソナタの「小楽節」を改めて聴いているスワンをプルーストが記述している個所である。この「小楽節」はかつてスワンをオデットに結びつけた愛の「民謡」であった。スワンは――とプルーストは観察する――「音楽のモチーフを真の観念とみなした。」そしてプルーストはこの「次元」の観念――正確には音楽的観念であるが、「われわれの内的領域がそれによって多彩となり、飾りつけられる豊かな所有物である、光、音、浮き彫り、肉体の快楽」といった、文学的観念でもある――を「知性の観念」から区別する。前者は「闇のヴェールに覆われて」おり、したがって「知性によっては入り込めない」という事実によってとりわけ特徴づけられているが、「しかし［それらの観念は］それにもかかわらず、互いに完全に区別され、価値と意味が互いに等しくない。」したがって、プルーストはここで概念化できない観念の次元の特質を捉えており、これらの観念にとっては――とメルロ＝ポンティは主張する――「〝闇のヴェールに覆われて〟いることが本質的であり［……］」（*VI*, p. 197）、「二次的実証性に昇格する」（*VI*, p. 196）にまかせるわけにはゆかない――この実証性は一般に概念に割り当てられる――ということが本質的なのである。なぜなら、まさにそれらのヴェールによって初めてそれらの観念が輝くのである限り、われわれは「ヴェールなしにそれ［ら］を見る」（*VI*, p. 197）ことができないからである[16]。それはちょうど、愛の本質が「小楽節」の中で輝き、奥行が物の相互的包み合いの中に穿たれ、最後に、見えないものが見えるものの中に自分の姿を映し出すのと、同様である。また同じくらいの数、メルロ＝ポンティがハイデガーに従って、この働きつつある動詞的な意味《サンス》を*Wesen*《ヴェーゼン》（本質／存在）に割り当てた例があり[17]、未耕の本質という――根本的に反プラトン的な――概念を、*Etwas*《エトヴァス》（或るもの）の次元化として、あるいは後に詳しく見るように、*Etwas* が「世界という称号」（*VI*, 271）として開花することとして（しかしだからといって *Etwas* はその個体的特殊性を失うわけではない）、説明しようと試みる。(18)

したがって、こうしたすべての理由により、「これらの観念は可感的な現われから切り離されてしまうことはなく［……］」（*VI*, p. 196）、可感的な現われによってそれらの観念はまさに「概念を伴わない凝集性」を授かるのである。この「概念を伴わない凝集性」は、観念から「堅さ」、「明示的な」（*VI*, p. 198）性格、固有の同一性を奪うことはなく、われわれはこれを実証的な仕方でよりむしろ弁別的な仕方で理解すべきであるような、そういうものである。実際、可感的観念の凝集性は非概念的論理によって保証されるように思われるのであるが、非概念的だからといってこの論理は厳密さと普遍性を欠くわけではない。この論理は、『間接的言語と沈黙の声』では可感的世界の内部で作動する「暗示的」な論理として定義され、したがって、『見えるものと見えないもの』の作業ノートによれば、可感的世界が「空間的‐時間的個体の堆積」でなく、むしろ「われわれのカテゴリー、われわれの構成、われわれの〝主観性〟がその骨格を明白なものとする」「等価性によるシステム」（*VI*, p. 301）であるという限りにおいて、可感的世界と一体をなすに他ならない「美的世界」の論理なのである。この骨格にこそ、まさに未耕状態にある諸々の本質が存するのである。(19)

したがって、正確に言えば、諸本質の布置によってこそ、それら諸本質が概念的に定義可能であることなく、非概念的な仕方で伝達可能な本質となるのである。それは——と、メルロ＝ポンティは思い起こさせる——「『小楽節』よってスワンに現前するようにするだけでなく、それを聴く者すべてに対して、たとえ彼らが自分の知らないうちにであるにせよ、そして彼らがその証人であるにすぎない愛の中にその本質を認識することができないにせよ、伝達可能なものとする、愛の本質」（*VI*, p. 196）の場合に生ずるのと同様である。[20]

可感的観念が従う論理は、実際、肉的存在それ自身の普遍性、その分裂と可逆性によって、支配されている。したがって、それは「連帯する想念」（*VI*, p. 167）と類義[21]による論理、分離と越境による論理[22]、伝播による論理、被覆と交差配列《キアスム》による論理であるが、また隔たりと空隙による論理、この巻き添えの組織の中に穿たれ、その組織によって開披される「輪郭を描かれた欠如」による論理、でもある。「普遍性の問題と概念を伴わない事物への開けの問題と」は、まさに可感的なもののこの論理に完全に帰着する。「〝意味〟――次元性――〈存在〉」と題された一九五九年一一月の『見えるものと見えないもの』の作業ノートでは実際きわめて効果的な仕方でこのことが説明されている。「「〈世界〉」は総体であり、この総体においては、各「部分」がそれ自体として考えられる時に、突然際限のない諸々の次元を開き――全体的部分となる。」（*VI*, p. 271）なぜなら「可感的なものの固有性は［……］、各部分が全体から引き離され、その根と共にやって来て、全体へと越境し、その他の部分の境界を侵犯するがゆえに、全体を代表することにある」からである。「［……］そのようにして可感的なものは私を世界の奥義へと導く［……］。越境、跨ぎ越し *Ueberschreiten* によって。知覚はまずは事物についての非‐知覚であるが、元素（水、空気……）の知覚であり、世界の光線の知覚であり、諸々の次元、諸々の世界である諸々の物の知覚であって、私はこれら「元素」の上を滑り行き、気がつくと私は世界の中に居るという次第なのだ。私は「主観的な」ものから〈存在〉へと滑り行く。」（*ibid.*）

こうしたわけで、ルノワールはカシスを前にして、「洗濯女」に描かれた小川の固有の抑揚を海の中に捜し求めることができたのであり、彼はこの水の中に「水のさまざまな現われの原型」（*S*, p. 70）、すなわち未耕の本質、可感的な観念、元素としての水を見出した。そしてこの元素は、『見えるものと見えないもの』の草稿のなかで、「部分が見出される至るところに存在のスタイルを持ちこむ一種の受肉した原理」（*VI*, p. 184. 筆者強調）として今度は定義されるがゆえに、各現象――可感的なものの各「部分」――は、可感的なものの存在の中に一定のスタイル化を持ちこみ、そうして或る一つのスタイルへと赴かせ、変異として与えられると同時にテーマの不変子を間接的な仕方でわれわれに与えるのだということを、主張できることになるのである。可感的観念の核心はこのスタイル、このテーマにまさに存するのである。

そこからメルロ＝ポンティは、上記の作業ノートの末尾で、二重の結論を要約して提示する。「可感的なもののこの普遍性＝原的現前可能 *Urpräsentierbar* でないものの原的現前 *Urpräsentation*」（*VI*, p. 272）、したがって第一に、可感的なものは、それについてなされる経験が修辞用語で全体のための部分 *pars pro toto* と定義されうるような意味で、普遍的である。実際、同じノートの直前に示されているように、それは部分的であるにもかかわらず、「それが仮定する」この「不可分の〈存在〉」から採取されたものであるがゆえに、自分自身へと侵蝕するのである。そのおかげで、この経験は、その部分性において、普遍的であることが顕示される。第二に、まさにこの普遍性のゆえに可感的なものは「現前不可能なものの本原的現前」（*VI*, p. 257）、あるいは「原的現前不可能 *Nichturpäsentierbar*」（*VI*, p. 269）なものの「原的現前」となるのである。このことは、その可感的なものが、私の知覚経験の変容態としての他我であれ、「身体の他面としての精神」（*VI*, p. 312）であれ、あるいはまた――カシスの海の水が同時に「水の様々な現れの原型」を提供しうるように、または一つの色が同時に「一定の存在として、そして一つの次元、あらゆる可能的存在の表現として」（*VI*, p. 271）与えられうるように――、可感的なものそのものの中に「空虚の構造」として穿たれ、「葉脈が葉を内部から支えるように」（*VI*, p. 159）、可感的なものを内部から支えているこの観念であれ、同じことである。たとえそうであれ、可感的なものは「不可視なものの可視性」

(*RC*, p. 178) として形成される。

われわれはすでに、どのようにしてメルロ＝ポンティが、「見えるものと見えないものの関係を凝視し、可感的なものの反対物でない観念を記述することにおいて、プルーストより先へ進んだ者は誰もいなかった」(*VI*, p. 195) と判断したのかを、見てとることができた。実際、メルロ＝ポンティは自身の「新たな存在論」を始動させるが、この「新たな存在論」に対して、見えるものと見えないものとの諸々の関係は、プルースト、ゲシュタルト理論、否定神学によってだけでなく、カントの「負量」概念に関するメルロ＝ポンティ一流の解釈によっても、明白に着想を与えられたスタイルに従って、直接的に名祖となるモデルを提供する。『見えるものと見えないもの』の作業ノートのなかで、カントが負量を扱った論文[23]を暗示する個所は、特別な仕方で、見えるものと見えないものとの絆というテーマにかかわっている[24]。こうした暗示を通じてメルロ＝ポンティは、これらの用語間に「論理的対立」(つまり「矛盾」)は一切存在せず、むしろ一方が他方へと交差配列的な仕方で「越境する」[25]ように、矛盾のない「現実的対立」が存在するのであり、そのようにしてそれらは互いの「共根源性」を顕示するということを、示そうとしたのである。別の機会にカントの論文の重要性を強調して、メルロ＝ポンティはこう説明している。「もし負量がマイナス記号のついた量であれば、もしカントが憎しみは否定的な愛であると言い、例えば盗みが否定的才能であると言いうるならば、それはまさに現前と不在の連結、同時性を認めることである[26]。」ここでのテーマの枠組みからすると、さらに、カントによれば、同一物の二つの述語間の対立は、表象不可能な否定的無 *nihil negativum irrepraesentabile* または「絶対的」で「理解不可能な」無を生じさせるのに対して、現実的対立は、反対に、「相対的」で「理解可能な」無を生み出すという事実を際立たせておくことが適切である。この無はとにかく「なにかしらのもの」であり、したがって、表象可能な欠如の無 *nihil privativum, repraesentabile*[27]として構造化されるような、「ゼロ」としてこれを指し示すことができる無である。したがって、「世界において原的現前不可能なものとして私に呈示される原的現前不可能なもの le *Nichturpräsentierbar*」(*VI*, p. 269) という、見えないものについてメルロ＝ポンティがくだした定義は、まさにカントのこの最後の定義に対してこだまを返しているのである。要するに、無 *nihil* は、可感的なものにおいて無として表象可能な *repraesentabile*、無なのである。

他方、もし前述したプルーストについての判断が、プルースト以上に可感的観念の記述を徹底的に推し進めえた者は誰もいないと断定するとすれば、可感的観念という概念についてのメルロ＝ポンティにおける最初の記述を、カントに新たに言及しているもっとずっと古い文章に見出すことができるということは、きわめて意味のあることである。それは一九四五年にメルロ＝ポンティがパリの映画高等研究院で行った講演『映画と新心理学』の——きわめて先行きの見通し豊かな——文章である。そこにはこう書かれている。「認識において想像力が悟性のために働いているのに対して、芸術では悟性が想像力のために働いているとカントが述べたのは意義深い。つまり観念または凡庸な事実は、可感的な表徴をそれらに対して探しだし、それらについての目に見え耳に聞こえる組み合わせ絵文字を描くきっかけを創造者に与えるために、そこに存在するにすぎない。」[28](*SN*, p. 103) この言及は『判断力批判』四十九節で与えられる「美的観念」の定義にはっきり関係している。確かに今しがた引用した個所でメルロ＝ポンティが示した説明は、プラトン的な響きから完全に脱してはいないが、彼が「美的観念」を特徴づけるために用いる表現はその後、可感的観念を記述するために用いられる表現の中に明白な反響を残すことになるであろう。さらにメルロ＝ポンティが示唆しようと望むことはずっと数行先で明らかになる。「ここでは観念は生まれたての状態に戻っている」(*ibid.*, 筆者強調)、すなわち、正確に言えば、未耕の状態、したがって、その可感的表出と見分けられない状態にある。「絵画において絵画の諸部分の共存から観念が顕われるのと同様に、映画の時間的構造から観念が顕われる。」（*ibid.*）しかもかつて現われていた同じプラトン的響きは、以下の考察では消えている。「なにかしらのものがどのようにして意味し始めるかを、すでに形成され獲得された観念への暗示によってでなく――『見えるものと見えないもの』[29]の中でプルーストにおける「知性の観念」をこのような仕方で形容することになるということが観察できる――、諸要素の時間的または空間的配置によって、示すことが芸術の喜びである。」（*ibid.* 筆者強調）これに続いて、芸術においてきらめく観念と可感的なものの中で描かれる意味の星座との間の明白な接近が語られる。「前述したように、物が意味するのと同様に、映画は意味する。どちらも切り離された悟性に語りかけるのでなく、世界または人間たちを黙って読み解き、それらと共存する、われわれの力に問いかけるのである。」（*ibid.* 筆者強調）要するに、どちらの場合にも、知覚される世界のロゴスのおかげで伝達される、概念を伴わない意味《シニフィカシオン》が、たとえそのような世界の「美的価値を、われわれが生活の日常性の中で見失っているにせよ」（*ibid.*）、透けて見えるのである。そしてこの場合、やがて見るように、おそらくまた詩の価値を語ることも可能であったはずである。

「しかし結局――と、メルロ＝ポンティは結論する――、知覚によってわれわれは映画の意味を理解できるのである。映画は考えられるのでなく、知覚されるのだ。」（*SN*, p. 104）可感的観念について後にメルロ＝ポンティが言明することをとりあげなおすときに、われわれは断言できるであろうが、その凝集性は、「私の身体の諸部分の凝集性、または私の身体と世界との凝集性と同じタイプに属する。」つまりそれは「概念を伴わない凝集性」である。

したがって、メルロ＝ポンティはカントの美的観念のうちにこれらの可感的観念のいくつかの本質的特徴――とりわけ、それらが非概念的であるにもかかわらず普遍的に伝達可能であること――を認識した。メルロ＝ポンティはそうした可感的観念について、彼の見るところでは最も深きに達した記述をプルーストに見出すことになるのである。ではカントによって提案された美的観念の概念が何であるか、もっとよく見てみることにしよう。

カントは、美的観念を、「多くのことを考えさせるが、いかなる定まった思考、すなわち概念もそれに対して十分に適合することがなく、したがって、いかなる言葉によっても完全には表現できず、知的理解可能であるようにさせることのできない、想像力のこの表象」というように定義している(30)。美的観念は、美の中に具象化されており、したがって、「多くの事を考えさせ」はするが、完全に概念化し、概念的に表現するわけにはゆかないものの、しかしだからといって言葉で言い表せないというわけではない。反対に、カントはさらに先で、「そうした諸観念に相応しい表現が「……」――したがって非概念的表現が――見出される(31)」と断言するのであり、その表現によって、それらの観念は、「言葉で言い表せない数多くのものを、一つの概念に付け加えて、考えさせる(32)」ことができるのである。

というのも、想像力は、それが可感的観念を生む場合、その無限に豊かな示唆と霊感によって、概念それ自身の彼方へと広がる直観を、一つの概念のもとに包摂する(33)。想像力は、「美的観念を呈示する能力(34)」として――とカントは説明する――、「現実的自然」を「類推法則に従って」、または「(この能力「すなわち想像力」の経験的使用に依存する)連合法則(35)」からあらゆる仕方で独立した諸原理に従って、変形することによって、「現実的自然」によって与えられる「素材」に創造的な仕方で介入する。その際、それらの類推法則や諸原理はこの「素材」を「自然を越えたなにかしらのものとして(36)」改めて仕上げ、そのこと自体によって、この自然に対して立法する概念的思考を乗り越えるのである。

そこで美的観念は、いかなる概念もそれに対して十分に適合できない直観として――とカントは追い討ちをかける――、いかなる直観もそれに対して十分に適合できない〈理性〉の諸理念の類似物を構成するのである。(37)

たとえ想像力が悟性との自由な戯れの関係を常に含んでいるとしても、想像力は実際、創造性として、経験の限界を超えて、〈理性〉の諸理念を可感的なものとする、または――別の表現で明らかにされたように――存在者の存在を可感的なものとすることを求めるのである。(38)

この段階で、カントは美的観念を〈理性〉の理念と同じ資格で「理念」と定義している事実を主張しておく必要があると思われる。確かにこの定義は両者の互いに対称的な位置を強調するつもりでとりわけ述べられたにちがいない。しかしそれは当然のことというわけではない。なぜなら、二つのタイプの理念は経験を超過し、それとともに悟性を超過していると断じながらも、カントは、美的観念に対して、可感的なもの自身の内部で――「創造的」想像力によって変形された可感的なものの内部で――可感的なものを超過する諸観念の特別な構造を認めるのに対して、理性の理念の方は、まさに理性の理念の超過物を「呈示する」その傾向のおかげで、「客観的実在性の外観(39)」を受け取るのであると、話をはっきりさせているからである。

美的観念の定義を超えて、カントはまた、われわれがすでに暗示しておいたように、美的観念を生む思考の定義を与えている。一方で彼はその思考を「ある種の関係における」想像力と悟性の「結合(40)」によって特徴づける。その関係とは、それに基づいて、想像力が、美的観念とともに、悟性がそれに適合しえないほどに豊かな「素材(41)」を、提供しつづける、そのような関係である。しかし他方カントは、美的観念は〈理性〉の諸理念を――「象徴的な」仕方で、すなわち間接的、類推的な仕方で、とカントは後に明確化している[42]——呈示する独特な手段であることを強調して、次のように書いている。「詩人は、見えない存在である理性の〈諸理念〉に、敢然として可感的な形を与える［*versinnlichen* 感覚化する］のである。[43]」

したがって、美的観念に命を吹き込むのは、悟性を汲み尽くしがたい仕方で促しながらも、同時に、理性の見えないものを——まさに詩人について語られるように——可感的にすることによって、したがって、それを表象可能な無 *nihil repraesentabile* として明らかにすることによって、悟性を超越し、「理性の諸概念の呈示[44]」へと向かうことをやめない思考なのである。そこでこの意味で、カントにとって美とは超越の呈示（そしてそれゆえ幸福の約束、とプルーストは付け加えるであろう[45]）である、とわれわれは断ずることができるのである。

しかし、美的観念の起源がそこに見出される思考にもう少し立ち止まろう。美において働いている思考という強い意味での美的思考だけでなく、可感的なものにおいて働く思考という最初の意味での美的思考。その思考が生じさせる美的観念についてと同様に、この思考自身についても、それは、不可視なものをまさに可感的にすることによって、可感的なものの只中で可感的なものを超過するということができるであろう。したがって、それは、メルロ＝ポンティが「見ること、それは、原理的に、見える以上のものを見ることである。」（S, p. 29）[46]と書いた意味での視覚として可感的なものにおいて働いており、したがって、限界づけられたものについての視覚として理解される悟性の「概念的な見ること」を超越する思考である。[47]したがって、それは、概念を伴わない思考である。[48]この思考はその「二次表象」*Nebenvorstellungen* の量輪を伴いつつ、しかし理性の「概念の周囲」にとどまっており——とリオタールは注意している[50]——、カントによれば、少なくとも理性の「結果」と「同属関係[51]」を表現している、言い換えれば、理性の側面的転送の繁殖を示しているのである。これはまさに創造的思考であり、したがって、その意味で新たに開く

inaugurale 思考である。いずれにせよ、われわれはメルロ＝ポンティが、カントについての注釈において、「生まれたての」[52]観念を検討するのを見ておいた。要するにポイエーシス的で類推的な思考[53]、可感的なもの自身に属する超過物の力で可感的なものを超過するものを、可感的にすることができる思考である。メルロ＝ポンティはこの類推する超過物の力を借りて、可感的なものを「原的現前可能でないものの原的現前」として定義したのである。したがって、もしカントが美的観念は表現しえないものの表現であると断じ得るとすれば[54]、それはまさしく上で特徴づけた思考の働く領域が、超可感的なものを間接的な仕方で感覚的に呈示することとしての、感覚《アイステーシス》の領域だからである。

『美学』におけるヘーゲルの問題系では、芸術に固有な「感性的直観の形式」は宗教と哲学に対して芸術を制限することに結局なるのであるが[55]、美的観念についてのカント的概念はそれと異なり、感覚的なものによって表象される限界を、視覚を閉じるものとして特徴づけるのでなく、むしろ、まさに視覚に対して衝立をなすことによって、限界そのものの彼方に身を持すものに対して、間接的に視野を開くものとして[56]、すなわち、彼方に身を持すものを鳴り響かせ、したがって、それを間接的に現前させる限界として、特徴づけるのである。かくしてカントの思惟は、存在に対する主観性の外在性としての限界の哲学から、限界が、主観性と存在とを区別すると同時に、それらを結合する哲学に変身するように思われる[57]。

カントの美学に見られる願望、直観、方向と、メルロ＝ポンティの「新たな存在論」を最もよく特徴づけるいくつかの願望、直観、方向との間に、著しい類似が存在するといえるだろうか。可感的なもの——確かにカントがここで考察しているような可感的なもの——の過剰という主題に関する類似の確信こそが、「美的観念」と「可感的観念」についての両者の記述に類縁関係を生じさせ、かくして可感的なもの自身によって構成される限界の解釈において、存在論的展開の平面で収斂する可能性を、少なくともあらわにするのではないだろうか。

カントが『判断力批判』四十九節で定義したような上述の美的観念がもっぱら芸術美の産出にかかわるように思われるのに対して、メルロ＝ポンティが念頭に置いている観念は可感的なものの領域総体にかかわる、ということは事実である。しかしまた第三『批判』五十一節の冒頭に、あらゆる美は「(問題が自然美であろうと芸術美であろうと)、美的〈観念〉の表現［である］」[58]とはっきり述べられていることを思い起こすべきである。メルロ＝ポンティが考察している諸観念は──周知のごとく──(野生の)本質の意味に含まれているのも確かであるが、カントの美的観念についての理論において露呈することが適切であるとわれわれに思われた、主観性と存在との関係という新たな問題系に照らしてみると、両者の違いは緩和されるように思われる。[59] 別のタイプの問題に立ち向かうことでこの問題提示をはっきりさせることができる。

『講義要録』でメルロ＝ポンティは、無意識をめぐって、肉の「詩的で夢的な力」(*RC*, p. 179)を呼び起こしている。『眼と精神』の第二部で、メルロ＝ポンティは同じ仕方で、「絵画は、肉的本質の」──すなわち「可感的観念」の──「夢宇宙を繰り広げることによってわれわれのカテゴリーを揺り動かす」(*OE*, p. 35)と論じ、そしてもっと後で──見ることを見ることの思惟へと還元するがゆえに、概念を伴わない事物へのわれわれの開けをないがしろにする──デカルト的パースペクティヴでは、「類推による夢世界のなにものも残らない…」(*OE*, p. 41)と嘆いている。[60]「夢の onirique という語が現われるメルロ＝ポンティのもうひとつの主張に特有な語調にそって言えば、われわれは、「事物との、とりわけ他者との、われわれの覚めた状態での関係」でさえ、「原理的に夢の性格を備えている」(*RC*, p. 69)とわれわれは言うことができるであろう。実際、覚めた状態でさえ、これらの関係は肉の「詩的で夢的な力」によって、すなわち、肉がそれによってわれわれを事物と他者に結合する可逆性の組織によって、相変わらず活性化されているのである。したがって、「類推の夢的世界」は共通の肉的宇宙としての可感的世界そのものであり、この宇宙はそれを縦断する可逆性のおかげで類推化する力を授けられており、事物と他者に対する概念を伴わない開けをわれわれに提供する。この開けは、――マルク・リシールの有名な表現を使えば――「諸世界のポイエーシス的な *poïetique* 力」(61) である。

したがって、ポイエーシス性と類推力はメルロ゠ポンティにとって、――それらが内的に結合されている非概念性とともに――この「暗示的論理」を本質的に構成するものであって、この「暗示的論理」は、メルロ゠ポンティによれば、可感的世界の「骨格」そのものである諸観念をそこに描くことによって、可感的世界とまったく一つになっている。

確かに『映画と新心理学』講演の言葉から分かるように、「日常生活で、われわれは」このように知覚された世界の「美的価値を見失っている」(そして今や明確になった意味で、われわれはこの価値を詩的な *poëtique* ものとして定義することさえ提案した)。しかしこのような価値が自然的態度の明証性において失われがちであるとしても、まさに知覚される世界へのわれわれの関係に常に生気を与える「詩的で夢的な力」(62) が、習慣を一時停止させ、われわれがその世界において出会う諸々の含意を前にして驚きを生じさせる、この種の美的衝撃を生むことができるのである。これらの含意は、それはそれでまた表現へともたらされることを要求するのである。映画に関する講演の最後の部分で、メルロ゠ポンティはこの主題について次のように論じている。「現象学的または実存的哲学の良質な部分は、世界に対する私の、そして他者に対する私の、この内属に驚くことにある」(*SN*, p. 105. 筆者強調)。もちろん、メルロ゠ポンティが考えるような哲学の本領は、世界がどのように(*wie*, *comment*)あるかだけに単に驚かないことにある。

この点は彼の後期において決定的に解き明かされている。哲学の開始は、世界「がある《イリヤ》」[63]ということであると明言することによって、彼は哲学がまず *dass* (*quod*)〔事実〕に驚くのを見る。しかしその際、驚きは「〜がある《イリヤ》」の唯一の現実存在 *existence* に引き籠ることはなく、また「〜がある《イリヤ》」の本質、その *was* (*quid*)〔本質〕のために現実存在を無視するのでもない。なぜならわれわれはメルロ゠ポンティが、ハイデガーとまったく同様に、この二者択一を免れる *Wesen*《ヴェーゼン》〔本質／存在〕の概念を提供しようと努めているのを確証したからである[64]。

したがって、メルロ゠ポンティによると、哲学の本領は驚くこと、すなわち、以下に引く文が明かすように、「見させる」(*ibid.*) ことにある。したがって、その驚きは、疑問的である以前に、感嘆的である[65]。哲学がその固有の問いを関わらせるのはまさにこのことに対してである。この問いは、実際、『見えるものと見えないもの』が強調しているように、〈存在〉へと向かうのではない。たとえその問いという在り方によってでしかないにせよ、哲学は、存在をすでに訪れたのであり、哲学は存在から立ち戻る」(*VI*, p. 161)、そしていずれにしろ哲学は「答えを得るのでなく、その驚きの確認を得るのである。」(*VI*, p. 138) 結局、哲学は「美的衝撃」によって——肉の「詩的で夢的な力」によって——われわれの知覚経験において喚起された驚きをつかみなおし、その驚きを、答えの中に解消することを望むより、驚きとしてそれを維持する表現へとその驚きをもたらすべきである。しかし、哲学はいかにしてその表現へと接近できるのか。メルロ゠ポンティは映画に関して、「ひとたび発明された技術的道具は、芸術的意志によって捉えなおされ、言わばもう一度発明されなければならない」(*SN*, p. 106. 筆者強調) と書いている。アロイス・リーグル[66]によって仕上げられた芸術意志 *Kunstwollen* の概念に帰される主観的活動の偏った痕跡は、存在論的パースペクティブの中で、後期メルロ゠ポンティによって、明らかに薄くなるであろう。「〈存在〉は、われわれがそれについての経験を持つために、われわれに創造を要求するものである。」(*VI*, p. 251) と、『見えるものと見えないもの』の作業ノートは、文学および芸術に対してと同じく、哲学に言及しつつ、言いきっている。文学と芸術のものである創造は――直前で同じノートが表明している――「「精神的」なものの(「文化」の)宇宙における思惟的な捏造物でなく、まさに創造としての〈存在〉との接触」(*ibid.*) として顕れる。したがって、もし創造作品だけが、存在とのわれわれの肉的関係において出会われる驚きを生き生きとした姿のまま維持できるとすれば、それはまさにこの驚きがこの作品を促し、この作品が自らを呼び起こした同じ詩的で夢的な力から汲み取っているからである。こうして文学と芸術は、哲学と同様に――このことは哲学の構成にとって特別に重要な意味を含んでいる――、一方でそれらの創造活動性の受動的裏面を表し、他方、この活動性を養う非概念性、ポイエーシス性、類推力の構成素を表しているのである。[67]

カントもまた、少なくとも芸術と文学に関して、美的観念の能力として天才を定義することによって、この第二の局面を強調したことをわれわれは観察したのだとすれば、カントが天才を「自然がそれによって芸術に規則を与える精神の生得の素質 *ingenium*[68]」として定義する時、われわれは第一の局面の痕跡を見出すことができる。この定義によって、カントは実際、「美術」は――「機械的」技術と反対に、概念の上にその固有の規則を根拠づけることはできないので――自らの規則をもっぱら自然から派生させなければならず、自然がそれらの規則を芸術家の本性そのものにおいて与える、すなわち、天才として定義されたまさに「自然の」「賜」において与えるのである、と断言しようとしている。[69] したがって――天才についてカントは強調する――「天才は自然であるかぎりで規則を与え[70]」、したがって、結局この規則は芸術的創造の行為そのものにおいて創設される。[71] これに対して、天才のほうは、「いかにして自分がその産出物を実現するかを記述したり、科学的に説明したりすることが、自分ではできない」とカントは説き、「それゆえに、それに関係する諸観念がいかにして自分のうちに見出されるか、自身では知らない[72]」。したがって、このような観念——美的観念——は、この「自然の賜[73]」からしか到来することはできない。というのも、自然は天才の才能のなかに届いており、天才に創造の作品を促しているように思われるからである。その作品が芸術に与える諸規則はその作品の中で創設されるのであって、天才がその作品の観念を支配するわけではない[74]。この見通しの中で読まれるならば、カントの美的観念は〈自然[75]〉の存在の啓示であり、この啓示は天才の芸術的創造においてその表現を見出すのである。それは「想像力の表現」というカントによる天才の定義の裏面である。このような見通しにおいては、したがって、カントとメルロ゠ポンティがそれぞれ「美的観念」と「可感的観念」という表現で用いる「観念」という用語の意味の間の相違は、われわれがすでに指摘したように、緩和される傾きにある。

しかし、われわれの知るように、メルロ゠ポンティが明白な仕方で呈示した『判断力批判』についての唯一の真正な読解、すなわち『目的論的判断力批判』に関する部分に基づいて——自然の概念にあてられたコレージュ・ドゥ・フランスの最初の講義の枠組みの中で——、『判断力批判[76]』の自然概念を分析するためにメルロ゠ポンティが展開した読解の方向は、そのようなものではなかった。実際、この講義は、有機的全体性についてメルロ゠ポンティの扱い方が与える有望な直観を際立たせているが、また、カントにおいて、〈自然〉の考察と判断力そのものを神人同形的平面へと導く一般的傾向を、目立たせている[77]。かくしてメルロ゠ポンティは、第三『批判』が、すでに『純粋理性批判』によって提出された〈自然〉の概念を検討する中で彼が析出した思考と同質で、それを補足する「人間的思考[78]」に最終的に到達することを見届ける[79]。われわれが上で検討した個所がわれわれに示しているように思われる存在論的含意と潜在的に一致する要素があるにもかかわらず、この講義では、彼が当時仕上げつつあった可感的なものと〈自然〉についての存在論という見通しの中で、これらの個所についての読解を方向づけるという可能性を、メルロ＝ポンティは採らなかった。さらに、『美的判断力批判』への特別な言及はそこにはない。このことは、『美的判断力批判』では「可感的なものから切断された概念」が、本論考の冒頭に引いた「感官の対象の総体」としての自然というカントの定義を例に挙げて『哲学者とその影』が示した概念として提出されているのではないだけに、いよいよ奇妙である。反対にわれわれは、カントがこの著作において概念を伴わない可感的なものの普遍性をまさに思考しようと努めているのを知っている。そしてまたわれわれは、メルロ＝ポンティが、『知覚の現象学』の「序文」において、そのことをすでに見ていたことを知っている。彼はそこで共通感覚としての趣味判断に暗に言及したのである。しかしメルロ＝ポンティは、みずから呼び出したカントの一節において、趣味判断が、定義されたまさにその意味で、判断力一般の下に張り巡らされているものとして考えられるべきであると、まさに強調されているにもかかわらず、この普遍性は「美的判断」に限定されたままであるとやはり考えているように思われる。(80) さらにこの可感的なものの普遍性は、神人同形的な水準へとそれはそれで送り返されるこのような能力——われわれはメルロ＝ポンティが自然の概念を主題化した最初の講義で彼自身がそう考えていたのを知っている——に、したがって、認識領野での実効性ある含意を奪われているこのような能力に、限定されるようにも思われない。反対に、この主題に関して『知覚の現象学』の「序文」が、可感的なものに関するカント的能力としての想像力に対して要求した諸々の権利は、(81) 美の理論から、崇高の理論を経て、芸術論へと高揚するに従って、次第に『美的判断力批判』の中で理解されるようになる。(82) この理論に関してカントは、「創造的」想像力によって悟性に与えられる「素材」——美的観念——は、認識機能において悟性によって直接用いられるのでないとはいえ、「認識諸能力に生気を与えるべく、主観的に」使用されるのであるが、「そうすることによって悟性は、間接的に認識に対してもその素材を適用することになるのである」[83]と強調している。

『第一批判』によって固定された理論的整合性のあり方に第三『批判』を還元し、有望だがたちまち閉じられてしまった突破口として新しい要素を捉えてしまうことによって、第三『批判』の体系的局面を特権化する傾向が妨げとならなかったならば、メルロ＝ポンティの読解は、この芸術論の中に、「人間的魂の深みに隠された術」についての直観を突き詰めた展開を見てとることができたはずである。この「術」こそ、『純粋理性批判』が銘記し、『知覚の現象学』が呼び覚ました当のものでもあるのだ。さらに一般的にみれば、この読解は、『美的判断力批判』において、範囲を限定された調査という形においてであるが、可感性と想像力との包括的な再考察に出会ったはずであり、その包括的な再考察が、可感性と想像力の本原的含意を、悟性と超可感的なものによって探索し、非概念的かつ前概念的な思考を探索し、しかし単に前概念的であるだけでなく概念的思考の定義に対するそれらの貢献を探索し、思考を誕生させるそれらの能力を探索し、かくして哲学的思考の表情そのものを暗に授けることを目指すものであることに、思い至ったはずである。畢竟するに、この読解は、「肉と観念との絆」（*VI*, p. 195）についてのその独自の反省に関して、自らが考えた以上に近接し、自らが考えた以上に刺激的な話し相手を見出しえたはずである。

イタリア語からのニコラ・ギロによる仏訳（校訂R・バルバラス）

注

（1）メルロ＝ポンティが引用したこの表現（それぞれ、*Signes*（*S* と略記), p. 217 et n. 1 と *Résumés de Cours*（*RC*

と略記), p. 101) は実際は『判断力批判』に二度出ている (cf. I. Kant, *Kritik der Urteilskraft* [1790], A. Philonenko による仏訳, Paris, Vrin, 1986, p. 181-278)。本来この表現は『純粋理性批判』には存在しないが、『純粋理性批判』にはわずかしか違いのない実質的に同等の表現が見られる。(cf. 例えば I. Kant, *Kritik der reinen Vernunft* [1781, 1787], A. Tremesaygues et B. Pacaud による仏訳, PUF, Paris, 1944, p. 565)

(2) メルロ＝ポンティは自然の概念について一九五六―一九五七、一九五七―一九五八、一九五九―一九六〇の三度の講義を行っている。前の二つについて匿名の聴講者のとったノートと、メルロ＝ポンティ自身の手になるノートが、最近編集され出版された。cf. M. Merleau-Ponty, *La Nature, Notes. Cours du Collège de France*, établi et annote par D. Séglard, Paris, Éd. du Seuil, 1995.『判断力批判』については特に cf. P. 43-47.

(3) M. Merleau-Ponty, *La Nature, Notes. Cours du Collège de France, op. cit.*, p. 42.

(4) メルロ＝ポンティによれば、まさに有機的全体性において、「因果性の外的結合でない結合様式、意識の内在性でない「内面」が発見され、したがって、自然は対象以外のものであることが発見されるように思われる。」(*RC*, p. 102)。Cf. aussi M. Merleau-Ponty, *La Nature, Notes. Cours du Collège de France, op. cit.*, p. 45.

(5) この主題に関しては、まさに「一種の共通感覚としての趣味判断について」と題された『判断力批判』第四十節を特に参照せよ。メルロ＝ポンティの提示する解釈の諸要素と特別な類縁関係を示すこのカントの一文の読みについては、E. Garroni, *Estetica. Uno Sguardo-attraverso*, Milan, Garzanti, 1992, p. 198 sq. を参照。ここで研究され、カントとの関係で考察される、メルロ＝ポンティのページについては、E. Rocca, *L'essere e il giallo. Intorno a Merleau-Ponty*, Parme, Pratiche, 1993, p. 39-41. を参照。

(6) Cf. I. Kant, *Critique de la faculté de juger, op. cit.*, n. 2, p. 128.

(7) Cf. E. Husserl, *Formale und transzendentale Logik* [1929], actuellement La Haye, M. Nijhoff, 1974, S. Bachelard による仏訳, *Logique formelle et transcendentale*, Paris, PUF, 1957, p. 386. 作動的志向性と「感性界のロゴス」の同化については、*Phénoménologie de la perception* (*PP* と略記), p. 490-491 を参照。この機会に、われわれが言及した『知覚の現象学』の序論の一節でメルロ＝ポンティがこの「人間の魂の深みに隠された技」を作動的志向性そのものと同化する傾向があるように、カントは『純粋理性批判』で超越論的図式を産出する想像力の機能に言及していることを指摘しておくのが適切であろう（cf. I. Kant, *Critique de la raison pure, op. cit.*, p. 153）。また、序論のこの同じ一節でメルロ＝ポンティは、美的判断において前提された「人間の魂の深みに隠された技」の中で、第一『批判』と第三『批判』の連続的要素に気づいている。この点については特にP. Gambazzi, *La bellezza come non-oggetto e il suo oggetto. Considerazioni fenomenologiche su alcune proposizioni della* Critica del giudizio, *in* AA. VV., *Azione e contemplazione*, Milan, IPL, 1992, p. 294-326, 特に第一節。ここで作者は『純粋理性批判』における図式論と『判断力批判』における美の理論が共に可感的なものと悟性と超感性的なものとの共根源性の理論の探求を行っているかを強調している。「両方の場合で、カントは固有に美的なロゴスとその決定不可能で原因のない起源の場所を示している。」（*ibid.*, p. 303.）同じ点について、J. Taminiaux, Les tensions internes de la *Critique du jugement*, *in* Id., *La nostalgie de la Grèce à l'aube de l'idéalisme allemand. Kant et les Grecs dans l'itineraire de Scheller, de Hölderlin et de Hegel*, La Haye, M. Nijhoff, 1967, 特にp. 61を参照。異なる仕方でではあるが、これら二つのカント読解は『カントと形而上学の問題』（［1929］現在はKlostermann, Francfort-am-Mein, 1991, A. de Waelhens et W. Biemel による仏訳, Paris, Gallimard, 1953）と『ニーチェ』（Neske, Pfullingen 1961, P. Klossowski による仏訳, Paris, Gallimard, 1971, vol. I, p. 101-108.）におけるハイデガーによる読解に多くを負っている。

（8）フッサールの思想の「影」の中で考えられたように、〈自然〉において「精神はいわば未耕の存在のただなかで、諸々の身体の符合する働きの中に埋め隠されている。」（*RC*, p. 116）とメルロ＝ポンティは説明する。

（9）この読み方はさらにメルロ＝ポンティが『行動の構造』（一九三八年執筆終了。Paris, PUF, 1942, 例えばp. 185 sq. とp. 216 sq. を参照。）で展開したカントの主知主義に対する論戦と連続している。しかしこの論戦は、「心身関係と知覚意識の問題」の章に関連した注で「カントの哲学は［……］、特に『判断力批判』において、ここで問題になっている諸問題に関する本質的手引きを含んでいる」（*ibid.*, n. 1, p. 223）ことをメルロ＝ポンティが認識する妨げとはならなかった。

（10）さらに、「世界に向かって、海の水に向かって、彼［ルノワール］は「洗濯女」の水の秘密を繰り返し問い、一方から他方への移行を、自分も含めて、世界の中に取り込まれている者たちに対して開いた。」（*S*, p. 79.）

(11) Cf. *L'esprit et l'œil* (*OE* と略記), p. 43 ; *ibid.*, p. 71 ; *Le visible et l'invisible* (*VI* と略記), p. 199. 特に観念という概念に結び付けられる非概念性のテーマにおいて、ガンバッツィは、「『判断力批判』の大問題」と同様に、メルロ＝ポンティの「新たな存在論」の特別な特徴の一つを認識している。P. Gambazzi, *Le piega e il pensiero. Sull'ontologia di Merleau-Ponty*, 《aut aut》, n° 262-263, 1994, n. 35, p. 38.)

(12) この主題については *VI*, p. 264-265. も参照。

(13) 〔訳注―形、大きさ、運動を指す。〕

(14) 「美術の区分」と題された第三『批判』の第五十一節で、カントは実際「固有の意味での絵画」を形態美術に配し、他方「色の芸術」を感覚の美的働きの芸術に結び付けて、「固有の意味での絵画」から区別している。この操作は後続する第五十三節で、絵画は「デッサンの芸術」(*ibid.*, p. 157) として考えられているという事実によって明らかに動機づけられている。

(15) メルロ＝ポンティによってコメントされた個所については、M. Proust, *A la recherche du temps perdu*, édition établie et annotée par P. Clarac et A Ferré, Paris, Gallimard, «Bibliothèque de la Pléiade», 1954, vol. 1, 特に p. 349 sq. を参照。後に再生される引用はこの個所から採られている。われわれの作品に立ち戻らせていただけば、*Ai confini dell'esprimibile. Merleau-Ponty a partire da Cézanne e da Proust*, Milan, Guerini e Associati, 1990, p. 177 sq. のなかでわれわれは、メルロ＝ポンティが『見えるものと見えないもの』でこれらの個所について与えたコメントについて、すでに述べておいた。

(16) 『ヘーゲル以降の哲学と非‐哲学』のなかでメルロ＝ポンティは、ニーチェにおいても同様の根本的に現象学的な問題系を見出そうとしている。『悦ばしき知識』第二版（一八八六年）「序論」で、ニーチェは「われわれは、真理からそのヴェールを取り除いたとすれば、真理が真理のままでありつづけるとはもはや思わない。」と書いている (F. Nietzsche, *Die fröhliche Wissenschaft*, trad. franç. de M. Merleau-Ponty lui-même, dans M. Merleau-Ponty, *Philosophie et non-philosophie depuis Hegel*, notes de cours, texte établi et présente par C. Lefort, in *Textures*, n° 8-9, 1974, p. 90.)。

(17) Cf. *VI*, p. 154 et n. 1.

(18) この件については、特に『見えるものと見えないもの』のイタリア語版（Milan, Bompiani, 1993）の付録になっているわれわれの *Indice tematico*（テーマ索引）にある、「本質 - *Wesen*」というテーマの下に集められた作業ノートの個所、ならびに、「〝意味〟- 次元性 - 存在」と題された一九五九年一一月の作業ノートを参照せよ。この個所についてわれわれはもっと詳細に検討する予定である。同じ主題について、M・リシールのとても啓発的な論文 *Essences et «intuition» des essences chez le dernier Merleau-Ponty*, in Id., *Phénomène, temps, et êtres. Ontologie et phénoménologie*, Grenoble, Millon, 1987, p. 65-103. も参照せよ。

(19) 可感的世界の骨格としての未耕の本質については、特に P. Gambazzi, *La piega e il pensiero. Sull'ontologia di Merleau-Ponty, op. cit.*, p. 36-38. を参照。

(20) 『見えるものと見えないもの』の別の個所で、メルロ＝ポンティはもっと一般的な仕方で、「構成された一つの文化から別の文化への伝達は、それらの文化のすべてがそこで発生した野生の領域を通じてなされる」（*VI*, p. 154）と書いている。

(21) Cf. P. Gambazzi, *La piega e il pensiero. Sull'ontologia di Merleau-Ponty, op. cit.*, p. 34-36.

(22) Cf. M. Richir, *Essences et «intuition» des essences chez le dernier Merleau-Ponty, op. cit.*, p. 81 et 87. この論文はさらに、このような論理がメルロ＝ポンティにとって、精神分析の「自由連想」を支えてもいることを強調している（cf. *ibid.*, p. 100）。他方、メルロ＝ポンティはすでに一九五四―一九五五年のコレージュ・ドゥ・フランス講義「受動性の問題、夢、無意識、記憶」の要録において、「無意識なものは知覚意識であり、知覚意識と同様に、巻き添えまたは雑居の論理によって生ずる。」（*RC*, p. 71）と明言している。これと同じ論理が、プルーストによって探求された「無意志的な記憶」の中でも作動する。

(23) Cf. I. Kant, *Essai pour introduire en philosophie le concept de grandeur négative* [1763], J. Ferrari による仏訳, in I. Kant, *Œuvres philosophiques*, Paris, Gallimard, «Bibliothèque de la Pléiade», 1980, vol. III, p. 250-301.

(24) Cf. 例えば、*VI*, p. 314 et 318.

(25) この最後の局面は P. Gambazzi, *La piega e il pensiero. Sull'ontologia di Merleau-Ponty, op. cit.*, p. 34. で、適切な仕方で明らかにされている。カントの「負量」の概念と否定的なものに関するメルロ＝ポンティの反省の関係については、E. Rocca, *L'essere e il giallo. Intorno a Merleau-Ponty*, *op. cit.*, p. 85 sq. をも参照。

(26) 一九五九年一〇月に「無意識」をテーマとして開かれたボンヌヴァルの第六回コロックでメルロ＝ポンティが行った報告の結論はこのように表明されている。これはメルロ＝ポンティが突然逝去した後、J.-B. Pontalisが編集した要録に基づいている。Cf. H. Ey（監修）, *L'Inconscient*（*VIe Colloque de Bonneval*）, Paris, Desclée de Brouwer, 1966, p. 143.

(27) Cf. I. Kant, *Essai pour introduire en Philosophie le concept de grandeur négative*, *op. cit.*, p. 265-266.

(28) 同じ主題への別の言及が『間接的言語と沈黙の声』に認められる。「芸術作品で取り替えのきかないこと、［……］それは芸術作品が、観念というより、観念の母型を含んでいるということであり、われわれがその意味を展開し終わったことの決してない表徴を提供していることであり、まさにわれわれがその鍵を持たない世界の中に芸術作品が自分とわれわれを位置付けるがゆえに、芸術作品はわれわれに見ることを教え、最後に、分析はわれわれが予め対象に置き入れたものを対象の中に見出すだけだからであるがゆえに、いかなる分析的作品にもできないような仕方で、われわれに考えさせるということである。」（*S*, p. 96-97）

(29) Cf. *VI.*, p. 201.

(30) I. Kant, *Critique de la faculté de juger*, *op. cit.*, § 49, p. 143-144.

(31) *Ibid.*, p. 146.

(32) *Ibid.*

(33) *Ibid.*, p. 144.

(34) *Ibid.*, p. 143.

(35) *Ibid.*, p. 144.

(36) *Ibid.*

(37) *Ibid.*

(38) Cf. J. Taminiaux, Les tensions internes de la *Critique du Jugement*, *in* Id., *La nostalgie de la Grèce à l'aube de l'idéalisme allemand. Kant et les Grecs dans l'itinéraire de Schiller, de Hölderlin et de Hegel*, *op. cit.*, p. 52

et 60. タミニオはさらに、いかにして「客観性の乗り越え」が「存在者の領域そのものに対する過剰によって」（*Ibid.*, p. 53）行われるのかを強調している。

（39） I. Kant, *Critique de la faculté de juger*, *op. cit.*, p. 144.

（40） *Ibid.*, p. 146.

（41） 美的観念がこのような素材（*Stoff*）であろうという事実がジャン・フランソワ・リオタール（*Leçons sur l'analytique du sublime*, Paris, Galilée, 1991, p. 85.）によって際立てられている。そこで彼は「美的な意味での精神 *Geist*」と「心意識 *Gemüt* における生命を与える原理」とのカント的同一化について、そしてその原理と「美的諸観念を呈示する能力」との同一化について、コメントしている。まさに美的諸観念こそが、この生命付与を働かせるために精神が利用する「素材」なのである。

（42） Cf. I. Kant, *Critique de la faculté de juger*, *op. cit.*, § 59, p. 174, ainsi que L. Pareyson, *L'estetica di Kant*, Milan, Mursia, 1968, nouv. éd. aug. 1984, p. 145.

（43） I. Kant, *Critique de la faculté de juger*, *op. cit.*, p. 144.

（44） *Ibid.*, p. 145.

（45） たとえ美が不死性を約束するものでないとしても、少なくとも死をもっと耐えやすいものとする約束である限りで、幸福の約束である。実際プルーストは、メルロ＝ポンティが、われわれの見たように、「可感的な」と定義した観念に関して次のように書いている。「おそらく、真実であるのは無であり、われわれの夢のすべては存在しないのだろう。しかしそうであるならばわれわれは、夢にかかわって存在するこうした音楽のフレーズ、こうした概念もやはり何物でもないにちがいない、と感ずるのである。われわれは消滅するであろうが、しかしわれわれは、自分の可能性に付き従う神の俘虜を人質として持っている。そしてそうした俘虜を伴う死には、なにかしら、過酷さの少ない、つまらなさの少ない、おそらくありそうもない、ところがある。」（M. Proust, *op. cit.*, vol. I, p. 350）

（46） カントが想像力において基礎付けられていると考えた思考と視覚とのこの根源的関係については、cf. J. Taminiaux, *op. cit.*, p. 45, 55 et 58. ガンバッツィの場合は「美は見ることと考えることとを（それらの差異においてであるが）共属させる。」と強調している（P. Gambazzi, *La bellezza come non-oggetto e il suo oggetto*, in

AA. VV., *Azione e contemplazione*, *op. cit.*, p. 324)」。さらにこのような二重関係をメルロ＝ポンティは本稿 n. 28 で引用された観察において把握しているように思われる。

(47) 限界づけられたものしか悟性には適合しない——とリオタールは説明する——、なぜなら「確かに限界それ自身を悟性はその対象として理解することができない。限界はその外部と内部を伴ってしか理解されない。限界は限界づけられたものと限界づけられていないものとを直接に含んでいる。ところで、限界づけられていないものについての限定可能な概念は存在しない。限界、限界づけられたもの、限界づけられていないものは、対象として捉えられ、すべてが一緒になって、思弁的理性の諸理念の対象でしかありえない。限界は悟性にとっての対象ではなく、悟性の方法である。悟性のすべてのカテゴリーは限定の、すなわち、限界づけの、演算子である。」(J.-F. Lyotard, *op. cit.*, p. 80) 限界づけられた——またはデカルトの用語で言えば「判明な」——ものの視覚としての悟性の視覚について、メルロ＝ポンティの場合は、まさにこの「判明な」に言及しつつ、次のように強調している。「精神の洞観 *intuitus mentis* の定義は、視覚との類推に基づいており、この視覚自身は視覚的に不可分なもの（職人の見る細部）についての思惟として理解されている。不完全な視覚として考えられた、したがって、判明な思惟の理念的視覚として考えられた、「海」の把握（個物としてでなく「元素」として）。視覚についてのこの分析は改めて全体的に考察しなおさなければならない（それは問題であるもの、つまり物自体を前提している）。それは、視覚が遠隔‐視覚（télé-vision）、超越、不可能事の結晶化であることを、見ていない。」（*VI*, p. 327）

(48) 美的観念に関するこの思想の非概念的性格については特に cf. J. Garelli, *Le lieu d'un questionnement*, «Les Cahiers de Philosophie», nouv. série, n°7, 1989 春、特に p. 133 以下。また、P. Gambazzi, *La bellezza come non-oggetto e il suo oggetto*, in AA. VV., *Azione e contemplazione*, *op. cit.*, p. 323-324. 同じ点に関して同様に、Garelli, *Rythmes et mondes*, Grenoble, Millon, 1991, 第1部第1章（p. 30 以下）を参照。この本は上記の Garelli 論文を洗練し直した形で改めて示している。

(49) 『判断力批判』第四十九節で、この言葉は一四四ページと一四五ページ〔独語原文一九五ページと一九六ページ〕に再び現われる。

(50) J‐F・リオタール（*op. cit.*, p. 87）、J・ガレリも共有する見解である。この点については cf. *Le lieu d'un*

questionnement, *op. cit.*, p. 116.

(51) I. Kant, *Critique de la faculté de juger*, *op. cit.*, p. 144.

(52) 同様にガレリは、カントにとって美的観念の場所は「生まれつつある不安定性と波乱の場所であり、あらゆる創造の創設者である。」(J. Garelli, *Le lieu d'un questionnement*, *op. cit.*, p. 116) と強調している。

(53) カントの思考の内部では、「類推――リオタールはその重要性を強調しつつ想起している――が、所与を、ある能力から別の能力へと、法制度または合法性の領土を飛び移らせることによって、変形し、あるいはむしろ交換する。類推は、ある領域から別の領域へと表象関係を移しかえることによって、思考の可能的対象の全領野を横断し、現行の諸規則に従って表象関係を到達領域に移しかえることをやめる。類推は表象関係を移住させ、異文化に同化させる。」(J.-F. Lyotard, *op. cit.*, p. 87)

(54) I. Kant, *Critique de la faculté de juger*, *op. cit.*, p. 146.

(55) Cf. G. W. F. Hegel, *Esthétique*, S. Jankélévitch による仏訳, Paris, Flammarion, 1979, vol. I, 例えば p. 33（「芸術は、その内容をもってしても、いくつかの限界［*Beschränkungen*］にぶつかるのであり、感覚的質料に働きかけ、その結果、真理の一定の精神段階しか、内容として持つことができない、ということを、ここでは思い起こすことで満足しよう。」）および p. 152（「自然と生の有限な範囲の内部で、芸術は前部を持つのと同様に、後部を、つまり、絶対者についての自分の把握と表象の様式を越える領域をも、持っている。なぜなら、芸術はそれ自身のうちに自分の限界［*Schranke*］を内包しており、それによって、より高められた意識形態に席を譲るべきだからである。この限界［*Beschränkung*］は、われわれが一般に現実生活の中で芸術に割り当てている場所を決定しもする。」）タミニオは次のようにコメントしている。「ヘーゲルは、プラトンと出会って、芸術がイデアと交流があり、イデアの表出であるという考えを擁護している。しかし、すぐに、感覚的なものと知的なものとのプラトン的区別に深く共感して、芸術がその作品を生み出す基本環境《エレメント》、すなわち、感じうるものは、イデアの十全な表出には不十分である、と付け加えている。」(J. Taminiaux, Le penseur et le peintre : sur Merleau-Ponty, *La part de l'œil*, n°7, 1991, p. 40)

(56) *die Aussicht eröffnen* と *die Aussicht verbreiten*（いずれも、文字どおりには、「視野を開く」の意）という表

現が、『判断力批判』（仏訳）第四十九節の一四五ページと一四六ページにそれぞれあり、前者では明白な、後者では暗黙の、言及が美的観念に対してなされている。加えて、同様に、「経験の諸限界の彼方に」（*über die Erfahrungsgrenze* または *über die Schranken der Erfahrung*）という表現が、一四四ページに二度出ている。『判断力批判』の中に見出すことができ、美的観念についての理論によって確認される、開けのような感覚的有限性の概念に関して、ガンバッツィは「カントが言うように、美は人間に対してしか存在しないということは、メルロ＝ポンティが書いているように、『遮るものなしに見るということはない、つまり、われわれが話題にしている諸観念は、もしわれわれが身体と感性を持たなければ、われわれによってもっとよく知られたはずであるというようなものでない。もしそうであったならば、そうした諸観念はわれわれには接近できないはずである。』という事実から派生する。」（P. Gambazzi, *La bellezza come non-oggetto e il suo oggetto*, *in* AA. VV., *Azione e contemplazione*, *op. cit.*, n. 58, p. 324.）と指摘している。メルロ＝ポンティからの引用は、『見えるものと見えないもの』でメルロ＝ポンティがプルーストと感覚的諸観念について考察した個所（一九六ページ）から、意図をはっきり示す仕方でなされている。

（57）　このテーマについては、cf. J. Taminiaux, *op. cit.*, p. 58, p. 63. 同様に、E. Franzini, *Limiti e confini*, «Rectoverso», n° 10, 1995/2, p. 11-18 を参照。

（58）　I. Kant, *Critique de la faculté de juger*, *op. cit.*, p. 149.

（59）　同様にガンバッツィは、メルロ＝ポンティの場合、「観念」という語は、「カント的でなく、フッサール的な意味で、すなわち、本質、エイドスという意味で」（P. Gambazzi, *La bellezza come non-oggetto e il suo oggetto*, *in* AA. VV., *Azione e contemplazione*, *op. cit.*, n. 58, p. 324）理解しなければならないことを想起させる。しかし彼はまた、美についてのカント的概念において、「エイドスは単一性の規範性と一致する」（*ibid.*, p. 320）と見ている。この意味で、カントの「美的観念」とメルロ＝ポンティの「感覚的観念」とをこの点についても明らかに比較できることになるであろう。規範性についてのカント的テーマについては、cf. M. Ferraris, *Kant e l'esemplarità dell'esempio*, *in* G. Vattimo (a cura di), *Filosofia '94*, Rome-Bari, Laterza, 1995, p. 147-172.

（60）　後期メルロ＝ポンティの反省におけるこの用語の意味と、さらに一般的に、肉の「詩的で夢的な諸力」という表現の意味に注意を促し、啓発的な考察を提示した最初の人はM・リシールである。彼はこの「詩的で夢的な諸力」の中に可逆性の活動そのものを認識している（cf. M. Richir, *Essences et «intuition» des essences chez le dernier Merleau-Ponty*, in Id., *Phénomènes, temps et êtres. Ontologie et phénoménologie*, *op. cit.*, p. 91, 94-95, 特にp. 102–103）。

（61） *Ibid.*, p. 102

（62） 周知のように、『知覚の現象学』序文でメルロ＝ポンティは、オイゲン・フィンクの定式表現を捉えなおして、現象学的還元を「世界を前にしての〝驚き〟」と規定している。

（63） 「哲学は、相関項――対象と「存在しない」無――の彼方に、〝が在る〟に、〝或るもの〟への〝開け〟に、〝無でないもの〟への〝開け〟に、出発点を置く。」（*RC*, p. 154）

（64） 『見えるものと見えないもの』における「（動詞的）*Wesen* - 歴史の *Wesen*」と題された一九五九年二月の作業ノートで、メルロ＝ポンティは *Wesen* を「客観存在でも主観存在でもないし、本質でも現実存在でもない、存在の第一の表現、つまり、現成する（*west*）もの（薔薇の薔薇存在《であること》、社会の社会存在《であること》、歴史の歴史存在《であること》）は、*daß* の問いに対してと同様、*was* の問いに対して答える。それは一主観によって見られた社会でも、薔薇でもなく、社会や薔薇の対自存在でもない［……］。それは薔薇を隅々まで貫いて広がる薔薇性である。」（*VI*, p. 228-229）

（65） 同じ分析が J.-P. Charcosset, *Merlea-Ponty. Approches phénoménologiques*, Paris, Hachette, 1981, p. 25 にある。

（66） J.-P. Charcosset, *op. cit.*, p. 106 はこの個所を強調している。

（67） われわれが引用したばかりの『見えるものと見えないもの』の作業ノートで、哲学に帰されるポイエーシス的な性格については cf. J. Garelli, *Le lieu d'un questionnement*, *op. cit.* p. 112.

（68） I. Kant, *Critique de la faculté de juger*, *op. cit.*, p. 138.

（69） Cf. *ibid.*, p. 138-139.

（70） *Ibid.*, p. 139.

（71） このテーマについては cf. J. Taminiaux, *op. cit.*, p. 59.

(72) I. Kant, *Critique de la faculté de juger*, *op. cit.*, p. 139. 強調はマウロ・カルボーネ。

(73) この意味でJ・タミニオが指摘しているように、「自然の賜」は「芸術家の発意より根本的な発意の徴である」(J. Taminiaux, *op. cit.*, p. 61)。

(74) タミニオはまた、それゆえ、「創造は強制的に従わせるという意味で作ることでなく、同意することである」(*ibid.*) と指摘している。

(75) やはりタミニオが強調しているように、「〝自然〟という用語はここでは科学的方法の適用分野を意味しない［……］。さりとて、この自然は、味わうのにちょっとした趣味があればこと足りる、それ自体として好まれる、内容を欠いた形式に還元されるわけでもない［……］。ここで自然と呼ばれているのは、湧出すると同時に身を隠す生きた源泉であり、見られるに任せることなく明らかにする光であり、効力を持ちながら、しかしそこから摂取する者に対しては隠されている力である。」(*ibid.*, p. 53-54)

(76) このテーマに関しては、ガンバッツィが指摘しているように、「カントは、その反省的な仕方で目的論的な限定と分類の理論におけるよりも、美学においてのほうが遙かに自然を（『純粋理性批判』が自然を規定する際の、数学的に処理する客観主義から）解放する。美こそが、経験についての思索を、認識に関する客観主義の彼方で、根本的に再活性化する。」(P. Gambazzi, *La bellezza come non-oggetto e il suo oggetto*, in AA. VV., *Azione e contemplazione*, *op. cit.*, p. 305)

(77) このことについては、メルロ＝ポンティが *RC*, p. 104——この個所についてはすでに暗示しておいた——と、*La Nature, Notes, Cours du Collège de France*, *op. cit.*, p. 43-45 で主張していることを参照。

(78) Cf. *ibid.*, p. 47. この個所で、この判断は以下の仕方で説明されている。『判断力批判』の結論で、「カントは人間を宇宙に対立させ、人間の偶然的な側面、自由、の中に、目的性に属するあらゆるものを置き直す。

(79) Cf. このテーマについては *ibid.*, p. 40-43.

(80) I. Kant, *Critique de la faculté de juger*, *op. cit.*, § 40 参照。

(81) 「しかし、主観の自然が存在するならば、想像力の隠された術が範疇の活動を条件づけているはずであり、美的判断のみならず、認識もまたその術に依存しているのであって、この術こそが意識と諸々の意識との統一性を基礎

づけているのである。」（*PP*, p. XII）

（82）この主題については特に、『判断力批判』についての L. Pareyson, *L'estetica di Kant*, *op. cit.* の読解を参照。

（83）I. Kant, *Critique de la faculté de juger*, *op. cit.*, p. 146. 強調はマウロ・カルボーネ。

フレデリック・ウォルムス

直観と反省のあいだ
メルロ＝ポンティの現象学における批判の意味

以下の考察の目的は、限定されたものに見えるだろう。問題は、メルロ＝ポンティの現象学、特に『知覚の現象学』において、哲学的批判——とりわけ直観の哲学と反省の哲学の批判——が、普通考えられているよりも重要な役割を演じていることを示すことにある。おそらく、この批判はまさに、彼の哲学的な企てにとって外的であるどころか、それを統一する方へ向かう道の一つをなしており、その同じ批判が『見えるものと見えないもの』に至るまで、働いているのである。その内的射程に達することによってしかこの思想の歴史的意義を理解することはできないだろう。そしてこの射程は、今度はわれわれをわれわれ自身の現在へと投げ返すことになるだろう。

しかし、話を進める前に、二つのパラドクスをひとまとめにして乗り越える必要がある。

「批判」の役割そのものは、たしかに、メルロ＝ポンティの著作の中では不確かである。とりわけ『知覚の現象学』では、二次的でも根本的でもあるように見える。一方で、「緒論」のタイトルに従えば、その役割は「現象への帰還」を可能にするために必要な、「古典的偏見」を予備的に除去しておく作業に帰着するように思われる。[1] 他方で、批判はこの書全体を貫いているように思われるし、「コギト」、「時間性」、「自由」からなり、相反していて依然距離の開いている哲学理論に対する批判的議論からはじまる第三部で頂点に達するようにさえ思われる。

しかし、「直観」と「反省」の諸哲学は、この一九四五年の本では、まだより限定された規定を持っているように思われる。メルロ゠ポンティは、なるほど、一方ではベルクソンの著作の中に、他方でアランとブランシュヴィックの著作の中に、特権的な表現を見出している。けれども、これは、むしろこれらの著者に二重の意味で根柢的な批判、つまり哲学的であると同時に政治的な批判、理論的でありながらまた実践的な批判を差し向けるためである。これらの哲学者は、何よりも知覚の内なる「現象野」の開けを認めなかったという仕方で、知覚に関して誤っていただけではなく、さらに皆に共通の誤りは、歴史的次元でのある錯覚に関わっているのである。メルロ゠ポンティは、『タン・モデルヌ』創刊号の「戦争は起こった」と題された記事で、彼の世代の師でもあるこの人たちにおけるその錯覚を、同時に批判したのである。[2]

しかしながら、この点に関してはさらに、もっと徹底させなければならない。『知覚の現象学』の内部においてさえ、いま挙げた諸哲学を簡単に一面的なテーゼに還元することはとてもできず、引き分けに持ち込むのがせいぜいである。事の次第はあたかも、メルロ゠ポンティが、その諸哲学を共通する一つの「偏見」に帰してからそこに一つの矛盾を発見する、そして記述に努めることによって、その矛盾はそれ自体としては乗り越えられるに違いない、重要なのは、結局は知覚の問題そのものに内在する矛盾なのだから、それを乗り越えるためには真の弁証法の源泉を得ればよいのだ、とでもいった具合である。「ノスタルジー」[3]か、あるいは忘恩か。ともあれメルロ゠ポンティは、この著書以降、いかにしてこれらの哲学が、それぞれなりのやり方で、互いを対立させせている矛盾を無視することなく理解して内側から乗り越えることができるか、を示すことになる。またメルロ＝ポンティはメルロ＝ポンティで、この矛盾から少しずつ、自分の現象学的記述の最初のモチーフを作り上げるのである。

したがって、「知覚の優位」と題された一九四六年のフランス哲学会での発言を締め括る次のようなやり方にも、驚くことはないだろう。

知覚の優位というテーゼを主張することによって、われわれは、新しいことを示したというよりは、先達の仕事の帰結にまで至ったと感じる。(4)

実際、ここでは、この型どおりの表敬の偽善的な告白は問題ではない。むしろ、ここに見るべきは、批判は企ての構成要素であって教育的前提ではないのだ、という意識であろう。批判はいわば、歴史的で常に両義的な「状況」の一部をなすのである。この状況から出発して、例えば知覚の問題の場合のように、問題の一新された意味に至ることができるのである。

とてもよく似た「状況」にあったが、サルトルはまったく違うやり方をした。『想像力』で批判的な議論をし、『想像力の問題』(5)（明らかに、現象学を知らない一般フランス人向けの著）ではまた教育的な手続きを踏んだ後、もはや『存在と無』では、批判を、記述のように彼の哲学的思想の原理となるまでに徹底させようとは思っていないようである。

これに反して、メルロ＝ポンティは、徐々におのれに対して明白になり自覚的になる批判によってこそ、少しずつ彼固有の問題へと至ったかのように、事は運んでいる。この問題にとって知覚は、常に変わらず（フロイトの精神分析にとっての夢と同様）一種の「王道」であることになる。メルロ＝ポンティにあって、この「知覚」はもはや局所的な問いではなく、歴史的・政治的なものまで含めた経験の全次元を拘束するのであるとしても、否、だからこそ、王道なのである。

それゆえ、この著作全体において、自分自身の特異性に次第に近づきつつある思想と、一層その思想に内的になっていく「哲学の」歴史との関係を辿らなければならない。この思想の表現と一つの「世代」における状況は、たとえば『シーニュ』「序文」とその二つの部分において、最も鋭い仕方で、交差する。それゆえ、その関係を辿るためには、メルロ＝ポンティが（ジャン・イポリットの別の表現を使えば(6)）「非常に個人的な総合」を果たす歴史的状況の総体と、その状況が少しずつその特異な起源と接合するようになる道程の総体とを、十分に考慮しなければならないであろう。

われわれの意図は、より限定されることになろう。問題は、一方の「直観」の批判と「反省」の批判、他方の「知覚」の「現象学」、この両者の間に関係が結ばれるのを見ることにある。とはいえ、われわれの手続きは、それに先立ってやらなければならないいくつかの考察にそって進むことになる。まずは、メルロ＝ポンティによる「古典的偏見」の廃棄を検討しなければならない。これは、メルロ＝ポンティに従って、どんな誤りが「先達」に共有されているかを理解するためである。その誤りは、彼らを互いに矛盾させることなく、歴史的・実践的経験の名において、引き分けさせただけである。つぎに、『知覚の現象学』全体にわたる、ほとんど気づかないうちになされているこの批判への立ち戻りを追うことで、今度は、メルロ＝ポンティに自分の現象学的企てを肯定的に定義させた矛盾を、両義性の概念を通してであるが、垣間見ることにする。そして最後に、メルロ＝ポンティの著作をこれからより深く読解するために、諸々の指標を定めるよう試みたい。メルロ＝ポンティはその著書の中で、弟子が著作から遠く離れてそれを書き換えることにはならないよう気を付けながら、内的な弁証法を一層探求しており、それは「導入的」なままにとどまろうと努めてはいるが、すでに見えるものと見えないものの関係の核心に通じる諸章にまで至るのである。

「古典的偏見」から「現象」へ？

『知覚の現象学』の「緒論」は、四章に分かれており、それぞれひとつずつ批判の課題がわりあてられている。問題は、要するに知覚に関する心理学的分析と哲学的反省に共通した誤りを取り除くことである。そうすることで「直接経験[7]」のような科学的・哲学的知の手前にあるものを、よりよく再発見できる。そのとき、われわれの知覚的経験に直接「現象野」が開かれるのが見られることになる。「ゲシュタルト心理学」のような非分析的心理学、あるいは「現象学」の記述のような志向的（で、ある意味で非反省的）記述方法、さらにはその両者が協力すること、これだけがこの現象野をきちんと扱うことができる。

　したがって、この批判において、直観の哲学や反省の哲学だけが何ら能力を持っていないわけでもないし、知覚に関して同じ誤りを犯しているわけでもない。そうではなく、それらの哲学はこの誤りを、自分が批判しようとした経験主義的心理学と共有しているのである。実際、たとえばベルクソンの『物質と記憶』において、あるいはブランシュヴィックの『人間的経験と物理的因果性[8]』において、重要なのは、対象知覚を単純感覚の結合や原子的表象の連合に、分析的に還元してしまうことを認めないことだったのである。メルロ＝ポンティは、彼らに何の信用もおいていないかのように、事は進む。けれども、彼らが経験主義的心理学と共有している誤りは、知覚を考えるために果たすべき特別な努力がどんなものであるかを明らかにしてくれるのである。

となると、正確にはどういう共通の誤りが問題なのだろうか。

メルロ＝ポンティが「緒論」において批判する理論の各々は、最初の経験としての知覚から始める理論ですら、要するに、その「原信憑」(9)（実際は要するに、還元不能で常に更新される偶然性と驚きであり、われわれの経験のすべてに血を通わせる意味の源泉である）というありのままの性格を重んずることなく、この経験とは別のもののためにその経験を乗り越えたり放棄することになってしまうのである。

かくして、感覚という概念そのものを（初めてゲシュタルト概念を頼りにして）批判した後で、メルロ＝ポンティは、ベルクソンがするような「知覚における記憶の役割」(10)を記述する理論のすべてを批判する。なるほど、ベルクソンはこの役割を、（それ自体では無分別な）知覚と（知覚に類似性と隣接性によって意味を与える）記憶の単なる連合として考えることは拒んでいる。けれども、『物質と記憶』第一章において、自律性としての「純粋知覚」の経験を記述した後、次の二つの章で、対象の判明な知覚をもたらす記憶の挿入による補完に行き着いていることも確かである。なにより驚くのは、メルロ＝ポンティがベルクソンに対抗して、『物質と記憶』の原理そのものたる区別をひっくり返し、「知覚することは、想起することではない」(11)と言っていることである。けれども、まさにベルクソンは、『知的努力』において、「想起こそがわれわれに見たり聞いたりさせているのである」(12)と書いていた（メルロ＝ポンティはここからは別の一文を引いている）。メルロ＝ポンティは後に「純粋知覚」に関するベルクソンの理論に立ち戻ることになったが、その理論は、今のところメルロ＝ポンティ固有の結論によって、おそらくはメルロ＝ポンティ特有の「純粋性」を定義するものである不完全さによって、曲解されているように思われる。

メルロ＝ポンティはこの〔緒論〕第二章以後、ベルクソンと共にブランシュヴィックも引用する。「経験主義の外に立つ人たちすら、〝記憶の出資分〟について語っている」(13)。しかし、これは何よりも、ブランシュヴィックが、アラン同様、知覚の経験主義的分析を反省的分析によって置き換えるからである。前者は感覚《サンサシオン》の対象的要素に帰着し、後者は判断という主観的行為に帰着する。だから、メルロ＝ポンティはブランシュヴィックを非難して、ブランシュヴィックこそその領域を放棄して世界の知覚そのものを見捨てた、ということができるのである。実際、『人間的経験と物理的因果性』のきわめて明晰な一節において、ブランシュヴィックは分析と分析とを対立させていた。

最初の分析、つまり基礎的分析がそこに帰着する心理学的な単純なもの、それは感覚である。反省的分析に従えば、心理学的に単純なもの、とりわけ知覚の還元できない要素、それは、実在を本来の意味で授けるところの言明、つまり、それはある *Cela est*、という判断である。(14)

こうなるとメルロ＝ポンティからすれば、「批判的相対主義」を擁護する者を、アランに対してしたのと同じように、分析的方法によって知覚を知覚そのものとは異なるものに基礎付けようとした廉で、非難することができる。なるほど、アランは対象構成法を判断において探求し、一方、ブランシュヴィックはむしろ、そこで因果関係の確立を非実在論的なやり方で探求した。それをメルロ＝ポンティは、『行動の構造』において、さらに一段推進して徹底しようとしたのである。けれども、二人とも、知覚に「科学の端緒」を見、その可能性の主観的な条件を通じて、反省の役割がまさに解放と更なる展開にあると見ていた。(15)「注意と判断」(16)に関する章は、一つの構造と意味（ゲシュタルト心理学がその存在を明らかにし、現象学がその理論を提供できる、あるいはその実際の内容を記述しうる、先反省的な構造と意味）が知覚的所与それ自体に内在することを示すことによって、この手続きを批判する、という任を負っている。

かくて、一種の総合を果たすことになるこの「緒論」の最終章で、メルロ＝ポンティが知覚の研究方法としての「直観」と「反省」とを引き分けることができたわけがわかる。反省的哲学はなによりも、おそらく文字どおりの意味で、「われわれの目の前で自滅する」[17]、すなわち、「物」・「有機体」・「主観性」がそれぞれ、明白に、その「表情」・その「世界」・その「歴史的影響」へと帰属しているからである。またベルクソンが到達したと主張する直観についても同様である。ベルクソンは、記憶の心理学的意味における純粋知覚から離れたあとさらに、知覚が物との間に設ける隔たりにおいて、それ自体は時間的な物質の現実性に関わることのできる形而上学的直観によって、純粋知覚を乗り越えようとしていた。たしかに、どのようにして知覚がこの二重の乗り越えの直接的な出発点でありうるか、また、これは本当の起源を知覚のうちに見ることを含意しているのではないかということは、問題になることではあろう。けれども、メルロ＝ポンティは、とりわけこの二重の乗り越えを二重の放棄と見て、純粋たらんとする反省が行う放棄にも比すべきものとして、批判する。

たしかに、内的ないし内観的な知覚、共感的ないし直観的な知覚のために外的知覚そのものを放棄して「知覚の主知主義的理論」を乗り越える、という最後の誘惑は、拒絶すべきであったかもしれない。この点でメルロ＝ポンティはベルクソンを非難する。もしそれが判断されたあるいは理解された世界ではなく「生きられた世界」であるとしても、知覚された世界は、だからといって、「ひとつの「内的世界」」であるわけではない、というのである。「反省的分析」によっても、「非合理主義的転換」[18]のように思われる直観によっても、知覚された世界を離れることはできない。合理分析的ないし反省的分析、前合理的直観ないし超合理的直観は、矛盾すらしていない。両者とも同じ責務を放棄しているのである。それゆえ、メルロ＝ポンティがこの二つの手続きに対して用意できる共通の批判は、つぎのようなものである。「われわれはベルクソン流の直観と内観が、合致による知を求めている点を非難した。しかし哲学の他方の極に、つまり普遍的な構成的意識という概念の内で、これとは対称的な誤りを見出す。ベルクソンの誤りは、省察する主観が、自分の省察している対象と融合することができ、その知が存在と混ざり合うことによって拡張させられる、と信じる点にある。反省的哲学の誤りは、省察する主観が、自分の省察している対象を、自分の省察のうちに吸収したりあますところなく把握することができ、われわれの存在がわれわれの知に帰着する、と信じる点にある[19]」。

なるほど、直観と反省は、おのおのが異なる方向に関わる以上、この知覚という交流点を立ち去ることになる。一方のベルクソンにあっては、知覚とその対象との距離、知に固有の否定性でありながら、デカルト以来主観的懐疑と反省によって絶対的なものとされるその距離が、破棄される。他方のアランやブランシュヴィックにあっては、知覚における対象の現存が忘れられる。世界や存在の、そしてまたそこでの私の思惟そのものの非構成的ないし先反省的な肯定性である一方で、知覚そのものに内在する「原信憑」によって絶対的なものとされるその現存が忘れ去られるのである。しかしながら、この矛盾は、それとして深く掘り下げるに値するものとすら思われていない。根本的にそれは、問題になっている誤りと同じものである。知覚において混ぜ合わされている、存在と知という二つの概念間の弁証法が問題なのではない。むしろ問題なのは、一面的で、並行的ないし「対称的」な、二つの操作である。すなわち、知覚における、ありきたりな、主客対立への還元と、反省の純粋主観、あるいは直観の直接的対象という両極のどちらかを誤って選択すること、である。こちらは、単に片方を損なうばかりではなく、とりわけ、両者を統一している、あるいは原的に統一していた関係を損なうことになる。

したがって、哲学的批判の目的は、果たされたように思われる。まさに「偏見」が取り除かれてしまって、残すべきもの、つまり「世界の神秘」と「理性の神秘」という二つの「神秘」を、損なうことなく展開させ解明する真正の記述が可能になり、さらにこの両者が出会う物知覚という原的領野から、身体と主観性、有機体と歴史という領野へと拡大さえするのである。現象学にこれが可能なのは、現象学が、物を現実性として措定しもせず、その内在性から離れもせず、物の外部、あるいはむしろ「現象」へと達するからである。その志向的方法は、もっぱら、われわれの「実存」をなすものを記述し解釈することだけを可能にする。

課題はそれゆえ、単なる認識の理論以上のところにある。物から独立した構成意識を考えたり、物へと還元される生ける意識を考えたために、反省の哲学も直観の哲学も、単に世界と意識の関係を見抜けなかっただけでなく、歴史を、固有の偶然性において、自由と結びつける関係をも見抜かなかったのである。「戦争は起こった」においてメルロ＝ポンティが、他ならぬ彼の知覚の哲学にその二重の歴史的批判をもたせかけたのは、そういう次第からである。これは、たとえ彼が、一方でブランシュヴィックに対してニザンの議論を、他方、ベルクソンに対してポリツァーの議論を、取り上げ直すとしてもそう言えるし、あるいは、一方で、世界と歴史が、反省の現実離れした主体の思い出に心ならずも立ち返ったとしても、他方で、現実的ないし具体的であらんとする持続が、歴史と世界とに直面してみれば、個人の自由としては措定できないことが明らかになるとしても、そうである。それゆえ、「知覚の現象学」の完全な道程のみが、単に科学の構築と意識の実在論の向こう側なる認識においてだけでなく、法の形式主義と行為の実証主義の向こう側なる行動《アクシオン》においても、「意味」と「無意味」の間の関係を再発見させるに違いない。

それゆえ、すべてはこの最初の批判によってうまく準備されているように思われる。領域は二重に準備されている。『タン・モデルヌ』の記事にとっても、本来の意味での『知覚の現象学』にとっても、さらに一般的にはメルロ＝ポンティの現象学そのものにとっても。けれども、おそらくそれほど単純ではない。

「コギト」と「時間性」の間

「緒論」から「諸現象」の直接的記述へと移行するどころか、実際は、『知覚の現象学』は、最後に至るまで、ずっと深い批判的な運動に貫かれている。

この運動にとって、心理学・精神病理学・精神分析・言語学の帰結が本質的な構成要素であることは確かだが、ただそれを内的に捉え直せばよいとするわけではない。「緒論」で既に批判されている哲学的諸理論に関する議論こそ、この書全体が、ほとんど抗いがたく立ち返っていくもののように思われる。なるほど、この書でこの批判が展開されるのは、しばしば注として、しかし単に情報提供的・暗示的にではなく、概念や比喩を通してであるように思われる。けれども、まさにこのことが、示唆的なのである。ほかならぬ現象学的記述によって到達された段階こそが、別の「現象学」、つまり今度はヘーゲルの『精神現象学』を連想させるような弁証法的運動に従って、対象とその知とが絶えず隔たりをおいている理論的意識批判を、内側から呼び起こしたかのように、事は進むのである。ただし、この批判的な取り上げ直しは、少なくとも部分的にだが、この本の最後の諸章、とりわけ第三部の「コギト」と「時間性」に充てられた部分で再び明らかになるはずである。もし、メルロ＝ポンティの当初の拒否が、彼の思想と著作の原理に残存しているとしたら、その拒否は、それについて述べること自体、内的・本質的に矛盾だ、と規定されることになるだろう。

このことを示すためには、メルロ＝ポンティ固有の進め方（それ自体はきわめて注意深く構築され秩序立てられている）によって近づいていった現象について、メルロ＝ポンティがあれこれと解釈するのをやめるだけでは満足せず、知覚された世界そのものの複雑さ、より正確にはその世界に内的な両義性を明るみに出すために、最初は引き分けにしていた理論どうしを互いに介入させている文章をすべて示す必要があろう。さらに、この（「実存主義」の内部でも、すぐに一つのスローガンになった）両義性という概念において、メルロ＝ポンティ固有の「現象学的」方法のおそらくは限界とその豊かさのあかしを見ることができよう。けれども、絶え間なく引用をつけながら、精度の高い読解をすることができないので、ここではこの観点から、簡単な指摘をすることで満足せねばなるまい。

例えば、「物と自然的世界」に関する検討の最後、「幻覚」に関するくだりの中で、メルロ＝ポンティは、自己の十全にして恒常的な所有としてのコギトに関する主知主義的理論に対して、幻覚の現象を活用することでは満足しなかった。実際は、「経験主義」と「主知主義」とを結びつけた批判によってこそ、メルロ＝ポンティは、幻覚において、先反省的コギトの経験そのものを記述することと、それを依然反省的な方法によって見出すこととを可能にしたのである。その経験は、無秩序な諸感覚の単なる堆積の経験ではなく、さらにいえば、自己との、また世界との「志向的な合致」の経験なのだが、客観的思惟にまではもたらすことのできないような経験である。この二重の対立は、この書の途中で解明される一つ一つの意識構造のうちで捉え直され、〔本編の〕最終部においては、意識の「その」構造ないしコギト一般を定義するまでになる。いまや、それは次のように告知される。

われわれは意識をそれ自身から切り離さない。こんなことをすれば、原臆見を越えるいかなる知の進展も、とりわけ、原臆見を知全体の基礎として哲学的に再認識することも、禁じられることになる。

コギトにおいて遂行されるような私と私との合致は、決して現実の合致ではなくて、単に志向的な推定上の合致にすぎない、ということでなくてはならない[20]。

　矛盾を乗り越えるべしとの要請もないまま、記述はこの謎めいた結論に到達してしまうのだろうか。まだそれを理論的に、はっきりと述べることが待たれているのだが。メルロ＝ポンティの手続きは、相変わらずきわめて現象学的である。しかし、ことはあたかも、その規定がそれに具体的な経験を課する対象そのものによって、反省のアポリアに再び落ち込む脅威に絶えずさらされていたかのようにして進む。心理学的経験と哲学的批判という二重の拘束のもとで、メルロ＝ポンティは彼自身の記述的企てを、内側から問いに付さねばならなくなる。この企てを絶えず動かしている緊張はここに由来し、そうしてこの書最後の諸章での総合へと導かれることになるのである。

　メルロ＝ポンティが、もはやコギトに行き着く反省的分析にではなく、時間から出発するベルクソンの直観に論を充てることになるのも、同様の事情である。

　例えば、「対象としての身体」の規定を批判することによって、メルロ＝ポンティは、あらかじめ、「世界内存在」と、ベルクソンの「生への注意」およびピエール・ジャネの「現実機能」との区別に向かっていたことになる。そこに、ベルクソン流の意識の実在論に向けられた最初の批判の延長を見る必要がある。とはいえ、少なくとも、ベルクソンが、生と身体を物化してしまうという誤りはあるにせよ、それらに与えた意義、つまり時間的な意義を尊重する必要はあろう。

　ベルクソンは、身体と精神とが時間を媒介として交流しあうということ、精神であるということは、時間の流れを支配することであり、身体を持つことは現在を持つことであるという点を、きちんと見ていた(21)。

なるほど、ベルクソンは、「なぜ持続が現在に集結し、意識が身体と世界の中に自己を拘束するのか(22)」を見なかったであろう。いずれにせよ、直観の批判は、反省の批判同様、いわば、知覚の問題そのものにとってもはや外的ではない。この書全体にわたって、また、まさにこの書固有の「両義性」の大部分において、単に直観の所与あるいは反省の諸帰結が、知覚についての記述中に見出されるばかりではない。知覚の問題そのものが、二重の座標軸――すなわち、もはや単なる主客対立ではなく、反省によって到達された思惟たるコギトと、「生きられたもの」の内部の存在に達せうるかぎりでの時間と――の間で起こるように思われるのである。

二重の拒否であったものは、かくて、単に諸学説間での矛盾ではなく、われわれの経験における真の矛盾となる。この矛盾は、たとえば、「空間」に関する章のある重要な注において現われているが、ここで詳細に論ずることはできない。次のくだりを引くに止めよう。それはまずベルクソンに関わっている。

時間の、空間の、また運動の統一は、混合によっては獲得されえず、いかなる現実的な作用によっても、それを理解することはできないであろう［……］。ベルクソンの実在論に対しては、カントの総合の観念が有効であり、この総合の作因としての意識は、流れるものとしてであれ、何ものとも混同されてはならない(23)。

しかし、この注は、続けてこの書の最終部を予告する弁証法的な運動によって、ほとんどベルクソン的な言葉遣いで、逆の拒否について詳しく述べている。

われわれにとって原的意識であるものは、自由におのれの前に即自的な多様性を措定し、これをことごとく構成する超越論的自我ではなく、時間のおかげで多様を支配する〈我〉である。この〈我〉にとっては自由そのものも運命である。そのため、私は決して、時間の絶対的創造者であるとか、私の体験する運動を組み立てるという意識を決して持たず、まさに動くものそれ自身が、自身を移動させ、ある瞬間に、あるいはある位置から他の位置への移行を実現するのだ、と私には思われるのである(24)。

直観の哲学と反省の哲学の対称的な誤りは、ここで、知覚の領野そのものの内に、一つのコギトと一つの時間性の間に、一つの思惟と一つの持続との間に穿たれた距離のない隔たりの内に、含まれているように思われる。他ならぬ知覚において、まさに断続的な活動性としての「私の」思惟と、その持続的な受動性における「私の」経験が、絶えず交差しあうのである。先取りして言っておこう。メルロ＝ポンティは、矛盾から両義性へ、両義性から可逆性へ移行することによって、この関係を深め単純化することを止めず、ついには次の言明のような素晴らしい単純さに至ることになる。

私の思惟は、私の時間の裏面でしかない(25)。

しかし、『知覚の現象学』はまだ、漸進的な構成としてのこの内的な緊張を、「コギト」「時間性」「自由」という最後の部の三章を通して示している。この重要な箇所に関して、ここでは一言しか言うことができない。

ことは、メルロ＝ポンティが、まずはラシェーズ・レイ（この点に関してはブランシュヴィックのまったく忠実な弟子）の著作において「永遠的」となった反省哲学のコギトをフッサール現象学によって批判し、ついで、ベルクソンにおいて意識の実在的《レール》な特性となった時間の実在論的な考え方も、今度はハイデガーの現象学的分析によって批判する、という具合に進むのである。

しかし、そのことは、必ずしも人目を惑わそうとしてのことではないはずである。なにより大事なのは、ある主観的コギトやある客観的時間の批判でもなければ、両者を現象学的に乗り越えることでもない、ということであろう。直観批判と反省批判という二重の批判を通して、あるいはまたフッサールとハイデガーとの二重の取り上げ直しを通して、メルロ＝ポンティの思想の統一性を成しているもの、それはおそらく、「知覚」・「意味」・「無意味」の矛盾的統一において、すべてが共に交差しているということである。

こうした点や他の点からすると、『知覚の現象学』の頂点はおそらく、自由に関する最終章にではなく、それに先立つ章末尾の短い部分、メルロ＝ポンティが印刷上でスペースを開けた部分にある。[26] それは、〈sens〉という観念に充てられた部分で、この観念は、『行動の構造』冒頭ページで着手された哲学の企てと明確に関連づけられている。

このさまざまな論点を、手短に、再検討しよう。より詳細な分析が必要なところではあるけれども。

ブランシュヴィックがすでに果たしていたカントの批判主義とスピノザの合理主義との結合を、ラシェーズ・レイは更新した。メルロ＝ポンティは、このラシェーズ・レイに主知主義的コギトのアポリアを再発見し、それに、とりわけ自分のフッサール解釈と現象学解釈とを対置する。この解釈は、単に知覚に対してだけではなく、知覚に絶えず伴う表現の次元とパロールの次元とに適用されるものである。それにしても、疑問なのは、いかなる沈黙よりもさらに無言である「沈黙のコギト」と、常に「言表と本質の真理へと転換される」「語られたコギト」との間にあって、「語るコギト」の場はどこにあるのかということ、および、メルロ＝ポンティの言語哲学が究極的に探求しているのは、この対立物の非弁証法的統一ではないのか、ということである。しかし、この章が、コギトそのものの手前に再発見しなくてはならないのは、まさに時間なのである。(27)

要するに、われわれは〈コギト〉に時間的な厚みを返すのである。果てしない懐疑はなく、「私は考える」のだとすれば、それは私が暫定的思惟に自分を投げ入れ、そのことよって時間の非連続性を乗り越えるからである。(28)

「そのことによって」——ここにこそ重要なものがある。ここに、あらゆる権利問題やあらゆる基礎についての反省の彼方で、受動性のうちにあるように見えるにせよ、自我の新たな次元と能力をあらわにしてくれるものがあるのである。

しかし、「時間性」に関する研究は、次の章に繰り越される。新たな障害を乗り越えねばならない。今度の障害は、ベルクソンの実在論《レアリスム》である。これは、時間と主観性との相互的出現を理解できないようにしてしまうのである。そこで、ハイデガーに基づいて、メルロ＝ポンティは時間に関するあらゆる客観的な見方を批判しようとするが、それはそこに、おそらくは逆説的に（「知覚の優位」に続く討論で、ジャン・ボーフレがそれに気づくことになる)[29]、意味と思想に権利を認める主観的な次元を再び導入することになる。時間性を考えるためには、「主体性が即自存在の充実を打ち砕きに来、そこにパースペクティヴを描き出し、そこに非存在を導入する」[30]のでなければならない。

　いずれにせよ、この最後の方の数ページを駆り立てているのはもはや、「対称的な誤り」を反論するという単純なものではない。そうではなく、二つのテーゼを次々に乗り越えていくこと、ただしとりわけ内的な矛盾――いわば初めから乗り越えられている現象そのもの、つまり「知覚」を考えるために突破すべき最後の障害物――において、乗り越えていくことである。

　こうして、なぜメルロ＝ポンティが、最初の著作『行動の構造』の冒頭で述べられた目標を再発見することになるのかもわかろうというものだ。その序文ですでに、ブランシュヴィックに代表される「批判的思想」と、ベルグソンによって代表される「「精神的エネルギー」の実在論」とを、共に乗り越えることが予告されていたのである。[31]

> われわれにとっての問題は、意識にとっての対象以外には存在しないとする観念論的パースペクティヴと、意識が客観的世界と即自的な出来事の生地のなかに織り込まれていると見なす実在論的パースペクティヴとを結びつけ直すことであった。[……]。問題は結局、われわれならびに世界において意味と無意味との関係はどのようなものかを了解することなのである。[32]

　なるほど、われわれと世界の間、という具体的な関係が、ここで「われわれならびに世界において」、つまり矛盾する二つの次元間の抽象的な関係に置き換わっていることに驚かれるかもしれない。けれども、他の著作がここから新たに展開していくことを可能にする本書の主要な結論はおそらく、この二つの関係を一つに結びつけることであり、また記述と批判との関係を、同じ一つの哲学の任務の不可分の二つの側面として深めることなのである。

自由に関する最終章に関して言えば、まさにこの二重の任務そのものの実践的かつ歴史的な課題が認められる。しかし今度は、すべてはあたかも、メルロ＝ポンティが自分固有の企てをやり遂げてしまい、彼の現在と合流してしまったかのように事が運ぶ。批判的任務はいまや、メルロ＝ポンティにとってそれとの関係で自分をどう位置づけるかがいつも問題だった同時代の理論、つまりサルトルの理論へと及びうることになる。記述的任務はと言えば、その限界を見出し、英雄の行為、ここではサン・テ・グジュペリによって体現される行為における自由を前にして身を引いてしまう。『意味と無意味』所収「英雄、人間」(33)というテクストでは、「超人」ではなく、むしろ普通の人間の逆説的な受肉という、すでに知覚において作動しているものが見られることになるのである。メルロ＝ポンティの「両義的」実存主義は、かくて、「間接的」ヒューマニズムに達することになろう（おそらくは、サルトルのマニフェストとハイデガーの『ヒューマニズム書簡』との間の、燃え上がらんばかりの論争を避けることによって。しかしこれは別の問題である）。

もし、哲学的記述が、自分では乗り越えることができたと思った歴史的批判を自分の内にもう一度見出すとすれば、歴史そのものは、歴史がまったく追い払うことのできない哲学的意味をもう一度見出すことになろう。けれども、もっと先に進まねばならない。直観と反省の間やコギトと時間性の間、意味と無意味の間では、矛盾はまだ外的なままであり、そのため「両義的」ですらある。「見えるものと見えないもの」の間の内在的な可逆性にまで至り、「記号《シーニュ》」における意味と無意味の統一にまで至るために、どうして、ここに共通する緊張がすでに内側から見出されるに違いない諸著作の読み直しを経なければならないのか、おそらくこれを示さなければならない。こういうわけで、メルロ＝ポンティ固有の哲学的問題のみならず、その歴史的状況にも合流することになろう。もし今日、「われわれのもの」を理解したいのならば、この両者を一緒に考えることが不可欠である。

「実存と弁証法」

『知覚の現象学』に従うと、またこの書のいくつかのくだりにあっては回顧的にすら、メルロ＝ポンティが、最初は一面的あるいは還元的と批判していた哲学そのものに内的な矛盾を発見する仕方を辿ることができる。さらに、メルロ＝ポンティは、ひとがそのひと自身の思想を要約しようとする表現そのものに内在するこの緊張を語る。それはまるで、メルロ＝ポンティにとっては乗り越えることが常に問題になる学説にその表現を適用することによって、同時に自分が当初はまっていた枠組《カテゴリー》みから自由になり、自身の枠組みを新しくしようとしているようにもみえる。それゆえ、単にこの批判的読み直しの意味を理解するだけでなく、この読み直しがメルロ＝ポンティの後期の位置づけについて示してくれることと、またそれがわれわれ自身の現在をも方向づけるその仕方について、判断する必要がある。

　この点で最も明瞭なテキストが、メルロ＝ポンティが「著名な哲学者たち」に関する一冊の歴史書のために書き下ろした序文（メルロ＝ポンティはこの本の監修を引き受けたのである）のうちにあるとしても、偶然ではない。それは、「どこにもありどこにもない」と題されている。[34]『知覚の現象学』の章句と『見えるものと見えないもの』の巻頭に来るはずだった章句との間で、このテクストには三点の新しさがある。

メルロ＝ポンティは、「過去半世紀」の偉大な著者たちに関する最後の部分に、ベルクソンやフッサール、ブランシュヴィックやクローチェといった同時代人たちの学説を同じ歴史の内に自由に集め直しただけでなく、そうした学説を実存および弁証法という、むしろサルトル、イポリット、それにメルロ＝ポンティ自身の世代を性格づける概念の下に集め直したのである。ということは、メルロ＝ポンティは、これを機会として、他の諸々の指導的カテゴリーの中から、まさにこれらの著作を性格づけられるようなカテゴリーをわれわれが探すように、と促しているのである。これは、メルロ＝ポンティの最初の問題、つまり知覚の問題に立ち戻ることなくしては、できないだろう。

メルロ＝ポンティは、いずれにせよ、回顧的錯誤によってしるしづけられる歴史的状況というものを知っており、それを引き受ける。

実存と弁証法というテーマは、過去半世紀の間、本質的なテーマであったと指摘することで、われわれは多分、ひとつの世代が、その世代の哲学の中に読んだものについて言っていることにはなるが、それはおそらく、次の世代がそこに読むものではないし、ましてや、当の哲学者たちが意識的に言ったことでもないのである。(35)

現在の諸問題が見出される必要があるというだけではない。より深く読み込むことによって、この著者たちのもとでその問題が無効になるどころか、むしろその問題が、その著者たちのある意味での真理であるものを明らかにするのである。

しかしながら、彼らがみな、批判主義に最も固執する哲学者たちですら、批判主義を越えようとし、諸関係の彼方に、ブランシュヴィックが「整理不能なもの」と呼び、われわれが実存と呼ぶものを露呈しようと努めていたこと、これは、われわれにとっては一つの事実である[36]。実存の観念はいわば、ベルクソンとフッサールを、対立する立場に立たせるどころか、他の人々とも一緒に、その同時代性のうちに据えることを可能にする。

ベルクソンが知覚をわれわれと存在との関係の基本様態としたとき、［……メルロ＝ポンティはブロンデル、アラン、クローチェに言及している……］フッサールが、明証性の典型として、物の有体的現前を挙げたとき、彼らはみな、自己意識のナルシシズムをもう一度問題にしたのであり、可能的なものと必然的なものの間の、現実的なものへの通路を求めたのであり、われわれの事実的実存と世界の実存とを新しい探求の次元として指し示したのである。

しかし、このことが可能なのは、今でこそ「直観」の思想家として比べることもできるこの二人の思想家に、同じ「弁証法的」運動を見出すことができる場合だけである。

ベルクソニスムを通してもフッサールの生涯を通しても、少しずつ直観を働かせ、「直接的所与」の実定的な表記法を時間の弁証法に変え、本質直観を「発生の現象学」に変え、生ける統一のうちで、結局は存在と同延である時間の対立する諸次元を結びつける、という仕事を、そこにたどることがで

きる。(37)

「どこにもありどこにもない」のこの推移を辿らないと、メルロ＝ポンティが自分自身と哲学史との関係をいかにして自由にし、また統合するのかは理解できない。メルロ＝ポンティがこうしたことをするのは、学説のうちに、単にその学説が要請する諸々の方法——多くの場合、それがスローガンに還元され、これを通して学説どうしが対立しあうことになる——を求めるだけではなく、諸学説が実際に採った方法において、またすべての学説が共有している矛盾点において、他の学説と出会う方法をも探求することによって、である。ベルクソンとフッサールの場合、このアプローチは「問いかけと直観」と題された章の最終議論において頂点に達することになる。この対決が、『見えるものと見えないもの』への入り口の一つとなるのである。(38)

しかし、メルロ＝ポンティをここまで導いたのは、歴史的な「読み直し」だけではない。この掘り下げを可能にしたのは、自分自身の枠組み《カテゴリー》に関してなされた内的な研究である。逆に、おそらく、この枠組みに対する彼自身の省察は、また特に実存と弁証法の観念そのものの放棄は、この批判的な読み直しを前提としたはずである。メルロ＝ポンティがその観念に代えることができたのは何なのか、あるいは何に代えねばならなかったのか、これについて考えなければなるまい。

とはいえ、ここで重要なのは、自分自身に及ぶ一つの思惟という二重の研究階梯を全部たどることではない。『知覚の現象学』において批判されてきた直観の哲学と反省の哲学に関して、メルロ＝ポンティが次第に認めていくことになるこの緊張と内的統一の指標を際立たせておけばよいだろう。ここで緊張とは、メルロ＝ポンティにおいて、もはや単にコギトと時間性、実存と弁証法とを対立させるだけではなく、

「見えるものと見えないもの」をも対立させるものである。また、統一とは、もはや矛盾の様式ないし両義性の様式に関してだけでなく、われわれが物へと投げかける一瞥からわれわれの時代の歴史へと投げかける視線に至るまで働いている「可逆性」の様式に関して果たされるものである。

まずは、「反省」の哲学である。

この掘り下げは、ほかならぬデカルトやカントを、アランやブランシュヴィック以上に読み直すことによってなされた。(39) しかし、アランやブランシュヴィックにおいては、この乗り越えは、反省的系統が、判断の分析的厳密さと純粋な批判的合理性を優先して、まず内的緊張の一切を忘れてしまった分、目立っている。このようなわけで、『知覚の現象学』がすでに、ほかならぬアランのうちに内的緊張を見出したことを指摘しておくことは重要である。

反省的分析は、より厳密に分析としての自己自身を意識するようになる。それはおのれがその対象たる知覚を離れてしまったことに気がつく。分析は、おのれが明らかにした判断の背後に、判断よりもっと深く、判断を可能にする一つの機能を認める。つまり分析は、物の手前に現象を再発見するのである。(40)

しかし、もし判断が、自分にとって変わることなく根本であるもの、つまり知覚から、自分自身が現われ出ることを自ら見ることができるのであれば、逆に、現象の知覚やさらに歴史の知覚は、部分的に判断を保持することや、またさらには判断への訴えかけを、残しておくことになる。これに関しては、『シーニュ』「第二部」、より正確には一四本の「時局的」記事からなる第一二章で、手がかりが見られることになろう。ちなみに、それは「プロポ」(41)と題されているが、かといってアランの「プロポ」のスタイルや方法をとっているわけではない。ここからすると、メルロ＝ポンティは、反省的意識は、その意識の達しえた結論がどんなものであれ、結局はその限界を自分で明らかにしている穏健主義であることにかわりはないこと、歴史は、それを前にして超然としていたりあきらめたりすることで達することはできず、むしろ日々、出来事の、とりわけ反省の知覚そのものと対峙することによって達するのであること、このことを知っていたのではなかったか。『意味と無意味』最終部（「政治」）のまだ理論的であろうとしている文章と、『シーニュ』のこれらの単なる記事との間には、解釈を要する隔たりすらあるのではないだろうか（二冊の政治的著作に関しては、また別の類の分析を要求するものであろうから、ここでは触れない）。たしかに、ここはそうした問いに答えるのにふさわしくはない。だからといって、その問いがここで生じてくる以上、無関係な話でもない。

それに反して、『行動の構造』以来メルロ＝ポンティは、カントの批判主義をブランシュヴィックによる解釈(42)に結びつけてきた。ただし、『判断力批判』中のカント自身による「本質的指示」のいくつかは例外である。

> もし［……］批判主義の運命とこの主知主義的な知覚理論とが結びついているとしたら、その理論が認められない場合、超越論的哲学を新しく定義し直して、現実的なものの現象までそこに統合するようにする必要があるだろう(43)。

この点に関しては、『自然』講義のある重要な一節を考慮しなければならない。それは、メルロ＝ポンティにとって常に適切なものであるカントとブランシュヴィックとのこの関係が、それはそれで、批判そのものにおける一つの系統を可能にしている内的緊張のあることを、この関係に即して捉えるためである。[44]知覚理論における「方向づけ」の問題こそ、この関係を探求すべき場の筈である。確かなのは、われわれの知覚の還元不能なここ・今について、ブランシュヴィックが『人間的経験と物理的因果性』[45]の最も重要なものに数えられるような数ページを充てていることである。

最初の二著以来、メルロ゠ポンティは、ブランシュヴィックの最も独創的な思想、つまり科学的方法とその歴史的継起の実効性に関する思想――哲学者がそこから「反省」[46]を始めるべき人間的経験に、一種の事実性を与え直そうとする思想――を活用していたのではなかったか？

なるほど、ブランシュヴィックは、[47]まさにその著作のタイトルが痕跡を残しているように、ベルクソンが要求する「経験が人間的経験になる」この「転回」の向こう側に、「存在」そのものとの接触を見出すために遡ることを、自ら禁じていた。

合理主義の経験、それは人間的経験であり、それに対して何ものかが知られるべきであるようなひとつの存在の経験である。それは、その存在においてその何ものかと自ら同一であることはなく、それからは区別されたままであろう。自分自身が自分の知るべきものとは区別されているのと同じである。[48]

メルロ゠ポンティはどちらかといえば、ルノー・バルバラスが深い洞察をもって示したように、[49]ベルクソンの勧告に答えようとしている。少なくとも、今問題なのは、理論的選択の射程を判定することであり、それを、この選択に続く哲学的実践の深さによって、またこの実践と選択との間の緊張――これによって哲学はその統一性に辿り着く――によって、行うことである。さらには、この矛盾は、その受け止められ方はまちまちであっても、まさに知覚そのものの統一性に辿り着くことを可能にするはずである。

ベルクソンを漸進的に読み直すことで、おそらくメルロ＝ポンティは一層遠くへと導かれたであろう。一九四八～一九四九年の講義「心身の合一」から、「どこにもありどこにもない」やその他多くの道標となるテクストを通りながら、すでに引用した『見えるものと見えないもの』のテクストへと連なる、同じ一本の導きの糸を明らかにしないわけにはいかない。それは何よりも、ベルクソン哲学に内在する直観と表現との、存在と無との、あるいは実存と弁証法との間の矛盾の定立である。ここでは、その道程を詳細に辿る必要はない。内的運動そのものにおいてそれを特にはっきりと示す道標に言及すれば足りるだろう。

［ベルクソンは］世界の形而上学的な扱い方を完全に定義していたようである。あとは、彼がこの方法に忠実であり続け、［……］体系に立ち返らなかったかどうかを見きわめることである。もし直観がわれわれを本当に世界の向こう側へ移行させるとしたら、それはベルクソンが自分自身の諸前提と、すべての生きられたものは世界を地として生きられるという単純な事実とを十分に意識しなかったからである。そして、もし逆に、われわれが結局はベルクソンの哲学を内在という意味で理解しなければならないとしたら、われわれはベルクソンが人間の世界をその最も一般的な構造――たとえば持続とか未来への開け――においてしか記述しなかった、と非難することができる。彼の著作には、逆説的なことだが、きわめて一般的なままであるこうした直観に内容を与える人間の歴史の描写が欠けているのである[50]。

こうして再び見出されるものは、まずなによりも、きわめて貴重な観点であって、それはベルクソン自身の著作に即しての十分な省察がまだなされていない（とりわけ知覚そのものの問題に関して）ものである。こちらに研究の方向を合わせ直す必要がある。さらにここに見出すことができるのは、メルロ゠ポンティが問題にした他の批判的な取り上げ直しがここに収斂してくること、とりわけ、メルロ゠ポンティに固有の問題設定とこの取り上げ直しの全体とが収斂してくること、である。今、結論づけねばならないのは後者についてである。

内在と差異

ここでは、これまでの議論に短い指摘を付け加えるにとどめよう。この指摘は、メルロ゠ポンティの思惟の常に中心にあった知覚という問題そのものとの関係を結び直すことによって、メルロ゠ポンティの思惟――これをこの論文では、その過去・現在・未来に応じて引き出そうと試みた――から、三重の歴史的「状況」を引き出そうとするためのものである。

なによりも、直観と反省の対立から実存と弁証法の関係へと、メルロ゠ポンティより前の哲学上の世代からメルロ゠ポンティ自身の世代へと、歩まれた道を判定することができよう。だから、メルロ゠ポンティが、その出発点から最後のいくつかの研究ノートが示しているさらなる多様な努力に至るまでに辿った方向の一つを示そうと、まさに試みてきたのである。科学知のたゆまぬ解釈に加えて、またフッサールやハイデガーの現象学にもたらされた延長に加えて、おそらくこの執拗な逃走線を銘記しておかなければなるまい。それは、直観の哲学と反省の哲学から発しているもので、近寄りがたい収斂点へというよりもむしろ、おそらくは最初の著書以来あった起源点へ、よりよく導くために、である。もっとも、逆説的なことに、最後の著作のまさに未完性がそれに気付かないようにしているのであるが。

それは、この取り上げ直しがなによりも知覚という経験自体の二重のアスペクトと結びつけられているからである。たしかに、直観と反省は、まず、そのままでは考えに入れるには不十分なものに思われた。自我ないしコギトに「超越」あるいは実存を、つまり現実的な外在性を、与え直さねばならなかったからである。さらに、思想・言語・歴史の否定的なものを、「肯定的形而上学」の直接の原理たらんとした直観のうちに、登記しなければならなかったからである。メルロ＝ポンティは、自分の同時代人たち――その内には彼が批判する哲学者本人の高弟もいるわけだが[51]――と、この二重の関心を共有している。しかし、メルロ＝ポンティに固有の深さは、あえて言えば、より後ろへと引き返す一歩を踏み出すことでより彼方の段階にまで進むことにある。この一歩が、メルロ＝ポンティに対して知覚という地平そのものを開いた哲学たるフッサール現象学や、さらに人間経験に内在する矛盾を引き受けた哲学たるヘーゲル現象学において、実存と弁証法を再発見することを可能にしたのである。この二つの局面の下でまさに知覚に関する彼の掘り下げを結びつけることで、メルロ＝ポンティは自分自身と同時代人となるのである。

けれども、今度は前へ進むことによって、つまり、メルロ＝ポンティとしては「直観と反省」も「実存と弁証法」も乗り越えることによって、どちらの方向で、より彼方へ向かおうとするかも示している。これを一言で言わなければならない。なにしろ、メルロ＝ポンティの記述的かつ批判的な二重の局面の下にあって、彼の哲学的反省が収斂していくのは、ただ一点なのである。その一点によって、彼の反省はわれわれに、メルロ＝ポンティの哲学によって、われわれにとっても「過去半世紀」の哲学となった諸々の哲学を、いかなる論点の下に集結して理解すべきかを示してくれるだろう。

もしその一点が、メルロ＝ポンティの著作そのものの内で一つの名を持つとすれば、それは、おそらく可逆性 *réversibilité* という名となるだろう。

けれども、この究極の概念の統一性はなお、またおそらくは必然的に、比喩《イマージュ》という形を取るのだから、次のように言えば、そこに近づくことになるだろう。つまり、可逆性の特徴をなすのは、あらゆる原的な現象において、とりわけ知覚において、一方で内在、他方で差異と呼ばれるものを統一することにある、と。これら二つの観念を通してこそ、メルロ＝ポンティの哲学は自身の過去と現在の状況を取り上げ直しつつ、その将来でありわれわれの現在となったものへと通じていることになるのである。

弁証法の手前で、メルロ＝ポンティはわれわれの時代にまで通ずる道を、あらゆる矛盾に先立つ差異を知覚の内に探求することによって、示したのではなかったか。そのとき、他の哲学者たちはそれを、概念によってはっきりと割り切った道や、解釈学の道、解釈の道など多様な道によって、追求していたのである。

実存の手前で、メルロ＝ポンティは、〈存在〉を、その厳しい唯一性において、あるいはその還元できない現実性において、取り上げ直すようにと導きながら、あらゆる所与に先立つこの内在を「肉」でもって記述したのではなかったか。

他の哲学者たちは哲学者たちで、それぞれが個々の原的な現象について、この二方向——「弁証法的」矛盾は、それを区別さえしなかったし、「実存」の概念がそれをすでに裏切っているのであるが——を統一してみようとはしたのではなかったか。

この問いへの答えは、素描するのも控えよう。適切なのが、メルロ＝ポンティを介して、内在と差異を結びつける観念から出発し直すことだけなのか、あるいは、この観念がその多様性と統一性のうちに命じていた仕事から出発し直すことだけなのか、これも示さないでおく。もう一言、付け加えよう。なににせよ、この道程の終わりに、この先の見通しを素描しないわけにはいかない。

こう考えることはできないだろうか。つまり、まさに内在の手前に、直観がそれに対して入口を提供したもの、また、メルロ＝ポンティが最初の二著において依拠していたもの、すなわち、強制力をそなえた生の経験そのもの――科学的な知が、必ずしも得られた結果の意味を問うための手段を持っていたわけではないにせよ、探求し続けていたものでもある――、これを再発見できる、と考えるのである。

こう考えることはできないだろうか。つまり、われわれが、出生以来、対象や表情の知覚を通して物と結びつけているまさにこの経験が、なおも裏面を持っており、それについて考えるためには差異の彼方へ行かねばならない、と考えるのである。一つの対象へのどんな関係であれ、倫理的・政治的な意義をその関係にもたらす個人の歴史の内に、場を占めることはないのだろうか。自分の母親の顔を知覚する子どもは、ある一定期間を経て、その顔に愛着という強制的な関係によって結びつけられる。が、同時にその子どもの人生は、自分に対して、またこの関係の可能的な侵入を介して普遍的な仕方で、他者に対して、一つの意味を持つことになる。知覚は、一定の「対象」への愛着のように、世界への関係と自己への関係を統合し、それによって個々の「主体」が創設される。また、それを通して、一つの生の事実が、あらゆる生ける者に対して共通の意味を持つようになる。そういうわけで、まさに内在と差異の彼方にあってもまた、まさに可逆性が、知覚と愛着とについて考えることを可能にするのである。

かくして、一つの歴史の批判的な取り上げ直しは、そのあらゆる次元において、またそれに固有の問題の発見は、その内在的な射程において、まさにメルロ＝ポンティのところで収斂し、彼の著作において結びつくことになるのである。

とすれば、おそらく締め括りとして、直観と反省の間には、一方で知覚を定義し、他方で表現を定義する関係がある、と言うのが正しいだろう。『見えるものと見えないもの』の公刊部分はその関係を示して結ばれている。これを引用しよう。フッサールの思想とヴァレリーの思想の思いがけない最後の歩み寄りのうちで、まずそれを対立させ、ついでその対立を乗り越えるためである。

　理解しなくてはならないこと、それは一方の見方から他方の見方へと弁証法的逆転があるのではないということ、これらの見方を一つの総合にまとめ上げる必要はないということである。この二つの見方は、究極の真理である可逆性の二つの局面だからである。[52]

注

（1）*Phénoménologie de la perception*, Gallimard, 1945（注では以下、*PhP* と略記）、「緒論――古典的偏見と現象への帰還」, p. 9-77.

（2）La guerre a eu lieu, *Les Temps modernes*, nº 1, 1945, *Sens et non-sens*, Éd. Nagel, p. 245-269 に再録。

（3）ジャン・イポリットの「メルロ＝ポンティの哲学における実存と弁証法」と題されたすばらしい文章，(*Figures de la pensée philosophique*, PUF, coll.《Épiméthée》, t. II, 1971, p. 709 に再録，《Quadrige》, 1992 2e éd. にて再版）の中の言葉による。メルロ＝ポンティとイポリットの関係の重要性は見過ごされることが多いが、特別な研究を要するであろう。実存と弁証法の概念に関しては、以下参照。

（4）*Le primat de la perception et ses conséquences philosophiques* (1946), rééd. Cynara, 1989, p. 72. 重要なのは、このテクストの最後の一節である。

（5）サルトルのこの三つの著作の日付を確認しておこう。*L'imagination*, Alcan, 1936 ; *L'imaginaire, Essai de psychologie phénoménologique*, Gallimard, 1940 ; *L'Être et le néant*, Gallimard, 1943.

(6) *Op. cit.*

(7) *PhP*, p. 66.

(8) それぞれ、一八九六年と一九二二年。

(9) *PhP*, p. 66.〔訳注――ここにこの語はない。これが出てくるのは、p. 371〕

(10) これの暗黙の引用が、『知覚の現象学』p. 26 にある。

(11) *PhP*, p. 30.

(12) *L'effort intellectuel*, in *Œuvres*, PUF, 1959 (5e éd., 1991), p. 944, この表現は、デカルトの『屈折光学』の「魂こそが見るのであって、眼ではない」という表現を思い出させずにはおかない。メルロ＝ポンティは、自然に関する講義（*La Nature*, Seuil, 1995, p. 131）と、そしてもちろん、『眼と精神』において、これをもう一度批判することになる。そこに、まさにメルロ＝ポンティが乗り越えようとする言明に共通するタイプがある。

(13) *PhP*, p. 26-27.

(14) *Op. cit.*, Alcan, 1922, chap. XLV ――「知覚の主知主義化された理論」, p. 452, 強調は著者。

(15) 特に *PhP*, p. 48 の、このはげしい批判を見よ。

(16) 問題になっているのは、「緒論」第三章である。

(17) *PhP* ;「緒論」第四章「現象野」p. 69.

(18) *PhP* ; p. 71.

(19) *Ibid.*, p. 76.

(20) *PhP*, p. 397. 全文引用に値する。

(21) *PhP*, n. 2, p. 93.

(22) *PhP*, p. 94.

(23) *PhP*, n. 1, p. 319.

(24) *Ibid.*, p. 320, 強調はメルロ＝ポンティ。

(25) *Signes*, Gallimard, 1960, p. 21, また、*Le visible et l'invisible*, Gallimard, 1964, p. 163 を見よ。

(26) *PhP*, p. 489-495。

(27) *PhP*, p. 462.

(28) *Ibid.*, p. 456-457.

(29) *Op. cit.*, éd Cynara, p. 103.

(30) *PhP*, p. 481.

(31) *La structure du comportement* (1942), PUF, coll. «Quadrige» (2e éd., 1990), p. 1-2.

(32) *PhP*, p. 489-490, 強調は著者。

(33) *Op. cit.*, Nagel, p. 323-331, この論集の最後の論文である。

(34) *Signes*, *op. cit.*, p. 158-200 に再録。

(35) *Signes*, *op. cit.*, p. 195.

(36) *Ibid.*, p. 195, 強調は著者。

(37) *Ibid.*, p. 197.

(38) *Op. cit.*, p. 142-171.

(39) 特に『自然』講義、『眼と精神』、『見えるものと見えないもの』等々を見よ。

(40) *PhP*, n. 2, p. 55-57。

(41) *Op. cit.*, chap. XII, «Propos», p. 309 sq. そして「序文」の最初の一文はこうである。「この一書をなしている、哲学的論文《エセー》と、ほとんどすべて政治に関する時局的な発言《プロポ》と、この両者の間に、ちょっと見てみると、なんという違いが、なんという不調和があることだろう。」(p. 7)

(42) *La structure du comportement*, *op. cit.*, n. 1, p. 223. を見よ。

(43) *Ibid.*, p. 241.

(44) *La Nature*, *op. cit.* の一九五六—一九五七年の講義、第三章「自然の人間主義的考え方」を見よ。ここでは「カントの諸観念」と「ブランシュヴィックの諸観念」とが続けて研究されている。

(45) *Op. cit.*, 第四七章「空間の移植」と、第四八章「時間的領野」のそれぞれ。

(46) この理論にではないにせよ、これの実践においては、たとえばバシュラール、カヴァイエス、あるいはカンギレムが関わっていたと言うことができるだろう。

(47) 『物質と記憶』第四章を見よ。強調はベルクソン。このテクストについて、メルロ＝ポンティは、ジャン・デュプランによって纏められた講義『マールブランシュ、メーヌ・ド・ビラン、ベルクソンにおける心身の合一』(Vrin, 1968) でコメントしている。

(48) *L'expérience humaine et la causalité physique*, p. VI, 強調は著者。

(49) «Le tournant de l'expérience, Merleau-Ponty lecteur de Bergson» と題された、*Philosophie*, numéro spécial sur Bergson, juin 1997 所収の論文において。

(50) Le métaphysique dans l'homme, in *Sens et non-sens, op. cit.*, n. 1, p. 170.

(51) とりわけ、ブランシュヴィックの諸原理を深めた者として、ナベールやカヴァイエスが考えられるだろう。またアランに由来する者としてはシモーヌ・ヴェイユや、ある意味ではカンギレムを、ベルクソンに対してはジャン・ヴァールを、などなど。この重要な点については、厳密に歴史的な観点からだけでは言えない。

(52) *Le visible et l'invisible, op. cit.*, p. 204。「編み合わせ――交差配列《キアスム》」という章の最後に書かれた一節が問題である。まさにこれがクロード・ルフォールの配慮によって出版された草稿を終わらせているのである。この最終章は、次のように始められていた。「哲学が、自分を反省あるいは合致であると表明すると、哲学は、自分が見出そうとするものをすでに判断していることになる、というのが正しいとすれば、哲学はもう一度すべてをやり直さなければならなくなる。つまり、反省や直観に与えられた道具を投げ捨てて、この両者がまだ互いに区別されていない場所に、「主観」と「客観」、現実存在と本質とを、同時にごちゃごちゃにしたままで同時に、われわれに提示する、まだ「加工されていない」諸経験のなかに、哲学は身を置かなければならない」……（*ibid.*, p. 172)。

クロード・ルフォール

方向感覚

『知覚の現象学』は、感覚を主題とする章で始まり、『見えるものと見えないもの』——そこでは先行の諸々の分析を、肉の存在論の方向において捉えなおし、修正し、屈曲させる関心が明確である——の冒頭の言葉によって、われわれは、自分の世界経験へと連れ戻される。「われわれはものそのものを見ている。世界はわれわれが見ている当のものである。こうしたたぐいの言い方は、自然的人間と目を開いている限りでの哲学者とに共通の信念を表現しており、われわれの生活に含まれる暗黙の臆見《ドクサ》の深い座へと立ち戻らせる。」出発点は、可感的なものであるのか。ある意味で、それは疑う余地がない。この経験のパラドクスの中をほとんど進まないうちに、数ページ先でメルロ＝ポンティは、「座」という表現を捉えなおして、それにもっと力を与え、「われわれに共通な可感的世界の容認しがたいこの確実性が、われわれにおける真理の座である」、と意味を明確にする。そして次のように付け加える。「子供は思考する以前に知覚し、自分の夢を事物の中に、自分の考えたことを他者の中に、置き入れることを開始し、それぞれの持つパースペクティブがまだ互いに区別されない一塊の共通の生をそれらと形成するということ、こうした発生上の事実は本質的分析の要求という名のもとに哲学者が単純に無視するわけには行かないものである。」この点について、メルロ＝ポンティはこう主張する。「思考は、おのれの表面上の歴史を無視できず、自分自身の意味の発生という問題を自らに課さなければならない。内在的な意味と構造とによってこそ、可感的世界は、思考の宇宙より古いのである。なぜなら可感的世界は可視であり比較的に連続しているのに対し、思考の宇宙は不可視であり人間的であって、可感的世界の規範的な諸々の構造に支えられて初めて、一見したところの全体を構成し、自らの真理を持つからである。」しかし、こうした明確な言葉にもかかわらず、われわれは果たして出発点の印象に留まるべきであるのかを、自問することが可能である。なぜなら、この出発点は断絶点と一致しているというのも事実だからである。つまり、可感的なものへの接近は、過去の哲学と、過去の哲学が（精神と身体を切り離し、諸感官の機能を認識しようとする者に対して客観的分析以外の選択を残さないことによって）道を開いた科学の先入見とを、拒絶することとまさに一体だからである。

原初的経験を解明するという努力——科学的心理学と精神生理学との批判が重要な位置を占める、『知覚の現象学』においてこの努力を支える議論、同様に、反省的思考、弁証法、本質直観の幻想を突破する問いが原動力になっている『見えるものと見えないもの』の議論——、この努力は「可感的なものの復権」によって実行される。この表現は、メルロ＝ポンティが、『哲学者とその影』のなかでフッサールの仕事を名指そうとして用いた表現である。両手を押し付け合うことにおいて、一方の手は自分に他方の手が触れると感じ、触れられる手と触れる手との合致ではないとしても、少なくともそれらの同一性の感じが得られる瞬間に、身体が達成するこの「種の反省」を喚起したばかりの個所で、メルロ＝ポンティは、「この記述が事物と世界とについてのわれわれの観念を覆し、可感的なものの復権へと達することを見届けなければならない」（S, p. 210）と書いている。これに対して、「よろしい、そうやってメルロ＝ポンティは、誰もが（哲学者であろうとなかろうと）その証人となりうる一つの出来事を観察することにおいて、フッサールに追いつくわけだ」と人は言うだろう。しかしこうした指摘は、哲学史の中で行われる出発点と断絶点との一致を後日に延期させることでしかないだろうことは別にして、またフッサールが（おそらくカントから着想を得て）感じるものと感じられるものとの接合をすでに看破したのは、対象としての身体についての哲学的または科学的概念を拒絶することによってのみであるということは別にして、メルロ＝ポンティは一瞬フッサールと一致するものの、フッサールが従った道をたちまち放棄してしまうのである。もし、現象学的記述が可感的なものの復権に帰着するとしても、フッサールはそれを十分に成し遂げはしなかった、という示唆がわれわれに与えられる。フッサールは、「未耕の存在」すなわち主観と客観との対立に挑戦する存在の接触へとわれわれを置き戻すことによって、確かに世界と事物とについてのわれわれの観念を覆した。しかしフッサールは、自分があらわにした感じられるものから感じるものへのこの奇妙な移行を、純粋な観察者にとっての一現象へと転換しようと望んだ。人が感じるものすべてと感じられるものすべてとを結合する糸の錯綜の下に、フッサールは純粋な結合活動を検出しようと欲したのであり、その根元は超越論的〈主観〉を証明するはずなのである。メルロ＝ポンティは可感的な経験がわれわれに課す循環の試練から身を退けることはできないと反論する。二側面——感じることまたは可感的なもの——の一方の側から出発して、他方の側に生じるものをわれわれにつかませることのできる運動というものが徒労であることが一度認識されるならば、それに劣らず、身体と世界との諸々の様態の絡み合いを決定するさまざまな志向性を発見する原理的可能性が、そこから獲得されるような位置に身を据えようとすることも徒労である、とメルロ＝ポンティは反論する。もし、なにかしらの見えるものとの最初の接触が存在の奥義伝授《イニシエーション》であるならば、分析は可感的なものの領域を自分の背後に取り残すわけにはいかない。「あらゆる認識、あらゆる客観的思考は、私が感じた、私がこの色とともに持った、この端緒の事実を糧にして生きている、または原因としての可感的なものがいかなるものであろうと、一気に私の眼差しを拘引しながら、しかも眼差しに対して、無際限な経験の系列を約束する特異な存在を糧にして生きているのである（……）。」

要するにフッサールは、客観的思考そのものが可感的なものを糧にしていることを教えた最初の人であるが、それは可感的なものの中に精神の活動性のあらゆる徴候を見出すためだったのである。結局、哲学は意識の生を構成する諸々の活動をその全体的広がりにおいて解明する努力であり、さらには無限な計画として定義されえたということは本当である。もはや哲学は、知覚の世界においてすでに作動している精神の観念によって導かれているのではなく、人間と事物とが織り成し、人間どうしが織り成す、諸々の関係の総体において授けられる、さまざまな〈意味〉〔以下、signification を〈意味〉と訳す。〕を完全に所有することへと捧げられたものとして自らを示すことをやめたのである以上、メルロ＝ポンティにとって、思考に対して思考自身の意味《サンス》の生成という問題を課すという要求は何を意味しうるのだろうか。哲学とはなにか――または自己自身について問う思考とはなにか――という問いがメルロ＝ポンティにとっても第一の問いだということをやはり認めなければならないのであろうか。可感的なものの復権は、古典的偏見との断絶として、言語に対する問いから分離するのではない。言葉、とりわけ書き言葉《エクリチュール》によって、メルロ＝ポンティは可感的経験を問い、過去の哲学著作において可感的経験が免職されまたは抑圧される仕方を見出すのである。おそらく「表現経験」（『世界の散文』の一章が「科学と表現の経験」と題されていたのが思い出される）において、メルロ＝ポンティの分析の最も確かな原動力をわれわれは見出しさえする。それは彼の初期論文の一つ「小説と形而上学」（『意味と無意味』所収）においてすでに明らかである。『見えるものと見えないもの』の起草に伴う作業ノートから後半の一つを引くだけにしよう。「哲学、すなわち、哲学の語ること、その諸々の〈意味〉は絶対的に不可視なものではない。哲学は、あらゆる文学と同様に、語によって見させる。」（VI, p. 318）純粋思考の神話に刃向かうこのノートに、私はもう一つ別のこちらは科学的心理学に刃向かうノートを付加しておこう。「人生は作家でない人間に霊感を吹き込まないのと同様に、質は曖昧で、筆舌に尽くしがたく思われる、ということは真理である。反対に可感的なものは、人生と同様に、哲学者（すなわち作家）である人間にとって、語るべき事物に常に満ちた宝庫である。」（VI, p. 305）メルロ＝ポンティは文学と哲学とを混同しているわけではない。さらに、私は証言できるが、彼は自分を哲学者として考えることをやめたことは一度もないし、哲学の遺産を引き受けることをやめたことさえない。しかし彼は、思考が諸々の語の中で自分自身を追い求め、自らに出会い、自らを投げ返すこと、諸々の語が一義的な〈意味〉を持たず、先例のない用法に身を耽し、作家の意図の彼方で意味を分泌するということ、を知っている。かくしてメルロ＝ポンティは、人が感じるものと感覚されるものとの肉的な粘着を、言葉がそれについて語りかつ言葉の運動から決して切り離されることなく言葉を導くものと言葉との結合において、経験している。そのうえ、メルロ＝ポンティは読むことから開始したということを忘れてはならないし、他者から自分に到来するものと、自分自身の思想から他者の内に置きいれるものとを、分割することなど不可能であるとメルロ＝ポンティがすでに見定めたのは、メルロ＝ポンティが絶えず読解し続けることにおいてであること――そして、この結合は、読解をあやまたせるどころか、意味を生じさせるのである、ということを忘れてはならない。かくして、哲学作品の学説、諸々のテーマ、諸観念、「諸問題」の定義はいずれも、われわれが読解から引き出し、われわれが繰り返し行う読解（すなわち、われわれに語りかけるものと接触しつつ同時に常にそれを探し求めること）によって増幅される意味を、われわれにもたらしはしない（むしろ定義はわれわれからそうした意味を奪う）。

したがって、哲学自身の中に一種の感覚経験があるのであって、もし、一人の哲学者が作品と取り結ぶ特殊な関係にわれわれが立ち止まることなく、彼が交渉状態に入った諸々の作品の多様性と、彼に対して哲学の歴史——この語にどんな運命を与えようと——として現われるものが結局のところ理解されるならば、その一種の感覚経験の広がりと深さはもっと高く評価されるはずである。あるノート（一九五九年六月、*VI*, p. 252）に、こう書かれている。（ゲルーの哲学史の傍で）「作成すべき哲学史は、言外に含まれたものの歴史である。」言外に含まれたものを首尾よくつかむことは、思惟を掻きたてるものを受け入れるべく整えられた思惟の力を証示している。

メルロ＝ポンティは方向感覚について語らなかったが、彼の分析を見ると、〈存在〉への源初的関係を彼が間違いなく見抜いたということの数々の証拠が見出される。その証拠のいくつかを書きとめておくことで満足しよう。最初の証拠は、『知覚の現象学』と『見えるものと見えないもの』からのもので空間知覚に関わる。第二の証拠は『世界の散文』からで絵画に関わる——歴史と政治の諸問題については、かすかに触れることしかできない。

まさに「固有の身体の空間化」を主題化した『知覚の現象学』の章において、メルロ＝ポンティは方向の問題を際立たせている。そこで彼は、戦傷に続いておそらく精神盲に冒されたゴルトシュタインの患者の観察から生まれた著作に、長々とコメントしている。この患者は具体的状況では適切な所作を行うことができ、したがって、運動性障害を示してはいないのだが、反対に、人に乞われても自分の身体の特定部分を指差すことができない。同じく、なじんだ言い回しの中で少しでも使われれば、自然に対象の名前を発音するのだから、彼は諸対象の名前を失ってしまったわけではないのに、それら名前を呼ぶことはできないのである。ここでは詳述しないが、この患者の多様な障害は、一般的欠陥に収斂する。「彼は、状況に身を置く能力にその本質があるこの具体的自由が欠けている」と彼は指摘する。そして付け加える。「知覚の下にと同様に、知性の下に（これらの語は強調に値する）、われわれはより根本的な機能を見出す（ここでホルクハイマーの言い回しが採られている）。それは探照灯のような、あらゆる方向における運動ベクトルであって、われわれはそれによって、自分の内外のいかなるものにも自らを方向づけることができ、その対象に関して行動することができるのである。」（*PP*, p. 158）おそらくメルロ＝ポンティは探照灯のイメージには反対し、それよりも「志向弓」のイメージを好む。この言葉は「運動ベクトル」という用語より言うところが少ないのだから、この用語の適切さについて議論することができるだろう。メルロ＝ポンティはただちに、患者の発言によれば、「彼は自分が目を向ける方向においてしか見ないし、自分がじっと見つめる対象しか見ない」ことを指摘した。この言明は、顕現していないものへと赴く能力がこの患者に欠けていることを示している。事物はその起伏を保っており、一定の領野において毎度ちゃんと知覚されていること、したがって、地の上の図を区別する能力は冒されていないということ、これは事実である。しかし、この患者は光景によって自分が不意に取り押さえられたように感じており、自分を取り巻くすべてのものや、正常な知覚に通常伴うものすべて（例えば、隣室での会話）に無関心である。メルロ＝ポンティは自分の解釈を展開して、運動性は「根源的志向性」として理解されるべきであると断ずるに至る。続いて、未刊ノートでこの定式表現を再三使用したフッサールに立ち戻り、「根源的に意識はわたしは考えるでなく、わたしはできるである」と書く。また次のように書きとめて判断を明らかにしている。「視覚と運動はわれわれを対象へと関係づける特殊な仕方であり、もしこのようなすべての経験（すなわち、視覚と運動を働かせる経験）を通じて、ある独特の機能が表現されるとすれば、それは、実存（existence）の運動であって、この運動は、諸々の内容をわたしは考えるの支配下に置くことによってでなく、世界の相互感覚的な統一性に向かって方向づける（orientant）ことによって、再統合するがゆえに、それらの内容の根本的多様性を抹殺することはない。」（*PP*, p. 160）本当を言うと、実存運動という概念は、ほとんど益するところがない。私はメルロ＝ポンティがこの概念を後日再び取り上げたということを知らない。本質的なことは、知覚と運動そのものとが、あらゆる事物に方向を与え、顕在的または潜在的な場所にあらゆる存在を位置付ける、最初の能力を前提しているということである、と私には思われる——そして、このことは、対象の把握において、諸々の感覚が互いに調和しうるような仕方で、そうなっているのである。

メルロ＝ポンティはこの章で運動性を特に重視し、ある心理学者の言い回しを捉え直して、「運動性は、表象された空間においてこの世界のあらゆる意義の意味が初めて生ずる、第一の領野である」と語っているほどである。ここで分析全体は、意識でなく身体だけが運動という問題の鍵をわれわれに与えることの証明に向かっている、というのは本当である。運動は『知覚の現象学』第二部の「空間」を扱った章で、科学実験、特にストラットンによる実験とヴェルトハイマーによる実験の解釈を利用して、再び現われている。ストラットンの実験では、被験者は、網膜像を倒立させる眼鏡をかけるように求められる。網膜像は何日間もそのまま進行し、次に中断の後、そのまま更新される。つまり、被験者は、まず自分自身の身体が逆転される印象をもつが、少しずつ風景を変容させ、最後には、普通の姿勢に再び戻されるように自分を感じるのである。ヴェルトハイマーの実験では、被験者は、自分がそこで回転する部屋を斜めに映す鏡を通じてしか、その部屋が見えないようになっている装置をしつらえることになっている。被験者は、最初はあたかも側面に対して傾きながら歩くように感じ、すべてが斜めの方向に従うのを見る（例えば垂直に落下する紙片）のだが、数分後には当初の空間水準を再び確立する。こうした実験がメルロ＝ポンティの関心をひくのは、それらが知覚生活における直立と倒立、上と下、一般的に言って方向が意味するものについての問いを促すからである。光景の方向は客観的空間の諸特性にも、事実的身体の諸特性にも帰着させることができないことを、メルロ＝ポンティは示そうと専心しているとだけ述べておこう。事実的身体の垂直姿勢は、事物における方向を事実的身体に教え、または事実的身体に投射させるはずである。ヴェルトハイマーの実験もストラットンの実験も、通常は知覚されないものの、身体と外的領野とがその働きのおかげで諸々の方向に従って配列される空間水準の存在を露呈する。かくして、事物と親しむ印象を常にもたらした空間の水準が覆される時、被験者はまずは光景の現れに追随する。しかし被験者が光景を再び確立できるとすれば、それは彼が語の二重の意味で、絶えず *sens*（意味／方向）を要求したからであって、最終的にはこの要求の方が現われより優位を占めるのである。つまり、彼にとって、事物が十全な〈意味〉を持ち、彼自身の振舞いと運動とが知覚される世界に触れ、彼が対象への手がかりを持つと確信するような仕方で、自分の諸々の感覚に順応することができるためには、それらの事物が一定の方向を備えているのでなければならないのである。例えばベッドに横たわっている人を頭の方から観察する（誰でも経験しえた、または経験できる観察）場合、逆さまになった顔をじっと見ているうちに生じる奇妙な出来事——その人の特徴が崩壊する印象——を巧みな文章で喚起することによって、メルロ＝ポンティは、一般的に言って、「対象を逆転するということは、対象から意味を除去することである」と指摘している。この観察以前にさえ、彼は、方向に対する起源を追求する者に答えて、次のように断じている。「存在はなぜ方向付けられているのか、実存はなぜ空間的であるのか、なぜ（……）われわれの身体はあらゆる姿勢において世界に密着していないのか、そしてなぜ世界とわれわれの身体との共存は、経験を分極化させ、一つの方向を生じさせるのか、と問うてはならない。そのような問いは、これらの事実が、空間に無関心な主体と対象とに到来する偶然事である場合にのみ、課されうるであろう。反対に知覚経験は、そうした事実が存在とのわれわれの原初的な出会いにおいて前提されており、存在するということが方向付けられて存在するということと同義であるということを、われわれに示しているのである。」（*PP*, p. 291）しかしこの断言が、地の上で図を弁別することとしての知覚、さらに正確には視覚、についての当初の観念――結局は決して放棄されることのない観念――を揺るがす（この点は同意せざるを得ないであろう）ということに注意しよう。というのも、感覚するという純粋現象の彼方にメルロ＝ポンティを駆り立てる運動を、見誤ることは不可能だからである。私が言及した文章からさらに二ページ先で、メルロ＝ポンティは自分の最初の記述を修正する表現を用いている。「一般にわれわれの知覚は、輪郭も奥底も対象も含んでおらず、したがって、もし知覚主体が、事物のある方向に対してのみ事物への手がかりを持つ、このまなざしであるのでなければ、知覚は何ものについての知覚でもなく、結局は存在しないはずである。方向は対象の偶然的性格ではなく、私が対象を認識し、対象を対象として意識する、手段なのである。」おそらく対象は、異なるさまざまな方向に沿って与えられうるであろうが、しかし、「それは常に対象を前にして、思惟の中で、一定の姿勢をとるという条件においてである。」とメルロ＝ポンティは明確化する。「思惟の中で」は適切な言葉だろうか。たとえ適切であるとしても、この姿勢を私は完全に自分の意のままにするわけにはゆかない。よろしい。私は新たな視点から見るために頭を傾けることができるし、または、自分の両手で持っている絵をあれやこれやの仕方で傾けることができるが、空間の水準と感覚の要求は相変わらず視覚に命令をくだす。したがって、方向の差異をパースペクティヴの差異と混同してはならない。各パースペクティヴは、未来把持と過去把持の働きのおかげで、他のすべてのパースペクティヴに潜在的にそれが連鎖している限り、事物に「自体的に」達することを可能にしている。実際、逆さまになった顔はその表情豊かな性格をわれわれから奪い、当たり前のもののように身を潜める。ここでメルロ＝ポンティが方向という現象に関心を払いながら、心理学的記述しか求めず、その存在論的意義を見定めることがないなどとは誰も思わないであろう。方向は知覚の成分ではない。「（……）理解可能なあらゆる存在は知覚される世界に直接的にまたは間接的に関係付けられており、知覚される世界は方向によってのみつかまれるのであるから、われわれは在るということ（l'être）から、方向づけられて在る（l'être orienté）ということを切り離すことはできない。」（*PP*, p. 293）

この結論は、『見えるものと見えないもの』の最終章「絡み合い——交差配列」を読むことで確証される。この章は肉を以って最終概念を認識せしめることを目指している。ここにおいて身体は「模範的な可感的なもの」として示されている。この「模範的な可感的なもの」は、身体に住みつき身体を感じる者に対して、身体の外部にあって身体に似ているものすべてを感じるに必要なものを提供し、したがって、諸々の事物の組織内で捉えられながら、その組織をすべて自分へと引き寄せ、併合し、同時に、自分がそれに対して閉じている諸々の事物に対して、自分の「出生の秘密」を構成する重なりあうことのないこの同一性、矛盾のないこの差異、与えるものと外部とのこの隔たり、を伝達するのである。肉は事実的身体でなく、肉の存在であるとわれわれは理解する。しかし「内的に働きかけられている中心」、「存在の原型」としての肉のイメージは、肉の運動の記述をもって初めて正確なものとなる——われわれはこのことを見逃してはならない。

この章の冒頭からメルロ＝ポンティは、あらかじめ自己同一で後になって見る者へと呈示されるような事物をわれわれが前にしているのではないということ、そして予め空虚な見る者が後になってそうした事物へと開かれるというのではないということ、「眼差しによって触れる以上にわれわれが接近できるような」ものは何もない、ということをわれわれに述べている。そのことを理解させるために、メルロ＝ポンティはまず感じられるものの側に赴く。『知覚の現象学』ですでに彼が特権的な例として採り上げた、色の現れ方を吟味することによって、メルロ＝ポンティは、知覚される赤は「短い間にせよ焦点合わせを要求し、確定度の低い、より一般的な赤から出現する（……）」と書きとめる。さらに、私に現れる赤がまさにその赤であるのは、その赤が、自分を取り囲み、星座を共に構成する他の諸々の赤に、またはその赤が支配するかその赤を支配する、その赤が惹きつけるかその赤を惹きつける、その赤が押し返すかその赤を押し返す、赤以外の諸々の色に、自分の場所から、結びつくことによってのみである。要するに、それは同時的なものと継起的なものとによる網（trame、縦糸）のなかの結び目である。おそらくこの「網」という語によってメルロ＝ポンティは、「そのすべての繊維によって見えるものの織物に属し、その織物を通じて見えないものの諸々の存在の織物に属している」赤いドレスを思い起こしたのであろう。彼はそれを、「屋根のタイル、踏切番とフランス革命の旗、エクス－アン－プロヴァンス近郊のいくつかの場所の土壌を」、そして最後に、あらゆるたぐいの赤い衣服……（数え上げれば切りがない）を、「含む赤い事物の領野における句点」としている。本当のところ、われわれが学ぶのは、単に赤が自分の誘い寄せる諸々の連合の働きで確かなものとなり、その取り巻きの働きで変化するということだけでなく、その赤が、（もう一度この言葉を使うが）その場所から、遠い近いを問わず他の場所と他の出来事に向かって合図する、またはそれらの印を携えているということなのである。総じて、その赤がまさにその赤であるのは、しばしばわれわれの知らぬ間に、その赤が赤いものへとわれわれを方向づけ、またはわれわれがその赤を赤いものへと方向づける場合にほかならない。別のイメージを使おうとして、彼は鉄道の転轍機に訴えている。分析の終わりにメルロ＝ポンティは見る者へと「振り返る」。ここでまさに彼の言葉は、見る者がそこから出現する見えるものへの見る者の（他所で指摘された）「振り返り」に対応する思考運動を指し示している。それはすぐさま眼差しを再び問うためである。眼差しは、とメルロ＝ポンティは思い起こす、「見える事物を包み、触知し、娶る。まるで眼差しは見える事物と予定調和の関係にあるかのようであり、見える事物を知る以前にそれらを知っていたかのようである。眼差しは自分流の仕方で、有無を言わせぬ急激なスタイルで、動くのだが、それにもかかわらず、捉えられた眺めは何でもかまわないというわけでなく、私は混沌を目にするのではないのであって、したがって、結局指図しているのは眼差しなのかそれとも見える事物なのかを言うことができないのである。」(p. 175) 確かにメルロ＝ポンティは予定調和という観念を拒否しているが、自分のノートでこの言葉を何度も繰り返し思い起こしているとすれば、それはこの観念が交差配列の真理である真理を——眼差しと知覚されるものとが互いに発見し合い、それぞれが常にすでに他方によって担われているような、二重運動の真理を——歪めつつではあるが、表現しているからである。私が思い起こしたように、肉は、感じるものと感じられるものとの隔たりと同時にそれら相互の癒着を、われわれに認識せしめるこの環境として記述されている。この逆説の構造は言語と思考とにおいて再び見出される。しかしそれにしても肉の発見は言葉の往還を含意している、つまり自分自身の中で隔たりを経験することによって、肉が言わんとするものへの通路を切り開く言葉の往還を含意している、ということを忘れてはならない。

言い換えれば、われわれが見る者の側に立ち戻り、眼差しにおけるその活動を不意打ちすると信じる時、ただちにわれわれは、この眼差しを揺り動かすものが何であるか自問しなければならない。予定調和の観念は単に気をひくだけのものである。予定調和を当てにするということは、デカルト主義者と同様に、精神と物質とを分離した後で、生活世界における両者の結合を説明するために「自然の制度」に任せることであり、「人間の手に届くだけの範囲の問い」に想像上の解答を考え出すことである。ところで、それを免れようと望むのは無駄である。ただしそれは予定調和の概念のもとで求められている真理である。つまり、反対物の乗り越え、または「共可能的でないものの結合」という、経験内での、真理である。しかし眼差しに戻ろう。眼差しについてわれわれは、眼差しが、眼差し自身の運動によって光景に生気を与えているのか、それとも事物における運動にただ追随しているのかを、区別できない。メルロ＝ポンティは、この現象を触覚による触知の現象によって解明しようとしているが、この現象によってわれわれは運動の問題をより明確に提示することになる。彼は問う。「滑らかさとざらつきとの地合を私に感じさせることのできるような、まさにこの程度、この速度、この方向を持った運動を、私が自分の手に与えるということの由来はどこにあるのか。探求とその探求の教えるであろうものとの間に、私の運動と私の触れるものとの間に、なにかしら原理的な関係、なにかしら親類関係が存在し、それに従って私の運動は、アメーバの義足のように、身体空間の漠然とした束の間の変形ではなく、触覚世界への手ほどきであり、開けである。しかし、手の中での触れるものと触れられうるものとの再交叉によって、私の手の固有の運動は、それが問う宇宙に合体し、その宇宙と同じ地図に転写される。」実際、触覚による触知は眼差しによる触知より確かに交錯現象の真理をわれわれに教えるが、それは触れることと触れられうるものとの関係が、視覚と見えるものとの関係とは違った仕方で親密だからである。しかしそれに加えて、「見えるもののあらゆる経験が眼差しによる触知において常に私に与えられていた」のであるから、視覚的光景は触覚的性質と同じ程度に触れることに属しているのである。別の言い方をすれば、すでに『知覚の現象学』で芽生えていたことであるが、運動の力（「実存の運動」が思い出される）というものが存在し、これは内容の多様性を除去するのでなく、それらを世界の相互感覚的統一性に向かって方向づけることによって結び合わせるのである。

しかし視覚と触覚とが隠匿する運動、触れうるものが見えるもののなかで、見えるものが触れうるもののなかで、準備されていることをわれわれに証明する運動――固有の身体はこれらの運動で織られている――は、一般的な運動性の徴候である。

よろしい。知覚と知覚されるものとの距離は踏破しがたく、両者の隔たりは還元しえないが、この距離、この隔たりは、現れるものへと往く運動と現れるものから来る運動との結果として産出される。見る者‐見えるもの、感じるもの‐感じられるものとしての身体の二重性だけを考えるならば、身体は二つの「層」、二枚の「葉」で組み立てられていると言いたくなるかもしれないが、運動についての思惟によってメルロ＝ポンティは、一瞬導入したこの比喩を拒否するように促される。「葉や層について語るのは、生きて直立する身体において共存するものをやはり反省的眼差しのもとで扁平化し並置することである。感じられる身体と感じる身体とは、まるで裏と表、あるいは一つの円環路の二つの部分のごとくであって、上部では左から右へ、下部では右から左へと移動するのである。」(p. 182) ここで注目すべきであるのは、思惟の方向をあたかも感覚できるものとする比喩の置き換えである。ついでであるが、私が紹介した比喩の用法に用心を促すために、その比喩に関わる作業ノート(*VI*, p. 275)の一節を指摘したい。「思惟の方向――この言葉は比喩ではない。見えるものと見えないものとの間に比喩はない……。比喩がない理由、それは、1/思惟は記述すべき準‐局在性を含むからである……、2/本原的局在性は、事物に関わる場合または事物の運動方向に関わる場合においてさえ、客観的空間において一層見て取りやすいというわけではないからである……、方向は空間の中にはない、方向は空間を貫いて透かし模様として存在する。したがって、方向は思惟の中に移転可能である。」一つ前の引用個所に戻る。身体は一であると同時に二である。しかし二重性が問題なのではなく、表と裏との結合のような内的結合が問題である（VI. p. 317 には裏返された手袋の指のイメージが見出される）。結局、この観念はそれ自体としては十分でなく、無限な裏返しを含む運動という観念のほうが好ましい。

作業ノートの別の個所から表現を借りれば、肉のパラドクスはわれわれに「他の場所というものの起源」を啓示する。「触れる‐自己に触れる／見る‐自己を見る／身体、〈自己〉としての肉」と題されたこの晩期のノート（一九六〇年五月、VI, p. 307-310）は、運動についての新たな指示を与えてくれる。ここに改めて表明されているのは、触れるものと触れられるものとの間に実際の合致は決して存在せず、しかしだからといって精神の中で合致するのでもなく、両者の結合は触れえないものを通じてなされるという議論であって、それはちょうど、見えないものを通じてこそ見るものと見えるものとの結合がなされるのであって、思惟または意識によってではないのと同様である。「私は運動しつつ自分を見ることはできず、自分の運動に立ち会うことはできない」という指摘が、われわれの注意を引く。おそらくわれわれは、見ている自分を見ることはできず、感じている自分を感ずることはできないということを認めたとしても、少なくとも一種の反省は働いているはずであろう。しかし、われわれの運動は、別の仕方で知覚を免れるように思われる。「私は自分に対しては運動の最中にあってさえ常に運動の零度である、私は自分から遠ざかることはない。」そうだとすれば、とまずメルロ＝ポンティは言う、それは知覚と運動とが同質だからであり、それらが互いに相手から出現するからである。しかしノートの終わりで、運動の〈自己〉という想念が認められる。すなわち、「知覚（*Wahrnehmen*）と自己運動（*Sich Bewegen*）とを解明するためには、いかなる知覚も運動の〈自己〉であるという条件でしか知覚しないということを示すこと」。次に、固有の身体の想念に従って鍛錬された「固有の運動」という想念が現れる、つまり「主体としてのもの(chose-sujet)の証言、ものとしての運動でありながら、しかし私の行う運動」。また、言語が思考に連結されるのは、運動が知覚に連結されるのと同様であり、その運動は肉的であると告げられる。

自己運動(se mouvoir)とは何を意味するのか。それは、自分の身体を移動することとは別のことであるのは確かである。それは言わば諸々の場所へと在る(être aux lieux)こと——未来把持と過去把持との働きによってでなく、ここから他の場所への肉的な移り行きによって——である。メルロ=ポンティは見る者について、それは見えるものから出現するのであり、自分に振り向くことによって「見えるものに取り囲まれている自分を発見する」と述べていた。しかしそれは単に、見る者が「位置づけられている」ということを意味するだけでなく、見る者は見ている限り運動状態にあり、見る者は、運動によって、世界の中で動き回りながら、自分をそこに見出し、そこに認識し、方向付けなければならない、ということを意味するのである。

メルロ=ポンティは、クローデルの言葉を好んで引用している(『見えるものと見えないもの』で三度引かれている)。「絶えず人は頭を真っ直ぐにし、鼻を鳴らし、聞き耳を立て、考え、自分の位置を再認する。考え、嘆息し、脇腹にしまい込まれたポケットから時計を引張り出して、時間を見る。ここはどこ、今何時。そういった問いが、われわれから世界への汲み尽くしがたい問いである。」

身体と世界との関係を分析する中で、方向の問題に注意するようになるや、メルロ=ポンティの問う対象が、芸術と文学であれ、歴史と政治であれ、至るところにその痕跡がたちまち見出される。絵画を主題とするテキストの一つを手短に見ておくことで満足しよう。メルロ=ポンティは、この絵画芸術からそのインスピレーションの大部分を引き出したのである。『間接的言語と沈黙の声』におけるマルロー批判は、あらゆる客観的評価から身を隠す世界における絵画の展開と画家の仕事とを理解するためにメルロ＝ポンティが払っている、多大な関心をはっきり示している。メルロ＝ポンティは、自分が賛美し、要するに道案内役にしているマルローが拘束されたままでいる、一般的偏見を追い払おうと努めている。この偏見は、古典絵画が支配して以来不意に現われた諸々の変化の sens ——意味と方向——を見過ごさせてしまう。古典絵画は「ものと人間とをその自然な働きのなかで代呈示することとして」理解される。その目的は、生活の中で事物そのものの光景が大衆に与えるのと同じ明証性の感覚を、大衆に与えることであったはずであろう。対照的に、現代絵画はその主要な特徴として、個人を称揚しているように思われる。実際、自然の、表現の、伝達の理想が放棄されて以来、「絵画の中には画家という主題しか存在しない」。メルロ＝ポンティはこれらの定義を示しつつも、「時折マルローは、数世紀を通じて感覚と感覚の所与とが変化しなかったかのように、そして画家がそれらの感覚に依拠する限り、遠近法がそれらの所与に課されるかのように、語ることがある。」最初の命題は人を驚かせる。メルロ＝ポンティは常に、われわれは世界への同じ開けに、その開けが知覚において与えられるままに、あずかっていると語り、「自然は最初の日に存在している」というヘーゲルの表現を引用していたのではなかったか。しかし、第二の命題はわれわれを啓発し、彼はすぐにその意味を明確化する。彼が分からせたいと思っているのは、感覚と感覚の所与とが変化したということではなく、それらの感覚と感覚の所与とを実証的な用語で定義することは決してできないだろうということである。古典作品の遠近法は一つの発明であり、知覚経験を翻訳する一つの独特な方法であった。ここにいう知覚経験は、あらゆる部分において統制され、秩序立ち、一貫している世界への、そして結局、人間が、眼差しによってと同様に精神によって、行為によって、所有することができるような世界への、信頼によって支配された、文化の（他の経験領域では明白な）徴を担っていたのである。

かくしてわれわれは、もし絵画が変化するとしても、「それは知覚される世界が遠近法の法則を裏切り、別の法則を押し付けるからでなく、むしろいかなる法則をも要求せず、遠近法の法則とは別次元にあるからである。」古典絵画が、「実物の代呈示」であろうとするまさにその時に、創造を含んでいることが一度認められるならば、現代絵画の中に別の要求を認めることができる。現代絵画が創造について明白化したいと望むあらゆる特徴、つまり線の痕跡、色の噴出、素材――紙、布地、壁――との出会いという特徴、そして発生ととりわけ未完成(これについてメルロ=ポンティは特に関心を示している)という特徴、これらの諸特徴は、「個人への回帰の問題とはまったく別の問題を提示している。問題は、われわれの感覚がそれに基づいてすべてのものへと開く、あらかじめ確立された自然の助けを借りずに、いかにしてわれわれはコミュニケートできるのか、コミュニケーション以前のコミュニケーション、そして結局、理性以前の理性はいかにして存在しうるのかを知ることである。」ところでこの問題をメルロ=ポンティは、画家に関する仕事や、スタイルについての研究成果の中で、解決はしないが、少なくとも出現させようと努めている。

マルローは、「世界に対するわれわれの根源的関係を言い表すためにフッサールがスタイルの現象を導入して以来、かつてないほどに前進することによって」、スタイルの現象を見抜くことができたと、メルロ=ポンティは言う。私は今その議論を追跡することはせず、メルロ=ポンティがスタイルを最終概念としていることを書きとめておく。「スタイルは代呈示の手段ではない」――代呈示の手段だとすると、スタイルに外的なモデルを想定することになってしまうであろう――しかしまた代呈示をスタイルの手段に転換することもできない――「転換できるとすることはスタイルを目的としてあらかじめ知らしめることになるであろう」。スタイルは絵画と世界との接触点で、あるいは両者の出会いの「窪み」に、見出される。マルローの功績は、「知覚はすでにスタイル化している」ことを見て取り、スタイルを言い当てたことである。彼がスタイルによって理解することをさらに正確なものとするために、メルロ゠ポンティは、ブランショがすでに指摘していた次の言葉を彼から借りたのである。「あらゆるスタイルは、世界をその本質的諸部分の一つへと方向づける（強調ルフォール）ことを可能にする、世界の諸要素の形態化である。」かくして世界にその存在意味方向を与える（私はここでメルロ゠ポンティがしばしば用いているフッサールの表現を使う）さまざまな方向が、まさにスタイルによって、世界の中に看破されるのである。しかし、画家におけるスタイルの誕生を問うならば、もっと前進できないだろうか。メルロ゠ポンティはある個所でマルローが、フランツ・ハルスを念頭において、画家をわれわれの一般的世界から切り離し、画家にほとんど神的な力を帰しているの見て、憂慮している。そうなるとフランツ・ハルスが巻き起こす賛嘆は「彼の本来の姿」を忘れさせてしまう。しかし疑う余地はない、「彼の作品は完成しておらず、常に未来へとある。」しかし彼が描きつづける限り、それは常に事物へと開かれている。であるからこそ、それ自体としては暗くて分かりにくい彼の作品も、常に道案内され、方向づけられているのである。「彼自身は織物の網目しか見ないのであって、他者たちだけが網目の表面を見ることができるのである。」しかし哲学者‐作家に到来する、導かれた、方向づけられた、といったこれらの言葉によって、彼は画家をその暗がりの中で方向づけるものをたちまち明確化するように誘われる。「しかし、この盲目の歩みには手がかりが配置されている。だから彼は決して空虚の中で無から創造するのではない。重要なのは、画家が見ている世界の中に、彼の先行作品または過去の作品の中に、すでに素描されている同じ畝を、もっと先まで押し進めること、以前のタブローの片隅に現れていたあのアクセントを採り上げ直し、一般化すること、すでに慣例として落ち着いているものを制度に転換すること、しかも画家自身は、自身に属するものと以前のタブローにあったものと彼がそれに付け加えたものとを、彼の先行者から受け入れたものと彼自身のものとを、決して見分けることができない（なぜならそのようなことは無意味だからである）という仕方でそうすること、それだけである。したがって、三重のとりあげ直し——これはメルロ＝ポンティの言葉である——がある。なぜなら、見えるものによるさまざまな扇動と、画家自身の以前の発案と、絵画の道を画家に啓示した諸々の作品とは、互いに交差しあい、それらを切り離すことはできないからである。

メルロ＝ポンティは、スタイルを問うことによって、私が触れたように、形態化の概念に一時飛びつくが、別の時点で、「首尾一貫した変形」を語る。見かけにもかかわらず、そこに矛盾はない。なぜなら、世界にその存在方向／意味を与え、または世界に再会する手段を見出すためには、見えるものの生起を復元するこの種の野生を絵画に失わせている制度化された規範から遠ざかり、脇へ飛び退いて、今ここに居りつつ、もっと遠くへ行くことを可能にするものを感じとる必要があるからである。メルロ＝ポンティは画家には絵画の方向／意味が存在すると示唆している。確かに、それは予期されたことであったと言えるだろう。それにもかかわらずこの方向／意味は、音楽、舞踏、文学の意味と同様に、謎めいている。画家は画家でない人間より良く出来た目をしていて、画家のまなざしは鋭く、敏捷であり、または結局、画家の目と手との間には、われわれが普通奪われているなにかしらの交わりがあるとわれわれは信じているのだろうか。もしその表現が正当化されるとすれば、それは画家の活動の原因を追求するために、絵画の面前に立ち戻るのは無駄であろうということを前提しているからである。絵画について、メルロ＝ポンティはエレメント（生息適正環境）について語るように、語っている。つまり画家はそのエレメントの中を移動するものであり、われわれはその中に純粋に自然、文化、または歴史であるものの部分を見分けることができないのである。私がすでに用いた親しみのある表現をもう一度用いるならば、画家にとっての問題は、描きはじめるたびに、そのエレメントの中に自分を再び見出し、自分を認識することである。画家の創造性は画家の受容性に釣り合っているのである。

さて、現代絵画は何を教えるのだろうか。それは、作り手の名がそこに貼りつけてあれば、どんなことでもする権利があるということでなく、これからは、——すでに引用した表現と一貫するように変形を加えると——自然と予め確立された道筋の助けとを借りることなく、いかにして方向が分かるのかを知ることが重要であるということである。

確かにこれが、歴史と政治に関するメルロ＝ポンティの書物を問うための、中間過程を提供できるであろうものである。人類が辿るであろう唯一の方向というイメージに彼自身が誘惑されはしなかっただろうか。彼はどのようにしてそこから脱出したのだろうか。もし諸々の出来事が彼を道案内したのだとすれば、彼の軌跡は新たな存在論へと彼を方向づけた軌跡と交錯しないだろうか。彼は、歴史——人類がその目的に向かってなす歩みの歴史——の〈意味〉という理念を捨てることによって、歴史の意味——歴史の方向——を保つことに成功したのか、そしていかなる限界において成功したのか。しかしこれらは私が未決のまま後に残さなければならない諸々の問いである。

著作略記号表

PP : *Phénoménologie de la perception.*

S : *Signes.*

VI : *Le visible et l'invisible.*

マルク・リシール

夢における感じうるもの

序

重要なグループの一部をなす一九六〇年一一月の作業ノート[1]で、メルロ＝ポンティは一見謎めいた言葉遣いで夢の問題を採り上げている。夢という「別の舞台」と強調して、彼は話をはっきりさせようとしている。何を言わんとしているのか。まずはざっと問題点を際立たせながら、ノートを読んでみよう。この「別の舞台」は「想像上のものを現実的なものに付け加える「一つの」哲学においては理解不可能」である、なぜなら哲学の言語によって行われるこの付加が、どのようにして「同じ意識に属するのか」を理解することが問題として残るだろうからである。したがって、と彼は続ける、「身体から出発して」——もちろんフッサールがライプ *Leib* と名付けた生ける身体からである——すなわち「身体を持たず、〝観察されない〟、世界内存在として、あるいはむしろ重さのない想像上の身体によって、夢を理解する」のでなければならない。これはおよそ物体の仲間である物理的身体すなわちケルパー *Körper*（フッサール）として位置づけられていると同時に、事物に対する「パースペクティブの中心」として、環世界 *Umwelt* の

「観測所」として位置づけられている、身体など持たないことを意味する。あたかもライプは、この物質の重さから解放されて、ケルパーなしの世界内属存在として、「身体を持たない」世界内属存在の担い手、または「重さのない想像上の身体」であるかのようである。これは想像上のものに関するあらゆる問いについて態度を変更することにつながる。実際メルロ＝ポンティはすぐに話を次のように持ってゆく。「想像上のものを身体の想像上のものによって理解すること」。これはもしライプをケルパーに還元するならば、ナンセンスな言い方である。あるいは彼の言っているように、想像上のものを（現実的事物との現実的関係の）「無化」として理解するならば、つまり、身体（ライプとケルパーをあわせて）を物の仲間として位置付ける「観察」からもっぱら理解するならば、ナンセンスな言い方である。それだけではない。「想像上の身体」から「身体の想像上のもの」への可逆性がすでに働いているこの態度変更の中にはそれ以上のものがある。なぜならこの態度変更がなされた以上、想像上のものは、身体の想像上のものによって理解されて、「〈存在〉の真の創設 vraie *Stiftung* de l'Être」――私はこれを、「～がある《イリヤ》」の真の創設（／制度化）(vraie institution d'un《il y a》) と訳すが、この場合、感じうる「～がある《イリヤ》」が重要であることがやがて分かるはずである――となるからであり、観察することと分節化された身体（すなわちすでにライプにおけるケルパー）はその創設の［諸々の］特殊な変容となるからである。」言い換えれば、メルロ＝ポンティの思考した急な態度変更によって、想像上のものは、まったくの実在論からほど遠く、実在的事物との実在的つながりに対する母胎のようなものとして考えられるように導かれる――と言っても、これは想像上のものが実在の原因であるという意味ではない。それはむしろあたかも夢の中で、観測所として位置付けられた（そして自分のなかでケルパーを担っている）身体と現実とのエポケー（判断中止）がほとんど自発的に行われるかのようだという意味である。それは、「重さのない想像上の身体」、ライプ、自分の想像の産物を以後たずさえることになる世界内属存在を、「結果」として残すようなエポケーである。これは、実際に「〈存在〉の真の創設」がそこで存在するような、物化されていない、世界への一種の「純粋な」世界内属存在へと、われわれがそのエポケーによって到達したということなのだろうか。すなわち、感じうるものがその炸裂しつつある、あるいはメルロ＝ポンティの言葉を用いるならば「分裂しつつある」、凝結物にすぎないようなライプ‐世界という現象へと、到達したということなのだろうか。

　たちまち問題がややこしくなる。というのも、感じうるものがあるならば感ずるものがあり、したがって、感ずるもの／感じうるもののキアスム（交差配列）があるからである。メルロ＝ポンティが自らに課した問い、それは「夢の中にはキアスム的な何が残るのか」という問いである。感じうる「〜がある《イリヤ》」が夢の中に存在するとすれば、感じるものはどこにいるのか。感じうるものが不在な状態にあって、不在の感じうるものから、ここに居て感じるものであるライプとしての身体をこしらえるように思われるということが、新たに想像上のもののパラドックスとなる。メルロ＝ポンティが次のように書いて立ち向かっているのはまさにこのパラドックスである。「外部に存する感じうるものの内的な写しが内部にあるという意味で、夢は内部にある。夢は、いずこであれ、世界が存在しないところで、感じうるものの側にあり――これこそまさにフロイトの語るあの〝舞台〟であり、あの〝劇場〟であり、われわれの夢に働く確信の場所である――、〝意識〟や〝像を生む意識の狂気〟ではない。」この答えは期待を裏切るものであり、省察は失敗だという声が聞こえてきそうだ。メルロ＝ポンティは世界の不在について語っているではないか。彼は、夢の感じうるもの、夢における感じうるものが、世界の代替物であるかのように述べて、自己矛盾を犯すにさえいたっているのではないか。さらにはそれを、内部に存する感じうるものとして、「外部に存する感じうるもの」の写しとしてさえ、述べているのではないか。確かにそうであるが、しかし、

「夢は、いずこであれ、世界が存在しないところで、感じうるものの側にある」というこの表現は、失望に抗い、その秘密を失っていない。ではどのような世界が問題であり、世界に作用する否定はどのような秩序に属しているのか。「身体なしの世界内属存在としての」夢において以前に問われた世界が問題でないのは確かであり、また否定については、身体の想像上のものに対して到来するのが遅すぎて、現実的なものに対する現実的関係の現実性を否定することによってしか身体を理解できないような、無化する否定性ではないことも、劣らず確かである。夢における感じうるものは不在となった現実性をただ単に再構成するのではないし、さらに言えば像の形で再構成するのでもない。むしろ夢における感じうるものは、内部の感じうるものとして、外部の感じうるものが欠けている場所に存在する、つまりノートの思索と一貫させて言えば、世界が外部の感じうるものによって凍えさせられて存在しない場所に、存在する。したがってこれは、内部の感じうるものの中には世界がもはや全く存在しないであろう、ということを意味しない。内部の感じうるものにおいて、夢における感じうるものは、確かにすでに世界内属存在であるが、しかし別の仕方でそうなのであって、もはや外部の感じうるものによって「裏打ちされて」いない。したがってその世界は、「事物」の世界、感じうるものの世界、さらには実在的な事物の世界、ライプにケルパーの重さを与えることによって、ライプを「分節された身体」として、観測所として、位置付ける実在的事物の世界ではない。

したがって、夢の中に感じうるものがあり、夢は「〈存在〉の創設」として到来する。しかしそうなると感じうるものはどこに存在するのか。それこそまさにメルロ＝ポンティが次のように書いてすぐに自問した問いである。「夢の（そして不安の、生全体の）〝主体〟、それは「人」――すなわち敷地 *enceinte* としての身体――である。」そして「身体が見えるものであるゆえにわれわれがそこから出て行く敷地、〝一種の反省〟」と付け加えてメルロ＝ポンティはこのノートを締め括っている。ここで問題とされている「人」は明らかにハイデガーの言う「人」ではない。われわれとしてはこれを現象学的匿名の「人」として特徴づける、そういう「人」である。したがって、夢を感じるのは、敷地としての身体、ライプ、所持する者 titulaire のいない匿名のライプである。それは、「内的な」、したがってまた、匿名の内部であって、そこにおいて、感じるもの／感じうるもののキアスムと生とが、目覚めている場合とは別の手段によって、追求されているのである。外部のない内部、あるいはむしろ内部と外部とにさらに割れる内部、感ずるもの／感じうるもののキアスムが、想像界の無重力状態の中で、追求される一種の奇妙な表面（敷地）、そこでは、多様な「〜がある《イリヤ》」（ここには、諸々の感じうるものが存在するのであって、「実在者」の無化作用による感じうるものの残滓に過ぎない像が存在するのではない）の多様な結晶化として「〈存在〉の創設」が生起する。明らかにわれわれは、夢を見るとき、「像」とのみ関係しているなどと考えない。「像」に実在の「手がかり」を事後的に与えなおす場合には、例えばフロイトがやったような多くの軽業が必要となる。結局このノートの言わんとする最終的な根本要素は、もし、夢における感じうるものが身体の凝結であるということを認めるならば、敷地としての身体は見えないものであり、あるいは少なくとも敷地としては見えないものであるということである。恐らくこのことは、よく吟味されるならば、夢という問題に関して最も根本的な点を形成する。なぜならこのことが、夢は別の舞台で繰り広げられるという幻想を与えることによって、夢における身体の非局在化（または視覚ないし触覚による単に部分的な局在化）を形成するのであり、まさに身体が、見えるもの／触れられるものとしては、夢に欠けているという事実を形成するからである。そのように考えてこそ、夢は「身体を持たない世界内属存在」であるということがいっそうよく理解されるであろう。身体を持たないというのは、見える／感じうる身体を持たないからであって、ライプを持たないからではない。メルロ＝ポンティにとって、夢がきわめて重要であるのは、まさに夢が、ひとつの感じうるもの／見えるものとしての身体の一時的消滅 *éclipse* において、感じるもの／感じうるもののキアスムの活動を顕示するからである、と考えてよいであろう。

こういったすべてのことをこれからもっと仔細に理解しなければならない。とはいえ最後まで理解し終えるということでなく――こういった問題に終わりはない――、あたかも夢は空虚な場所を満たすためにしかそこに存在しないかのように、不在ではあるがしかし正常に存在する項（或るひとつの感じうるもの／見えるものとしての身体、世界）の、多かれ少なかれ祭りあげられた、再構成として夢をなんとしても考えようとする、きわめて強い誘惑を絶ち切ることができるところまで、少なくとも理解しなければならない。この意味でわれわれは、否定性（と否定）のまったく新たな意味にも取り組まなければならないであろう。否定性（と否定）は、見えるものについての主要テクストだけでなく、クロード・ルフォールによって刊行された作業ノートにおいても、たとえ透かし模様としてでしかないとはいえ、すでに浮き彫りにされている。

キアスムと新たな否定性

キアスムと否定性の問題は一九六〇年五月の作業ノート（*VI*, 307-310）に見事に凝縮されている。触れることと自分に触れること（＝触れる‐触れられる）とは身体において合致しない、とメルロ＝ポンティは書いている。なぜなら「触れるものは正確には決して触れられるものではない」からである。もちろん「精神において」または「意識」において合致が実行されるのでもない、とメルロ＝ポンティは追い討ちをかける。なぜならそれは、触れるものと触れられるものとの出会いに外的な、上空飛翔する場所であるような同一化の場所において、合致があらかじめ与えられることになるだろうからである。しかしメルロ＝ポンティは、「結合が成就するためには身体以外の何かしらのものが必要である。結合は触れえないものにおいて実行される」と付け加えている。そしてこの触れえないものに関しては、他者にまさる私の特権（自己意識の自己への現前がそれであるような私の特権）はない。「触れえないものとは意識ではない」、なぜなら他者に属するもので私が決して触れないであろうものには、他者もやはり触れることがないだろうからである。意識を肯定性／実定性にしてはならないし、触れえないものの自己定立にしてもならない。それは何も説明することにならないであろう。さらにまた触れえないものを「事実的に接近不可能な」触れうるものにしてはならない。触れえないものはむしろ「無意識な」もの、即ち「真に否定的な」もの（「被隠蔽性 *Verborgenheit* の非被隠蔽性 *Unverborgenheit*、根源的に現前しえないもの *Nichturpräsentierbar* の根源的現前 *Urpräsentation*」、「他所なるものの出生地、他である自己、窪み」）の次元に属している。したがって、思考（＝精神）または意識について語らなければならないとしても、それらは「世界または存在……への身体性の開け *Offenheit*」である。

一体どういうことなのか。知覚 *Wahrnehmen* と自己運動 *Sich bewegen* の非一致（non-coïncidence）（言わば一方は他方の誕生に決して立ち会えないということ、このことが見えないものにおける両者によるキアスムと成就を、「脱自 *ek-stase* による」相互的な「一種の反省」によって、形成する）をめぐって、権利的に見えないもの——これは事実的に見えないもの（例えば私の両目は私にとって見えるものではない）を超えている——についてしばらく考察した後、メルロ＝ポンティは触れること／自分に触れることへと立ち戻る。「自分に触れることと触れることとを互いに表裏の関係にあるものとして理解しなければならない。」すなわち「触れることに宿る否定性」（触れえないもの）は「感じうる〈存在〉の別面または裏面（または他の次元性）である。」たとえ「裏面の存在しない諸点」が（世界に）あるとしても、感じうるものの中には存在しない裏面。なぜならそれは感じうるものの「二重の奥底」であって、そこを通じて自己の自己への接触があり、突出する仕方で、触れることと自分に触れることとの接触があるからである。そしてこの謎の接触こそが肉であり、ライプ、生きた身体または肉の身体、である。メルロ＝ポンティは重要な一文を記している。「世界の肉（質 le *quale*）とは、私がそれである感じうるこの〈存在〉と、私のうちで自分を感じる他のすべてとが分かたれないことである。」（強調リシール）したがって肉は意識に古典的に担わされた反省性をつかまえるまったく新しいもう一つの仕方である。この反省性は、それによって見えないもの（感じえないもの）が、精神、思考、意識において実体化される代わりに、視覚または感覚が自身へと立ち戻るためにそこを通過しなければならない窪みまたは否定的なものとして、通過場所となる、そういう反省性であり――この反省性のおかげで、メルロ＝ポンティにとって、受肉された思考以外に思考する思考などというものがあるわけではないことになり、あるいはむしろ、思考の身分規定が変わってしまっているのだから、すでに理念性または理念と化しているような感じえないものによって感じうるものが支えられるまでもなく、見ることと感じることとがすでに「思考すること」であるような、そういう反省性である。

したがって、見えないもの／感じえないものへの仮住まいから、ある意味で、変質させられた形で、立ち戻るこのまったく新しい類の反省性（一種の反省 *eine Art der Reflexion*。これは間主観性に関するフッサールの省察に対する明瞭な言及である）にすべてはかかっている。もっと正確に見て、どのような事態が生じているのか。メルロ＝ポンティは、「鏡現象」――確かにこの表現は曖昧であり、われわれが読まずに済ませた諸解釈の原因となったに違いない――としての肉についてのきわめてしばしば誤解されている説明のなかで、この問題を考えようとしている。ここではこの鏡は、見えるもの／感じうるものの、見えないもの／感じえないもの、という二重の奥底を形象化している。そういうわけでそれは「私の身体に対する私の関係の拡張」（強調筆者）である。したがって、それは私を通じて「自分を」感じる自己の場所そのものである。しかしこの「自分」は自己意識のすでに完全に作りあげられた自己ではまったくない。立ち戻ってくるのは一としての身体像では決してない。そこで形成されるのはまったく反対に、「もののビルト *Bild* の実現」である、とメルロ＝ポンティは書いている。ビルトは「像 image」という言葉では正しく翻訳できない。それはむしろ「形象 figure」という語によって翻訳されるべきであって、「形象」において、未決定でいまだ起動相にある「或もの」がものに成る――*Etwas*（或もの）が *Sache*（事象）または *Ding*（事物）に成る――のである。したがって、ライプは「二重の奥底」である「鏡」においてひとえに自分自身を見るまたは自分自身を感じるどころか、「二重の奥底」における逆撫でによってその反省性を成就することにより、自分の影、言わば世界そのものへと運ばれた自分の影しか見ずまたは感じることがない。したがってまた、もののビルトとは（動詞的）*Wesen*《ヴェーゼン》であり、積極的意味での「本質」（理念性でもなければ、根源的にみて基層すなわちヒュポケイメノンでもない）であって、これは「〈存在〉の（即ち世界の）皮膜」〔訳者：括弧内はリシール〕「またはその〝〈現われ〉〟の皮膜」としての見えるもの／感じうるものから、たちまち抽出される。言い換えると、ライプは、世界から、世界を横切って「自分を」見るまたは「自分を」感じるものそのものしか、世界から「現成 ester」させることはない。この意味でメルロ＝ポンティは「予定調和」（*VI*, 315）について語っている。「観念論」という概念を適切な仕方で転用するならば、これはライプとしての身体の一種の「観念論」と言えるかもしれない。いずれにせよ、これは存在論的であろうとなんであろうといかなる「実在論」にも関係がない。実在論であるとすると、知覚ないし感覚は、ライプのこの反省性――われわれが見たように、夢の中にさえ存在する反省性――の欠けた状態で、拡散し溢れる肉において、ひとりでに形成されることになってしまうであろう。

言い換えれば、ライプは世界にあって消えうせ、事物の *Wesen* のなかで自分を再び見出すのである。*Wesen* 即ちビルトは「根源的に現前しえないもの」の、常にすでに形象化された仕方での、「現前」であり、形象化されえないものの形象化であり、真の否定性として、形を持たないものの造形である。諸々の「*Wesen*」もやはりライプの「鏡に映る抽出物」となる。なぜなら、ライプ自身は、それ自体としてみれば、まさにライプがケルパーと化した形でそこで生きているケルパーの錨を解かれており、形象または顔を持たないからである――ライプは単にナルシスの鏡に映った「狂気」の中で錯覚として獲得されるに過ぎず、その「狂気」にあって、ライプはまさに自分の像によって捕獲され、ライプ性を奪われ、ケルパーの中でまさに無化されようとしている。そうなると世界のすべての *Wesen* も、まだ「存在者」でなく、やはり真に否定的なものの形象なのであって、身体（ライプ）と世界とは、互いに対するキアスムとして、とは言え、危うい所での非合致として、これまた身体（ライプ）と世界との反射性を成就する結節点となるのだ。*Wesen* は能動的または動詞的な意味での《être》《ある》であり、ライプの自己内でライプから世界へと「成就される」ものが、世界の事物の自己内で世界からライプへと成就されるものと合致しないという厳密な意味で、《être》である。つまり、もしこう言ってよければ、抽象によってしか存在しない二つの「自己」は、互いに調和し合い、互いに追いかけ合うのであり、そしてこの運動そのものが自己、ビルト、または *Wesen* を構成するのである。一九六〇年六月の二番目の作業ノート（*VI*, 312-314）でメルロ＝ポンティは「本質的なのはぶれにおいて省みられるもの（le *réfléchi en bougé*）であって、そこでは触れるものが感じうるものとして自分をつかむ寸前につねにありながら、自分をつかみそこね、ただ『～がある（*il y a*《イリヤ》）』においてのみ成就されるにすぎない。」と書いている。そして「諸々の（動詞的な）本質の放輝 rayonnements しか存在しない」のであって、「空間的‐時間的に分割しえないもの」があるのではない、と結論している。これらの諸本質は言い換えれば「沈黙の不変項」である。われわれの用語でいえば、すでに言語活動 langage の「諸存在」であるが、まだ言語 langue のそれではまったくない。したがって、（可感的な、可視的な）ビルト、「輝きを放つ」*Wesen* としての *Wesen*、「～がある《イリヤ》」、自己が存在するのは、地平としてしか決してそこに存在しない反省の成就が、見えるもの／感じうるものにおいて、決して実現されることなく切迫するという事態においてでしかない。この地平（専門的に、フッサールの講義で言えば、内的および外的な諸地平）は、フッサール的に理解された意味の地平であって、この地平こそが見えないものと感じえないものの「二重の奥底」の中に見ることと感じることとを潜り込ませ、形象化の働きによってそれを「二重の奥底」から立ち戻らせるのである。古典哲学が、成就された反省を仮定してしまったことで、つねにすでに形象化されたもののなかにあって、形象化の働きそのものに対してあまりに出遅れたものでしかないものに成り果てたということが、このことによって説明できる。あまりに出遅れていること、それはすなわち、ある意味で、すでに死んでいることである。

　この「真に否定的なもの」への「潜り込み」はより本来的には何を意味するのか、そして真に否定的なものとはより正確には何を意味するのか。たった今我々が述べたように、キアスムは（ライプから世界への、世界からライプへの）この二重の跨ぎ越しの状況であって、この状況は見えるものまたは感じうるものの地平としての（見えない、感じえない）*Wesen* または自己によって共に保たれている。しかしわれわれは、とかくそうなりがちなのだが、このことによって具体的な状況を忘れるようなことがあってはならない。つまり見えるものと感じうるものは、世界にあって、ライプの見えるものであり感じうるものであると同時に、世界の見えるものであり感じうるものである（なぜならライプはケルパーに住むことによって世界の事物でもあるのだから）だけでなく、そのことによって、見えるものと感じうるものの「二重の奥底」も、やはり同時にライプと世界との見えるものであり感じうるものなのである。つまり原理的に見えないもの／感じえないものも、やはりライプと世界との見えないもの／感じえないものである。このことはある意味でライプと世界との無差別に、あるいは、メルロ＝ポンティが非差別 non-différence と名付けているものへと導く。しかし事態を逆に考えてしまって、世界がライプであり、世界が、言わば私の身体を器官とみなすことによって、「私の中で感じる自分自身を感じるのだ」と信じ込ませるような幻想に用心しなければならない。なぜならその「自分自身」は、正確には、自分を見、自分に触れる力を持つ唯一の「もの」であるライプからしか到来しないからである。そうでないと、われわれは一種のきわめて奇妙なアニミズムまたは物活論に陥ってしまうであろう。思うに、これらはメルロ＝ポンティもまた闘わなければならなかった常軌を逸した見方である。そしてまさにこの闘いにおいて、メルロ＝ポンティは彼にとって無がなにものであるかをおそらく見て取った。

したがって、ライプ－世界の関係は完全に対称的または可逆的なものではない――さもなければキアスムの中に突出は存在しないことになろう。あるいはむしろこの関係が完全に対称的であるのは、切迫した形においてでしかない。したがって、可逆性と対称性とを混同してはならない。一九六〇年六月の第二の作業ノートにおいてメルロ＝ポンティは次のように説明している。「人が感じるもの＝感じうるもの、感じうる世界＝私の活動的身体の相関者、つまりそれに「応答する」者――感じる者＝私は、私の肉から引き抜かれ、私の肉から採取されたものとして感じうるものを措定することなしには、ただひとつの感じうるものも措定することができず、私の肉はそこにおいて他のすべてのものの記入が行われるそれ自体感じうるもののひとつであり、他のすべてのものがそれに参加する感じうる軸であり……、次元的な感じうるものである」（*VI*, 313）「事物はそれがある領野において受け取られる限りでしか次元とならないのに反して、私の身体はこの領野そのもの、すなわち自己自身に関して次元的である感覚的なもの、普遍的な尺度である」（*ibid.*）。そして自己運動と自己知覚との間でのキアスム運動において存在するその自己は、「周辺――メルロ＝ポンティはこの用語でおそらく環世界 *Umwelt* を理解している――を持つ自己」であり、「その周辺の裏側である」（*ibid.*）自己である。したがって、身体、ライプは、決して完全には世界へと移行することはなく、ライプとして、世界の肉の単なる場所であるようなことにはならない。そのことによって身体（ライプ）の肉と世界の肉との違いが形成され、さらにライプ自身において内部と外部とを区別しなければならないのである。この内部はライプに固有な自己性の、自己の、深淵な内部であって、表面から決定的に離れており、その表面では、内部と外部とが、キアスム（感じるもの／〔感じられるものとしての〕感じうるものというキアスム）の形で互いに交錯しあい、感じうるものの *Wesen* における意味を担う感じうるものの自己において、また外部へと響き返されたこだまのように、ライプとしての身体をして感ずる身体と化す形象化不可能なものの形象化であることによって、互いに交錯しあっている。したがって、世界、あるいはむしろ世界の諸事物もまた、それらの放輝する *Wesen* によって内部を持ち、その内部からそれらの事物は、感じうるもののなかで、「普遍的尺度」としてのライプとしての身体に向かって自己を露出し、現出するように思われる。

この状況から二つの主要な帰結が生ずる。第一の帰結は「外部と内部での二重の記入」（*VI*, 315, 一九六〇年一一月）、すなわち内部と外部の二重の挿入が存在するということである。外部（諸事物）は最初、感じるもの／感じうるもののキアスムが生ずる「表面」上で感じうるものとして記入され（諸事物は諸事物に対するライプの開けによって「自分を」感ずるのでなければならない）、二度目に諸事物の感じえない「自己」によって、ライプの感じえない「自己」そのものとして、ライプの内部に記入される。この感じえないライプの「自己」そのものは、諸事物の「自己」すなわちWesenのなかに、形象化不可能なもの（ライプは自分自身にとってこの形象化不可能なものである）の言わば諸々の形象化を再発見する。したがって、ライプの「自己」と諸事物の「自己」との間に感じるもの／感じうるもののキアスムが挿入されている。逆に、しかし常に切迫する形で、すなわち、われわれが現象学的瞬きと呼ぶものにおいて、あたかも、諸事物の「自己」がWesenとして形象化することを通じて、まさに世界の（またはメルロ＝ポンティにとってしばしばほとんど同義的表現である、存在の、と言ってもよい）「自己」そのものが、ライプにおいて、感ずるもの／感じうるもののキアスム上で、自己を感ずることによって、ライプ自身を感じるかのようであり、その事実そのものによって、感じうるものを世界に向かって追放し、感じうるものに「実在論」の見かけを、つまりライプは、そこにあって、世界において粉砕され、世界の肉の奇妙な破片なのだという、「実在論」の見かけを与えるかのようである。したがって、再びキアスムが（世界の）諸事物の「自己」とライプの「自己」との間に挿入される。しかしこれら二つの挿入が単一の挿入において合致すると信ずるのは錯覚（ここではカント的意味での超越論的仮象）である。実際、こうした合致はたちまちキアスムを雲散霧消させ、事物とライプとを（積極的な）「存在者」に変形し、現象学は古典的意味での存在論へと退行することとなるであろう。現象は、したがって現象学は、再び「ぶれにおける」反省の中にあり、諸々の現象がそこにおいて具体化されまたは凝縮されるライプの形象化しえないものの形象化と、世界の形象化しえないものの形象化としてのこれらの同じ形象化との間の瞬き、身体の感じうるものとしての感じうるものと、世界の感じうるものとしての感じうるものとの間の瞬きにおいて、つまり、それらの非合致とそれらの相互的漏出において、ある。それらの間に「一種の反省」があり、それは現象に内在する反省性に属する反省なのだが、しかし、この問題はここで示すにはあまりに複雑過ぎるであろう。

第二の主要な帰結は、この構造において、「内部は、肉なしで受け取る、つまり内部は「心理状態」でなく、身体内の「状態」、私の身体が事物に対して示す外部の裏、である」（*VI*, 315, *ibid*）ということである。したがって、内部はフッサール的「体験」規定の一様態であり、あるいはむしろあらゆる霊魂の存在定立中止《エポケー》が達成されているがゆえに、「体験」の真の本性の発見であって、その本性は不可視、不可蝕、不可感覚である（しかし内部は「受け取る」のであり、したがって「作用を及ぼされる」のだから、これは感情性を持たないということではない）ということである。メルロ＝ポンティがこの逆説的な（というのはほとんど古典的な――アリストテレスの『霊魂論』を念頭においている――外観のゆえであるが）表現を用いて言わんとすること、それは「体験」は肉の（原理的に）非可感的な内部、外的外部の内的裏面であり、そこからライプとしての身体の感じえない「自己」が諸事物の *Wesen* という意味での「自己」を感じるのだが、しかしもっぱら感じるもの／感じうるもののキアスムを媒介としてのみ感じるのである、ということである。かくしてキアスムは、内的内部と外的外部を互いにその裏と表として交錯させ、織り合あわせるのだが、その裏とその表はそれ自身としては感じえず、互いに追いかけあうのであって、ライプの「自己」と諸事物の「自己」すなわち *Wesen* という関係において常に暫定的なしかたでなされる両者の固定化を越え、この無際限な織り合せの同数の「諸点」を構成する固定化を越えている。とはいえ、このことはやはり、ここで問題になっている「自己性」がすでに理念性であるという意味ではない。それはむしろわれわれの用語では意味の凝縮であり、言語学的意味の手前にある言語活動の黙した「諸存在」（*Wesen*）である。「体験」は語られる以前に沈黙しており、それはある意味で、フッサール以来の現象学による「発見」でさえあって、メルロ゠ポンティはこのことを好んで強調した。

この交錯または織り合せがキアスムの可逆性を生ぜしめるものであり、メルロ゠ポンティが「真の否定性」によって意味するものの理解へとわれわれを導く。そのために一九六〇年一一月一六日の作業ノート（*VI*, 316-317）を読んでみよう。そこでメルロ゠ポンティは、幼児における言葉の出現についての反省から始めている。「幼児において言葉は沈黙として入りこむ――沈黙を横断して、沈黙として（すなわち、単に知覚されるものとして――有意味な *Sinnvoll* 語と知覚されるものとしての語との違い）、幼児にまで突きぬける――のでなければならない――沈黙＝当然与えられるべき言葉の欠如。」言い換えれば、言葉は、幼児が言葉の主導権を取る以前に、自生する意味の沈黙のなかで、それ自身において意味を持つのでなければならない。この沈黙した仕事は、「しかるべく与えられるべき言葉」のなかで外部へと叫び出されうる以前に、内部で、形成される。両者の間には、とメルロ゠ポンティは追求する、まさに古典的に見れば、それらが非差別的、同一的、すなわち同語反復の類であるように思われる時に、それらを互いに分節化する「否定的なもの」、「無」が存在する。しかしそれは、見られるように、言わば「活動的な」無である。

キアスムの可逆性を理解するために、メルロ゠ポンティは「裏返された手袋の指」という比喩（あらゆる比喩と同様に、むずかしい比喩）を用いる。「表裏両面に位置する観察者は必要でない。私は、片側に位置して、表側に重ね合わされた手袋の裏側を見、一方の面によって私はもう一つの面に触れるだけでよい（領野に属する点の、または一平面の、二重の「再呈示 représentation」）――キアスムとはこのことだ

——可逆性」とメルロ゠ポンティは書いている。言い換えれば、われわれが分析したキアスムの運動を理解するために目撃者（カント流の超越的観念論）は必要ない、なぜならその運動には、裏と表の相互的重ね合わせ、内部に対する外部の、外部に対する内部の、二重の相互的記入が存在するが、しかしキアスムにおいて（調和的）反響として応答し合うこの二重の記入の合致は存在しないからである——繰り返すが、これに反して、古典的にみれば、二つの記入は存在論的には同一なのである。これはさらに手袋のイメージを難しく、さらには効力を失ったものにしている。メルロ゠ポンティは結論する。「回転軸だけが与えられている——手袋の指の先端は無である——しかし裏返すことのできる無、そしてその時そこに諸々の事物が見えてくる無——否定的なものが真に存在する唯一の「場所」、それは襞であり、内部と外部との相互的な重ね合わせであり、裏返しの地点である。」何が言いたいのか。それは、比喩をさらに追いかけて言えば、手袋の指が「突き破られる」ということ、回転軸だけが与えられている限りで、手袋の先端が地平であり、切迫が実現不可能な仕方で実現されて、結局言わば、内部が外部へと、外部が内部へと、反対側に完全に移行することによって、諸事物そのものと諸事物の一員としてのライプ - 身体とを出現させることになる、そういう場所へと手袋の先端が開くということ、に他ならない。〔手袋の指の先端は、〕そこを通って世界がライプとなり、ライプが事物となるはずだから、たしかに無である。しかしこの無はメルロ゠ポンティにとって「真に否定的なもの」ではない。ライプの完全な物化、それはライプの死（コルプス、ケルパー、死体への変形）であろうし、または、その切迫において、「超越論的精神病」の状態としてしかそこに存在しないのであって、正確には切迫においてしか存在せず（指の先端は無であるか、または穴があいている）、真の否定性はこの切迫をもう一つの切迫へともう一度裏返し、その新たな切迫において、ライプは自分自身の亡霊のような形態化（同じ「超越論的精神病」の、実際には先行の形態と同一な、もう一つの形態）にしか自分自身について遭遇しないであろう。そしてこの新たな裏返しは襞であるが、しかしその襞の折り目そのものは無である。したがって、襞の折り目は存在を持たず、位置づけることができないのであって、折り目の谷側でのその活動、即ち可逆性は、深淵に向かって開かれた「真の否定性」である。したがって、キアスムは、それが作動しつつあり、その突出部分において、二側面のうちの一方が完全に他方の面に反転することを妨げることによって、同時に二側面を保持する限りでしか、キアスムではない、というのが現象学の立場である。

したがって、内部と外部とを分節化する起源（アルケー）は存在しないのであり、肉が可逆性そのものであるとすれば、肉は起源ではない。なぜなら肉は、そのようなものとして解されるならば、無となるであろうからである。しかしながら、肉は、起源をもたない可逆性として、無起源的であり、真の否定性であって、いかなる言語によっても秩序化されえないのであるから、ヘーゲル的否定性でもなければ、サルトル的否定性でもない否定性に属するのである。折り目を持たない襞、折り目が無限な地平あるいは深淵であるような襞という、前代未聞の、異常に理解困難な思考。ライプの肯定的な「自己」は存在しない（たとえそれが実体化された無、すなわち存在に同化された無であれ）のと同様、諸事物の肯定的「自己」は存在しない。メルロ＝ポンティは、存在するすべてのもの、実践されるすべてのもの、そして思考されうるすべてのものの、根本的な非積極性を以って、現象学は見なければならないことを、他の多くの哲学者にまさって、よく理解したのであった（cf. 現象学に関する *VI*, 309-310 の考察）。

夢における感じうるもの

ここまで進んだところで、さて、夢に立ち戻るならば、話はどうなるのか。夢の中でキアスムはまだ働いている、と我々は述べたが、それは或るひとつの感じうるもの／見えるものの一時的消滅としての身体の一時的消滅においてである——「身体なしでの世界内属存在」としての夢はそのようなものである。しかし、われわれが最初に問題にした作業ノートの中で、「夢の中にはキアスム的な何が残るのか」という問いに対してメルロ＝ポンティが与えた謎めいた答えを、もっとよく理解する仕事が残っている。それをもう一度読んでみよう。「内部は外部に存する感じうるものの内的な写しであるという意味で、夢は内部である。夢は、いずこであれ、世界が存在しないところで、感じうるものの側にある。」夢という別の舞台とはそのようなものだ。

メルロ＝ポンティの思考の文脈（一九六〇年春の考察が再び採り上げられたその年の秋のノート）に置き戻してみると、この一文がまず意味するのは、目覚めた状態において感じえないもの（見えないもの）があるのとまったく同様に、夢の感じえないもの（見えないもの）——「無意識なもの」——があるということである。そのことによって理解されるのは、夢において、覚醒状態においてと同様に、ライプとしての身体の形象化不可能なものの形象化の働きがある、すなわち、事物の（活動的または動詞的意味における）*Wesen* の現象学的凝縮ないし凝結があるだろうということである。しかし次にそのことは、それらの凝結が、「～がある《イリヤ》」の感じうる凝結と同様に、夢の感じうるものまたは夢の中で感じうるものである感じうるものをきっかけとしてのみ、「準備」されうるということを意味する。われわれが再び出会う困難は、これらの感じうるものについて言われた、それらは「いずこであれ、世界が存在しないところで」存在するという表現を、正しく理解することである。いかにして、現実的なものの想定から出発する無化として以外の仕方で、この否定を理解することができるのか。したがって、いかにして、あたかも夢の「像」を、眠りによって不在化する世界の代替物であるかのように考え、「像化する」領域段階への移行として理解するのとは別の仕方で、この否定を理解することができるのか。それはメルロ＝ポンティが「世界内属存在」としての夢についてわれわれに語ったことと矛盾するだろうということは、この際、措くことにする。

メルロ＝ポンティが「真の否定性」という言葉で理解するものから出発する以外に、この否定を理解する可能性がないのは明らかだ。夢の中で身体が「重さを持たない」ものになるとすれば、それはまさに、ライプが夢の中でケルパーからその錨を外されているということ、「身体の想像上のもの」はライプの形象化不可能なもの以外ではなく、形象化不可能なものは、夢の中で、その時でさえ形象化されるということである。それと相関して、問題となっている世界、つまり否定によって否認される世界は、世界内属存在の世界ではなく、諸々の事物の統一性、あるいはむしろ諸々の事物の一（覚醒状態で働いているキアスムにおける、一としてのライプの相関者）としての世界、感じうるもの（見えるもの）としての世界、である。感じうる（見える）身体の一時的消滅は「普遍的尺度」としての身体の統一性の一時的消滅であり、否定においてこの一時的消滅と対を成すのは、諸事物の「自己」を取り集める自然発生的な統一性としての世界の一時的消滅である。このことによって説明されるのは、夢の中での感じうるものは、覚醒の中でとは別の仕方で（事後的分析においては、「一次的過程」に従って）「組み立てられる」ということ、しかしまた、それはまさに感じうるもの（見えるもの）であって、そこにはライプがあり、世界があり、両者は常にキアスム状態にあるということである。そしてキアスムは常に表面上で実行され、その表面は、メルロ＝ポンティの用語を用いれば、ライプの敷地である、すなわち覚醒状態で働いているキアスムの内側である。内部がそこで互いに交錯し合い、または互いに折り混ざり合いうるような限界や外部がないので、その表面自体は形象化しえない。したがって、それはアペイロン（なにものでもないもの）であるが、ライプと世界の無差別において、世界でもある。まさにこの意味で、夢のエポケー、*Wesen* における感じうる「〜がある《イリヤ》」のエポケーによって、夢の中での「真の存在の創設」、すなわち、いわば「純粋な」「凝結」が作動しているのである。

　したがって、夢によって、われわれは「無である」「手袋の指の先端」にほとんど居り、その先端から夢は覚醒に対するその否定性を引き出しているのである。「ほとんど」というのは、まだそこにキアスムがあり、したがって――ライプの場面であると同時に世界の場面である夢の場面「なるもの」の上で、別の仕方で破裂しかつ再び組み立てられる断片となってしまった――ライプと世界との可逆性があるからであり、そしてほとんど襞の折り目の「無の中に」いるからである。この襞の折り目こそが、ライプのと同様に世界の絶対的主観性であり、世界を持たないライプのまたはライプを持たない世界の絶対的主観性であり、キアスムの相関的崩壊において一方の側にしか属さなくなる感じること／自分を感じることの絶対的主観性であろう。したがって、夢によってわれわれは、目覚めているときに比べて、「真に否定的なもの」の地平のもとでいささか前進しており、この意味で、メルロ＝ポンティが示唆するように、夢は覚醒に比べて、より「原始的」なのでなく、より根源的なのである。手短に言えば、夢はすべての客観性とすべての物体化をおのずからエポケーしている。夢は、ライプと世界との根源的な共犯性を暴露しているのである。

あるいはむしろ、人が自分の住みついているケルパーの単一性に対してのみライプの一を語り、ライプ‐ケルパーの一との相関においてのみ世界の一を語るかぎり、夢はわれわれが世界‐の‐諸現象と名づけるものの根源的多様性を露呈している。これがわれわれの結論となろう。では、複数のライプと複数の世界があることになるのだろうか。ライプと世界は常に同じものではないだろうか。この反論に対しては、メルロ＝ポンティ同様、ライプと世界の同等性は、同じ「実在」の、同じ「存在者」の、抽象的で均一な同一性ではないと答えなければならない。あるライプから別のライプへの、ある世界から別の世界への、さらにまた、あるライプ‐世界から別のライプ‐世界への、「非‐差異による深い係累関係」（*VI*, 315）があり、この非‐差異は同一性でなく、多様性、「存在の破裂」（*VI*, 318）、「世界の」、そしてわれわれが付け加えるならば、ライプの「複数の入り口がそこで互いに交錯する存在の縁」（*VI*, 314）である。「存在の縁」なのであって、存在ではない。それは、ことメルロ＝ポンティに関して「存在論」という言葉を語ろうとする場合、どれほど極端に注意深くかつ厳密であらねばならないかを意味している。この言葉は避けがたく実在論者的な含意を持った無雑作な用語であり、したがって、混乱をまねきかねない用語である。夢の中に感じうるものがあるということは、そのような混乱からわれわれを守ってくれるはずである。なぜならこの感じうるものは、本当の意味で感じうるものであるとしても、すなわち、掛け値なしの架空物とは別のものであるとしても、だからといって現実的なものではないのであって、そんなことを主張するのは狂気のさたということになるだろう。

原注

（1） *Le visible et l'invisible*, texte établi par Cl. Lefort, Paris, Gallimard, 1964（『見えるものと見えないもの』、クロード・ルフォール編、パリ、ガリマール、一九六四年）p. 316.（以下、*VI* と略記し、ページ数を記す。）

イヴ・ティエリ

感覚経験としての「コギト」

メルロ＝ポンティの探求は、その最も革新的でラディカルな部分において、考える主体の立場と手を切り、世界と区別された存在として理解されると同時にその世界の認識に対する原理として形成される主体の立場と手を切るということを含意しているのではないか。確かに『知覚の現象学』は「新たなコギト」(*PP*, p. 62) を思い描くように促して、それによって近代哲学のこの一貫したテーマを修正し再活性化することを示唆しており、「新たなコギト」なしには知覚経験の記述を正当化するわけにゆかないであろう。しかし、この書物はあらゆる経験の下層にある意識という観念を覆す、感じうるものと感じることについての了解をすでに展開しているのではないか、したがって、単に「私は考えている」を知的活動と同一視する態度を問題視することで満足していないのではないか。『知覚の現象学』以降のメルロ＝ポンティの研究は、考える主体に依拠することによって組織される思考様態のこのような転覆を、さらに推し進めているのではないか。それはいくつかの自己批判という代償を払うとしても、いずれにせよ、諸現象（なかでも世界の現象と言語活動の現象が肝心である）についてメルロ＝ポンティが示した説明に合致している。

しかしながら私は、メルロ＝ポンティの場合、「コギト」は、乗り越えられる一つの哲学的契機や二次的理念化に還元されるどころか、探求の条件であると同時に、この探求が発見するものの中に刻み込まれた与件として、働き続けているということを示したいと思う。とは言え、この研究は、自己の確実性が世界におけるあらゆる状況から独立した発端であろうとか、またはこの世界がわれわれにまずは感覚的な仕方で現れるための多様な活動を包摂する基礎を証明するものであろうとする議論でもありえない。しかし「コギト」の再起と、「知覚の現象学」であり続ける思考によって「コギト」を問題視することとの間に、緊張感が生まれるのは、おそらく感覚経験が課す事柄にその理由が含まれている。つまり、感覚するということはすべからく一人称で語られる主観的生へと送り返すのであるが、一人称で表現される者によって意味されるいかなる「私」も、自分の感覚が自分に委ねるものを自分ひとりで自分に与える力は持たないのである。

したがって、メルロ＝ポンティによる「コギト」のある種の捉え直しの正確な意味をつかみ、その捉え直しが実際に本質的なものであると主張するためには、その捉え直しを難しくしているもの、またはその捉え直しの確かな意味を拒否せざるをえなくしているものを、正しく評定しなければならない。つまり、考える主体の優位性に異議申し立てを続ける哲学の中で、いかなる意味で「コギト」を尊重し続けることができるのか。そしてこの問いに答えることができたとしても、さらにまたこの「コギト」の正確な内容を、感じうるものの平面に位置づけて、説明しなければならない。なぜならその「コギト」を解明することがまさに、その「コギト」を要求すると同時に、逆説的にも、棄却するように思われるからである。いかなる意味で「コギト」は、可感的経験としてそれ自体特徴づけられうるのであろうか。

「私は考えている」という命題が精神の活動性という一次的事実を表現しているとすれば、その命題はまず、意識活動ではないさまざまな志向性の構成的役割を示す現象学によって、動揺をきたしたように思われる。知覚対象に統一性があるのは、身体が本質的に協働しているからであって、思惟が感覚与件の多様を越えて知覚対象を同定するからではない。さらに悟性そのものの活動は、幾何学的対象のような、固有な仕方でその悟性を促すものと取り組んでいるときには、そうした総合および身体の獲得された知とによって、可能となる。メルロ＝ポンティは、『知覚の現象学』のまさに「コギト」を主題化した章で、図形に適用された推論のなかでいかにして思惟が身体をその座とする知覚的かつ運動的な経験に相関して働いているかを示している。それは知的活動が身体運動から派生するということでなく、むしろその活動の繰り広げるさまざまな意味が方向づけられており、移動しうるという一次的事実に結合されているということである。「私は三角形を〝眺める〟。それは私にとって、方向づけられた諸々の線分のシステムである。そして〝角〟とか〝方向〟とかいう語が私にとって意味を持つのは、私がある点に位置し、そこからもう一つの点に向かう限りにおいてであり、空間的位置のシステムが私にとって可能的運動の場である限りにおいてである。」(*PP*, p. 442) そしてさらに、それは幾何学者の対象が可感的なものの変化と個別性に支配されるということでなく、むしろ知性的不変項の観念そのものが、事物を自己同一的で自分の諸特性をあずかるものとして知覚することによって、すでに設置されているということを意味する。「仮に、存在はあるところのものであるという存在の理想の根拠を、知覚されるものがわれわれのうちで永遠に与えておいたのでなかったとしたら、存在の現象というものはないであろうし、数学的思考は創造としてわれわれに現われるはずである。私が三角形の本質と呼ぶものは、われわれがそれによって物を定義した完成された総合を推定することにほかならない。」(*PP*, p. 445)

感覚性と運動性とに属する諸条件に合わせて知的活動を解釈することは、「コギト」の原理的地位に直ちに反駁することにはならない、というのは本当である。なぜなら、ここで問題とされている感覚性と運動性は、意識に対して異質な機構からなっているのでなく、反省する意識の生に先行する諸々の志向性からなっているからである。「私は考えている」を原理として措定するということは、悟性の反省から逃れるものをこの思惟の中で認識することでもある。デカルトが、「考えるもの」の隠し持っているものを掘り起こし、意志すること、想像すること、感覚することをその様態に取り込んだ、有名な諸定式が思い起こされる。(1) メルロ＝ポンティの現象学は、少なくともその最初のいくつかのテーゼにおいて、知性と反省とに先行する「コギト」に関する記述の深化にすぎず、拡張にすぎないのではないか。しかし、答えは否のはずである。なぜなら、デカルトが、これまた周知のように、「考えるもの」の口座に知性的でない諸々の様態を算入したとしても、それはそれらの様態を、それらの様態が投錨する器官と世界におけるそれらの対象とから、同時に切り離すことができる限りでのことである。投錨する器官と世界における対象は、いつでも懐疑によって襲われるのである。(2) この切り離しこそ、『知覚の現象学』以来、またさらに『行動の構造』以来、退けられたのである。知覚意識は、個別の知覚から出発してしか構成されえないのだから、切り離された思惟へと帰着するわけには行かない。個別の知覚自身は、主観的目標を前提するという意味で、思惟――「見ることとの思惟」または「感じることとの思惟」――であると言えるとしても、この思惟の有効性はその諸器官をある程度動員することと、その対象に達する一定の仕方とによって特徴づけられる。(3) 視覚の意識は、視覚の事実から独立した見ることについての思惟ではない。

しかし、視覚の（さらに一般的に知覚の）この事実を現象学的に考慮にいれ、まずは感じるものと感じうるものとの完全な一致を伴ったそれらの第一次的条件を考慮に入れることは、「コギト」を根本的に問題視することへと導く。なぜなら、感ずることは対象を構成することでなく、なによりもまず一定の領野に取り込まれている自分を見出すことだからである。つまり、「私」の定立に先立つ諸現象の総体、そして逃れ去る諸々の所与へと自分自身（常に部分的な領野である限りでの）を送り返す諸現象の総体に取り込まれている自分を、見出すことだからである。『知覚の現象学』は感覚経験の前人称的なこの構成を明らかにした。「私の知覚は、内部から見られる場合でさえ、所与の状況を表現している。例えば、私が青色を見るのは、私がさまざまな色に感じうるからである……」(*PP*, p. 249) このように二次的なものとされ、言わば知覚の秩序に呑み込まれている自分を見出すのは、思惟でなく、むしろ「私は考えている」の「私」なのである。探求のこの段階でメルロ=ポンティは、感じうるものによる把握を「現象的身体」に関係付けることをやめていない、と言う人が多分あるだろう。「現象的身体」は、客観的身体と区別されて、自分の環境を投射する審級として、運動と開けの力として、理解され、かくして意識(この意識自身がその「積極的超越」、事物と世界へと向かうその運動によって特徴付けられている)を条件づけているというわけである。(4) この見方に従えば、感じうるものの匿名性の発見はいずれにしろ主観への準拠に依存したままであることになるであろう。しかし仮にそうであるとしても、続くメルロ=ポンティの著作は考察をまったく別の方向に向け変えているということも分かっている。おそらく「絡み合い-交差配列」の章が最も明瞭に示すように、『見えるものと見えないもの』において、現象的身体、すなわち、見て感じる身体は、見られ感じられうる身体でもある限りでしか理解されておらず、一般に感じうるものへとこのような仕方で所属することだけが、事物と世界に関する身体固有の感覚経験を可能にしているのである。したがって、ここでわれわれは、いかにして視覚が触覚から出発して理解されうるのか、またいかにして見えるものと触れうるものとが互いに侵蝕し合うのかを示したメルロ=ポンティの詳細な分析に踏みこまなくても、感じる身体への準拠は、思惟する主体――たとえそれが常に受肉された思惟する主体であったとしても――を諸現象の源泉として肯定することを意味するよりも、むしろ思惟する主体に先行し、思惟する主体を取り囲む諸現象の中に、思惟する主体が第一次的に刻み込まれていることを意味しており、かくして「私は考えている」という言明を鼓舞する創設者としての自負をぐらつかせる、と言うことができる。

しかし、身体と世界の諸関係から独立した思惟する主観が存在しないとしても、感じうるものの一般性が消し去ることのできないような一人称の主観的経験として、「私は考えている」の有効性が存在する。今しがた言及したばかりのテクストに特にその二つの証拠がある。第一に、他者の知覚は私がそれである見る者の可視性を現実化し、したがって、「思惟《コギト》」の「思惟されるもの《コギタトゥム》」に対する関係全体の手前で、世界への私の所属を際立たせるということが示されるときに、「われわれのものでない視覚を考慮させるためには、われわれは自分の持つ視覚という唯一の宝庫から汲むのであり、したがって、経験の中に素描されていないものを経験がわれわれに教えることはできない」(*PP*, p. 188)、ということが明確にされている。確かにいかなる意味でも独我論が再来するのではない、というのも、独我論の主張とは反対に、視覚は制限されているように思われ、それが引き渡す見えるものの彼方へと先送りするからである。とは言え、常に視覚から発してこの開けは生ずるのである。つまり見えるもの、触れうるもの、感じうるものが活動領域 l'élément として現われ、その活動領域において私が見るもの、触れるもの、感じるものであるためには、まず見なければならない——または触れなければならない、またはもっと一般的に言って感じなければならないのである。私が告知したのは第二の指示の意味である。メルロ゠ポンティは、触れる手が触れられるものとしても与えられうるという可逆性、反響する振動として分節化する声、そして一般に感じうるものの中で捉えられるものとしての感じる身体は、「常に衝迫するが、実際には決して実現されない可逆性」(*PP*, p. 194) である、という事実を主張している。「私の右手で事物に触れることと、その同じ右手に自分の左手で触れること」(*ibid.*) との間に完全な合致または重なり合いはない。なぜなら一方の手が何かをつかんでいる瞬間には、他方の手でつかむことができるのはその手の「外被」でしかなく、元の手が実際に触れられるものとなる瞬間には、「その手による世界のつかみは断ち切られる」(*ibid.*) からである。その中で私だけが感じうるものである匿名の場所としての感じうるものについての経験は、根本的に見て、この主観的な感ずる力に常に束縛されている。なぜなら「私は自分の身体という同じ側に常に居り、私の身体は不変な展望のもとで私に与えられる」(*ibid.*) からである。

しかし——と、おそらく反論があるだろう——、一人称の経験の非可逆性が明確にされるとすれば、その経験を「コギト」として考えてよいことになるのだろうか。思惟を、別の視覚についての私の視覚に帰属させ、感じうるものについての私の可感的経験に帰属させることによって、感じるという事実を感じるという思惟に再び同化することになってしまったのではないか。しかしそれは『行動の構造』ですでに批判されている。たった今呼び起こしておいた諸現象——外部の見者としての他者の視覚、可逆性の衝迫——は、「思惟《コギト》‐思惟されるもの《コギタトゥム》」関係の部類には属さないということを認めなければならないのは確かである。しかしまた、メルロ＝ポンティは「思惟する」という動詞を、対象を構成する知的活動を指すために温存するわけでなく、それを感覚経験にまで拡張しているということを覚えておく必要がある。私は、思惟することと感じることとのこの近さに基づいて、その輪郭を明確にするべく、以下、冒頭に示した第二の問いに沿って、いかなる意味において、感覚経験としての「コギト」について語ることができるのかを示してみたい。

『見えるものと見えないもの』において、一九〇ページ以下のいくつかの個所から、感じうるものの匿名性と思惟との区別ならびに分節を見分けることができる。メルロ＝ポンティはそこで特にこう書いている。「われわれが、見る、見える、という語を発した瞬間から、われわれは言わば思惟の秩序内にいた。

われわれが導入した思惟することは、「〜がある《イリヤ》」(IL Y A) であって、「〜と思われる」(IL M'APPARAÎT QUE...) ではなかった。(5)」したがって、「思惟」と呼ばれるものに二つの層または契機を区別しなければならないであろう。われわれは、見るもの‐見えるもの、感じるもの‐感じられるものの諸関係を考慮することによって、「思惟の秩序」内にすでにいる。なぜなら、これらの関係の構成そのものが、あらゆる反省作用に先立って、空間化と時間化という様相で、隔たりを含んでおり、この隔たりなしには限定されたいかなる思惟も不可能だからである。(6)「〜がある」は、中身の詰った存在でできた即自を意味するのでなく、身体と身体を取り巻くものとの相互的な差異化と帰属、つまり感じうるものが受容性の状態に凹むという原初的事実を、意味する。この受容性は、いかなる事物の知覚によっても統合することはできず、かえって知覚と表象とがそこで創設される無際限な領野を解放するのである。しかし、諸々の意《シニフィ》味《カシオン》の洗練と鮮明というもっと厳密な意味での思考について語りうるようになる(つまり、対象として同定される凝結物を感覚によって把握するだけでなく、事物の感覚的表象を越え、文化作品と理論思考において現われる可知性を呼び寄せる、有意的な差異と関係とをつかむようになる)のは、「〜がある」の特徴である匿名の諸現象が、知覚する身体の生成によって、触覚や視覚、そして一般的に世界の探索が生み出されるような仕方で配列されてから後のことにすぎない。そのようにして、諸々の感覚的所与から諸観念の形成へと、「〜と私には思われる」という表現によって要約される一つの型の経験が、というより、経験の原型そのものが、繰り広げられるのである。

　しかし、このような仕方で思惟の固有な次元と思惟を可能にする原初の開けとを区別することにより、実際には異質な所与を思惟の側に置き入れているのではないか。すでに指摘しておいたように、触れることと見ることとが互いに構成し合うとすれば、感じることと一般と、感覚的所与によっては説明できない意味との間に、そのような連続性を認識できるだろうか。確かに、純粋な意味を思惟する主体は現象的身体であり続けており、もしそうでなければそのような思惟を生じさせることとさえないであろう。しかし、そうした思惟の正確な内容は、あらゆる感覚経験を越えているのではないか。あるいはそうなると、感覚経験が最も抽象的な知的活動から切り離されるべきでないとすれば、知覚と概念化とがいずれにせよ区別された諸々の水準（メルロ＝ポンティ自身この差異を黙殺することは決してない）の間のつながりをいかにして理解すべきであろうか。

身体‐世界の関係は現象学にとって絶えず導きの糸であり続けているが、ここでは現象学の枠組みにおける観念性の構成という根本問題には触れずに、感覚的なものにおける観念の投錨について力説しなければならない。この投錨地とは言葉である。もっと正確に言えば、感覚的なものの中に言わば潜在的な観念が存在し、それは感覚的なものと別のものではないが、感覚的なものの中で自制しており、感覚的なものを通じてのみ自己表明する。音楽形式、光の質、感情状態……は、直接的で現勢的な対象知覚によって把握されることなく、特に――プルーストに関してメルロ＝ポンティが示したように(7)――感覚的なものが音楽と文学によって加工されるときには、感覚的なものの中で創設された諸関係に従って、われわれに到来する。次に、知覚されるものとその地平の彼方で、理論認識を形成する「知性の観念」が存在する。しかし、そのことはそうした観念があらゆる肉とあらゆる地平を逸脱するということを意味するのではない。そうした観念は、知覚の強制を克服しつつも、まさに言語活動《ランガージュ》に他ならないある種の身体的な座と依然として連帯している(8)。言語活動の「肉」という言葉は、厳密な意味で語らなければならない。なぜなら言語活動は、それが言葉《パロル》として出現し実現されるとき、人間が感覚的なものの中に記入されることによって感ずるものとなる可逆性と、同じ種類の可逆性に属しているからである。「触覚、視覚、そして触覚‐知覚システムの反射があるのと同様に、発声運動と聴覚との反射が存在するのであって、発声運動は音として記入され、怒鳴り声は私の中でその運動的反響を持つ。この新たな可逆性と表現としての肉の出現は、語ることと考えることとが沈黙の世界へと差し込まれる地点である。」(*VI*, p. 190) 言葉の知的意味と感覚的分節化とのあらゆる隔たりをなくすなどと主張することなく、言葉の感覚的分節化の中に、思惟(「純粋観念性」を生じさせる思惟も含めて)の根本条件を認識できるのではないか。

いずれにせよ、言語に準拠することは「コギト」の問題性にとって決定的である。『知覚の現象学』でメルロ＝ポンティは、デカルト的「コギト」についての読解を行っており、それによれば、この「コギト」は言語的意味の一般性にのみ依存しており、「コギト」と「スム」という語は匿名の思惟を表現しているのであるが、これに対してそれらの語を理解するためには、意識の下に横たわる沈黙する意識が実際は要求されるであろう。「……もし私があらゆる言葉に先立って、私自身の生と私自身の思惟に接触しているのでなければ、そして語られた〈コギト〉が私の中で沈黙の〈コギト〉に出会っているのでなければ、私はデカルトのテキストを読むことさえできないであろう。」(*PP*, p. 461) このような言い方がなされている以上、われわれは確かに言語活動から現実的に区別された思惟がこの著作において要請されているのだと決めつけるわけには行かないであろう。「表現としての身体と言葉」と題された章は、そのような解釈を禁じている。しかしメルロ＝ポンティが「コギト」のモチーフを再び採り上げるとき、反省されて個別の状況に適用された思惟の活動性は、言わば語の手前で、序文ですでに「根源的意識の沈黙」(*PP*. p. X) と呼ばれているもののなかで、現実化されているのを認めていることも確かである。しかし、この方向は最終的には『見えるものと見えないもの』の作業ノートの数か所で明瞭に疑問視され、次のように書かれている。「(見ることと感じることとについての思惟という意味での) 思惟という観念を持つためには、還元を行うためには、内在と〝〜についての意識〟へと立ち戻るためには、語を持つことが必要である。語(語は沈澱した意味の含蓄を伴い、それらの意味はそれを形成するのに寄与した諸関係とは別の諸関係に原理的に入り込むことができる) の結合によってこそ、私は超越論的態度を形成し、構成する意識を構成する。」(*VI*, p. 225) そしてまた「……*Wesen* (本質)、意味《シニフィカシオン》、コギトの下に、沈黙のコギトを見ないデカルトの素朴さ。しかしまたコギトによる沈黙の記述そのものがまったく言語の力によっているにもかかわらず、意識への沈黙の合致を信じ込んでいる黙したコギトの素朴さ。」(*VI*, p. 232-233) ここで、言語活動は単に書き手である哲学者がそれによって「コギト」という意味を解明するための手段であるだけでなく、それなくしてはその意味がその意味の原因となる経験から発して生まれ出ることができないであろうような条件であるということを理解しなければならない。メルロ＝ポンティはその後のノートの中で、「私は考えている」に対する言語活動の役割は知覚に対する運動の役割として、すなわち、根拠を乗り越えるものそのものを構成する根拠として、理解されなければならない、と書いている。[9]

このことは、「私は考えている」という主張によって表現された経験そのものが、言語活動によって生み出される意味にすぎず、その感覚的組成はそれを言明する語の言わば身体的局面において汲み尽くされるということを意味するのであろうか。この立場にとどまるのであればわれわれはメルロ＝ポンティの省察の意味を、二重の意味で見誤ることになるであろう。第一にそれは、メルロ＝ポンティの省察においては、思惟が二次的反省、すなわち、意識の志向性を主題化する反省へと切り詰められていると主張することである。もし「私は考えている」が言わば「私は見ることと感ずることについての思惟という観念を形成し明言する」ということを意味するのであれば、実際に問題となっているのは語によって隅から隅まで構成された意味連関である。しかし「思う」という動詞は、たとえあらゆる現象が前提とする「〜がある」にそれを適用するまでには至らないとしても、言説による仕事に先行する経験をやはり少なくとも意味している。その経験は、黙した経験である――なぜなら、その経験は誕生という出来事によって開始されるあらゆる初期の知覚とともに始まり、その知覚によって住まわれ続けるからである――が、しかし、思惟から成り立っている経験である――なぜなら、誕生というこの出来事が生じて以来、それによって新しい諸関係が確立され、対象は、言表されない意味を受け取り、世界は特異な仕方で「扱われる」ようになるからである――。「コギト」は可感的経験である。それは単に、それ自身肉的身体の属領である語において「コギト」が仕上げられるからではなく、思惟が、世界に内属する「私」にとっては、与えられたものとして、すなわち、生み出された条件に従い、それゆえ原初的知覚によって創設された伝統に支配されるものとして、それ自身に現われるからであり、その結果、「コギト」を明瞭に実行することによって獲得される自己の確実性は、それ自身一種の知覚であるからである――可感的世界の中に記入された、所与自身を通じた、意味の把握。[10] 問題は、作業ノートを通じて行われた批判へと立ち戻ることではなく、また黙しているると同時に構成するような意識、「語るコギト」の可能性の条件を、「暗黙のコギト」の中に見ることではなく、この批判は、それがいかに徹底したものであるにせよ、言葉の意味と知覚される世界との差異を取り消していないということ、各「私」の試みる思惟はすでにこの世界に参加しているということ、を認識することである。

第二に、「私は考えている」を単なる言葉の意味と同一視することによって、われわれは考える「私」そのものを言語の所産へと貶めることになる。しかし、作業ノートが示しているのは、言語による指示に先行する「私」の実効性を認識しようとして続行される探求なのである。確かに、この「私」を主体の同一性に帰着する意識として理解することはできない。「私とは、真実のところ、誰でもない、それは匿名者である。私が〈操作主体《オペレーター》〉であるためには、あるいはいかなる客観化も命名もそれに対して生ずべき当の者であるためには、私は誰でもない匿名者であって、一切の客観化、命名に先立たなければならない。」(VI, p. 299) そしてさらに「私」は、このように特徴づけられている以上、「私は考えている」、「私は話している」、「私は感じている」において表現される「私」を定義するわけには行かない。最初の者、匿名の「私」は、あらゆる視覚とあらゆる思惟とが前提する否定性へと先送りする。なにかしらのもの──それが何であれ──が……へと与えられている、しかし受取人の審級はこれでもなければあれでもない、この人でもなければあの人でもない。第二の者──考え、語り、などする「私」──は、身体において、すなわち、世界への特異な関係において、具体化した、その否定性そのものである。同じノートの中で、匿名の「私」を引き合いに出した後、メルロ＝ポンティは次のように続けている。「しかし、まさにこれが、考える者、推論し、語り、論議し、苦しみ、楽しむなどする者なのであろうか。明らかに否である。なぜなら、それはなにものでもないからである──思惟し知覚しなどする者は、身体を通じての世界への開けとしての、この否定性なのである。」したがって、「私は考えている」という命題において命名される「私」は、経験の第一次的条件ではないが、しかしまた、文法的言説的な単なる配置に相関した意味でもない。それは常に身体‐世界関係を表現しているのである。またまさにこの資格において「コギト」は可感的経験なのである。「考えている」「私」は常に、感ずるものと感じうるものとの間で逆転可能な関係からなる劇場なのである。

われわれは、その境界とともにその可感的内容に沿ってなされた「コギト」のこうした特徴づけを、黙した可感的なものから言説による思考へと移行する(あるいは逆に既得の意味のただ中から知覚される世界におけるそれらの可能的条件へとさかのぼる)哲学的問いの流れを明確に区分する三つの表現、すなわち、「〜がある《イリヤ》」、「〜と私には思われる」、「私は〜であると思う」、を改めてつなぎ合わせることによって、要約することができる。「〜がある」の場合。開けが生み出され続けており、その開けにおいて感じることと考えることとが、その意味の差異からなる多様な組織を織り合わせながら作動することができる。われわれはこの平面で「コギト」を語ることはできないであろうが、「コギト」が「コギト」に先行する世界によって常に差し込まれ、捉えられ、貫かれているようにしている当のものを、むしろ明らかにする。「〜と私には思われる」の場合。それに従って私の身体が世界についての認識を展開するような、運動と知覚が生ずる。これ以降、われわれは「コギト」を拠りどころとすることができる。この「コギト」は構成する意識として理解される考える主体ではなく、ひとつの経験領野である主体であり、その誕生の条件が「新たな状況可能性[11]」を定義する主体である。すなわち、感ずるという事実から離れることによってその事実を反省することにその本質がある思惟ではなく、「自己と世界とへの関係であると同じく他者への関係でもあり[12]」、したがって、感ずるという事実の中にすでに組み込まれている、そのようなものとしての思惟である。「私は〜であると思う」の場合。知覚される世界において働いている諸々の志向性を把握し、分析する、反省的な二分化を実施することが可能であり、視覚的所与から区別される「コギト」という観念の形成が可能である。しかし、だからといってそれはあらゆる感覚的条件を免れるわけではない。それは単に、理念化が知覚によって設けられた関係と隔たりを前提するからであるというだけでなく、超越論的態度を仕上げるためには、言語活動、すなわち、それ自身肉の特徴的な現象から出発してのみ創設される言語活動、が必要だからでもある。

　最後に、しかしなぜ、世界への内属を脱する実存の立場とともに、考える主体の立場をも拒絶するように思われる方向を全体的にとろうとする思索において、「コギト」にこのような注意が向けられるのであろうか。メルロ＝ポンティの野心は、沈黙の世界からの言語活動への移行と、言語活動が導入する変容を理解せしめ、さらに沈黙が言語活動を包み込み続けている限りで、言語活動が沈黙へと回帰することをも理解せしめるような、理解の可能性を仕上げることである。[13] 確かにそのような理解は、「思惟《コギト》－思惟《コギタ》されるもの《トゥム》」という関係にしか決して到達しない意識活動を分析しても、獲得できる保証はない。これに対し、私はまさに世界についての私の経験へと向かうことによって、そうした関係を逸脱する現象性を考察することができるのである。たとえ私は知覚と言葉を構成する源泉でないとしても、私の現存は、知覚される世界と言語活動との区別および錯綜に、巻き込まれているのである。したがって、知覚し、語り、考える、主体を理解しなければならないであろうが、主体といってもその活動は「……についての意識」に従属するものではないであろう。作業ノートの中でメルロ＝ポンティは、次のような困難な問いを提起している。「知覚する存在と語る存在は同じ存在だろうか。それが同じものでないということは不可能である。そしてもしそれが同じであるならば、それは「見ることと感ずることについての思惟」、〈コギト〉、……についての意識、を再び押し立てることになるのではないか。」（*VI*, p. 255）「コギト」についての反省は、「コギト」を認識すると同時に批判することを旨とするが、ここでアポリアに陥る展開となる。しかしわれわれは、進行中のまま残された探求の歩みについて速断することなく、メルロ＝ポンティの現象学によってすでに成し遂げられた前進のおかげで、「私は考えている」としてやはり特徴づけられる主体を、根源的意識として創設することなしに、考えることができるのは、いかにしてであるかを見抜くことができる。つまりそれは、考えることそれ自体が、感じうるものの中で現われるからであり、すなわち、見ること、触れること、感ずること、についての思惟として自らを反省する以前に、現れるからである。この主体が、可感的世界の現出の特徴である諸々の差異が記入される、いわば開かれた領野である限り、その主体は諸々の表象を総合する意識の活動性によって一気に構成されるわけにはいかず、見ることと感ずることについての思惟と同一視されるわけにもいかない。しかし、その主体の言葉、したがってまた言説による主体の思惟、主体の知的な活動は、感ずるもの‐感じうるものの関係を構成する可逆性に属している限り、それは同じ主体――言語的意味《シニフィカシオン》の平面と同様に黙した知覚の平面において生きている――である。

原注

（1） 第二省察で、「考えるものとは何であるか。すなわち、疑い、理解し、肯定し、否定し、望み、望まず、想像し、感ずるものとは。」（AT, IX, 22 ; Alquié, II, 420-421） また第三省察冒頭でも、「私は考えるものである、すなわち、疑い、肯定し、否定し、わずかな物事を認識し、多くの物事を知らず、愛し、憎み、望み、望まず、想像し、感ずるものである。」（AT, IX, 27 ; Alquié, II, 430）

（2） 第二省察（AT, IX, 22-23 ; Alquié, II, 421-422）。第五反駁に対する答弁も参照。「……ここで問題になっているのは、身体器官を仲立ちとして形成される視覚や触覚でなく、そうした器官を必要としない、われわれが毎晩夢で経験するような、見ることと触れることについての思惟であることを、私は警告した。」（AT, VII, 360 ; Alquié, II, 803） メルロ＝ポンティはこの一文を『行動の構造』で引用している（PUF, p. 211. 注） これを参照したすぐ後に、「コギト」のデカルト的態度を次のようにコメントしている。「コギトによって明らかにされ、その単一性の中に知覚にいたるまで監禁するはずであるように思われた意識の宇宙は、制限された意味で、思惟の宇宙でしかない。それは見ることについての思惟を報告するが、視覚の事実と実存的認識の総体はその宇宙の外部にとどまっている。」（p. 212） 明らかにこれは、メルロ＝ポンティによれば、視覚の事実、あるいはもっと一般的に事実性としての直接経験を、デカルトが無視しているのではないということである。むしろ、事実性としての直接経験は悟性（これだけが思惟する魂を理解することができる）による諸概念と諸々の区別から根本的に異なった諸概念の次元に属しているということである（メルロ＝ポンティはエリザベートへの書簡（一六四三年五月二一日と一六四三年六月二八日付、*ibid.*）を引用している。

（3）特に *Phénoménologie de la perception*（*PP* と略記）, *op. cit.*, p. 431-432, p. 463 を参照。

（4）*Ibid.*, p. 178.「現象的身体」の概念については、特に p. 123, 269, 289, 402, 493 を見よ。

（5）強調はメルロ＝ポンティ。

（6）「反省と問いかけ」の章で述べられていることも参照。「……われわれにとって思惟と呼ばれるものはすべて、自己に対するこの距離、この最初の開けを要求する。われわれにとって、視覚野、未来と過去の領野がその距離であり、開けである……」(p. 28)

（7）*Le Visible et l'Invisible*（*VI* と略記）, p. 195-199

（8）*Ibid.*, p. 200-201

（9）*Ibid.*, p. 310.

（10）*PP*, *op. cit.*, p. 465-466. を見よ。また、一九四六年の討議「知覚の優位性とその哲学的帰結」(Cynara, 1989. 再版）p. 61-62. を見よ。

（11）*PP*, p. 466.

（12）*VI*, p. 191.

（13）*Ibid.*, p. 230.

イザベル・マトス・ディアス

モーリス・メルロ＝ポンティ——存在論的感覚論

「この記述が（……）感じうるもの《サンシブル》の存在論的な復権にまで到達していることを、よく考えなければならない(1)」。

「可知的世界などない、可感的《サンシブル》な世界がある《イリヤ》。（それにしても、可感的な世界の、自然の、「〜がある《イリヤ》」とは何か？(2)）」。

「交差配列《キアスム》と相互内属 *Ineinander* の理念、これは（……）解きほぐすようないかなる分析も理解できないようにしてしまう理念である——（……）新しいタイプの可知性（あるがままの世界と〈存在〉とによる可知性——「垂直的」であって地平的ではない可知性）を創造することが問題である(3)」。

右の主張は、一つの同じテーマをめぐるヴァリエーションであり、本論文を活気づけてくれる。われわれはそのテーマを、主要な二本の軸をめぐるものとして関連づけた。ひとつ目は、感じうるもの《サンシブル》の探求と性格付けることができる。これは、感じうるものの「復権」の運動における道筋と位相《トポロジー》とを明るみに出すことと符合するものである。ふたつ目の軸は、再び見出された感じうるものに関係する。メルロ＝ポンティの言い方にしたがえば、これは、汲み尽くしがたく、それゆえ未完で常に生成の途上にある「宝庫」の特殊性に関わっている。問題は、感じうるもの《サンシブル》の生そのものを明らかにすることであり、存在論的感覚論 *esthésiologie ontologique* の緯糸と構造《テクスチュール》を明らかにすることにある。

では、メルロ＝ポンティが存在論的に「復権」しようとしている感じうるものに向けられた彼の関心を理解することから始めよう。メルロ＝ポンティにおいて、感じうるもの《サンシブル》の可感的《サンシブル》な存在論、つまり感覚論的存在論があると言うことはできるだろうか。

この文脈において「復権」とは、われわれにとっては「再創造」ないし「復元」を意味している。問題なのは、感じうるものにその「無垢さ」や単純さ、「自然な」本性を返してやることである。そして、逆説的であるが、メルロ＝ポンティにあって、感じうるものの「純粋さ」とは――それはまさに「混合物」ないし「ごたまぜ」なのである。言い換えると、感じうるものを復権するということは、感じうるものにその力やエネルギーを返すことであり、その「ふるえ」や運動を見出すことである。そこでこそ、感じうるものの「厚み」や「二重性」が、その果てしない「ひだ《プリ》」や「折り目《ルプリ》」を自ら織りなすのである。この運動は、相互に交換しあい、同時にあらゆる方向へと伝播する交差の多様なプロセス――再交差や相互交差――によって行われ、やり直される。可逆性・逆転・転倒・豹変・交差配列《キアスム》・絡み合い・蚕食・重なり合い・またぎ越し等々は、メルロ＝ポンティにとって、感じうるものの生地そのものを織りなし、感じうるものにより強度を与える絶え間ない運動でありプロセスである。この生地は、常に裂開と開披の状態にある開かれた、未完の織物、生きた織物（「肉」）、「多形的な」織物である。薄い極上のレースのように、この肉の織物は「形態」ないし形象《フィギュール》を編み込み素描しており——メルロ＝ポンティがゲシュタルト概念を後期テクストにおいて取り上げ直し「存在論化」していることを忘れてはならない——、それは常に「形成」途上にある、つまり（再）「形成中」（ゲシュタルト化 *Gestaltung*）なのである。これらの「形態」はそれゆえ、未完であり開かれている。「くぼみ」・「隔たり」・「開け」は、感じうるものの構成素である。多孔性、内外間の持続的な循環可能性が、感じうるものの存在を指名している。

一方で、メルロ＝ポンティは、感じうるもの《サンシブル》を、視覚と見えるものに還元してしまうわけではないにせよ、そのまわりに集中させている。ところで、西洋の支配的伝統の見地からすると、視覚と見えるものについての反省は、特権的な対話相手としてデカルトの思想と対戦することになっている。たとえば、『眼と精神』第三章において、この点についての議論がデカルト『屈折光学』との間で展開されているのを確認できる。メルロ＝ポンティが間主観性（サルトル）ないし本質（フッサール）の文脈内で視覚の問題に取り組むときにさえ、依然としてデカルト的な視覚の「心的」基体が批判の的になっているのである。なるほど、たとえデカルトの見地が、視覚を全面的に知性化してしまい、眼を精神に位置づけるギリシアの遺産を相変らず頼りにしているものであるとしても、メルロ＝ポンティは、視覚と見えるものに関する古代の伝統にあからさまに依拠することはない[4]。古代との対話はそれゆえ、現代性《モデルニテ》から発して行われる。メルロ＝ポンティにおける視覚問題の改革がまた、視覚をより「知的」であるゆえに特権的な意味を持つと考える伝統全体との対話を意味することがわかるだろう。さらに、視覚の働きの分析は、眼と精神との分裂、感じうるもの《サンシブル》〔可感的なもの〕と可知的なものとの分裂を是認する二元論への批判も前提としている。

まなざしと視覚の扱い方が変わると、それが哲学そのものを巻ぞえにすることになる。(5) 古典的哲学の革新は、感じうるもの《サンシブル》の転倒、さらには感じうるものと言語および理念性との関係の逆転、という試練を経るのである。メルロ＝ポンティは、「可知的なもの」がいかにして「感じうるもの《サンシブル》」――「可知的なもの」は、それから離脱し、それにもかかわらず、そこに編み込まれ続けているのだが――に織りなされるかをわれわれに示すことになる。

　メルロ＝ポンティの感じうるもの《サンシブル》との対決は、彼の哲学が根柢的であろうとすることから生じている。こうした要求は、一方では、すでに指摘した西洋の伝統がもつ主知主義的傾向の批判を決定し、他方では、感じうるものへの固執を決定する。この感じうるもの《サンシブル》は、この伝統によってひどく貶められ無視されてすらいるのだが、それは可知的なものとの差異によってこれを解釈するからである。可知的なものとの比較による感じうるもの《サンシブル》へのアプローチは、一方の他方に対する優位を明瞭にする。感じうるもの《サンシブル》は見えるもの・外在性と同化され、可知的なものは見えないもの・内在性と同化される。そして、見えないもの－可知的なものの、見えるもの－感じうるもの《サンシブル》に対する優位や、身体に対する意識と知性の優位がある。しかしながら、メルロ＝ポンティは、具体的－原的な平面、つまりその統一性を客観化することのできない知覚的経験という平面からの抽象に陥って、この同じ項が固定化してしまうことを、たえず批判する。

　抽象的な領域では、二つの極は排除し合うか合致するかになる。緊張と差異は、この関係の内で絶えず、姿を現わしては破棄される。だから、メルロ＝ポンティの哲学は、あらかじめうち立てられた極を解消する方向に向かうことになるだろう。揺るぎのない概念を決定することが問題なのではなく、生きられた、未完の決定のみが重要なのである。諸極は、まさに関係にほかならない差異化の永続的で未完の運動を通して差異化される。この関係は概念的世界に特有の、形式化された関係に還元することはできない。実際、諸項間での関係の変容があるゆえにこそ、諸項そのものが変化するのである。

　メルロ＝ポンティは、関係の間隙的で密かな審級に侵入したいと望んでいる。そこでは、すべては排除しあうことなく共存し、この目的の内に知覚的生を描き出している。この生は、構成的には、諸極の共存関係である。伝統はこれを、主観と客観、身体と世界という「対立」関係へと変えてしまったのである。関係のこの原的審級は、「二つの‐間」――主と客の間――であり、また「両義性」として示される。両義性は相対立する諸極間の共存を示しており、それゆえ関係は「第三項」であるから、項から関係へと向かう、ということになってしまう。けれども、関係には原的なダイナミズムと固有の運動がない。関係は、まだなお否定的に考えられている。関係は、自らが批判し分節しようと目指す諸項そのものから生じるからである。ところで、その関係の掘り下げと関係を構成する運動の掘り下げという仕事においてこそ、メルロ＝ポンティは、現実性のあらゆる水準の分節化とその差異化の把握を目指しつつ、その諸水準を貫徹している個体発生的運動たる可逆性を発見し「構築する」のである。諸項は、関係の内に、またその運動そのものによって、それが自らを差異化するところに、実在する。交差配列は、関係の「点‐運動」である。そこで諸項は、交差しあい、触れあい、交流しあう。しかし、これらの運動はすべて、自然的な開けであり差異である裂開を前提としている。この関係の「論理」のうちには、全面的な合致（ないし「透明さ」）の余地はなく、「切迫」ないし「ほとんど～しそう」の余地があるだけである。というのは、開けや展開や未完性は、あらゆる関係の構成要素だからである。さらに、これらのプロセスと運動のすべてとが互いに蚕食しあっていることを忘れてはならない。可逆性は、多様であり、同時にあらゆる方向へと発展する。これを理解するためには、おそらく「新たなタイプの可知性を創造」しなければならない。

〈肉〉は、関係の普遍的母胎である。母胎であって、単なるモデルではない。モデルとは構築を含意しており、メルロ＝ポンティにとっては「抽象的」・「精神的」と同じ意味である。母胎は、モデルとは反対で、構築されたものではなく原的である。母胎が型を作っているというのが本当だとすれば、型どられたものは、それにもかかわらず、その母胎の存在そのものに関与することになる。モデルを作ることは、何よりも転調することである。しかし、人がそのことに気付くのは、根柢性そのものが自らを根柢化するとき、「第三極」がついに「第一極」となるとき、である。

両義性と可逆性は、関係の根柢化の二つのモメントに照応している。それゆえ、この根柢化の運動を、現に働いている垂直性と奥行として理解することができる。そして（存在論的な）垂直性は直線的でも堅固でもなく、むしろ螺旋的で力動的である。「蛇行」[6]——ラヴェッソンがレオナルド・ダ・ヴィンチに関して使った言葉（*linea serpentina*）を、メルロ＝ポンティはベルクソン[7]経由で引用している——を、われわれを曲折へと送りかえす「曲がりくねった」「波打つ」線を、メルロ＝ポンティが参照していることは、偶然ではない。旋回、迂回、回帰、ねじれ、ひずみ、循環性、渦巻きといった、「循環」運動を強調しなければならない。メルロ＝ポンティには、蛇行の運動そのものなる垂直の循環性がある。垂直性は力動的な統合、現実性全体の連続性を示している。

この根柢への方向性、「彼方」なるものや「内」なるものへの方向性こそ、メルロ＝ポンティを「事象そのものへ」、すなわち知覚の現象学へと導くものである。他方、まさに超越論的現象学を根柢化することによって、哲学は、存在論を構成することが必要となる。〈可感的な〉（〈感じうるもの〉《サンシブル》の）存在論ないし関係の存在論が必要である。その存在論は、存在現象学として、存在発生論として、より正確には（存在）－現象化として、解釈される必要がある。これはマルク・リシールの考え方と用語法に従ったものである。〈存在〉はそれゆえ、現象化の運動そのものである。

『知覚の現象学』は、周知のように、批判的運動によって貫かれた書物である。この批判は、現象学の領域から展開され、全体としてメルロ＝ポンティが主知主義と経験主義とに見ている「客観的思惟」に向けられている。この批判の主軸の一つは、すでに述べたように、西洋哲学を支配してきた二元論と分裂とに関わっている。そこからその「斜視」や「複視」が由来する。これは、メルロ＝ポンティが取り上げ直したモーリス・ブロンデル(8)の「視覚的」あるいはむしろ「眼科的」比喩に従うものである。この斜視は、主‐客、意識‐世界の対における分裂を告発している。こうした諸項の原的な出現ないし構成の運動は、「客観的思惟」のうちで隠され忘れられるのである。これを理解するためには、実際に「根柢的反省」を企てねばならない。根柢的というわけは、この反省が経験の原的地盤のうちにその根柢——反省の非反省的なもの——を見出すからであり、さらにはこの反省が客観化的反省よりもはるかに深い水準を目指すからである。

根柢化するとは、根を張るということである。なるほど、身体は意識よりも根柢的である、というのは身体は、すでに潜在的で隠された知と、範疇的能動性によっては構築されない統一性とを統合しているからである。かくて、人は『知覚の現象学』を貫いている意識やコギトのような構成的主観——「上空飛行的」主観——に対する批判を理解できる。逆に、知覚的主体はその身体によって世界の内に根を張っている。これは、世界の内に「差し込まれた」受肉した主体である。メルロ＝ポンティにおける身体の重要さは、この根柢化のダイナミズムから理解される。これを、必要なだけ十分に展開することは必ずしもできなかったと、哲学者自身が「研究ノート」で、告白している。主体の根柢化の運動があることは確かである（身体は意識よりも原的ないし「根柢的」である）が、他方で、メルロ＝ポンティは意識の権能と能動性を身体の方へとずらしている。身体は主体でもなく客体でもなく、「混合物」であり「存在の第三の領域[9]」である、と主張するにしてもである。メルロ＝ポンティは『知覚の現象学』において、自分が乗り越えたと主張している語彙を、こっそりと保持している。ところで、主体の哲学を変容し再編するには、それを根柢化するだけでは十分ではない。出発点そのものを再考しなければならないのだ。
「発生的現象学[10]」への支持は、根柢化の運動を強化することになる。しかし、この現象学は、派生的なものの発生の解明、派生的なものが原的なものへと根を下ろす様式の解明にとどまるものではありえない。結局は、最初のものがすでに含んでいたものを、その表面上の構造や本性を変えることなく、別の平面に移すことになるだろう。より遠くへ進み、本原性そのものは実体化できないことを最初から知りつつ、原的なものを問うことが必要となるだろう。言い換えると、発生の発生あるいは存在発生の方に向かうことである。発生論的な運動の果てしない増加は、それゆえ、新たな存在論の（根柢的）地盤の問いとなる。この見地においては、自然の変容と関係そのものの位置の変容とに立ち会うことになる。

　この根柢性の探求のただなかで、絶えざるずらしと新たな位相を明らかにすることができる。たとえば、感じること、感官《サンス》、身体という事例は、メルロ＝ポンティの後期テクストにおいては、〈感じうるもの《サンシブル》〉と〈肉〉へとずらされている。ところで、ずらすことは、それのずらすものを変容させる。この根柢化の運動において、メルロ＝ポンティ哲学に特徴的なのは、感じうるものの「地図」を記録するところがないことである。そこにルートを見出し下書きするに応じて、姿を現し変貌するようなダイナミックで生き生きとした「地図」がありうるというのであれば、話は別である。しかし、このルートには、いかなる不動の方向もなければ、予め決定された方向もないのである。

　連続的発生あるいは連続的誕生の不断の力学を理解することによってこそ、メルロ＝ポンティは、〈感じうるもの《サンシブル》〉を、それが炸裂するまさにその場所において捉えることによって復権させる。彼は〈感じうるもの〉の発生そのものと、そこで起こる多様な運動と、そこで倦むことなく描き出される諸々の方向とに関わろうとする。〈感じうるもの〉は現実的なものの生であり、そこで人間の生そのものが現われ出、書き込まれるのである。

かくて、〈感じうるもの《サンシブル》〉はメルロ＝ポンティの思想の導きの糸を示すものであり、彼の哲学の根柢化の運動と掘り下げとは感じうるものそのものの変容と軌を一にしているとすら考えられる。たしかに、感じうるものの意味を改革し、その本性や位置づけやその場所を変えてずらすことは、メルロ＝ポンティのいわゆる「新しい存在論」を成す企てを示すものである。新しい存在論は、哲学そのものの意味の改革要求と一つになっている。たとえば、新しい哲学の新しさや、その言説の可能性と意味とを考慮することは、感じうるものに対する絶え間ない省察と、精神的ないし経験的カテゴリーへは還元不能な〈感じうるもの〉への侵入とを含んでいる。

『知覚の現象学』のなかで、感じうるものは、原的なもの、つまり経験の先客観的・先述定的な知覚層と同一視されている。感じうるものはそれゆえ、感覚すること（あるいは知覚すること）によって、形成され覆われている。このことは、第二部第一章のタイトル「感覚すること」が示すとおりである(11)。身体は、感覚することの自然的な主体であり、それゆえ、自我《エゴ》ないし意識には還元されない主体である。しかしながら、もし感じうるものが主体の感覚することであり、それゆえ主体と関係があるのならば、われわれを無人称的なものへと導くのも感じうるものである。知覚に関して、メルロ＝ポンティは一九四五年のテクストでこう書いている。「どんな知覚も、一般性の雰囲気の中で起こるのであり、われわれに無人称的なものとして与えられる。(……)もし私が正確に知覚経験を翻訳しようとするならば、私はひとが私の中で知覚しているのであって、私が知覚しているのではない、といわなければならないであろう(12)」。この主張は、メルロ＝ポンティの哲学の内的運動、つまり無人称的なものの優位に行き着く主体の脱主体化ないし脱中心化の試みを、浮き彫りにしている[13]。この知覚主体たるひとはすでに、主観と客観とに比べて、関係の方が優位にあると考えようとする試みのうちに、書き込まれている。しかし、その試みは、ある種のあいまいさ、すなわち失敗を表してもいる。というのは、その無人称性はなおも先人称的な次元として考えられているからである。この「ひと」はなおも、身体――主体、あるいは知覚する受肉した――主体の観念に従属しているのである。結局、メルロ＝ポンティは、自分が廃棄したいと望んでいた用語そのものをなおも使い、自分が乗り越えたかった反省的枠組みを生き続けさせることになった。それでも、無人称の層というこの考えは、主体観念の鋳直しという試みの最先端を示している。身体と知覚に住む無人称的なものはすでに、メルロ＝ポンティの現象学の存在論的な傾向を、いやむしろ誘惑を示しているのである。だが、この存在論的な方向は、一九四五年の著作においてはまだ十分に引き受けられていなかった。逆に、晩年のテクストにおいては、無人称性は〈肉〉や〈感じうるもの〉と一つになることになる。「この〈可視性〉、この即自的な〈感じうるもの〉の一般性、この私自身の内なる無人称性、まさにこれをさきほど、肉と呼んだのである。周知のように、これを示す名は伝統的哲学のうちにはない[14]」。「思惟よりも古い」、主観と客観よりもずっと古い、感じうるものが重要なのである。この「感じうるもの《サンシブル》の一般性」、この「無人称性」が、「知覚する主体」とか「受肉した主体」といった概念以上にわれわれに可能にするのは、知覚的で非反省的ですでに可感的《サンシブル》でかつ感じて《サンタン》いる世界を、より一層理解することである。

メルロ＝ポンティは『見えるものと見えないもの』の「絡み合い‐交差配列《キアスム》」の章で、〈感じうるもの《サンシブル》〉の構造に関するきわめて精細な分析を与えてくれた。〈感じうるもの〉はそこで、固有の肉的で見える組成《テクスチュール》のうちで展開されている。感じうるものが「現象化」され、現象として見られるとき、感じうるものはその同じ運動において、その見えない、いわば「裏」の固有性を深く掘り下げる。見えないものはそれゆえ、感じうるものそのものにおいて掘り下げられた「一般性」であり「本質」である。見えないものは感じうるものに属することを決して止めない。見えないものは一つの「骨組」であり、それは「それは可感的《サンシブル》世界の上にあるのではなく下に横たわる、もしくはその奥行、厚みのうちに存する」[15]。それゆえ、見えないものは、支配的な伝統が主張するのとは反対で、可感的《サンシブル》かつ可知的である。感じうるもの《サンシブル》の理念性があるのであって、単に純粋な理念性があるのではない。そして両者の間に、「その場での乗り越え」がある。「純粋な観念性はそれ自体、肉なしにあるのでもないし、地平の諸構造から解放されているわけでもない、とだけ言っておこう。問題が別の肉、別の諸地平にあるにせよ、純粋な観念性もそこで生きているのである。それはあたかも、可感的《サンシブル》世界を生気づけている可視性が、あらゆる身体の外へ出るのではなく、もっと軽くもっと透明な別の身体のなかへと移住するかのようであり、あたかも肉を取り替える、つまり身体の肉を捨てて言語の肉をとり、このことによって、どんな条件からも、解放されるのではないにせよ、重荷を解かれるかのようなのである」[16]。諸々の理念性と言語とは、したがって、〈感じうるもの《サンシブル》〉の緯糸の、その肉的組成《テクスチュール》の構成要素である。

後期メルロ＝ポンティのテクストにおいて、感じうるものはもはや、主体の感性の特性ではなく、主体の受容性の唯一の特質となる。感じうるものは、世界の存在の特性ないし仕方として考えられることになるのである。感じうるもの《サンシブル》は、可感的《サンシブル》な物であると同時に主体の性質である。あるいはむしろ、感じうるもの《サンシブル》はこの項のそれぞれから離れて、両者の交流の自律的なオペレータとなる。無人称という概念は、空虚な場所——両義性そのものの中間部分——を満たし、〈肉〉はそれを原的で創設的な場所として考えられるようにしてくれる。主体の場所は、身体からメルロ＝ポンティ存在論の中心的審級、つまり

〈肉〉へとずらされる。根柢性の要求は、主体の概念そのものの完全な改革を強いることになる。主体はいまや、「〈存在〉の領野」(17)なのである。

感じうるもの《サンシブル》と可知性の間の分裂とヒエラルヒーという古典的な問題は、〈肉〉の可逆性と交差配列《キアスム》という地平で考察されるや変容をとげる。感じうるものはすでに可知性および意味であり、「概念なき凝集」である。相互象嵌と相互侵入という、伝統がしばしば拒絶してきた基本特徴を際だたせるために、メルロ＝ポンティはやや誇張的な言い方で次のように書いている。「可知的な世界はない、可感的な《サンシブル》世界がある《イリヤ》」。それゆえ、感じうるものは「多元的に決定され」る。分裂は、裂開と「凝集」、相互性と交差配列《キアスム》、可逆性と蚕食へと姿を変える。感じうるものは、すでに「概念なき凝集」の形式である。この新しい文脈において、優位性とヒエラルヒーは同時性のうちで動く。ここで道は、可知的なものと感じうるもの《サンシブル》との関係を、相互的な浸透と混交として、根柢的な重なり合いと混合として解釈する方向に開かれている。

メルロ＝ポンティにとって、それゆえ、純粋な哲学はない。哲学は常に混乱と雑然とした状態とを含んでいるのだ。こうして、おそらく、本論冒頭に引用した主張がよりはっきりとわかることになる。「解きほぐすようないかなる分析も理解できないようになる。新しいタイプの可知性を創造することが問題である」(18)。メルロ＝ポンティはおそらくここで、「概念的」でない感覚論的可知性 *intelligibilité esthésiologique* を考えている。これは分離的ではなく、存在論的で垂直な隠れた可知性であり、世界のあらゆる次元を包括し統合するものである。この可知性は交差配列とあらゆる方向にわたる分節の中で生まれる。この可知性は混合物であり、重合し、錯綜し、交わっている。ここは、純粋な理念性――これは、その諸理念性がまさにそこで生まれ育まれる感覚論的・肉的経験からはまったく切り離されている――の世界からはきわめて遠いところである。たしかに、メルロ＝ポンティにおいて「なまの」とか「野生の」といった語が身にまとっている力は、知的な馴致と操作性とに還元することができないような黙契とごたまぜの次元を強調している。可知性と意味の透明さはなく、逆に暗さと厚み（これらが「野生」なのだ）がある。換言すると、伝統がいつもそう思っているほどには、理念の透明さと知覚的経験の暗さとの間に対立はないのである。『知覚の現象学』において、メルロ＝ポンティはあからさまに、すべてが見られ構成されうるような所有関係ないし支配関係を示す反省的透明さを批判している。しかし、客観化的反省に満ちている明証は、固有の端緒やその根そのものの隠匿や隠蔽を前提する。光と視覚へ立ち返らせる透明さと暗さという視覚的なメタファーがこの書物を貫いており、反省（透明さ）と知覚（暗さ）を対立させ、さらには、知の全体化とわれわれ自身の有限性を意識している還元不能性とを対立させる。雑然とした状態と絡み合いを事とするこの哲学者にとって、暗さの中にしか透明さはない。透明性ないし同質性は肉的経験の蚕食において生み出される、これは油絵における色とまったく同じで、色が重ね合わされ浸食し合うにつれてより透明になるのである。(19)

『知覚の現象学』において、感じうるもの《サンシブル》と可知的なものの問題は、知覚という問題系と非反省的なものと反省との関係という問題系の周囲をめぐっていた。身体はそこで、中心的な場所を占めていた。身体は二極間の媒介者という役を演じていた。非反省的なものは、感じうるもののうちにひとまとめにされ、それはそれで反省の平面からは分離されており、したがって、可知的と可感的《サンシブル》との間には極性が残っていた。最後のテキストでは逆に、身体の本性と位置付けがずれるのに立ち会うことになる。身体は「対自的感じうるもの《サンシブル》」、「範型的感じうるもの《サンシブル》」として、考えられる。身体はもはや媒介者ではなく感じうるものの特権的な「範型」なのである。「比喩的にいえば、感じられる身体と感じる身体はいわば表と裏であり、あるいはさらに、ただ一つの循環コースの二つの部分であると言った方がよかろう。（……）しかし実は

（……）ただ一つの運動しかない」[20]。メルロ＝ポンティはそのため、身体を「二つの次元に臨んでいる」ものとして取り組んでいる。「身体は二枚の葉層からなる一つの存在である、つまり、一方では諸事物の中の事物であり、他方では、そうした事物を見たり触れたりするものである（……）。身体は自身のうちにこの二つの特性を統合し、「客観」の秩序への帰属と「主観」の秩序への帰属という二重の帰属を統合している（……）」[21]。この二つの秩序の共存は、原初的な関係、つまり「普遍的〈肉〉」、「〈存在〉の原型」へと送り返される。身体と世界と諸対象の間に共通しているもの、それは〈肉〉の可逆性の存在発生論的な運動への関与である。身体の肉、世界の肉、事物の肉、他者の肉。このどれもが、〈肉〉の多形性の表現である。メルロ＝ポンティは、このように、〈肉〉の運動における身体の存在発生論（身体は「肉の身体」である）を強調する。身体は、「可感的《サンシブル》な塊」であり「分凝によって身体がそこで（そこから）生まれる感じうるもの《サンシブル》の塊」[22]である。それゆえ、身体の存在論化があると言うことができる、この身体は〈肉〉の一つの形象化である。しかし、他方で、それにもかかわらず、メルロ＝ポンティは〈肉〉を「人間論化すること」、彼の哲学を「人間中心化すること」を望んではいない。逆に、メルロ＝ポンティは可感的《サンシブル》な現実性の還元不能な性格を強調しようとしており、現実性をわれわれの精神的投射の世界へと還元することや、凝結し形式化した決定へと還元することが不可能であることを、明らかにしたいのである。

感じうるものの存在論化は、〈肉〉の感覚論ないし存在論的感覚論と一つになる。たしかに、言葉のうえでも内容的にも、感覚論という用語は感じうるものに狙いを定めている。これがメルロ＝ポンティの最後のテクストにおいてしか現われないのは偶然ではない。そのテキストでメルロ＝ポンティは、フッサールの（とりわけ『イデーン第二巻』のテキストの）現象学的思惟を、生活世界[23]への方向を強化することによって、深化させている。感じうるもの《サンシブル》を〔大文字の〕〈感じうるもの《サンシブル》〉に根柢化することによってこそ、生活世界は復権され「存在論化」される。〈感じうるもの〉はそれゆえ、現実的なものの生き生きとした原初的審級を示しており、メルロ＝ポンティはそれを精神的な世界の死せる実体化された形式化と対立させるのである。感覚論は、いわば〈感じうるもの〉の生そのものであり、すなわち、それを現象化する運動である。それゆえ、〈感じうるもの〉と感覚論を、普遍的肉の現象化として解釈することができる。〈肉〉は「不可分の存在」であるが、常にすでに差異化され常に差異化の途上にある。身体の感覚論化――感覚論的身体――は、〈肉〉の現象化ないし感覚論化から生じる。

〈肉〉に関する思想の枠内では、身体の現象学の用語法そのものが変更され、そしてこの変更が身体の規定と本性と位置の変容と関連している。身体‐主体ないし受肉した主体は、「感じている《サンタン》‐可感的《サンシブル》」身体のために放棄される。身体の感覚的側面が目立つようになっている。「見ている‐見うる」、「触れている‐触れうる」ものなる身体が、もっと言えば感覚論的身体すなわち感覚《サンス》の身体が、問題なのである。ところで、「諸感覚をもつ身体は、また欲望する身体であり、感覚論はリビドー的身体の理論にまで延長される(24)」。メルロ＝ポンティには、このリビドー的ないし官能的《サンシュエル》身体の理論を展開する時間がなかった。この理論はしかしながら、感覚論が欲望、官能性における感覚能力（感覚の快楽ないし喜び(25)）にまで延長されることを前提している。そして、メルロ＝ポンティには、感覚能力の存在論化があると同様に、官能性そのものの存在論化もあることになるだろう。しかしながら、「無人称的な」官能性を表すものが何か、を理解することが残されていよう。

身体の感覚論化はわれわれをまた、感覚《サンス》という問題系、あるいはむしろ、諸感覚《サンス》の意味《サンス》とその鋳直しという問題系へと送り返す。感覚論的身体は、感覚ないし感覚能力の周囲に集中する。「感覚の身体」である身体について語ることは、身体を感覚という規定そのものへと再び導くことになり、したがって、極端な場合には、身体は各感覚の内にあると主張しうることになる。感覚の働きは、〈肉〉と〈感じうるもの《サンシブル》〉との現象化ないし差異化の運動のうちに統合される。この見地において、一方では、感覚の生理学への参照や、その器官の研究の参照をしていないことが認められる(26)――感覚を器官という規定に還元することはできない。しかし他方で、感覚の問題は視覚の問題に集中してはいるが、だからといって、メルロ＝ポンティを光学の分析に関心を持たせるには至っていない。この探求はメルロ＝ポンティを逆に、きわめて複雑な、感じうるものの自然的ダイナミズムという、いかなる科学的構成にも還元不能なものの方へと導くのである。この感覚のダイナミズムは感じうるものの反転され差異化されたダイナミズムの内に書き込まれているものである。それゆえ、感覚の存在論化があるのだ。一九四五年の著作においては逆に、感覚のダイナミズムは自己の身体のダイナミズムと世界のダイナミズムとに統合されている。「身体図式」と「協働」の概念は、根本的には、このダイナミズムの理解にてらして明らかになる。極端な場合には、諸感覚は身体の中にある、と言えるかもしれない。『見えるものと見えないもの』において、〈肉〉は、多形的な母胎であり、感覚論のトポスである。諸感覚は、〈肉〉という生地の差異化である。それゆえ、感覚の絶対的な「脱心理学化」があり、よって各感覚の感覚機能の無人称化があるのである。諸感覚は、研究ノートの用語で言えば、「全体的部分」なのである。「全体的部分」という概念は、部分と全体との関与関係を、かくて部分に対する全体の優位を、明らかにする。この論理では、肉は、諸感覚の肉であり各感覚の肉でもあり、かくて、感覚論的身体は優れた意味において肉の身体である。諸感覚は、〈肉〉に由来し(その内にあり)、感覚論的差異化である。感覚のダイナミズムは――諸感覚の間で、また各感覚のただなかで――〈肉〉(これは可逆性と交差配列《キアスム》にほかならない)の存在発生論的運動のうちに含み込まれ、それを繰り返す。別の言い方をすれば、諸感覚間の等価関係・置換可能な(*Transponierbarkeit*)関係・蚕食関係は、〈肉〉すなわち〈感じうるもの《サンシブル》〉[27]へと感覚が関与することを前提としている。差異は、関与することと、あるいは変貌することにおいて、生成する。感覚論は、一種の〈肉〉の地理学である。諸感覚は〈肉〉の浮き彫りであり、極化ないし差異化した表現である、そして諸感覚は発芽と、その無限の表れ方との関係の、恒久的なプロセスの内に根付かせられているのである。

〈肉〉は「鏡の現象[28]」である、すなわち、二重化・一般化の現象である。この意味においてこそ、「存在論的ナルシシズム[29]」は解釈されるべきであり、可逆性は鏡の運動であると言うこともできるのである。諸感覚の生を際限なく二重化していく過程で、われわれは視覚の解釈へと導かれ、また感覚論的なダイナミズムすべての鍵ないし母胎としての思弁性と鏡のようなきらめき（「視覚は鏡である[30]」）という、視覚のたゆまない働きを解釈するよう導かれる。問題は生ける鏡であって模倣的な鏡ではない。思弁的イメージはそれゆえ、〈肉〉への変貌ないし関与である。イメージは不在の表象や現前ではない[31]。イメージは、内属によって、そのイメージがわれわれに見るべく与えているものに関与し、存在発生論的可逆性に関与している。癒合もあれば、隔たり・肉的な裏面・否定性もあるような、常に生成しつつあるイメージが問題なのである。メルロ＝ポンティは、新しい「存在論的な」イメージ理論を告げているのである。

　視覚を研究したおかげでメルロ＝ポンティは、表象と主体に関する古典的哲学の限界と不徹底を明らかにすることができた。メルロ＝ポンティにとって、見ることは、見られた対象を限定することであるよりもむしろ、定義しがたい地平へと立ち返ることである。伝統にあっては逆に、視覚は諸々の限定のうちに閉じこめられており、それゆえ根柢的な仕方では考えられなかったのである。

　メルロ＝ポンティの特徴である繊細な分析をもってして、最も原的な現実性を貫き構成する、分節と分離、移行と交流、交差と重合、という運動と過程が記述されその下絵が描かれる。しかし、浸透し混交しながら広まっている感じうるもの《サンシブル》のこの生を固めてしまうことなく、すべてが接しあい交換しあう、折り目の付いた、無限に *ad infinitum* 稠密になる二重化を繰り返す生について、いかに語るか。ごたまぜであるものを解きほぐすことなく、いかに語るか。ここから帰結するのは、「意味を最も多く負わされた言葉《パロール》とは、必ずしも自分の語ることを閉じこめておく言葉ではなく、むしろ〈存在〉に向かって最も精力的に開いている言葉だ、ということである。というのも、こうした言葉は、全体の生を最も親密に表しており、われわれの諸々の習慣的な明証を解きほぐすほどに、これを揺り動かすからである。したがって、なまの存在もしくは野生の存在を回復することとしての哲学が、果たして雄弁な言語の諸手段によって成就されうるのか（……）を知ることが問題である」[32]。それゆえ、新たな哲学の言語、間接的な言語、分裂と合致とのアポリアを乗り越えられるような言語、これを鍛え上げる必要性に直面することになる。常に生まれつつあり、（再）創造されつつある言語、常に作られつつある（解体と作り直しの途上にある）言語、すでに構成された自律的な意義の世界には還元しえない言語、である。メルロ＝ポンティは言語の能動的・作動的な次元を明るみに出した。つまり、自らを生み出し、自らを根付け、自ら引き抜き、〈感じうるもの〉の可逆性の持続的な運動に関与するような言語である。一方で、哲学は、感じること・考えること・話すこと・語ること・書くことを、分けて考えない。他方で、この、起動動詞と未完了なものの哲学者にとって、終局的で完了してしまった規定をもつものなど、絶対に何もない。哲学は、巨大な挑戦であり、とりわけ書くことそれ自身への挑戦となる。書くことそれ自身への挑戦は、発見的で征服的な機能をもつ。「人は、知っていてもうすでに分かっていることを言うためには書かないものだ」[33]。書くこと、それは常に発見することである[34]。

メルロ＝ポンティ哲学の緯糸はそれゆえ、感じうるもの《サンシブル》と可知的なものとが混じり合う、感覚論的な生である。固まってしまうがままにはならない生は、常に作られつつあるものである。哲学は、感覚論的な発芽と関係によって明らかにされるこの可感的《サンシブル》な生の経験であり行使である。哲学は、循環であり、連続的な移行であり、不定形の変貌である。したがって、哲学的な能動性はこの変貌の運動・行使と一つになりごっちゃにされる。その能動性は、この連続的な表明化、感じうるものの意味のこの変容に関与している。こういうわけでわれわれは、感覚論的存在論よりむしろ、それ以上には進むことのできない感覚論的過程を明らかにする存在論的感覚論を主張するのである。感じうるものは、あらゆる顕現が関係しなければならない安定した基盤ではなく、むしろ常に変形と変貌のさなかにある生の流れである。これもまた感覚論的行使である言語が育まれるのは、まさにこの過程である。

この全体として不安定な場所――メルロ＝ポンティの言葉で言えば「張り出し porte-à-faux」――において、哲学の可能性そのものをいかにして認めるのか。哲学は、その固有の不安定さを運命としてもっているのだろうか。言うこと、書くこと、表明すること、とは、その振る舞いそのものやより深い運動において、それでも常に言うべき、常に書くべき、常に形成し創り出すべきことを、それも果てしなく、溶解し、再び‐書き、再び‐言い、再び‐形を取る、ということではなかったか。哲学のこのダイナミズムは、たしかに、麻痺させ麻痺させられたような無言、このダイナミズムそのものを廃するものに行き着くことはできない。かくて、われわれの思惟の真の革命（改革では十分ではない）、つまりわれわれがその中で習慣的に動いている精神的な枠組みの革新、これへの要求を決して止めないこの力学《ディナミーク》を「内側から」理解すること。メルロ＝ポンティの思惟が住み込み、明らかにしている生の生地の隙間に入り込むには、この方法しかないであろう。この奥行の思想家の道を開き踏破するためには、眩暈が必要である。

われわれは、この哲学者が、フェルナンド・ペッソアのこの詩の内に自身を見出すであろうと確信している。そこに彼は、自分の感覚論的な思惟がまったき単純さと奥行の内に反響していることに気付くであろう。

私は群の守護者である。
群、それは私の思惟であり
そして私の思惟はすべての感覚である。
私は、目と耳でもって、手と足とでもって
鼻と唇とで、考える。

花を考えること、それは花を見ることであり感じることだ
また、果物を食べることは、感覚を知ることの内にある。

また、ある暑い日、
わたしは楽しみと同じくらい悲しみを感じる
そして、牧草地に寝そべり
焼けるような私の目を閉じる
わたしは私の身体全体がリアリティの中に延び広がるのを感じる
わたしは、真理を知っており、幸福である。(35)

注

(1) Le philosophe et son ombre, in *Signe* (*S*), Paris, Gallimard, 1960, p. 210.

(2) *Le visible et l'invisible* (*VI*), Paris, Gallimard, 1964, p. 267.

(3) *VI,* p. 322.

(4) だが、知覚の文脈内で原子論に対する言外の短いほのめかしはある。「エイドラやシミュラクラなどのような、知覚の素朴な記述に、一種の真理を認める必要がある」(*VI,* p. 262. ジェラール・シモンは、メルロ＝ポンティと古代光学の共鳴点を指摘している。「メルロ＝ポンティが、彼のいわゆる（主客対立に由来する）「反省の哲学」を乗り越えたいと考え、後期著作において、知覚的信の直接性を記述するための表現——時に、彼の分析とプトレマイオスやヴィテロの分析を結びつける表現——をしようとして、彼らに倣って、見えるものがわれわれにとりついており、われわれが見えるものに住んでいるということ、われわれが世界においてあるように世界がわれわれにおいてあること、これを見出すのも、偶然ではない」(cf. G. Simon, Derrière le miroir, *Le temps de la réflexion,* II (1981), p. 298-322)。

(5) 「私の「まなざし」とは、「感じうるもの」に、ナマで原初的な世界に属する与件の一つである、(……) それは哲学の完全な再構築を要求する」(*VI,* p. 246)。「見えるものと視覚から、感じうるものと感覚することから始めれば、「主観性」についてのまったく新しい理念が手に入る。もはや「綜合」があるのではなくて、存在の転調あるいは浮き彫りを通しての存在との接触がある」(*VI,* p. 322)。「可感的な世界と表現の世界」、*Résumés de cours au Collège de France, 1952-1961* (*RC*), Paris, Gallimard, 1968, p. 11-21 も参照。

(6) *L'œil et l'esprit* (*OE*), Paris, Gallimard, 1961, p. 72-73. ; *VI,* p. 247-249, 261.

(7) H. Bergson, La vie et l'œuvre de Ravaisson, *La pensée et le mouvant* in *Œuvres* (édition du centenaire), Paris, PUF, 1959, p. 1459-1460.

(8) *VI,* p. 160, 219, 220 ; *RC,* p. 127. モーリス・ブロンデルの *L'être et les êtres. Essai d'ontologie concrète et intégrale,* Paris, PUF, 1935 (réêd, 1963), p. 368, et *La pensée II,* Paris, PUF, 1954, p. 10 を参照。

(9) *Phénoménologie de la perception* (*PhP*), Paris, Gallimard, 1945, p. 402.

（10） *PhP,* p. I, XIII, 147.

（11） メルロ＝ポンティはほとんどまったく「感性 *sensibilité*」という語を使わず、「感覚する *sentir*」、「感覚 *sensation*」、「感覚能力 *sensorialité*」、「感じうるもの *sensible*」という言葉に固執する。主体および主体の「能力」の乗り越えという文脈でこれを解釈できるのではないか。

（12） *PhP,* p. 249.

（13） 一九六〇年四月の研究ノートで、メルロ＝ポンティは次のように書いている。「〈私〉」とは、本当は、誰でもない、それは無人称のものである。いかなる客観化にも、命名にも先立っていなければ、〈私〉が〈オペレータ〉であることも、それに対して客観化も命名も起こる当のものとはなりえない。命名された〈私〉、〈私〉と命名されたもの、これはひとつの客体である。最初の〈私〉（命名された〈私〉はそれの客観化である）は、それに対してすべてが、見るべく、もしくは思惟すべく与えられている未知の者であり、すべてのものが、それに向かって訴え、その眼前に……何ものかがある、未知の者なのである。それゆえ、これは否定性であり――それそのものとしては、もちろん捉えられない。それというのも、それは何ものでもないからである」（*VI,* p. 299.）。

（14） *VI,* p. 183.

（15） *VI,* p. 273.

（16） *VI,* p. 200.

（17） *VI,* p. 292.〔訳注――該当ページには、この引用そのものは見出せない。〕

（18） *VI,* p. 322.〔訳注――明示されていないが、この引用は省略を多く含んでいる。エピグラフ参照のこと。〕

（19） 一九五九年一一月の研究ノートには、蚕食による透明性に関して、次のようにある。「感じうるものに（言語にも同様に）固有なものとは、全体に代わってこれを表す点にある（……）、それは各部分が全体から引き抜かれ、根を伴ってやって来、全体へと蚕食し、他の諸部分の境界を侵犯するからなのである。こうしたわけで、諸部分が互いに重なり合い（透明さ）、現在が見えるものの限界に止まらない（で私の背後にまで及ぶ）のである。」（*VI,* p. 271.）。強調は引用者。

（20） *VI,* p. 182.

(21) *VI*, p. 180-181.

(22) *VI*, p. 179.〔訳注――文中（d'〈そこから〉）は、ディアスが付加したもの）。〕

(23) 時にメルロ＝ポンティはフッサール的な用語法を採用している。たとえば、肉（*Leib*）、感覚論的身体、感覚論的相互性 *Ineinander*、感覚論的感情移入 *Einfühlung*、*VI*, p. 222, 226, 231, 232, 286, 309 ; *RC*, p. 177-178. ; *S*, p. 213, 215.

(24) *RC*, p. 178.

(25) *VI*, 例えば、p. 271-272.

(26) 「それぞれの「感覚」は、一つの「世界」である、すなわち、感覚相互では、絶対に交流できず、なおかつ、その構造によって、他の感覚の世界へと一挙に開かれていて、諸感覚と共に唯一の〈存在〉をなすような、一つのあるものを、構築するのである」（*VI*, p. 271.)。強調は引用者〔訳注――強調箇所はない。むしろ、原著の「開かれていて」と「あるもの」の強調が取れている。〕。

(27) *VI*, p. 271.

(28) *VI*, p. 309. 強調は引用者。

(29) Cf. *VI*, p. 173, 183, 302-303, 309, 327, 328 ; *OE*, p. 18-19.

(30) OE, p. 28.

(31) Cf. *OE*, p. 23-24, ; *VI*, p. 316, 320.

(32) *VI*, p. 139.〔訳注――冒頭「意味 sens を最も……」は、メルロ＝ポンティの原文では、「哲学 philosophie を最も……」となっている。〕

(33) メルロ＝ポンティは、フッサールを引いて注記している。「ある理念を把握するただ一つの方法は、それを生み出すことである」（*RC*, p. 163)。「表現は、それゆえ、すでに明白な思想の翻訳ではない。明白な思想とは、われわれのうちで、あるいは他の誰かによってすでに言われてしまったものだからである。「着想」は、「実行」に先立つことはできない」（*Sens et non-sens*, Paris, Nagel, 1948, p. 32)。

(34) Recherches sur l'usage littéraire du langage, *RC*, p. 22-30 参照.

(35) *O guardador de rebanbos,* IX (1925), *Poemas de Alberto Caeiro,* in *Obras completas de Fernando Pessoa,* Lisboa, Atica, 1963, trad. Renaud Barbaras.

ルノー・バルバラス

本原的なものの二重化

「知覚において本質的なものは何であるか。ある人はそれを感《アイステーシス》覚であると言い、〝まさに感《アイステーシス》覚と思惟《ノエーシス》とを区別することにより、ギリシア人とともに、地獄はすでに始まった〟という、この答えが招き寄せられる。[1]」そしてハイデガーは、われわれがここで引用しているトール・ゼミナールの決まり文句《プロトコル》に従って、本質的なものは *Leibhaftigkeit*（有体性）、すなわち、受肉した現前 présence en chair という概念である、と付け加えている。メルロ＝ポンティの企ては、感覚と思惟との区別という「地獄」を避けつつ、知覚の本質についての問いに答えることにその狙いがあり、肉の概念が、少なくとも後期メルロ＝ポンティにおいて、知覚分析の中心である、ということは疑う余地がない。『知覚の現象学』以降開始された運動に沿う形で、肉に対する取り組みは一般に固有の身体から出発して行われている。つまり、一つの肉に対して与えられるもの、生ける身体の射程内にあるものは、肉として与えられる。しかしこのアプローチは、知覚分析が乗り越えようとする諸々のカテゴリー——感覚、運動、主体、対象、など——から逃れることが難かしく、したがって、固有の身体の研究から出発して、肉の存在論的概念に接近することはきわめて困難であって、固有の身体は、不可分な存在としての〈肉〉に有利になるように、そのままの形では姿を消す運命にあるように、われわれには思われる。そのうえ、メルロ＝ポンティは未発表文書の中で次のように書きとめている。「われわれの身体性は、私が『知覚の現象学』で行ったのとは違って、中心に置かれるべきではない。ある意味でそれは世界の蝶番にすぎず、その重みは世界の重みにすぎない。われわれの身体性は、世界に対するわずかな隔たりの力にすぎない。」

したがって、肉、すなわち、知覚されるものの存在の意味に、別の道から接近することを試みなければならない。その別の道とは、固有の身体についての分析に頼る代わりに、その分析の獲得物を統合できるような道である。ハイデガーはわれわれが引用したテキストの中でフッサールに言及しているが、知覚されるものが肉として初めて規定されるのが見られるのは、当然のことながらフッサールにおいてである。われわれはここで、いかにして肉なるメルロ＝ポンティ的概念が、肉としての能与というフッサール的概念についての厳密であると同時に根本的な考察から生じるのか、そして、この態度がもたらす諸々の結果を考えてみたい。周知のようにフッサールは『イデーン第一巻』第二十四節で、現象学の「原理中の原理」を述べている。「あらゆる本原的能与直観は認識にとっての権利源泉である。本原的な仕方で（言わばその有体的現実性において）「直観」においてわれわれに与えられるすべてのものは、それが自らを与えるものとして単純に受け取られなければならないが、しかし自らがそれに服する限界を超えることなしに、受け取られなければならない。(2)」そういうわけで、真理は明証性として、明証性は直観として、すなわち、思念されたものが、受肉して、それ自身の姿で、現前することとして、考えられる。この原理は、『論理学研究』以来用いられた一般的認識理論の中心に位置し、意味を能与する作用、すなわち、意味付与作用と、意味を満たす作用、すなわち、直観的作用との区別に基づいている。前者は言わば「空虚な」対象を思念する。つまり記号は対象へと送り届けるが、われわれにその対象を現前させることはなく、対象自身の何物ももたらすわけではない。反対に、直観は対象に現前させる。直観において、われわれは

「それがそのもの自身である」という経験をする、とフッサールは言う[3]。直観は想像であったり知覚であったりしうる。つまり、対象は単に代呈示されるのみでなく、呈示されている、すなわち、受肉して現前している。フッサールが書いているように、「本原的な能与直観は、語の通常の意味でいえば、知覚である。自然の実在が我々に本原的に与えられるということ〔……〕と、われわれがそれを単純な直観において知覚するということとは、唯一かつ同一のことである[4]。」したがって、知覚は一見したところ感覚に対する一切の準拠なしに定義される。このことは、フッサールが受肉した能与という概念を拡張した事実によって確認される。実際、直観は充足という適切な概念から出発して捉え直される、言い換えるという対象が単に空虚に意味される、すなわち、代呈示される、場合の作用と区別された形で、捉え直される。したがって、空虚に思念されたもの、すなわち、想像上の思念されたものと、充実する作用との間に、隙間が明らかにされうるところであればどこででも、本原的に能与する直観を語ることができることになろう。範疇的直観において、範疇は「自体的に」現前するといってよい。それはちょうど、形相的直観において、本質が「その有体的このものの性において」現前するのと同様である[5]。したがって、充実機能の発見によって、知覚概念は、感覚対象の領野を越えて、一般化されることになる。「充実機能とそれに依存するあらゆる理念的関係とが本質的に同質であることにより、事物そのものを確証的に呈示する仕方で充実させるあらゆる作用は知覚であり、充実させる作用一般はすべて直観であり、その志向的相関者は対象であると考えることが、法則的にまさに不可避となる[6]」。知覚概念を受肉した能与としてこのように拡張することによって、知覚は、過去把持における過去の能与、すなわち（再想起と区別すべき）第一次記憶、との限界点に達する。「あらゆる源泉が存する作用、根源的に構成する作用を、知覚と名づけるとすれば、第一次記憶は知覚である。なぜなら、もっぱら第一次記憶において我々は過去を見るのであり、もっぱら第一次記憶において過去が構成されるのであり、しかもそれは再呈示的な仕方によってでなく、反対に呈示的な仕方によってである。(7)」このようにして、本質的に不在なものについての知覚が存在しうるのである。

この見通しの中でこそ、メルロ＝ポンティは『見えるものと見えないもの』で知覚に取り組んでいるのであり、「知覚の信念」が受肉した能与と同義となる、ということは間違いない。というのも、メルロ＝ポンティは次のように書いているからである。「われわれにとって［知覚の信念は］、源泉となる経験において、次に述べるような条件の下で、ありのままの姿で自然的人間におのれを与えるもののすべてを含んでいるのである。つまりこの自己呈示には創始的でみずから親しく現前するものの活力が伴っており、それを見てとる眺めは、自然的人間にとって究極の眺めであり、それ以上に完全だったり近かったりするものは考えられない、そういう眺めでなくてはならない。そして、これは語の通常の意味での知覚物が問題であるか、また過去や想像上のもの、言語、科学の述定的真理、芸術作品、他者、あるいは歴史といったものへの導入が問題であるかには関わらない。(8)」したがって、メルロ＝ポンティは、フッサール的な見通しを、徹底した形でとらえ直しているのである。受肉した能与は最良の能与であって、たとえ対象が直接に現前せず、感覚されないとしても、対象に対する創始的な関係である。したがって、メルロ＝ポンティは、可感的なものと知性的なものとを判断以前に切り離す道を避けつつ、知覚を規定する、フッサールによって開かれた道を、利用しているのである。つまり知覚は、まず感覚によって定義されるのではなく、受肉した能与によってまさに定義されるのであり、感覚が対象の十全な現前を保証し、対象から肉を解き放つからこそ、感覚が知覚を特徴づけることになりうるのである。このことをまさにメルロ＝ポンティは、すでに引用した断片の中で同様に認識している。「知覚の信念について語る場合［……］、われわれはそれによって、科学者にとっては知覚を限定することになる物理的または生理学的ないかなる諸条件をもひそかに意味しているわけではないし、感覚主義的あるいは経験主義的哲学のいかなる要請を意味しているわけでもないのだが、実はこれにとどまらず概念や観念と対立して時間と空間の一点に現存するものにかかわるような、経験の〝第一の層〟に関するいかなる定義さえも、言外に意味しているのではないのである。」(9)

知覚の哲学の核心に位置するすべての困難は、この受肉した能与の性格を積極的にとらえることにある。フッサールの場合は、認識の問題によって否応なく促される一つの視点にとどまっている。すなわち、対象は、それ自身そこにあり、それが眼差しを満たしに到来し、精神と事物との完全な一致が実現されるときに、受肉した姿で与えられるのである。肉は、対象を空虚に思念する作用に、十全性を付与しにやって来る限りでの対象の現前そのものを、したがって、欠如の否定を意味する現前を、意味している。フッサールの定義は、認識問題が伝統的に提起されてきた存在論的文脈から依然として免れえないと言ってもよい。反対に、メルロ＝ポンティが乗り越えた難関は、一定の存在意味への、あるいはむしろ〈存在〉の意味そのものへのイニシエーション（秘儀伝授）として、受肉した能与を理解することにある。知覚は、事物を原物の姿で与えるがゆえに、根源的な能与直観である。しかしこの原物は、それが満たしに到来するような欠如を、またはそれをモデルとするような写しを、背景として、改めて把握されるのではない。受肉した能与は、世界への初めてのイニシエーションであって、何かしらのものがそれによってわれわれに根源的に与えられる「作用」であり、「〜がある（*il y a*）」の経験である。したがって、諸々の作用間の、あるいは意味と現前との間の関係として、この能与を理解する代わりに、すべての存在がその意味をそこにおいて汲みとるこの最初の経験に基づいて、フッサールが導入した諸々の範疇をテストすることが必要である。つまり、この本原的遭遇を意識作用の充足として理解する代わりに、意識、作用、対象、空虚、十全性を、この本原的遭遇から出発して理解すべきなのである。肉は能与の一様式の特徴を与えるのではない。それはむしろ本原的現前であって、その現前を背景にしてあらゆる能与を考えることができるのである。

したがって、この肉的能与 donation charnelle を積極的に、つまり内在的に規定する必要がある。しかし、ここでフッサールの立てた見通しは依然として貴重である。というのも、本原的能与直観の概念は、本来的な意味での可感的なものの領野と完全に重なるわけでなく、フッサールは知覚について二つの意味を区別するに至ったからである。一方で、可感的知覚を意味する、狭い意味での知覚がある。思念されるものが充実され、対象がそれ自身の姿で与えられるのは、まさに優れた意味で、感覚においてである。現実的対象、すなわち、時間的かつ個別的な対象を、フッサールは、「可能的な可感的知覚の対象」として定義した。[10] しかし他方、知覚を受肉した能与として規定し、感覚はその際立った一例にすぎないとすることによって、諸々の範疇または諸々の本質、すなわち、可感的でもなければ、したがってまた現実的でもないものも、それら自身が与えられるのであるという点で、拡張された意味で、知覚される、といわれるだろう。したがって、本原的なものの二重化と呼べるようなものに、われわれは立ち会うのである。可感的知覚こそ、まさにそれだけが〈存在〉を与える真に本原的なものなのである。しかし可感的なもののただ中で、可感的なものを超過するものへと拡張されうる一つの能与様態が現われる。したがって、言わば派生的な、基礎づけられた、本原的なものが存在し、それは可感的なもののなかで働いている肉的能与を、可感的でないものの水準で、再活性化するのである。あるいはむしろ、狭い意味での可感的なものと可感的でないものとの派生的な区別より、一層深い能与の様式が、可感的なもののなかに現われるのである。受肉した能与は、本来的な意味での可感的なものの能与である。しかし、可感的でないものの受肉した能与があり、そのことは結局、可感的知覚が、これも肉的能与である限り、単なる可感的知覚としての自分自身を超過しているというに等しい。これこそまさに理解しなければならない事態である。メルロ゠ポンティはそれを次のように書いている。「自然的事物との出会いとしての知覚は、われわれの探求の最初の平面に位置するのだが、それは他の諸々の機能を説明してくれるはずの、単純な感覚機能としてではなくて、過去や想像上のもの、または観念との出会いにおいて、模倣され更新される、本原的な出会いの原型としてである。(11)」原型という言葉が、ここでは肝心である。可感的能与が肉的能与の原型であるということ、それは、可感的能与が肉的能与の唯一の様相であるという意味でもなければ、さまざまな様態のうちの一様態であるという意味でもない。他方、肉的能与の領野は可感的なものより広く、観念性に関して知覚を語ることは単に類推的な意味を持つだけではない。まさにこの点においてこそ現象学は、経験論から区別されるのである。即ち、知性的なものは、弱体化または抽象によって獲得され、したがって、可感的なものへと権利上還元されうる、より劣った存在であるわけではない。知性的なものそのものの直観、知性的なものの能与が、まさに存在するのである。しかし他方、可感的経験は、肉の卓越した、あるいは原型的な、感覚であって、主知主義者やプラトン派の考え方とは異なり、直観の諸様態のうちの一様態であるのではない。彼らは、〈イデア〉の現実的現前に基づく、無媒介な知的直観の存在を要請する。この考え方では、可感的な対象が存在するのとまったく同様に、知的な対象が存在し、可感的知覚は直観のなんらかの様態にすぎないことになるであろう。肉は唯一の直観に吸収されることになり、知覚はその直観の個別例にすぎないことになるであろう。しかしフッサール自身は、プラトン的実在論という非難から常に免れていた。つまり、形相的または範疇的直観の対象は、可感的直観の対象と同じ存在意味を持つわけではなく、厳密に言えば、可感的直観の対象だけが実在的である。それゆえフッサールは、「拡張された意味での」知覚について語っているのである。というのも、もし範疇直観というものが存在するとしても、だからといってそれが個体の知覚に基づけられているわけではないし、その直観の充実が可感的個体の充実に由来するというわけでもない。確かに、範疇直観に必要な作用は、範疇を生むのでなく、範疇についての意識を生むのである。しかし範疇についての意識は、だからといって、可感的なものから区別される知的な次元に位置するというわけではない、つまり、範疇へと接近させてくれる作用は、可感的なもの自身に向けられているのである。この作用は、範疇を産出するわけではないが、さりとて、自然的実在としてすでに与えられている形で、範疇を再発見するわけでもない。われわれが直面した困難な事態とはこのようなものである。つまり、知性的なものの受肉した能与があるのだが、しかしその能与は、可感的なものに基づいており、可感的なものは、肉的能与の卓越した、または本原的な、場合としてまさに現れる、ということとなのである。したがって、本原的な能与直観そのものが本原的様態を伴っているという点において、本原的なものの二重化という事態がまさに存在する。あるいはまた、可感的能与は、その能与を特徴付ける能与様式の拡張、その特異性を「増殖させる」という原理を含んでいる、といった独特な性格を持っている。可感的能与は、肉的能与というその固有な現前様式を、可感的でないものへと貸与する。メルロ＝ポンティの原型という概念は、この奇妙な事態に名を与えようとするものである。つまり、可感的能与は、肉的能与の部分を意味すると同時に、肉的能与の全体を意味する。本原的能与直観は、可感的でないものの能与となるための、可感的能与である。したがって、肉は、可感的なものを超過しているにもかかわらず、可感的なものと見分けられない。可感的なものは、本原的能与と同義なものとして、可感的でないものを原型のままに能与する。メルロ＝ポンティ的な言葉でいえば、可感的なものと受肉した能与との間に、キアスムが存在するといってよいであろう。可感的なものは、それが受肉した能与の源泉である限りで、その能与を含んでいるが、反対に、その能与は、可感的なものを自分の諸様相の一つとして、含んでいるのである。

フッサールが、諸々の観念性の基礎を問うことを通じて直面したのは、まさにこの問題であった。しかし、不適切な範疇に囚われていた彼は、この事態を最後まで考え抜くことができず、この事態を否定的な仕方で描くことで満足している。つまり、彼は、可感的なものから出発して可感的でないものを経験主義的な仕方で派生させるやり方を退けると共に、プラトン的な〈イデア〉として考えられた知的なものについての直観を退けはしたが、結局はそれら二つの見方を真の意味で乗り越える代わりに、それら二つの見方の間で揺れ動いているのである。反対に、メルロ＝ポンティ特有の姿勢は、この前代未聞の事態から存在論的帰結を引き出すこと、即ち、受肉した能与と可感的なものとの両義的な関係を、〈存在〉の新たな意味の手掛かりとして理解すること、にその核心がある。まさに彼はこの存在の新たな意味を、〈肉〉と呼ぶのである。したがって、今やわれわれは、われわれが冒頭に立てた問いに答えることができる。つまり〈肉〉は、可感的なものと受肉した能与との原型的な統一、知覚的なものと直観的なものとの原型的な統一、としての〈存在〉の存在意味を指している。肉とは、可感的なものの本原的現前が、可感的でないものの原型のままの能与を説明する限りで、可感的なものの本原的現前を名指す言葉である。肉とは、可感的なものが自己に対して持つこの過剰であり、この独特な存在の仕方は、可感的なものの中で証示されて、可感的な次元を超えたものを引き渡す力を持っている。実際、メルロ＝ポンティは、知覚的信念の特徴を示した後、次のように付け加えている。「いかなる場合にもわれわれに原型のまま現前することがあり得ず、したがって、その取り戻すことのできない不在が、われわれの本原的経験のうちに算入されているようなもの、そうしたものへと向かう運動を、われわれがそれ（知覚的信念[12]）の中に見出す可能性も、そのこと（知覚的信念の特徴を示すこと）[13]によって決して排除されてはいないのだ。[14]」言い換えれば、可感的なものについての経験が不在の本原的経験を含んでいる、そのようなものとして可感的なものを考えることによって、メルロ＝ポンティは、本原的な能与直観というフッサールの発見から、存在論的平面における帰結を引き出しているのである。したがって、彼がわれわれに残したテキストの中で、「可感的なもの」という概念が、ある種の両義性を帯びており、肉の一つの次元を示すと同時に、肉そのものを示している、としても驚くにあたらない。この両義性が可感的なものの存在をなしているからである。しかし、きわめて厳密な仕方で、メルロ＝ポンティは、知覚される肉と感覚される肉とを同一視しており、可感的なものが可感的でないものの能与を生じさせるというふうに理解される。知覚概念にほとんど不可避的に結び付けられた諸々の範疇（体験、対象……）が介入してくる危険を避けるために、彼は、知覚されるものという言い方より、むしろ簡単に、未耕の存在、または野生の存在、という言い方を好んでいる。[15]したがって、可感的なものは「未耕の〈存在〉の普遍形式」を指しており、そのことが意味するのは、「可感的なもの、それは単に事物ではない、それはまた、たとえ窪みとしてであるにせよ、事物において描かれているすべてのもの、事物においてその痕跡を残しているすべてのもの、たとえ隔たりとして、またはある種の不在としてであるにせよ、事物において姿を顕わしているすべてのもの、である。[16]」他方、彼は見えるものと見えないものという概念を導入し、肉の内部において、狭い意味での知覚されるものと広い意味での知覚されるものとの違いを、説明している。というわけで、知的なものは、たとえ見えないものであるにせよ、可感的なものに、すなわち、肉に、属しているのである。

フッサールについてのこの厳密で根本的な読解が、肉の性格を規定する上での基軸を与える。本原的なものは可感的世界であり、その意味において、可感的なもののみが存在する。観念性の経験は叡知的宇宙にも、特殊な能力にさえも、頼ることができない。しかし他方、知的なものの受肉した能与がまさに存在し、観念性と真理との現象が動かしがたく存在する。したがって、可感的なものを特徴づける独特な性格が、可感的でないものへと、叡知的なものへと、広がるような仕方で、可感的なものを考えることが重要である。可感的世界は自分自身を超過し、ついには見えないものを含むに至るが、自分自身であることをやめることはない。これは、可感的世界がそれ自身のうちに自分自身の否定を含んでいなければならないということを意味する。可感的世界を超出しているもの、すなわち、見えないものをも、可感的世界は含んでいるのである。肉の概念は、客観的哲学の、そしてさらには形而上学的伝統の、諸々の枠組みを崩壊させてしまうと言ってもよい。というのも、可感的なものは同一性の原理を逸脱するからである。それは、自分自身の否定を含んでおり、自分自身より広大であることによってのみ、自分自身である。それは個体以前の、あるいはむしろ個体を超えた、自分自身の過剰であり、または自分自身の引き籠もりである。可感的なものが自己へと超越するという事態がまさに生じており、これはわれわれが「本原的なものの二重化」と呼んだものに正確に対応している。要するに、可感的世界は、それを否定するものをも含めて、すべてを含んでいる。このことをメルロ＝ポンティはきわめて単純な言い回しで要約しており、これを文字どおりに受け取らなければならない。「見ること、常にそれは、見る以上に見ることである。」[17]言い換えれば、見えるものについての視覚は、同時に、見えないものについての視覚である。知的なものは、定義によって、見えるものの否定である、しかしこの否定は、積極的存在の裏面ではない、なぜなら、厳密に言って、見えるもの以外には何物も存在しないからである。したがって、見えるものが自分自身を否定し、見えないものに益するべく自己を乗り越えるのであって、見えないものは眼差しの影に後退し、ある種の不在を呈示するのである。見えないものは、別の視覚によって接近可能な対象ではなく、まさに見えるもの内的な否定、見えるものの引き籠りである。見えるものの可視性そのものが、不可視性の次元を含んでいるのである。メルロ＝ポンティは次のように書いている。「意味は見えない、しかし見えないものは見えるものに矛盾するものではない。見えるもの自身が見えないものでできた部材を備えており、見えないものは見えるものの秘密の対位声部 contrepartie である。見えないものは見えるものにおいてしか現われないのであって、本原的に呈示されえないもの *Nichturpräsentierbar* として世界の中で私に呈示される、本原的に呈示されえないものである。(18)」

しかし、肉は二重の能与を含んでおり、見えるものと見えないものとが肉において分節化する、そのようなものとしてこの肉の性格を、一層厳密に規定するよう試みなければならない。メルロ＝ポンティが存在論的に考えようと試みているのは、基礎づけの可能性であるのだから、可感的なものについてフッサールが示した記述の中で、一般性と範疇とへの移行を可能にするものから改めて出発することで十分である。そういうわけで、『見えるものと見えないもの』の重要な諸断片が明らかにそのコメントとなっている、『経験と判断』第八節に立ち戻ることにしよう。フッサールは経験対象の受動的なあらかじめの能与 prédonation の水準に身を置き、この内世界的対象の経験の中に、あらかじめの認識 préconnaissance が含まれていることを示そうとしている。このあらかじめの認識には、地平構造が接続している。したがって、「単独の事物についての全経験はその内的地平を持っている。“地平”はここで誘導を意味しており、これは、経験そのものの中にあるがゆえに、本質的に、あらゆる経験に属し、あらゆる経験から切り離しえない。(19)」言い換えると、あらゆる可感的な「このもの」は、予料を可能にするような、ある種の類型に従って与えられる。経験に内在するあらかじめの認識は、アプリオリなものの把握、すなわち、可能的な変容態が遊動するための空間をあらかじめ規定する、相対的に未決定な一般性の把握、に接続している。例えば、この赤は、ある種のスタイルの凝結物として、一気に与えられ、このスタイルがある種の肌目、ある種の手触りのよさ、などを予料させるのである。もちろんこのことは、外的地平に対しても同様に妥当する。つまりその赤は、それを取り巻くものの諸々の外観の中で結晶化しうる、ある類型の変容態として、一気に現われるのである。

この分析は決定的であって、ある意味で、メルロ＝ポンティのあらゆる思考はそこに含まれている。実際この分析によって、われわれは、もし受肉した能与が可感的事物の知覚であるとすれば、それは同時に、必然的に、類型の、一般性の、すなわち見えないものの、能与である、と結論することができる。ただし、やはり感覚についての経験主義的理解に囚われていたフッサールは、感覚内容と類型との解き放ちがたい統一性として、可感的なこのものについての知覚を考える考え方には固執しなかったものの、受肉した能与を本来的に可感的な契機、現勢的な契機に制限した。したがって、彼は経験について次のように述べることになる。「〝受肉した〟所与の、この限定された本質的核の彼方に、経験はその固有の地平を持っている。[20]」言い換えると、類型から出発し、したがって、相関する地平から出発して、可感的能与を把握する代わりに、フッサールは、抽象的な仕方で、感覚の現勢的契機とあらかじめの認識の次元とを、切り離している。肉はもはや知覚されるものをあるがままに指し示すことはできず、フッサールによって抽象的に切り離された、本来的に感覚される契機をもっぱら指している。あらかじめの認識は、もはや真の認識の、すなわち、完成された本質としての事物そのものの、予料または痕跡をしか扱うことができない。たとえその完成がカント的な意味での〈理念〉にもちろん留まっているとしても。そういうわけで、フッサールは、地平構造にひたすら密着し、可感的事物の、受肉した能与の、本原的な存在意味を地平構造に見てとる代わりに、感覚と対象とを抽象的に二重化しようと企て、地平の中にそれら両者の関係の証言だけしか見ることがない。反対に、メルロ＝ポンティは、感覚についての前提を退け、すなわち、肉的なものを可感的なものに従属させることなく、この類型を、知覚されるものの真の存在意味として、肉的能与の固有の特徴として、理解する。地平の中にこそ〈存在〉の存在意味が宿っている。「地平は、天や地と同様、微細なものの寄せ集めではないし、またクラスの称号でも、概念的把握の論理的可能性でも、〃意識の潜在性の体系〃でもない。それは新しいタイプの存在、多孔質の、含蓄《プレグナンツ》のある、もしくは一般性の存在である。[21]」肉は、地平によって、狭い意味での知覚されるものと知的なものとの対立の彼方で、可感的なものにおける意味の含蓄として、事実と観念性との本原的同一性として、規定されることができる。可感的なものは、諸々の予料がそれに基づいて生まれる一定の等価軸の結晶化または変容体としてのみ与えられる。つまり可感的現出の存在は、メルロ＝ポンティが「次元」または「水準」とも呼ぶ、この類型から正確に成り立っている。可感的な「これ」は一つの次元の凝結物であるが、しかしだからといってその次元がそれ自身の姿で措定されることは決してなく、したがって、その次元を覆っているものの中でしか与えられない。それゆえ、可感的なものの究極の意味は、諸々の局面や諸々の事物が互いに同じ類型の変容態である限り、一つの局面を別の局面へと結び付け、または一つの事物を別の事物へと結びつける、「蝶番」または「関節」の中に存するのである。可感的な存在は、空間と時間との一点に据え付けられた個別的存在ではなく、したがって、感覚の存在は、非時間的本質へと還元できないことが明らかとなる。肉的なものは、次元であり、地平を伴った観念性である限り、事実と感覚との分岐、存在と本質との分岐、から逸脱する。肉的なものは、スタイルとして、また、メルロ＝ポンティが未刊文書の中で記した言葉を使えば、「実存する一般性」として、すなわち、点状の感覚できるものとそこに描き出されるものとの区別に先立つ地平として、規定することができる。

この次元という概念によって、われわれは、肉の核心において明らかにしておいた二重の能与を説明することができる。可感的なものは、それが呈示すると同時に隠す一つの類型から出発して現われる、とわれわれは述べた。したがって、見えないものは、予料を最終的に仕上げるような一つの積極的意味ではない。見えないものは、変容する次元として、自分自身の変容態と区別されず、自分自身の変容態の中に隠れたままである。厳密に言って、見えないものは、予料の次元または地平にほかならず、各々の知覚的契機を他のすべての知覚的契機へと分節化するものの、それ自身は決して主題化されない軸に他ならない。メルロ゠ポンティが書いているように、「一見して、意味を生じせしめると思われるこの隔たりは、私がそれによって自分を冒す否定ではないし、私が、自分で自分に与える目的の出現によって、欠如として構成するような、ある欠如ではない、——それは、自然な否定性、常にすでにそこにある最初の制度（当然事）なのである」[22]それゆえ、まさに可感的なものの能与は、見えないままであり続ける意味の受肉した能与であり、その意味とは、事物があらわにし、予料を可能にする、軸またはスタイルである。受動的なあらかじめの認識に特有な誘導は、積極的な意味を予測することではない。その誘導によって、意味は予料のスタイルとして顕われる。

しかし、たとえ可感的なものの能与が、肉的なものとして、可感的でないものの能与の条件であるとしても、逆に、可感的なものが見えないものを提示する限りにおいて、まさに可感的なものは、自らを、可感的なものとして、呈示するのである。言い換えれば、見えないものは可感的なものの超越的次元にほかならない。というのも、可感的なものが常に変容態として与えられ、メルロ゠ポンティの素晴らしい言い回しに従って、「感覚は、汲み尽くし得ないものを以って凝結物を形成する装置である」[23]と述べることは、可感的なものが本質的に還元不可能であり、汲み尽くしがたいということを、認めることである。予料のスタイルとしての見えないものの能与は、可感的なものがそこにあるêtre-làという事態へと開くこととして、肉的能与の条件である。スタイルの凝結、原理的に囲いを持たない地平の契機としての、可感的なものの特性とは、自己自身に対して隔たっているということ、または自分自身に対して過剰であるということであり、自分のうちに与えられているもの以上に与えることである。可感的なものは超越的であるが、それは、可感的なものが権利的に還元可能な距離を隔てて位置づけられているという意味においてではなく、むしろ可感的なものが、奥行のなかで、それ自身より遠くに、常に現われるからである。可感的なものの肉的な豊かさが、まさに見えないものの不可視性を保証することによって、不可視なものが受肉した能与の基礎であるとすれば、逆に、感覚の不可視性――地平の汲み尽くしがたさ――が、可感的なものの超越を、すなわち、可感的なものの肉的な豊かさを、保証している。そうなってくると、肉の特徴を規定するとわれわれの考える、本原的なもののこの二重化が一層よく理解される。可感的なものは、受肉して与えられ、そこにlà、それ自身の姿で在る、しかし、この現前の豊かさは、物の自分自身に対する指し示しがたい還元不可能な過剰に依存している、すなわち、意味特有の存在にふさわしく不可視であり続ける、意味の現前に依存している。したがって、見えないものの受肉した能与と、本来的な意味での可感的なものの受肉した能与とは、否応なく互いに促し合うのである。再びメルロ＝ポンティは次のように書いている。「物の超越性のゆえに、われわれは、物は、汲み尽くしえないことによってのみ、言い換えれば、眼差しのもとで完全に顕在的にはならないことによってのみ、豊かなものである、と言わざるをえない――しかし物は、そこにあるのだから、この完全な顕在性を約束しているのである……」[24]見えるもの、または肉的なものは、超越的なものにほかならないが、この超越は対象の存在意味として対象の核心に書きこまれているはずである。物は自分自身より広大であり、自己に対する過剰（これは二元性ではない）であり、すなわち「差異における同一性[25]」である。肉的存在の還元しえない超越は、決して見えることのない意味の、決して成就されない、その現前機能と見分けがたい。

最後に、本質的に二重化を呼び寄せ、見えないものに向かって自らを乗り越えることによってしか感覚できるものとならない、この肉の本原的なものを、どのように考えたらよいのだろうか。肉的〈存在〉を相関者とする限りでの知覚を、どのように理解すべきであろうか。メルロ＝ポンティは、未刊文書の中で次のように記している。「知覚される存在と知覚という言葉のかわりに、未耕の存在または野生の存在と、〝定礎〟（創設 *Stiftung*）という言葉を使う方がよいだろう。」それゆえ、知覚されるものを、その諸々の可感的質に従属させる代わりに、肉として考えること、それは、知覚を、主体の諸々の作用に準拠させる代わりに、創設として考えることである。というのも、創設という言葉は、われわれが〈肉〉の特異性をなすものとして示した、派生したものが本原的なものの中に本原的な仕方で含み込まれているというあの事態を、完璧に名指しているからである。肉は、事実でも本質でもなく、〈到来〉であり、最初の〈創設〉Institution であって、これは、捉え直しの次元を開き、未来を促しはするものの、それ自身はこの再活性化、この展開のおかげでしか本当には存在しない。未耕の〈存在〉は、見えないものにおいて自らを乗り越えることによってしか、自己自身へと到来せず、意味の場所は、否定性がまさにそれによって可感的なものを否定する当の運動の中で可感的なものを誕生させる、この自然な否定性にほかならない。われわれが見たように、フッサールは、観念性と可感的個物との間のある種の関係として自らが規定した、創設の問題に直面した。反対にメルロ＝ポンティは、この創設を〈存在〉の本原的意味の証人としてとらえた。これは彼が、〈肉〉そのものを創設として考えていることを意味する。その創設とは、見えるものの上に見えないものを創設することであるが、また見えないものによって見えるものを創設することでもあり、すなわち、可感的なものが、別の可感的なものに向かって乗り越えながら、しかもやはりその別の可感的なものであること、可感的なものと感覚との相互的な包み合い、本原的なものの二重化なのである。

注

（1）一九六八年九月八日の会議録、*Questions IV*, Gallimard, p. 409–410.
（2）P. Ricœur による仏訳, Gallimard, p. 78.
（3）*Logische Untersuchungen*, VI, Elie, Kelkel, Schérer による仏訳、PUF（*LU* と略記）, p. 85.
（4）*Ideen I*, p. 15.
（5）例えば、*LU*, VI, § 45 ; *Ideen I*, § 23.
（6）*LU*, VI, p. 175.
（7）『内的時間意識についての現象学』序論、H. Dussort による仏訳、PUF, p. 58.
（8）*Le visible et l'invisible*（*VI* と略記）, p. 209–210.
（9）*VI*, p. 209.
（10）*LU*, VI, p. 171.
（11）*VI*, p. 210.
（12）〔訳注〕メルロ＝ポンティの原文では、「われわれの経験」となっている。
（13）〔訳注〕メルロ＝ポンティの原文では、「自分の経験に問いかけること」を指している。
（14）*VI*, p. 211.
（15）*VI*, p. 209.
（16）Le philosophe et son ombre, dans *Signes*, Gallimard）p. 217.
（17）*VI*, p. 300.
（18）*VI*, p. 269.

(19) *Erfahrung und Urteil* (*EU* と略記)、D. Souche による仏訳、PUF, p. 37.

(20) *EU*, p. 36.

(21) *VI*, p. 195.

(22) *VI*, p. 270.

(23) *VI*, p. 245.

(24) *VI*, p. 245.

(25) *VI*, p. 279.

カトリーヌ・ドリアック

メルロ＝ポンティにおける表現と存在－人間学

本稿の意図は、メルロ＝ポンティが表現に与える位置付けを明確にし、『知覚の現象学』から『見えるものと見えないもの』へと至った概念的な道程を明らかにし、そして、その基礎となると同時にそこから帰結してくるものでもある存在－人間学 onto-anthropologie を明らかにすることである。

経験論と観念論という二分法的思考のどちらをも同じようにしりぞけることによって、まず最初に、「志向弓」としての「身体図式」と、原的で独創的な表現能力との、概念的な推敲に導かれることになる。メルロ＝ポンティがそのことをはっきりと言えるのは、身体は、諸物の中の物ではなくてある運動性を授けられており、そのおかげで身体が人間存在に対して生きられた物の次元を開示することができ、人間が我がものとする空間性のただ中に世界を展開することができるからである。以上のことから帰結する重要な点は、知覚は、知覚と共に－生まれる意味《サンス》を成立させる活動であることが明らかになる、という点である。この角度からみると、メルロ＝ポンティが『知覚の現象学』以来、身体と言語の間に打ちたてている比喩関係が目立ってくる。振る舞いと言葉《パロール》との間には、どちらも志向性であり開けであり世界への根本的な現前であるという点で可逆性がある、というのである。こうしたわけで、その著作中で表現概念にきわめて特殊な位置を与えることが必要となるのである。表現概念は、言語の権能やその作用を示すだけでなく、身体と言語との分節を理解できるようにしてくれる。同様に表現概念は、身体を、自然と文化という二重の次元において、相互の歳差なしで統一的に把握させてもくれる。

さらに、表現概念は、言語の研究と結びついて、われわれにメルロ＝ポンティ晩年の思想の基底を明らかにしてくれる。いまやその思想は、肉の内部存在論において身体性の哲学を含むことになる。個人の現象的身体は、知覚されたもの‐知覚するものという二重の特徴のもとで考察されるだけでなく、さらにそれをも包括し内に含む〈存在〉へと統合されたものとして考察される。生活世界 *Lebenswelt* を与えるものたる身体性は原世界 *Urwelt* としての性質をもち、表現はもはや身体表現や言語表現といった局所的なものではなく、〈ロゴス〉として与えられ、意味《サンス》はもはや意味保持能力——身体‐存在ないし言語‐存在——によって生成させられるものではなく、〈存在〉と〈ロゴス〉によって、肉の媒介によって、見えるものと見えないものとの弁証法において、常に更新され再備給される接合から生まれるのである。

メルロ＝ポンティが一九四五年に『知覚の現象学』を上梓したとき、その目的の一つとして明らかにしているのは、人間に関する新しい理解を提示することである。それは、自己自身・世界・他者に対して現前する受肉した存在、という自己同一的な状況を考慮するものとしての人間、という理解である。先行するテーゼは、そのほとんどが二元論的で、人間存在を、意識と身体とに引き裂かれた個人、とまでは言わないにせよ、絶えず分割されている個人となし、そして人間存在を、すべての定義の出発点となるその構成要素のどちらかに還元した形で理解する、というものである。この哲学者は、そうした先行テーゼを拒否することによって、主観性にその本質そのものを回復しようとする。よって、メルロ＝ポンティにとって問題なのは、身体性について新しい考え方を創設することによって、人間存在の知覚的な根とその世界性、そして生活世界への事実的な登記を明るみに出すことである。メルロ＝ポンティは自己の身体をきわめて詳細に性格付けているが、われわれはわれわれなりに、何らか補完的な規定を取り上げたい。それは、なぜ身体が単に自然の秩序には属さず、文化の秩序の内にただちに登記されるのかを教えてくれるものを、次々とではないにせよ本質的に示してくれる規定である。(1)

まず第一に、自己の身体は共働的なシステムとして定義される。つまり、自己の身体は、さまざまな感官《サンス》どうしの実際の調整を表すだけでなく、一般的な等価性の諸図式を生み出すこともできるのである。この一般的な等価性の諸図式は、たとえば、そこで一つの感官が他の感官の欠陥を補うことができるという器質的病理学の場合に働いているものである。このような考え方は、感覚《サンサシオン》という概念と、行動主義的諸テーゼをわれわれに想起させる。知覚が、常に状況のうちに在り、主体に世界の一般的なシンボル体系(2)を与える行動の一般的な構造である限りで、「知覚の優位」を明らかにするからである。世界が意味《サンス》を持つのは、反省的思惟が特に介入してくるより前に、意義的核において、世界を組織化し組み立てる主体の知覚的構造のおかげである、ということをメルロ＝ポンティが示すかぎりにおいて、ゲシュタルト理論に由来する形態の概念は、非常に重要なものになる。意味の生成はそれゆえ、理念的な作用に帰すべきものではなく、世界と受肉した個人の本源的な黙契の結果である。「たとえば地－図構造のような形態は、一つの意味《サンス》を持ち、そのため、知的分析に一つの支点を提供する一つの全体である。しかし同時に、これは一つの理念ではない――形態は、光景のごとく、われわれの前で自らを構成し、自らを変え、自らを再組織化する」(『行動の構造』二四〇～二四一ページ)。あらゆる反省、あらゆる言説に先立っている知覚野を明るみに出すこと、これは意義の観念を拡大することにつながる。非言語的・前述定的な意味への回付によって、言語的な意味の現実性《エフェクティヴィテ》が存在するのである。それは、無言の知覚的意識そのものに問いかけるものであり、この意識が世界に形態を与え、「一つの光景のように」組織化するのである。この形態の観念は、たとえそれが、とりわけ『見えるものと見えないもの』のうちでは著しく変えられて「分配の原理、ある等価システムの軸」として定義されることになるとしても、それでもメルロ＝ポンティの思惟においてて遍在するものであることには変わりがない。言い換えれば、メルロ＝ポンティは、即自的な形態がすでにそこに現実の中にあるとするゲシュタルト理論の考えは拒絶し、形態が知覚する主体と存在とのダイナミックな出会いによって生まれるという事実を強調して、その主張から諸々の帰結を引き出し、世界全体を普遍的なゲシュタルトとして記述し、このゲシュタルトに基づいてわれわれの身体を、個的だが上位にあるわけではないゲシュタルトとして記述するのである。なぜ上位ではないかといえば、このゲシタルトこそが、他のすべてをそれぞれの知覚へと変容させ、人間的実存を培うものだからである。世界は、不可侵で原的なすでにそこにある一つのものである。そこに個人の生が登記され、そのようにして世界は個人に知覚と光景の汲み尽くしがたい源泉を提供するのである。(3) 世界は、知覚によって把握されうるすべての形態がそのうちに先在していること、ならびに、そのうちに同一の対象が、先に定義した「身体図式」を介してたとえば見られ・触れられ・感じられうる限りで、また同一の風景が、その都度新しい光景であるという印象を生み出すかくも多様でさまざまな観点から眺められうるかぎりで――とはいえ、その各々の光景の眺めは、ゲシュタルトとしての世界にひとまとまりに属しており、すでにそこに含まれているのだが――、その対象のあらゆる等価物を含んでいるということからして、典型的な形態である。しかし、後者つまり身体からこそ、世界の存在は理解され転調されうるのだ、ということを、ただちに付け加えるべきである。もしこの要素を無視してしまうと、まさにゲシュタルト心理学へと向けられた、物化という非難のうちに陥ることになる。この心理学は、眼前に即自的事物のみを認め、知覚的転調をもはや認めなかったのである。

第二に、身体は、自分自身への永遠の現前であり、ある外部・他に対する視点であって、そこにはわれわれが常に位置づけられていることも含まれている。受肉していること、それは、自然や空間と一致することではないし、あるいはそれと精神の洞察において同化することでもない。それはいつでも、斜めから・一つの側面から、自然や空間を理解することであり、充実と空虚、地と形態を実地に適用することである。それらは、存在を動かしてそれにその特徴的で動的な布置、フッサールの言葉で言えば射映 *Abshattungen*、「側面視」を与えるこの自己への現前によって直接に生成されるのである。

それゆえ、身体によって、われわれは常に状況のうちにおり、状況に関わっているのであり、それだけに一層、メルロ＝ポンティも強調するように、われわれは世界に住み、世界を備給し、運動やずらしや振る舞いなどによって世界の姿を変えるのである。そのおかげで空間と時間は生きられ作用し、物つまり惰性的対象のようなあり方を取らされることがないのである。身体は世界を超越し、そうすることで自分自身を乗り越える。身体が受肉しているからこそ、主体は、現実や他者や自己自身を変様する活動の領野を展開しつつ動物的本性《ナチュール》としての自然《ナチュール》から自分を解放することができ、また志向的意味作用的次元においてそれを明らかにするのである。運動感覚と運動は、存在を暴露する。メルロ＝ポンティは『講義要録』の「感覚的世界と表現の世界」と題された章の一三ページで、次のように強調している。「［……］最も簡単な運動知覚でも空間的に位置づけられ、世界に通じた主体を前提しており、そして（……）、そのかわりに、運動は、感じうる世界のうちに散らばった意味をすべて引き受け、無言の芸術においては、表現の普遍的手段となるのである」。運動は、先述定的、先言語的な意義を媒介する。これは、自然的であると同時に文化的である。自然的であるというわけは、その意義が状況における身体に由来するものだからであり、また文化的であるのは、意義が沈澱し、コミュニケーションの手段となり、時代や時期を貫いて取り上げ直され永続的である意味を創設するのだが、さらにそれが社会の進化に応じてたえず活気づけられ更新されもする、という限りでのことである。パントマイム、ダンス、映画は、他の芸術的諸分野同様、こうした事情を証明している。「映画は、動いている対象を撮影する手段として、あるいは運動を再現前《ルプレザンタシオン》するものとして発明されたのだが、これが運動と共に、位置の変化以上のものを発見した。思惟をシンボル化する新しい方法、表象《ルプレザンタシオン》の運動を発見したのである。というのも、フィルムを、切ったりつなげ合わせたり、視点を変えたりすることで、われわれの世界と他者への開けを刺戟し、また、いわば誉めたたえる。フィルムは、この開けの絞りを絶えず変化させるのである」(『講義要録』「感覚的世界と表現の世界」の章、二〇ページ)。映画に対するメルロ＝ポンティの関心は、哲学的な論文も考え方もないではないのに、あまり研究も評価もされていないが、ともあれ、ここでは運動を例にとって、いかなる点で身体がわれわれの世界内存在の乗り物であるかということを、メルロ＝ポンティが執拗に指摘していることを示してくれている。映画の場合、「運動の再現前化」は、「表象の運動」を創り出す。このことによって、知覚のぶれが実存的態度に影響を与えるということ、ある意味で、視覚《ヴィジョン》や世界・他者を運動感覚的に示すことが、知的なヴィジョンと、発見され明かされる状況内存在に結びついた理解の図式を生み出すということを理解しよう[4]。なるほど、一つの身振りは、一つの振る舞い・一つの精神状態を明かすものであり、一人の俳優がその表現を自分で動かしてぶれさせる仕方は、その登場人物にある種の厚みと具体性とを与える。それは、観客が強い意味でその物語に関心を抱いて、スクリーン上に映じられたものに関わるあまり、登場人物が俳優の名前を消し去るほどであり、俳優が創意工夫した登場人物からすら逃れて一人一人のまったき個人となるほどなのである。それはちょうど、われわれが実人生において他人を知るときに、まず、その人がその場所を生気付ける特有のやり方、つまりその人の歩き方(誰かの歩き方は見ないでも分かる）や笑い方の特徴、その人の個性や単一性を構成する振る舞いの特徴によるしかないのと同じである。

世界は単なる表象の総体ではないのだから、この身体の運動的機能は《*ich kann*》、「我能う」へと格変化するのであり、まず「我考う」としてではない。われわれの運動性は、現勢的な能力つまり実践 *praxis* であり、そのようなものとして、その運動性は、世界に関する何らかの観念や理解をもたらすものである。実践《プラクシス》を基礎付けているのは原的には認識や叡智ではない、逆である。われわれは受肉しているがゆえに、われわれの具体的な経験は、行動・ノウハウ・認識に由来するのである。この観点からすると、病理学の研究、とりわけ『知覚の現象学』におけるシュナイダーの症例研究は、それが先述定的な関係、近接性・近親性の知といった、身体という間接的な方法で主体と世界を統一するものを完全に明るみに出している限りにおいて、重要であることがわかる。幻影肢の例においては、患者は切断手術にも関わらずある種の感覚と痛みを感じ続けるのだが、ここで、生理学的なものと心理学的なものが実存に深く内属していることは明らかであり、この具体例の研究からして、両者を二つの異質な秩序として考えることは、およそ不可能なのである。現象的身体——このおかげで人間がおのおのの振る舞いやおのおのの瞬間に、自身にとって一つの謎や障害になることなく日常生活を引き受けることができる——とは、まさにこの「我能う」であり、あらゆる瞬間に自分自身へも事物や諸存在へも同じように介入できるこの能力であって、その能力は、その身体が現前していることも行為していることも、またそこから実存が自らを展開し自らを乗り越える「習慣的身体」であることも、忘れさせるほどのものである。

さらに身体は、もっぱら外部へと向けられた認識機能を果たすのではなく、自分自身へと立ち返ることができ、自分が行う探索と叡智的な手続との源泉かつ目的となることができる。メルロ＝ポンティのいわゆる「二重感覚」において、またメルロ＝ポンティが何度も立ち返るこの研究からすると、身体は触れられると同時に触れていることを自ら感じるという事実は、身体から根柢的に対象ないし何らか存在する物というレッテルをはがし、身体に真の存在論的意義を与えることになる。というのは、身体は、決して全面的には自分自身と合致はせず、この二重感覚に関していえば、互いに融合することのできない実存の二水準が接合する点だからである。この双数的組織において構成される身体図式は、明らかに、諸感覚の総体ではなく、深淵における自己の自己への接触ないし反響のうちにある身体なのである。触れられた触れるものを自分で感じることによって、身体は、外的対象の知覚が決して明かしてはくれない奥行／深さ《プロフォンデュール》であるにもかかわらず、一つの次元性を発見する。身体は、自身のために、一つの厚み、一つのヴォリュームを獲得する。これが身体に、逆説的だが、隔たりやくぼみにおける自己への現前を与え、重なり合うことのできないこの二つの知覚を創設するのである。

身体に認められるこのような性質は、たしかに自己への現前の指標である。けれどもそれは、すでに述べたように、決して純粋な合致ではなく、自己の身体の基本的な存在様式が持続的な不一致という様式であるということ、自己自身へも身体を取り巻く対象や存在へも還元できない緊張という様式であることを意味している。根本的で不可侵の実存することの暗さがある。これが人間を、永遠というすべてが常に再び始まるところを目指す存在にしているのである。ここで、悲観的な観点からの実存の無を主張することは、知覚がその目的に達しそれを表明する限り、問題にはならない。しかしこの意味も目的も常に更新されるべきものであり、不断の弁証法のうちに登記されるが、この弁証法は、ヘーゲル的な手続きとは違って、永続的な総合を認めはしない。実存は、本質的に両義的である。というのも、身体も意識も、自分自身に、あるいは互いに重なり合うことはせず、自分自身との完全な合致であったり、物のように純粋な受動性であったり、ということはありえない。というのは、志向的目標は、表現努力と同じで、常に生成するものだからである。そこで、思惟主体の特徴だと言ってよい次の二つの機能が与えられている身体の原的な優位が、まず明らかにされねばならない。ひとつは志向性、すなわち〈外部〉ないし〈他者〉を生きる行為であり、われわれ自身の行動のようにわれわれの外部であるものに意味を与えるこの生成である。もう一つは、言語記号という手段によってではなく身体性によって、自らを表明する能力、である。ここで身体性とは、次のようなものである。「開かれた無限の意味能力――すなわち、意味を把握すると同時に伝える能力――これによって、人間は、自分の身体と言葉《パロール》を通して、新たな行動あるいは他者あるいは自分自身の思惟へと自分自身を超越するのである」(『知覚の現象学』二二六ページ)。それゆえ身体は、意味作用する自発性として、と同時に「志向弓」(『知覚の現象学』一五八ページ)として現われる。この「志向弓」のおかげで、主体は世界と他者という根柢的な他性に遭遇することなく、日常的な実存を引き受けることができる。この前述定的な生は、われわれのあらゆる行為の地になり、さらにその行為の可能性の条件そのものである。そして、これを引き受けるまさにその瞬間から、われわれはより高い可知性の次元へと自らを開くことができるようになるのである。この志向弓が行使しているシンボル的機能つまり身体は、野生の状態にある生きられたものとでもいうべきものと知的・精神的次元との接合を保証し、その両者の原的で独創的な媒介として与えられる。「諸感官および一般に自分の身体は、一つの総体という神秘を提供する。その総体は、自分の個体性と特殊性から離れることなく、自分自身の向こう側へ、一連の思惟と経験すべてに骨組みを与えることのできる意味を、発信するのである」(『知覚の現象学』一四七ページ)。古典的思惟と比べて、身体性が復権していることがわかる。身体性は、知覚の優位を明らかにすると同時に、身体性がくぼみにおいて持っている意味作用を明らかにするとき、われわれの世界への関係も他者への関係も基礎付けているのである。表現——ここでは身体的なもの——によって、人間は自然的世界から自らを引き離すが、かといって世界に属することを止めるわけではなく、世界をより高い秩序、つまり意味の秩序へと移調する。表現は、純粋な自然的所与と、構成的意識によって統べられている文化的世界との間の移行を保証するのである。(5)

身体はそれゆえ、決して前もって決定されたり多元決定されたりはしないが、現在の状況に応じた独自の応答として与えられるひとつの意味が生じる潜在的な場所である。この観点からすると、『世界の散文』という未完の著作は、すでに一九四五年に示されている主張と完全に一致するが、ただしそれをより明確なものにしている。「あらゆる知覚と知覚を前提とするあらゆる作用、要するにわれわれの身体のどんな使用も、すでに原初的な表現である。すなわち、表現されたものを、その意味や使用法と一緒によそから与えられた記号で置き換えるという二次的で派生的な作業ではない。そうではなく、まず、記号を記号においで構成し、記号の内に表現されたものを住まわせるのである、が、それも、あらかじめ決定されたなんらかの協約の条件下でではなく、記号の配列そのものと記号の布置そのものとの説得力によってである。そうして、以前は意味を持っていなかったものの内に意味を植え付けるのだから、その意味が生じたそのときに枯渇するどころか、その意味は、一つの領野を開き、ひとつの秩序の端緒となり、一つの制度ないし伝統を設立する、そういう表現なのである」(一一〇〜一一一ページ)。身体は自動機械ではない、つまり外的刺激に応じて選択を行う一連の惰性的行動に限定されているのではない。そうではなくて、たとえ自分自身に対して完全に透明ではないにせよ首尾一貫した態度を自発的に採用するものである。このゆえにメルロ＝ポンティは「神秘」という言葉を使うのである。身体性は一つのシンボル的機能を作動させ、それによって意味の生成を主宰し、独自のスタイルを定義する。スタイルというこの概念——これは言語の平面と表現の平面という二つの水準で働いている——は、まさに、志向性と意味能力という身体性の二つの主要な機能を、要約しつつ統合する。受肉した主体は物理的にそのスタイルを刻印し、そしてこのようなものとして、個体化を行う。受肉した主体は、構造的に他と同一であるが、だからといって無人称的ではない。というのは、受肉した主体は独自で個性的な世界内存在の仕方を表現するからである(6)。受肉した主体は生ける意味作用の結び目であり、この結び目によって受肉した主体は不変化の主体性へと変化し、独自の個性を与えられるのである。だから、明るみに出されるのは次のような事実である。つまり、主体は世界に沈み込んでいるのでもなければ、主体を窒息させ沈黙へと導いてしまうほどにあらゆる側面で主体を包み込んでいる生活世界 *Lebenswelt*（文字どおりには生の世界）に沈み込んでいるのでもなく、純粋な構成的意識でもなければ、心的なものと身体〔物体〕的なものという対立する二秩序の不釣り合いな構成物でもない。そうではなく、主体とは、意味を生成する表現的全体性なのだ、という事実である。

しかし、こうした主張の独創性にもかかわらず、メルロ＝ポンティは、『見えるものと見えないもの』のいくつものノートに自分で注記しているように、分析の極の一つの中心を人間中心主義的な見地に相変わらず置いたままである。ここから、主観と客観の古典的な境界線が再び働き出さざるをえなくなる。たとえ、われわれが、所有と、対象化のために距離を取ること、という二つの意味で世界や時間を持つわけではないとしても、それでもやはり、世界はわれわれの知覚・行為・思惟の究極の地平であると主張されていながら、メルロ＝ポンティのいわゆる前期哲学の範囲内では世界をそれ自体において決して定義できないということに、変わりはない。世界は生活世界の相、すなわち〈存在〉とわれわれとの自然的・文化的関係を条件付けるものの相においてだけ知られており、われわれの人間性に特有のもの、それとは根柢的に他なるもの、それと通約不能なもの、こうしたものを含むものは考えられていないのである。

この袋小路から出るために必要なのは、人間中心的な問題提起の枠組みでもあり限界でもあるものと手を切ることであり、人間が主観的に把握し考慮しているものを、ではなく、実存の様相の現象性そのものを再創設することができるような手続きを働かせることである[7]。その現出という根源性における現象を報告するために、問いかけは脱中心化して、『知覚の現象学』が問題としていた「自然的意識」あるいは「知覚的意識」の領域を去らねばならない。この著の中では、この二つの極の関係はただちに遭遇することになるアポリアの特徴を示すものとなっている。

しかしながら、このような手続きは、乗り越えがたいア・プリオリとも思われる現実的な諸困難を引き起こす。いかにして、われわれの世界‐内‐存在の現象性を、歪めたり不自然なものにしないで、呼び起こしたらよいか。知覚のみが、語の厳密な意味で主体と世界との合致を可能にする。問題は、生きられたものを「損なう〔脱‐生成する〕」ことなく解明することができるかどうか、また、それを理解しようとする言説が、すでにそれ自体二次的で原的なものからの派生物であることからして、最初から信頼のおけない術語でそれを明らかにすることができるのかどうか、この点にある。この観点からすると、メルロ＝ポンティは現実的なもの《レール》を把握するための条件そのものと、それについて語ることの条件そのものを検証しないわけにはいかない。たしかに、記述的現象学に訴えると告知するだけでは十分ではない。さらに、「記述の存在」を成すものは何か、いかなる基礎の上で記述は行われるのか、記述がぶつかる限界という形で出てくる課題は何であるか、こうしたことを問わねばならないのである。記述することは、表現の手順全体を作動させることにほかならない。そこでは、諸語の結合が、一つのことばを呼び起こす。そのことばは、現実的なもの《レール》とわれわれの世界内存在との、意味作用的・シンボル的な再‐創造として与えられるものである。メルロ＝ポンティの哲学はとりわけ、この探求の場において構成されていることは明らかである。フッサールから受けた恩恵は有効であるにせよ、メルロ＝ポンティが理解する記述的方法としての形相的現象学は、意識の目標として理解されるような現象、それ自体の存在やその意味に還元されるような現象、これを仕上げることにあるのではない。形相的現象学とは、人間の内に登記された一つの能力を三つの局面において検証する表現の哲学を確立することである。その三つの局面とは、存在論的な把握の実践的な操作を行い、意味作用する全体性へと達し、その全体性の弁証法的本性と世界の出来事的な時間性とを再接合する、という局面である。

メルロ＝ポンティはさらに先へと進み、現象とそれについて語ることとの間の関係は、単なる陳述以上のものがあることを示そうと努める。『知覚の現象学』がすでに強調しているように、身振りは言葉と似ているが、それは言葉が言語的身振りとして与えられるのと同様である。メルロ＝ポンティが「語る言葉」と名付ける、創造的でまだ沈澱していない言葉の意味で理解された言語《ランガージュ》とまったく同じで、身体は、本来性と独創性という二つの次元において与えられる意味する能力を持っている。ほとんど数千年にもわたる身振りと態度とを一人一人の唯一異なる歴史のうちで再生産する個人の性的行動のうちに、愛の言語のようなものがただちに登記されるのと同じような仕方で、言語は、二つの主体の間の氷を割って、互いに知り合えるように現前化させ、そして対話が創設され進展するにつれ創造され推敲される意味の真の担い手たる言葉として与えられる。とはいえそれは、予め決定された言語的構造に基づいて行われるものである。言い換えると、言語と同じく身体も、状況を生み出し、意味――これは、文化的基盤と実存的獲得物とに基づくとはいえ、それでもやはり、一つの状況にも諸存在にも固有であるため、そのつど個性的なものである――を運搬する能力を、内的に持っているのである(8)。かくて、身体と言語は基本的な二つの開けであり、これによって外的世界と間主観的次元への接近は、存在論と人間学に注意を向けてみれば分かるように、特権的な仕方で、われわれに提供されているのである。思うに、こうした理由から、メルロ＝ポンティは彼の著作のすみからすみまで、身体と言語とを一緒にして探求するのである。最初は、新しいやり方で主体の位置付けを検討させてくれた身体性の研究を促進し、晩年の探求においては、言語というテーマと表現というテーマ――これには、二つの構造、つまり人間学的構造（〈存在〉が語った言葉を保持する主体と、後期の、特に言語的実践《プラクシス》を検討している語る主体がある）と、存在論的構造（〈存在〉は、〈ロゴス〉、つまりあらゆる可能的な表現様式を含み、そのため、当の〈ロゴス〉が名付けた〈存在〉と同様普遍的な、作動しつつある表現性によって語られる）とを共に維持できるという利点がある――を重視したり、というようにである。さらに、この身体と言語という二つの基本的な概念が並行した形で進化して、一方は肉の研究に、他方は〈ロゴス〉の検討に、それぞれ変様しているということを、ただちに指摘しなければならない。第三のモメントとして、この成熟とそれを生み出した原因とを理解し辿り直すことが、われわれの役目であろう。

しかし、身体と言葉の合一を主張するだけでは十分ではない。メルロ＝ポンティの分析の関心は、いかにして・なぜこの両者は離せないのか、いかにして・なぜこの証拠は、振る舞いと言葉の間に確立される相互性を仲立ちとするのか、という点にある。身振り性は、世界への主体の挿入および空間性の獲得を明らかにする能力と、主体のスタイルそのもの、つまり主体が動く仕方・主体が真に世界に住む仕方を明らかにする能力という、二つの能力がある。この見地において、身振りは、原的な言葉の一つの形式として理解されるが、これは言葉が言語的身振りと同化されるのと同様である。言い換えると、両者の間には裂け目ではなく連続性があり、身体――それが、表現（ドイツ語で言えば *Ausdrück*）現象の場あるいはむしろ現実性そのものであるかぎりにおいて――こそがそれを保証するのである。身体図式の概念は、人間

を共通感覚 *sensorium commune* として定義するが、これはまさに心的機能と身体的機能を明るみに出すことを可能にするものである。思惟実体と延長実体というデカルトの区別は、語る主体の問題を措定せず、客観性の地位に関して問いかけることも許さなかった。メルロ＝ポンティは、たしかに、この区別が可能なためには、主体が身体と世界の内に還元しがたい投錨を確立し、また、それに由来する内在的な意義を確立することが必要であることを示した。「言葉は身振りを、身振りは言葉を取り上げ直す、両者は私の身体を通して交流しあい、私の身体の感覚的な局面と同じく、両者はそれぞれが、直接に互いのシンボル体系になっている。これは、私の身体が感官的な等価性と移調との、すでにできあがったシステムだからである」（『知覚の現象学』二七一ページ）[9]。一方に身体があり他方に思惟があるのではない。あるのは、融合・「一致《コミュニオン》」・内属である。これによって、あらゆる作用において作動しつつある先述定的思惟が知るべきものとして与えられるが、それはちょうど身体があらゆる心的な現われの基礎であるのと同じであって、この両者は相互に表現と意義の関係にあるのである。

　こうして、表現の哲学として理解される形相的・記述的現象学は、メルロ＝ポンティ思想の最初の段階として現われるものと、『見えるものと見えないもの』で到達した最後の内部存在論的な問題との間の導きの糸である。意味作用《シニフィアン》する自発性として理解されるあらゆる知覚は、われわれを世界の内に現象的に登記する。同様に、この二乗化された知覚的意味を担う言語は、自然的なものを文化的なものへと変形させる。この文化的なものは、これまでのように純粋に人間学的な角度から理解されているのではなく、〈存在〉――あらゆる表現的表明への原的な開け――が、隅々まで条件付け支えているものとして理解されるのである。

　しかしながら、現象的身体によって表明された表現性と、言語が展開する表現性とは、同一化することも同じ水準で捉えることもできないという事実には注意すべきである。そうしないと、それらに固有の本性もその諸機能をも見誤ることになる。もし身振りが表現的で、そのため内在的な意義を含むとしたら、主体は、こういうコミュニケーション形式を乗り越えなくては、と感じることに注意する必要がある。身体性の表現能力はある意味で、人間的実存をその複雑さのままに引き受けるには限られていること、あるいは少なくとも十分ではないということが、こうした様子から推測できる。「情緒的身振り」は、身体でありかつ世界内存在のある仕方を性格付けるような、協働的システムに由来するものである。それは存在論的次元への主体の挿入を保証するが、メルロ＝ポンティが「真の言葉」と呼んだものは、基本的には、身振りを引き継ぐべく定められている。それは、この言葉がそれについて語ることを引き受ける限りでである。この語ることとは、主体の生活世界への挿入を表現する別の異なる言い方であって、いかなる場合でも言語を二重化するものではない。身体図式が人間と世界を結びつけるのとまったく同じく、言語《ランガージュ》は人間学の内に存在論を位置づけることによって、輝かしい光線のようにこの結合を映す。語る行為は、止揚 *Aufhebung*（すなわち、自分が超越していくものをその過程のうちに完全に保存し統合するような乗り越え）の意味で、カテゴリー的操作によって理解される人間の生活世界へと沈潜している状態を乗り越えていることを前提している。「真の言葉」とも呼ばれる「語る言葉《パロール》」は、絶対的なひとつの意味を生み出さない。なぜなら、この言葉は一方で、言語学的な肯定性《ポジティヴィテ》に由来し、他方で、「情緒的な意味」を生み出す身振りに由来するからである。しかし、その言葉は、一時的ではなく、たえず自分自身に対して取り上げ直され問い直されうる意味作用の過程を作動させる限りにおいて、唯一的である。こうしたことから理解すべきことは、語る言葉にはひとつの意味を生み出す特徴がある、ということである。この意味は、言語的諸意義の累積のたわむれによって、間主観的な獲得物・常に蘇ろうとしている沈澱した地平を、存続させ形成することになる。これに反して、身振りは、つかの間のものを表現する、というのも意味は、身振りの動きが最後までいくと同時に消滅するからである。言葉は、常に内的なものを再活性化し、問い直し、それ自身を対象として取り上げ直し、自らを二重化することができる。そこで、すでに強調したように、言語的な実践《プラクシス》に対する特有の反省がどうしても必要となるが、それは、その実践が再興しようとしている現象を、つまり現実そのものを、同時に超越もする限りでのことである。というのも、その実践は現実から抜け出すことができるのだし、さらにその実践は、それぞれの言葉が別の言葉を呼び起こす故に、言葉を実定性《ポジティヴィテ》に還元するというよりも意味をうがつのであり、言葉にある仕方で固有の生を認めることになるのだからである。

このような分析は些末なことではない。それどころか、メルロ＝ポンティが、主客という図《フィギュール》の階層化された関係に基づく古典人間学的なトポスの乗り越えにおいて企てた努力から見れば、むしろ中心的なものである。問いかけを、もはや人間が語ることにではなく、言説《ディスクール》を脱人格化する語ることの存在に向けること、これは、問いの現象性に達することと、世界の核心においてその世界との関係の現象性に達することを目指すものである。語ることは、表現することと別のことではない、すなわち、絶えず蘇生させられる意味を生じさせるようにして、記号相互の弁別的関係の中に置き入れて、意味する能力を働かせることである。しかしこの定義では十分ではない。表現が生じるうるのは、表現が、その先導者にして暴露者としての沈黙の存在という地平において行われるからである。ことばは一種のゲシュタルトであり、一方、世界は地であって、そのすべての部分とその全体がそこへと送り返される究極の指示対象である。メルロ＝ポンティは『シーニュ』序文で次のように強調している。「表現においては、語られたことを再編成し、それに新たな曲率を与え、それを意味の一定の地形にそって折り曲げることが重要である。（……）マリヴォーの言葉を聞こう。「あなたをコケットな方とお呼びしようとは夢にも思いませんでした。（……）。夢に思うより前に、そのように言われていることが見出されているようなことなのです」。（……）。このように、ものごとは、言われていることが見出され、考えられていることが見出されるのだが、それは、われわれが所有しているのではなく、われわれを所有している〈言葉《パロール》〉や〈思惟〉によって、行われるかのようなのである」（二七ページ）。この最後の命題「われわれを所有している」は、踏査された距離を明らかにしている。主体はもはや言語を所有する者でも、意味を保持する者でも受託された者でもなく、逆に、言語や意味によって備給されているのである。受肉したわれわれの人間性は、まさにそれが脱‐自を受けいれ、自らを世界の内へと投げ‐入れ、その後、もはや決して自分自身とぴったり合致しようとはしないこと――ここに人間の歴史性がある――を受けいれるその限りで、知覚的・言語的表現の秩序を創設する。人間性とそれを語ることとの間に、生きられたものの具体的な厚みがすべりこみ、それが意味賦与を不透明にし、われわれ自身と他者とが理解しているような世界とわれわれとを結びつける関係において、側面性と両義性とを創始する。さらに、この表現の観念を認めることは、哲学的な平面（これはすぐれて概念的な説明と諸観念の明晰判明さの場として現われる）において、普遍的・無時間的な、つまりは決定的な、一つの意味を課すことを放棄するに等しい。だからといって、われわれの努力の虚しさを認め、反対推論によって *a contrario*、絶対的な相対主義のうちに陥るというわけではない[10]。この観点からすると、各々の表現は、その表現が知覚的なものであれ言語的なものであれ、見るべきものと理解すべきものを与える限り、その目的に達する。たとえ、われわれが、射映 *Abschattungen*、つまり側面からの眺めという、実存の歴史的・弁証法的本性がやり直して再活性化するようにと求めるものとしか関わらないとしても、である。

すでに述べたように、言語表現の哲学が、そこから言語が発生しその存在という問題を提起する原的な地盤への還帰の口火を切れば、メルロ＝ポンティの手続きはなお一層、究極の段階へと徹底されることになる。この哲学が目指すのは、人間の言葉とその本質をなすものの彼方にある、あらゆる経験の可能性およびあらゆる表現の可能性を基礎付けるものである。それゆえ、後期とは、先行するものとの切断あるいは溝を示しているどころか、先行するものを完成するのである。問いは、傍目には変わらないが、内的な進展によって生気付けられている。その進展は、既得物と行き詰まりとの収支決算をし、各段階がそれぞれ先行するものを必然的に支点とする同心円が次々と現われ拡大していくことによって進むのである。『知覚の現象学』から『見えるものと見えないもの』という著作まで、問いかけは豊かさを増しているが、それは、言語を、受肉した主体の志向的で意味作用的《シニフィアン》な自発性の発現として研究することから始めたからである。その結果、語るという作用の特徴である検討作業を経て磨きをかけられ、意味と無意味を分節化し、その生誕の場そのものを把握しようとする試みを通じて、この生活世界を徹底的に考え尽くす存在論的な問いに行き着くことになる。フッサール『デカルト的省察[11]』からの引用についてなされた、メルロ＝ポンティのいくつかの反省のあり方の間にあるへだたりは、一つの計画の連続性を明らかにすると同時に辿られた道のりをも明らかにしてくれる。一九四五年、この表現は、人間において、知覚的なものと言語的なものの結合や身体的な身振りと言語的な身振りとの結合が、いかにして行われているかを理解する必要性に的を絞るものであった。これを記述することによって、主体がそのために世界内存在でき、一つの意味賦与 *Sinngebung* を行うこともできるようになる諸審級を明るみに出すことが重要だったのである。『見えるものと見えないもの』においては、問題はもはや、いかにして個人が世界を我がものとするかにはない。そうではなく、知覚される無言の世界と言葉の世界とを同時に考えること、それも世界創設の場つまり〈存在〉を参照するのと同じように、世界を参照しつつ考える、という要求に関わっているのである。メルロ＝ポンティはこのように言っている。「それゆえ、われわれの〈存在〉との関係に固有の仕方、（……）それは、「知とは何か」、「私は誰か」だけではなく、結局は「何があるか」、さらに「〜がある《イリヤ》とは何か」である。これらの問いは、問いを終わらせるような何ものかを提出するよう求めるのではなく、措定されていない〈存在〉を露呈するよう求めるのである。なぜ措定されていないかといえば、その必要がないからであり、われわれのいかなる言明や否定の背後にも、さらには表明されたどんな問いの背後にも、沈黙して存在しているのだからである」（『見えるものと見えないもの』一七一ページ）[12]。〈存在〉は、乗り越えがたい場、つまりその手前に遡ることのできない「〜がある《イリヤ》」として現われ、すべてはそこへと連れ戻されて、そこでわれわれの実存、われわれの行動、ないし言語が問題とされる。「ナマの」「野生の」という付加形容詞によって世界を性格付けるとき、あるいは「垂直の世界」という表現や「原世界 *Urwelt*」というドイツ語を使うとき、メルロ＝ポンティは、世界の本原性、つまり世界はあらゆる述定的決定——われわれがそれを実現できるのは、世界からである——よりも先にあり、それを創設するという事実、世界がすべてを基礎づけること、これを復元しようと取り組んでいるのである。〈存在〉の垂直性が回付するのは、いくつもの見地の中から一つの見地をとるようなことにはならない観念、とりわけ、われわれが時間を客観化するときに、時間の直線的で不可逆性を強調するために利用する矢のイメージ、つまり矢が水平軌道に沿ってどれも同じ方向を採るというようなイメージには拘束されない観念である。一九六〇年七月のあるノート（三一二ページ）では、〈存在〉の垂直性は、時間と空間の同時的な原創設に委ねられている。これは、われわれの超越論的歴史としてのわれわれの地理学の根にあるものである。このことから理解すべきことは、いま・ここにあるあらゆる肉的実存の可能性の条件と、われわれの実践《プラクシス》とあらゆる文化の起源における運動的なずらしの可能性の条件は、原世界の超越に結びつけられている、ということである。それは、到来であって、この到来によって、またこの到来において、人間的な出来事が起こり、地理的にも歴史的にも配分されるのである。原世界は、本源的な構造、存在論的骨組以外の何ものでもなく、ここからして存在的な沈澱の一切が、知られ〔共に - 生まれ〕、展開されうるのである[13]。この意味においてこそ、フッサールへのかの参照を解釈すべきであろう。原 - 方舟 *Ur-Archê* として捉えられた大地は、トポスであり、創設的な場である。ここからして人間的な創設 *Stiftung* そのものも可能となり、上空飛行的思惟によって脱自然化されることなく理解されうるのである。

〈存在〉とは、この「〈包括者〉」であり、自然の存在・世界の存在・言語の存在を、それぞれのどれかに還元されるがままになることなく含んでおり、それぞれを自身の裏面と表面として、隔たりによって作られた近さのうちに保持する。そこで、世界と言語は、相互に張り出し合い、相互に漸近的な仕方で、ぴったり重なり合うことも混同されることもなく、向かい合う。

この観点からすると、メルロ = ポンティが自然（*Phusis*）と世界（*Lebenswelt*）と〈存在〉（*Urwelt* ないし *Umwelt*）という区別に注目するのは重要である。この三つの用語は同義ではない[14]。このようなアプローチは、アリストテレスのテーゼに呼応するものである。そのアプローチは、〈ピュシス〉*Phusis* という用語を取り上げ、その発生的な性格とアルケーとしての身分を明るみに出すことに専念する。つまり、そのアプローチは、〈存在〉において、その構造そのものを生み出し、その恒久化を可能にするものなのである。この観点からすると、ピュシスの本質は、弁証法的なものである。それは運動であり、そのおかげで〈存在〉は、そのあるところのものであるだけでなく、また動物的にして知覚的な生の場でもありうるのである。〈自然〉の研究をするからこそメルロ = ポンティは、〈存在〉たる即自と対自を対立させることは問題ではないとも、あるいはサルトルが支持するような意識の否定性であるこの無は問題ではないとも、主張できるのである。〈ピュシス〉は、すべての生を組織化する目的論的原理であると同時に、そこにおいて、ピュシスが感覚的で動物的《アニマル》な形で具体的に自身を表すトポスである。〈自然〉は『見えるものと見えないもの』のいくつかのノートにおいて〈存在〉の肉として示されている。このような〈自然〉においては、見えるものと見えないものの相互的な巻き付きが、交差配列《キアスム》において原世界 *Urwelt* を構成するこの構造が、生み出される。世界に関して言えば、首尾一貫し組織化された総体として、主体が身体的・言語的に目指すという作用へと開かれた可視性として、また、「領域的」でしかないにせよ、それが構造化され知覚によって形が整えられ、言語的表現によって理解されるゆえに、意味を成す全体の一つの具体的な部分として、世界は与えられる。世界は、この総体であり、そこでは次のことを捉えることができる。「それ自身としての各部分（……）」、しかし、そこでは、この事実からそれが「無制限な諸次元を開き、全体的部分とな」り、最後には「ある種の存在としてと同時に（……）あらゆる可能な存在の表現として与えられる」ものである（『見えるものと見えないもの』二七一ページ）。この意味で、世界を語るないし創造する言語行為は、たとえ、世界を全体において表現するには至らなくとも、常にその目的を達成する。その行為が、何事かを語り、一致――時間的で部分的であろうとも――を、シニフィアンとシニフィエの間に確立し、語りと表現という二重の運動を果たし成功するに至れば十分なのである。生活世界 *Lebenswelt* はそれゆえ、人間が動かし、活性化する〈存在〉の一部と考えられる。生活世界は、文字どおり実存の世界であり、歴史的な共同体が事実的に登記されている世界である。逆に〈存在〉は、たとえそれが究極の基底、つまり人間的世界と非人間的世界の各小部分を包括しその基礎をなす沈黙せる全体性として現われるとしても、潜在性の地平、脱去の地平の手前や彼方に、たえず位置づけられているのである。内世界的で言語的な一つ一つの現実性や各々の顕現と共にあるため、到達することのできない背後世界に位置づけられる還元不能な〈即自〉のようなものを、〈存在〉は表象しているのではない。〈存在〉は、それを包囲し閉じこめ意味を授けて、一つの肯定性として記述しようとするどんな表現からもはみだしてしまう。〈存在〉は、その現前を内世界的な構造において示すものであるが、またそれを概念的に制御しようとするや消失してしまい、脱去という様相上で、現前－不在の能動的弁証法的な形式として与えられる。あらゆる可能的で実際的な表現の起源が与えられると同時に、それに由来する緯糸は必然的に歴史的な活動を織り合わせ交差させることができる。というのも、その活動は、間主観的で、時間性の下に置かれ、言語ネットワークである生活世界のうちで行われるからである。そして、それを対象として捉えようとするまさにその時、〈存在〉は逃れ去ってしまうのである。この点において、〈存在〉はひとつの明確なゲシュタルトであり、われわれはそれを、『見えるものと見えないもの』にあるように、「分配の軸、等価性のシステム」[15]としてあらかじめ見ているのである。

〈存在〉は、世界のように、主体によって保持されるのではない。[16]メルロ＝ポンティがこの点を力説していることは、軽視できない。というのも、シニフィエとシニフィアンとをくっつけて一つの意味を生み出す話者という古典的なカテゴリーに従ったままで言語について考えている限り、主知主義的ないし言語学的タイプの還元主義の肯定的解釈を強いられることになり、〈語ること〉の本質とその活動が何であるかを理解しないようにしていることになってしまうからである。主体は、自らをそこへと企投する世界に意味を与えることしかできないが、このときわれわれから逃れ出るもの、それは、原初的な創造である。これが、主体のあらゆる能動性に先立って、知覚的世界の構造と言語の構造とを密着させ緊密に結びつけるのである。身体性や意識のどんな理解にも先立って存在し、それに抵抗する意味がある。〈存在〉に特有で、それに内在的な意味があるのである。言い換えれば、世界と主体とは、まさに〈存在〉であるこの組織化された全体性の内で、相互に認識する〔共に‐生まれる〕のであり、言語はこの存在発生を枯渇させずに、修復する能力を持っているのである。さらに明確にしておかなければならないのは、言語はここで、世界を目指す主観性が作りだした人工物として理解されているのではなく、〈ロゴス〉として、つまり可能的な表現の総体を再編成する全体性として理解されているということである。重要なのは、身体的、言語的、芸術的、政治的、哲学的等々の、現に作動している普遍的表現性としての表現である。表現はここで、真の次元に達する。表現は、もはや唯一の主体、それゆえ人間学的な領域に属するものとはされず、たとえばその源泉に、その出生の原的な場所に、それが包むこむ存在論的な秩序に、順繰りに委ねられることになる。語彙変化はこの点で、生じた変化の特徴を示すものである。世界はもはや、〈存在〉たる究極的な〈包括者〉の一つの領域でしかない。それは、言語の単語《テルム》が〈ロゴス〉の終極《テルム》の領域的様相でしかない、というような関係があるのと同じである。だから、人間と世界――両者が出会い、実際に現前させることが、意味を生まれさせる――との、前述定的な共犯関係、原初的な連帯が、〈存在〉の内にはある。[17] 換言すれば、このタイプの思惟は、〈存在〉も〈ロゴス〉も、本質的に弁証法的で二つとも不可分だから、という理由でしか存在できない。〈ロゴス〉は〈存在〉から発する――〈存在〉が原創設 *Urstiftung* である限りにおいて――、その垂直性は、ただちに現在であり、内なる能力に登記される意味を生み出し、人間的実存は、そのさまざまな表現様式の内で現実化するのである。

　〈ロゴス〉が示すもの、それはこの〈存在〉の現前であり、と同時に常に隔たってもおり、したがって、〈存在〉について語ることは、ただちに、その直接の裏面としての語られざりしことに二分される。表現は、単に開かれた可視性の内にだけではなく、見えないもの・くぼみの内に与えられるものを理解しようとする絶えまない試みの内にも位置づけられる。さらに、表現が、存在において開かれたこの裂け目によってのみ、表現として現実に存在することは明らかである。この隔たりは還元不能であって、一方の、最後には表明されるものと、他方の、潜在性や固有の重力のうちにあって決して把握されないもの・言われなかったこととの間で、常に新たに作り直される。言葉や表現は、自分の他者である沈黙を糧としており、この沈黙において、また沈黙によって、言葉も表現も蘇生するのである。沈黙のうちに、存在のそれ自身との絶対的で直接的な合致がある。その意味作用は、その本質から切り離され得ず、そこで一つになる。〈ロゴス〉が起こるとき——ここで〈ロゴス〉は、無言の世界の意味を知覚的言語的世界の内に移そうとするという点で、表現性として理解される——、この統一性のただなかで、異なる秩序の諸エレメントが介入してくるのに応じて、一つの裂け目が生じる。このエレメントが「切れ目」や「区切り」をもたらし、セザンヌのコンポート鉢のようなやり方で目に見える自然な風景を「壊し」、その風景を再構築し、二乗された可知性を与えるのである。沈黙は、〈存在〉の呼吸のようなものを、表現が作動しているただなかで示す。しかし、〈ロゴス〉は、それにもかかわらず、無言の存在、「沈黙の声」から始まる限りにおいて、〈存在〉とは違う即自ではない。存在的な意味は、間接言語によって不意に捉えられる。この間接言語の中を、存在的な意味は歩き回り、そして、表現様式の無限な多様性を喚起し生成するのである。

この観点においてこそ、メルロ＝ポンティが〈ロゴス〉そのものにおいて行った、〈ロゴス・エンディアテトス〉〔潜在的ロゴス〕と〈ロゴス・プロフォリコス〉〔顕在的ロゴス〕という区別を理解する必要があるだろう。〈ロゴス・プロフォリコス〉は、主にコレージュ・ド・フランスで行われた『自然』の講義ノートのなかで、また『見えるものと見えないもの』のなかで、何度も繰り返し出てくる。「人間の身体の記述が行っているような沈黙の世界の獲得は、もはやこの沈黙の世界ではない。それは、分節化された世界、

本質 *Wesen* にまで高められた世界、語られた世界である——知覚的ロゴスの記述は、ロゴス・プロフォリコス *λόγος προφορικος* の使用である」（一九五九年二月のノート(18)）。この引用から、いくつかのことが確認できる。一方で、次のような事実が確証される。それは、予め描かれていたものとしての〈自然〉は、存在の一つの葉層として見れば下部構造であり、〈存在〉の、また〈存在〉に関するあらゆる可能的表現の根にある、という事実である。自然は、原世界 *Urwelt* において、われわれにとって根本的に異他的で接近不能なものと、われわれがこの身体によって一挙にそこで捉えるものとを、分節する。〈ピュシス〉は、可感的なもの、*Empfindbarkeit*、感覚できるものであると同時に、アルケーであり、存在ないし作動中の〈可感的《サンシブル》なもの〉の構成的な肉であり、われわれの身体性の環境《ミリュー》である。この意味で、〈自然〉は、〈ロゴス・エンディアトス〉、「知覚の沈黙の言語」を産みだすものである。他方で、知覚的〈ロゴス〉が、〈ロゴス・プロフォリコス〉、つまり声によって分節され、もはや単に存在論的であるだけでなく人間的でもある統辞法に従う「発話された言語」に先立つこと、これも先の引用から明らかになる。本稿の初めにも指摘しておいたように、身体表現と言語表現の間には本性上の違いはない。両者とも、同一の基礎を設ける〈原的なもの〉に由来し、相互に関係しつつ分節しあうのである。最後に、われわれはメルロ＝ポンティの言葉の著しくストア的なトーンに注意しないわけにはいかない。ここでストア派の〈ピュシス〉と〈ロゴス〉の概念について、メルロ＝ポンティの思惟とつながるところと分かれるところとを探求し詳細に検討する余裕はないが、次のことははっきりしている。つまり、メルロ＝ポンティは、内的な「沈黙の」ロゴスと、声によって発話された〈ロゴス〉、つまり純粋に表現可能で、非身体的で修辞学の対象となるようなロゴスとを区別することによって、言説の意味論的分析という（それ自身アリストテレス主義に染まっている）ストア派の遺産を再活性化している、ということである。換言すると、〈存在〉におけるのと同じく〈ロゴス〉においても、肉的な見えるものと、そこにおいて意味が生じる非身体的な見えないものとの巻きつきと交差があるのである。

しかし、基礎となるもの、つまり〈存在〉と〈ロゴス〉の系統発生的な統一性――これのおかげで、〈存在〉も〈ロゴス〉も、根柢的な沈黙の内に閉じこめられた異他的なものにとどまらずにすんでいる――、これは、メルロ＝ポンティが「肉」と名付けるものにほかならない。われわれは先に、世界の存在と言語の存在は二つの骨組ないし葉層をなし、〈存在〉はその主要な葉脈であると述べた。メルロ＝ポンティのメタファーを続ければ、骨組や葉脈があるのは、肉がそれを持っており肉が「可感的《サンシブル》なものの髄」であり、身体性と身体的なもの一般の内的で本質的な構造としてそれを支えているからであること、このことを付け加えるべきであろう。それゆえに、肉だけが、〈存在〉の織物であるために、知覚と人間の歴史の領域としての内世界と言語、という三つの次元の接合を果たすことができるのである。肉とは、すぐれて見えないものであり、ほとんど外科的とでも言うべきことをしないと裸にできない。けれども、この肉のあることが、あらゆる感じうるもの《サンシブル》、見えるものの構造の基礎となっているのである。肉が本質的に可逆性という弁証法的な様式で与えられるかぎりで、まさに、肉において、肉によって、一つの秩序から別の秩序への媒介・移行が実現される。それはちょうど、見えないものが、見えるもののまさに核心に位置づけられ、その実在は見えるものを通してしか示されず、潜在的な状態にとどまるのと同じである。さらにそのメルロ＝ポンティの肉の概念のうちには、古代的な直観が見出される。それは原的なものに対する強い関心、〈ティ・エスティ〉Tι εστι、つまり〈存在〉たる限りでの存在に関する根柢的な問題提起が、ハイデガーが指摘したように、ギリシア的思惟の特性であることに由来するものである。肉は、主として「エレメント」(19)として定義される。つまり同時に織り目《テクスチュール》であり、〈存在〉の横糸であり、見られないが本質を授けるものであり、組織《コンテクスチュール》であり、メルロ＝ポンティの哲学が深く共鳴しているのが見られるアリストテレス『霊魂論』の表現を取り上げ直すなら「共通の〈感じうるもの《サンシブル》〉」である。かくして、肉が〈感じうるもの《サンシブル》〉であるからこそ、肉は、同時に〈見えるもの〉、〈触れうるもの〉でもあり、そこにおいて、知覚的実践《プラクシス》や〈見えないもの〉、つまり〈存在〉に存在たる限りでのその〈存在〉を授ける下部構造は、おのれに専念し展開されることができるのである。肉において、交差配列《キアスム》、相互内属 *Ineinander* の様式に基づいて、この二つの限定が集結される。この二つの限定は存在‐人間学の特徴であり、そしてわれわれの考えでは、これが、メルロ＝ポンティの哲学なのである。

　結論を述べよう。『知覚の現象学』以来『見えるものと見えないもの』に至るまで、メルロ＝ポンティの哲学は変わらない目標を追求してきたように思われる。それは、感じうるもの《サンシブル》と感覚《サンス》とが、また経験と表現とが、原的に出会い分節される場所を理解するという、彼の独特の計画に示されている。そこには二つの要求が暗黙の内に表明されている。一つは、世界と主体の接合がいかにして成し遂げられうるのかを知ることである。もう一つは、遡行的アプローチを実行して、人間的なものと前人間的なものの関係が、ちょうど意味と無意味の関係のように、認識され〔共に‐生まれ〕、結ばれる場所そのものたる原初的な基底に到達することである。大事なのは、いくつかの箇所で、また反省のさまざまな段階でメルロ＝ポンティも言うように、「まだ無言の経験をその固有の意味の純粋な表現にもたらすこと」であり、事象そのものへ、「生活世界」へと立ち返ることであり、世界と主体というまったく異なる二つの構造を結びつけている関係、つまり両者を生気づけている還元不能性としての相補性を、変質させることなく把握するよう努めることである。まさにこの点で、身体性と世界内存在に関する研究に専念していた人間主義から、〈存在〉―〈ロゴス〉―〈肉〉という三者構造――この三者は、表現によって構造的に関係付けられ弁証法的に結びつけられている――を明らかにする存在論への移行が実行される。哲学の任務は、メルロ＝ポンティの考えるところでは、また『見えるものと見えないもの』でメルロ＝ポンティが実行しようと努めたところでは、次の点にある。つまり、「世界を見ることを学び直すこと」、それも「上空飛行的思惟」のようなやり方で世界に張り出すことによってではなく、〈存在〉の構造や葉層、つまり〈見えるもの〉と〈見えないもの〉の可逆性の記述に専心することによって、そうすることである。メルロ＝ポンティが到達した最後の存在－人間学は、「可視性の形而上学」として与えられるのである。[20]

注

（1）　このような考えがメルロ＝ポンティを『講義要録一九五二～一九六〇年』の「自然とロゴス」の章において「自然的シンボル過程としての人間の身体の観念」へと導く。「これは、終着点ではなく、逆に継続を予告する観念である。この無言のないし未分化のシンボル過程と、われわれを理念性や真理へと開くという特権を持つように思われる人為的ないし慣習的なシンボル過程との関係は、いったいどのようなものであろうか。顕在的なロゴスと感覚的世界のロゴスの関係が、他の一連の講義の主題となるであろう。」（一七九～一八〇ページ）言い換えると、シンボル過程としての、つまり文化の顕在的なエレメントとしての、自分自身を自ら乗り越え意味を創造することのできる自然としての、身体を考える可能性だけでなく、身体表現と言語表現の関係を把握する可能性、生理的なものと心理的なものの接合を明るみに出す可能性も、これから検討するような特徴に基づく身体の定義に依拠しているのである。

（2）　メルロ＝ポンティもこの点を強調している。「身体を持つということ、それは、普遍的な一つの構えを所有すること、われわれが実際に知覚する世界の一部分の向こう側にある一切の知覚的展開と一切の間感官的対応関係との原型を所有することである。それゆえ、物は知覚において実際に与えられているのではない。物は、われわれによって内的に回復される。これは、物が世界（われわれはその諸構造を身にまとっている）と関係づけられている限りで、われわれが物を再構成し生きるからである」。(*Phénoménologie de la perception*, p. 377.)

（3） このために、『見えるものと見えないもの』のうちで「分配の原理、ある等価システムの軸」と呼ばれるのである。〔訳注―― *VI.*, p. 258.〕

（4） これのおかげで、メルロ＝ポンティは、高等映画研究所で行われた「映画と新しい心理学」と題された講演（後に『意味と無意味』所収一〇五ページ）で、次のように主張したのである。「映画は特に、心身合一を、精神と世界の合一を、一方の内に他方が表現されることを、見させるのに適している（……）。現代哲学は、概念を連ねることではなく、意識と世界の混合、意識が身体の内に入り込んでいること、意識の他の意識との共存、これを記述することを旨としている。そして（……）この主題は、きわめて映画的なものなのである。」

（5） メルロ＝ポンティは、一九四九～一九五二年ソルボンヌでの『講義要録』五五七ページ、「他者経験」の章中でこのことを次のように主張している。「表現における身体はある意味作用の象徴《サンボル》という役割を果たしている。身体は自らを、その意味作用の記章《アンブレム》にしようと試みる。表現の意味は、ある特定の文化における根本的な方法に沿って理解されるあれこれの表現的振る舞いの交差点において現われるものであるといえよう。」

（6） この理由から、メルロ＝ポンティは『知覚の現象学』一七六ページで次のように主張するのである。「身体と比べるべきもの、それは、物理的対象ではなく、むしろ芸術作品である。」

（7） 『知覚の現象学』において取り組まれた道、方法、つまり「分析することではなく記述すること」、すなわち「事象そのものへと還帰すること」を重視する方法に再び集中することによって、メルロ＝ポンティは、人間と世界との、どちらかが優位に立ったり覆い被さったりすることなく、双方に同時に出会うことから生じる弁証法的な噴出として与えられるかぎりでの現象に問いかけることに専心する。

（8） 人間が「自分自身あるいは同胞と生き生きした関係を確立するために言語を使うやいなや、もはや言語は道具ではなくなる。それはもはや手段ではなく、内奥の存在と、われわれを世界と同胞に結びつける心的な関係の、表明であり露呈である。」『知覚の現象学』二二九ページ。〔訳注――この引用文は、冒頭の「人間が」も含めて全文がゴルトシュタインの著書 *L'Analyse de l'Aphasie et l'Essence du Langage*, p. 496 からの引用であり、「それはもはや手段……である」が強調されている。〕

(9) 〔訳注――「感官的な等価性と……」の部分、「感官的」sensorielles は、メルロ＝ポンティの原文では、inter-sensorielles である。〕

(10) このことは、メルロ＝ポンティが『シーニュ』「どこにもありどこにもない」中の「実存と弁証法」の章の一九八ページと一九九ページで言明するところである。「具体的哲学は、万事好都合な哲学なのではない。その哲学は、経験のそばにいなければならないが、自分の相手を経験的なものに限ってはなるまい。その哲学は、個々の経験において、その内面に記されている存在論的な暗号を復元しなければならないだろう。（……）。その哲学が、ア・プリオリなものへの権利、体系や構築への権利を失ったとき、そうして経験への張り出しではもはやなくなったとき、その哲学の何が残るというのか、と問われるかもしれない。ほとんどすべてが残るのである。というのも、体系や説明、演繹は、これまで本質的なものであったことはないからである。こうした手続きは、存在・他者・世界との関係を言い表して――そして隠して――いたのである。」

(11) 「（……）まだ物言わぬ経験を、それ固有の意味の純粋な表現へともたらすことが肝心なのだ」というこの引用は、特に『知覚の現象学』序文Xページと、『見えるものと見えないもの』一七一ページに現われている。

(12) 〔訳注――この引用冒頭部 Dans は、メルロ＝ポンティ原文では、donc, である。また、本引用 monde は、原文では mode である。ここでは、原文に従って訳出する。なお、省略の仕方もやや妙である。ちなみに、メルロ＝ポンティの原文では、*il y a* はイタリックとなっており、その後の文（「これらの問いは……」）とは――で続けられている。〕

(13) もっと別の言い方をすれば、原世界 *Urwelt* は、「あらゆる次元の次元性」であって、「超越論的地質学」という一種の発生論的巨視的物理学によって捉えられる必要がある。これだけが、人間中心主義的なパースペクティヴでの問題設定に陥らずにすみそうな理論である。

(14) 〈自然〉は、メルロ＝ポンティによって一九五七～一九五八年、コレージュ・ド・フランスで行われた講義のなかで、次のように定義されている。「そういうわけで、単刀直入に言えば、存在の首尾一貫した構造があったのであるが、それを以下でこつこつと説明しよう（……）。知覚の宇宙はわれわれにこの事実性を明らかにする」。

(15) 〔訳注――この引用は不正確である。本論文中ですでに引用されているものとも違っている。元来は「分配の原

理、ある等価システムの軸」（VI., p. 258）である。〕

(16) このことは、『見えるものと見えないもの』三二八ページの一九六一年三月の計画がはっきりと示している。「第三部は、論理学でも意識の目的論でもなく、人間を所有する言語を研究する（……）。記述しなければならないのは（……）人間において自己を実現するものとしての、しかしいささかも人間の所有物ではない〈ロゴス〉である。」

(17) このようなわけで、メルロ＝ポンティは「可逆性」について語るのである。諸項《テルム》の一つを単独で検討することは、それをゆがめること、つまり台無しにすることを意味することになろう。言語ではなく（さらにこの探求の二番目の運動を参照するなら）、表現はそれゆえ、「運動における平衡」であり、その存在様式は基本的に弁証法的であるが、これは語のヘーゲル的な意味でではなく、メルロ＝ポンティ的な意味で、つまり『弁証法の冒険』や『意味と無意味』などの著作の中で何度も取り上げて主張している意味で、である。『見えるものと見えないもの』一二九ページにも次のようにある。「（……）超弁証法以外に良き弁証法はない。（……）。われわれが超弁証法と呼ぶものは、反対に、真実を受け入れられる思惟である。というのもそれは、関係の多様性と、いわゆる両義性とを、無条件的に検討するからである」。

(18) 〔訳注―― VI., p. 233.〕

(19) メルロ＝ポンティはそれを、次のように二重に定義している。「可視性、即自的な〈可感的なもの《サンシブル》〉の一般性、私自身のこの内的な無人称性」、そして、それは「物質ではなく、精神でもなく、実体でもない」ものである、と。それを指示するために、「エレメント」という古い用語が必要なのであろう。〔訳注―― VI., p. 184 参照。〕

(20) これについてメルロ＝ポンティは次のように書いて、その意味を明らかにしている。「それ〔形而上学〕は、われわれが個人や集団の歴史のあらゆる状況においてそれ〔人間のかかえているパラドクス〕に関して行う経験であり――そのパラドクスを引き受け、パラドクスを理性に変える行為である。それ〔形而上学〕は問いかけであるが、それを無効にするような答えが考えられないような問いかけであり、ただ問いをより遠くへと向け直す、決然とした行為である」（『意味と無意味』一六八ページ。〔ガリマール新版では一一七ページ〕）。

ベルンハルト・ヴァルデンフェルス

メルロ＝ポンティにおける表現のパラドクス

I

メルロ＝ポンティが表現のパラドクスと名づけた両義的な現象は、このフランスの現象学者が繰り返し引用してきたフッサールの一文の響きを受け継ぐものである。『デカルト的省察』第十六節、現象学的な方向性を持つ心理学の真の出発点を論じた箇所で、フッサールはこう書いている。*Der Anfang ist die reine und sozusagen noch stumme Erfahrung, die nun erst zur reinen Aussprache ihres eigenen Sinns zu bringen ist.* ――「出発点は、純粋な経験、いわばまだ無言の経験であり、重要なのは、その経験に固有の意味を、純粋な表現にもたらすことである」。フッサールはこの一節で、一つの反対表明をしている。経験のもとに、感覚的《サンシブル》所与や全体的な形式を導入してしまい、経験に対してその目指している意味を問いかけないことに反対しているのである。彼の目には、この出発点以上に明証的と思われるものはない。ところが、この出発点は一つのアポリアを隠しもっている。フッサールは用心深く、経験は「いわば」まだ無言であると、その要請に制限をつけている。もし経験が完全に無言であるなら、その経験に関して、何かしら言えるにせよ、固有の意味を見出すことはできまい。最初の語は無垢な経験をそこない、経験を曇らせ、経験とは縁のない意味を前提したり課したりすることになろう。まったく無言である経験は、沈黙を命ずることしかできないだろう。逆に、もし経験が、すでにそれ自身で雄弁であるとしたら、経験は経験自身を言表していることだろう。〈純粋な言表〉は、結局のところ、すでに語られてしまっていないようなことは何も語るまい。語るということが、それ固有の〈言語的衣装〉のうちに包みこまれ、それに固有の企図や構成を超えていくことができないか、あるいは〈存在〉そのもののつぶやきのうちに沈み込むことになるだろう。

『言説の秩序』[1]において、ミシェル・フーコーは、革新的な読解によって、現象学を、それが〈怠惰な〉媒介に閉じこもることもあり得るにせよ、こっぱみじんに飛び散る地点にまで運んでいった。フーコーは、伝統的「ロゴス嫌い」――言説の忘却ということもできる――を包摂する三つの主導的テーマを区別する。まず最初に、「言語《ラング》の空虚な諸形式」をその息吹によって生気づけ、「空虚な諸事物の惰性」に滲みこむ、創設的主体がある。ついで、世界との「最初の共犯関係」をとり結ぶ本源的経験が現われる。「事物は、われわれの言語がもはやそれを発見させることしかできない意味を、すでにささやいている」というわけだ。三番目にして最後のものは、至るところでロゴスの運動をわれわれに再発見させる普遍的媒介の可能性である。なぜなら、言説《ディスクール》は純粋なきらめき、「自分自身の眼に対して生まれつつある真理のきらめき」となるからだ。もし、普遍的媒介のプロセスの間で、すべてが言語であるならば、言説の旗色はそれだけ良くなることになる。というのも、「すでに整備された言説」として、言説はそれ自身の響きに還元されるからである。フーコーは、著作や著者への言及を一切しないまま、典型的なテーマをほのめかしていることを、銘記しておこう。このようにしてフーコーは、同時代の現象学者たちをフィヒテ主義者やシェリング主義者やヘーゲル主義者に分類しようという試みに抵抗しているのだが、われわれにもまた、そのような、出来はしても結局は虚しい戯れにつきあっている暇はない。それより、事物そのものの謎に眼を向ける方が有益である。

　フーコーの言語思想は、彼が自認している以上にメルロ＝ポンティに負うところがあるのだが、メルロ＝ポンティ自身は、裁断屋の巨匠ではなく、むしろニュアンスとぼかしの巨匠である。メルロ＝ポンティが先ほどのフッサールの文句を引く時には、彼なりの流儀でする。いつも要約して引用するのである。「いまだ無言の経験［……］をこそ、その固有の意味の純粋な表現にもたらすことが重要である。」慎重な〈いわば〉は消滅し、経験の出発点という問題が経験から表現への移行の問題に席をゆずる。メルロ＝ポンティとともにわれわれは、すでに第三の道の途上にあることに気づくのだ。この第三の道は、始まりへも終わりへも導かない一つの移行、一つの推移として、姿を現わす。同時にまた、メルロ＝ポンティがフッサールのあの主導的な一節をきわめて多様なコンテクストのうちで引用していることにも注意が必要である。[2]

　『知覚の現象学』の「序文」では（Xページ）、この一節はメルロ＝ポンティが形相的還元を論じるくだりに現われる。後期フッサールと相和して、メルロ＝ポンティはここで、諸本質がもつ理念性の経緯を、生きられた経験がもつ事実性の間接的な経緯として性格づけている。「フッサールの本質は、本質とともに経験の生ける諸関係をすべて引き上げてこなくてはならない。網が海底からぴちぴちした魚や海藻を引きつれてくるのと同様に」[3]。網が「ぴちぴちした」生を引き離すのは、生命的要素《エレメント》からであると、ここで早速そう反論することもできるだろう。しかしメルロ＝ポンティはすでに、事物に付着したままであるような本質、プラトンよりむしろプルーストを想起させるような事物の本質を、はっきりと視野に入れているのである。後に行われた講義の一つで（*RC*, 40）、彼は次のように書いている――「プルーストのプラトン主義といわれてきたものは、知覚された世界、あるいは生きられた世界を統合的に表現する試みのことである」。このように本質を経験へと送り返すことは、論理実証主義に対抗することである。論理実証主義は、「既成の言語」（*VI*, 168）から生じており、語義を、言葉《パロール》から遮断することによって、当の語義の生成からも切り離してしまうのだ。経験を語るにとどめるということ、これは経験が自己表現することを助ける代わりに、それに沈黙を課すことである。

フッサールの一節を論文《エセー》『弁証法の冒険』のうちに見出すとき、それはある実践的な、さらには政治的な色合いをおびることになる。ある長い注（一八六ページ）の中で、フッサール的な意味生成は、すでに「経験の中で始められ」ている――サルトル的な行為の「根拠のない絶対的なイニシアティヴ」とは異なる――一つの運動を延長する実践 *praxis* に繰り込まれている。それゆえ、まさにここで実践は、さまざまなシンボルがおりなす中間的世界を通じて、また「実践の風景」（二八六ページ以下）に取り囲まれることによって、経験を表現へと至らせることに寄与するのである。

後年の作品『見えるものと見えないもの』――ここで実践の風景は、「存在論的な風景」（一三七ページ）のうちに凝縮される――では、ある重要なくだりにおいて、あの主導的な一節とまた顔を合わせることになる。この章でメルロ＝ポンティは、本質と事実にとどまる経験の哲学、そして、問いかける思惟として、沈黙に始まり沈黙に終わる経験の哲学を詳述しているのだが、彼はこの章を終えるにあたり、哲学を「沈黙と言葉の相互転換［……］――いまだ無言の経験［……］をこそ、その固有の意味の純粋な表現にもたらすことが重要である」（二七一ページ）と性格づけているのである。メルロ＝ポンティは「意味論的哲学」について、「言語は沈黙によってのみ生きるのに、それを自己についてしか語らないかのように閉じてしまう」（一六七ページ）と、あらためて批判している。以上のように、メルロ＝ポンティにあっては、この同じ一節がライトモチーフのように繰り返され、それが若い頃の『知覚の現象学』を、歴史的実践《プラクシス》の哲学を、そしてまた後期存在論の言語的思惟を貫いているのである。とはいえ、当初のパラドクスは緩和されるどころか、むしろ「〈存在〉のパラドクス」にまで先鋭化されている。このパラドクスは、単なる「人間のパラドクス」として、われわれの認識の不十分さに帰着させられるようなものではない（VI, 180）[4]。

II

メルロ＝ポンティは、フッサールの先導的なこの一節に同意して、〈表現のパラドクス〉という理念、〈パラドクサルな活動〉・〈パラドクサルな企て〉としての表現作用という理念へと立ち戻り、そのようにして、表現の〈驚異〉、〈奇蹟〉、〈円環〉、〈謎〉、〈神秘〉が問題となってくる[5]。重要なのは、このパラドクスが正確なところ何に関わっているのか、パラドクスないし驚異をどのように理解するか、そしてメルロ＝ポンティがそれにどのようにして接近しているのか、ということである。

表現のパラドクスは、まず何よりも表現活動と表現作用そのものの内にある。現に行われている表現と、なお表現すべきもの——その表現手段や方法や形式、すなわち〈既成の表現〉との関係の内には、パラドクスがあるのだ。この場合、それがある特定の言語においてであれ、どのような特定の言語にも先行する一種の先言語においてであれ、〈既成の表現〉の中では、すでに何事かが表現されていることになる。ここで「表現」は、身体表現や事物の表現内容までも含むような、広い意味に理解されるべきである（VI,

168参照)。このパラドクスは、表現作用という、その構成要素に対する非同質的で非継続的な作用の内的緊張から生じる。メルロ＝ポンティにとってこのパラドクスは創造的表現のうちに凝縮されている。この創造的表現に彼は、子供の最初の表現努力から、政治の公式表現の空間まで、さらには詩や他の諸芸術の言語、そして科学の形式的モデルまでを含む包括的な射程を与えている。「表現は至るところで創造的であり、表現されたものは常にこの表現から分離することができない」(*PhP*, 448)。創造的表現について語るかわりに、われわれはまた表現的創造について語ることもできるだろう、というのも、表現と創造とは同じ一つのメダルの二面を表しているからである。表現作用は、純粋な能動と純粋な再創造として考えられるべきであるか、純粋な受動と純粋な再生産として考えらえるべきかだ、という両極端がここで除外されているのは、フッサールの先導的な一節の場合とまったく同様である。表現作用は、両極端——純粋な革新か純粋な反復か——の一方に、多少とも近くなりうるが、到達してしまうことはない。純粋な再創造は、言語学理論によってなら、言われたこと無しで言うこととして、言われたことの組織編成からまったく自由な言表することとして性格づけることもできようし、一方、純粋な再生産の方は、言うこと無しで、言われたことに、つまり言われたことの目録と組織編成のうちに、なおも言うという出来事そのものを統合するような純粋な言表されたことに照応するにちがいない。純粋に創造的な言説は、言うべき何ものをももっておらず、純粋に反復的な言説は言うべき何ものをももたないことになるだろう[6]。

したがって、創造的表現をパラドクスとして性格づけることは、この創造的表現という現象が、同質的決定へともたらされることもできなければ、より広大でより高度な決定の内に保留されることもできないような、アンチノミー的諸局面を呈すると言うことになろう。すでに指摘しておいたように、問題は、この場合、能動と受動との、未来と過去との、新しいものと古いものとの、始まりと終わりとの、アンチノミー的諸局面である。もし表現作用を、行為主体を前提とする表現活動の意味で理解するとしたら、アンチノミーは同時に、誰と何との対照《アンチテーゼ》、表現する主体と表現される客体との対照《アンチテーゼ》として現われ出ることになる。このパラドクスは論理的なパラドクスとは区別される。というのは、このパラドクスを単なる論理的に解きうる問題に還元してしまうことはできないからである。たとえばこの場合、対象言語とメタ言語とを区別するとか、うそつきのクレタ人のパラドクスのように、パラドクスを緩和したりする場合のように、パラドクスをむしろ事物そのものに帰することによって解きうるものとしてしまうことはできないのである。メルロ゠ポンティはこの点で、キルケゴールの衣鉢を継いでいる。キルケゴールはあらゆる思弁的媒介から、時間性と永遠との、有限と無限とのアンチノミーを免れさせたのである。実存によって占められた思惟の、如何に、は、考えられたものの、何、の内に、その場を見出すことはできない。メルロ゠ポンティにとって、表現作用は、一つの生成のうちに合体している(*PM*, 59)。何かが起こり、それが表現の内に生じ、その何かがたまたま表現するに至って、敷居が越えられる。この統一は、考えられるのではなく、なされるものである。それも、ある状態を別の状態に連結するのではないような〈移行の総合〉という形でなされるのである。もしわれわれが〈何かとしての何か〉という周知の差異に訴えるならば、表現作用は、まさしく、何かが何かとして生起することを示し、それが生成状態にある *in status nascendi* 意味だということを示している。この創設的作用が、奇蹟、謎あるいは神秘としていつも性格づけされるということ、このことはどんな形の非合理主義とも無関係で、むしろ、理性の事実を出来あいの理性のための犠牲には供すまいとする〈超合理主義〉と関係している。ライプニッツのようなコチコチの合理主義者ですら理性の奇蹟について語っているし、フッサールも「合理性の奇蹟 *Wunder der Rationalität*」(*Hua.*, VII, 394) を喚起するときや純粋我や純粋意識を「奇蹟中の奇蹟」(*Hua.*, V, 75)(7) と性格づけるときに、この定式を取り上げ直している。とすれば、メルロ＝ポンティが言語の奇蹟について語るとき、この奇蹟は、最初の日のままに驚くべきものであり続けている。それは「最初の事実」でも「最後の事実」でもある限り、他の何かから派生させることはできないし、新たな意義を所与の意義へと送り返す経験的な説明手段によっても、「知の最初の形式に内在する」(*PhP*, 447) 絶対知に頼る知的な説明方法によっても、駄目である。経験主義的な説明は、最終的には所与のモザイクと、事実の継起へと、意味を変形してしまう因果的思惟に結びつけられており、主知主義的な説明は、存在論的‐論理的内包、つまりすでにそこにあっていまだ展開されていなかったものの展開に帰着する。言われて‐いないことは、いまだ‐言われて‐いないこと、と同じことになってしまう。もし内的心理的生を表現作用の出発領域として措定するとしたら、表現は、内的な印‐象(＝内に押されたもの)が外部に到達させられるような単なる表‐現(＝外に押されたもの)に還元されてしまう。表現作用は、こうした内在化の形式と外在化の形式との間で解体させられることになろう。これに対し、メルロ＝ポンティは、「表現がある」という原的事実を保持する。これは、「意味がある」(*PhP*, 342)、あるいは「合理性がある」(*PhP*, xv) と言いうるのと同じことなのだ。一つの思惟は、それが表現を行う思惟たるかぎりで、常に自己からの隔たりを保ち、再度プルーストを連想させる「表現されるものの根本的な暗さ」(*PhP*, 449) へと送られる。プルーストは、『失われた時を求めて』(III, 898) のなかで、「真の書物」に「真昼の子ではなく、暗さと沈黙の子」であることを求めている。光へと至るものは、光の中にあるのではなくて、影の領域に取り囲まれたままなのである。

III

このパラドクスを、解消せずに扱うにはどうすればよいのか、またそれを、新たな実証主義にも現象学的実証主義にさえも至らないような思惟の〈実証性〉として、われわれの思惟の内に受け入れるにはどうすればよいのか、という問題が残っている。したがってわれわれは、一つの両義性に直面していることになる。メルロ＝ポンティは、〈よき〉両義性と〈悪しき〉両義性を区別することで、誰にもましてこの両義性を見事に語っている。彼の両義性の哲学は、まず、あれでもなくこれでもない、という否定の哲学であった。生ける身体が精神でもなければ身体でもなく、観念でもなければ事実でもないのと同様に、表現作用は、経験的諸事実へも精神的諸形式へも連れ戻すことはできない。もし否定的哲学をあれもこれもという肯定〔実証〕的哲学へと変形しようとするならば、〈悪しき両義性〉[8]、つまり「有限性と普遍性との混合物、内面性と外面性との混合物」が残ってしまうことになろう。そうなれば、この混合物は、――魂と身体とのデカルト的混合《ペルミクチオ》とまったく同様に――〈理性〉と〈自然〉のように異質の原理に密着したままとなろうし、新しいものは、古いもの、すでに与えられたものの合成でしかないことになろう。この告発ないし自己告発が当然のこととして評価され正当化されうるかどうか、ここで細かい検討はできない。いずれにせよ、若きメルロ＝ポンティが、経験の先行性、この作用の受動性のために表現の謎を目立たないようにしていたことはわかる。原初的経験の位格は、〈第一哲学〉という伝統的形式に行き着く危険を伴いつつ、ガラス製キャビネットの中で回転しているかのように、円環的決定によって常に予告されている。いくつかの例を『知覚の現象学』から引用して、それを例示することができる。たとえば、次のような文章がある。「感じうるもの《サンシブル》は私に、私がそれに与えたものを送り返すのだが、私がそれを得たのは感じうるものからである」、あるいは「われわれはわれわれの世界を選び、世界はわれわれを選ぶ」（*PhP*, 248, 518. 強調はヴァルデンフェルス）。

一九五二年、コレージュ・ド・フランスへの立候補に際して書いた報告書のなかでメルロ＝ポンティが示した計画はまた、彼がある種の行き詰まりから脱しようとしていることをはっきりと示している。この枠内では、道を開くのは表現という現象である。メルロ＝ポンティにとって、表現という現象の内には、〈よき両義性〉がある、「すなわち、分離された諸要素を考察することによって不可能と思われたことを成し遂げ、モナドの複数性、過去と現在、自然と文化を、単一の生地の内に統合するような自発性」がある。表現そのものは、移行の現象という形を取る。共時的でもあり通時的でもあるパースペクティヴのうちで、移行は表現として成し遂げられる。つまり自然は文化へと、過去は現在へと、無縁なものは固有なものへと、またそれぞれその逆へと、変化するのである。かくして、「無言の世界を言葉へともたらすことをわれわれに責務として課す〈ロゴス〉」は、「知覚された世界の〈ロゴス〉」[9]に出会う。表現においてこそ、ある〈ロゴス〉の別の〈ロゴス〉への翻訳が生じてくる、つまり、メルロ＝ポンティが後になって言うような、潜在的ロゴス（*λόγος ἐνδιάθετος*）の顕在的ロゴス（*λόγος προφορικός*）への移行である（*VI*, 224）。これは、普通の意味での〈転回〉*KEHRE* を示すのではなく、むしろメルロ＝ポンティは、自らの端緒をいっそう根柢的な用語で反復しようとしているのである。表現という現象を彼の思惟のこの急展開のうちで捉えることが重要だが、それは、メルロ＝ポンティが後年の著作『見えるものと見えないもの』において、啓示的なテーマ、つまり〈沈黙のコギト〉というテーマに関して――めずらしい調子で――自己批判を集中しているという事実からも、強調されてしかるべきである。この沈黙のコギトは、われわれに、言語がいかにして可能となるかではなく、なぜ言語が不可能でないかを理解させてくれる。「知覚的意味から言語的意味への移行、行動から主題化への移行を理解するという問題が残っている」（*VI*, 229 s.）。この移行は、表現の中に生じてくるものである。

IV

創造的表現のパラドクスを異質な諸要素へと解体したり、統一性を押しつけて解消したりすることを避けるためには、表現作用がそれ自身において、それ自身によって差異化されるのでなければならない。その結果、多様な差異のひとつの戯れが生ずることになり、それに明確な表現運動を与えることができるのである。われわれは、メルロ＝ポンティにおいていくつかの機能的概念を見出すが、そのうちで、諸表現の表現性が分節化され、それゆえ間接的に諸現象の現象性が分節化されるのである。

1　〈逸脱、隔たり〉――メルロ＝ポンティが何度も強調しているように、あらゆる創造的表現は、間接的、側面的に生じるのであり、直接的に、真正面から生じるのではない。あらゆる形成《フォルマシオン》は、表現の領野の内に差し込まれており、そのただ中で、多少とも、他の形成から自らを分かつようになるのである。形成は、マルローとロシア・フォルマリズムの影響を受けながら、メルロ＝ポンティ自身が述べているように、「一貫した変形《デフォルマシオン》」という形で、表現のある水準から逸れる。この逸脱は、多かれ少なかれその割合を増してゆくだろう。表現作用は、この逸脱が与えられた枠内に留まるか、あるいはその枠を変容し破砕するかに応じて、相対的な新しさと相対的な古さとの間を揺れ動く。絶対的な新しさあるいは絶対的な古さは、極限値としてしか考えられない。というのも古さと新しさとは、定義上、対照的だからである。すべてを変容させる逸脱はむしろ、微細で感じられないものである。それは、ちょうど土台が掘りくずされたり、石が層面に沿って割られたりするときと同じである。当初の変哲のなさだけがこうした逸脱を分類から免れさせ、逸脱に一つの新しい世界を開くことを可能にする。それはちょうど、つまずいた敷石の不均等さがプルーストの語り手にゲルマントへの道を思い出させ、忘れられた世界のすべてを眼前に蘇らせるのと、まったく同じである。

2　〈翻訳〉——経験を表現することは、それ自体、翻訳と解読の操作を意味しているという考えは、すでにプルーストにおいても同様に見出される。経験、この「内的な書物」は、作家によって発明されるべきものではなく、彼によって翻訳されるべきものである。「作家の義務と責務は翻訳家の義務と責務である」(10)。メルロ＝ポンティは、コレージュ・ド・フランスのある講義で言説の問題を論じて明確にプルーストに立ち戻りながら、次のようなことを認めている。「いずれにしても、誰もこれ以上によく、言葉《パロール》の循環論法とその奇蹟について表現したものはいなかった。語ることないし書くこと、それは、まさしく経験を翻訳することであるが、経験が引き起こすことばによってしかテクストにならないものである」(*RC*, 41)(11)。著者はこの主題に関して、『失われた時を求めて』の一節（III, 879）を引く。そこでは経験そのものの〈内的な書物〉の読解が創造作用として解釈されている。この創造的翻訳と創造的読解とのパラドキシカルな性格は、読解によって前もってあるものが見出されるだけといった原テクストもなければ（S, 54 参照）、ひとえに読解によって生み出されるといったテクストもない、ということに起因している。表現されるものに全面的に負うているような表現は、もはや創造的な表現ではあるまいし、一方、それにまったく負うところのない創造は、もはや創造的な表現ではあるまい。表現作用は、この両極端の間で、再び停止してしまう。翻訳が、出発点の言語を到着点の言語へと、両者を隔てる溝を埋めることなく導いていくのとまったく同じように、表現は、異なるものを固有のものへと、その異質性を排することなく変形する。完璧で、原本を忘れさせるような翻訳は、もはや翻訳ではあるまい。ここで、翻訳の精神から生じたヴァルター・ベンヤミンの言語思想へと架橋することができる[12]。

3 〈事後性〉——もし、表現作用が、経験の先行する相あるいは基本的な層といった何ものかを引き継ぐのだとすれば、それは、表現作用ではない何ものかに再び還元されることになろう。表現のパラドクスは、表現作用がそれ自身を先取りしているということ、表現作用が自分自身に先立ち自分自身よりも古いということを意味している。現在と過去は継起してはおらず、相互に入り組みあっているのである。この状況を記述するためにメルロ＝ポンティは、時々誇張表現を用いている。たとえば、あらかじめ与えられた自然を拠りどころとすることのできない現代絵画の努力を、「コミュニケーション以前のコミュニケーション」、「理性以前の理性」に帰する時などがそうである（*PM*, 79）。この先行性は、その表現を事後的にしか見出さず、「非反省的な基底」へ、「本源的過去、決して現在化しない過去」（*PhP*, 280）へと送り返す。この先行性はさらに、真理の運動の逆転ないし真理の遡行的形成、すでにベルクソンが書いていたような、「真なるものの遡行運動」を前提としている。メルロ＝ポンティは、ベルクソン主義を、印象《インプレッシオン》の哲学表現の哲学への移行から、事後的にしか現れない表現《エクスプレッシオン》の哲学への移行として解釈している。「私が感じうる世界について語ることは、感じうる世界の内にあるのではないが、しかしながらそれが言わんとすることを言うという以外の意味を持ってはいない。表現は、それ自身を前の日付にずらし、存在が表現を目指すように仕向ける」[13]。表現が前の日付になったり遡行的活動をしたりすることは、最初の表現、「最初の語」があったということを排除する。というのは、表現以前には何ものもなく、いかなる〈物のささやき〉もないのであり、語ることは自分自身を先取りし、「前人間的沈黙」の領域を取り戻そうとすることだからである（*PM*, 60 s.）。出発点のこの後退は、棚上げすることのできない前史のうちにその出発点を消滅させることになるが、これは、デリダやレヴィナスにおいて、事後的、痕跡、無‐起源のような用語のもとで示されることになるものを連想させてあまりある。

4　〈超過〉——表現作用は、自らを先取りすることによってしか成立しないし、自身に遅れてもいる。というのも、自らを表現するに至るものは、表現の運動そのものの中で、言われたことに対する目指された〔思念された〕ものの、および目指された〔思念された〕ものに対する言われたことの、超過として、「語によって満たされるべき、規定された空虚」（*S*, 112）として、姿を現わしてくるからである。この空虚は、日常の語を持たない失語症患者のように、あるいは、マラルメの如く日常の語を自らに禁じて、自分の書物のエクリチュールをたえず延期してしまう詩人のように（*PM*, 201）、白いページが「空虚の眩暈」となるまでに拡がっていく。決して現在とはならなかった過去に対しては、決して現在とはならない未来が照応する。未来と現在もまた、それゆえ、絡み合っている。もはや、終わりの言葉も初めの言葉もない。完全ですべてを言い尽くしたような表現があるとすれば、それなら言うべきことのすべてを言うことにもなるだろうが、当然それは、その始源を自ら統べなければならず、経験という「原テクスト」に信頼を寄せるのでなくてはならなくなろう。こうなったときにだけ、表現は、その終わりを統べることもできるのだろう。言語の奇蹟とは、それが日常の言語以上のものであるということだ。「言語的意味がわれわれを言語の向こう側へと向かわせるという［……］この驚異、これは、話すことの奇蹟そのものであり、話すことをそのはじまりやおわりによって説明しようとする者は、その生成を見失うであろう」（*PM*, 59）。

V

己れを差異化する表現作用は、決してその十全な意味の中にも十全な力の中にもない。それは、決して完全には己れの許にはいないし、ある程度まで常に己れとは異なるものに留まるのである。もし端的に己れの外部にあるとされる何ものかと関係を持つことができないとすると、外部は表現そのもののうちに侵入してくることになる。このような表現作用を強要される哲学は「それ固有の異質性」（*EPh*, 50）を有している。この異質性は、外部から生ずるのではなく、内部の裁きから生ずるのである。これはつまり、われわれの言説とわれわれの行為は、単に事実上の諸条件によって制限されているだけではなく、――アリストテレス的ないしデカルト的な古風な様式に則って――エネルゲイアないし能動の反意語としては考えられない受動性と受難＝情念《パシオン》によって住まわれる、ということである。このことはわれわれを最後の問いへと導いていくが、これが最も困難な問いであることが明らかになる。いかにして、表現作用は始められ、現に行われているのか？「それ固有の意味の表現へともたらすことが重要である」ような経験の課題はどのようなものか？　この「語によって満たされるべき規定された空虚」の課題はどのようなものか？　この未来分詞――*die zu bringen ist*（もたらすことが重要である）――は、表現の可能性という単純な課題からはみだしており、メルロ＝ポンティに、新しい用語によって、表現の驚異と真理の起源とを一緒に考えるようにさせたものだが、これは一体何を意味するのだろうか？『シーニュ』序文中に「［……］言うべきことがある、それは言われた物事の世界の内ではまだ明確な不安でしかないものである」(S, 27、強調はヴァルデンフェルス)という一句がある。これまた、生成すべき真理のうちに欠けているのでないのならば、どこからこの不安はやってくるのだろうか。

メルロ＝ポンティがこの問いへの答えを開いたままにしていることは驚くにあたらない。読むべき真理と説明すべき現実という、プルーストが自分の文筆家を直面させているもの(Recherche, III, 878, 882)に関わることについて文字上はまったく同じである。ありうべき最初の答えは、通常の言わんとすること、つまり、われわれをフッサール的な意味志向へと送り返し、言語と表現の欲望の内に挿入されているような、志向することのうちに見出される。とすれば、表現のパラドクスの背後には、与えられた意味や手慣れた言語的意義の彼方へ行こうとする「志向」(PhP, 445)が、あるいは、メルロ＝ポンティが別のところで言う「表現の意志」(ÉPh, 75)[14]が、あることになろう。

しかし、この考え方はまだつきつめられていないものだ。というのも、単なる目指す〔思念する〕ことの彼方で、言うことは、言わんとすることにおいて、全面的に確固たるものとなるからである(S, 112参照)。言わんとすることとしてのみ実現される目指す〔思念する〕ことは、「語が言わんとしていること」に従属したままである(PhP, X)。意味志向は間接的な志向という形をとって現われ、水中の棒のように、異質な環境のうちに折り曲げられ沈められているのである。

生ける身体について語ることは、機能的・言語的な生ける身体——言語的・生理的な身体の表現手段に従属する——を通して実現され、最終的には一つの逆転に行き着く。語の内で、「語が言わんとすること」も表現されるにいたる(同上)。その自発性がまさに私が始める以前の私と共に始まるという事実によって定義される生ける身体は、語る主体の非我有化と、その権能の部分的剝奪に行き着く。言わんとすることは、諸事物や諸要素が同じように関与する前言語にまで及ぶ。単なる〈我語る〉は、〈それが語る〉あるいは〈言語《ラング》が語る〉に変わるわけではないが、それでも、「言語は我々を超越している、にもかかわらず、我々が語る」(*PhP*, 459)という具合に中心軸がずらされるのである。『シーニュ』序文の定式(二七ページ)をほんの少し手直しする程度でも、ハイデガーとの類似を示すには十分だろう。「かくして、物事は言われてしまっており、考えられてしまっており、それはまるで、われわれが所有するのではなくわれわれを所有している〈言葉《パロール》〉と〈思惟〉によってそうされているかのごとくなのである」。〈かのごとく comme〉がメルロ゠ポンティを本当に〈転回《ケール》〉してしまわないようにしているのである。

以上のようなことが表面化するのは、四〇年代終わりから五〇年代初めにメルロ゠ポンティに生じた、[15] 生ける身体による実存範疇的な言語理解から構造的な言語理解へと移行する際である。この新たな理解は、——与えられた可能性を現実的なものとするにとどまらず、あるものを取り上げたり見直したり、またあるものを放棄したり距離を置いたりするような——創造的表現という彼の考えにおいて頂点に達する。こうした表現の選択的形態は、常に暴力の契機を内包する「戦闘的表現」として現われる、というのも、この限定された可能性の現実化は、それ自体としては、その現実化を全面的に正当化するに足る根拠を持たないからである。[16] 表現の暴力は、その偶然性の裏面である。このような見方は多くのことを意味するのだが、しかし、それがすべてではない。可能性を単純に複数化してしまうと、われわれはフーコーやドゥルーズに近づくことになろう。そうなれば、表現作用の動因に関わる問いが解かれるときがあるとしても、それはその動因がまさに諸力の戯れへと送り返されるときであり、つまりは、その問いが真に解決されることはあるまいと言うに等しいものへと送り返され、まったく別の問いを終焉させる〈陽気な実証主義〉へと送り返されるときであることになるだろう。

しかし、ただちにもう一つ別の局面がメルロ＝ポンティの表現概念の内に浮かび上がってきて、その重要さを次第に増してくることになる。表現は創造的表現の形式を持つのみでなく、同時に応答の表現という形式をも持つのである。表現のパラドクスに話が及ぶ現象学の存在論的再解釈において、次のような簡潔な定式が見いだされる。「〔……〕欲望の忍耐強く沈黙した働きの内で、表現のパラドクスが始まる」(*VI*, 189)。ところで、欲望は意志ではなく、欲望の背後にはその源泉となるような主体はない。当の欲望を働くがままにしておきたいとするもう一つ別の欲望を持たぬような欲望はないし、当の欲望をさまたげる法を持たぬような欲望もない。ラカンを思わせるもの、またおそらくは既にレヴィナスを思わせるものがあることに気づかないわけにはいかない。言わんとすることの諸志向は、言うべき何ごとかによって妨げられる。言うべきことは、単に実現しうる要求や実現された要求を意味するばかりでなく、実現すべき要求をも意味する。芸術家の活動は、諸可能性の単純なテストであることをとうに超えてしまっている。「生きられる個々の物（時として取るに足りない物）からこそ、倦むことのない同じ要求、表現されんとする要求が出現する」(*PM*, 106)。メルロ＝ポンティがプルーストをほのめかしているこの引用文中で、経験が自ら発言していないのは、それはまさに、経験こそが言葉を生じさせるのだからである。後年の著作の研究ノートの一つには、次のような文言がある。「〔……〕無定形の知覚世界〔……〕、いかなる表現様式も含まず、けれどもあらゆる表現様式を呼び求め、要求し、そして画家一人一人に新たな表現努力を繰り返し生じさせる――この知覚世界は、根本的にはハイデガーの意味での〈存在〉なのである。〔……〕この存在は、いずれ語られるはずのことすべてを含みながらも、それをわれわれが創造すべく残しておいてくれる（プルースト）ものとして現われてくる。*λόγος ἐνδιάθετος*〔潜在的ロゴス〕こそが *λόγος προφορικός*〔顕在的ロゴス〕を呼び求めるのである」(*VI*, 223 s.)。われわれはあらためて、諸事物における風変わりな〈要求〉に直面する。他のくだりでも言及されている要求ないし尋問である。創造的表現は応答の表現となるが、それは単に自己に与えられた固有の可能性を取り戻すことによってだけではなく、それを引き起こす他者の要求に同意することによってそうなるのである。暴力は、ここにおいて、諸可能性を犠牲にすることだけでなく、諸要求を隠すことをも意味する。ここで人はもはや、決して現前したことがなくこれからも現前しないであろう過去と関わらないだけでなく、むしろ、自己の要求を失うことなしには現前であることができない「取り返しのつかぬ不在」(VI, 211)と関わるのである。だからといって、自らを表明しその応答を求めようとするに至るものの背後に、何か普遍的な規則や理念的な合意があることになるわけではない。もしそうなら、表現は単なるある法の成就にすぎないことになってしまうだろうし、合目的化された秩序は、一つの法的秩序にすっかり取って代わられてしまうことだろう。

レヴィナス側から考えて、創造的応答を生じさせるこの要求は本当に不可避の免れえないものかどうか、と問うこともできよう。要求が生じてくるのは他のものからであり、レヴィナスのように他者や他者たちからくるのではないということは認めねばならない。メルロ＝ポンティにとって、それを棚上げしておくことができないような他性の次元がある。ここで現われている問題、そして若きデリダがレヴィナスに関する論攷で提起した問題は、他の人間のユマニスムに還元することはまったくできない。このことを別にすると、他者から生じてくる要求は本当に不可避で免れえないものなのかという問題が残る。メルロ＝ポンティに対して、単なる感覚論《エステティク》の領域内だけでしか仕事をしていない、と非難することもできるだろう。けれども、メルロ＝ポンティがまったく別の領域をも考慮していた[17]という事実をさて措くとしても、彼が形や色や音を問題にしているからといって、やはり〈単なる感覚論〉などと言うことは避ける必要があろう。エクリチュールの内にも思惟の内にも、プルーストが『失われた時を求めて』において、作家を義務と使命とに直面させるときに訴えかけていたエートスが存在しないだろうか。これは作家ベルゴットの快楽主義的な生ではなく、プルースト的語り手が「未知の法」について語るようにしむける彼の死である。この「未知の法」は、われわれのうちにその痕跡を残し、その法なくしては、小さな黄色い壁面上で、一楽節の上で、生の痕跡上で、一人の芸術家が骨を折っていることが理解できなくなってしまうにちがいない[18]。メルロ＝ポンティが先に引用した一節（*RC*, 41）で提起していたように、話すことと書くことは、あたかも文学が「真に生きられた［……］唯一の生」（*Recherche*, III, 895）であったようには、生の必要十分なスタイルに昇格させられることはできない。けれども、話すことと書くことは、生のある種のスタイルを産み出しはするのであって、そのスタイルは、独特の要求を自らに課し、交際を絶たれた人々に対しても同様に利益をもたらすものなのである。メルロ＝ポンティは、明示的な倫理はどれも信用しないたぐいの人である。だが、それは、あらゆる表現形式に混ざり合った暗黙の倫理形式があったということと相容れないわけではない。このことは、いくつかの問いを保留しておくことになる。けれども、倫理学と感覚論をありきたりのやり方で境界づけてしまうと、最も多様な生と表現とのスタイルのもとに潜む表現作用を、まるっきり取り逃がすことになるのである。表現のパラドクスに留意するメルロ＝ポンティの思惟は、原理主義《フォンダ》〔基礎付け主義《マンタリスム》〕や構成主義の極端なヴァリアントに対しても、言語学的プラグマティズムや解釈学的もしくはプラグマティックな伝統主義に対しても、いわんやポストモダニストの戯言に対しても、同じように抵抗する。彼は、フッサールと現象学に関する晩年の講義で、次のように言っている。「精神のあらゆる産出行為は応答と呼びかけであり、共同産出[19]である」（*RC*, 166）。しかしながら、もしあらゆる産出行為を表現として考えるべきであり、表現は創造的‐応答的表現として考えるべきである、とするならば、「精神」「産出」「共同産出」とは何を意味することになるのだろうか。表現のこの営みは、あらゆる根柢的表現の営みがすべてそうであるように、ここでまた己れ自身の帰結に背を向けることになるのである。表現の営みは、私の前に立ち止まらない。『テスト氏』の思想の一つは、次のように定式化されている[20]——「私とは、部分的な不統一のひとつひとつ——つまり挑発してくるもの——への瞬間的な応答である」。表現のパラドクスの特性は、表現が動員され、駆り立てられ、他者に耳を傾ければ傾けるほど、より一層表現らしくとなる、という点にあるのである。

（ドイツ語より仏訳——アラン・ペルネ）

注

（1） Paris, 1971, p. 47-53.

（2） メルロ＝ポンティの著作は、次のようにして引用する。——*ÉPh* : *Éloge de la philosophie*, Paris, Gallimard, 1953 ; *PM* : *La prose du monde*, Paris, Gallimard, 1963 ; *PhP* : *Phénoménologie de la perception*, Paris, Gallimard, 1965 ; *RC* : *Résumés de Cours, Collège de France, 1952-1960*, Paris, Gallimard, 1968 ; *VI* : *Le visible et l'invisible*, suivi de *Notes de travail*, Paris, Gallimard, 1964 ; *S* : *Signes*, Paris, Gallimard, 1960.

（3） 言語的・表現的網のモチーフに関しては、*PM*, 66 ; *VI*, 158 も参照。さらに、プルースト『失われた時を求めて』(Paris, Gallimard, «La Pléiade», I, 179)。この箇所で、まだ若い語り手は、いまだ整理されていない記憶の宝庫に思いをめぐらしている——「そんなわけで私には、ある形、ある香りに包まれているあの未知のものが、もう気がかりではなくなっていた。私は、釣りに行かせてもらった日には、新鮮さを保つため、草でおおった魚籠の中に入れて魚を運んだものだが、ちょうどその魚のように、あの未知のものを映像にしっかりとくるんで持って帰れば、この映像の下で、それは生き生きしているだろう、と安心したのである。」

（4） ロワイヨモンでメルロ＝ポンティは、フッサールが「いまだ無言の経験をその固有の意味の表現にもたらす」よう要求することによって、現象学に「困難な、ほとんど不可能な仕事」をあてがってしまったことを、はっきりと思い出させている、物の沈黙と哲学のパロールとの間にくっきりと浮き上がってくるもの、「それはある種の一致や予定調和などではなく、一つの困難であり緊張なのだ」(M. Merleau-Ponty, «Husserl», *Cahiers de Royaumont*, Paris, 1959, p. 158). フッサールの『デカルト的省察』の「ささやかな一節」がメルロ＝ポンティの思惟に沿って被った意義の変化に関しては、J. Taminiaux, *Le regard et l'excédent*, La Haye, Nijhoff, 1977, chap. VI. の入念な解釈を参照。

(5) とりわけ、*PhP*, 445, 448 s. ; *ÉPh*, 46 ; *PM*, 51, 59, 61, 160 ; *RC*, 41 ; *VI*, 189 を参照。*RC*, 23 でメルロ＝ポンティは、文学的なエクリチュールに伴う一連のパラドクス、語ることと沈黙、これを問題にしている。

(6) 言うことと言われたこととの間の根本的な差異、これはメルロ＝ポンティによる語る言葉《パロール》と語られた言葉《パロール》との区別――レヴィナスにおける言うことと言われたことの区別――にも、言表することと言表されたこととの間の言語学的な差異にも、同じように関係がありうるものだが、こうした根本的な差異に関しては、拙著 *Antwortregister*, Francfort, Suhrkamp, 1994, 特に II, 1-3 を参照のこと。

(7) しかしながら、フッサールは次のように続けている。「そして、その奇蹟が多くの困難な学問的諸問題をもった一つの学問全体に姿を変えるまさにそのとき、この奇蹟は消滅する……」。同じく、『危機』において主観性のパラドクスが解消することを参照されたい（*Hua.*, VI, § 54)。

(8) 次のタイトルで公刊されたコレージュ・ド・フランスへの立候補に際しての報告書―― Un inédit de Merleau-Ponty, *Revue de métaphysique et de morale*, n° 4 (1962), p. 409. 両義性については、筆者の *Phänomenologie in Frankreich*, Francfort, Suhrkamp, 1983, p. 174 s. を参照。

(9) 立候補に際しての報告書（前注参照), p. 408 s.

(10) *Recherche*, III, 890. 解釈学の熱意にとりつかれて、ドイツ人女性翻訳者は、翻訳家ではなくて解釈家について語っている。翻訳の理念については、*ibid.*, III, 896 参照。

(11) それ自身で既に明晰な意義から出発する従来の翻訳というものについては、*PhP*, 445 参照。

(12) この点については A. Hirsch, *Dialog der Sprachen. Studien zum Sprach- und Übersetzungsdenken Walter*

Benjamins und Jacques Derridas, Munich, W. Fink, 1994. 参照。

(13) 印象から表現への移行には、だれもが既成の表現では満足できず、大変な表現作業を必要とするのだが、この移行に関しては、再度、プルーストの「詩法」を参照。*Recherche*, III, 880.

(14) このような逆転は同様に『失われた時を求めて』の語り手にとっても生じている。記憶は、その意に反して語り手がもはや語らなくなる瞬間に始まる——「木々よ、[……] きみたちはもはや何も私に語らない」、しかしそこで石たちが話し始める——「私を捉えて [……]」(cf. III, 855 et 867)。

(15) このテーマに関する私のコメントは、*Der Spielraum des Verhaltens*, Francfort, Suhrkamp, 1980, chap. 6〔邦訳：新田他訳『行動の空間』白水社、第七章〕を参照。

(16) このテーマに関しては、*PM*, 183, 195, 197 s. 参照。ここで、フーコーにおいて開かれた問題として残されている権力の問題へと架橋することができる。この点について、私の暴力に関する考えは、*Der Stachel des Fremden*, Francfort, Suhrkamp, 1990, chap. 7, 特にp. 114を参照。

(17) メルロ=ポンティの実践-政治哲学における創造性と応答性との関係に関しては、Martin Schnell, *Phänomenologie des Politischen*, Munich, W. Fink, 1995を参照。

(18) 『失われた時を求めて』III, 188参照。このたぐいまれな一節の応答的パースペクティヴに関しては、拙著*Antwortregister* (1994), III, 12.3を参照。

(19) 〔訳注——ヴァルデンフェルス（あるいはその仏訳者）はcoproductionと記しているが、メルロ=ポンティの原文では、co-productionとなっている。〕

(20) Valéry, *Œuvres II*, Paris, Gallimard, «La Pléiade», 1960, p. 69.

フランソワーズ・ダステュール

ことば《パロール》の身体

『知覚の現象学』の注記(1)で既に言及されているように、メルロ゠ポンティはフッサール晩年のテクスト「幾何学の起源」を早くから読んでいたが、これを後の一九五九年〜六〇年には、コレージュ・ド・フランスの講義で何回にもわたって注解することになる。(2) このテクストの中で、フッサールは以前の立場からすると意外な転回をとげ、言語に理念的対象性の可能性の条件を見、「いわば言語的肉（*Sprachleib*）を与える」(3) までになる。こうしてフッサールは、真理の客観性――この場合は幾何学的理念性の客観性――が、感じうるもの《サンシブル》のうちに登記されてのみ構成され得ることをほのめかしている。この感じうるものは、意味《サンス》の理念的純粋性を濁らせるどころか、逆に意味が明るみにさらされるようにする。それゆえ、言語《ラング》はここで、理念的なものが生まれるこの生ける身体として考えられているのであって、コミュニケーションの生気のない道具として考えられているのではない。かくてフッサールは、自分自身では発展させることはなかったにせよ、言語と身体に関するまったく別の思惟の諸前提を、提起したのであった。

言語《ラング》を道具としての地位から引き離すこと。また、ことば《パロール》は長い間伝統的に諸事物とわれわれの間に幽霊のように透明な身体しか置かず、かくて自らを忘れさせるに至る「純粋言語《ランガージュ》」という幻のような地位に追いやられてきたわけだが、このことばに生身《シェール》の身体と生来の暗さを回復させること。この二点がまさに『行動の構造』以来、メルロ＝ポンティが自らに課してきた課題の一つである。

なるほど、周知のように、『知覚の現象学』に続く時期、つまり『世界の散文』なる未完のテクストを起草していた頃にこそ、メルロ＝ポンティは反省哲学による多くの反論をしのぎつつ、決定的に「言葉《ランガージュ》の神秘」と表現現象に開眼する。けれども、最初の著作以来、メルロ＝ポンティが、心身関係を理解するモデルとして、音と意味との併合としての言語から作られた伝統的な表象を使うやり方を、根本的に問題にしていたことを思い起こす必要がある。(4) というのも、考えなくてはならないのは、心と身体の結合と区別とを同時に可能にするものなのであり、意味の出生と、世界への精神の到来なのである。「理念と現実存在の不可識別な結合(5)」を意味するものとしてのゲシュタルト概念に訴えることによってメルロ＝ポンティは、質料と形相の関係を唯物論やスピリチュアリズムや批判主義とは異なるやり方で考え、外在性でも内在性でもない関係を両者の間に見ることができるようになった。このとき、質料と形相の結合は、経験的なものであるどころか、それによって一つの意味が質料の一断片に「住む」ことになる「原的作用」に基づいていることになる。(6) とすれば、住むという「メタファー」は、この最初の著書からすでに、フッサールにとって長い間重要だった生気づけという古典的メタファーに取って代わり、身体と精神の非実体的二重性を示すものとして召喚されているのである。このときメルロ＝ポンティはこの二重性を、ヘーゲル的ともフッサール的ともいえる言葉《ランガージュ》遣いに従い、構成されたものと構成するものの弁証法から出発して理解するよう、われわれを促したのである。

　かくして身体は、物の塊という性格を失って、主体のすでに構成された権能の総体として現われることになり、こうして身体の習慣はすべてすでに、現勢的な我がそれを通して新たな意味に到達する「触れることのできない身体」と見なせることになる。メルロ＝ポンティは、「精神は、身体を使うのではなく、物理的な空間の外に身体を移しながら、身体を通して自らを実現する」(7)と書いている。それゆえ、物理的なものから精神的なものへの移行というこの「原的作用」――これは後に「原初的表現」(8)と名付けられることになる――についてこそ、超越論的なものに関して、構造概念と新たな理解とを用いて、もっぱら主知主義的にではなく説明することが大事である。(9)それゆえ、『知覚の現象学』の中で明言されているように、ガブリエル・マルセルとは反対に、存在関係には内世界的な述定的意味のみを与え、所有関係をその強い意味、つまり「習慣 habitude」という語の語源そのものにおいてひときわ目立つ「主体と主体が己れを投企するものとの関係」(10)を示すような意味で理解する方がよい。というのは、所有関係によって、内属を超越として理解できるからである。したがって、この「内属における超越」は、メルロ＝ポンティにとって、もはや単に「客観化的」なのではなく、フッサールの表現そのものに従えば、まさに「作動的」志向性の母胎にほかならない。というのも志向性は、物理的世界の内にも文化的世界の内にも己れを投企する意識の事実だからであり、本来「我思う」としてではなく「我能う」(11)として考えることが重要なものだからである。心身関係であれシニフィアン・シニフィエの関係であれ、これを理解したいのならば、この「作用」ないし原初的「表現」へと遡行しないわけにはいかない。「心身関係を概念と語の関係に比べることはできる。ただし、分離による産物の下に両者を結びつけている構成作用があることを認め、思惟の外的付属物ないし偶然的な衣装である経験的言葉《ランガージュ》の下に、思惟の唯一の現実化である生けることば《パロール》を見出す、という条件でである。このことばにおいて、意味が初めて表明され、かくて意味として基礎づけられ、後の作用のために待機的なものとなるのである」(12)。

　こうしてみると、すでに一九四二年、メルロ＝ポンティは、旧来の言語《ラング》の心身対立の起源に(13)「生けることば」を発見していたのであり、よって生の現実性そのものと生の結合能力とに依拠していたのであるが、それは思惟と言葉《ランガージュ》の表面上の分離、つまり、言語《ラング》を思惟の「偶然的な衣装」にしてしまい、結果的に、意義《シニフィカシオン》の真の「身体」とは認められなくなるというパラドクスを招来することになる分離の裏をかくためなのである。偶然的な多様性のうちにある経験的《アンピリーク》な言葉の「下を」自己同一的な意義の帝国が統べている、という考えは、本当をいうと、単に言語に関する素朴な見方であるだけでなく、最初から意義に関する現象学的理論を要求するものなのである。

『論理学研究』の序文においてフッサールは、純粋論理学の仕上げのための現象学的探求が、言葉の感覚的側面と、この側面を生気づける意義の結合にかんする分析を怠ってはならないことに気づき、「論理学的諸体験の文法的局面をも検討することが不可欠であること[14]」をはっきりと示してはいるが、言語表現のうちに、まずそこで純粋論理学の真の対象である意義が与えられる「文法的衣装」を、検討し続けることはしない[15]。だから、〔『論理学研究』第二巻〕第一『研究』においてフッサールが、指示という純粋表現はすべて、ことばが実際に発言されることなく単に「表象される」ような独白している自己への現前においてしか起こらないことを主張し、真に言葉《ランガージュ》が存在するのは、原理的にいって、意義が言語《ラング》の身体から解放されるところだけであり、かくて言葉は記号の偶然性からは独立であるとするのも、まったく驚くにはあたらないのである。

けれども、言語を意義の偶然的な上部構造と見るこの考え方は、初期フッサールの論理主義、つまり彼の「純粋文法」という企図、「言葉の形相学」――後にメルロ＝ポンティも、当然ながらこれを強調して「ことば《パロール》なき言葉《ランガージュ》[16]」という理論に練り上げることになる――から出てくるばかりではなく、むしろ、この考え方は『存在と時間』における意義に関するハイデガー流のアプローチをすら命ずるものなのである。一九二七年、ハイデガーはまだ、有意義性が世界の構造そのものと、世界内存在の、語の論理学的意味での意義への開けの可能性の条件をなすのならば、「意義の方でも語とことばの可能的存在を基礎づけている」[17]と考えている。ことばは、かくてまた、意義に「基礎づけられた」現象としてあらわれる。これが純粋にフッサール的なパースペクティヴに従っていることは、ここで基礎づける *fundieren* ということばが使われていることによって示されている。それゆえ、後にこの一文に、ハイデガーがトートナウベルクで使用していた自著の手沢本――有名な山小屋手沢本――に次の欄外注記が付されたのを見ても驚くにはあたらない。「間違い。ことばは追加的な階層を構成するのではなく、逆に、現としての限りでの真理の本源的現成である」[18]。けれども、ハイデガー自身の言うところでは、〈論理学〉に充てられた一九三四年夏講義の際、ロゴスに関するこの省察で、実際は、意義に関する論理学的な問い[19]を立てようとしたのではなく、それのみが真に原的な現象であることばの現成に関する問いを立てようとしたのだが、これを見出すには、その後数年待たねばならなかったのである。

　ところで、まさにこのことば《パロール》の現成という原的現象こそ、メルロ＝ポンティが『知覚の現象学』において表現としての身体とことばに充てた章の中で着目したものである。というのも、言葉《ランガージュ》を生理学的純粋現象へと還元してしまう経験主義と、言葉の中に純粋な範疇的作用しか見ない主知主義とに反対して、「語は意味を持つ」というこの単純な注意[20]を、うまく活用することが何より重要なことだからである。メルロ＝ポンティが経験主義と主知主義との間に見た類縁性は、そのいずれもがことばという現象を全体として捉えることができていないことに由来するものである。経験主義は発声を真のことばたる内的作用の単なる「外観」としか考えていないし、主知主義は逆にリアリティを言語的イメージのうちにだけ見てしまっている。両者共にことばのうちに、生理学的ないし心的メカニズムに服した現象を見る点で一致しているのである。そのいずれに対してもメルロ＝ポンティは、語についてのまったく異なった考え方を対峙させる。その考え方は、語を単なる生気のない外観ないし純粋に物理的な現象とするのではなく、逆に語の内にひとつの超過 *exis*、ひとつのハビトゥス *habitus*、恒久的な布置を見、かくて、ものごとの内に住み意義の媒体たらしめる内的な能力を語に与えるのである。[21] 確かにメルロ＝ポンティは以下の点を注意深く、二度繰り返して[22]強調している。それは、単に思惟と事物を明示する《シニフィエ》だけでなく、思惟を実現すると同時に事物を乗り越えさせる語の力は、真正のないし原的なことば《パロール》においてのみ有効だ、ということである。このことばは、思惟されたものや知覚されたものを、通常の言葉《ランガージュ》においてではなく、むしろそのうちに「二次的表現」を見るべき言葉において、はじめて表明する。ちなみに、この諸々のことばに関することば、これをドイツ語ではとても暗示的な仕方で「空談 *Gerede*」と名付けているが、これは談話《ディスクール》がそれ自身に集中すること、つまり無駄口、おしゃべり、ひとが‐語ること、である。実際、日常性分析の枠内でこそ、ハイデガーは、言語《ラング》というすでに表現されてしまった存在と実存というすでに開示されてしまった存在とが構成するこの「積極的現象」を強調せざるをえなかったのである。これが積極的現象だというのは、人間的存在たることばの存在にとっては、まずそこでことばが成長しなければならないこの日常的な開示を免れることなど問題にならないからであり、それゆえ、即自的世界という処女地の前に立つことがいつかできるのだとか、そのとき現われるものを見て取りさえすればよいのだ、などと考えてはならないのである。[23] ことばが自分の語っているものと直接の関係を持たず、単にことば自身をやりとりしあい同じことを繰り返すことにあるものであるから、そのようなことばの様相はやはり「頽落」であるに変わりはない。[24] それゆえ、言葉《ランガージュ》の存在を説明するためにはこの水準に止まるわけにはいかない。そのためには、ことばのより原的な様相を召喚しなければならないのである。その範例をハイデガーは一九三〇年代には、詩のうちに見出すことになる。[25] つまり、言語《ラング》の詩的経験からこそ、存在のすみかとしての言葉《ランガージュ》という有名な定義が出てくるのである。一九四六年、リルケ没後二〇年の機会にリルケに捧げた講演で、ハイデガーは、われわれは言語を媒介にしてしか物事に近づけないとまで言うに至り、次のように書く。「われわれが泉へ行くとき、われわれが森を横切るとき、われわれは常にすでに「泉」という名、「森」という名を横切るのであり、たとえわれわれがこれらの語を発さなくとも、たとえわれわれが言語《ラング》について考えなくとも、そうなのである(26)」。

それゆえメルロ＝ポンティは、語ることばと語られたことば(27)、あるいはむしろ、制度化することば(28)と制度化されたことば(29)とを区別することによって、ことばの二様相の対立、つまり、一方、「生まれながらの状態での意味志向」へと送り返すことと、他方、ことばの作用の「沈澱」へ、および存在における意味たる存在の彼方から「着地させること」へと送り返すこと、この両者の根本的な対立を見出すのである(30)。たしかに、ここで沈澱というフッサールの地質学的メタファーが取り上げ直され、表現作用、より正確にはことばの作用が、「存在の厚みのうちに」これらの「空虚な領域」を開く力があるという考えが、メルロ＝ポンティには見られる。この領域のおかげで人間存在は自然の内に閉じこめられることから免れるのである。けれども、メルロ＝ポンティが強調しているように、このような免れていることは、彼にとっては人間性を定義するのにだけ役立ち、表現的振る舞い全体を性格づけるのであるから、言語という特有の場合においてのみ待機的《ディスポニブル》な意義の蓄えをなすことができるのである。「ただひとつ正しいこと――そして通常言葉《ランガージュ》に認められている特別な立場を正当化すること――は、あらゆる表現的な活動のうちで唯一ことば《パロール》だけが沈澱して間主観的獲得物となりうるということである(31)」。沈澱という作用は、ここで、書くこと《エクリチュール》――もっとも、メルロ＝ポンティは書くことに「ことばの本質的な変化(32)」をしか見ず、ことばと異なる作用とは見ない――におけることばの保存可能性へと送り返されるだけではなく、ことばそのものの内在的なプロセスへと送り返されるのである。このプロセスによって「ことばは、自分が偶然的な事実であることを忘」れ、かくて同時に自分自身に基礎を置き、われわれに「ことばなき思惟」、つまりほかならぬ〈理性〉[33]と名付けられた純粋な意味《サンス》という執拗な錯覚を与えることができる。とすれば、この表現的作用の特徴をなしているものこそことばなのであり、その際限なき反復可能性こそがまさに、ことばについて語ることを可能にもすれば、原初的な表現の経験の「地盤」を離れる危険を冒すことを可能にもするのである。それゆえ、反復というこの内的な力こそがことばの意味する能力と同時に待機的な意義の内で固まってしまうことの原因であることがわかる。「言葉《ランガージュ》を通して人が見抜くのは、自分自身を反復し、自分自身に依拠し、あるいは、波のように、自分自身の彼方へと自らを投企するために自身を結集し捉え直すような機能なのである」[34]。メルロ＝ポンティがこのようにことばに認める「本質的な力」は、本当のところ、フンボルトによれば *Sprache* の本質そのもの、つまり「既成の所産（*ergon*）ではなく、まさに生成しつつあるもの（*energeia*）」[35]にほかならない。しかしながら、このことばの活動を単に世界と人間との外的な関係を作る働きとして理解することが問題なのではない。より深く、アリストテレスが『霊魂論』の中で定義したような人間の魂、つまり *epidosis eis auto*、自分自身から出発して進展するもの、このような内的産出性――これによって言語がそれ自体の結果として構成される――として理解することが重要なのである[36]。

以上のことから、メルロ＝ポンティの次の定式もよく理解できるだろう。「ことばは自然的存在に対するわれわれの実存の超過である」[37]。この超過は、なるほど、歴史ないし文化の超過にほかならない。歴史ないし文化の発展は、保存されたものを保存し乗り越えることによって継続し、ガダマーがドロイゼンに即して強調するように、単に反復するだけの自然のあり方とは対立する[38]。しかしながら、どんな表現作用においてでもではなく、言語という特殊な場合においてこそこの歴史性は本当に蓄積され、ソシュールが正当にも言語《ラング》の「財宝」と名付けたものを形成するにいたるのだが、これは、あらゆる表現作用のうちで、言語だけが自分自身を対象とすることができるからである。言語にこれが可能なのは、自分の対象を自分で構成するからで、逆に、たとえば音楽は、自分の対象を外から受け取るのである。メルロ＝ポンティは実際、音楽に関してきわめて正当な指摘をしている。音楽家は、各自がはじめから仕事をやり直さねばならず、音響的素材という外在性を、どこまでもその人独自のものでしかない手段によって我がものとしなければならないのである。これに対してことば《パロール》の場合、音声的要素と意義との結合は非常に長い伝統の結果であり、この伝統が「音のない音楽という考えが不条理であるのに対して、語のない思惟という理想(40)に達することを可能にする、と言う。実際、言葉がわれわれに音楽以上に透明に思われるのは、われわれが制度化されたことばの上に基礎を置いているからであり、われわれが、歴史的な来歴から離れて、いわば可知的で自律的な一つの世界をなす待機的《ディスポニブル》な意義を、一挙に自分に与えるからである。これに対して音楽の場合、意味は必然的に音の経験的な現前と結びついて現われるのである(41)。以上のことから、語の実存そのものが潜在的となりうることがわかる。というのも、語は、言語《ラング》が十全に表象作用をしない場合にのみ、まさに現実的な規定を持つのであり、語は、思惟の告示ないし指標という意味での思惟の外的「記号」という役割を演じることは決してないからである(42)。逆に、ことばと思惟の相互包摂こそが、包摂そのものにおいて表現作用を成す。表現作用はそれゆえ、まったく内的な意味を世界に外在化させることとして理解されるべきではなく、逆に意味を実存させ意味に生を与えることとして理解されなくてはならない。したがってそこにあるのは意味そのものであり、音楽芸術や舞台芸術における場合のように、「意義が諸記号を使い果たし」、諸記号からその経験的な実存を引き剝がして固有の存在と理念の肉とを与えるのである。[43]

こうして、フッサールが〔『論理学研究』第二巻〕第一『研究』で指標と表現との間に設けた区別の妥当性を認めることができる。しかしながら、メルロ＝ポンティによる伝達機能《コミュニケーション》の考察法とは重要な違いがある。フッサールにとって、「この機能は本質的に表現が指標として機能するという事実に基づいて[44]」おり、言葉は他者の心的体験の記号として役立つのに対して、メルロ＝ポンティにとって、伝達機能はむしろ「魅惑」、つまり一種の所有である。そこで聴取者は、発信された諸記号に関して考えの内容の理解を強いられる翻訳者の立場にあるわけではまったくないし、発話者は、自分が使う言葉を思い描くことはまったくなく、両者共に、至るところにありながら自分自身の内に措定されてはいない意味の現前のうちに沈潜しているのである。[45]これに対して、フッサールが、「表現は関心から自分自身をそらして、意味へ向けるように思われる」、また「言葉を理解して生活しているところ」で言葉はわれわれによそよそしく現われ、それゆえ伝達機能《コミュニケーション》において責任を負わねばならない「指示的記号[47]」としての地位を失う、と記すとき、フッサールは表現現象を厳格に記述している。[46]言葉の実在の中立化はたしかに、言葉にとって表現作用の基礎であり、まさにこの理由から、ひとりごとにおいてしか場所を持たない。というのも、ひとりごとは自己自身との対話とは似ても似つかないものであって、われわれは、そこでは現実の言葉のかわりに表象された言葉で満足するからである。そこには表現があり、そこでのみ言葉が意味にとって純粋な仲介として役立っているのである。フッサールはここで、現存による媒介と措定を含む指示する（*Anzeigen*）作用と、指摘する（*Hinzeigen*）作用とを対比させている。つまり、呈示 monstration という純粋機能を言語記号に認めているのである。ところで、メルロ＝ポンティがことば《パロール》のうちに身振りを見るようになるのも、同様の動機からである。身振りとは、彼が強調するように、まさに、それの表現する心的体験を考えさせないものであり、身振りの背後に隠れている心的事実へと送り返すどころか、この心的体験そのものである。[48] メルロ＝ポンティにとって、この呈示ないし身振りを、ひとりごとだけに割り当てることは問題にはならず、むしろ、そこに他者とのコミュニケーションの基礎を置くことに問題があるのだ。フッサールはたしかに指示を定義して、現勢的な認識（実在する記号の認識）から非現勢的な認識（記号の認識によって推定的に示される他の実在の認識）への移行であるとしている。[49] となると、伝達機能《コミュニケーション》のうちに指標を見るということは、事実的に与えられたものの知的解釈作用からなる認識作用として指標が理解される、ということを意味している。メルロ＝ポンティは、まさにこの点に対して、必要なのは与えられるものの解釈ではなく、志向を理解することだということを持ち出して異議を申し立てる。「身振りの意味は与えられるものではなく理解されるものである、すなわち観察者の作用によってとらえ直されるものである。何より難しいのは、この作用をきちんと理解し、認識作用とこれとを混同しないことである。コミュニケーションないし身振りの理解は私の志向と他者の身振りの相互性によって、私の身振りと他者の振る舞いにおいて読み取りうる志向の相互性によって捉えられる。すべてはあたかも他者の志向が私の身体に住み込み、あるいはあたかも私の志向が他者の身体に住み込むかのようにして起こる」[50]。それゆえ、メルロ＝ポンティにとって、他者とのコミュニケーションを理解するにあたって、それを、深淵を覆い隠すような作用、つまりわれわれと他者とを隔て、かくてわれわれとは異なる存在者についての認識を与えてくれる作用のようなものとする必要はない。逆に、知覚に認識を見る主知主義的分析に対抗して「物の知覚経験を修復すること」が重要であるのと同じで、「主知主義的分析によってゆがめられた他者経験を修復する」ことも重要なのである。[51] なぜなら、ここでは、きわめて古い教義が語っているように、相似たものは相似たものによって認識され、[52] 物の他性と他者の他性とが、まさに見出されるべき同一性を背景として、消え去るのだからである。たしかに、私の身体と物との共存があって、これが知覚経験を、科学的対象という構築物ではなくて身体的現前の試金石に仕上げるのと同じように、私と他者との間には相互性があって、これが志向的意味に一つ以上の身体に住むことを可能にし、かくて相互に移り住むことを可能にするのである。たしかに私は、他者の身振りを勘定に入れることができるからこそ他者を理解できるのである。これが意味しているのは、私にかくかくに与えられている光景は、私の持つ諸可能性とともに出会われる限りでのみ私にとって意味があるということであり、まさしく目覚めさせるに値するものだ、ということである。ただし身振りにそれが可能なのは、身振りが物でもあるかのように与えられているのではなく、ひとつの誘いないし問いとして、まさに身振りそのものに固有の起動スタイル、すなわちまさに作られつつあるものであり、すでに「でき上がったもの」ではなく生成しつつあるスタイルに従って、私に与えられる場合だけである。それゆえ、身振りの意味は、メルロ＝ポンティが強調しているように、「身振りの背後に(53)」解読すべき隠された意義としてあるのではない。身振りに意義が内在的なのである。言語的身振りには、これ以外のあり方はありえない。

それゆえ、メルロ＝ポンティにとって重要なのは、ことば《パロール》が他の表現現象と共通点を持つことを示して、その特徴がよりはっきりするようにすることだった。ところで、この特徴は、実を言えば、子供の、作家の(54)、哲学者の、あるいは「初めて話した人間(55)」のことばたるこの最初のことばの水準においてのみ指摘できるものである。メルロ＝ポンティはたしかに言語の起源に関する問い、すなわち「心理学者も言語学者も実証知の名において認めないという点で一致していながら、常に差し迫った問題(56)」を立てることを放棄してはいない。フンボルトはというと、この問いに答えようとはしていない。「言語《ラング》は人間性の深い層から流れ出るもので、民族自身による単なる所産や創造物をそこに見ることは永久に禁じられている」、というのも、言語の内に「意志的な行為の産物ではなく、精神の非意志的な流出を、民族が作り上げた所産ではなく、最も内密な彼らの運命を授けた恩寵を[57]」見るべきだ、と考えるからである。実際、言葉《ランガージュ》の生成を理解するに、語によって対象を指示し、次いでそれを集めて発言《ディスクール》を組み立てる過程として考えるのは無理である。語も発言《ディスクール》も、言葉の作用に先立って存在するものではないからである。むしろ逆に、思惟と言葉の、世界と意味との同時形成として考えることが重要である。言葉の起源は解きえない問題として残る。というのも、言葉について説明するためには、言葉に先立つ言葉の実存を定めなければならなくなるからである。それゆえ、言語《ラング》をコードに比することはできない。もっともソシュールは、「発声器官は言語にとって外的である、それはモールス信号のアルファベットを送信するのに使う電気装置がこのアルファベットと無縁であるのと同じことである[58]」と主張するとき、そうしているのだが。メルロ＝ポンティがきわめて正当にも強調しているように、言語記号の契約的本性を前提とする記号の恣意性という原理に訴えることができるのは、語の「概念的・名辞的〔終局的 terminal〕意味[59]」を説明する場合だけである。たしかに、言葉《ランガージュ》の歴史の終局的〔名辞的〕産物を用いてこのように記述しようと試みるのは、回顧的錯誤にまさに屈しているのである。記号の概念および語の概念のおかげで、言葉《ランガージュ》の生成を記述できるのだから。自然と契約の対立は、すでに確立されたコミュニケーションを前提とするので、ここでは助けにはならない。それゆえ、語の概念的・名辞的〔終局的〕意味を越えて、その本源的・情緒的・身振り的な意味という、拘束的であると同時に自由な意味、まったき自然であると同時にまったき文化であるような意味に、立ち戻る必要がある。たしかに、情緒的な身振りやジェスチャーを自然な記号と考えることができるのは、それらがわれわれの生物学的な組織によって厳密に決定されているとした場合だけである。ところで、民族学の示すところでは、人間が自分の身体を使うやり方は社会によって異なり、「単なる生物学的な存在としてのこの身体に対して超越的である[60]」。すべて「自然的なもの」は、実際は、人間存在においては制度化されているのであって、ここには人間的な振る舞い、つまり決定された、かくて「事実性という係数を課せられた[61]」生物学的条件に依存しているのはたしかであるにせよ「発明」されたものであるような振る舞いも含まれている。とはいえ、かかる発明は決して恣意的なものではない。それはむしろ、まさにわれわれの身体組織によって開かれている決定された可能性という仮定と取り上げ直しとのうちにあるものだからである。制度化という思想はメルロ＝ポンティの哲学において、無視できない中心的な性格をもっている[62]。この考え方は、その出現の諸条件を超越すると同時にその元となる振る舞いに内在したままであるような、意義の創造を前提する。この思想は、自発性と受容性のこの結合、意識とその対象間のこの「交換」を含意するもので、「意識の哲学のもつ諸困難の治療薬」であり、構成の思想への代案である[63]。

というのは、もしすべての制度化が、過去と未来との間の[64]、主客の間の、私と他者との間のコミュニケーションの制度化であるとしたら、これが意味するのは、あらゆる制度は、おそらく目立たない方法で、この言語《ラング》の制度化に基づくということになるからである。メルロ＝ポンティはこれを主題的には取り扱わなかったけれども、先取り的に、一九五三～一九五四年の「ことば《パロール》の問題」に関する講義の末尾[65]でその問題に触れ、またコレージュ・ド・フランスの開講講義でもほのめかしていた。こちらの講義では、彼は、物と意識についてははっきりと語り――観念論と実在論の二者択一にわれわれを閉じこめる袋小路、つまりそれを無視することこそが重要な袋小路を思い出させた後で――「生ける言葉《ランガージュ》とは精神と物のこの凝結物のことであるが、これが厄介なのである[66]」と言ったのである。制度化されたことば《パロール》を越えて、この言《ランガ》葉《ージュ》、あるいはむしろ生けることば《パロール》に還帰してこそ、ことばの制度化の作用を理解できるのである。「言語学があみだそうとしている記号理論[67]が本当に可能にしうるものが、そこにあるのだろうか。この問いに答えるには、メルロ＝ポンティがソシュール言語学に与えた解釈の正確な分析にまで歩みを進める必要がある。ここでは簡単に、メルロ＝ポンティによる『一般言語学講義』読解はあまり厳密なものではなさそうだ、ということを指摘しておけば十分であろう。たとえばメルロ＝ポンティは、この本に、「言語《ラング》の通時的言語学」とは区別されることになる「ことば《パロール》の共時的言語学」[68]を求めているようだが、ソシュールにあっては、共時的と通時的との対立は言語《ラング》にしか適用されないのである。[69]メルロ＝ポンティがソシュールに対して寄せた主たる関心は、「言語は記号の集積などではなく［……］記号相互を識別し、かくて言《ランガ》葉《ージュ》の宇宙を構築するための方法的手段である」[70]という思想であり、「記号は一つ一つでは何も意味することなく、そのおのおのは、意味を表現するというよりも、その記号自身および他の記号との間の意味の隔たりを表すものである」[71]という思想だということは確かである。このような記号の弁別的な考え方によってこそ、ソシュールは言葉に関するフンボルトの思想[72]、より正確には言語が一つの世界を表現しており、言葉の宇宙に思惟の宇宙が照応しているというこの思想にたどり着いたのである。しかし、二面からなる心的実質としての記号、シニフィエとシニフィアンの結合としての記号というソシュールの理論[73]、それゆえシニフィエとシニフィアンの両要素を等しく所与と考えるこの理論は、はたして、メルロ＝ポンティの、思惟とことばの相互包摂という思想と相容れうるのかどうか、また、このシニフィアンとシニフィエとの二分法によって、「内的言語形式」（*innere Sprachform*）という思想に含まれる思惟とことばの二重の形成過程というフンボルトの思想を決定的に失ってしまうのではないか、という疑義が生じよう。ここではもっぱら『知覚の現象学』だけにとどめて、次のことを指摘しておこう。つまり、そこにソシュールの引用はなく、メルロ＝ポンティが依拠しているのはゴルトシュタインの分析[74]だ、ということである。このゴルトシュタインの分析は、まだ「カテゴリー的行動」に言葉《ランガージュ》形成に際しての優越した役割を与えてはいるものの、すでに後の著作を予示する分析になっており、この後の著作においてゴルトシュタインは、フンボルトとその内的言語形式を再発見することによって、より純粋に意義とことばを結びつけ、範疇的態度と分節言語を結びつけることになるのである(75)。

「フンボルトの言葉に関する思想」を、メルロ＝ポンティはほとんど引用しないけれども、『知覚の現象学』以後のテクストで何度も援用するソシュールよりもよほどメルロ＝ポンティに近いものがある。これは、フンボルトの考え方が、言葉の起源に関するメルロ＝ポンティの考え方と同じであるということを証示している。というのは、フンボルトが*Sprache* つまりことば(76)に関して抱いている考え方の特徴は、分節現象という本源的に身体的な性格を強調する点、および言葉の存在をその生誕と結果において考える際に、意味論的分節と音的分節とを抽象的に区別できない、という点にあるからである。メルロ＝ポンティにとって、言葉を知っているということは、もちろん、「前もって決定された神経の組立」に還元できるものではないし、さらには「語のイメージ」が続くことでもなく、むしろ「転調の一つであり、私の身体の可能的な使用の一つ」としてある「分節的・音的本質」を所有することである。それは、表象されえず、ただ作用することしかできない実際的な考え《イデー》、「私の装備の一部をなす(77)」理念的《イデエール》なハビトゥスから成るものである。したがって、メルロ＝ポンティにとって、言葉を身体へと送り返すことも、人間の身体を物の秩序から引き上げて象徴的な秩序へと開くことも、同じように重要なことである。「それゆえ語の意味も知覚された物の意味も「身体感覚」の総和に還元することはやめよう。むしろ、身体は、「振る舞い」を有するかぎりで、その固有の部分を世界に関する一般的な象徴体系として使うという奇妙な対象だ、と言おう。そのことによって、結果としてわれわれはこの世界と「つきあう」ことも世界を「理解する」こともできるし、世界に意味を見出すこともできるのである[78]。たしかに、身体は単なる物ではない、つまり「諸々の感覚的諸性質の複合体の一つ」ではなくて、「他のあらゆる対象を感じうる対象《サンシブル》」である。ここには、他の諸対象を受け入れること、諸対象を受容しようとしていること、かくて身体自身で諸対象の形態を描き出すことが含まれている[79]。それゆえ身体は、「「態度を決定」し、時間や空間と交流するわれわれの恒久的な手段[80]」なのである。こうしたことから明らかになるのは、メルロ＝ポンティが人間身体に認めているこの「自然的表現の能力」は、身体そのものの内に自分を越えるものを取り込む一般的な能力に由来するのであり、そして存在者からする存在の表‐現[81]こそ、理念性ならびにことば《パロール》の真の起源である。もし、メルロ＝ポンティが明言しているように、言語の起源という問いに答えたいのならば、語の情緒的・身振り的意味を考えに入れなければならない、つまり言語の詩的使用へと立ち戻らねばならないであろう。「そのとき、語や母音や音素が世界を歌うやり方であり、諸対象を表象するように定められているということ、ただし、素朴なオノマトペ理論が考えるように、客観的に似ているからではなく、情緒的な本質をそこから抽出し、語の本来の意味で表現する＝絞り出す *exprimer* のだということを見出すだろう[82]」。

「語る作用にその本当の表情を取り戻させること[83]」。これが『知覚の現象学』におけるこの章でのメルロ＝ポンティの目的であった。そして「表情」という語はすでにそれ自身ある種のことばの身体性を含意している。たしかに、メルロ＝ポンティもはっきり述べているように、「語とことばは対象や思惟を指示する方法であることをやめ、感覚世界におけるこの思惟の現前となり、その衣服ではなく、その紋章ないしその身体となる[84]」。ことばの内に思惟の身体そのものを見ること、これはしかし、言葉の透明性という思想を放棄することであり、われわれが崇めている言葉の理想、つまり言葉は「究極的には、われわれを物へと引き渡すことによってわれわれを言語から解放する[85]」という理想を放棄することである。「人間なき〈自然〉」というこの表現の理想こそが、哲学と科学をその始まり以来導いてきたのであり、言語のアルゴリズムという夢と普遍的思惟という夢をかき立てたのである。[86] とはいえ、所与の言葉に対する反抗とことばを歴史から引き離すことから生じたこの「啓蒙」[87]を、十分に考慮しなければならないし、すでにカントも主張していたように、理性そのものをそれ固有の批判に従わせなければならない。理性そのものの非理性的な土台を提示することであるこの批判は、すでにハイデガーにおいても、またメルロ゠ポンティにおいても、言葉の「批判」という決定的な形を採った。メルロ゠ポンティにとって本当に問題だったのは、「意味を創造しそれを伝達するこの非理性的な能力[88]」という特殊なあり方とは別のものであろうとする言語の要求の制限から始めることだった。ところで、そここそ詩人が言葉について漠然と知っていること、そしてある一人の詩人が明白に表現できたこと、すなわち、言葉の秘密がまさに独白の内にあるということに至り着こうとつとめた地点であった。[89] というのも、「明るさは暗い地の上に築かれるのであり、もしわれわれがずっと遠くまで探求を押し進めるならば、最後には言葉もまた自分自身しか語らないということ、あるいはその意味は言葉と分離できないということを見出すであろう[90]」からである。

注

（1） M. Merleau-Ponty, *Phénoménologie de la perception*, Gallimard, 1945, p. 208（以後 *PhP* と略記）.
（2） M. Merleau-Ponty, *Résumés de cours*, Gallimard, 1968, p. 161 sq. 参照。
（3） E. Husserl, *L'origine de la géométrie*, PUF, «Épiméthée», 1962（4ᵉ éd., 1995）, p. 181.
（4） M. Merleau-Ponty, *La structure du comportement*, PUF, 1960（«Quadrige» 2ᵉ éd., 1990）, p. 225 sq.
（5） *Ibid.*, p. 223.
（6） *Ibid.*, p. 226.

（7） *Ibid.*, p. 225.

（8） *M. Merleau-Ponty, La prose du monde*, Gallimard, 1969, p. 110.

（9） これが指示しているのは、『行動の構造』の最後の数行である。*op. cit.*, p. 241.

（10） *PhP*, 202（note).〔訳注——正しくは p. 203〕

（11） *Ibid.*, p. 160.

（12） *La structure du comportement*, *op. cit.*, p. 227.

（13） おそらく、生の哲学 *Lebensphilosophie*（クラーゲスが同じページで引用されている）と、『存在と時間』第七七節でハイデガーが言及しているディルタイの、生の一貫性 *Zusammenhang des Lebens* のかすかな反響がある。

（14） フッサール、『論理学研究』第二巻第一部、PUF, «Épiméthée», 1969,（4e éd., 1996), p. 13（第四節のタイトル）.

（15） *Ibid.*, p. 4. 強調ダステュール。

（16） *La prose du monde*, *op. cit.*, p. 24.

（17） M. Hiedegger, *Sein und Zeit*, Klostermann, Frankfurt-am-Main, 1977, GA, 1, p. 87.〔訳注—— *GA*, 2 である。なお、このページ数は、全集版ではなく、ニーマイヤー版のページ数である。〕

（18） *Ibid.* 山小屋手沢本の欄外注記は引用した版のページ下部に再現されている。〔訳注——「……である」とした最後の部分、est は、ハイデガー原文では *ist* とイタリックになっている。また「展開」とした déploiement はハイデガー原文では Wesen である。〕

（19） M. Heidegger, *Qu'appelle-t-on penser?*, PUF, 1959, p. 157.（réédité «Quadrige», 1992）参照。*Acheminement vers la prole*, Gallimard, 1976, p. 93 も参照。

（20） *PhP*, 206.

（21） *Ibid.*, p. 207.

（22） *Ibid.*, n. 1 et 2, p. 208.

（23） *Sein und Zeit*, *op. cit.*, p. 169.

（24） *Ibid.*, p. 168. ここで引用しているベームとドゥ・ヴェーレンスの翻訳（*L'être et le temps*, Gallimard, 1964）

は、この点を最も明確にしている。

(25) M. Heidegger, *Les hymnes de Hölderlin* (cours du semestre d'hiver 1934-1935), Gallimard, 1988, p. 80 参照。ここでハイデガーは、詩は言語《ラング》の起源であることと、詩と言葉《ランガージュ》の本質的な統一性について明言している。

(26) M. Heidegger, *Chemins qui ne mènent* nulle part, Gallimard, «Pourquoi des poètes?», 1950, p. 253.

(27) *PhP*, 229.

(28) この表現は *La prose du monde, op. cit.*, p. 170 にしか現われない。

(29) *PhP*, 214.

(30) *PhP*, 229.

(31) *Ibid.*, p. 221.

(32) *Résumé de cours, op. cit.*, p. 166.

(33) *PhP*, 222.

(34) *PhP*, 231.〔訳注――正しくは p. 229.〕

(35) Wilhelm von Humboldt, *Introduction à l'œuvre sur le kavi*, Seuil, 1974, p. 183.

(36) *Aristote, Peri psychês*, 417 *b*5. フンボルトの思想のこの解釈に関しては、*Dire le temps, Esquisse d'une chronologie phénoménologique*, Encre Marine, 1994, p. 99 sq. を参照されたい。

(37) *PhP*, 229。強調はダステュール。

(38) H.-G. Gadamer, *Vérité et Méthode*, Seuil, 1996, p. 229. 魂が *epidosis eis auto* であるとするアリストテレスの言明を引用しているのは、まさにドロイゼンである。

(39) F. de Saussure, *Cours de linguistique générale*, Payot, 1979, p. 30:「それは、ことば《パロール》を実際に使うことによって、一つの同じ共同体に属する主体たちのうちに寄託された財宝であり、個々の脳のうちに、あるいはより正確に言えば、一つの総体をなす諸個人の脳のうちに、潜在的に存在する文法体系である。というのも、言語《ラング》は、どの個人においても完全ではなく、全体においてのみ完全に存在するのだからである。」

(40) *PhP*, 223.〔訳注――正しくは p. 221.〕

(41) *PhP*, 219.
(42) *PhP*, 211.
(43) *PhP*, 213.
(44) E. Husserl, *Recherches logiques*, t. 2, *op. cit.*, p. 40.
(45) *PhP*, 209-210.
(46) *Recherches logiques*, t. 2, *op. cit.*, p. 40-41.
(47) フッサールは実際、このことを強調している。「言葉が実在していなくとも、われわれの妨げにはならない。それに言葉の実在しないことは、われわれの関心もひかない。なぜなら表現そのものの機能には、それはまったく関係がないからである」(*ibid.*, p. 40-41)
(48) *PhP*, 215.
(49) *Recherches logiques*, t. 2, *op. cit.*, p. 29.
(50) *Ibid*〔正しくは *PhP*, 215.〕. 強調はダステュール。
(51) *Ibid.*, p. 216.
(52) Cf. F.W.J. Schelling, *Recherches sur l'essence de la liberté humaine*, in *Œuvres philosophiques*〔訳注――正しくは *Œuvres métaphysiques*〕Gallimard, 1980, p. 125. この「きわめて古い教義」について語るに際して、シェリングはピタゴラスやエンペドクレスに由来すると言われており、プラトンにも見出せるものだと付け加えている。ゲーテもまた彼なりにこれを採り上げなおしている。メルロ＝ポンティもかなりの親和性を持っている自然哲学の枠内において、このような教義を引き合いに出すことができることは、興味深い。
(53) *PhP*, 216.
(54) たしかに、書くこと《エクリチュール》はここではことば parole の突然変異として以外には考えられておらず、よって作家は語る parler のであるが、作家そのものは、われわれの言葉遣いの習慣の手前なる表現の原初的経験をわれわれのうちに目覚めさせる語り手 parlant でしかないという点は、重ねて強調しておく必要がある。
(55) *PhP*, 208, n. 1.

(56) *PhP*, 217.

(57) *Introduction à l'œuvre sur le kavi, op. cit.*, p. 147.

(58) *Cours de linguistique générale, op. cit.*, p. 36.

(59) *PhP*, 218.

(60) *PhP*, 220.

(61) *Résumé de cours, op. cit.*, p. 61（cours de 1954–1955 sur L'«institution»).〔訳注――正しくは p. 65.〕

(62) 私はここで、一九九四年に審査済みの、廣瀬浩司の優れた未刊の学位論文 *Problématique de l'institution dans la dernière philosophie de Merleau-Ponty*〔「メルロ＝ポンティ後期哲学における制度化の問題系」〕を参照した。同様に、彼の *L'institution de l'œuvre chez Merleau-Ponty*〔「メルロ＝ポンティにおける作品の制度化」〕Merleau-Ponty, Le philosophe et son langage, *Recherches sur la philosophie et le langage*, n° 15, Grenoble, 1993 という論文をも参照のこと。

(63) *Résumé de cours, op. cit.*, p. 59.

(64) *Ibid.*, p. 61.「それゆえ、ここで〝制度化〟でもって理解されるのは、次のような、ある経験という出来事のことである――その出来事は、永続的な諸次元を経験に与えるのだが、その諸次元との関係によって他の一連の経験も意味を持ち、考えることのできる一系列つまり一つの歴史を形成するようになるのである――あるいはまた、私のうちに、残存物あるいは残滓としての意味ではなく、後に続くものへの呼びかけ、将来への要求としての一つの意味を据えつけるような出来事のことである。」

(65) *Résumé de cours, op. cit.*, p. 42–43〔訳注――正しくは p. 41–42.〕

(66) *Éloge de la philosophie*, Gallimard, 1953, p. 63.

(67) *Ibid.*

(68) *Signes*, Gallimard, 1960, p. 107.

(69) *Cours de linguistique générale, op. cit.*, p. 139 参照。

(70) *La prose du monde, op. cit.*, p. 45.

(71) *Signes*, *op. cit.*, p. 49.
(72) *Résumé de cours*, *op. cit.*, p. 38.
(73) *Cours de linguistique générale*, *op. cit.*, p. 99.
(74) *PhP*, 229.
(75) *Résumé de cours*, *op. cit.*, p. 36.〔訳注――正しくはp. 37.〕
(76) この語は、「話すparler」を意味する動詞*sprechen*に基づいて作られた名詞であるにもかかわらず、「言語《ラング》」ないし「言葉《ランガージュ》」と訳すのが普通である。私は本論文でこれを常に「ことば《パロール》」と訳してきたが、それはフンボルトの*Sprache*をソシュールの言語《ラング》と同一視することで生じる誤解を避けるためである。ソシュールの言語は言語作用へと送り返されるのではなく、待機的な意義の宝庫へと送り返されるのであり、それゆえメルロ＝ポンティが「語られたことば」と名付けたものを生み出す元となるこの沈澱を含意しているのである。
(77) *PhP*, 210.
(78) *PhP*, 274.
(79) *PhP*, 273.
(80) *PhP*, 211.
(81) ここでは、「レモンから果汁を絞る」というときのように抽出するという原意で理解する。
(82) *PhP*, 218. 強調はダステュール。
(83) *PhP*, 211.
(84) *PhP*, 212.
(85) *La prose du monde*, *op. cit.*, p. 8.
(86) *PhP*, 218-219.
(87) *La prose du monde*, *op. cit.*, p. 10.
(88) *PhP*, 221.
(89) Novalis, Monologue, in *Fragments*, Aubier-Montaigne, 1973, p. 70、およびHeidegger, *Acheminement vers la*

parole, op. cit., p. 227 sq. 参照。

(90) *PhP*, 219.

ピエール・カスー＝ノゲス

メルロ＝ポンティにおける数学の問題(1)

メルロ＝ポンティが、厳密科学、特に数学を、哲学の領域に統合しようと努めたことは、彼が示した多くの方針表明の示すところである。哲学は経験から出発して思考すべきであり、ところで、科学は、哲学が無視することのできないわれわれの経験領域である。もし、科学がそれだけでは存在の尺度でないとすれば、〈存在〉に対するわれわれの関係領野全体の中に、科学を志向的体験として位置付けるよう努めなければならない。しかし、実際になされた具体的分析は大きな誤りを犯している。メルロ＝ポンティは、数学についてきわめてわずかのことしか知らない。彼が選択する諸々の例は、初歩的である。あちこちに不手際がみつかり、メルロ＝ポンティがそうした例にほとんど通じていないということを、証明している。彼はひどく窮屈な思いをしているようだ。なかでも、メルロ＝ポンティが算術を扱った『世界の散文』ほど、彼の当惑をよく示しているものはない。メルロ＝ポンティの文体あるいは思考のスタイルが、時として無味乾燥な厳密科学の叙述にもともと反りがあわないのだろうか。数学者は、自分の居場所を見失うような、不思議な印象を持つ。実際、メルロ＝ポンティは、数学の独自性をなすものの傍らを素通りしてしまったように見える。方針表明と実際の分析とのこうした対照のなかで、数学が問題として浮かび上がる。われわれはこの問題を取り逃すことなく、この問題の解決に努めることによって、メルロ＝ポンティの哲学における認識論の道筋を叙述したいと思う。ひと口に言って、われわれの企ては両義的である。一方でわれわれは、メルロ＝ポンティの思想に忠実でありたいし、他方で数学に忠実でありたい。もし、メルロ＝ポンティが数学から遠ざかり、あるいは少なくとも数学をないがしろにしたとすれば、われわれの二つの要求はいかにして維持できるであろうか。とにかくまずわれわれは、この問題を提起し、われわれの二つの要求をはっきりさせ、われわれの企てと方法とを正当化しなければならない。

世界についての哲学と数学についての哲学

その名に値する認識論は、数学的経験、特に現場の数学者の経験と、直接向き合うことによってしか形成されえない。数学的認識の実際の姿を受け入れることが重要であり、それに従わなければならない。J・ペティトがまさに述べたように、「ここでは諸科学こそが主人である。」認識論は、その理論領野を研究することによって己れの概念を見出し、その理論領野に現われる哲学的力線だけを展開すべきである。認識論を導くべき問いは、以下のようである。「科学的に見て明らかに正しい科学が、同様に哲学的に正しいものであるためには、いかなる哲学（いかなる存在論、認識論、形而上学）が必要であろうか。(2)」

まずは、メルロ＝ポンティの哲学の側から問題を採り上げよう。メルロ＝ポンティの哲学から出発して、数学を問うことができるだろうか。例えば、二十世紀の数学の発展によって課された専門的な諸問題、特殊な諸問題を扱えるということが肝心である。しかし、メルロ＝ポンティはそうした問題をほとんどまったく知らない、ということを認識しなければならない。「もともと哲学に課されたのではない問いを、哲学に課すことができるだろうか。」そうメルロ＝ポンティは作業ノートの中で問うている。「私の視点。芸術作品と同様に、哲学というものは、そこに〝含まれて〟いる思考以上の思考を刺激することができるものである（含まれているものを数え上げることができるだろうか。言語活動を数え上げることができるだろうか）。[3]」おそらく哲学は、他のもの以上に、考えるための道具、考えるための言語をわれわれに与える。したがって、哲学が取り組んだ事実上のテーマはほとんど問題ではない。

しかし、問題は数学についての哲学の側に残っている。もう一度問おう、メルロ＝ポンティの哲学から出発して数学を問うことができるだろうか。メルロ＝ポンティがその哲学を学びとったのは、知覚や、文学と絵画の表現に触れることによってである。彼がわれわれに提案する思考の道具、スタイルは、数学に対して原理的に異質ではなかろうか。異質だとすれば、世界について語られた何事も数学には価値がなく、世界と数学は根本的に互いによそ者どうしであると結論しなければならないだろう。しかしカントールは、集合論を記述するために、深淵を心に思い描いた。逆にメルロ＝ポンティは、存在のモデルとして位相空間を採り上げ、途中でそれをクレーの色点に比較している[4]。算術には「樹形図《ツリー》」があり、位相空間論《トポロジー》には「フィルター」、「芽」、「束《そく》」が存在する。こうした例について、それらはすべて単純な比喩だといえるだろうか。比喩という言葉は言いすぎでもあり、また言い足りなさすぎでもある。思考が世界の構造と一切関係がないとすれば言いすぎであり、思考が言葉の移し変えに応じなければ、言い足りなさすぎである[5]。数学者のツリーは庭のツリーの象徴である。数学者のツリーは庭にあるツリーに或る種の等価性によって結ばれている。そうでなければその二つの対象を「ツリー」という名で呼ぶ人は誰もいないだろう。「呼び起こす」という言葉は依然として曖昧である、なぜなら、数学に基づいてのみ自己展開する数学は、可感的なものに基づいてのみ自己展開する可感的なものを、想起させることはできないはずだからである。数学と可感的なものとは共通の尺度を持たないが、しかし数学は、別の意味で庭に存在する樹木に対して、数学の領域における存在を与える。もし一つの世界が、すべてのものを包括するものである以上に、「組織化された全体であり、閉じられていながら、しかし奇妙にも自分以外のすべてのものを代呈示し、それらの象徴を所有し、自分とは別のすべてのものに対する等価物を所有する」[6]全体であるとするならば、数学と可感的なものはこの意味において二つの世界であると認めなければならない。われわれはJ・ペティトの言葉をわれわれなりに引き受けるが、数学をそれ自体に沿って考えることと、知覚または言語に沿って、あるいは絵画に沿って考えることとの間に、二者択一があるわけではない、なぜなら数学、可感的なもの、言語活動、絵画は、等価性の原理を有する諸々の世界であって、共通の構造というものが透けて見えるからである。[7]哲学の諸問題は同心円的である。たとえ類推によるにすぎないとしても、可感的なものの哲学は数学の哲学であり、数学の哲学は形而上学である。[8]

メルロ゠ポンティの思索の中に認識論を捜し求めるというわれわれの企ては、こうして正当化されると同時に、われわれの方法もおおかた決定される。考察の当初、われわれは、ほとんど類推を頼りにして、世界についての哲学から数学についての哲学へと導かれるに任せるであろう。われわれは、概念を、知覚と言語表現というメルロ゠ポンティがとりわけ好む領域に基づいて鍛錬し、次に同じ条件下で数学を考えるように努めなければならないであろう。われわれは、メルロ゠ポンティによる数学的分析を、一方では、知覚経験または言語経験から掘り起こすことのできるものに比較することによって、他方、数学的経験について知りうるものに比較することによって、その分析の糸をたどることにしよう。知覚と思考との間に、また可感的世界と知的世界との間に、メルロ゠ポンティは単に類推と平行関係を見るだけでなく、連帯と絡み合いをも見るのである。したがって、おそらく、数学的表現を解明することによって、われわれは、そこでもまた「まさに同じ世界がわれわれの身体とわれわれの精神を含んでいる」ということを理解するであろう(9)。したがって、見えるものと見えないものとの存在論の中に数学の場所を問い訪ねること、そして数学が開く次元の特殊性を問いただすことが、われわれの仕事として残されるであろう。結局、われわれは一種の往復運動を行うであろう。われわれは言語表現と知覚から出発して、数学的表現へと移行し、この数学的表現が見えるものと観念性を備えた見えないものを明らかにすることによって、われわれはおのずから存在論へと立ち戻ることになるはずである。

『知覚の現象学』の批判

知覚または言語表現の研究と、数学的表現に関する分析との間の落差に、われわれの研究はぶつからざるをえない。問題はこの落差を克服することであり、この問題に関してあらゆる曖昧さをぬぐい去ることである。『知覚の現象学』は、そのような落差の必然性を忘れさせる諸学問の系譜によって支えられている。実際、もし可感的なものによって諸科学を評定することが可能になるとしても、それは類推の力によるのでなく、可感的なものが根であり根拠である限りにおいてである。科学は、「現実的な」、「真の」、知覚されるものの上に、根拠づけられ、展開されるのである。科学の有する構造的なものをすべて看て取り、したがって、諸々の科学の意味と射程とを十分理解するためには、知覚されるものへと立ち戻ることで十分である。『知覚の現象学』が向かって行く中心は科学以前の知覚されるものであり、まさにそこからメルロ＝ポンティは科学を問いただすのである。序文においてさっそくメルロ＝ポンティは、知覚されるものの場所とその探求の歩みの意味を、次のように指し示している。「科学の宇宙全体は、生きられた世界の上に建てられているのであり、もしわれわれが科学そのものを厳密に考え、科学の意味と射程とを正確に評価しようとするならば、科学がその二次的表現となっている世界についてのこの経験を、まず目覚めさせなければならない。［……］ものそのものへと立ち戻ること、それは認識が常にそれについて語っている認識以前のこの世界へと立ち戻ることであり、あらゆる科学的規定は、この世界に対して抽象的、記号的、依存的である。それはちょうど風景に対する地理学のようなものであって、われわれは森や草原、あるいは川が何であるかということを、風景によってまず学んだのである。[10]」

　選択しなければならなかった。われわれは知覚の現象学だけを形成しようと決心することができる。〈存在〉の他の諸々の次元は退けられる。経験が、その全体性において、表現へともたらされるわけではない。したがって、諸科学を厄介払いするのは理にかなっているように思われる。しかし、いかなる意味でこの可感的なものは科学以前のものであるのか、そしてそれをどのように述べるのか。こうした問いは棚上げにして、第二の選択、すなわち、同じく諸科学の意味と射程とを理解することに専心することにしよう。しかしこの点に関して、科学以前の経験に身を置くことは問題になりえないであろう。J.-T. Desanti《ドゥサンティ》がフッサールに反対して主張したように、数学は、「数学固有の領野において、数学が構成される諸領域の開かれた可動な関連の中で、仕事をし、真価を発揮する。[11]」数学は数学に基づいてしか語らない。可感的なものから数学的なものへの構成または理念化が存在したとしても、数学はこの理念化に手を加え、絶えずその理念化に、可感的なものの一層深い、一層一般的な意味、可感的なものから一層遠ざかった意味、を改良した形で与える。例えば、リーマン幾何学は、ユークリッド幾何学をとらえ直し、ユークリッド幾何学を一層総合的な仕方で表現できるようにしたことによって、ユークリッド幾何学を、その可感的な根からもうすこし切り離した。しかし、この例は人の目を欺くものである。言わば数学は気付かれないうちに可感的なものから脱している。発見というものは、それぞれ理論領域をいくばくか再編成し、一定の事実性を課していた限界と迂回とを完全に払拭した理論に向かう一歩である。数学者は、自分を感覚経験から切り離す、数学と理念化の膨大な既得物、基礎を引き受ける。まさにこの場所において彼らは定義し続け、語るのであり、彼らの数学が具体的な意味を持つのである。可感的なものの中に身を置くことによって、哲学者は数学を、われわれにはもはやわけのわからない子供たちの遊びをわれわれが眺めるように、外部から眺める。数学の世界に入り込むためには、哲学者が解体したいと思っている理念化を行わなければならないであろう。まさに二者択一が存在する。哲学者は、数学の言明を理解し、数学者が行う理念化と論理学者の課す束縛に妥当性を与えるか、それとも自重して、意味を持った全体性としての数学を失うか、である。メルロ＝ポンティが可感的な土壌の上に数学を基礎づけるために、数学の手前で発掘した態度そのものは、つぎのような選択肢を明らかにしている。つまり、その所作はすでに数学的であって、この所作についてわれわれはもっと小声で話すようにするのか、それとも、その所作は確かに可感的なものであって、数学的なものを一切構成しないかのいずれかである。(12)

具体例をとろう。「太陽は無学な者にとっても学者にとっても〝昇る〟のだ。われわれの科学的表象は月面の風景のように噂話の域にとどまっており、われわれは、太陽が昇るのを信ずるような意味では決して科学的表象を信じはしない。(13)」われわれは知覚対象を信ずるようには科学的表象を信じないということ、このことは科学的表象が何らかの実在性をもたないという意味ではない。もし知覚以前に、科学的表象が月の風景であると認められるとすれば、それは科学的表象が固有の次元を持っているからである。知覚は知覚の次元で真であり、科学は科学の次元で真である。海辺で学者は朝日が昇るのを見る。しかし彼は自分の仕事部屋に戻ると、自分の図式に基づいて、地球が太陽の周囲を回転するのを見るのである。われわれは科学を問いただしたいと思っている。われわれは仕事中の学者の肩越しに科学を覗いてみることにしよう。その仕事の中には、ある特殊な経験と現実が現われており、それは、もしわれわれがそれに巻き込まれるならば、可感的経験と可感的現実との外部にわれわれを位置付けることを強いる。可感的経験から数学的経験へと、われわれは二つの次元間の隔たりを跨がなければならない、つまり数学的実践の苦労に満ちた歴史を必要とするであろう。われわれはこの破断を〈存在〉についてのある種の概念に基づいて実際生ぜしめるのだが、メルロ＝ポンティは『知覚の現象学』の時代にまだこの〈存在〉概念を発掘してはいなかった。

主知主義が経験論の批判を糧にしているとすれば、『知覚の現象学』は主知主義の批判を糧にしている。真に超越論的なものは身体の匿名の生であるという主張を確立しようとして、メルロ＝ポンティは、主知主義に対して彼が称揚するこの匿名の生、不透明な知覚に、とらわれ続けている。悟性の構築から派生する主知主義に、悟性の構築に抵抗する別のものが取って代わるだけである。主知主義が準数学的な世界から出発して知覚を規定するとすれば、反対方向の同じ運動によって、メルロ＝ポンティは知覚から出発して数学的世界を規定するに至る。科学以前の知覚された(14)ものは事実性を備えた土壌であって、その事実性の土壌によって科学的構築物を評価することができる。この現実の層を解体して、諸科学の現実性を画定しなければならないであろう。知覚を表現たらしめる、見えるものと見えないものとを存在論的に再組織化すること、見えるものを見えるものたらしめる見えないものを見えるものの中で措定すること、によってのみ、科学を、それが表現である限り、知覚として考えることができるであろう。そうなると、一つの次元が〈存在〉の中に開かれ、諸々の科学は、その次元において自然な知覚である限りで、真であり続ける。可感的現実性と科学的現実性とをまじめに採り上げる認識論は、多くの中心または多くの次元に対して、一貫した一つの〈存在〉のようなものを要求する。『知覚の現象学』と『見えるものと見えないもの』

は、われわれにとって、科学の問題に関してときおり曖昧なところのあるメルロ゠ポンティの諸テキストが、その間で段階的に配列される二つの極なのである。

『知覚の現象学』についてのこれらの考察によって、ようやく数学に関するわれわれの反省の意味をはっきりさせることができる。数学的経験は固有の経験であって、この経験は内部からしか知ることができない。この内部は諸々の現実からなる一つの次元へと送り返すが、それらの現実は、科学以前の知覚を素地として、噂話や月の風景と同様に、沈黙し続けている。科学の系譜学を試みるメルロ゠ポンティは、数学的領域についてのこの経験を、忘却しつつ、用いている。はじめ、彼が諸科学を構成すると主張するならば、それは彼が、数学的言明を理解し、科学のただ中で認識論者として仕事を始めたからである。それに続いて、可感的なものへと立ち戻るという確信は、もしそれが恣意的前提のようなものでないとすれば、数学の状況そのものの一貫性、数学の状況そのものの消尽線が、それ自身の手前に潜在的な土壌を描いているかぎりで、数学の状況そのものからしか到来しない。メルロ゠ポンティは、自分の反省が目覚めたときに与えられた数学的領野による道案内に身を任せている。次に彼はその領野を再構成し、作り上げ、一層根本的な条件から派生させようとして、その領野の与件を忘れるが、しかし依然として彼はその領野に依存したままである。諸科学の系譜学の企ては、反省哲学の問いの様式と連帯関係にある(15)。メルロ゠ポンティをその作品の終わりのところで鼓舞している哲学的意図に従うならば、ひとは数学的領野を解体して、それを可感的土壌の上に再形成しようとはしないであろう。「反省は顕在的事物の秩序を吸収するもう一つ別の秩序への移行ではない、それはまず顕在的事物にわれわれが根付いていることについての一層鋭い意識なのである(16)。」数学的領野がわれわれに与えられ、われわれはそれを内在する領域として、驚きをもって問いただす。事実、『知覚の現象学』によってわれわれは、認識論的問いについての問題を提起することができ、数学的領野に関わる認識論的問いの位置という問題を立てることができたのであって、この書物は、われわれを数学的領野へと開いてくれる適切な手段であり、それはちょうどもっと一般的に、哲学の意味と可能性についての問いが、「われわれを世界へと、時間へと、自然へと、そして現在の生きた歴史へと、開いてくれる適切な手段[17]」であるのと同様である。

全体として、数学的経験が可感的経験に結びつき、数学についての哲学が可感的なものについての哲学に結びつくのは、数学的経験そのものの内部からなのであって、神話的な端緒へと立ち戻ることによってではない。数学的世界の中に入り込み、数学的世界がいかにして形成されるかを見、われわれの眼前で、数学的世界が結晶する様子を言葉によって模倣し、または反復することが、重要なのである。われわれはこの結晶化を知覚と言語とに則って考えるように試みなければならない。メルロ＝ポンティが知覚と言語との経験を自分の特別重要な領分としている限り、われわれは、数学的経験にとりかかる前に、それらの経験を測量して見なければならない。しかしこの迂回は、単に数学的経験に関するメルロ＝ポンティの挫折をその動機としているのではない。生きた経験は自分を知らないことを定めとしている。われわれはパースペクティヴにも光の働きにも気をとめないが、しかしそれらによってわれわれは見ることができるのである。それらは見るための条件であって、それらを乗り越え、それらが指し示す事物に向かわなければならないのである。言語が機能するとしても、やはりそれもわれわれのあずかり知らないところである。ところで、数学は優れて沈澱の場所である。文学的あるいは哲学的な「本質存在」は、まだテキストに繋がれたままである。数学的観念性はそれを誕生させた記憶から解放されている。数学の遂行は、他のもの以上に、気づかれずに過ぎ去る。数学はわれわれを即自的な純粋観念性の支配下に置くように思われる。すべからく数学者というものはおのずからプラトン派である、といわれる。可感的ないし文学的経験に立ち戻ることによって、われわれは数学的経験を一種の還元の下に置く。それはちょうどメルロ＝ポンティが、同じ問題に直面したときに、言語を沈黙の芸術に関係づけ、知覚を表現に関係づけることによって、それらを理解したのと同様である。[18] 数学をその他諸々の表現形式のうちの一つの表現形式として見ようとすることによってのみ、われわれは数学が及ぼす、人を誤らせる幻惑から逃れることができるのである。

言語と知覚

言語表現は、数学との明らかな親類関係によって、一見したところ知覚よりうまくわれわれを道案内できるように思われる。そこで、言語がいかにして形成されるのかを見ることにしよう。言語を、実地に即して成し遂げられつつある状態で、採り上げることにしよう。何かしらのことが語られて、語と語との間に滲み出る。そこに生じているこの言語は、話をする者が自分の思考を記号に置き換えたかのように、意味に、そして思考に、翻訳されるわけではない。意味は側面的または斜行的であって、意味と語はバターとパンのように並行して存在する二つの層を成すわけではない。[19] 意味は文字どおり語と語との間にある。実際、文の意味は、各語にそれぞれ属する表現価値の総和ではない。意味そのものよりむしろ語の方が使用価値を持っている。語は、それぞれ一つの意味を表現するというよりむしろ、互いに他の語に対する意味の隔たりを記している。メルロ＝ポンティは、記号が「弁別的」であることを示したソシュールの研究を頼りにしている。「言語の中には意味の諸々の差異しかない」、「言語は項のない諸々の差異によってできている。[20]」問題であるのが言語であれただの文であれ、記号は他の記号に影を落とす限りでのみ意味を獲得する。文を構成する諸々の語は一つ一つの語自身には属さない意味を一緒になってほのめかし、私はその意味に向かって語を乗り越えるのである。この操作の後で初めて、記号は本来の意味での記号となるのである。私がそれらの記号に意味を結び付けるのは、文へと立ち戻ることによってのみである。「ひとたび意味が与えられると、諸々の記号が〝記号〟の全体的価値を獲得する。それにしてもまず最初に意味が与えられなければならない(21)。」

物の外観が、それ自体として気づかれる以前に、われわれを物自身へと投げ込むのと同様に、語は意味される事物へとわれわれを投げ込む。外観と事物との関係は語と意味との関係に等しい。事物はその「像」の本原的創設 *Urstiftung* であり、意味は射影 *Abschattungen* を通じて現われる。事物は、空間、時間、運動性の水準に対する隔たりとしてのみ、すなわち、他の事物を背景にした諸々の差異としてのみ、明確になる。ソシュールによる分析は、知覚についてのこの着想を再発見させ、確認させたにすぎない(22)。何かしらの仕方で記号を知覚しなければならないのであるから、言語表現は単純な知覚を前提しているわけだが、ところで、単純な知覚は同じ原理に基づいて機能している。そういうわけで、知覚は表現であり、言葉以前の言葉であると言ってよいのと同様に、表現は知覚であると言ってよいであろう。「あらゆる知覚、そしてそれを前提するあらゆる行為、要するにわれわれの身体のあらゆる使用は、すでに原初的な表現である。すなわち、それは、意味と使用規則とを伴って他所から与えられる記号の意味に取って代わるような、二次的で派生的な仕事ではなく、むしろ、何かしら予め決められた条件に従わず、それ自身の配置そのものと布置との雄弁さによって、最初に記号を記号として構成し、表現されるものをその記号の中に住まわせる操作であり、それまで意味を持たなかったものの中に意味を植え付ける操作である(23)。」

言葉は身体的志向性である。私は自分の言語を自分の身体を所有するように所有している。言葉は「私はできる」に属している。私の身体は遠くにある目標物についての知覚を近接した知覚へと変形する術であり、私の言語は意味 sens の地平を待機的〈意味〉signification〔訳者：以下同様に signification を〈意味〉とする〕へと変形する術である。運動の目標は、身体図式の前に位置する一定の隔たりであり、一定の欠如である。新たな意味は既得の〈意味〉のある種の欠如である。「私の志向性の眼前に繰り広げられることなくして、私の志向性を目覚めさせる密かな現前によって、世界が、私の身体を生気づけるように、〈意味〉が、私の言葉を生気づけている。[24]」私は、密かな形でしか私に現前しない諸々の〈意味〉を所有するために、語る。私は自分自身が思念するものを知るために語る。[25] 語は使用価値しか持たないがゆえに、曖昧な生を生き、それらの通常の意味を変質し変形する斜行的関係に従って互いに結びつく。手持ちの記号と〈意味〉の配置がついに新たな〈意味〉を分泌するに至る。記号と〈意味〉とが、ほとんど予感させることのなかった〈意味〉の中に収縮されるときに、何かしらのことが語られる。すでに意味しつつある装置の変形、志向的侵犯、いまなお内にこもったままの観念への越境、のこの瞬間こそ表現の本質である。「そのとき私は、かつて語ったそれらすべての道具を用いて、それらがかつて語ったことのない何かしらのものを言わしめるのである。[26]」その時、新たな「観念」が創設され、諸々の新たな表現活動にとっての手持ちのものとなるのである。その新たな「観念」は、当初からそれ用に定められていたわけではない思考装置に住みつくのである。

われわれの思考は言語の中を漂い続け、諸々の語の中にはめ込まれ、諸々の語の中で成長する。「言葉のやりとりはまさに微分であり、思考はその積分である。[27]」思考は声と諸々の記号の厚みの中で生成される。ということは、厚み、距離が思考の本質部分を構成しているということであり、それらが思考の定義の中に入り込んでいるということである。語から解放された純粋な思考というのはナンセンスである。物や過去についても事情は同様である。「それなくしては経験がゼロに陥ってしまう隔たり[28]」が存在する。

能与は距離を隔ててもたらされるが、この距離はまさに物の身体であり、過去を過去に位置づける説明しがたい変質である。物が見えるものと触れうるものとからなる身体を持つのと同様に、〈意味〉は、声の中で、身体を持つ。声は〈意味〉の奥行きであり、語る主体を〈意味〉へと開き、その同じ運動において、語る主体を〈意味〉から隔たった位置に維持するのである。

算術と作図

メルロ゠ポンティは知覚と言語との形成に腰をすえてしまい、数学の形成をとらえそこなってしまった。したがって、われわれは表現が最も明晰に現われる場所で、表現を手に入れることから開始しなければならなかった。そしてまた、それは他の経験以上に無視されている数学的経験へと自然な形で導くこととなった。今やわれわれは、本気で科学的実在性を洞察し、数学的表現を問いただし、諸々の記号の間に観念性を溶けこませる技術を問わなければならない。われわれはメルロ゠ポンティの数学的分析の糸をたどり、場合によってはその誤りを正すことをためらわないだろう。われわれは数学的経験に忠実たらんと努めるであろうが、同様にメルロ゠ポンティが自分の偏愛する領域で記述するような表現現象に対しても忠実たらんと努めるであろう。数学をそれ自身に沿って考えることと、言語または知覚に沿って考えることとの間に二者択一はないとすれば、そして表現現象が何かしら真理を持つとすれば、われわれの二つの要求を維持することは可能なはずである。

メルロ゠ポンティは、本当のところなぜか分からないが、算術がまさに彼の批判する言語の神話形態であり、表現現象の記述によって乗り越えることのできる形態であると、始めから決めつけている。「〈算術〉は、意図的に完全に定義された諸々の〈意味〉を、選択された記号に結び付ける。それは限られた数の透明な関係を確定する。それは諸々のシンボルを創設してそれらの諸関係を表現するが、このシンボルそれ自身は何も意味せず、したがってそれが意味することを承認されたもの以上のものを決して意味することはない。[29]」算術を構成する諸々の語の間で戯れるものは何もなく、いかなる側面的意味もそこには現われない。もし、言語の観念性と同様に、数学の観念性が志向的侵犯から生まれるとすれば、この侵犯の原理である侵食は、算術の手前にしか見出されえないであろう、なぜなら志向的侵犯や侵食の余地を残さない言語であるということが算術の定義だからである。数学における侵犯は「算術の外部で生ずる変形であり、常に算術によって前提されている変形」であるということになろう。[30]扱われるのは初等幾何学の作図のような作図である。例が二つあげられている。三角形の内角の和の例と、n個の最初の自然整数の和の例がそれである。[31]メルロ＝ポンティは、その証明が、平行線の線図に、あるいは（$n+1$）に等しい総和を持つ整数の対を付き合わせることに基づいており、したがって常に「作図」に、あるいは算術が「口頭」で反復させるにすぎない作図に、基づいているということを示す。しかし、算術というものは数学者の言葉であり、その思考の場所である。その中では、未耕の本質が、それを担っている可感的なものから切り離されており、観念性として自由に扱うことができるようになっている。メルロ＝ポンティは、文学に感化されて、声を思考の唯一の媒体と見なした。結局メルロ＝ポンティは、瞑想状態での思考という概念に対抗して、思考は常に表現であり、諸々の記号の配置における側面的創造である、ということの確証に努めた。そうなると、文学を形成する侵犯のような侵犯の原理が、数学的思考において働いていることを示すことが問題となる。思考はパロール（言葉）として規定されたので、メルロ＝ポンティは数学の中に「語る力」、「すべてを内包する創設するパロール[32]」を追い求めるに至るのだが、われわれには始めから彼がそれを見出しえないということは分かっている。なぜなら、数学的侵犯は、原理的に、算術の手前でしか、すなわちパロールと数学的思考の手前でしか、作動することができないからである。

『世界の散文』第四章は、もしそれが曖昧なものに基づいているのであれば、まったく無意味なものとなろう。メルロ＝ポンティは、数学における侵犯が、パロール以前に、作図の水準で、形成されることを示している。思考がこの侵犯によって担われており、思考がこの侵犯なしには空虚なものとなる限りは、侵犯を思考に数え入れ、思考をもっと広い意味で理解する、つまり、単純なパロールとしてでなく、諸々の可感的構造と算術的なパロールとの間の往還運動として、理解するのは自然である。あちらこちらで思考という語は意味が変わる。広い意味での思考を《思考》と書くことにしよう。数学的《思考》は構築であり、厳密な意味での思考はパロールである。数学的《思考》は文学における思考と同じ意味を持たないという点に注意したうえで、数学的《思考》は創造的であるということができる。しかしメルロ＝ポンティは結局自分自身の罠に捉えられてしまう。数学的《思考》が創造的であるということを確証した後、彼はそこから、数学的思考は創造的であり、したがって、数学的思考は文学と同様に完全な意味での表現であると結論し、数学的思考の中に、語る力、創設するパロールを、かたくなに求めるのである。

曖昧な点を払拭しよう。数学的表現は諸刃の刃である。一方では算術だけが、パロールとして、数学的観念性を具体化することができる。他方、作図だけが、侵食として、数学的観念性を誕生させることができる。緊張、ためらい（われわれにとって、これらは重要である）がテキストを貫いている。とりあえず数学的表現の折衷的性格を認めることにしよう。メルロ＝ポンティはあるときは数学を作図の側に位置づけているように思われる。「この予料、この侵食、この侵犯、この暴力的な活動によって、私は形において作図し、活動を変形し、それらを本来あるところのものとなし、それらをそれら自身に変化させる――

文学または哲学においては、それを成し遂げるのはパロールである。[33]」この意味で、数学的認識は言語による認識に対立している。[34] しかしそうなると追跡しなければならない。作図が声の同類であるとすれば、それは算術によって反復される必要のない〈意味〉を具体化することになる。作図は観念性の媒体であり、数学的な振る舞いであり、数学的表現である。そうなると、もし算術が数学に必要であるならば、算術を別の仕方で、おそらく幾何学的作図のイメージで、理解しなければならないであろう。しかしまたあるときは、メルロ＝ポンティは数学を思考、算術の側に位置づけ、したがって、作図を単に可感的な所作と見なしている。この意味で、作図における可感的な知覚されるものは、算術における思考される理解されるものに対立している。算術は「われわれが、その上部構造を、見られるものに基づけられない限り、いかなる真理も[35]」持たない。しかし、もし作図、「見られるもの」が、単純な可感的なものの次元に属するのであれば、それらが数学的なものに従って展開するということを強いるものは何もない。「私は、作図が何かしらの偶発事に属するものではなく、数列を定義する構造の要素に属していると、確信する。」しかし、可感的水準で、数学に対して関与性のある「研究された構造の不変項」と、「線図または形の偶然的な特殊性[36]」とを、どのように切り離せるのか分からない。なぜなら、それらは数学的な視点に立つことによってしか、区別されないからである。そうでないとすれば、それらの所作がすでに数学的視点を定義していることを認めなければならず、それらが数学的行為そのものであり、原初的知覚の次元に属するものではないことを認めなければならないであろう。「三角形の一辺を延長するとともに、頂点を通ってその一辺に平行な線を引き、平行線とその割線に関する定理を介入させるということは、私が、紙でも絵でもあるいは想像上でもよいのだが、とにかく描かれた三角形そのものを考え、その三角形の表情、具体的な配置、そのゲシュタルトを考えることによってのみ可能である。[37]」作図なしに幾何学はないということ、平行線を引くためには線の配置を見ておかなければならないということ、これは事実である。しかし、平行線を引くことによって私は単に線を見るのでなく、真っ直ぐな線を見るのである。もし三角形が表情を持つとしても、それは幾何学的表情である。この三角形において、ある定理を適用することができるということを見てとるという事実は、数学的直観に属している。ここで明らかになる知覚は幼児の知覚に重ねあわされた。三角形は、他の場所にないとしても、ざらついた表面の凹凸のように、もはや紙の上に存在するわけでもない。幾何学的作図は数学的知覚に属しているが、この知覚は可感的なものの外部にあるのでなく、可感的なもの以上のものである。声はわれわれにとってパラダイムである。語の意味は声質を備えた音楽ではないが、しかしその音楽の中でこそわれわれはその意味を聴くのである。

いずれの場合も、われわれは幾何学における作図を、言語的認識における声として眺めるようにしなければならない。われわれは〈意味〉に従って語り、〈意味〉は語るという所作の目的であるが、それと同様に、われわれは、描くという所作の目的である数学的なものに従って、線を引く。数学的観念性は図の中に見られる見えないものであり、それはちょうど〈意味〉が、聞かれる見えないものであるのと同様である。しかし、『世界の散文』の時期に、メルロ＝ポンティはまだ見えるものと見えないものを完全に考察する手段を持たなかったということも認めなければならない。『世界の散文』(38)が明らかにした存在論を一般化するようにメルロ＝ポンティを促すことになったのは、声の研究である。やはり、メルロ＝ポンティの思考の中で数学のための場所を設けることができるのは、メルロ＝ポンティの思考を、その最も進んだ段階、すなわち『見えるものと見えないもの』において、捉えることによってでしかない。

数学的表現

数学に関するメルロ＝ポンティのテキストは緊張に満ちている。それぞれの側面からわれわれは、数学における作図を、言語における声をモデルにして考えるに至った。しかし、数学的表現を解明するのに、類推では不十分である、なぜなら、もし数学が作図に基づいているのが本当であるとしても、同様に、メルロ＝ポンティが算術と呼ぶ形式的側面を見過ごすことはできないというのも本当だからである。数学的表現は依然として二重である。つまり、一方で幾何学的であり、他方で形式的である。数学的思考はやはり、二つの表現様式の間を行ったり来たりする傾向があり、手と声との間での奇妙な対話の要素を持っている。実際、緊張があるとすれば、作図と形式性とを分離するからにほかならない。メルロ＝ポンティが算術を規定するその仕方は、まったく恣意的であるとわれわれには思われ、この点をわれわれは修正するよう努めなければならない。ある数学者が別の数学者に証明を口頭で説明するとき、持ち時間がどれほどであろうと、彼はそれを形式的に行うことはまずほとんどない。形式的な点に専心するならば、彼らは書く方を好むであろう。それはなぜだろう。（実際、哲学者の場合は、書く必要など決して感じることなく二人で語り合うことができるのだ。）それは、形式性が声の次元に属さないからである。「算術記号は書かれた図形であり、幾何学図形は作図される形式である。[39]」形式性と図形は、本質的に空間的な所作において、関連させて考えなければならない。われわれは数学的表現を文字の所作と呼んで、声の所作に対立させる。文字の所作は明確に区別される諸々の様相を維持している。幾何学的作図において、観念性はそれを担う可感的なものに関係している。これは、語の意味がそれを担う音に一般に関係しないがゆえに、形式的観念性の場合には当てはまらない。数学における形式的記号は、幾何学的作図より以上に、声にとっての語に、あるいは究極的に言えば、画家にとっての色に、相当する。紙の上の文字としての記号と、数学的仕事における記号は区別しなければならない。それはちょうど、音と語とが区別され、またチューブから出てくる時の絵の具と、タブロー上に描かれた色とを、区別できるのと同様である。数学的仕事における記号は、別のものを指し示すための印ではない、なぜなら数学的仕事はそれらの記号についての経験だからである。記号による思考は盲目でなく、また意図を持たないわけでもない。そうでなければ、記号は活性化されない単なる印と化すであろう。記号は意味を持つが、しかしその意味は記号の彼方にあるわけでなく、意図的に規定されているわけでもない。語と同様に、記号は「使用の仕方以外の意味を」持つわけではない。[40] 語から意味を「剝がす」ことができないの同様に、記号から意味を「引き剝がす」ことはできない。

カントに対して、カヴァイエスは「数の図式から独立した可知的内容として、量の概念が含むもの[41]」を問うている。図式論は、知性的内在性と直観的外在性とが二つの区別された項として措定される限り、受け入れがたい。純粋に経験的なものと純粋な意識とは、互いに呼びかけあう二つの項であって、空間的内容の知性的連鎖という事実と、それらの内容が露呈するダイナミズムとの面前で、消滅する。幾何学的ないし形式的過程は単に一定の直観的多様性の規則であり、統一性である。数学的発展の各段階で、予感されてはいるものの、しかしそれに対応する直観的体系に統合されえないがゆえに、市民権を拒絶されている概念がいくつかある。例えば負数、虚数、無限小といった例がそれである。その解決は、概念を不動の空間的直観に（負数を直線に、虚数を平面に）翻訳することを発見することによってなされるのではない。一方で可感的世界が与えられ、他方で外部に数学者の世界が存在するというのではない。もしそれらが一致するとすれば、またもし観念性が一定の空間的多様性の統一性にすぎないとすれば、その解決は「直観的領域の変形に、すなわち、その思考の用法を明確にする諸々の規則の変形に[42]」のみ存することができる。やはり、すでに意味作用を行っている諸々の手段を斜行的に配置して、常用の連合規則を侵犯することによって、観念性は自由に扱えるものとなり、当初はそれに対して定められていたのではない空間的直観に住みつくことになるのである。数学は文学と同様の意味で表現であるが、しかし媒体は異なっている。

カヴァイエスは数学的経験を記述するためにヒルベルトの論述に頼っている。というのもカヴァイエスによると、ヒルベルトの記号理論を導いているのは数学的所作に関する現象学だからである。「ヒルベルトの場合、記号理論は単なる心理学的記述としての意味を持ってはいない。数学的言明の本質的性格に関する(フッサールの意味での)現象学的認識が問題である。数学的言明が、可感的諸対象間の状況確認にすぎないなどということは決してない[43]。」しかしヒルベルトは、ガリレオと同様に、自分が発見したものにたちまち蓋をしてしまった。数学が諸々の記号の中にしか存在しないことを発見した彼は、記号の数学化を提案する。ヒルベルトの形式主義は、数学が残す可感的痕跡に数学を適用する試みである。それは記号的なものについての物理学である。あらゆる物理学と同様に、それは実在を把握し、実在を加工し、暴露するが、しかし同時にそれは、実在のいくつかの次元を覆い隠す。われわれは、絶えず事物を数学化可能な空間の中に見るが、知覚の空間はまだ数学的ではない。同様に、われわれは数学的な仕方で研究することのできる可感的記号を通じて数学を見るが、しかし可感的記号そのものはヒルベルトの形式主義がそれらに課する厳密性を持ってはいない。おそらく盲目的な作用を再構成するということがあらゆる物理学の固有性である。ガリレオの物理学は、知覚というものを、網膜上の光の戯れとしてのみ考えるように導き、厳密な形式主義は数学というものを紙の上の記号の戯れとしてのみ考えるように導くのである。数学は外部からしか見られず、紙の上に描かれた数学の痕跡しか保持されないのである。しかし、数学はそれが直観的であるまさにその限りにおいて、形式的である。形式性は厳密性の条件であるというよりも直観の条件である。カヴァイエスは、その第一テーゼにおいて、直観主義と形式主義とを結合しようとしているからである。形式主義は、直観主義に抗して正しい、なぜなら、それは数学的実践の現場そのものに立っているからである。形式主義は間違っている、なぜなら、数学的実践の書かれた痕跡しか保持しないからである。直観主義は形式主義に抗して正しい、なぜなら、それは内側から数学的実践を直観として記述するからである。他方、直観主義は、書かれた痕跡、可感的身体を忘れ、その直観を純粋な思惟とみなすときに、過ちを犯す。カヴァイエスは後期メルロ＝ポンティと同様に、可感的世界と思考の世界との二重性を拒否する。[44] 数学的経験は可感的世界における経験であり、それは記号間の単に可感的な知覚を乗り越え、その知覚を変形するが、しかしそれを逸脱するのではない。「ここで問題になる直観は、凝固していない真の可感的直観の延長にすぎない。[45]」

可感的知覚を基盤として、一方で、メルロ＝ポンティが記述する言語的表現が立ち現われ、他方で、数学的表現が立ち現われる。数学的表現はそれ自体、幾何学と形式性という二つの形態（カヴァイエスはいささか異なった語彙で記述している）をとる。しかし記号の所作に関する真の現象学を形成する仕事が残っていると言わなければならない。生成の分析によってわれわれは少なくともその特異性を強調することができるであろう。そのときわれわれは、数学的表現に立ち戻り、見えるものと観念性を備えた見えないものとが結合される仕方を特徴付ける試みを行うことができるであろう。

数学は、盲目の戯れでもなければ、純粋な思考でもない。観念性は、記号媒体において、隔たりをおいて、厚みの中で、与えられる。したがって、それはなにがしか不完全性を保持し、新たな表現作用によって展開され、解明されなければならなくなる意味の地平を保持する。数学的表現の諸々の帰結は、その前提を乗り越えることができるであろう。数学的表現は認識の生成を介入させる。言語的表現についても同様であり、メルロ＝ポンティは、数学を言語的表現として理解して、曖昧さを助長するが、また同様に、それを生成として記述している。そこで、われわれとしては、彼自身による分析を採り上げなおしてみよう。しかしわれわれとしては、数学を言語と同一視することによって、この問題に関して、新たな問題が生じないかどうか考えてみることになるであろう。

数学的生成

あらゆる表現と同様に、数学は創造を介する十全化である。数学者の仕事によって、観念性は自己を実現する。数学者の発明がいかに天才的であろうと、それは、たとえいまだ現れたことがなかったとしても、理論領野によって期待され、呼びかけられ、要求されていたという意味で、十全化が存在する。最新の定理は、それが証明される以前に、理論領野に関してすでに真であり、数学者はそれを暗に了解していたかのようである。風景を覆すある理論が仕上げられるとすれば、それはこの理論こそが、諸々の困難と限界を解決することによって、かつての諸々の理論の真理となり、それらの理論がその真の姿で現われるために欠けていた意味をそれらの理論に与えるからである。創造が存在する、なぜなら、数学者の発明がいかに陳腐であろうと、その発明はその数学者以前には存在しなかったからである。「既得の〈意味〉は、痕跡状態または地平状態でしか、新たな〈意味〉を含みはせず、その新たな〈意味〉こそが諸々の既得の〈意味〉において再認され、さらには、それらを捉え直すことによって、それらが部分的かつ素朴な形で持っていったものにおいて、それらの〈意味〉を忘れさることになるのである。[46]」カヴァイエスと同様、メルロ゠ポンティにとって、数学の歴史は予見不可能であり、かつ必然的である。必然的であるというのは、遡行的にみて所作がまさに問題が解決されるために要求されるものだったからであり、予見不可能であるというのは、その問題がその所作をまだ含んでおらず、それをそこに看てとるということが、問題を解決することであり、その所作そのものを実現することであったからである。

進歩は必然的であり、数学的領野によって呼び出され、正当化される。「この生成は偶然ではない。この生成に次々に生じる歩みのひとつひとつは、とるに足らない出来事ではなく、理にかなっており、いずれにしろ先行の歩みによって遅まきな仕方で正当化される。[47]」現在の観念性はその過去の真理であり、過去の真理は自己実現するために現在の観念性を期待していた。前進運動は理論的要求に応えているのである。逆に、数学的に基礎付けられるのは前進だけでなく、迂回やためらいを伴い、今日達成されている十全な意味の素描を伴う、過去全体でもある。このことを疑うのは不可能でさえある。十全な観念性が、別様に構成された精神に対して、その過去以前に到来し得たというのは真実ではない、なぜなら、観念性は自分自身の過去であるその過去の真理だからである。「一般化された数がわれわれにとって相変わらず数であるのは、もっぱらそれを初等算術の整数に結び付ける絆があるからである。[48]」過去は観念性の構成要素である。したがって、メルロ゠ポンティの考えは、数学的生成、過去の総体と前進運動は、数学的客観性を有する、という点においてカヴァイエスと一致する。

生成を理解するために、可能的なものを存在の成分として認めなければならない。[49] ガリレオの研究の中には、ガリレオが考えたもの、さらには予感したものを越える多くのものが含まれていた。創造が十全化であるとすれば、ガリレオの幾何学から出てくることのできるすべてのものはすでにそこにあったのであるが、しかし十全化が創造であるならば、それは単に可能的なものとしてあったのである。この可能的なものはライプニッツのいう可能的なものではない。現実化は理由を与えることのできるような選択ではなく、生成しつつある存在である。〈存在〉の可能的なものは単に事始め ouverture であり、自己への距離であり、「無からの恣意的な出現ではなく――少しずつしかその内容を繰り広げることのない意味組織の側面的出現」である。[50] 観念性は、知覚されるものにやはり倣う形で、以前からずっと即自的に決定されていたわけでなく、それは自らを決定し、開かれているのだということを、伝統的プラトニスムに反対して、認めなければならない。「各瞬間において、観念性は、その主題に関してすでに確立されてある諸関係の総体に、構築すべき諸関係からなる開かれた地平を加えたものにほかならない[51]」

メルロ＝ポンティは数学的生成をパロールによる生成として理解している。数学について述べられたことは、すべて哲学について述べることができるであろう。哲学は数学の特殊性に触れることなく、反対に数学的生成を哲学の生成にまで引きおろすように思われるが、われわれから見ると、このことが問題を引き起こすのである。[52] メルロ＝ポンティは沈黙の芸術とパロールとを区別している。つまり、パロールは「われわれのうちに、その努力の推定的限界として、真理の観念を据え付け」、「あらゆる哲学はすべての言葉に終止符を打つ一つの言葉を夢見たのに対して、画家や音楽家は可能なあらゆる絵画、あらゆる音楽を汲み尽くすことなど望みはしない[53]」画家は先行の画家たちから自分の芸術を学ぶが、彼は世界を描くという先行の画家たちと同じ努力を、再び開始するのである。ある一枚の絵は「それを可能にしたものを全体化するなどと主張しはしない[54]」。文学において、そしてとりわけ哲学において、過去は前提され、「理解される」。哲学者は先行の哲学者から学びはするものの、彼らの努力を単に再開するだけでなく、彼らの努力を要約し、その真相を語ろうと試みるのである。哲学はその各瞬間に、世界および世界の過去の全体性の表現であろうと欲する。「真理にとって、統合的であるということが、本質的であるのに対して、絵の名に値する絵であるならば、いかなる絵も決して統合的であろうと主張したことはなかった。[55]」しかし、いかなる数学もそうなのだが、少なくとも現代数学は、自分が統合的で仕上げられたものであるなどと主張しなかった。もし、声というものがメルロ＝ポンティがそれについて述べたようなものであるとすれば、数学はその管轄には属さない。もし、パロールが達成と全体化という狙いを含むとすれば、数学は声の真理の要素は持たない。数学的生成は絵画の生成とも、また哲学の生成とも、混ざりあうことはない。数学の歴史は未来に向かって開かれ、過去に向かって閉じられている。数学の過去は前提され、理解され、そして廃棄されている。数学者はあらゆる真理を自分の過去から引き出すが、それは彼らが一世代以上古くなったテキストを読む必要がほとんどないからである。すなわち、あらゆる過去はすでにその過去の唯一の数学的真理に従って、捉え直されてしまっているからである。デカルトの哲学の中にはデカルト以前の哲学の足跡が開かれたままになっているが、それに匹敵するようなものは数学にはない。哲学の言語は、空白と暗黙の前提を伴った、「たくしあげられたベール、横糸を通された言葉の鎖[56]」である。われわれにとってもまた、「デカルトの哲学は存在する、しかしそれはその真理をわれわれが行間に読むという条件においてである。デカルトの雰囲気、デカルト的な働き。[57]」なぜ、数学者にとっては、どんな暗黙の前提も、どんな雰囲気も、もはや意味を持たないのだろうか。われわれは、声の柔軟性に対して、記号の振る舞いが持つ「硬直性」を引き合いに出し、過去の現前様式も、未来の祈願も、哲学と数学とでは同じものでないということを、単に是認することしかできない。哲学は、過ぎ去った真理と未来とについて統合的であろうと欲するのであり、自分の過去が自分から脱落するのと同様に、自分の未来から脱落していくであろう。これら二つの時間性は、おそらく声と記号の所作とについての現象学を要求する。少なくともわれわれは、カヴァイエスに対して新たに呼びかけることによって、数学的生成の独自性を定義するよう試みなければならない。

画家の作品であるタブローは、付け加えられた器官が身体の能力を増大させるのと同様に、文化を増大させる。しかし、画家は、数学者が定理を扱うのと異なり、直接的に、容易に、タブローを扱うことは決してない。一見すると、数学者は新しい器官を手に入れるという以外の目的を持たないように見える。最新の定理は、数学的「身体」を完成しにやってくる一つの器官である。定理の拡張は数学的身体の焼き直し、再組織化を表現している。見る身体が自らを見えるものとするように、言葉が自らの創設する意味の秩序の中に入り込んでくるように、表現が自分自身へと振り返ることができるということ、数学者はそのことをずっと前から知っており、それを実地に体験している。数学者の活動全体の核心は、自分自身の表現を覗きこんで、その表現を拡張すること、またはその表現をより的確に形式化することに存する。彼は、自分が獲得したばかりの諸々の結果の光に照らして、自分自身の振る舞いへと倦むことなく立ち戻るのである。しかし先行の数学者たちによって残されたある振る舞いに立ち返る数学者は、まだ自分がその古い振る舞いに働きかけた振る舞いを知らないでいる。彼自身の振る舞いは、彼がそれを行使しているその瞬間には、その限界を伴って現われるわけには行かない。彼自身の振る舞いが理論領域へと沈澱し、改めて、その諸々の結果があまりに狭すぎるとか、適用の仕方がまずいとかいった仕方で見えてきて、別の数学者たちが代わってそれらの結果を自分たちの対象とするのを、待たなければならないのである。例えば、まさにルベーグ積分が組織的に回顧し理論化した諸々の道具は、すでに与えられてはいたものの、その諸結果がほとんど満足の行かないものであることが明らかになり始めていた。続いて、測定理論の進歩は、ルベーグが当時まだ課していた諸々の制限全体を克服した。(58) カヴァイエスは二つの本質的手続きを指摘している。それは主題化――「あるモデルに基づいて、またはある対象領域に基づいて、達成された諸々の振る舞いは、次には、数学者が新領域としてとらえることによって、それに基づいて仕事をする諸々の個体として考えられることができる」――と、理念化――これは、「ある操作があって、それを達成するのに本質的でないいくつかの事情に、偶然的な仕方でその操作が制限されていることが明らかとなった場合、その非本質的な制限からその操作を解放することを、単に要求するだけである」――である。(59) 進歩の推力は、新しい機関を接合することによりもむしろ、旧来の諸々の器官を再形成することに基づくのであり、したがって、旧来の器官の表現に関する厳密な数学的反省に基づくのである。したがって、画家または哲学者が、その色彩ないし言葉を世界に向かって直接差し向けるのに対して、数学者の場合は、数学的なものを通してのみ世界に触れるのである。数学は自己自身を理解する努力を絶えず更新することであり、ただし結局、数とは何か、または空間とは何かを、よりよく理解するために、絶えず更新される努力なのである。(60)「脱中心化」と「再中心化」という用語が、哲学と絵画の生成を言い表すことができるとすれば、数学に一層ふさわしく思われる言葉は、「重ね合わせ」である。諸々の道具に対する諸々の道具の重ね合わせが存在し、その重ね合わせに記号に対する意味の重ね合わせが自然に対応するのである。語というものは、おそらく意味の微妙な滑り行きをむしろ示すのであろう。われわれは、数学的観念性の生成を分析することによって、可感的なものへと連れ戻される。したがって、われわれは、数学的観念性が身体のために可感的なものを持つその仕方を、そして数学的観念性が可感的なものを表現し、描出するその仕方を、さらに検討しなければならないのである。

しかし、この問題に移る前に、ひとつ注意しておく必要がある。もし、数学者がすでに自分の数学的経験を主題化しているとすれば、その上われわれがそれについて何を言うことができるのだろうか。実際、数学の記述的所作と、哲学について語られた所作とを区別して以来、二つの原理は互いに根本的に遠ざかり合う。経験について、数学者と哲学者とは同じ構造を述べることはない、なぜなら、両者の振る舞いは別物だからである。そのうえ、数学者は、画家以上に、哲学者を記述することはできないのに対し、他方、哲学者は数学者と画家を記述することができる。いかなるものも声の柔軟性に匹敵することはない。数学者は、たとえ経験の一つの次元を露呈するとしても、経験の別の次元を覆い隠す。数学者は、認識を行う運動そのものにおいて、無知のうちにとどまるのであり、数学者が数学において言うことのできないものを言葉にして語ること、それこそ哲学者に任されているのである。

見えるものと観念性の見えないもの

言語による表現、絵画による表現、数学による表現が、幼児の知覚に付け加えられた。それらは幼児の知覚を延長し、向きを変えさせるが、しかしその働きを反復する。だからこそわれわれは、表現は知覚であるといえるのと同様に、知覚は原初的表現であるといえるのである。もし幼児と数学者がデッサンに対して同じ意味を与えないとしても、彼らはいずれもこの意味を見ている。事物とその現出との関係は、楽節の意味と音記号との関係に等しく、観念性と記号的な記号《シーニュ》、または作図に対する関係に等しい。「見ること、常にそれは見えるもの以上のものを見ることである。[61]」記号を記号たらしめ、現出を現出たらしめている、見えない意味が植え付けられる。見えるものの見えないものが、見えるものを見えるものたらしめているのである。見えるものとは、そこに非可視的なものが後から付け加えられるような、完全に定義された質ではない。可視性そのものが非可視性を孕んでおり、その非可視性の周囲で、可視性は可視的となる。この意味で、数学的表現、数学的知覚は、自然的知覚以上に、あるいは、見えるものにおける見えないものの際立った場合にあたる他者知覚以上に、驚くべきものではない。作図において捉えられた数学的観念性は、他者と同様に可感的なものである。確かにそれは時間と空間のうちにはないが、それはちょうど洞窟の壁に描かれた動物が、石灰石の割れ目や膨らみのように、壁上に存在するのではないのと同様である。作図における観念性は、事物の空間と時間とを断ち切る。しかし、事物が可感的なものの領域を汲み尽くすわけではない。「可感的なもの、それは諸々の事物であるだけではない。それはまたその事物に、たとえ窪みとしてであるにせよ、描かれているすべてのもの、そこに痕跡を残すすべてのもの、たとえ隔たりとして、またある種の欠如としてであるにせよ、そこに輪郭を描くすべてのもの、でもある。(62)」

こうした多様な表現を前にして、われわれは、記号の振る舞いと数学的生成、数学的知覚の特殊性について、すでにわれわれが知っていることに基づいて、知覚のこの多形性を明確にするよう努めなければならない。言語の見えないものと「図」の見えないものは、事物が知覚の中に現われるのと同じ仕方で、言語と図の中に現われる。しかし、事物がそれ自身として見られるのに対して、言語の見えないものと図の見えないものとは、何かしらのものに関係付けられる。それらは、単純な知覚によって私がそれに向かって開かれた生の本質を、可感的な蝶番を、特徴付け、または明らかにする。私はリンゴを記述する。私はあらゆるリンゴを結び付ける一つの構造を、言語のただ中に出現させる。リンゴは、私が言語の中で解明した、ある種のスタイルを持った、経験の形態となる。言語的な本質存在は、見えないフレームであり、不変なものであり、未耕の本質であって、それはあらゆるリンゴの経験を担っている。したがって、「リンゴ」という言語的本質存在は、二重の意味で見えないものである。つまり、それは、その言語的本質存在に身体を与える「リンゴ」という音の見えないものであり、また、人がそれについて語る可感的なもの(諸々の林檎)が声となった見えないものである。同様に、数学的観念性も二重の意味で見えないものである。つまり、その観念性に身体を与える「図」の見えないものであり、また、その観念性が数学的に描出する可感的なものの見えないもの、である。もし、知覚が表現であるとすれば、本来的な意味での表現は、それが言語的であれ数学的であれ、二重の意味で知覚である。すなわち、それは、音的であれ記号的であれ、表現記号における意味の知覚であり、かつそのことによって、可感的な図形における言語的または数学的な意味の知覚である。

数学的知覚の二つの契機が、幾何学において混ざり合っている。というのも、幾何学的観念性は、それを担っているものに結び付けられており、その担っているものは、幾何学的観念性固有の身体だけを表現するからである。幾何学的観念性に身体を与えるのは「図」であり、幾何学的観念性がその図を数学的に特徴づけているのである。しかし、真の数学的表現を認識しなかったメルロ＝ポンティは、数学的知覚の二つの契機を同一視することになり、したがって、数学を幾何学に還元する結果となった。メルロ＝ポンティによると、数学者は自分が算術において反復する構造を可感的なものにおいて見るのであり、そのようにしてそれを観念性の地位へと高めるのである。観念性に意味を与える所作は、単純な知覚の可感的なもののなかで働くのであって、その後で算術によって捉え直されるのである。可感的作図は、われわれにとって観念性の身体であるものを組織化し、算術の中で反復すべき一つの構造を標定するという、二重の仕事を持っている。メルロ＝ポンティは観念性の可視的な二重の根、すなわち、われわれにとって観念性の数学的身体であるものと、その観念性が数学的に描出する感じうるものという二重の根、を区別することができていない。観念性に意味を与える可感的な所作、われわれの見方からすれば観念性に身体を与える数学的所作は、観念性が数学において表現する可感的な構造を、じかに生じさせる。われわれにとって観念性の身体であるものは、それが結び付けられる可感的な構造とのみ見分けのつかないものでありうる。『世界の散文』における代数学の例は、この意味で幾何学的である。対の付き合わせにおいて意味を持つ不可視なものは、対の付き合わせの諸々の特性を数学的に描出している。作図の中で意味を持つ不可視なものは、その作図を描出している。算術的対象の内部で操作される諸々の変形は、まさに「幾何学における作図の等価物(63)」である。メルロ＝ポンティは幾何学的作図の原理を数学全体へと拡張している。『世界の散文』の分析は、それが固有の難しさを持っていることは別にして、代数学者にとってはいささか理解できないものである。幾何学と呼ばれる数学の分野は形式的で代数的な側面を持っている。そこで生ずる観念性は、作図に由来する観念性の盲目的な展開ではない。形式性は幾何学的作図を、幾何学においてさえ、引き継ぐことのできる発明の道具である。もし、われわれが代数学の仕事を回復しようとするのであれば、観念性の身体と、観念性がそれに結び付けられる可感的なものとを注意深く区別しなければならないし、言語的表現と同じ資格で数学的表現を認識しなければならない。

数学者は、自分の表現についての反省によって、ある所作と別の所作との重なり、ある道具の他の道具への重なりを発展させる。数学を常識から遠ざけるこの重なりに、単に可感的な知覚から数学を遠ざける、記号に対する感覚の重なりが対応している。メルロ＝ポンティは絵画に関して、そうした変形を喚起している。「タブローの中で一つの窓が、その窓の穿たれている壁に対してあまりに明るすぎるので、パイプでできた棚によって取って代られている。窓、パイプ棚、壁の、通常の意味は、否認されたわけではないが、(……)少なくともより根源的な、より広範な、意味に再統合され、その意味から差し引かれている。」[64] 同様に、簡単な例をあげれば、透視図法で描かれた図は、まず三次元の空間として現われるが、やがて任意次元のユークリッド空間、ヒルベルト空間、ヴェクトル空間を見えさせるようになる。記号に対する意味の、見えるものにおける見えないものの、この際限のない拡張のために、図は、また、数学の最も抽象的な分野で用いられて成果をあげる場合がある。[65] しかしメルロ゠ポンティは、幾何学的作図を単に可感的な所作に還元する限りで、数学における直観的重ね合わせを考えることを自らに禁じている。幾何学的所作は、それが可感的である限り、固有の生産性を欠いている。算術が取り組むべき見られる「事物」は、自然に見てとられるものの次元において、すなわち、最善ならば、知識を与えられた知覚に対して、ユークリッド幾何学の水準において、維持されている。数学的表現を認識できなかったメルロ゠ポンティは、第一に、数学的知覚——幾何学だけが接近できる——の二つの契機を区別できず、第二に、幾何学的所作——初等幾何学だけが接近できる——に固有の生産性を与えることができない。しかしメルロ゠ポンティの分析にわれわれが導入した修正は、言語に基づいて発見された「表現の」観念を、数学的経験に適用させるにすぎない。われわれの提案は、いずれもこの思考領野を離れるものではない。われわれはただ、メルロ゠ポンティの哲学の中に、数学についての一層忠実で完全な見方を導入しようとしているだけである。

存在論としての数学

数学は、たとえそのメカニズムがいささか複雑であろうと、やはり世界と関係することができる。メルロ゠ポンティによれば、「科学は別の世界にでなく、まさにこの世界に捧げられており」、「科学は、結局、われわれが生きているのと同じ事物について語っている。(66)」科学は、「可能的なものの限界まで、束縛を受けずに用いられるべき(67)」事実決定の方法として、われわれの経験の組織だった手直しとして、理解される。結局のところ、科学は「知覚手段の総体(68)」を意味している。われわれは、この知覚をどのような意味で理解するかを、明確にしたところである。文字による媒介において、その生成を特徴付ける諸々の重ね合わせを通じて、科学は世界のフレームのいくつかの特徴を、可感的なもののいくつかの不変項、軸、蝶番を、明らかにし、「表情のある肖像画」を製作した。(69)しかし科学は、他の諸次元、他の諸々の表情的肖像画、諸々の次元の多数性と均衡とを問う存在論のための場所を残している。哲学は、科学に還元されはしないが、科学に無縁なわけでもない。問題は、科学の〈存在〉によって〈存在〉を悉尽することを要請するような認識理論を作ることでもなければ、科学以前の秘密の科学を開始することでもない。哲学は科学を、「より原初的な〈存在〉との関係という一層広い文脈において（還元された）ある種の存在論として」読むべきである。(70)

存在論の語彙によって科学を解釈するということは、科学者の客観主義的存在論への荷担を意味するわけではまったくない。物理学者の中には、世界についてほとんどデカルト的な表象を保持している者がいる。アインシュタインは、科学というものは世界の中に預け入れられた真理にたどりつくことであると考えるのを決して止めなかった。「私はそれ自体としての世界、法則によって支配された世界を信じており、私はそれを荒々しく思弁的な仕方で理解しようと試みるのである。(71)」メルロ＝ポンティは、仕事中の物理的思考が要求するわけではないのに、そうした物理的思考に時折伴うこうした哲学を、科学について、拒否しているだけである。表現とは為すことである。真実は、それが知覚的であれ、言語的であれ、あるいは数学的であれ、常に構成される。真理と構成、完全な十全化と創造との間に、二者択一はない。それは

〈存在〉の性格である。「〈存在〉は、われわれがそれを経験するために、われわれに創造を要求するものである。[72]」

知覚的であれ表現的であれ、あらゆる経験は、一種の循環を実現する。創造である限り、あらゆる経験は存在するものに対する見えるものの歳差運動を表現している。十全化である限り、科学は見えるものに対する存在するものの歳差運動を表している。知覚から話を始めよう。知覚は先在するものの反響を〈存在〉の中に目覚めさせ、私が見る事物は私の知覚よりも古い可視性を示している。他方、私がかくも正確な仕方で見る事物は、私がそれを見る以前には見られていなかった。私が、その事物の願いにそって、その事物を存在せしめ、私がその事物をあるべきものにまさに正確な仕方で存在するようにするのである。予定調和が、身体と世界とを結び付けているように思われる。それは、「事実としての身体にも、事実としての世界にも、本来属していない、〈可視性〉、〈可触なもの〉自体[73]」が現実に存在するということである。身体は視覚の道具または手段ではなく、知覚を預かる者である[74]。世界の肉は世界よりも現実的であり、「見られた〈存在〉、優越して知覚される（*percipi*）〈存在〉についてこそ、そしてそうした〈存在〉によってこそ、知覚すること（*percipere*）が理解されるのである[75]。」固有の身体と世界とは、諸存在者の普遍者 *universum* として、この〈可視性〉の普遍化された二つの項にすぎない。身体は拡散した可視性が集合する点であるにすぎない。厳密に見れば、知覚するのは私でなく、事物こそが私の中で自らを知覚するのである。

知覚の循環は身体主体の中に閉じ籠るわけではなく、もし、同様に、数学の循環があるとすれば、主体精神、積極的意識、の中に閉じ籠ることはできない。意識は、視覚が〈存在〉に属するように、観念に属する。数学それ自体というものがあり、数学者は数学に仕え、それはちょうど身体が自分の中で知覚される事物に仕えるのと同様である。「われわれが持つのでなく、われわれを持つ〈言葉〉と〈思惟〉とによって語られ、思考されていることに、事物は気づく。[76]」数学は知覚であり、可感的なものに属するゆえに、二つの循環は現実に一体であるしかなく、私の中で自らを思考するこの〈数学〉、それは私の中で数学的に自らを思考する存在なのである。メルロ＝ポンティが画家について述べたことを数学者について述べなければならない、すなわち、数学者の手は「彼方にある意志の道具」にほかならず、「したがって、沈黙した〈存在〉それ自身がその固有の意味を表現しにやってくるのである。[77]」もし画家が「秘密の科学[78]」を所有しあるいは追求するならば、それは逆に科学が絵画にならって、世界を反芻するからである。メルロ＝ポンティは『知覚の現象学』を決定的に乗り越えた。肉を狭い意味での身体的な肉に還元することはできず、〈存在〉を前科学的〈存在〉に還元することはできないであろう。科学を理解するために、科学がその二次的かつ抽象的な表現である世界経験へと立ち戻ることは、もはや問題ではない。「科学以前へと立ち戻ることが目的ではない。生活世界 *Lebenswelt* の回復、それはあるひとつの次元を回復することであって、その次元において科学の諸々の客観化がそれ自身意味を持ち、真なるものとして理解すべきものとなるのである。[79]」

『知覚の現象学』を支える系譜についてあと何が残されているだろうか。数学は知覚であり、したがって、二次的知覚である。「図」の中に透けて見える観念性を見るために、われわれは単純な図を見ることから開始した。数学は、絵画と同様に、訓練によって自らにふさわしいものとなる才能である。そこでメルロ＝ポンティは、実証的な文献に基づいて、数学の進歩または習得の諸段階を跡付ける、歴史的または教育的系譜に対する領域を護持している。例えば、「尺度や計算の宇宙を、根源とみなされた、場合によっては普遍的根源とみなされた、生きられた世界から出発して構成する歩みの分析というものは、理にかなって[80]」いる。しかし、そうした系譜というものは、数学を説明するためには不十分である。われわれは、それを、『知覚の現象学』に即して直接的に示した。系譜というものは、数学的視覚の内部に、単に送り返すことしかできないのであって、最初に知の領野を私に与えるのは数学的視覚であり、系譜は数学的視覚を用いるにもかかわらず、その視覚を忘れさるのである。哲学は、自分自身の位置についての、すなわち、内在領域として数学的領野を解明するものであることについての、問いであるという点で、系譜と袂を分かつ。

もし、系譜の空間が開かれたままであるならば、『見えるものと見えないもの』においてもはや起源の問題は存在しない[81]。メルロ＝ポンティが進化論的な見方を疑い、見えるものについてのコスモロギー（宇宙論）を形成したように、われわれはまず、系譜という考え方を捨て去り、数学のコスモロギーを形成するか、あるいはむしろ、見えるもののコスモロギーに数学的次元を導入しなければならない。しかし、見えるものは、ある意味で過去／現在の区別を超越する。「私の眼下に見える風景は、別の時間の諸瞬間……と過去とに対して、外的でなく、また総合的に結合されているのでもなく、それらの瞬間や過去を、同時性において本当に自らの背後に、自らの内部に、持つのであって、それらの瞬間や過去は時間の〝内部で〟隣接して並んでいるのではない[82]。」したがって、存在論の内部では、歴史的であれ、教育的であれ、諸々の系譜は再びメルロ＝ポンティの要素となり、彼は系譜を世界の肉の「実存的永遠性」において、解釈しなければならないのである。数学的領域におけるそれらの根付きの問題は、存在論における系譜を動揺させる。存在論の光のもとで、系譜はその真の意味をつかむが、反対に、メルロ＝ポンティが語ることができるであろうものを詰め込んだひとつの数学をもたらす。諸々の系譜というものは、存在論の内部で、存在論自身の本質を構成する。諸科学の歴史と教育学とが認識論にとって持つ意味は、社会科学と生物学とがメルロ＝ポンティにとって持つ意味と、まったく等しい。

われわれは、本稿の出発点をなした認識論的問いの問題へと、立ち戻った。認識論は、それが反省の対象とする数学的領野の、常に後にやってくるのであって、数学的領野に問いかけ、それがいかにして形成されるかを数学的領野に尋ねることしかできない。活動、経験、数学的生成は、そのすべての根とともに受け取られ、その後に存在論的解明を要求するのであって、われわれはここではその解明にただ軽く触れたにすぎない。科学に先行するわけではないが、（科学の対象の内容を与える分析と、その分析を存在において完成する存在論とを経験することによって、）科学の言わば魂にあたる認識論のこのプログラム、われわれがメルロ＝ポンティの哲学において浮かび上がらせようと努めたこのプログラム、それをカヴァイエスは数年前に企てた[83]。いずれにせよ、認識論者カヴァイエスが〈存在〉の一次元を引き出し、そのあらゆる錯綜を連れ戻しているのは事実である。まさしくメルロ＝ポンティの哲学は、諸々の知の均衡を明らかにし、認識論を支えるにふさわしいひとつの文脈を提供することができるように、われわれには思われるのである。

原注

（1）本稿に対するM. Salanskisの貴重なコメントに感謝する。

（2）J. Petitot, Idéalités mathématiqes et réalité objective, in *Hommage à Jean-Toussaint Desanti*, TER, 1991, p. 214.

（3）*Le visible et l'invisible*（以下 *VI*）, p. 253.

（4）*Ibid*., p. 264.

（5）*Ibid*., p. 275.

(6) *Ibid.*, p. 277.

(7) その上、J・ペティトは同じ論文のなかで、結局、数学に対して世界の諸構造を見出している。彼は、超越論的美学（ここでは象徴的文学性）と適法性の諸形式とに基づいた、カントの体系にまったくそっくりなものを構築している。規定的判断と反省的判断との区別を、認識論の真中に同じように導入することができる。これは、われわれからすれば、数学を、数学そのものに従って考えることと、知覚に従って考えることとの間に、二者択一が実際上存在しないことの最高の証拠である。

(8) *La Nature*（以下 *N*）, p. 266. 同様に、*L'œil et l'esprit*（以下 *Œ*）, p. 42.「あらゆる絵画論は形而上学である。」

(9) *VI*, p. 29 et 158.

(10) *Phénoménologie de la perception*（以下 *PP*）, p. III.

(11) J.-T.Desanti, *La philosophie silencieuse*, Éd. du Seuil, 1975, p. 74.

(12) 例えば p. 118. Cf. J.-M.Salanskis, Platonisme et philosophie des mathématiques, Masson, 1995, p. 192.

(13) *PP.*, 396.

(14) 例えば *PP.*, p. 396, 448.

(15) われわれは、メルロ＝ポンティによる批判を敷衍して説明しているに過ぎない。特に *VI.*, p. 54-56.

(16) *Signes*（以下 *S*）, p. 132.

(17) *Résumés de cours au Collège de France*（以下 *RC*）, p. 148.

(18) *S.*, p. 58 ; *N.*, p. 138. この還元の意味については、R. Barbaras, *De l'être du phénomène*, 1991, p. 329.

(19) *VI.*, p. 203.

(20) *S.*, p. 49, p. 110.

(21) *VI.*, p. 243.

(22) *Ibid.*, p. 255.

(23) *La prose du monde*（以下 *PM*）, p. 110, 193.

(24) *S.*, p. 112.

(25) *Ibid.*
(26) *S.*, p. 113.
(27) *VI.*, p. 190.
(28) *Ibid.*, p. 166.
(29) *Ibid.*, p. 9.
(30) *Ibid.*, p. 182.
(31) 最初の n 個の自然数の和は、($n/2$) × ($n+1$) に等しい。出すべき和は、

S＝1＋2＋3＋…＋ ($n-2$) ＋ ($n-1$) ＋n と書ける。対称関係にある自然数の対、n と1、($n-1$) と2、($n-2$) と3、などは、足すとすべて $n+1$ になる。n 個の偶数の場合、その総和は足すと $n+1$ となる $n/2$ 個の自然数の対によって作られるが、n 個の奇数の場合は、総和は足して $n+1$ となる〈中央の〉自然数 ($n+1$) /2と ($n-1$) /2の対で作られる。この場合でも満足のゆく公式が得られる。メルロ＝ポンティは偶数の場合と奇数の場合を区別していない。
(32) *VI.*, p. 170, 166.
(33) *Ibid.*, p. 183、また p. 128.
(34) *Ibid.*, p. 182.
(35) *Ibid.*, p. 150.
(36) *Ibid.*, p. 176, また p. 180.
(37) *PP.*, p. 441.
(38) Cf. R.Barbaras, *op. cit.*, p. 273. または p. 329.
(39) Cavaillès, *Œuvres complètes de philosophie des sciences*, Hermann, 1994, p. 626. カヴァイエスは、ヒルベルトの論文を表題を示さず、記憶に頼って引用している。カヴァイエスとメルロ＝ポンティの接近を正当化するためにはもっと十分な説明と、いくつか微妙な差異も必要であろう。したがって、われわれがメルロ＝ポンティの哲学において解釈した数学的経験を指し示すものとして、カヴァイエスの反省を考えることにしよう。われわれは、数学

的振る舞いを形容するのに、それ以上適切な語を知らないので、「記号的な」scriptural という言葉を使う。いずれにせよ、「書き言葉」écrit という語は避けなければならない。表記文字 l'écriture はおのずから声を参照させる。表記文字と声とを、メルロ＝ポンティのように接近させるにせよ（例えば *RC*, p. 39-40）、J・デリダと共に対立させるにせよ、書き言葉は沈澱した、または空間化された声である。記号的なものは、声が芸術的デッサンから隔たっているように、書き言葉から隔たっている。

(40) *Ibid.*, p. 182.
(41) *Ibid.*, p. 470, p. 486.
(42) *Ibid.*, p. 470, p. 626.
(43) *Ibid.*, p. 181.
(44) *Ibid.*, p. 184.
(45) *Ibid.*, p. 185.
(46) *PM.*, p. 183.
(47) *Ibid.*, p. 172.
(48) *S*, p. 17, *RC*, p. 64.
(49) *N*, p. 101.
(50) *PM*, p. 64.
(51) *Ibid.*, p. 175.
(52) 例えば *PM*, p. 152. ここでメルロ＝ポンティは、数学の歴史と哲学の歴史とを同一視している。
(53) *PP*, p. 221-222.
(54) *PM*, p. 141.
(55) *Ibid.*, p. 143.
(56) *VI*, p. 251.
(57) *Ibid.*, p. 242.

(58) ゲーデルの定理は「数学的推論の粗雑な概念についての分析を提示している。」(Cavaillès, *op. cit.*, p. 152.) ゲーデルのコード化は、数学的ロゴスの数式化に支えられている。この数式化は、表現の反省性によって要求されているようには、われわれにはいささかも思われない。ゲーデルのコード化においては、数学的所作が数式化されるのでなく、数学的所作が残す痕跡が数式化されるだけである。数学的思考が自己自身へと振り返り、いわば自分を横断し、もはや数学的思考ではない可感的なものへと、辿り着くのである。

(59) Cavaillès, *op. cit.*, p. 602.

(60) *Ibid.*, p. 604.「もし、われわれがそれによって理解するものを、計算活動によってであれ……、初等幾何学の第一歩であれ、了解したいならば、われわれは実際にはすべての数学を発展させるように強いられる。」

(61) *VI*, p. 300. したがって、「可感的」という語は両義的である。この研究の初めのいくつかの段落では、まだそのことについてわれわれは何も知らず、可感的なものは狭い意味での可感的なものを指していた。

(62) *S*, p. 217.

(63) *Ibid.*, p. 176.

(64) *PM*, p. 90.

(65) G.Longo, *Memory in mathematics*, revue de l'Association Henri-Poincaré, juin, 1955.「仕事中の数学者は、黒板上の簡略な絵を使った説明の威力を毎日経験している。たとえ話題がグロタンディク・トポスに関するファイバーという、空間にほとんど関係のない構造であったとしてもである（近傍、変形を保持する構造、それらに関する関手 functor……といった概念を経由して）。」しかし数学には、直観的重ね合わせだけでなく、意味の滑りがあるということを認識しなければならない。一定の意義を持っていた図が別の意味を獲得し、その意味が最初の意味に付加されずに、むしろそれを払拭する。半球の長弧が楕円空間の直線となる。円の弦が双曲線空間の直線となる。しかし、直観的重ね合わせが自然な形で働く際に、一定の構造をそれとは別の構造において表現する可能性を証明しなければならない。したがって、意味の滑りはいささか人為的であり、さらにまれである。

(66) *PM*, p. 23.

(67) *VI*, p. 44.

(68) *S*, p. 128.

(69) *VI*, p. 279.

(70) *N*, p. 267. しかし現代の数学は、哲学が考えていると思われるほど、世界について直接に語っているわけではない。自分たちの真の存在論的意義を追求することが、重要な仕事を表している。しかし、そのことは可能であろうと思われるし、われわれは J.-M.Salanskis の形式的解釈学をこの意味で解釈できるであろう。その上、数学と物理学は混同されているように見える。われわれの認識では、メルロ＝ポンティがそれを正当化している個所はない。しかしもし、例えば非ユークリッド幾何学をユークリッド幾何学の、したがって、空間の、真理として考えることができるとすれば、もし、数学がそれ自身で存在論であるならば、物理学はその道具を数学から借りて、それを経験的次元に突っ込むことしかおそらくしない。それはちょうど「網が何をもたらすかを知らずに、網を海に投げ入れる」（*OE*, p. 11. それはむしろこの生物学のテキストの中での問題である）ようなものだ。というわけで、「科学」という用語のもとでしばしばなされる、数学と物理学との同一視は、自然なことであると思われた。

(71) メルロ＝ポンティによるアインシュタインの引用。*S*, p. 242.

(72) *VI*, p. 251.

(73) *Ibid.*, p. 183.

(74) *OE*, p. 58.

(75) *VI*, p. 304.

(76) *S*, p. 27.

(77) *OE*, p. 87.

(78) *Ibid.*, p. 15.

(79) *VI*, p. 236.

(80) *Ibid.*, p. 35.

(81) *Ibid.*, p. 318.

(82) *Ibid.*, p. 321.

(83) Cavaillès, *op. cit.*, p. 508.

鼎談　訳者あとがきにかえて

加賀野井　さて、これから訳者三人で、本書の全体をまとめる鼎談を行いたいと思います。本来ならば、この書を訳し終えたところで、それぞれが担当箇所の解題を作成したり、誰かが「あとがき」を書いたりすればいいわけなんですが、いかんせん、この書には、フッサールの『幾何学の起源』をめぐるメルロ＝ポンティの未公刊講義ノートはもとより、一九九五年に開かれたメルロ＝ポンティ会議《コロック》の内容までがほとんど網羅的に収録されている。つまり、メルロ＝ポンティ研究家たちの難解かつ先端的な成果が一四編も載せられているんですね。そのうえ、それらすべてが必ずしも嚙み合った話にはなっていない。いや、てんでバラバラだと言ったほうがいいのかもしれません。

　ただし、これらの成果はかなり質の高いものであるとともに、こちら側の問題意識によっては、見事に収斂しないものとも限りません。そこで、私たち役者ならぬ訳者三人が一堂に会し、それぞれに興味を抱いた部分など開陳してみれば、何か共通した発想や課題が抽出できるのではないかと考えたわけです。これらの論文に書かれているところから逸脱してもかまわないし、批判的な立場をとってもかまわない。まあ、かなりざっくばらんにお話しいただきながら、この鼎談から、開かれた「あとがき」のようなものが出てくれれば、と期待しております。

　はじめに少し、メルロ＝ポンティ会議のことを、私のほうからご報告しておくといいでしょうか。本書にも書かれているように、この会議は一九九五年一〇月の一一・一二の両日にソルボンヌで開かれたわけですが、ちょうどこの年の四月から、私は在外研究でパリに滞在しており、幸いにもこの会議に出席することができました。正確な会場は、中庭を渡った正面のサル・リヤールじゃなかったかと思います。

今や、フランスにおけるメルロ＝ポンティ研究の中心的存在になってきているルノー・バルバラスさんとも、この時、はじめて挨拶を交わしたことでした。私より少し年下だと思いますが、ずっと年配のような感じがしましたね。額の上がりぐあいかな（笑）。そういえば、日本からの参加者として、東大の増田一夫さんも発表されたのですが、この書にはどうして収録されていないのでしょう。どこかでお会いしたら聞いてみようと思いつつ、どうもその機会にめぐまれません。会場にはやはり東大の小林康夫さんも来ていました。増田さんと話していると、後ろからポンと肩をたたく人がいるんで、振りかえってみると小林さんでした。「ここに来ると、きっとあなたがいると思ったよ」とニコニコ笑っていたんですね。

そんなわけで、楽しい一時でもあったのですが、会議自体はけっこう大変なもので、二日にわたってここに出席しているのは、かなりの重労働となりました。この書にあるとおりの発表が延々と続き、マトス＝ディアスさんだったか、カルボーネさんだったか、かなり訛りの激しいフランス語で発表されたり、バルバラスさんは早口だし、まあ、いつものことですが、リシールさんはあのとおり難解で……話の筋を追うだけでも大変だったことをよく覚えています。

この会議の総括的な表題は『感性的なもののフィギュール』となっています。わからないわけではないのですが、実際には、どんな内容でも取りこんでしまうような茫漠とした題ですよね。おかげで会議中にも、全体のまとまりはうまく摑めないままでした。ですから今日は、お二人のお知恵を拝借して、そのあたりを解きほぐしていただければと思っています。

また、私が何度か国立図書館《ビブリオテック・ナショナル》に通ってメルロ＝ポンティの遺稿を眺めていたころには、遺稿はまだ紙箱の中に無造作に入れられていただけで、私は残念ながら、この『幾何学の起源』をめぐる遺稿を意識的に検討したことがありません。それについては、今やマイクロフィルムの形で整理された草稿を、この翻訳をはじめた後で本郷さんがつぶさに検討されているので、本郷さんには、そのあたりのこともお話しいただければと思います。

本郷　この鼎談は「あとがき」をも兼ねているということですから、まずは肝心のメルロ＝ポンティの草稿が今どのような状態であるのか、私の方からご報告いたしましょう。

現在、フランスの国立図書館は、パリ市内には二ヶ所あります。別館も入れれば、全部で四つですが。一つは、昔からのリシュリュー通りのもの、もう一つは、新しくできたトルビアック通りの建物で、いわゆるフランソワ・ミッテラン図書館です。詳細は、国立図書館のホーム・ページをご覧いただければと思います（http://www.bnf.fr/）。

さて、問題の遺稿は、この旧来のリシュリューの方に所蔵されており、二階（フランス風には一階）の、「手稿部門・西洋セクション Manuscrits, division occidentale」で見ることができます。

いつマイクロ・フィルム化されたのか、はっきりはわかりませんが、フィルムを見ていますと、作成が一九九九年一〇月となっておりますので、ここ二、三年で切り替わったもののようです。ひとたびマイクロ化されると、もう元の草稿を見ることはできないそうで、私も係員に聞いてみたのですが、あっさり断られてしまいました。また、メルロ＝ポンティの場合、マイクロ・フィルム化されていても、それをプリントすることはできません。著作権が切れていないからです。これは死後七〇年経過しないと駄目で、それまでは、一ページプリントするにも、もちろん、公にするにも、メルロ゠ポンティ夫人の許可が必要だとのことでした。

さて、このフィルムには、ⅠからⅩⅩⅠまで巻数が付されており、そのうち三巻は、フィルム二本から成っているので、フィルム総数としては二四本になります。そして、本書で活字化されている「現象学の限界に立つフッサール」講義（幾何学の起源に関する講義）は、ⅩⅧ巻で、請求番号はＭＦ１２７２。

ところで、その草稿の状態ですが、マイクロ・フィルムは、白黒で撮影されているため、インクの色などわかりませんし、やはりある種の限界を感じてしまいますね。紙の手触りなども感じたかったところですし、それこそ、メルロ゠ポンティの筆触をじかに知覚したかったところで、その点、現物を直接手に取ることのできた加賀野井さんがうらやましい限りです。

加賀野井　そうですね。昔は箱の中に紙バサミで束にされた原稿が無造作に入れられていて、まさにメルロも感じていただろう紙の感触も、微妙なインクのにじみぐあいも、なんとなく共有できたような気がします。とくに、彼が倒れた夜の大机に置かれていた最後の原稿はどれになるのか、それを探すのなんかは、かなりスリリングなものでした。
彼が倒れる時に、何かの容器をひっくり返したらしく、赤いインクで書かれた文字が、紙片の上を流れるようににじんでいるですね。最初は赤ワインだろうかとも思ったのですが、メルロの草稿をトランスクリプトしているメナゼ嬢から聞くところでは、水だったとのことでした。メルロ゠ポンティ夫人がそう言っておられたとのことです。あ、失礼、ちょっと話が脱線してしまいましたね。どうぞ続けて下さい。

本郷　いや本当にうらやましい。では、続きを申し上げますが、メルロ＝ポンティは、まず、二種類の大きさの紙を使い、基本的にはその両面に書きこんでいます。フィルムでは大きさも実感できないわけですが、おそらくA４と、それよりも小さいサイズの紙とでしょうね。左側に三分の一ほどスペースをあけて、後から書きこんだり、注記を書くために使用しています。

まずもって、活字化されたものとは、見た目の印象がかなり違うことがわかります。また、いくつか、この本の編纂者の読み誤りではないかと思われる箇所もありました。もちろん、皆さんすでにご存じのように、メルロ＝ポンティの筆跡は、お世辞にもきれいとは言えません。まして、これはあくまで自分用の覚え書きのようなものですから、余計です。それを読みとるのは、フランス人にとってもなかなか大変なことなのでしょう。私などには、活字化されたものとつき合わせてみても、やはり、読めない（笑）。

とはいえ、どうでしょうか、すでに「訳者まえがき」にも加賀野井さんがお書きになっているように、この草稿部分の訳は、版元より送られた訂正版にもとづいているわけですが、それを見ると、最初の出版がかなり雑なものだったように思うのですね。それは、訂正版でも、あまり変わらないようにすら思います。もちろん、大分訂正されていますから、よりよくなっているのは確かでしょうが……。草稿を、どこまで忠実に再現するか、ということは、基本的には編者の判断に委ねられるところでしょうけれども、資料的価値という基準から見ると、もう少し、この草稿は、きちんと再現されてもいいように思うのです。

細かいことで言えば、たとえば、メルロ＝ポンティの草稿では、かなり沢山アンダー・ラインが引かれています。これをすべて再現してしまうと、視覚的にはわずらわしく感じると思われますし、ほとんど全部に引かれている箇所も多いので、再現する意味がないという判断が、編者にはあったのでしょう。ただ、ところどころ、アンダー・ラインが再現されていますけれど、草稿と見比べてみると、その再現する基準がはっきりしないのですね。どうしてこちらを再現しているのに、こちらは再現しないのか、と疑問に思う箇所が多くありました。また、ダッシュで文章をつないでいるところが多いのですが、それを活字化では、ほとんどピリオドにしている、ということもあります。

　何より気になるのは、メルロ＝ポンティ自身が、フッサールの文章を仏訳しているのですが、それが割愛されていることですね。それこそ、デリダの訳と比較してみるとどうだろうか、というような興味もわいてくるわけですが、この活字化ではそれができない。このあたりには、そもそもフランスの人たちにとって「翻訳」ということの意味が、私たちとは違うらしい、という事情もからんでいそうですね。

伊藤　お二人の話から、なにやらメルロ＝ポンティの草稿現物の感じが伝わってくる感じがします。やはり草稿の現物にふれるということは、メルロ＝ポンティを理解する上で意味があるでしょうね。私自身は見たことはありませんが。バッハの自筆譜を見ながら演奏《アンテルプレテ》することに意味があるように、メルロ＝ポンティの自筆原稿を見ながらその文章を解釈《アンテルプレテ》することにもおそらく意味があると思います。

　物はそれに固有な意味を放射しているというのは、メルロ＝ポンティ自身の思想に即していますしね。用紙のサイズや質、文字の配置や色やにじみなど、すべてがメルロ＝ポンティという一つのゲシュタルトを形成する部分として働いているという感じですかね。文字そのものは、差異のシステムにおいて否定的に働く限り、何かしらの仕方で、知覚の次元から逸脱するところがなければならないと私は考えていますが、しかしそれにもかかわらず文字も知覚される物である限り、積極的な表情を備えているはずであって、そうした表情という仕方で表出されるメルロ＝ポンティの思想、こう言うとちょっと言い過ぎかもしれませんが、そういう思想の次元というものもあるはずだと思います。

加賀野井　そうそう、まさしく知覚の次元と理念性の次元ということで、伊藤さんの発言は、もうすでにメルロの遺稿の中核に切りこんでおられる（笑）。

伊藤　文字も絵として見ることができるわけですから。物の表情という話は、この論文集に収められたいくつかの論文で論じられている「概念を伴わない普遍的存在の呈示」というテーマにもつながってゆくと思います。まあ、この話しはもう少し先にいって改めて議論したいと思います。

ところで、アンダーラインが無視されているという本郷さんのお話ですが、スイユ Seuil から出ている『自然』講義でも、メルロ＝ポンティ自身の引いたアンダーラインを無視した形になっていましたね。あの本の二六二ページに、メルロ＝ポンティの草稿の一部がコピーした形で転載されているので、それがわかります。本郷さんの話では、「翻訳」の意味が違うらしいということですが、その辺もう少し説明していただけませんか。

本郷　きちんと調べた上での話ではないのですけれど、フランスでは、翻訳があるのならばそれを使えばよいという風潮が強いように思います。アメリカでもそうらしいですが、あまり原典を読むということをしないのではないでしょうか？　ヴラン Vrin（ソルボンヌのそばにある哲学専門書店）へ行っても、原典も置いてあるのは、ギリシャ・ラテンの古典を除けば、カント、ヘーゲル、ハイデガー程度で、それも『純粋理性批判』などの主要著作（PHB ですが）に限られると言っていいでしょう。他の一般書店では見たおぼえがありません。逆に言えば、翻訳は使うけれども、翻訳という仕事自体をあまり重視しないのではないかとも思えます。

たとえば、『純粋理性批判』で言えば、長い間使われている翻訳は、アラン・ルノーによれば、一九〇五年に、トレムセーグとパコーとが共訳したテクストです。ルノー自身が、一九九七年に、個人全訳を出しており、その序文にこのことが書いてありました。この点、日本のように、原典講読が重視され、翻訳がつねに批判にさらされる文化とは、どうも肌合いが違うように感じます。文学でも、たとえばエドガー・アラン・ポーの訳は、相変わらず、ボードレールのものが読まれていますよね。優れた訳なのだと思いますが、もうだいぶん昔のものですし、他に何種類かあってもよさそうな気がするのですが……。一方、日本だと、たとえばプルーストの翻訳は、すでに三種類あるわけですよね。

そういえば、ミッテラン図書館でも、一部の書籍は開架になっているのですが、一般向けの開架書庫では、原典を置いていませんね。研究者向けの書庫には、さすがにかなり揃ってはいますが。パリ一〇［大学］（ナンテール）図書館でも、開架ではドイツ語の本は見たおぼえがありません。

伊藤　なるほど。そういえばフランスでは、日本のような原書講読の授業はないようですね。

本郷　そのようです。もちろん、まったくないかどうか、これも調べてみないと判りませんが、私が出てみた授業は、どれもそうではありませんでした。中には、ハイデガーの授業で、翻訳を使いながらも、その翻訳を批判して対案を示しながら話を進める先生もおられましたが、これは例外的なようです。そもそも、先生がときどきドイツ語を朗読されるのですが、隣の学生が書き取っていたのを覗き見ましたら、スペルがフランス語風に間違ってる。後で復習するときに困ったでしょうね（笑）。板書をしないのです。また、このようにテキストを使って授業をする、という方が珍しいようです。デリダは、完全に自分の考えを話しておりましたね。
　話がそれましたが、ともあれ、一般に、翻訳がフランス語として読めるようになっていれば、それと原典とを突き合わせてみようとはあまり考えないのではないでしょうか。そして、翻訳という仕事が、さほど重要視されていないから、あまりやる人もいない……。こういう流れで考えてみると、本書に関わった方々が、メルロ＝ポンティのフッサール翻訳を活字化しようとしなかった、あるいはすることに意味があるとは考えなかったらしい理由も、なんとなくわかる気もします。

伊藤　一応翻訳はするけれども、原典との突き合わせはそれほど重視されていない。『幾何学の起源』の場合、すでにデリダの翻訳があるわけで、したがって、メルロ＝ポンティによる訳は掲載しなくてもいいだろう……。もともとフッサールという原典は自分たちが思想を創造的に表現するための一つの材料であって、その原典に対する複数の翻訳を比較して、そこから翻訳者の考え方の違いを見るというような、手間のかかることはやらない。それに、原典に忠実であろうとすればするほど、その読み手の独自性が顕在化するというのが、おそらく創造的読解というものでしょうから、思想家の名に値する思想家たらんとすれば、当然、おもいきって読みこんでゆくでしょうね。ましてデリダということになれば差延ですから、何が出てきても、不思議ではない。
　最近では、日本でも、現象学やフランス現代思想は材料に過ぎないと考える研究者が増えてきた気がしますけれども、やはり日本では手間のかかる比較研究を評価する環境がありますよね。そういう比較研究の態度と、何が出てくるかわからない創造的態度とは、一人の人間が同時に持つことはなかなか困難であるにしても、別に原理的に対立するわけではないので、双方おおいにやったらいいと思います。われわれのこの翻訳も、その二つの方向に向かって動いてゆきたいですね。そういう二つの方向から見て、メルロ＝ポンティによる『幾何学の起源』に関する講義ノートの部分がどう読めるのかということですが、やはり先ずこの部分を訳した加賀野井さんに、内容をまとめていただけるとありがたいのですが。

加賀野井　さて、どうまとめられるか、心もとない限りですが、まあ少しお話ししてみましょう。まず、私たちが訳した四〇〇ページ強あるこの原書の総題は「フッサールの『幾何学の起源』に関する講義ノート、云々」となっており、読者は『幾何学の起源』だけが対象にされているような感じを受けるわけですが、そうではなく、もう一つ、フッサールのあのいささか奇妙な小論「通常の世界観によって解釈されているコペルニクス説の転覆――原‐方舟としての大地は動かない」も同様に取り上げられています。つまり、『ヨーロッパ諸学の危機と超越論的現象学』をめぐるフッサール晩年の問題圏全体が意識され、とくに、その理念性と歴史性、そしてわれわれの立脚点をめぐる考察がクローズアップされているわけです。

メルロ＝ポンティ自身が行なった一九六〇年のこの講義には「現象学の極限にあるフッサール」という表題がつけられており、そのレジュメは、すでに早くからコレージュ・ドゥ・フランスでの彼の『講義要録《レジュメ・ドゥ・クール》』にも載せられていたので、私たちも、そこにまとめられている程度のことは以前から知っていたわけですね。ですから、あの要録をそのまま、今回のメルロの遺稿のレジュメと考えることもできるでしょう。

いずれにしても、表題どおりメルロには、フッサールが現象学の極限あるいは限界にまで達しているという認識があり、何よりもまず、そのフッサールを読むということはどういうことを意味するのか、また、彼を読むその読み方はどうあるべきか、そういったことを論じるところからこの講義は始まっているわけです。ここで最初に現われてくるのは、フッサールによっては考えられなかったこと、つまりアンパンセimpenséを考えていこうとする方法。ハイデガーが『デア・ザッツ・フォン・グルント』（『根拠律』）で語っていたウンゲダハテUngedachteをさらに先鋭化させていこうとする試みが語られます。私たちメルロ＝ポンティアンにとっては、きわめて根本的なスタイルだと思いますけどね。

本郷　そうですね。ちょっと年代的に考えてみると、一九五九年に発刊された本に「哲学者とその影」が寄稿されていること、また、『見えるものと見えないもの』の研究ノートが、同じく一九五九年一月から開始（採録）されていることを考えますと、おそらくは、一九五八年あたりから、メルロ＝ポンティは、よりいっそう根本的な場面へと向かっていこうとする姿勢が強まっているように思います。それは、たとえば、コレージュ・ド・フランスでの一九五八年から五九年にかけての講義で、それまで二年間続けていた「自然」に関する考察を一時保留して、「哲学の可能性」を問うという内容に移行していることからも、それが窺えると思います。もちろん、「自然」が問題にならなくなったわけではなく、それどころか、より根本的な場面から自然（だけではありませんが）を問うための移行でしょう。このあたりは、先頃『自然の哲学』を刊行された加國さんにも伺ってみたいところです。

ともあれ、このようにして、メルロ＝ポンティの問いが、根源的なものへと差し向けられる時期に、この講義が行われており、その点、再度、自分が考えるべき主題群を、フッサールやハイデガーの影の部分、つまりアンパンセに求めていったことが窺えるように思います。そうしてみると、なぜフッサールのこのテキストだったのか、という点も理解できるように思いますね。

それでは、さらに内容に踏みこんだお話をお願いいたします。

加賀野井　メルロはフッサールを、実に見事に「考えられていないもの《アンパンセ》の名義人」と呼んでいます。この現身のフッサールを忘却し、あるいは実定的《ポジティヴ》なフッサール理論を離れて、フッサールの開き示した虚定的《ネガティヴ》な領野を画定しようとする行為を、次にメルロは、そのまま私たちと幾何学との関係に重ねて考えようとするんですね。つまり、ガリレオの心理学的な思考の中で汲み尽くされてしまうことのない「より豊かで、より深い意味」というものが幾何学にはある、と、そうパラレルに置くわけです。

　ここから「幾何学の起源」が問われることになりますが、この「起源」というものが、これまた一筋縄でいくようなものではない。彼は「現在によって所有されてはいないような起源への関係」と言っています。それは一種の「起源の忘却」なんだけれども、単なる「忘却」ではない。「伝統」と呼んでもいるのですが、まあ、要するに、ポジティヴな思考によって支配されているのではないからこそ私たちの内で作用し、幾何学を前進させるような起源への関係、といったことになる。

　ですから、単純な起源ではないけれど、この起源から幾何学が生成してくる歴史性がたどられなければならない。もちろん、この歴史性も、アルキメデスやガリレオが具体的にこれこれのことを考案した、といったたぐいのものではなく、いわば、ガリレオならガリレオという発案者の意識空間の中で考えられたことがらが、言語を通してどのように理念化され、その言語的理念性がさらにどのようなプロセスで幾何学的命題という高次の理念性を獲得していくのか、という歴史性であるわけですね。それが、フッサールの言う原創設 Urstiftung、追行的創設 Nachstiftung、究極的創設 Endstiftung などの概念を手がかりに探られる。理念性そのものの本質に「生成」や「創造」を見るための配置と言ってもいいでしょう。

　そうしてメルロは、その歴史性に二重の運動を与えることになる。「過去は現在によって回収され、現在の中に収縮しているが、同時に、現在もまた過去によって先取りされ、過去は現在の内で作用し続けている」という言い回しをしていますね。このあたりでメルロ＝ポンティの重要な「絡み合い」の概念ならぬ概念が登場します。フェアフロヒテン verflochten、インアイナンダー Ineinander、アントルラ entrelacs、アントルラッスモン entrelacement など、まあ何でもいいんですけど。つまりそれはまた、受動性の問題ともなるわけですね。おもしろいことに、そこであのデリダ的なエクリチュールや痕跡《トラス》といった表現まで登場することになる。

さらに「コペルニクス説の転覆」にからめて、私たちの立脚地ともいうべき「大地」「基盤」の概念が論じられ、それがまた原基としての身体という考えに重ねられていく……と、まあ、お話しを続けるととめどなくなりますから、こうした事柄の中に、お二人のどちらかが問題を定位して下さいませんか。

本郷　うまくできるかどうか、私も心もとないのですが……。まず、このフッサールの「起源」テクストであつかわれている問題は、彼の「創設」という問題と絡み合って、メルロ＝ポンティが、その後期にずっと主題の一つとしていた「制度化」の問題と深く関係しておりますよね？　関係していると言うより、同じ問題と言うべきでしょうか。そして、もう一つは、同じ問題系に属すると考えられる「理念性」の問題。その問題は、たとえば、『見えるものと見えないもの』「絡み合い――交差配列《キアスム》」の章、一九五ページで、最大の難問として提起されている「肉と理念の関係」に通じています。これは、本書の私担当の論文で言えば、ディアス氏が「存在論的感覚論」――感覚論的存在論でないところがミソだそうですが――として取り上げておられる問題と関連しているでしょう。

メルロ＝ポンティが、こうした問題を考えるときに定位しているのがル・サンシーヴルです。このル・サンシーヴル、言うまでもないことですが、一方では「感じることのできる」いわゆる主体の側と、「感じられる」いわゆる客体の側との両方を意味しうる語ですね。どうも訳しにくくて、私は「感じうるもの《サンシーヴル》」とルビをつけてみたのですが、これだけで押し通すこともできませんね。ともあれ、この両義を持つということ、しかし、これが前期のように両義性として捉えられるのではなく、可逆性として捉えられ、「私の身体と世界とは同じ肉でできている」というテーゼの一つの論拠となっていると考えられるという点、すなわち、この場でメルロ＝ポンティの存在論が構想されるという点で、この「起源」との相関関係を見ることができるでしょう。

また、この「起源」の問題が、哲学そのものの起源に差し向けられ、そこで捉えられた場合を、「遺産」と哲学の「端緒」というヘーゲル的な問題として捉えなおして、ガレリ氏の論文は思考しておられるように思います。

そうして、この「理念」の問題は、必然的に言語・表現の問題という、メルロ＝ポンティにとって重要な問題系とも絡まざるをえませんね。本書の論文で言えば、ドリアック女史、ヴァルデンフェルス氏、ダステュール女史の論文が、そういう点で、言語や表現の問題を論じておりますね。

また、加賀野井さんのまとめにありますように、ここには、歴史性の問題もありますね。ですが、私の担当した論文には、直接この歴史性について論じた論文はありませんでしたが、伊藤さんの方ではいかがでしたか？

伊藤　私は、この論集に収められた諸論文の内容を見てゆくにあたって、見るものと見られるものとの交錯（古典的に言えば主観と客観との交錯）という問題系と、見られるものにおける見えるものと見えないものとの交錯（古典的に言えば感覚所与と本質との交錯）という二つの問題系を、とりあえず区別して考えてみたいと思っています。ところで、今、本郷さんが指摘された「制度化」とか「理念性」の問題は、まずは後者の問題系に属していて、『幾何学の起源』ノートの内容に直接にかかわるように思います。

この問題は特に、カルボーネ、リシール論文において主題化されています。本郷さんの訳されたものではガレリ論文にも出てくるようですね。また「制度化」を「設立」と言いかえれば、バルバラス論文もこのテーマをあつかっています。カルボーネは、カントの美的観念とメルロ＝ポンティの可感的観念との突き合わせを的確に論じており、その突き合わせは成功しているように見えます。キーワードは「概念を伴わない普遍的存在の呈示」「概念を伴わない凝集性」というメルロ＝ポンティの言葉です。これはガレリ論文においても「概念を伴わない一貫性coherence」という形でキーワードとなっていて、「概念を伴わない」という言葉は、かなりの程度、研究者の関心を引いているようです。

リシールは、「夢における可感的なもの」という魅力的なタイトルの論文で、このテーマを、夢の次元においてさらに徹底した形で追及し、「夢において、覚醒状態においてと同様に、ライプ‐身体の形態化不可能なものの形態化の働きがある、即ち、事物の（活動的または動詞的意味における）Wesenの現象学的凝縮ないし凝結がある」と書いています。バルバラスは、「可感的能与は、肉的能与の部分を意味すると同時に、肉的能与の全体を意味する。根源的能与直観は、可感的でないものの能与となるための、可感的能与である」と述べて、可感的知覚と可感性を超えた「可感的でないものの能与」との関係を、フッサールとの関係において、論じていますが、これも「理念性」の問題系に入れて考えることができると思います。

ところで、お二人が指摘されたように、この問題は、メルロ＝ポンティの『幾何学の起源』ノートにおける歴史理解にかかわっていると思います。「非概念的な伝達可能性」が生きられた歴史の本質であるとすれば、歴史の問題はその伝達可能性の具体的構造にかかわることになるでしょう。ルフォールの論文はこの点に関心を示しています。「問題は、われわれの感覚がそれに基づいてすべてのものへと開く、あらかじめ確立された自然の助けを借りずに、いかにしてわれわれはコミュニケートできるのか、コミュニケーション以前のコミュニケーション、そして結局、理性以前の理性はいかにして存在しうるのかを知ることである。」とルフォールは書いています。

加賀野井　いま伊藤さんがおっしゃった「見るものと見られるものとの交錯という問題系」と「見られるものにおける見えるものと見えないものとの交錯という問題系」という二分法は、分かりやすくていいですね。後者をあえて「見られるものにおける」と言わない方がいいかもしれませんが。ともかく、「制度化」や「理念化」は、たしかに後者の問題系と言えるでしょう。そして、メルロの後期を語るときには、こちらの問題系が格段に重要性をおびてくるわけです。

さらに、本郷さんのおっしゃるように、『見えるものと見えないもの』の「絡み合い——交差配列《キアスム》」の章で、まさに「肉と理念との関係」が大変な難問とされているんですね。そこに加えてこの『幾何学の起源』をめぐる遺稿では「理念と歴史との関係」がクローズアップされている。だとすれば、私たちに課せられている問題は、肉——理念——歴史という一連の関係となるでしょう。

メルロの遺稿がその三者をはっきりと繋いでいるにもかかわらず、研究者たちの目はどうしても「肉」の内部構造に向けられてしまっていますね。まあ、マトス＝ディアスさんが「感じうるもの《サンシブル》の理念性があるのであって、単に純粋な理念性があるのではない」と発言しているところなんかで、肉と理念との関係に言及されてもいるのですが、これが伊藤さんの取り上げられた「非概念的な伝達可能性」ということになるのでしょう。ただし、これが「概念を伴わない普遍的存在の呈示」「概念を伴わない凝集性」「概念を伴わない一貫性」というぐあいに横並びにされると、知覚や芸術表現や言語、あるいは言語によって確立された後の理念性といったものが、ごちゃごちゃになってしまう。

もちろん、それらすべては同一のものという見方もできますし、すべては肉の中で生じることでもあり、さしあたっては「スタイル」という共通の表現でくくっておいてもかまいませんが、いかがでしょう伊藤さん。知覚から言語、言語からそれ以上の理念性というさまざまなレベルにおいて、この「非概念的な伝達可能性」はどのような形をとるものなんでしょうか。

伊藤　「見られるものにおける」とした点ですが、いささか私の言葉足らずだったと思います。見えるものから実在的に区別される見られるものというのは、本来メルロ゠ポンティには存在しません。私の提案した区別は、各論文の言いたいことを理解するにあたって、古典的な区別の仕方から出発して問題系を区別し、その区別が倒壊するさまを見ていくのがわかりやすいのではないかという意図に基づくものです。で、本題の「非概念的な伝達可能性」ということなのですが、加賀野井さんから難しい玉が打ち返されてきてしまいました。ここはデカルトの教えにしたがって問題を分割し、より単純な問題から見ていきたいと思います。つまり伝達可能性の前に、「概念を伴わない普遍的存在」というレベルで考えますと、イヴ・ティエリが示した、知覚的意味についての三つの表現というのが参考になるかもしれません。

ティエリによれば、黙した可感的なものから言説による思考への移行に沿って、知覚的意味は、「〜が《イ》ある《リャ》」、「〜と私には思われる」、「私は〜であると思う」という形式で表現されるというわけです。詳細は論文を見ていただくことにして、最も根底的なレベルに「〜がある《イリャ》」を置いている点が肝心だと思います。

このレベルはコギトに先行するとされています。「非概念的な」とか「概念を伴わない」とされるレベルを考えることができるとすれば、それは「〜がある《イリヤ》」と表現される次元であって、このレベルでは、「開けが生み出され続けており、その開けにおいて感じることと考えることとが、その意味の差異からなる多様な組織を織り合わせながら作動することができる」わけです。意味の差異からなる組織である以上、それは否定性を本質とする組織であって、概念の積極性に達する以前の組織であるといえるでしょう。また組織であるとすればそれはなにかしらの普遍性を帯びると考えられます。ただしそれは絶えず多様な織り合わせを新たに反復しつづけることを本質とする普遍性です。そのような組織とは、一言でいえば生まれつつあるゲシュタルトですが、たとえば『見えるものと見えないもの』の「絡み合い——交差配列《キアスム》」に描かれた、このものとしての色がその場に留まりながら普遍化して行く知覚経験に見出されるような組織を指すと考えられます。

加賀野井さんの言う「言語によって確立された後の理念性」というのは、先ほどの話からすると幾何学の理念性を指すのでしょうけれども、このテーマついてはノゲスの論文が最も接近しています。ノゲスによると、メルロ＝ポンティが言語に基づいて発見した表現概念は数学的認識を理解するのに有効であるが、『知覚の現象学』や『世界の散文』におけるメルロ＝ポンティは数学を幾何学に還元してしまい、代数学（算術）の固有性である形式性を見落としている。幾何学的観念性の場合でさえ、その観念性を担う「図」と、「その観念性が数学的に描出する感じうるもの」とを区別することによって、幾何学固有の生産性を見、さらには「数学的生成の独自性」を定義しなければならない、というわけです。まあ、正直言って私にはかなり荷の重かった論文で、不適切な訳があるのではないかと恐れていますが、興味深い論文でもあります。

次に、そうした非概念的な意味の差異からなる組織の「伝達可能性」についてですが、これもむずかしくて、できれば私自身はこのテーマについての言及は今のところ避けてとおりたいわけです。この論文集でも、この点を説得的に論じきっている論文はやはり見当たらないように思います。カルボーネは一応このテーマに触れていますが、例のプルーストにおける愛の本質の伝達可能性に関するメルロ゠ポンティの記述を引用するにとどまり、そこから「理念と歴史」といったところまではとどいていません。

また先ほど名前をあげたルフォールは、メルロ゠ポンティによる空間知覚と絵画についての考察において方向／意味の重要性を指摘し、それがメルロ゠ポンティにおける歴史と政治を問うための手がかりになると語っており、これはこれで重要な指摘だとは思いますが、やはりそこまで言って稿を閉じてしまっています。本郷さんの訳された諸論文にも歴史性について触れた論文はないということで、やはりこれは問題の難しさを示しているのではないでしょうか。

加賀野井　まったくその通りだと思います。伊藤さんにめんどうな問いを向けてしまいましたが、まさにこの問題の難しさ、というか、それ以上に私としては、発表者のだれもがこの一連の理念性の次元を論じきっていないということを申し上げたかったのかもしれません。これに対して、メルロは、明らかにその方向を追究しているわけですね。もちろん彼にしても、導入部に手をつけただけですから、それを延長するのは、我等メルロ゠ポンティアンの務めとなるのでしょう。

そう考えてみれば、たしかに、伊藤さんがカスー゠ノゲスにからめておっしゃった代数に固有の形式性といったものも、この問いを解くための、かなり有力な補助線になりそうな気がしますね。たとえば、あの構造主義を論じていた初期のドゥルーズが、潜在性《ヴィルチュアリテ》について数学的に語っているところがあるでしょう。彼は「潜在的なものの実在性は、差異的＝微分的な諸要素と諸関係＝比によって、さらに、それらに対応する諸々の特異点によって成立している」なんて言っているんですね。ああいうスタイルも、ひょっとしたら、うまく使えるかもしれないと思います。当然ながら、あの手の荒っぽいドゥルーズ的実在性は、ここではカッコつきで論じなければならないでしょうけれど……。まあ、いずれにしても、数学的発想はきわめて示唆的ではありますね。

伊藤　ノゲスという人は、メルロ＝ポンティにおける数学をあつかっている唯一の研究者といっていいのではないかと思いますが、この人についてはたしか本郷さんが何かご存知だとか。

本郷　え？　いや、別に大したことを知ってるわけではありません。今年（二〇〇二年）の三月一日から二日にかけて、リヨン第三大学で「メルロ＝ポンティ。見えないものの境界 MERLEAU-PONTY. AUX FRONTIERES DE L'INVISIBLE」と題されたコロックがありまして、その二日目午前最初に、彼は「メルロ＝ポンティ存在論における可逆性と表現」というタイトルで発表をしたのですが、小生は寝坊して聞きそびれたのです（苦笑）。発表が終わってからの質問で、カスー＝ノゲスへの質問が多かったので、どうやら、かなり刺激的な発表をしたのではないか、と思った次第です。

彼は、二〇〇一年に、「数学的経験　ジャン・カヴァイエスの科学哲学に関する試論 *De l'expérience mathématique, Essai sur la philosophie des sciences de Jean Cavaillès*」という本をヴランから出版しています。彼の博士論文だそうですが、元々、数学のアグレジェなんですね、彼は。それがどうして哲学で博士号を取ることになったのか、つまびらかにはしませんが、何となく、フッサールの経歴を連想してしまいます。

ともあれこのカヴァイエス論にも、メルロ＝ポンティが参照され論じられていたと思います。宣伝文句を見ると、「経験を主題化する限りでのカヴァイエスのエピステモロジーと、後期メルロ＝ポンティ存在論との類似的関係」を明らかにしているそうです。今後の、彼の活動が期待されます。

伊藤　今回私が訳したノゲス論文にもカヴァイエスは重要な役割を与えられて登場していますね。

加賀野井　まあ、そういう意味でも、数学をめぐる理念性の問題は、これからのメルロ＝ポンティ研究の一つの柱にはなりますね。ただし、それよりも先で、いっそう大切な問題圏は、やはりメルロにとっては「肉」になるでしょう。これについては、とくに伊藤さんが深い関心をお持ちだと思います。少しこの方向についても問題提起をしておいていただけませんか。

伊藤　特に私の関心が深いということはないと思いますよ。皆さん深い関心を持っていますよね（笑）。問題提起というほどのことはできませんが、今回この論文集を見て気づくのは、メルロ＝ポンティの思想を可逆性で括ることに対して、反省を促すと思われる方向が出てきているということです。もちろん可逆性とキアスムによる理解の有効性は維持されているのですが、リシールの「可逆性と対称性とを混同してはならない」という言葉がもっとも明確に示しているように、可逆性の根底に、見るものから見えるものへの方向性を本質とする存在を見て取る理解ができてきているように思われます。メルロ＝ポンティにおける「方向」の重要性を論じ、存在することは方向づけられて存在することであると論じたルフォールはその有力な一翼です。

このことと対応して、先ほどあげた、見えるものの根本的な現れ方をコギトに先行する「〜がある《イリヤ》」としてティエリの理解は、見るものから見えるものへの方向性を本質的に含む存在を、見えるものの現れという視点で捉えた理解であるといってよいと思います。「〜がある」という形式は、可逆性の枠組みだけで見えるものの現出形式を理解しようとすると、うまく理解できないのではないでしょうか。メルロ゠ポンティはある箇所で、「或るものがそこにある」という表現を使って、見えるものの現出形式を語っています。この表現は「〜がある」の言いかえだと私は思いますが、そうであるとすれば、「〜がある」は見えるものの存在にそなわる「そこに」という場所が、見えるものの存在の本質構成的契機であることを言っていることになると思います。

バルバラスは、可感的なものの汲み尽くしがたさを、「可感的なものがそこにあるという事態」に結びつけています。アリストテレスは事物にとって場所を持つことが本質的であることを見事に指摘したわけですが、その場所を見るものとの関係において考えなかったために、場所は「持ち動かすことのできない容器」であると理解し、場所を実体化してしまったわけです。これに対してメルロ゠ポンティの場合は、見るものの「ここに」という原理的に隠れた場所に対して現れる見えるものの「そこに」という場所であって、決して実体化されることはないわけです。「〜がある」は見るものに対する見えるものの現出形式であり、「概念を伴わない普遍的存在」の現出形式であるわけです。

私は先ほど各論文のテーマを理解するために、各論文で扱われている問題系を二つに分けて見てゆきたいと言ったわけですが、ここで問題は事柄自体にかかわることになり、したがって、二つの問題系はひとつになるでしょう。つまり見るものから見えるものへの方向性を本質的構成契機とする存在理解は、同時に、対象の側で、「〜がある《イリヤ》」における見えるものと見えないもの（「概念を伴わない普遍的存在」）との交錯と、事柄において一体であると考えることができると思います。

　ではその方向の始点である「ここに」隠れ続ける「主体」は誰なのか。ティエリの場合、「〜がある《イリヤ》」としはコギトに先行する段階であり、主体は「〜と私には思われる」の段階で登場する「開かれた領野」として考えられています。ですから、「〜がある」の段階での主体については考えていないように見えます。リシールは夢の中での「〜がある」をとりあげて、こう書いています。

「この襞の折り目こそが、ライプ《生ける身体》のと同様に世界の絶対的主観性であり、世界を持たないライプのまたはライプを持たない世界の絶対的主観性であり、交差配列《キアスム》の相関的崩壊において一方の側にしか属さなくなる感じること／自分を感じることの絶対的主観性であろう。」

「キアスムの相関的崩壊」という言葉が印象的です。これはある意味で絶対的内在の立場に近づくことを意味しているのですが、ここでリシールが「感じること／自分を感じること」と書いていることが重要であって、これが単に「自分を感じること」となってしまうと、ミシェル・アンリの絶対的内在と区別しがたいことになってしまうでしょう。メルロ＝ポンティの場合は、どこまでも、感じることが同時に自分を感じることと一体であり、切り離すことができないわけです。

　さらにこの場合、「自己を感じること」は「感じること」を可能にするための媒体ではないという点が肝心であって、もしそうでないと「感じること／自己を感じること」という表現は、現象学的志向性の枠組みに回収されてしまい、構成する私に世界が現れるというカント以降の近代哲学の図式に取り込まれてしまうことになるだろうと思います。さきほど「見るものの〈ここに〉という原理的に隠れた場所に対して」見えるものの「そこに」が現れるという言い方をしたのですが、この原理的に隠れる見るものをそれ自体として対象化しようとすると、近代哲学の図式にはまってしまいます。ですから世界が「そこに」現れることと見るものが「ここに」隠れることとは原理的に一つであると考えざるをえません。ところで、「見るもの」という名詞形で意味される存在ですが、これは自己感情という形式で経験される存在です。この先は、もはや鼎談で話すべき内容の域を出てしまうことになると思うのですが、私は「感じること」において世界を感じることと自己を感じることとが差異化してくるような、言わば〈原－感じること〉とでも言うようなものを考えざるを得ないのではないかとも思っています。リシールはそれを「内部と外部とにさらに割れる内部」と表現しています。それこそが「襞」という比喩の内実をなすのではないでしょうか。知覚の段階については大体そんな感じで考えているのですが、言語を入れて考えた場合どうなるのでしょうか。この鼎談では、先ほどちょっと言語に触れただけで、すぐに歴史性や肉の方へ行ってしまいましたが、いかがでしょう。

本郷 さすが奥行論者の伊藤さん、奥深いところまで行ってしまわれましたので、なかなかその次元で言語の問題を持ち出すのは大変ですけれど、そうなると、先にもちょっと申し上げた、肉と理念との関係、という難問に関わらざるを得なくなりそうです。確認になりますが、もともと、メルロ＝ポンティにとって、言語が問題になるのは、あくまでその〈創造的な使用〉という場面です。その創造性は、また同時に、メルロ＝ポンティが、存在について経験するために、創造をわれわれに要求してくる（VI. 二五一参照）、と言うときの創造性に他なりません。これは、「言語の現象学」などで語られていた、〈言わんとすること〉が〈すでに言われたこと〉を乗り越える、という考え方、つまりは「表現」行為の存在論的掘り下げであるように思います（ちなみに、この「表現」のパラドクスについては、本書のヴァルデンフェルスの論文が論じていて、メルロ＝ポンティ哲学の終わりのなさを、ここに見ているように思います。と同時に、レヴィナスの問題への重なりも）。もちろん、『知覚の現象学』「序文」末尾に言われていた、哲学の営みが諸芸術と同じ意味・性格を持っているという、メルロ＝ポンティの哲学観とも重なっていましょうね。

ここで鍵になるのはおそらく、〈ロゴス〉という、西洋哲学の中心に位置する語であろうと思います。メルロ＝ポンティは、たとえば、「感性的ロゴス」という言い方、あるいは、ストアの流れを引くという、「潜在的（無言の）ロゴス」と「顕在的ロゴス」の区別を語ってみたり、という具合に、ロゴスという語をしばしば使いますね。ドリアックは、その論の後半で、こうしたロゴスについて集中的に論じ、〈存在〉と〈ロゴス〉の統一性を〈肉〉であるとしています。これが「統一性」である限り、そこには逆につねに差異が孕まれておりますよね。そこから見るとき、ロゴスそのものの内なる区別が見て取られるということが、ここに、いわば層をなしているように思われます。こうしてみると、伊藤さんのご発言にあった、リシールの「内部と外部とにさらに割れる内部」は、言語の根本層にあっても同じ事態があるように思えまして、興味深いですね。〈肉〉は、そもそも差異を孕むものとしてあって、そこに言語が発生してくる理由・根拠があるのでしょうか……というのは、鼎談だから許される思いつき的発言ですが（苦笑）。いずれにせよ、この差異が、語ることを促しもし、しかしそこで語られたことに、つねに遅れてきたものでしかないという性格を与えもし、そこで語り直すことがまた促される、という具合になっているのではないでしょうか。もちろん、ここで促されているのは、決して「私」ではないのですが。

ところで、〈ロゴス〉と〈存在〉は、決して同一者ではない。同一者ではないが、いや、ないからですね、絡み合っている。そこに隔たりがあり表現されるべき意味が生じる。これは、ヴァルデンフェルスも議論のきっかけとしている、フッサールの「出発点は、純粋な経験、いわばまだ無言の経験であり、重要なのは、その経験に固有の意味を、純粋な表現にもたらすことである」という文言、あるいはドリアックの言い方を借りれば、「〈ロゴス〉は、無言の世界の意味を知覚的言語的世界の内に移そうとするという点で、表現性として理解される」との文言で、「もたらす」「移す」と言われているときの、隔たりです。〈ロゴス〉は、さしあたり、移すわけですが、移される側の〈存在〉は「原創設」である（ドリアックの指摘による）とすれば、絡み合っているこの両者は、可逆的でありうるとしても完全には可逆的たり得ない。これも、伊藤さんが常々ご指摘になっているところですね。小生は、この可逆性に、『知覚の現象学』で見えていた、「転調 modulation」という考え方の、それこそ転調を見られるのでは、と考えているのですが、「転調」よりも厳しくなっている。その厳しさは、この隔たりに由来しているのではないか、と思います。これはまた、前期のメルロ＝ポンティ哲学を形容する「両義性」が、後期では「交差配列《キアスム》」となるときに、やはりこの隔たりが含意されているのではないでしょうか。ともあれ、可逆的ではあっても、完全に可逆的となることはない――前期の、完全な還元は不可能だ、という主張を連想してしまいますが――、このことが意味しているのは、沈黙が、つねに語られたことを囲繞するというメルロ＝ポンティの主張にあるように、語ることがより別の語ることを呼び覚まし已むことがない、という事態でしょう。ただ、やはりここで、はたして、メルロ＝ポンティは、言語はいかにして可能か、という自らが提起した問いに答えているのか、という点が気になります。言語の専門家の加賀野井さんを前に放言してしまいましたが、いかがでしょう、加賀野井さんはいかがお考えですか？

加賀野井　端的に言って、答えていないと思いますね。というよりも、そもそもメルロ自身があの問いを提起したことがまちがっているのかもしれない（笑）。いや、冗談めかして言うのはやめましょう。そうじゃなくて、あの問いは、それに見合った形で答えられる問いじゃないと思うんですね。メルロが言うように、私たちにとっては、どうして言語が不可能ではないかということに答えるのがせいぜいのところでしょう。

あえて言うならば、まさに伊藤さんが粘り強く考えていらっしゃるようなキアスムの微妙なズレへの評価とか、サンス、つまり方向と意味とを同時に表わすようなサンスを主体の根拠にしながら、その主体のステイタスを問うとか、そうした極めて細かな検討をすることから、むしろ「解消」してゆく問いじゃないかと思うんですね。

すでにメルロ自身が『知覚の現象学』のころから目星をつけていた「知覚は初発的な表現である」といったところに、知覚と言語とを縦に結ぶキアスムは決定的に述べられている。でも、それは何も語っていないと言うこともできるでしょう。本郷さんのおっしゃった「存在について経験するために、創造をわれわれに要求してくる」言語についても同じことが言えますね。言語と、それをとりまく沈黙と、さらにそれをとりまく言語……ですから、物言いのレベルを変えることも必要でしょうし、ベルクソン流に、答え方を創造することも必要だろうと思います。

たとえば、さっきのズレの問題ね。メルロが左右の手の相互転換について語りだすのは、かなり早い時期からですよね。あの例にしても、一見したところ両手の可逆性を強調し、まるで合掌でもすれば完全な均衡が得られるかのような錯覚を与えがちですが、そうじゃない。そんなことをすれば、まさに意識が薄れて坊さんみたいに悟っちゃう（笑）。可逆性なんだけれど、左右は常にズレるんですね。ズレるところに意味がある。まさしくこのズレが、方向としてのサンスを生じさせ、それはそのまま意味の粗描になる。この知覚から意味への発想と、言語はそのままでエカール（隔たり）であるという言語レベルでの発想——弁別関係やモノと言葉との関係や、実にさまざまなエカールのヴァリエーションがあるわけですが

――とが、別々のきわめて微細な研究を経て、そのズレというか隔たりというかを介してストンと収斂する、まあ、そんなやり方ができないだろうかと、私自身は考えているんですけれどね。

もちろんこれは、デリダの差異＝差延にきわめて近い発想だと言われるかもしれませんが、ちょいと粗っぽい言い方を許していただけるなら、デリダのものはやはり言語レベルに終始しているわけです。ちょうどフッサール解釈においても、彼が、徹底して超越論的なもの、理念的なものを中心に考えていくのと似ているのかもしれませんね。ただ、逆からすれば、メルロの言語論の方もまた、これまでのはっきり言表された字面だけからすると、かなり単純なものと見られても仕方がないでしょう。そこはそれ、彼が教えてくれる「ノン・ディ」「ウンゲダハテ」、つまり「まだ言われていないこと」や「まだ考えられていないこと」に頼らなければならないわけですが、こっちの方は、私はおそろしく豊饒だと思っています。その意味では、そこをひたすら掘り進んでいらっしゃる本郷さんの研究成果が楽しみですね。

と、またとりとめもないことをお話ししてしまいましたが、そろそろこのあたりでサミング・アップといかなければなりません。最後に、お二人から、諸論文についての語り残した感想をごく気楽な感じでお聞かせいただければ、読者の皆さんのご参考にもなるかと思うのですがいかがでしょう。まあ、私なんぞの無責任な印象からすると、ヴァルデンフェルスあたりが特におもしろかったですね。リシールは、実際の発表を聴いた時はもちろんですが、トランスクリプトされて読んでも、伊藤さんの名訳で読んでも、どうもまだすっきりしない。ちょっと頭が良すぎるのかもしれませんね。あの人、見たところは本当にベルギーの田舎の小父さんって感じですが、ただのお喋りをしていても、口を開くとつい難しいことを言ってしまう。そこがまたいいんですけれど……。

本郷　では、私の方から、以下敬称略ということで。ガレリの論文は、詩人特有の鋭い言語感覚をお持ちなのでしょうね、ところどころ難解な箇所がありまして、知り合いのフランス人に不明箇所を聞いたところ、やはり首をかしげて、はっきりはわからないけれど、とおっしゃっていました。一方で、その方、ソルボンヌの政治学博士ですけれど、リシールの文章を見せたら、何を言ってるかは判らないけれど名文だそうです。それはともかく、ガレリの論文は、内容としては、比較的オーソドックスかな、と思います。次に、アールですが、さすがに、ハイデガーが一番、という方だけあって、そういう内容ですね。最後の一言、もっとも恐ろしくない無、という表現は、興味深い指摘だと思います。ウォルムスの論文は、さすが、ベルクソンの手堅い研究者だな、という印象ですが、一方で、ドゥルーズの影が見え隠れしている気もする……。そういえば、ドゥルーズとメルロ＝ポンティという関係はどうなんでしょう？　あの『著名な哲学者たち』では、ドゥルーズがベルクソンについて書いておりますね。

加賀野井　あれはもちろん、メルロが若きドゥルーズをはっきり認めていたということでしょう。本来だったらメルロご本人が「ベルクソン」の項目を書いてもいいくらい、ベルクソンには思い入れがあるわけですよ。そこを弱冠三一歳のドゥルーズに書かせている。ちょうど同じ年に、ドゥルーズは『ベルクソン研究誌』に「ベルクソンにおける差異の概念」を発表しているわけですが、いずれも大変なものですよね。ぼくは、ひらめきの面から言えばドゥルーズの最高傑作じゃないかと思います。つまり、彼はあの二作によってベルクソンの直観理論が陥った袋小路を「本性の差異」「差異の共存する程度」「異化＝分化」という三重の形式のもとに『物質と記憶』の中に探るでしょう。そうして、それまでのベルクソン読みにおいては調停不可能と思われてきたさまざまな本性の差異の二元論を、弛緩と収縮との一元論によって縦につなぐわけですね。あの離れ業ができてこそ、その後の、まあ、面白いドゥルーズというのもあり得るわけでしょう。この一大事業を手がけている彼を、メルロはきっぱりと見抜いているわけです。おそらく、メルロ自身の差異に対する感覚のおかげで、そのあたりのことがかなりよく見えていたのだと思います。

思わずまた口をはさんでしまいました。羊の話に帰りましょう（Revenons à nos mouton）（笑）。

本郷　おっと、われわれの方が迷い羊みたいですね。誰か探してくれるでしょうか。それはともかく、ディアスの論文ですが、私はとても惹かれました。とくに、基本の立場を、「存在論的感覚論」であって「感覚論的存在論」ではない、とするあたり、ともすると「存在論」という言葉に引っぱられがちな思考をどこか補正してくれるといいますか、そういうバランス感覚がいいなあ、と。ドリアックは、ちょっと先ほども引き合いに出しましたけれど、表現という問題をめぐって、結構しつこく考えているという印象を持ちました。存在‐人間学という立場の主張がどこへ向かうのか、興味深いところです。ヴァルデンフェルスの論文は、加賀野井さんが面白かったとおっしゃるように、例によって彼の博覧強記に裏づけられたものだと思いますが、パラドクスをめぐる論文のパラドクス、というようなことを考えてしまいました。最後にダステュールは、これも手堅いアプローチだなと感じます。それが、もちろん、時間・紙数の制約もあるのでしょうが、中期までのメルロ＝ポンティ言語論に論点を絞ることになったのでしょう。興味深かったのは、メルロ＝ポンティの言語論と、フンボルトの言語論との比較です。日本でも、フンボルトの言語論の研究が、最近になっていくつか現れているようですし、今後、面白い論点になるのではないでしょうか。とまあ、大体、ざっとさらってみるとこんな具合です。では、伊藤さん、どうぞ。

伊藤　今までの話で触れることができなかったバーナード・フリンの論文について、まず簡単に紹介しておきます。「ヒュームの立場が『信の哲学』と形容されうる限りで、この立場は、知覚的信念という『見えるものと見えないもの』のテーマ、およびフッサールの原的ドクサという概念のメルロ＝ポンティによる捉えなおしと、共鳴する。」といった一文あたりが、この論文の言わんとするところかと思います。その際、やはりメルロ＝ポンティにおける「～がある《イリヤ》」が鍵であることが指摘されています。ちょっと面白いと思ったのは、ジョン・サールの『精神の再発見』を『行動の構造』の再評価として読むことができるという指摘です。これは本当にそう言えるのかどうか、よく考えてみたいと思います。しかしメルロ＝ポンティのテキストの読みについては特に目新しさは感じませんでした。

そうですね、私はやはりリシールが面白いと思いました。世界を感じることと自己を感じることとの切り離しがたさという、メルロ＝ポンティの基本線に沿って、夢やファンタジーの領域にきりこんでいくところが面白いです。リシール論文の訳に関しては、加賀野井さんに初稿を読んでいただいた後、それと同じものを、リシールのもとで研究された村上靖彦氏に読んでいただき、チェックしていただいたおかげで内容をだいぶはっきりさせることができました。その成果を第二校で書き込む予定ですので、加賀野井さんには申し訳ないのですが、もう一度お読みいただきたいと思います。とは言え、やはりすっきりしないところが残ると思いますが……。それはもちろん私の責任です。

加賀野井　いやいやリシールさんの責任ですよ（笑）。さて、伊藤さん、本郷さん、長々とおつき合い下さって、どうもありがとうございました。私たち三人でメルロのことを話し始めると、いつまでたっても終わりそうにないので、モームにならって、このあたりでサミング・アップといたしましょう。まさしく邦題にすると「中仕切り」でしたよね。つまりは、いつでもこの鼎談は再開することができるし、いつまでも続いてしまう。三者三様のメルロに対するエンドレス・ラヴを語っているようなものです。読者の皆さんにも、この続きに加わっていただければいいですね。これから行く、いつもの鮨屋での一寸一杯にもね……。

謝　辞

本訳を作成するうえでは、たくさんの方々のお力添えをいただきました。とりわけ、フッサールのドイツ語に関してご教示いただいた、現在ブッパータール大学博士課程在籍中の気鋭の現象学者・田口茂さん、ハイデガーのドイツ語に関してご教示いただいた、早稲田大学の谷崎秋彦さん、また、ドイツ語全般について、折りにふれて相談にのっていただいた中央大学の高村宏さん、早坂七緒さん、意味の取りにくいフランス語に関してご教示いただいた Catherine Coulomb さん、リシール論文に関してお力をお借りした日本大学の村上靖彦さん、ラテン語に関してご教示いただいた横浜市立大学の内藤純郎さんには、この場をかりて、改めて御礼申し上げたいと思います。

また、遅々として進まない私たち三人の訳業を、いつも寛容に見守り続けてくださった法政大学出版局の松永辰郎さん、平川俊彦さん、ならびに出版局の皆さん、そして、そもそもこの翻訳の企画をたてて下さった稲義人さんに、重ねて御礼申し上げます。

二〇〇二年一〇月二〇日

伊藤泰雄
本郷　均
加賀野井秀一

「講義ノート」索引

人名

アイスキュロス　Eschyle　51
アロン　Aron　41
ヴァレリー　Valéry　22, 25, 70, 92, 101
ヴィトゲンシュタイン　Wittgenstein　67
カミュ　Camus　16
カント　Kant　97, 105, 128
ガリレオ　Galilée　25, 26
ガロワ　Galois　127
ゲルー　Guéroult　20
コペルニクス　Copernic　106, 110, 111, 115, 119
サルトル　Sartre　55
シェイクスピア　Schakespeare　51
シャルダン（T・ド・）　Chardin　76
ソクラテス　Socrate　18
デカルト　Descartes　20, 21, 137
デモステネス　Demosthenes　62
デルボス　Delbos　15
ハイデガー　Heidegger　15, 18, 19, 20, 61, 72, 74, 75, 77, 78, 80, 82, 83, 132, 134, 142
ハーマン　Hamann　62, 75
バシュラール（S.）　Bachelard　15
パルメニデス　Parménide　18
ピタゴラス　Pythagore　128
フィンク　Fink　15, 19, 39, 46, 69, 72, 83, 94, 98, 103, 105, 120, 126, 129
フッサール　Husserl　15, 17-22, 24, 30, 38, 39, 45, 48-51, 53, 57, 59, 60, 63, 64, 67, 69, 72, 74, 77-80, 82, 83, 88, 94, 96, 99, 106, 108, 113, 119, 120, 129, 130
プラトン　Platon　88
プルースト　Proust　65, 70
フロイト　Freud　123
ヘーゲル　Hegel　19, 105, 127, 129
ヘラクレイトス　Héraclite　64, 83
ヘルダー　Herder　62
ベルクソン　Bergson　81
ボーフレ　Beaufret　18
マラルメ　Mallarmé　18

ユークリッド　Euclide　42
ライプニッツ　Leibniz　82
レオナルド〔ダ・ヴィンチ〕　Léonard　25

作品名

「生き生きした現在の世界と体外的周囲世界の構成」 Die Welt der lebendigen Gegenwart und die Konstitution der auβerleiblicher Umwelt　24
『イデーン』 Ideen　97
『イデーン』第二巻　Ideen II　58, 64
『幾何学の起源』 Ursprung der Geometrie　23-25, 31, 94
『危機』 Krisis　127
「空間構成についての覚書」 Notizen zur Raumkonstitution　24
『言葉への途上』 Unterwegs zur Sprache　61
「コペルニクス説の転覆」 Umsturz der kopernikanischen Lehre　23, 106, 108, 137
『経験と判断』 Erfahrung und Urteil　127
『形式論理学と超越論的論理学』 Formale und Transzendentale Logik　15, 17
『形而上学入門』 Einführung in die Metaphysik　79, 80
『現象学の目下の諸問題』 Problèmes actuels de la phénoménologie　15
『根拠律』 Der Satz vom Grund　20
『思惟とは何の謂いか』 Was heiβt denken?　78
『存在と時間』 Sein und Zeit　18
「大地基盤」 Erdboden　24
『デカルト的省察』 Méditatoins Cartésiennes　15, 17, 73, 83, 129, 131
「フライブルク時代のフッサールの後期哲学」 Die Spätphilosophie Husserls in der Freiburger Zeit　72
『論理学研究』 Logische Untersuchungen　15, 52

事項

ア行

厚み，厚みをもった　épaisseur, épais(se)　64, 87
意味　signification, Bedeutung　23, 32, 50, 51, 70, 72, 79, 89, 100, 132
意味　sens, Sinn　26-29, 31, 32, 37-42, 44, 45, 47, 50-53, 79, 82, 83, 89, 90, 93, 94, 96, 100, 101, 103-106, 109, 113, 115, 116, 119, 122, 123, 126, 131, 138
　意味空洞化　Sinnentleerung　40, 48, 92-94, 96, 104
　意味基盤　Sinnesboden　94, 97, 105, 106
　意味形成　Sinnbildung　32, 44, 94, 97, 103, 104
　意味生成　Sinngenesis　28, 42, 100
　意味創設　Sinnstiftung　39
　意味付与　Singgebung　119, 120

意味の源泉　Sinnesquellen　96, 104, 136
生き生きとした現在　présent vivant, lebendige Gegenwart　22, 87
生きられる，生きられた，生きられたもの　vécu　20, 22, 26, 27, 64, 94, 112, 131
陰画　négatif　86
渦巻き　tourbillon　65, 85
越境　transgression　22, 99
エポケー　*εποχη*　68, 79
エレメント　élément　89, 90
円環　cercle　21
覆い合い，回復＝被覆　recouvrement　70, 87

カ行

回復＝被覆 → 覆い合い
過去把持　rétention　34, 35, 69, 70, 86
語られぬもの　non-dit　17
語るもの　parlant　16, 33
可動性　Beweglichkeit　46, 94, 127
絡み合い，絡み合わされた，絡み合わされたもの　entrelacement, entrelacs, Verflechtung, Verflochten　22, 36, 57, 58, 64, 72, 77, 91, 99, 100, 132
考えられていないもの　impensé, ungedachte　20, 21, 24
間主観性，間主観的　intersubjectivité, intersubjectif　33, 65, 68, 73, 83, 87, 106, 131
間身体性　intercorporéité　115
感性的　sensible　53, 64, 65, 70, 89, 104
間接的　indirecte　50, 76
合致　Deckung　33, 45, 84, 90, 91
我有化　appropriation　74
幾何学　géométrie　25-33, 40-46, 49, 50, 65, 84, 90, 96-98, 102, 105, 122, 126, 127
起源　source, Ursprung, genèse, origine　22, 28, 30, 31, 40, 42, 43, 51, 53, 59, 67, 79, 94, 96, 98, 103, 104, 119, 122
起源性　ursprünglichkeit, originalité　93, 110, 122
起源的，本原的　originaire, ursprünglich, originär　26, 28, 31, 32, 34, 41, 83, 90, 95, 102, 104, 126, 132
記載　inscription　60
生地　tissu　87
記述　description　22, 93, 94
基礎づけ　Fundierung　84
基盤　Boden　106, 108-111, 113, 115, 140
起伏　relief　16, 20
究極的創設　Endstiftung　28, 41, 78, 123
共-産出　co-Erzeugung　35, 71, 90
共同存在　Mitsein　55

虚定性，虚定的　négativité, Negativität, négatif　30, 38, 43, 48, 69, 72, 74, 82, 93
技術化　Technisierung, technicisation　94, 104
凝集　cohésion　73, 91
空虚，空虚な　vide　30, 123, 126
空隙　lacune　75
窪み　creux　29, 43, 65, 132
形成体　Gebilde　35, 39, 50, 90, 97, 126
形相的変更　variation eidétique　60, 94, 105, 137
結合　couplage　70
欠如　manque　43, 75, 76, 81, 123
原‐現在　Ur-Gegenwart　69
言語　langage　16, 18, 22, 32, 33, 35-38, 51-53, 57-60, 64, 67, 68, 71, 75-84, 87, 90, 91, 97, 99, 102, 104, 128-130, 132-134, 136
言語　langue　50, 71, 79, 86, 91
言語共同体　Sprachgemeinschaft, communauté de langage　35, 58, 71, 92
現象学，現象学的　phénoménologie, phénoménologique　15, 17, 19, 22, 35, 40, 51, 54, 70, 113, 119
現成　ester, Wesen　75, 79, 82, 133
源泉 → 起源
原創設　Urstiftung　28, 30-32, 41, 45-50, 69, 78, 103, 123, 127
現存在　Dasein　33, 85, 123
原存在　Ursein　73
原的‐我　Ur-Ich　73, 83
原的現前化　Urpräsentation　112
原的に現前しえないもの　Nichturpräsentierbar　36, 107
現働的　actuel　35
言表　énoncé　37, 92, 103
原理念性　Uridealitäten　96, 136
原歴史　Urhistorie　116
考古学　archéologie　105, 131
交叉　chiasma　69, 87, 132
航跡　sillage　70, 86, 99
構造　structure　94, 98, 105, 112, 115, 123, 131
構築物　constructum　66, 68, 70, 95
孤島，孤島的　îlot, insulaire　21, 49
言葉　parole, Sprache, Rede　20, 21, 33, 36, 51-54, 58, 61-63, 65, 66, 68(parlante, parlée), 71, 72, 74-76, 79-82, 84, 86-90, 92, 93, 95, 96, 99-101, 103, 123, 128, 132-134, 136
コミュニケーション　communication　30, 37, 41, 60, 68, 86, 100
痕跡　trace　17, 38, 39, 42-45, 86, 87, 126
語　mot　36, 37, 39, 71, 80, 86, 87

サ行

差異　différence　64, 70
再活性化　réactivation, réactiver　34, 37-40, 46, 49, 67, 72, 87, 92-96, 98, 101-104, 127, 136
裂け目　Riss, fissure　73, 83
錯綜，錯綜した　enchevêtrement, enchevêtré　72, 120
作動する　opérant(e), fungierende(r)　53, 63, 64, 77, 79, 82, 97, 106, 123, 132, 140
作動的主観性　leistende subjektivität　32
産出　Erzeugung, production, produire　22, 33-36, 38, 47, 65-68, 70-72, 79, 84-93, 96, 97, 99-102, 126, 132
蚕食　empiétement　85-87
詩　poésie　21, 77, 106
志向性，志向的　intentionnalité, intentionnel(le)　30, 59, 63, 68, 70, 77, 78, 82, 86, 99, 100, 101, 106, 110, 140
シニフィアン，シニフィエ　signifiant, signifié　18
周囲世界　Umwelt　23, 58, 60, 107, 116-118
収縮する　se contracter　46, 47
書物　Livre　137
審級　instance　80
身体，身体性　corps, Leib, corporéité　22, 24, 41, 65, 70, 71, 78, 106, 107, 111-113, 115, 117, 123, 128
真，真実，真なるもの　vrai　37, 38, 47, 48
真理　vérité　22, 44, 47, 49, 60, 72, 91, 93-96, 99, 100, 102-104
時間化，時間性　temporalisation, Zeitigung, temporalité　69, 70, 71, 80, 131
軸　pivot, axe　36, 38, 132
次元，次元性，次元的　dimension, dimensionnalité, dimensionnel　16, 22, 26, 27, 29, 41, 43, 53, 54, 68, 69, 77, 97, 104, 106, 110, 113, 115, 117-119, 123, 126, 132, 137
自己移入　Einfühlung　35, 54, 55, 60, 70, 71, 84, 87-89, 91, 92, 99-102, 111, 113, 132, 134
実存疇　existential　65
地盤 → 土壌
受動性，受動的，受動的なもの　passivité, passif(ve)　22, 33, 34, 38, 65, 69-71, 80, 84-87, 90, 91, 92, 99, 100, 102, 104, 131, 132
受肉　incarnation　51, 52
循環，循環性　circulation, circularité, cercle　48, 57, 64, 130
人類　humanité, Menschheit　43, 44, 54-60, 65, 98, 113, 114, 128
遂行　Vollzug　23, 30, 36
水準　niveau　20
垂直性，垂直的，垂直の　verticalité, vertical(e)　21, 34, 36, 53, 76, 77, 79, 122, 133
数学　mathématique　127
スタイル　style　40, 54
生　vie　18, 32, 38, 41, 69, 77, 88, 119, 123, 144

生活世界　Lebenswelt　48, 59, 64, 92, 94, 104, 118, 136
性起　Ereignis　61, 74, 78, 80, 132
生成，生成する　devenir, se faisant, en genèse　26, 28, 32, 42
生動性　Lebendigkeit　98
世界　monde, Welt　16, 20-24, 31, 33, 41, 44, 51-53, 55-59, 63-65, 67, 72, 79, 84, 89-91, 96, 98, 102, 104, 105, 110-112, 116-120, 123, 128, 130-132
世界可能性　Weltmöglichkeit　106, 107, 118
世界性　Weltlichkeit　43
接触　contact　21, 48
潜在性，潜在的　virtualité, latence, latent(e), potentiel(le), virtuel(le)　20, 29, 37, 44, 89, 90, 99
前所与　Vorgegeben　22, 78, 80
前‐言語　pré-langage　131
前‐言葉　Vor-sprache　67
前理論的なもの　préthéorétique　22
前理念的なもの　pré-idéal　28
層　couche　29, 32, 34, 51-53, 78, 131
想起　Wiedererinnerung, remémoration, souvenir　33-35, 69, 71, 72, 85, 86, 101, 131
相互内属　Ineinander　22, 30, 44, 73, 77, 83, 90, 97, 104, 120
創設　Stiftung　21, 39, 92, 105
創造　création　15
側面的　latéral(e)　27, 39, 40, 55, 56, 70
遡行的問いかけ　Rückfrage　31
〈存在〉　Etre, Sein　22, 23, 33, 36, 37, 49, 53, 67, 68, 73, 74, 76, 77, 82, 83, 95, 99-101, 107, 115, 117, 120, 128, 131, 132, 142
~~存在~~　~~Seyn~~　76, 81-83
存在発生　ontogenèse　70
存在論，存在論的　ontologie, ontologique　28, 41, 67, 82, 106, 108, 115, 116, 118, 131

タ行

体験　Erleben, Erlebnis, Durchleben　17, 34, 71, 85
他我　alter ego　36
他者，他人　autrui, autre　24, 28, 30, 35, 36, 56, 66, 71, 72, 86-88, 90-92, 98-101, 107, 111, 112, 132
立ち止まりつつ‐流れる　strömend-stehender　98, 105
大地 → 地球
大地基盤　Erdboden, Boden terre　24, 106, 109, 110, 113, 140
知覚，知覚された　perception, perçu　20, 34, 35, 39, 65, 78
地球，大地　Terre, terre　106-117, 120, 138, 139
地球空間　Erdraum　106, 110
地平，地平性　horizon, Horizont, Horizonthaftigkeit　20, 33, 46-48, 53-60, 64, 65, 69,

94, 97-99, 105, 107, 112, 116-118, 121, 128-130, 132, 137
中核　noyau　55
超越論的　transcendantale　24, 44, 73, 83, 119, 127
聴診　ausculation　81
蝶番　charnière　35, 38
直接与件　données immédiates　67
沈殿，沈殿する　sédimentation, sedimentierung, sédimenter　37, 38, 39, 51, 90-92, 94, 96, 97, 101-104, 127
沈黙　silence　17, 60, 67, 76, 77, 133
追行的創設　Nachstiftung　28, 30, 32, 41, 44, 123
追行的遂行　Nachvollzug　23, 30, 36
追理解　Nachverstehen　35, 38, 84, 92
哲学，哲学的　philosophie, philosophique　15, 18-22, 25-27, 29, 31, 40, 52, 76-78, 82, 87, 95, 97-99, 102, 104-106, 110, 118, 119, 121, 122, 131, 133, 136
伝統　tradition　29-31, 39, 43-47, 80, 96, 103, 131
伝統化　Tradierung, Traditionalisieren　43, 90, 98, 105
伝播　Fortpflanzung　39, 71
問い　interrogation, Befragung, Frage　29, 31, 72, 98, 105, 137
土地　terrain　25, 28, 41
突端　pointe　68, 69
土壌，地盤　sol　28, 41, 97, 99, 105, 106, 111, 115

ナ行

肉的　charnel(le)　110, 117
ネガティヴィテ → 虚定性
能作　Leistung　43, 44, 123, 126

ハ行

葉　feuillet　67, 68
反復　Wiederholung　23, 66
パースペクティヴ　perspective　69
非-知　non-savoir　29, 31
表現　expression　32, 33, 38, 50, 51, 57, 67, 68, 92, 128, 131
開かれた　ouvert(e)　20, 28, 32, 39, 43, 54, 64, 72, 101, 116, 118, 126, 137
開け　Offenheit, ouverture　23, 26, 27, 30, 36, 41, 43, 57, 58, 61, 74, 81, 83, 92, 94, 99, 107, 116, 117, 123, 128, 129, 134
深い，深さ，深み　profond(e), profondeur, Tiefe(r)　21, 24-27, 31, 40, 63, 69, 76, 82, 96, 105, 121, 122, 133
　深い次元　Tiefendimension　27, 98, 104
　深い生　Tiefenleben　23, 24, 77, 121
　深い問題　Tiefenprobleme　31, 122

布置　configuration　79
物体，物体性　Körper, Körperlichkeit　106-113, 117, 120
プラクシス　praxis　25
文化的世界　Kulturwelt　31, 90, 91, 96, 98, 102
文学　littérature, Literatur　32, 50, 128
文書　écrit　37, 38, 88, 89, 91, 92, 100, 101
文書化　Dokumentierung　90, 91, 128
隔たり　écart　18, 20, 22, 37, 40, 55, 132
変異体　variante　55, 71, 101, 113
弁証法　dialectique　69, 70, 129, 130
放射　rayonnement　79
骨組　membrure　127
本原的 → 起源的
本質　Wesen, essence　50-52, 56, 58-61, 63, 69, 74, 75, 79, 80, 105, 127, 129, 133, 137
忘却　oubli　30, 38, 43, 45-48, 69, 90, 94, 98, 101, 103, 127, 131
母胎　matrice　38

マ行

見えない，見えないもの　invisible　36, 38, 132
見えるもの　visible　36
無限　endlos　57, 58, 60
無言の　muet(te)　67, 81
無底　Abgrund, non-fond, abîme　62, 63, 75-77, 81, 83, 133
無定形　Gestaltlos　73, 74

ヤ行

野蛮な　barbare　108
予持，予持されたもの　Vorhabe　25, 32, 39, 41, 44, 47-50, 122

ラ行

ラディカリスム　radicalisme　17, 19, 27, 121
理念化，理念化する　idéalisation, Idealisierung, idéalisant(e)　48, 52, 54, 57, 64, 93-96, 102, 103, 107, 115, 117, 119, 120, 136
　理念視　idéation　85, 87, 92
　理念性　idéalité　23, 28, 32, 35-37, 40, 43, 45, 50, 52, 53, 55, 59, 63, 64, 66-68, 71, 72, 83-91, 95-97, 99-104, 106, 116, 123, 127, 128, 133, 136
　理念的存在　être idéal　32, 49, 50, 52, 53, 65, 66, 88, 128, 130, 134
　理念的なもの　idéal　37, 51, 52, 101
流動　flux　80, 91
流入　einströmen　68, 80
領野　champs　26-28, 30, 36, 86, 88, 92, 134, 136

累積　cumulation　44-46
歴史　histoire, Geschichte　19, 20-23, 25-31, 40-45, 48, 77, 84, 94, 96-100, 105, 107, 115-117, 126, 127, 137
　歴史性　historicité, Geschichtlichkeit　27, 30, 53, 94-98, 100, 101, 104-107, 114, 126, 132
ロゴス　logos　30, 75

《叢書・ウニベルシタス　815》
フッサール『幾何学の起源』講義
付・メルロ＝ポンティ現象学の現在
2005年3月1日　初版第1刷発行

モーリス・メルロ＝ポンティ
加賀野井秀一／伊藤泰雄／本郷　均 訳
発行所　財団法人　法政大学出版局
〒102-0073 東京都千代田区九段北3-2-7
電話03(5214)5540/振替00160-6-95814
製版，印刷　三和印刷／鈴木製本所

Printed in Japan

ISBN4-588-00815-3

著者

モーリス・メルロ＝ポンティ

Maurice Merleau-Ponty（1908-61）

エコール・ノルマル卒業後，リヨン大学，ソルボンヌ大学の教授を経て1952年コレージュ・ド・フランス教授となる．1945年サルトルとともに雑誌『現代』を主宰し，実存主義の運動を理論的に指導したが，52年サルトルと決裂し同誌を去る．現象学に新境地を開くとともに，言語論から「肉」の存在論へと至り，構造主義やポスト構造主義にも深い影響を及ぼしている．著書に『行動の構造』（1942），『知覚の現象学』（45），『弁証法の冒険』（55），『シーニュ』（60），『見えるものと見えざるもの』（遺稿，64）などがある．

訳者

加賀野井秀一（かがのい　しゅういち）

1950年生まれ．中央大学，パリ大学を経て，中央大学理工学部教授．言語学，フランス文学，哲学専攻．著書に『メルロ＝ポンティと言語』（世界書院），『20世紀言語学入門』『日本語の復権』『ソシュール』（いずれも講談社），『日本語は進化する』（日本放送出版協会），訳書にメルロ＝ポンティ『知覚の本性』（法政大学出版局），ルピション『極限への航海』（岩波書店），ミシュレ『海』（藤原書店），ドゥルーズ『ドゥルーズ初期』，パジェス『哲学者は午後五時に外出する』（いずれも夏目書房）など．

伊藤泰雄（いとう　やすお）

1950年生まれ．学習院大学大学院博士課程単位取得退学．現在，大学非常勤講師．専門はマルブランシュ研究，メルロ＝ポンティ研究．著書：『神と魂の闇――マルブランシュにおける認識と存在』（高文堂出版社），共訳書：メルロ＝ポンティ『見えるものと見えざるもの』（法政大学出版局）など．

本郷　均（ほんごう　ひとし）

1959年生まれ．早稲田大学文学研究科哲学専攻博士後期課程単位取得退学．現在，東京電機大学工学部助教授．専門はフランス哲学，現象学．共訳書：ディディエ・フランク『現象学を越えて』（萌書房）など．

叢書・ウニベルシタス

				(頁)
1	芸術はなぜ心要か	E.フィッシャー／河野徹訳	品切	302
2	空と夢〈運動の想像力にかんする試論〉	G.バシュラール／宇佐見英治訳		442
3	グロテスクなもの	W.カイザー／竹内豊治訳		312
4	塹壕の思想	T.E.ヒューム／長谷川鉱平訳	品切	316
5	言葉の秘密	E.ユンガー／菅谷規矩雄訳		176
6	論理哲学論考	L.ヴィトゲンシュタイン／藤本，坂井訳		350
7	アナキズムの哲学	H.リード／大沢正道訳		318
8	ソクラテスの死	R.グアルディーニ／山村直資訳		366
9	詩学の根本概念	E.シュタイガー／高橋英夫訳		334
10	科学の科学〈科学技術時代の社会〉	M.ゴールドスミス，A.マカイ編／是永純弘訳	品切	346
11	科学の射程	C.F.ヴァイツゼカー／野田，金子訳	品切	274
12	ガリレオをめぐって	オルテガ・イ・ガセット／マタイス，佐々木訳		290
13	幻影と現実〈詩の源泉の研究〉	C.コードウェル／長谷川鉱平訳	品切	410
14	聖と俗〈宗教的なるものの本質について〉	M.エリアーデ／風間敏夫訳		286
15	美と弁証法	G.ルカッチ／良知，池田，小箕訳	品切	372
16	モラルと犯罪	K.クラウス／小松太郎訳		218
17	ハーバート・リード自伝	北條文緒訳		468
18	マルクスとヘーゲル	J.イッポリット／宇津木，田口訳	品切	258
19	プリズム〈文化批判と社会〉	Th.W.アドルノ／竹内，山村，板倉訳	品切	246
20	メランコリア	R.カスナー／塚越敏訳		388
21	キリスト教の苦悶	M.de ウナムーノ／神吉，佐々木訳		202
22	アインシュタイン ゾンマーフェルト往復書簡	A.ヘルマン編／小林，坂口訳	品切	194
23 24	群衆と権力（上・下）	E.カネッティ／岩田行一訳		440 356
25	問いと反問〈芸術論集〉	W.ヴォリンガー／土肥美夫訳		272
26	感覚の分析	E.マッハ／須藤，廣松訳		386
27 28	批判的モデル集（I・II）	Th.W.アドルノ／大久保健治訳	〈品切 品切〉	I 232 II 272
29	欲望の現象学	R.ジラール／古田幸男訳		370
30	芸術の内面への旅	E.ヘラー／河原，杉浦，渡辺訳	品切	284
31	言語起源論	ヘルダー／大阪大学ドイツ近代文学研究会訳		270
32	宗教の自然史	D.ヒューム／福鎌，斎藤訳		144
33	プロメテウス〈ギリシア人の解した人間存在〉	K.ケレーニイ／辻村誠三訳	品切	268
34	人格とアナーキー	E.ムーニエ／山崎，佐藤訳		292
35	哲学の根本問題	E.ブロッホ／竹内豊治訳		194
36	自然と美学〈形体・美・芸術〉	R.カイヨワ／山口三夫訳	品切	112
37 38	歴史論（I・II）	G.マン／加藤，宮野訳	I・品切 II・品切	274 202
39	マルクスの自然概念	A.シュミット／元浜清海訳	品切	316
40	書物の本〈西欧の書物と文化の歴史．書物の美学〉	H.プレッサー／轡田収訳		448
41 42	現代への序説（上・下）	H.ルフェーヴル／宗，古田監訳	品切	上・220 下・296
43	約束の地を見つめて	E.フォール／古田幸男訳	品切	320
44	スペクタクルと社会	J.デュビニョー／渡辺淳訳	品切	188
45	芸術と神話	E.グラッシ／榎本久彦訳		266
46	古きものと新しきもの	M.ロベール／城山，島，円子訳		318
47	国家の起源	R.H.ローウィ／古賀英三郎訳	品切	204
48	人間と死	E.モラン／古田幸男訳		448
49	プルーストとシーニュ（増補版）	G.ドゥルーズ／宇波彰訳		252
50	文明の滴定〈科学技術と中国の社会〉	J.ニーダム／橋本敬造訳	品切	452
51	プスタの民	I.ジュラ／加藤二郎訳		382

				(頁)
104	言語芸術作品〔第2版〕	W.カイザー／柴田斎訳	品切	688
105	同時代人の肖像	F.ブライ／池内紀訳		212
106	レオナルド・ダ・ヴィンチ〔第2版〕	K.クラーク／丸山，大河内訳		344
107	宮廷社会	N.エリアス／波田，中埜，吉田訳		480
108	生産の鏡	J.ボードリヤール／宇波，今村訳		184
109	祭祀からロマンスへ	J.L.ウェストン／丸小哲雄訳		290
110	マルクスの欲求理論	A.ヘラー／良知，小箕訳	品切	198
111	大革命前夜のフランス	A.ソブール／山崎耕一訳	品切	422
112	知覚の現象学	メルロ=ポンティ／中島盛夫訳		904
113	旅路の果てに〈アルペイオスの流れ〉	R.カイヨワ／金井裕訳		222
114	孤独の迷宮〈メキシコの文化と歴史〉	O.パス／高山，熊谷訳		320
115	暴力と聖なるもの	R.ジラール／古田幸男訳		618
116	歴史をどう書くか	P.ヴェーヌ／大津真作訳		604
117	記号の経済学批判	J.ボードリヤール／今村，宇波，桜井訳		304
118	フランス紀行〈1787, 1788&1789〉	A.ヤング／宮崎洋訳		432
119	供　犠	M.モース，H.ユベール／小関藤一郎訳		296
120	差異の目録〈歴史を変えるフーコー〉	P.ヴェーヌ／大津真作訳	品切	198
121	宗教とは何か	G.メンシング／田中，下宮訳		442
122	ドストエフスキー	R.ジラール／鈴木晶訳	品切	200
123	さまざまな場所〈死の影の都市をめぐる〉	J.アメリー／池内紀訳		210
124	生　成〈概念をこえる試み〉	M.セール／及川馥訳		272
125	アルバン・ベルク	Th.W.アドルノ／平野嘉彦訳		320
126	映画　あるいは想像上の人間	E.モラン／渡辺淳訳	品切	320
127	人間論〈時間・責任・価値〉	R.インガルデン／武井，赤松訳		294
128	カント〈その生涯と思想〉	A.グリガ／西牟田，浜田訳		464
129	同一性の寓話〈詩的神話学の研究〉	N.フライ／駒沢大学フライ研究会訳		496
130	空間の心理学	A.モル，E.ロメル／渡辺淳訳		326
131	飼いならされた人間と野性的人間	S.モスコヴィッシ／古田幸男訳		336
132	方　法　1．自然の自然	E.モラン／大津真作訳	品切	658
133	石器時代の経済学	M.サーリンズ／山内昶訳		464
134	世の初めから隠されていること	R.ジラール／小池健男訳		760
135	群衆の時代	S.モスコヴィッシ／古田幸男訳	品切	664
136	シミュラークルとシミュレーション	J.ボードリヤール／竹原あき子訳		234
137	恐怖の権力〈アブジェクシオン〉試論	J.クリステヴァ／枝川昌雄訳		420
138	ボードレールとフロイト	L.ベルサーニ／山縣直子訳		240
139	悪しき造物主	E.M.シオラン／金井裕訳		228
140	終末論と弁証法〈マルクスの社会・政治思想〉	S.アヴィネリ／中村恒矩訳	品切	392
141	経済人類学の現在	F.プイヨン編／山内昶訳		236
142	視覚の瞬間	K.クラーク／北條文緒訳		304
143	罪と罰の彼岸	J.アメリー／池内紀訳		210
144	時間・空間・物質	B.K.ライドレー／中島龍三訳	品切	226
145	離脱の試み〈日常生活への抵抗〉	S.コーエン，N.テイラー／石黒毅訳		321
146	人間怪物論〈人間脱走の哲学の素描〉	U.ホルストマン／加藤二郎訳		206
147	カントの批判哲学	G.ドゥルーズ／中島盛夫訳		160
148	自然と社会のエコロジー	S.モスコヴィッシ／久米，原訳		440
149	壮大への渇仰	L.クローネンバーガー／岸，倉田訳		368
150	奇蹟論・迷信論・自殺論	D.ヒューム／福鎌，斎藤訳		200
151	クルティウス-ジッド往復書簡	ディークマン編／円子千代訳		376
152	離脱の寓話	M.セール／及川馥訳		178

				(頁)
153	エクスタシーの人類学	I.M.ルイス／平沼孝之訳		352
154	ヘンリー・ムア	J.ラッセル／福田真一訳		340
155	誘惑の戦略	J.ボードリヤール／宇波彰訳		260
156	ユダヤ神秘主義	G.ショーレム／山下, 石丸, 他訳		644
157	蜂の寓話〈私悪すなわち公益〉	B.マンデヴィル／泉谷治訳	品切	412
158	アーリア神話	L.ポリアコフ／アーリア主義研究会訳	品切	544
159	ロベスピエールの影	P.ガスカール／佐藤和生訳		440
160	元型の空間	E.ゾラ／丸小哲雄訳		336
161	神秘主義の探究〈方法論的考察〉	E.スタール／宮元啓一, 他訳		362
162	放浪のユダヤ人〈ロート・エッセイ集〉	J.ロート／平田, 吉田訳		344
163	ルフー，あるいは取壊し	J.アメリー／神崎巌訳		250
164	大世界劇場〈宮廷祝宴の時代〉	R.アレヴィン, K.ゼルツレ／円子修平訳	品切	200
165	情念の政治経済学	A.ハーシュマン／佐々木, 旦訳		192
166	メモワール〈1940-44〉	レミ／築島謙三訳		520
167	ギリシア人は神話を信じたか	P.ヴェーヌ／大津真作訳	品切	340
168	ミメーシスの文学と人類学	R.ジラール／浅野敏夫訳	品切	410
169	カバラとその象徴的表現	G.ショーレム／岡部, 小岸訳		340
170	身代りの山羊	R.ジラール／織田, 富永訳	品切	384
171	人間〈その本性および世界における位置〉	A.ゲーレン／平野具男訳		608
172	コミュニケーション〈ヘルメスI〉	M.セール／豊田, 青木訳		358
173	道　化〈つまずきの現象学〉	G.v.バルレーヴェン／片岡啓治訳	品切	260
174	いま, ここで〈アウシュヴィッツとヒロシマ以後の哲学的考察〉	G.ピヒト／斎藤, 浅野, 大野, 河井訳		600
175 176 177	真理と方法〔全三冊〕	H.-G.ガダマー／轡田, 麻生, 三島, 他訳		I・350 II・ III・
178	時間と他者	E.レヴィナス／原田佳彦訳		140
179	構成の詩学	B.ウスペンスキイ／川崎, 大石訳	品切	282
180	サン=シモン主義の歴史	S.シャルレティ／沢崎, 小杉訳		528
181	歴史と文芸批評	G.デルフォ, A.ロッシュ／川中子弘訳		472
182	ミケランジェロ	H.ヒバード／中山, 小野訳	品切	578
183	観念と物質〈思考・経済・社会〉	M.ゴドリエ／山内昶訳		340
184	四つ裂きの刑	E.M.シオラン／金井裕訳		234
185	キッチュの心理学	A.モル／万沢正美訳		344
186	領野の漂流	J.ヴィヤール／山下俊一訳		226
187	イデオロギーと想像力	G.C.カバト／小箕俊介訳		300
188	国家の起源と伝承〈古代インド社会史論〉	R.=ターパル／山崎, 成澤訳		322
189	ベルナール師匠の秘密	P.ガスカール／佐藤和生訳		374
190	神の存在論的証明	D.ヘンリッヒ／本間, 須田, 座小田, 他訳		456
191	アンチ・エコノミクス	J.アタリ, M.ギヨーム／斎藤, 安孫子訳		322
192	クローチェ政治哲学論集	B.クローチェ／上村忠男編訳		188
193	フィヒテの根源的洞察	D.ヘンリッヒ／座小田, 小松訳		184
194	哲学の起源	オルテガ・イ・ガセット／佐々木孝訳	品切	224
195	ニュートン力学の形成	ベー・エム・ゲッセン／秋間実, 他訳		312
196	遊びの遊び	J.デュビニョー／渡辺淳訳	品切	160
197	技術時代の魂の危機	A.ゲーレン／平野具男訳	品切	222
198	儀礼としての相互行為	E.ゴッフマン／浅野敏夫訳		376
199	他者の記号学〈アメリカ大陸の征服〉	T.トドロフ／及川, 大谷, 菊地訳		370
200	カント政治哲学の講義	H.アーレント著. R.ベイナー編／浜田監訳		302
201	人類学と文化記号論	M.サーリンズ／山内昶訳	品切	354
202	ロンドン散策	F.トリスタン／小杉, 浜本訳		484

				(頁)
253	言語の牢獄	F.ジェームソン／川口喬一訳		292
254	失望と参画の現象学	A.O.ハーシュマン／佐々木, 杉田訳		204
255	はかない幸福—ルソー	T.トドロフ／及川馥訳	品切	162
256	大学制度の社会史	H.W.プラール／山本尤訳		408
257 258	ドイツ文学の社会史（上・下）	J.ベルク,他／山本, 三島, 保坂, 鈴木訳		上・766 下・648
259	アランとルソー〈教育哲学試論〉	A.カルネック／安斎, 並木訳		304
260	都市・階級・権力	M.カステル／石川淳志監訳	品切	296
261	古代ギリシア人	M.I.フィンレー／山形和美訳	品切	296
262	象徴表現と解釈	T.トドロフ／小林, 及川訳		244
263	声の回復〈回想の試み〉	L.マラン／梶野吉郎訳		246
264	反射概念の形成	G.カンギレム／金森修訳		304
265	芸術の手相	G.ピコン／末永照和訳		294
266	エチュード〈初期認識論集〉	G.バシュラール／及川馥訳		166
267	邪な人々の昔の道	R.ジラール／小池健男訳		270
268	〈誠実〉と〈ほんもの〉	L.トリリング／野島秀勝訳	品切	264
269	文の抗争	J.-F.リオタール／陸井四郎, 他訳		410
270	フランス革命と芸術	J.スタロバンスキー／井上尭裕訳	品切	286
271	野生人とコンピューター	J.-M.ドムナック／古田幸男訳		228
272	人間と自然界	K.トマス／山内昶, 他訳		618
273	資本論をどう読むか	J.ビデ／今村仁司, 他訳		450
274	中世の旅	N.オーラー／藤代幸一訳		488
275	変化の言語〈治療コミュニケーションの原理〉	P.ワツラウィック／築島謙三訳		212
276	精神の売春としての政治	T.クンナス／木戸, 佐々木訳		258
277	スウィフト政治・宗教論集	J.スウィフト／中野, 海保訳		490
278	現実とその分身	C.ロセ／金井裕訳		168
279	中世の高利貸	J.ル・ゴッフ／渡辺香根夫訳		170
280	カルデロンの芸術	M.コメレル／岡部仁訳		270
281	他者の言語〈デリダの日本講演〉	J.デリダ／高橋允昭編訳		406
282	ショーペンハウアー	R.ザフランスキー／山本尤訳		646
283	フロイトと人間の魂	B.ベテルハイム／藤瀬恭子訳		174
284	熱　狂〈カントの歴史批判〉	J.-F.リオタール／中島盛夫訳		210
285	カール・カウツキー 1854-1938	G.P.スティーンソン／時永, 河野訳		496
286	形而上学と神の思想	W.パネンベルク／座小田, 諸岡訳	品切	186
287	ドイツ零年	E.モラン／古田幸男訳		364
288	物の地獄〈ルネ・ジラールと経済の論理〉	デュムシェル, デュピュイ／織田, 富永訳		320
289	ヴィーコ自叙伝	G.ヴィーコ／福鎌忠恕訳	品切	448
290	写真論〈その社会的効用〉	P.ブルデュー／山縣熙, 山縣直子訳		438
291	戦争と平和	S.ボク／大沢正道訳		224
292	意味と意味の発展	R.A.ウォルドロン／築島謙三訳		294
293	生態平和とアナーキー	U.リンゼ／内田, 杉村訳		270
294	小説の精神	M.クンデラ／金井, 浅野訳		208
295	フィヒテ-シェリング往復書簡	W.シュルツ解説／座小田, 後藤訳		220
296	出来事と危機の社会学	E.モラン／浜名, 福井訳		622
297	宮廷風恋愛の技術	A.カペルラヌス／野島秀勝訳	品切	334
298	野蛮〈科学主義の独裁と文化の危機〉	M.アンリ／山形, 望月訳		292
299	宿命の戦略	J.ボードリヤール／竹原あき子訳		260
300	ヨーロッパの日記	G.R.ホッケ／石丸, 柴田, 信岡訳		1330
301	記号と夢想〈演劇と祝祭についての考察〉	A.シモン／岩瀬孝監修. 佐藤, 伊藤, 他訳		388
302	手と精神	J.ブラン／中村文郎訳		284

				(頁)
303	平等原理と社会主義	L.シュタイン／石川, 石塚, 柴田訳		676
304	死にゆく者の孤独	N.エリアス／中居実訳		150
305	知識人の黄昏	W.シヴェルブシュ／初見基訳		240
306	トマス・ペイン〈社会思想家の生涯〉	A.J.エイヤー／大熊昭信訳		378
307	われらのヨーロッパ	F.ヘール／杉浦健之訳		614
308	機械状無意識〈スキゾ-分析〉	F.ガタリ／高岡幸一訳		426
309	聖なる真理の破壊	H.ブルーム／山形和美訳		400
310	諸科学の機能と人間の意義	E.パーチ／上村忠男監訳		552
311	翻　訳〈ヘルメスIII〉	M.セール／豊田, 輪田訳		404
312	分　布〈ヘルメスIV〉	M.セール／豊田彰訳		440
313	外国人	J.クリステヴァ／池田和子訳		284
314	マルクス	M.アンリ／杉山, 水野訳	品切	612
315	過去からの警告	E.シャルガフ／山本, 内藤訳		308
316	面・表面・界面〈一般表層論〉	F.ダゴニェ／金森, 今野訳		338
317	アメリカのサムライ	F.G.ノートヘルファー／飛鳥井雅道訳		512
318	社会主義か野蛮か	C.カストリアディス／江口幹訳		490
319	遍　歴〈法, 形式, 出来事〉	J.-F.リオタール／小野康男訳		200
320	世界としての夢	D.ウスラー／谷　徹訳		566
321	スピノザと表現の問題	G.ドゥルーズ／工藤, 小柴, 小谷訳		460
322	裸体とはじらいの文化史	H.P.デュル／藤代, 三谷訳		572
323	五　感〈混合体の哲学〉	M.セール／米山親能訳		582
324	惑星軌道論	G.W.F.ヘーゲル／村上恭一訳		250
325	ナチズムと私の生活〈仙台からの告発〉	K.レーヴィット／秋間実訳		334
326	ベンヤミン-ショーレム往復書簡	G.ショーレム編／山本尤訳		440
327	イマヌエル・カント	O.ヘッフェ／薮木栄夫訳		374
328	北西航路〈ヘルメスV〉	M.セール／青木研二訳		260
329	聖杯と剣	R.アイスラー／野島秀勝訳		486
330	ユダヤ人国家	Th.ヘルツル／佐藤康彦訳		206
331	十七世紀イギリスの宗教と政治	C.ヒル／小野功生訳		586
332	方　法　2．生命の生命	E.モラン／大津真作訳		838
333	ヴォルテール	A.J.エイヤー／中川, 吉岡訳		268
334	哲学の自食症候群	J.ブーヴレス／大平具彦訳		266
335	人間学批判	レペニース, ノルテ／小竹澄栄訳		214
336	自伝のかたち	W.C.スペンジマン／船倉正憲訳		384
337	ポストモダニズムの政治学	L.ハッチオン／川口喬一訳		332
338	アインシュタインと科学革命	L.S.フォイヤー／村上, 成定, 大谷訳		474
339	ニーチェ	G.ピヒト／青木隆嘉訳		562
340	科学史・科学哲学研究	G.カンギレム／金森修監訳		674
341	貨幣の暴力	アグリエッタ, オルレアン／井上, 斉藤訳		506
342	象徴としての円	M.ルルカー／竹内章訳	品切	186
343	ベルリンからエルサレムへ	G.ショーレム／岡部仁訳		226
344	批評の批評	T.トドロフ／及川, 小林訳		298
345	ソシュール講義録注解	F.de　ソシュール／前田英樹・訳注		204
346	歴史とデカダンス	P.ショーニュー／大谷尚文訳		552
347	続・いま, ここで	G.ピヒト／斎藤, 大野, 福島, 浅野訳		580
348	バフチン以後	D.ロッジ／伊藤誓訳		410
349	再生の女神セドナ	H.P.デュル／原研二訳		622
350	宗教と魔術の衰退	K.トマス／荒木正純訳		1412
351	神の思想と人間の自由	W.パネンベルク／座小田, 諸岡訳		186

				(頁)
352	倫理・政治的ディスクール	O.ヘッフェ／青木隆嘉訳		312
353	モーツァルト	N.エリアス／青木隆嘉訳		198
354	参加と距離化	N.エリアス／波田,道籏訳		276
355	二十世紀からの脱出	E.モラン／秋枝茂夫訳		384
356	無限の二重化	W.メニングハウス／伊藤秀一訳	品切	350
357	フッサール現象学の直観理論	E.レヴィナス／佐藤,桑野訳		506
358	始まりの現象	E.W.サイード／山形,小林訳		684
359	サテュリコン	H.P.デュル／原研二訳		258
360	芸術と疎外	H.リード／増渕正史訳	品切	262
361	科学的理性批判	K.ヒュプナー／神野,中才,熊谷訳		476
362	科学と懐疑論	J.ワトキンス／中才敏郎訳		354
363	生きものの迷路	A.モール,E.ロメル／古田幸男訳		240
364	意味と力	G.バランディエ／小関藤一郎訳		406
365	十八世紀の文人科学者たち	W.レペニース／小川さくえ訳		182
366	結晶と煙のあいだ	H.アトラン／阪上脩訳		376
367	生への闘争〈闘争本能・性・意識〉	W.J.オング／高柳,橋爪訳		326
368	レンブラントとイタリア・ルネサンス	K.クラーク／尾崎,芳野訳		334
369	権力の批判	A.ホネット／河上倫逸監訳		476
370	失われた美学〈マルクスとアヴァンギャルド〉	M.A.ローズ／長田,池田,長野,長田訳		332
371	ディオニュソス	M.ドゥティエンヌ／及川,吉岡訳		164
372	メディアの理論	F.イングリス／伊藤,磯山訳		380
373	生き残ること	B.ベテルハイム／高尾利数訳		646
374	バイオエシックス	F.ダゴニェ／金森,松浦訳		316
375 376	エディプスの謎（上・下）	N.ビショッフ／藤代,井本,他訳		上・450 下・464
377	重大な疑問〈懐疑的省察録〉	E.シャルガフ／山形,小野,他訳		404
378	中世の食生活〈断食と宴〉	B.A.ヘニッシュ／藤原保明訳	品切	538
379	ポストモダン・シーン	A.クローカー,D.クック／大熊昭信訳		534
380	夢の時〈野生と文明の境界〉	H.P.デュル／岡部,原,須永,荻野訳		674
381	理性よ，さらば	P.ファイヤアーベント／植木哲也訳		454
382	極限に面して	T.トドロフ／宇京賴三訳		376
383	自然の社会化	K.エーダー／寿福真美監訳		474
384	ある反時代的考察	K.レーヴィット／中村啓,永沼更始郎訳		526
385	図書館炎上	W.シヴェルブシュ／福本義憲訳		274
386	騎士の時代	F.v.ラウマー／柳井尚子訳	品切	506
387	モンテスキュー〈その生涯と思想〉	J.スタロバンスキー／古賀英三郎,高橋誠訳		312
388	理解の鋳型〈東西の思想経験〉	J.ニーダム／井上英明訳		510
389	風景画家レンブラント	E.ラルセン／大谷,尾崎訳		208
390	精神分析の系譜	M.アンリ／山形頼洋,他訳		546
391	金《かね》と魔術	H.C.ビンスヴァンガー／清水健次訳		218
392	自然誌の終焉	W.レペニース／山村直資訳		346
393	批判的解釈学	J.B.トンプソン／山本,小川訳	品切	376
394	人間にはいくつの真理が必要か	R.ザフランスキー／山本,藤井訳		232
395	現代芸術の出発	Y.イシャグプール／川俣晃自訳		170
396	青春　ジュール・ヴェルヌ論	M.セール／豊田彰訳		398
397	偉大な世紀のモラル	P.ベニシュー／朝倉,羽賀訳		428
398	諸国民の時に	E.レヴィナス／合田正人訳		348
399 400	バベルの後に（上・下）	G.スタイナー／亀山健吉訳		上・482 下・
401	チュービンゲン哲学入門	E.ブロッホ／花田監修・菅谷,今井,三国訳		422

				(頁)
402	歴史のモラル	T.トドロフ／大谷尚文訳		386
403	不可解な秘密	E.シャルガフ／山本,内藤訳		260
404	ルソーの世界〈あるいは近代の誕生〉	J.-L.ルセルクル／小林浩訳	品切	378
405	死者の贈り物	D.サルナーヴ／菊地,白井訳		186
406	神もなく韻律もなく	H.P.デュル／青木隆嘉訳		292
407	外部の消失	A.コドレスク／利沢行夫訳		276
408	狂気の社会史〈狂人たちの物語〉	R.ポーター／目羅公和訳	品切	428
409	続・蜂の寓話	B.マンデヴィル／泉谷治訳		436
410	悪口を習う〈近代初期の文化論集〉	S.グリーンブラット／磯山甚一訳		354
411	危険を冒して書く〈異色作家たちのパリ・インタヴュー〉	J.ワイス／浅野敏夫訳		300
412	理論を讃えて	H.-G.ガダマー／本間,須田訳		194
413	歴史の島々	M.サーリンズ／山本真鳥訳		306
414	ディルタイ〈精神科学の哲学者〉	R.A.マックリール／大野,田中,他訳		578
415	われわれのあいだで	E.レヴィナス／合田,谷口訳		368
416	ヨーロッパ人とアメリカ人	S.ミラー／池田栄一訳		358
417	シンボルとしての樹木	M.ルルカー／林 捷 訳		276
418	秘めごとの文化史	H.P.デュル／藤代,津山訳		662
419	眼の中の死〈古代ギリシアにおける他者の像〉	J.-P.ヴェルナン／及川,吉岡訳		144
420	旅の思想史	E.リード／伊藤誓訳		490
421	病のうちなる治療薬	J.スタロバンスキー／小池,川那部訳		356
422	祖国地球	E.モラン／菊地昌実訳		234
423	寓意と表象・再現	S.J.グリーンブラット編／船倉正憲訳		384
424	イギリスの大学	V.H.H.グリーン／安原,成定訳	品切	516
425	未来批判　あるいは世界史に対する嫌悪	E.シャルガフ／山本,伊藤訳		276
426	見えるものと見えざるもの	メルロ=ポンティ／中島盛夫監訳		618
427	女性と戦争	J.B.エルシュテイン／小林,廣川訳		486
428	カント入門講義	H.バウムガルトナー／有福孝岳監訳		204
429	ソクラテス裁判	I.F.ストーン／永田康昭訳		470
430	忘我の告白	M.ブーバー／田口義弘訳		348
431 432	時代おくれの人間（上・下）	G.アンダース／青木隆嘉訳		上・432 下・546
433	現象学と形而上学	J.-L.マリオン他編／三上,重永,檜垣訳		388
434	祝福から暴力へ	M.ブロック／田辺,秋津訳		426
435	精神分析と横断性	F.ガタリ／杉村,毬藻訳		462
436	競争社会をこえて	A.コーン／山本,真水訳		530
437	ダイアローグの思想	M.ホルクウィスト／伊藤誓訳	品切	370
438	社会学とは何か	N.エリアス／徳安彰訳		250
439	E.T.A.ホフマン	R.ザフランスキー／識名章喜訳		636
440	所有の歴史	J.アタリ／山内昶訳		580
441	男性同盟と母権制神話	N.ゾンバルト／田村和彦訳		516
442	ヘーゲル以後の歴史哲学	H.シュネーデルバッハ／古東哲明訳		282
443	同時代人ベンヤミン	H.マイヤー／岡部仁訳		140
444	アステカ帝国滅亡記	G.ボド,T.トドロフ編／大谷,菊地訳		662
445	迷宮の岐路	C.カストリアディス／宇京頼三訳		404
446	意識と自然	K.K.チョウ／志水,山本監訳		422
447	政治的正義	O.ヘッフェ／北尾,平石,望月訳		598
448	象徴と社会	K.バーク著,ガスフィールド編／森常治訳		580
449	神・死・時間	E.レヴィナス／合田正人訳		360
450	ローマの祭	G.デュメジル／大橋寿美子訳		446

			(頁)
451	エコロジーの新秩序	L.フェリ／加藤宏幸訳	274
452	想念が社会を創る	C.カストリアディス／江口幹訳	392
453	ウィトゲンシュタイン評伝	B.マクギネス／藤本, 今井, 宇都宮, 髙橋訳	612
454	読みの快楽	R.オールター／山形, 中田, 田中訳	346
455	理性・真理・歴史〈内在的実在論の展開〉	H.パトナム／野本和幸, 他訳	360
456	自然の諸時期	ビュフォン／菅谷暁訳	440
457	クロポトキン伝	ピルーモヴァ／左近毅訳	384
458	征服の修辞学	P.ヒューム／岩尾, 正木, 本橋訳	492
459	初期ギリシア科学	G.E.R.ロイド／山野, 山口訳	246
460	政治と精神分析	G.ドゥルーズ, F.ガタリ／杉村昌昭訳	124
461	自然契約	M.セール／及川, 米山訳	230
462	細分化された世界〈迷宮の岐路III〉	C.カストリアディス／宇京賴三訳	332
463	ユートピア的なもの	L.マラン／梶野吉郎訳	420
464	恋愛礼讃	M.ヴァレンシー／沓掛, 川端訳	496
465	転換期〈ドイツ人とドイツ〉	H.マイヤー／宇京早苗訳	466
466	テクストのぶどう畑で	I.イリイチ／岡部佳世訳	258
467	フロイトを読む	P.ゲイ／坂口, 大島訳	304
468	神々を作る機械	S.モスコヴィッシ／古田幸男訳	750
469	ロマン主義と表現主義	A.K.ウィードマン／大森淳史訳	378
470	宗教論	N.ルーマン／土方昭, 土方透訳	138
471	人格の成層論	E.ロータッカー／北村監訳・大久保, 他訳	278
472	神　罰	C.v.リンネ／小川さくえ訳	432
473	エデンの園の言語	M.オランデール／浜﨑設夫訳	338
474	フランスの自伝〈自伝文学の主題と構造〉	P.ルジュンヌ／小倉孝誠訳	342
475	ハイデガーとヘブライの遺産	M.ザラデル／合田正人訳	390
476	真の存在	G.スタイナー／工藤政司訳	266
477	言語芸術・言語記号・言語の時間	R.ヤコブソン／浅川順子訳	388
478	エクリール	C.ルフォール／宇京賴三訳	420
479	シェイクスピアにおける交渉	S.J.グリーンブラット／酒井正志訳	334
480	世界・テキスト・批評家	E.W.サイード／山形和美訳	584
481	絵画を見るディドロ	J.スタロバンスキー／小西嘉幸訳	148
482	ギボン〈歴史を創る〉	R.ポーター／中野, 海保, 松原訳	272
483	欺瞞の書	E.M.シオラン／金井裕訳	252
484	マルティン・ハイデガー	H.エーベリング／青木隆嘉訳	252
485	カフカとカバラ	K.E.グレーツィンガー／清水健次訳	390
486	近代哲学の精神	H.ハイムゼート／座小田豊, 他訳	448
487	ベアトリーチェの身体	R.P.ハリスン／船倉正憲訳	304
488	技術〈クリティカル・セオリー〉	A.フィーンバーグ／藤本正文訳	510
489	認識論のメタクリティーク	Th.W.アドルノ／古賀, 細見訳	370
490	地獄の歴史	A.K.ターナー／野﨑嘉信訳	456
491	昔話と伝説〈物語文学の二つの基本形式〉	M.リューティ／高木昌史, 万里子訳	品切　362
492	スポーツと文明化〈興奮の探究〉	N.エリアス, E.ダニング／大平章訳	490
493 494	地獄のマキアヴェッリ（I・II）	S.de.グラツィア／田中治男訳	I・352 II・306
495	古代ローマの恋愛詩	P.ヴェーヌ／鎌田博夫訳	352
496	証人〈言葉と科学についての省察〉	E.シャルガフ／山本, 内藤訳	252
497	自由とはなにか	P.ショーニュ／西川, 小田桐訳	472
498	現代世界を読む	M.マフェゾリ／菊地昌実訳	186
499	時間を読む	M.ピカール／寺田光德訳	266
500	大いなる体系	N.フライ／伊藤誓訳	478

				(頁)
501	音楽のはじめ	C.シュトゥンプ／結城錦一訳		208
502	反ニーチェ	L.フェリー他／遠藤文彦訳		348
503	マルクスの哲学	E.バリバール／杉山吉弘訳		222
504	サルトル，最後の哲学者	A.ルノー／水野浩二訳	品切	296
505	新不平等起源論	A.テスタール／山内昶訳		298
506	敗者の祈禱書	シオラン／金井裕訳		184
507	エリアス・カネッティ	Y.イシャグプール／川俣晃自訳		318
508	第三帝国下の科学	J.オルフ＝ナータン／宇京頼三訳		424
509	正も否も縦横に	H.アトラン／寺田光徳訳		644
510	ユダヤ人とドイツ	E.トラヴェルソ／宇京頼三訳		322
511	政治的風景	M.ヴァルンケ／福本義憲訳		202
512	聖句の彼方	E.レヴィナス／合田正人訳		350
513	古代憧憬と機械信仰	H.ブレーデカンプ／藤代，津山訳		230
514	旅のはじめに	D.トリリング／野島秀勝訳		602
515	ドゥルーズの哲学	M.ハート／田代，井上，浅野，暮沢訳		294
516	民族主義・植民地主義と文学	T.イーグルトン他／増渕，安藤，大友訳		198
517	個人について	P.ヴェーヌ他／大谷尚文訳		194
518	大衆の装飾	S.クラカウアー／船戸，野村訳		350
519 520	シベリアと流刑制度（I・II）	G.ケナン／左近毅訳		I・632 II・642
521	中国とキリスト教	J.ジェルネ／鎌田博夫訳		396
522	実存の発見	E.レヴィナス／佐藤真理人，他訳		480
523	哲学的認識のために	G.-G.グランジェ／植木哲也訳		342
524	ゲーテ時代の生活と日常	P.ラーンシュタイン／上西川原章訳		832
525	ノッツ nOts	M.C.テイラー／浅野敏夫訳		480
526	法の現象学	A.コジェーヴ／今村，堅田訳		768
527	始まりの喪失	B.シュトラウス／青木隆嘉訳		196
528	重　合	ベーネ，ドゥルーズ／江口修訳		170
529	イングランド18世紀の社会	R.ポーター／目羅公和訳		630
530	他者のような自己自身	P.リクール／久米博訳		558
531	鷲と蛇〈シンボルとしての動物〉	M.ルルカー／林捷訳		270
532	マルクス主義と人類学	M.ブロック／山内昶，山内彰訳		256
533	両性具有	M.セール／及川馥訳		218
534	ハイデガー〈ドイツの生んだ巨匠とその時代〉	R.ザフランスキー／山本尤訳		696
535	啓蒙思想の背任	J.-C.ギユボー／菊地，白井訳		218
536	解明　M.セールの世界	M.セール／梶野，竹中訳		334
537	語りは罠	L.マラン／鎌田博夫訳		176
538	歴史のエクリチュール	M.セルトー／佐藤和生訳		542
539	大学とは何か	J.ペリカン／田口孝夫訳		374
540	ローマ　定礎の書	M.セール／高尾謙史訳		472
541	啓示とは何か〈あらゆる啓示批判の試み〉	J.G.フィヒテ／北岡武司訳		252
542	力の場〈思想史と文化批判のあいだ〉	M.ジェイ／今井道夫，他訳		382
543	イメージの哲学	F.ダゴニェ／水野浩二訳		410
544	精神と記号	F.ガタリ／杉村昌昭訳		180
545	時間について	N.エリアス／井本，青木訳		238
546	ルクレティウスのテキストにおける物理学の誕生	M.セール／豊田彰訳		320
547	異端カタリ派の哲学	R.ネッリ／柴田和雄訳		290
548	ドイツ人論	N.エリアス／青木隆嘉訳		576
549	俳　優	J.デュヴィニョー／渡辺淳訳		346

			(頁)
550	ハイデガーと実践哲学	O.ペゲラー他,編／竹市,下村監訳	584
551	彫　像	M.セール／米山親能訳	366
552	人間的なるものの庭	C.F.v.ヴァイツゼカー／山辺建訳	852
553	思考の図像学	A.フレッチャー／伊藤誓訳	472
554	反動のレトリック	A.O.ハーシュマン／岩崎稔訳	250
555	暴力と差異	A.J.マッケナ／夏目博明訳	354
556	ルイス・キャロル	J.ガッテニョ／鈴木晶訳	462
557	タオスのロレンゾー〈D.H.ロレンス回想〉	M.D.ルーハン／野島秀勝訳	490
558	エル・シッド〈中世スペインの英雄〉	R.フレッチャー／林邦夫訳	414
559	ロゴスとことば	S.プリケット／小野功生訳	486
560 561	盗まれた稲妻〈呪術の社会学〉(上・下)	D.L.オキーフ／谷林眞理子,他訳	上・490 下・656
562	リビドー経済	J.-F.リオタール／杉山,吉谷訳	458
563	ポスト・モダニティの社会学	S.ラッシュ／田中義久監訳	462
564	狂暴なる霊長類	J.A.リヴィングストン／大平章訳	310
565	世紀末社会主義	M.ジェイ／今村,大谷訳	334
566	両性平等論	F.P.de ラ・バール／佐藤和夫,他訳	330
567	暴虐と忘却	R.ボイヤーズ／田部井孝次・世志子訳	524
568	異端の思想	G.アンダース／青木隆嘉訳	518
569	秘密と公開	S.ボク／大沢正道訳	470
570 571	大航海時代の東南アジア(I・II)	A.リード／平野,田中訳	I・430 II・598
572	批判理論の系譜学	N.ボルツ／山本,大貫訳	332
573	メルヘンへの誘い	M.リューティ／高木昌史訳	200
574	性と暴力の文化史	H.P.デュル／藤代,津山訳	768
575	歴史の不測	E.レヴィナス／合田,谷口訳	316
576	理論の意味作用	T.イーグルトン／山形和美訳	196
577	小集団の時代〈大衆社会における個人主義の衰退〉	M.マフェゾリ／古田幸男訳	334
578 579	愛の文化史(上・下)	S.カーン／青木,斎藤訳	上・334 下・384
580	文化の擁護〈1935年パリ国際作家大会〉	ジッド他／相磯,五十嵐,石黒,高橋編訳	752
581	生きられる哲学〈生活世界の現象学と批判理論の思考形式〉	F.フェルマン／堀栄造訳	282
582	十七世紀イギリスの急進主義と文学	C.ヒル／小野,圓月訳	444
583	このようなことが起こり始めたら…	R.ジラール／小池,住谷訳	226
584	記号学の基礎理論	J.ディーリー／大熊昭信訳	286
585	真理と美	S.チャンドラセカール／豊田彰訳	328
586	シオラン対談集	E.M.シオラン／金井裕訳	336
587	時間と社会理論	B.アダム／伊藤,磯山訳	338
588	懐疑的省察ABC〈続・重大な疑問〉	E.シャルガフ／山本,伊藤訳	244
589	第三の知恵	M.セール／及川馥訳	250
590 591	絵画における真理(上・下)	J.デリダ／高橋,阿部訳	上・322 下・390
592	ウィトゲンシュタインと宗教	N.マルカム／黒崎宏訳	256
593	シオラン〈あるいは最後の人間〉	S.ジョドー／金井裕訳	212
594	フランスの悲劇	T.トドロフ／大谷尚文訳	304
595	人間の生の遺産	E.シャルガフ／清水健次,他訳	392
596	聖なる快楽〈性,神話,身体の政治〉	R.アイスラー／浅野敏夫訳	876
597	原子と爆弾とエスキモーキス	C.G.セグレー／野島秀勝訳	408
598	海からの花嫁〈ギリシア神話研究の手引き〉	J.シャーウッドスミス／吉田,佐藤訳	234
599	神に代わる人間	L.フェリー／菊地,白井訳	220
600	パンと競技場〈ギリシア・ローマ時代の政治と都市の社会学的歴史〉	P.ヴェーヌ／鎌田博夫訳	1032

叢書・ウニベルシタス

			(頁)
601	ギリシア文学概説	J.ド・ロミイ／細井, 秋山訳	486
602	パロールの奪取	M.セルトー／佐藤和生訳	200
603	68年の思想	L.フェリー他／小野潮訳	348
604	ロマン主義のレトリック	P.ド・マン／山形, 岩坪訳	470
605	探偵小説あるいはモデルニテ	J.デュボア／鈴木智之訳	380
606 607 608	近代の正統性〔全三冊〕	H.ブルーメンベルク／斎藤, 忽那 佐藤, 村井訳	I・328 II・390 III・318
609	危険社会〈新しい近代への道〉	U.ベック／東, 伊藤訳	502
610	エコロジーの道	E.ゴールドスミス／大熊昭信訳	654
611	人間の領域〈迷宮の岐路II〉	C.カストリアディス／米山親能訳	626
612	戸外で朝食を	H.P.デュル／藤代幸一訳	190
613	世界なき人間	G.アンダース／青木隆嘉訳	366
614	唯物論シェイクスピア	F.ジェイムソン／川口喬一訳	402
615	核時代のヘーゲル哲学	H.クロンバッハ／植木哲也訳	380
616	詩におけるルネ・シャール	P.ヴェーヌ／西永良成訳	832
617	近世の形而上学	H.ハイムゼート／北岡武司訳	506
618	フロベールのエジプト	G.フロベール／斎藤昌三訳	344
619	シンボル・技術・言語	E.カッシーラー／篠木, 高野訳	352
620	十七世紀イギリスの民衆と思想	C.ヒル／小野, 圓月, 箭川訳	520
621	ドイツ政治哲学史	H.リュッベ／今井道夫訳	312
622	最終解決〈民族移動とヨーロッパのユダヤ人殺害〉	G.アリー／山本, 三島訳	470
623	中世の人間	J.ル・ゴフ他／鎌田博夫訳	478
624	食べられる言葉	L.マラン／梶野吉郎訳	284
625	ヘーゲル伝〈哲学の英雄時代〉	H.アルトハウス／山本尤訳	690
626	E.モラン自伝	E.モラン／菊地, 高砂訳	368
627	見えないものを見る	M.アンリ／青木研二訳	248
628	マーラー〈音楽観相学〉	Th.W.アドルノ／龍村あや子訳	286
629	共同生活	T.トドロフ／大谷尚文訳	236
630	エロイーズとアベラール	M.F.B.ブロッチェリ／白崎容子訳	304
631	意味を見失った時代〈迷宮の岐路IV〉	C.カストリアディス／江口幹訳	338
632	火と文明化	J.ハウツブロム／大平章訳	356
633	ダーウィン, マルクス, ヴァーグナー	J.バーザン／野島秀勝訳	526
634	地位と羞恥	S.ネッケル／岡原正幸訳	434
635	無垢の誘惑	P.ブリュックネール／小倉, 下澤訳	350
636	ラカンの思想	M.ボルク=ヤコブセン／池田清訳	500
637	羨望の炎〈シェイクスピアと欲望の劇場〉	R.ジラール／小林, 田口訳	698
638	暁のフクロウ〈続・精神の現象学〉	A.カトロッフェロ／寿福真美訳	354
639	アーレント＝マッカーシー往復書簡	C.ブライトマン編／佐藤佐智子訳	710
640	崇高とは何か	M.ドゥギー他／梅木達郎訳	416
641	世界という実験〈問い, 取り出しの諸カテゴリー, 実践〉	E.ブロッホ／小田智敏訳	400
642	悪　あるいは自由のドラマ	R.ザフランスキー／山本尤訳	322
643	世俗の聖典〈ロマンスの構造〉	N.フライ／中村, 真野訳	252
644	歴史と記憶	J.ル・ゴフ／立川孝一訳	400
645	自我の記号論	N.ワイリー／船倉正憲訳	468
646	ニュー・ミメーシス〈シェイクスピアと現実描写〉	A.D.ナトール／山形, 山下訳	430
647	歴史家の歩み〈アリエス　1943-1983〉	Ph.アリエス／成瀬, 伊藤訳	428
648	啓蒙の民主制理論〈カントとのつながりで〉	I.マウス／浜田, 牧野監訳	400
649	仮象小史〈古代からコンピューター時代まで〉	N.ボルツ／山本尤訳	200

			(頁)
700	マリア〈処女・母親・女主人〉	K.シュライナー／内藤道雄訳	678
701	マルセル・デュシャン〈絵画唯名論〉	T.ド・デューヴ／鎌田博夫訳	350
702	サハラ〈ジル・ドゥルーズの美学〉	M.ビュイダン／阿部宏慈訳	260
703	ギュスターヴ・フロベール	A.チボーデ／戸田吉信訳	470
704	報酬主義をこえて	A.コーン／田中英史訳	604
705	ファシズム時代のシオニズム	L.ブレンナー／芝健介訳	480
706	方　法　4．観念	E.モラン／大津真作訳	446
707	われわれと他者	T.トドロフ／小野, 江口訳	658
708	モラルと超モラル	A.ゲーレン／秋澤雅男訳	
709	肉食タブーの世界史	F.J.シムーンズ／山内昶監訳	682
710	三つの文化〈仏・英・独の比較文化学〉	W.レペニース／松家, 吉村, 森訳	548
711	他性と超越	E.レヴィナス／合田, 松丸訳	200
712	詩と対話	H.-G.ガダマー／巻田悦郎訳	302
713	共産主義から資本主義へ	M.アンリ／野村直正訳	242
714	ミハイル・バフチン　対話の原理	T.トドロフ／大谷尚文訳	408
715	肖像と回想	P.ガスカール／佐藤和生訳	232
716	恥〈社会関係の精神分析〉	S.ティスロン／大谷, 津島訳	286
717	庭園の牧神	P.バルロスキー／尾崎彰宏訳	270
718	パンドラの匣	D.&E.パノフスキー／尾崎彰宏, 他訳	294
719	言説の諸ジャンル	T.トドロフ／小林文生訳	466
720	文学との離別	R.バウムガルト／清水健次・威能子訳	406
721	フレーゲの哲学	A.ケニー／野本和幸, 他訳	308
722	ビバ リベルタ！〈オペラの中の政治〉	A.アーブラスター／田中, 西崎訳	478
723	ユリシーズ グラモフォン	J.デリダ／合田, 中 訳	210
724	ニーチェ〈その思考の伝記〉	R.ザフランスキー／山本尤訳	440
725	古代悪魔学〈サタンと闘争神話〉	N.フォーサイス／野呂有子監訳	844
726	力に満ちた言葉	N.フライ／山形和美訳	466
727	産業資本主義の法と政治	I.マウス／河上倫逸監訳	496
728	ヴァーグナーとインドの精神世界	C.スネソン／吉水千鶴子訳	270
729	民間伝承と創作文学	M.リューティ／高木昌史訳	430
730	マキアヴェッリ〈転換期の危機分析〉	R.ケーニヒ／小川, 片岡訳	382
731	近代とは何か〈その隠されたアジェンダ〉	S.トゥールミン／藤村, 新井訳	398
732	深い謎〈ヘーゲル, ニーチェとユダヤ人〉	Y.ヨベル／青木隆嘉訳	360
733	挑発する肉体	H.P.デュル／藤代, 津山訳	702
734	フーコーと狂気	F.グロ／菊地昌実訳	164
735	生命の認識	G.カンギレム／杉山吉弘訳	330
736	転倒させる快楽〈バフチン, 文化批評, 映画〉	R.スタム／浅野敏夫訳	494
737	カール・シュミットとユダヤ人	R.グロス／山本尤訳	486
738	個人の時代	A.ルノー／水野浩二訳	438
739	導入としての現象学	H.F.フルダ／久保, 高山訳	470
740	認識の分析	E.マッハ／廣松渉編訳	182
741	脱構築とプラグマティズム	C.ムフ編／青木隆嘉訳	186
742	人類学の挑戦	R.フォックス／南塚隆夫訳	698
743	宗教の社会学	B.ウィルソン／中野, 栗原訳	270
744	非人間的なもの	J.-F.リオタール／篠原, 上村, 平芳訳	286
745	異端者シオラン	P.ボロン／金井裕訳	334
746	歴史と日常〈ポール・ヴェーヌ自伝〉	P.ヴェーヌ／鎌田博夫訳	268
747	天使の伝説	M.セール／及川馥訳	262
748	近代政治哲学入門	A.バルッツィ／池上, 岩倉訳	348